C. H. BECK
STUDIUM

GÜNTER STEMBERGER

Einleitung in Talmud und Midrasch

Neunte, vollständig neubearbeitete Auflage

Verlag C.H.Beck

9., vollständig neubearbeitete Auflage

Umschlagentwurf: Bruno Schachtner, Dachau
© Verlag C. H. Beck oHG, München 2011
Satz: Janß GmbH, Pfungstadt
Druck und Bindung: Druckerei C. H. Beck, Nördlingen
Gedruckt auf säurefreiem, alterungsbeständigem Papier
(hergestellt aus chlorfrei gebleichtem Zellstoff)
Printed in Germany
ISBN 978-3-406-62289-2

www.beck.de

Inhalt

Vorwort 9

Erster Teil. Allgemeine Einleitung

I. Der historische Rahmen 11
   1) Die äußere Geschichte 12
   2) Die Anfänge der rabbinischen Bewegung 14
   3) Die Quellen 15
   4) Die Periodisierung der jüdischen Geschichte 17

II. Das rabbinische Schulwesen 18
   1) Der Elementarunterricht 18
   2) Die rabbinische Ausbildung in Palästina 20
   3) Die rabbinischen Akademien Babyloniens 21
   4) Die Jüngerschaft 23

III. Die rabbinische Hermeneutik 26
   1) Die sieben Regeln Hillels 28
   2) Die dreizehn Middot des R. Jischmael 32
   3) Die zweiunddreißig Middot 33

IV. Mündliche und schriftliche Tradition 43
   1) Der Begriff der mündlichen Tora. Ein Schreibverbot? .. 44
   2) Rabbinische Belege für das Schreibverbot? 45
   3) Rabbinische Belege für die Niederschrift der mündlichen Tora 46
   4) Schulbetrieb und mündliche Tradition 50

V. Vom Umgang mit rabbinischen Texten: Zur Methodenfrage ... 59
   1) Die Literaturgeschichte 60
   2) Kultur- und Religionsgeschichte 62
   3) Form-, Traditions- und Redaktionsgeschichte 64

VI. Die Rabbinen 71
   1) Unsere Quellen 71
   2) Rabbinennamen als Datierungshilfe 73

3) Probleme der rabbinischen Biographie 75
  4) Die wichtigsten Rabbinen 78

VII. Sprachen der rabbinischen Literatur 116
  1) Mischna-Hebräisch (mhe¹) 116
  2) Das amoräische Hebräisch (mhe²) 118
  3) Das galiläische Aramäisch 119
  4) Das babylonische Aramäisch 119
  5) Lehn- und Fremdwörter 120
  6) Lexika 121

Zweiter Teil. Die talmudische Literatur

I. Die Mischna 123
  1) Worterklärungen 125
  2) Aufbau und Inhalt 126
  3) Die Entstehung 141
  4) Der Text: Handschriften und Ausgaben 157
  5) Die Auslegung der Mischna 163

II. Die Tosefta 167
  1) Name, Aufbau und Inhalt 168
  2) Die Entstehung 169
  3) Der Text der Tosefta 177
  4) Kommentare zur Tosefta 181

III. Der palästinische Talmud 183
  1) Begriffe: der Name 184
  2) Inhalt und Aufbau 185
  3) Die Entstehung nach der Tradition 189
  4) Die Redaktion 189
  5) Der Text 200
  6) Kommentare 207

IV. Der babylonische Talmud 211
  1) Aufbau und Inhalt 212
  2) Die Entstehung: die Tradition 213
  3) Die Redaktion 215
  4) Der Text 229
  5) Die Autorität des babylonischen Talmud 236
  6) Kommentare 237
  7) Der Talmud in der Polemik 244

V. Die außerkanonischen Traktate 248
   1) Avot de Rabbi Natan (= ARN) 248
   2) Soferim 251
   3) Evel Rabbati 252
   4) Kalla 253
   5) Derekh Ereẓ Rabba (DER) 253
   6) Derekh Ereẓ Zutta (DEZ) 254
   7) Pereq ha-Shalom 255
   8) Die anderen «kleinen Traktate» 255

Dritter Teil. Midraschim

I. Einführung 257
   1) Der Begriff 258
   2) Anfänge der Midraschexegese 260
   3) Die Eigenart des rabbinischen Midrasch 262
   4) Einteilung der Midraschim 264
   5) Der Lesezyklus in der Synagoge 265
   6) Synagogenpredigt, Peticha und Chatima 268

II. Die halakhischen Midraschim 273
   1) Allgemeine Einführung 273
   2) Die Mekhilta de Rabbi Jischmael (= MekhY) 277
   3) Die Mekhilta de Rabbi Simeon ben Jochai (= MekhSh) 284
   4) Sifra 287
   5) Eine «Mekhilta» zu Lev? 294
   6) Sifre Numeri (= SifBem) 294
   7) Sifre Zutta Numeri (= SifZ) 298
   8) Sifre Deuteronomium (= SifDev) 299
   9) Midrasch Tannaim (= MidTan) 303
   10) Sifre Zutta zu Deuteronomium (= SifZ Dev) 304

III. Die ältesten Auslegungsmidraschim 306
   1) Genesis Rabba (BerR) 306
   2) Klagelieder Rabba (EkhR) 314

IV. Homilien-Midraschim 319
   1) Levitikus Rabba (WaR) 319
   2) Pesiqta de Rav Kahana (PesK) 323
   3) Pesiqta Rabbati (PesR) 328
   4) Tanchuma – Yelamdenu 335
   5) Deuteronomium Rabba (DevR) 339

8 Inhalt

    6) Exodus Rabba (ShemR) 341
    7) Numeri Rabba (BemR) 343
    8) Kleinere Homilien-Midraschim 345

V. Midraschim zu den fünf Megillot 349
    1) Die sogenannten Rabbot 349
    2) Andere Midraschim zu den Megillot 355

VI. Andere Auslegungsmidraschim 358
    1) Midrasch Psalmen (MidTeh) 358
    2) Midrasch Mishle (MidMish) 360
    3) Midrasch Samuel 361
    4) Midrasch Ijob 362

VII. Andere Haggadawerke 363
    1) Vom Midrasch zur Erzählliteratur 363
    2) Ethische Midraschim 378
    3) Esoterische bzw. mystische Schriften 381

VIII. Sammelwerke und Midrasch genannte Kommentare 389
    1) Yalqut Shimʿoni 389
    2) Yalqut ha-Makhiri 390
    3) Yalqut Reʾuveni 392
    4) Midrasch ha-Gadol (MHG) 392
    5) Pitron Tora 393
    6) Bereshit Rabbati 394
    7) Leqaḥ Tov 395
    8) Sekhel Tov 395
    9) Bereshit Zutta 396
    10) Weitere Midraschim und verwandte Werke 396

Anhang

Liste der Wochenlesungen (Sedarim) aus der Tora 398
Abgekürzt zitierte Literatur 399
Abkürzungen 403
Register 408
    Sachregister 408
    Büchertitel 409
    Eigennamen 412

Vorwort

Seit Erscheinen der 8. Auflage der «Einleitung in Talmud und Midrasch» 1992 hat die Erforschung der rabbinischen Literatur wieder erfreuliche Fortschritte gemacht. Alle rabbinischen Texte sind nun in den Ma'agarim der Hebräischen Sprachakademie nach der jeweils besten Handschrift zugänglich (http://hebrew-treasures.huji.ac.il); die Bar Ilan Judaic Library (CD-ROM) enthält die Texte in den Standardausgaben; alle Textzeugen von Tosefta, Mekhilta und Leviticus Rabba sind auf der Website der Bar Ilan University frei zugänglich; die Handschriften des Bavli sind auf der Henkind Talmud Text Databank des Lieberman Institute verfügbar. Dazu kommen neue Editionen des palästinischen Talmud und M. Sokoloff's Dictionary of Jewish Babylonian Aramaic. Hervorzuheben sind auch das gesteigerte Interesse an den späten Phasen des babylonischen Talmud und seiner redaktionellen Interessen sowie die nach wie vor rege Midraschforschung, die inzwischen auch manchen lange vernachlässigten späten Texten (z. B. dem Midrasch Wa-yosha) zugutekam. Dass durch Initiative des Schechter-Instituts, Jerusalem, die Midraschim zu den Megillot in Kürze kritische Ausgaben haben werden, schließt eine lange schmerzlich empfundene Lücke.

Es ist selbstverständlich, dass die Entwicklungen der fast zwanzig Jahre seit der letzten Auflage wieder eine gründliche Überarbeitung des gesamten Textes notwendig machten. Ich danke vielen Kolleginnen und Kollegen für die Zusendung von Sonderdrucken, besonders auch für noch unveröffentlichte Dissertationen. Die Abkürzungen der rabbinischen Werke habe ich im Interesse einer zunehmenden Standardisierung mit wenigen Ausnahmen an jene der *Encyclopedia of the Bible and its Reception* (Berlin–New York 2009 ff) angepasst, ebenso deren Transkriptionssystem weitgehend übernommen, dabei aber geläufige Begriffe und Namen in der gewohnten Form belassen, auch wenn so keine volle Einheitlichkeit gegeben ist. Herrn Dr. Stefan von der Lahr und dem Verlag danke ich für die hervorragende Betreuung meines Textes. Ich kann nur hoffen, dass das Buch in der neuen Gestalt weiterhin seinen Dienst leistet.

Wien, Ende Dezember 2010   *Günter Stemberger*

ERSTER TEIL
ALLGEMEINE EINLEITUNG

I. Der historische Rahmen

Lit.: Palästina: G. Alon, The Jews; *ders.*, Studies; *M. Avi-Yonah*, Geschichte der Juden im Zeitalter des Talmud, B 1962; *Z. Baras, S. Safrai, M. Stern, Y. Tsafrir*, Hg., Eretz Israel from the Destruction of the Second Temple to the Muslim Conquest (h), 2 Bde., J 1982–1984; *L. I. Levine*, Hg., The Galilee in Late Antiquity, NY-J 1992; *A. Oppenheimer*, Galilee in the Mishnaic Period (h), J 1991; *P. Schäfer*, Der Bar-Kokhba-Aufstand, Tüb. 1981; *ders.*, Hg., The Bar Kokhba War Reconsidered. New Perspectives on the Second Jewish Revolt against Rome, Tüb. 2003; *ders.*, Geschichte der Juden in der Antike, Tüb. 2010; *E. M. Smallwood*, The Jews under Roman Rule. From Pompey to Diocletian, L 1976; *G. Stemberger*, Das klassische Judentum. Kultur und Geschichte der rabbinischen Zeit, M ²2009; *ders.*, Juden und Christen im Heiligen Land. Palästina unter Konstantin und Theodosius, M 1987. – *Babylonien: I. M. Gafni*, Babylonia; *ders.*, Babylonian Rabbinic Culture, in: *D. Biale*, Hg., Cultures of the Jews, NY 2002, 223–265; *ders.*, The political, social, and economic history of Babylonian Jewry, 224–638 CE, CHJ IV 792–820; *J. Neusner*, Babylonia; *A. Oppenheimer*, Babylonia Judaica in the Talmudic Period, Wiesbaden 1983. – *Innerjüdische Organisation: M. Beer*, Exilarchate; *M. Gil*, The Exilarchate, in: *D. Frank*, Hg., The Jews of Medieval Islam. Community, Society, and Identity, L 1995, 33–65; *D. Goodblatt*, The Monarchic Principle. Studies in Jewish Self-Government in Antiquity, Tüb. 1994; *L. L. Grabbe*, Sanhedrin, Sanhedriyyot, or Mere Invention, JSJ 39 (2008) 1–19; *A. Grossman*, Reshut ha-gola be-Bavel bi-tequfat ha-Geonim, J 1984; *G. Herman*, The Exilarchate in the Sasanian Era (h), Diss. J 2005; *M. Jacobs*, Die Institution des jüdischen Patriarchen, Tüb. 1995; *L. I. Levine*, The Jewish Patriarch (Nasi) in Third Century Palestine, ANRW II 19/2, 649–688; *H. Mantel*, Sanhedrin; *A. Sivertsev*, Private Households and Public Politics in 3rd–5th century Jewish Palestine, Tüb. 2002. – *Anfänge der rabb. Bewegung: S. J. D. Cohen*, The Significance of Yavneh: Pharisees, Rabbis, and the End of Jewish Sectarianism, HUCA 55 (1984) 27–53 (= *ders.*, Essays 44–70); *C. Hezser*, The Social Structure; *J. Neusner*, Development; *A. J. Saldarini*, The End of the Rabbinic Chain of Tradition, JBL 93 (1974) 97–106; *P. Schäfer*, Die Flucht Johanan b. Zakkais aus Jerusalem und die Gründung des «Lehrhauses» in Jabne, ANRW II 19/2, 43–101.

Die geschichtliche Periode, vor deren Hintergrund die hier darzustellende rabb. Literatur entstanden ist, ist das 1. Jahrtausend unserer Zeitrechnung. Ihr Anfangspunkt ist, grob genommen, das Jahr 70 mit der Zerstörung Jerusalems und seines Tempels durch Titus, ihr Endpunkt etwa das Jahr 1040 mit dem Niedergang der gaonäischen Akademien Babyloniens, auch wenn die letzten Werke der rabb. Literatur erst Jahrhunderte später entstanden.

1) Die äußere Geschichte

Die wesentlichen Fakten dieser Periode seien ganz knapp in Erinnerung gerufen, da ja keine Literatur ohne ihren zeitgeschichtlichen Zusammenhang begriffen werden kann. Die beiden wichtigsten Zentren des jüdischen Lebens in der damaligen Welt waren Palästina und Babylonien; aus diesen Zentren ist die rabb. Literatur fast ausschließlich hervorgegangen.

In *Palästina* ging den Juden mit ihrer Niederlage im Jahre 70 der letzte Rest staatlicher Eigenständigkeit für immer verloren, der Tempel als religiöses Zentrum und als Basis der priesterlichen Macht existierte nicht mehr. Die Neuorganisation einer jüdischen Selbstverwaltung entwickelte sich nur allmählich aus dem neuen Zentrum religiöser Gelehrsamkeit, Javne: Dort begann Jochanan ben Zakkai bald nach 70, jüdische Gelehrte vor allem aus pharisäischen und Schriftgelehrtenkreisen, aber auch aus den sonstigen wichtigen Gruppen des zeitgenössischen Judentums um sich zu sammeln. Aus diesen Anfängen ging langsam die neue jüdische Führung Palästinas hervor, die das Judentum durch eine Zeit ohne Tempel und ohne Staat zu lenken imstande war: das Patriarchat mit seinem Gericht, das einen früheren Sanhedrin fortzuführen beanspruchte, und seiner Schule.

Am großen Diaspora-Aufstand gegen die römische Herrschaft in den Jahren 115–117 haben die Juden Palästinas, soweit sich erkennen lässt, wohl nicht teilgenommen (für zumindest geringere Unruhen auch in Judäa plädiert M. *Pucci Ben Zeev*, Diaspora Judaism in Turmoil, 116/117 CE, Leuven 2005, 219–257). Doch dann ließen sie sich unter der Führung Bar Kokhbas in den folgenschweren zweiten großen Aufstand gegen Rom in den Jahren 132–135 ziehen. Erst nach dem Tod Hadrians im Jahr 138 kam es zu einer Versöhnung mit Rom: Unter den Antoninen und Severern konnte sodann ein friedlicher Wiederaufbau beginnen, an dessen Ende das machtvolle Patriarchat Jehuda ha-Nasi's, kurz Rabbi genannt, stand. Die jüdische Bevölkerung Palästinas hatte nach 135 ihren Schwerpunkt nicht mehr in Judäa, sondern in Galiläa; Zentrum der rabbinischen Bewegung war nach dem Bar-Kokhba-Aufstand somit auch nicht mehr Javne, sondern zuerst Uscha (bis etwa 170), dann Bet Schearim und Sepphoris, schließlich ab der Mitte des 3. Jhs. Tiberias.

Das 3. Jh. brachte dem palästinischen Judentum eine Verfestigung seiner Strukturen – Führung durch das nunmehr erbliche Patriarchat und Aufstieg des Rabbinats. Gleichzeitig hatte Palästina natürlich auch seinen Anteil an den politischen Wirren und dem wirtschaftlichen Niedergang des Römischen Reichs in dieser Periode, aus der vor allem zwei Fakten hervorzuheben sind: Politisch und wirtschaftlich von weitreichender Bedeutung war die Constitutio Antoniniana Caracallas von 212, die (fast) allen Reichsbewohnern, also auch den Juden, das römische Bürgerrecht verliehen. Direkter betroffen war das palästinische Judentum durch die Episode der Herrschaft Odenats und Zenobias von Palmyra über weite Gebiete im Osten des Römischen Reichs, darunter auch Palästina (260–273). Die große Wende kam mit der Christianisierung des Römischen Reiches unter Konstantin: 313 wurde das Christentum durch das «Edikt» von Mailand zur religio licita; mit der Alleinherrschaft Konstantins ab 324 wurde dies auch für Palästina bedeutsam. Die Folgezeit brachte ein stetiges Vordringen des Christentums, sodass das Judentum sogar in Palästina immer mehr in die Defensive geriet. Die Herrschaft Julians (361–363), der sogar den Wiederaufbau des Tempels zu Jerusalem gestattete, bedeutete nur eine kurze Atempause. Dann setzte sich das Christentum endgültig durch. Nach außen ist dies vor allem durch ein Gesetz aus dem Jahr 380 dokumentiert, das alle Untertanen des Reichs auf das nizänische Glaubensbekenntnis verpflichtete und damit das Christentum de facto zur Staatsreligion machte. Zwischen 415 und 429 wurde die Institution des jüdischen Patriarchats aufgehoben. Der 438 promulgierte Codex Theodosianus und vollends der 529 bzw. 534 veröffentlichte Codex Justinianus fixierten dann endgültig die Rechtslage zuungunsten der jüdischen Bevölkerung. So verwundert es nicht, dass die Juden Palästinas sich viel von der Herrschaft der Perser (614–628) erwarteten; wiederum enttäuscht, ließen sie die Wiederkehr der byzantinischen Regierung über sich ergehen, bis die arabische Invasion – 638 kapitulierte Jerusalem – sie endgültig aus christlicher Macht befreite.

Babylonien, seit dem Exil von 586–538 stets Wohnsitz einer bedeutenden jüdischen Volksgruppe, wurde für die rabb.-jüdische Geschichte mit dem Bar-Kokhba-Aufstand bedeutsam. Nun flüchteten nämlich zahlreiche Rabbinen Palästinas nach Babylonien, und manche von ihnen blieben, auch nachdem sich die Lage in ihrer Heimat wieder normalisiert hatte. Um 226 wurde die parthische Herrschaft über Babylonien durch die sassanidischen Perser abgelöst, die den zoroastrischen Glauben als Staatsreligion durchzusetzen versuchten. Anfänglich führte dies zu Schwierigkeiten für die jüdische Bevölkerung, doch unter Schapur I. erhielt sie um 250 ihre Autonomie wieder bestätigt; Voraussetzung dafür war die Anerkennung des Landesgesetzes. Der Exilarch als Führer der jüdischen Selbstverwaltung ist in dieser Zeit erstmals belegt, auch wenn es das Amt schon früher gegeben haben mag.

Eine lange Periode der Stabilität und Blüte fand erst in der 2. Hälfte des 5. Jhs. ihr abruptes Ende mit einer Reihe von Judenverfolgungen (gleichzeitig mit Christenverfolgungen), die um 468 ihren Höhepunkt erreichten: Die jüdische Selbstverwaltung wurde aufgelöst, der Exilarch hingerichtet; Synagogen wurden geschlossen und zahlreiche Rabbinen getötet. Die Normalisierung der Verhältnisse in der ersten Hälfte des 6. Jhs. brachte keine Erneuerung des Exilarchats; ähnlich wie in Palästina fehlte somit auch in Babylonien dem Judentum die straffe zentrale Führung.

Die entscheidende Wende kam auch in Babylonien durch die Machtübernahme der Araber um 640. Die beiden großen jüdischen Zentren befanden sich nun erstmals unter einer gemeinsamen politischen Verwaltung; deren Hauptstadt war zuerst unter den Omaijaden Damaskus, womit zunächst Palästina dem Machtzentrum näher war, dann jedoch ab 750 unter den Abbassiden Bagdad, was innerjüdisch zu einer Dominanz des babylonischen Judentums führte. Das erneuerte Exilarchat und die Führer der großen rabb. Akademien von Sura und Pumbedita – beide nunmehr in Bagdad – wurden für einige Zeit die anerkannten Vertreter des Judentums nicht nur in Babylonien, sondern auch in der übrigen Diaspora und, mit gewissen Einschränkungen, sogar in Palästina.

Doch der politische Niedergang des Kalifats brachte dann eine langsame Gewichtsverlagerung innerhalb der jüdischen Bevölkerung mit sich: Ägypten, Nordafrika und Spanien wurden immer bedeutender; das Exilarchat verlor an Einfluss, die gaonäischen Schulen gingen darnieder. Die Kreuzzugsbewegung schließlich – 1099 eroberten die Kreuzfahrer Jerusalem – bedeutete das endgültige Aus für diese Geschichtsepoche und die jüdische Welt, in der die rabb. Literatur entstanden war. Mag auch die literarische Tätigkeit im Geist der Rabbinen noch einige Zeit weitergegangen sein, ihre Zeit war endgültig vorbei, und die Schriften der Rabbinen wurden nun selbst Gegenstand von Kommentaren und Kompendien, wurden Primärliteratur.

2) Die Anfänge der rabbinischen Bewegung

Aus heutiger Sicht ist das Jahr 70 ein eindeutiger Wendepunkt in der jüdischen Geschichte. War es jedoch auch für die Zeitgenossen ein solcher Schnitt, der klar die Zeit des Tempels und der Pharisäer von der Zeit nach 70 ohne Tempel und mit den Rabbinen trennte? Die Einführung des Titels Rabbi (zu unterscheiden von der Anrede Rabbi im Sinn «mein Herr, mein Meister») deutet auf ein solches Bewusstsein einer neuen Epoche hin. Das spiegelt sich in tEd 3,4 (Z. 460): «Wer Schüler hat, die selbst wieder Schüler haben, den nennt man Rabbi. Sind seine Schüler vergessen, nennt man ihn Rabban; sind auch die Schüler seiner Schüler schon vergessen, nennt man ihn beim (bloßen) Namen.» Dem in diesem Text reflektierten Sprachgebrauch nach 70 lag keine bloß äußerliche Änderung zugrunde, sondern ein neues Selbstverständnis; dieses ist nicht plötzlich und geradlinig entstanden, doch aus dem Rückblick der 2. Hälfte des 2. Jhs. schon klar.

Dieser Wandel im Selbstverständnis der Rabbinen zeigt sich auch in der Traditionskette von Avot bzw. ARN. Diese Schriften bieten zuerst eine Liste der «Paare» bis Hillel und Schammai, die untereinander bis zurück zu Mose durch Empfang und Weitergabe der Tora verbunden sind. Nach Hillel und Schammai erfolgt ein Bruch: Nur Jochanan ben Zakkai wird nachträglich mit derselben Traditionsterminologie eingefügt (*qibbel – masar*), während die später dazugefügte Patriarchenliste und die Aufzählung der anderen Rabbinen diese typische Terminologie nicht verwendet. Das zeigt das Bemühen, Jochanan mit den «Paaren» zu verbinden, die rabb. Tradition mit der pharisäischen zu verknüpfen (*Saldarini*). Wie *J. Neusner* verschiedentlich betont hat (z. B. Phar III 228. 282 f.), kam dieses Bemühen in der Zeit von Javne noch nicht zum Tragen: Damals fühlte man noch gar keinen Bruch mit der Zeit vor 70. Dessen wurde man sich vielmehr erst in Uscha bewusst, als klar war, dass es in absehbarer Zeit keinen Tempel und keine Restauration früherer Zustände geben würde: «the real break in the history of the Pharisaic-rabbinic movement comes not at 70, with the destruction of the Temple, but at 140, with the devastation of southern Palestine and the reconstitution of the rabbinic movement and the patriarchal government in the north» (Phar III 283). Nun erst wurde deutlich, dass die Ereignisse des Jahres 70 zu einem irreparablen Bruch geführt hatten, und in den folgenden Jahrzehnten begann man explizit an die Zeit vor 70 anzuknüpfen, die geistigen Stammväter der rabb. Bewegung in Hillel und Schammai und ihren Schulen bewusst darzustellen, ja den Ahnen bis in die Zeit Simeons des Gerechten und Esras nachzuspüren, die Kontinuität bis Mose herzustellen.

Die Erzählung von der Flucht Jochanan ben Zakkais aus Jerusalem wurde bald zur Gründungslegende des rabb. Judentums (dazu *Schäfer*; *D. Boyarin*, Border Lines: The Partition of Judaeo-Christianity, Phil. 2004, 151–201). Doch dauerte es lange, bis man gerade hier den entscheidenden Neueinsatz gesehen hat. Erst aus der Sicht der Späteren ist es klar, dass der Verlust der Eigenstaatlichkeit und des Tempels die Voraussetzung für den Aufstieg des rabb. Judentums war. Noch mehr Zeit verging natürlich, bis sich das Rabbinat als die neue Führungsschicht des Judentums durchsetzen konnte und es die Vielfalt des Judentums vor 70 zu einer gewissen Einförmigkeit reduzierte. Das rabb. Judentum stellte nie die einzige Ausprägung jüdischen Lebens dar; und es ist auch erst durch eine Entwicklung von Jahrhunderten zu dem «normativen» Judentum geworden, als das man es gern für die ganze Periode gesehen hat.

3) Die Quellen

Die Quellen für die Darstellung der rabb. Zeit sind so einseitig, dass das aus ihnen gewonnene Geschichtsbild weithin ungesichert bleibt – so geht etwa die Vorstellung vom «normativen» Judentum auf diese Quellenlage zurück. Nur die großen Linien der äußeren Geschichte sind durch nichtjüdische Quellen hinreichend belegt. Was jedoch die innere Entwicklung des rabb. Judentums betrifft, sind wir fast vollständig auf das Selbstzeugnis der Rabbinen angewiesen, somit auf die Literatur einer einzigen

Gruppe innerhalb dieses Judentums – das Selbstverständnis der Rabbinen prägt jegliche Überlieferung. Zwar kann man dieses Bild zum Teil durch archäologische Funde (zumindest in Palästina), durch Texte der Kirchenväter und andere nichtjüdische Schriften überprüfen und korrigieren; Tatsache bleibt aber, dass außer den Rabbinen keine andere Gruppierung innerhalb des damaligen Judentums uns literarische Zeugnisse hinterlassen hat. Wenn die Geonim – etwa der *Seder Tannaim we-Amoraim* oder der *Brief des Scherira Gaon* – uns die Zustände der rabb. Zeit schildern, erfolgt dies wiederum in einem bestimmten Gruppeninteresse; somit sind sie kein geeignetes Korrektiv gegenüber den rabb. Darstellungen. Die tatsächliche Bedeutung der rabb. Bewegung innerhalb des jüdischen Lebens vor allem der talmudischen Periode ist so nur mit Vorsicht abzuschätzen. Sicher ist, dass die Rabbinen erst langsam zur anerkannten Führungsschicht innerhalb des Judentums aufgestiegen sind, erst allmählich ihre Gruppenliteratur zur fast kanonischen Literatur des Judentums werden konnte.

Der *Seder Tannaim we-Amoraim* (STA) verbindet eine Methodenlehre – wie kann man die geltende Halakha aus der rabb. Literatur ableiten? Wie verhält sich die Mischna zu den Baraitot und zu den halakhischen Midraschim? – mit einer Traditionskette nach dem Vorbild von Avot, aber auch unter dem Einfluss der islamischen Methode des *isnad al-hadith*; dieser Teil überliefert die Patriarchenliste ab Hillel sowie eine Aufzählung der rabb. Lehrer bis zum Ende der savoräischen Periode. Wie schon Azaria dei Rossi im Meʾor ʿEnayim bemerkt hat, steht am Ende dieser Liste das Datum 884 (sowohl in seleukidischer Zeitrechnung wie auch von der Weltschöpfung her datiert). Gewöhnlich betrachtet man somit 884 als Entstehungsjahr der Schrift, was jedoch keineswegs sicher ist, zumal die Schrift aus verschiedenen Teilen zusammengesetzt ist. Stücke könnten aus Israel stammen, andere in Babylonien entstanden sein, spätere wiederum in Nordafrika und Frankreich, wo der vollständigste Text im Machzor Vitry überliefert ist. Kritische Ausgabe (Grundtext Machzor Vitry): *K. Kahan*, Hg., Seder Tannaim we-Amoraim, F 1935 (mit deutscher Einleitung); vgl. dazu *J. E. Ephrati*, The Sevoraic Period 14–32; *S. Abramson*, Le-toldot nusaḥ «Seder Tannaim we-Amoraim», FS E. Z. Melammed, Ramat Gan 1982, 215–247 (Geniza-Fragmente); *R. Brody*, The Geonim 274–277.

Brief des Scherira Gaon (Iggeret Rav Scherira Gaon, daher ISG): 987 vom Gaon von Pumbedita Scherira (ca. 906–1006) an Jakob ben Nissim ibn Shahin und die Gemeinde von Kairowan geschriebene Antwort auf Fragen zur Redaktion von Mischna, Tosefta und Talmud. Scherira verbindet eine Darstellung der rabb. Schriften mit einer Aufzählung der wichtigen Rabbinen sowie der Geonim bis zu seiner Zeit. In zwei Rezensionen, einer französischen und einer «spanischen», überliefert (diese ist nach *Schlüter* eher eine aschkenasische Überarbeitung). Während *B. M. Lewin* der «spanischen» Fassung den Vorzug gibt, wird heute eher die französische bevorzugt, die allein in der Geniza belegt ist (cf. *Epstein*, IAL 610–615; *Brody*, The Geonim 20–25). Kritische Ausgabe: *B. M. Lewin*, Hg., Iggeret Rav Scherira Gaon, F 1920, Ndr. J 1972; *M. Schlüter*, Auf welche Weise wurde die Mishna geschrieben? Das Antwortschreiben des Rav Sherira Gaon. Mit einem Faksimile der Handschrift Berlin Qu. 685 (Or. 160) und des Erstdrucks Konstantinopel 1566, Tüb. 1993 (mit komment. Übers. beider Versionen). Dazu: *S. Assaf*, Geonim 149–153; *M. Beer*, The Sources of Rav Sherira Gaon's Igeret (h), Bar-Ilan 4–5 (1967) 181–196; *Ephrati*, The Sevoraic Period 1–13; *I. M. Gafni*, On Talmudic Historiography in the Epistle of Rav Sherira Gaon: Between Tradition and Creativity (h), Zion 73 (2008) 271–296.

4) Die Periodisierung der jüdischen Geschichte

In der rabb. Zeit erfolgt die Periodisierung aufgrund der Quellenlage völlig aus der Sicht der Rabbinen und ihrer Interessen: Zentral für sie ist das Verhältnis zu Tradition und Lehre, was sich auch in der Abgrenzung der Perioden spiegelt. Von Hillel und Schammai zu Beginn unserer Zeitrechnung – nach Joseph Ibn Aqnin, einem Schüler des Maimonides, schon ab Simeon dem Gerechten um 300 v. Chr., nach Abraham Ibn Daud's um 1160/61 geschriebenem Sefer ha-Qabbala wiederum erst nach 70, genauer nach Jochanan ben Zakkai beginnend – reicht bis zu Rabbi und seinen Söhnen, somit ins frühe 3. Jh., die Zeit der *Tannaiten* (aram. *tanna*, von hebr. *shana* «wiederholen, lehren, lernen»: die Meister der später als autoritativ betrachteten, mündlich durch ständige Wiederholung weitergegebenen Lehre) (dazu *Bacher*, ET I 193 f, II 241). Bis etwa 500 folgen die *Amoräer* (*'amar*, «sagen, kommentieren», somit die Kommentatoren der tannaitischen Lehren). Die Zeit der *Savoräer* (*savar*, «meinen»: die Bearbeiter des babylonischen Talmud) im 6. und wohl auch frühen 7. Jh. findet ihre Fortsetzung in der Periode der *Geonim* (*gaon*, «erhaben», Titel der Schulhäupter Babyloniens) bis ins 11. Jh.

Diese Periodisierung ist schon sehr alt; bereits die Gemara des Talmud bzw. die Midraschim treffen die Unterscheidung zwischen den Tannaiten und den ihnen folgenden Lehrern: Als Tanna im eigentlichen Sinn (zu einer anderen Bedeutung siehe S. 22) bezeichnen sie nur die Lehrer der mischnaischen Zeit, deren Aussprüche sie mit entsprechenden Verbalformen (*tenu, teni* u. Ä.) einleiten; ebenso ist die Verwendung von *amar* im spezifischen Sinn schon talmudisch. Die Bezeichnungen *savora* bzw. *gaon* stammen aus der gaonäischen Periode: So findet man die üblich gewordene Periodisierung schon in STA und ISG vor; Abraham Ibn Daud hat sie dann voll ausgebaut: Von ihm stammt auch die heute noch übliche Unterteilung der tannaitischen Periode in fünf Generationen, die der amoräischen Zeit in sieben Generationen.

II. Das rabbinische Schulwesen

Lit.: B. S. Cohen, On Local Academies in Talmudic Babylonia (R. Ada bar Ahava, R. Sheshet, R. Hamnuna I and II) (h), Zion 70 (2005) 447–471; *H. Z. Dimitrovsky*, Hg., Exploring the Talmud, Bd. I: Education, NY 1976; *J. Florsheim*, The Establishment and Early Development of the Babylonian Academies, Sura and Pumbeditha (h), Zion 39 (1974) 183–197; *I. Gafni*, Babylonia 177–236 (Lit.!); *B. Gerhardsson*, Memory and Manuscript; *D. M. Goodblatt*, Instruction; *ders.*, New Developments in the Study of the Babylonian Yeshivot (h), Zion 46 (1981) 14–38; *ders.*, The history of the Babylonian academies, CHJ IV 821–839; *C. Hezser*, Jewish Literacy in Roman Palestine, Tüb. 2001; *J. N. Lightstone*, The Institutionalization of the Rabbinic Academy in Late Sassanid Babylonia and the Redaction of the Babylonian Talmud, StudRel/SciRel 22 (1993) 167–186; *B.-Z. Rosenfeld*, Torah Centers and Rabbinic Activity in Palestine 70–400 CE. History and Geographic Distribution, L 2010; *J. L. Rubenstein*, The Rise of the Babylonian Rabbinic Academy: A Reexamination of the Talmudic Evidence, JSIJ 1 (2002) 55–68. – *Zur Ordination:* W. Bacher, Zur Geschichte der Ordination, MGWJ 38 (1894) 122–127; *Y. Breuer*, «Rabbi is Greater than Rav, Rabban is Greater than Rabbi, The Simple Name is Greater than Rabban» (h), Tarbiz 66 [1996 f.] 41–59; *E. Lohse*, Die Ordination im Spätjudentum und Urchristentum, Göttingen 1951; *G. Stemberger*, Die Ordination der Rabbinen – Idealbild oder historische Wirklichkeit? Trumah 15 (2006) 25–52 (= Judaica Minora II 187–215). – *Zur Jüngerschaft*: *R. Kirschner*, Imitatio Rabbini, JSJ 17 (1986) 70–79; *J. Neusner*, Talmudic Judaism in Sasanian Babylonia, L 1976, 46–135.

«Sitz im Leben» der rabb. Literatur ist neben der Synagoge und im geringeren Maß dem Gerichtswesen der Schulbetrieb im weitesten Sinn. Dieser Schulbetrieb spiegelt sich in den rabb. Texten und trägt seinerseits zur Erklärung dieser Texte bei. Zugleich hat das rabb. Schulwesen den wichtigsten Beitrag zur Ausbreitung des rabb. Ideals geleistet, bis dieses das gesamte Judentum mehr oder weniger bestimmt hat. Daher muss das Schulwesen in seiner Entwicklung hier kurz skizziert werden; zwei seiner wesentlichen Aspekte – Hermeneutik und mündliche Tradition – werden in den folgenden Abschnitten behandelt.

1) Der Elementarunterricht

Schon die Bibel verpflichtet den Vater zur religiösen Unterweisung seiner Söhne (Dtn 11,19). SifDev § 46 (F. 104) verdeutlicht dies damit, dass der Vater mit seinem Sohn in der heiligen Sprache reden und ihn Tora lehren müsse. Mädchen zu unterrichten wurde im Allgemeinen abgelehnt (Kontroverse in mSot 3,4). Die meisten Väter waren kaum in der Lage, diese Verpflichtung selbst zu erfüllen oder aber Privatlehrer anzustellen; die Gründung von Schulen erwies sich somit wohl bald als Bedürfnis. Die rabb. Tradition schreibt dies Simeon ben Schetach zu (yKet 8,11,32c). Jehoschua ben Gamala, Hohepriester in den Jahren vor dem großen Aufstand gegen Rom, soll das Schulwesen auf alle Städte ausgedehnt haben, sodass Knaben ab dem Alter von sechs oder sieben Jahren allgemein zur Schule gehen konnten (bBB 21a). Doch selbst wenn diese Tradition verlässlich sein sollte, kann eine solche Initiative in der damaligen politischen Lage kaum lange anhaltenden Erfolg gehabt haben: Nach dem Aufstand hätte sicher wieder neu mit dem Aufbau des Schulwesens begonnen werden müssen, ebenso nach dem Bar-Kokhba-Aufstand und den schwierigen Jahren, die ihm bis zum Tode Hadrians 138 folgten. Ab dem 3. Jh. ist der Schulunterricht für Knaben in rabb. Quellen breiter belegt und hat sich langfristig dann allgemein durchgesetzt. Eine Baraita kann somit einem Gelehrten verbieten, in einem Ort zu wohnen, in dem es u. a. keinen Kinderlehrer gibt (bSan 17b). Doch darf die Idealvorstellung, dass ein (männlicher) Jude auf jeden Fall lesen und schreiben kann, nicht darüber hinwegtäuschen, dass dies der Endpunkt eines langen Prozesses war, in talmudischer Zeit aber nur in geringem Maß realisiert wurde (dazu ausführlich *Hezser*, Literacy).

Die Grundschule (*bet sefer*, «Haus des Buches») befand sich im Haus des Lehrers, später oft in der Synagoge oder einem ihrer Nebenräume. Das Kind lernte dort vor allem den Bibeltext lesen. Es begann mit dem Alphabet auf einer Tafel (ARN A6,10 Sch. 29; B. 80 f.), bekam dann kleine Stücke der Tora auf Schriftrollen vorgelegt (yMeg 3,1,74a) und schließlich vielleicht vollständige Torarollen. Das Buch, mit dem man begann, war Lev (WaR 7,3, M. 156). Im Lauf der Schulzeit sollte das Kind theoretisch die gesamte Bibel zusammen mit dem Targum (soweit vorhanden) durchlernen. Die Lernmethode, die hier wie überhaupt im jüdischen Schulwesen bevorzugt wurde, bestand im lauten Lesen (bEr 53b–54a) und der ständigen Wiederholung (bHag 9b).

Der allgemeine Schulbesuch endete im Alter von zwölf oder dreizehn Jahren (BerR 63,9, Th-A 692; bKet 50a; mAv 5,21 mit seinen Altersangaben ist eine spätere Ergänzung des Textes). Knaben, die noch weiter lernen wollten, gingen dann zu einem Mischnalehrer in das «Lehrhaus» (*bet midrash* oder *bet talmud*), wo sie die Grundzüge der jüdischen Tradition und der Halakha lernten. Eine allgemeinere Fortbildung über das Grundschulniveau hinaus erfolgte durch Predigt und Lehrvortrag in Synagoge und Lehrhaus am Sabbat.

2) Die rabbinische Ausbildung in Palästina

Auch die rabb. Schulen in Palästina wurden wie die Oberschule als *bet ha-midrash* bezeichnet. Der Ausdruck *yeshiva* oder aram. *metivta*, später für rabb. Schulen geläufig, wurde hingegen zumindest in tannaitischer Zeit nicht dafür verwendet, sondern wörtlich als «Sitzung» verstanden, gelegentlich auch als der bei einer solchen Sitzung vorgetragene Lehrstoff; übertragen wurde der Ausdruck dann auch vom Gericht verwendet. Insofern das Gericht dem Publikum offenstand und die Verhandlungen zugleich der praktischen Unterweisung der Studenten dienten, mag sich hier ein Übergang zur Bedeutung «Hochschule, Akademie» ergeben haben.

Über die Vorläufer des rabb. Schulwesens in der Zeit des Tempels, ob es nun Einrichtungen der Pharisäer oder der Schriftgelehrten waren, ist uns fast nichts bekannt. Die Schilderung des *bet ha-midrash* auf dem Tempelberg in tSan 7,1 (Z. 425) enthält zumindest zum Teil anachronistische Züge; auch geht es hier nicht um einen Schulbetrieb im eigentlichen Sinn, sondern um die Entscheidung der Halakha durch den Großen Gerichtshof in der Quaderkammer vor Publikum, was natürlich eine gewisse Unterweisung mit sich bringt. Dass Jochanan ben Zakkai vor 70 im galiläischen Dorf Arav ein Lehrhaus geführt habe, wird zwar oft aus yShab 16,8,15d herausgelesen, ist dort jedoch nicht explizit behauptet (cf. *Neusner*, Development 133 f.). Außerdem ist der Text relativ spät entstanden und anekdotisch, historisch somit nur sehr bedingt verwertbar. Die «Häuser» Hillels und Schammais schließlich können ebenso wenig im Sinn von organisierten Schulen verstanden werden (gegen *Gerhardsson* 85: «two different school foundations and not merely two tendencies»). Als Legende ist auch die Angabe bBB 134a zu betrachten, dass Hillel achtzig Schüler gehabt habe.

Für die Zeit nach 70 ist vor allem eine Baraita in bSan 32b informativ: «‹Gerechtigkeit, Gerechtigkeit, ihr sollt du nachjagen› (Dtn 16,20). Folge den Gelehrten zur *yeshiva*, R. Eliezer nach Lod, R. Jochanan ben Zakkai nach Beror Chajil, R. Jehoschua nach Peqiin, Rabban Gamaliel nach Javne, R. Aqiva nach Bene Beraq, R. Mattja nach Rom, R. Chananja ben Teradjon nach Sikhnin, R. Jose nach Sepphoris, R. Jehuda ben Batyra nach Nisibis, R. (Chanina, dem Schwestersohn des R.) Jehoschua in die Diaspora [d. h. Babylonien], Rabbi nach Bet Schearim, den Gelehrten in die Quaderkammer.»

Dieser Text geht auf eine in bSan 32b zuvor zitierte kürzere Fassung zurück, die das rechtmäßige Gericht nur bei R. Eliezer in Lod und bei Rabban Jochanan ben Zakkai in Beror Chajil gewährleistet sieht, also vielleicht gegen die Nachfolge Jochanans durch Gamaliel in Javne polemisiert. Dieser Text wurde später in eine Liste von Lehrzentren umgewandelt, die man vielleicht in die Zeit um 200 datieren kann, da Rabbi noch in

Bet Schearim und noch nicht in Sepphoris wirkt (es sei denn, man wollte Sepphoris nur nicht ein zweites Mal nennen, nachdem es zuvor schon für R. Jose in der vorhergehenden Generation erwähnt worden war). Einzelheiten über den Schulbetrieb, vor allem für die tannaitische Periode, sind nur spärlich bekannt. Mit einer fest organisierten Schule können wir für die frühe Zeit wohl nur am jeweiligen Sitz des Patriarchen rechnen, wo die Schule fest mit dem Gerichtshof verbunden war (kein Sanhedrin im ursprünglichen Sinn: siehe *Levine*, The Rabbinic Class of Roman Palestine in Late Antiquity, J 1989, 76–83). Die Schulen der anderen Gelehrten waren wohl eher kleine Jüngerkreise, die sich am Wohnsitz eines bekannten Lehrers bildeten und nach dessen Weggang oder Tod auch wieder auflösten. Erst ab dem 3. Jh. entstanden auch außerhalb des Patriarchensitzes größere rabb. Zentren, die in den Texten immer wieder zusammenfassend z. B. als «die Rabbinen von Caesarea» oder «die Rabbinen aus dem Süden» (wahrscheinlich Lod) genannt werden. Die wichtigsten Schulen Galiläas in amoräischer Zeit waren Sepphoris (auch noch nach dem Weggang des Patriarchen nach Tiberias) und Tiberias, wo schon R. Meir unterrichtet haben soll (yHag 2,1,77b) und R. Jochanan bar Nappacha (lt. Scherira 279 gestorben) die Schule zu großem Ansehen brachte. Noch vor der Übersiedlung des Patriarchats nach Tiberias gegründet, überlebte diese Schule auch das Ende des Patriarchats und blieb bis in die islamische Zeit bedeutend, bis dann Jerusalem wieder das eigentliche Schulzentrum wurde.

3) Die rabbinischen Akademien Babyloniens

Die Geschichte dieser Schulen ist nur in gaonäischen Quellen aus dem 9. und 10. Jh. überliefert (Tanchuma, STA und vor allem ISG). An die Angaben Scheriras hat sich auch die jüdische Geschichtsschreibung des 19. und 20. Jhs. fast ausnahmslos gehalten und sie im Wesentlichen nur mit talmudischem Material gefüllt. Demnach sollen die großen babylonischen Schulen auf das 3. Jh. zurückgehen: Rav, ein jüngerer Zeitgenosse Rabbis, habe in Sura am Eufrat die Hochschule gegründet und sei ihr erster Rektor gewesen; sein Zeitgenosse Mar Samuel habe die Hochschule von Nehardea geleitet; Jehuda bar Jechezqel habe als Ersatz für das 259 von Odenat zerstörte Nehardea die Schule von Pumbedita gegründet, doch auch jene von Nehardea lebte später wieder auf.

Es ist unmöglich, die gaonäischen Berichte einfach als getreue Zusammenfassungen von Archivmaterial der Akademien zu sehen; vielmehr verfolgen die Texte bestimmte politische Tendenzen – so wollte ISG das Wiederaufleben der Schule von Sura verhindern, indem er wiederholt betonte, allein Pumbedita habe eine ununterbrochene Tradition. Wenn man die gaonäischen Angaben im bT überprüft, der doch das Werk dieser

Akademien sein soll, findet man in amoräischer Zeit keinen Beleg für große rabb. Akademien in Babylonien, wie D. *Goodblatt* aufgezeigt hat. Der bT verwendet als Ausdruck für eine rabb. Schule nicht *yeshiva* oder *metivta*, sondern *be rav*, «Haus des Meisters», gewöhnlich mit Zufügung des Namens des dort unterrichtenden Rabbi (die Stellen im Bavli, in denen *yeshiva* eine Schule bedeuten kann, gehören zu der spätesten, anonymen Schicht: *Rubenstein*). Zusammen mit anderen talmudischen Angaben ergibt sich daraus, dass die babylonischen Rabbinen in ihren Wohnhäusern, gelegentlich auch in eigenen Schulhäusern, einen kleinen Jüngerkreis unterrichteten, der sich spätestens mit dem Tod des Meisters wieder auflöste. Erfolgreichere Lehrer haben sicher gelegentlich einen größeren Schülerkreis um sich versammeln können; u. U. haben sie dann auch Hilfslehrer anstellen müssen und so einen größeren Schulbetrieb organisiert. Doch bleibt es Tatsache, dass die Geonim anachronistisch ihre eigenen Verhältnisse in eine frühere Zeit projiziert haben. Die Akademien von Sura, Nehardea und Pumbedita waren in talmudischer Zeit wohl nichts anderes als die in diesen Städten besonders zahlreichen und bedeutenden Lehrer mit ihren Jüngerkreisen, die erst eine spätere Tradition zu einzelnen großen Akademien zusammengefasst hat. Diese Akademien in ihrer späteren Form sind jedoch erst in der frühen islamischen Zeit entstanden und haben wohl auch islamische Vorbilder.

Was die *Lehrmethoden* betrifft, gab es wohl kaum große Unterschiede zwischen Palästina und Babylonien. Auch auf diesem Ausbildungsniveau hatte das Auswendiglernen durch ständig wiederholtes lautes Rezitieren des Lehrstoffes in einer bestimmten Form der Kantillation (bMeg 32a) absoluten Vorrang. Zuerst galt es einmal zu lernen, auch wenn man das Gelernte nicht verstand; über den Sinn eines Textes nachdenken konnte man auch später (bAZ 19a; bShab 63a). Wo die Zahl der Schüler genügend groß war, gab es auch einen Pauker, den *Tanna*, der einen möglichst großen Umfang an Traditionsstoff auswendig beherrschen musste und der diesen Stoff durch ständig wiederholtes Vorsagen den Schülern weitergab. Als lebendige Studienbibliothek im Schulbetrieb unentbehrlich, wurde der Tanna andererseits wegen seines bloß mechanischen Wissens von vielen Rabbinen verachtet: «Der Magier murmelt und weiß nicht, was er sagt. Der Tanna lehrt und weiß nicht, was er sagt» (bSot 22a). Trotz dieser Kritik ist die Funktion des Tanna bis in gaonäische Zeit lebendig geblieben, war sie doch zu sehr mit dem Ritual des Lernens verbunden, als dass man sie leichthin abgeschafft hätte.

Schon in talmudischer Zeit, besonders ausgebaut aber dann in der gaonäischen Periode, traten in Babylonien neben die Ausbildung der Rabbinen im Jüngerkreis bzw. später in der Akademie die Institutionen von *Pirqa* und *Kalla*.

Die Etymologie des Wortes Kalla (auch *kallah* wie hebr. «Braut» geschrieben) ist nicht geklärt, auch wenn es gern auf die «Braut» Tora gedeutet wird; *Gafni* (Tarbiz 51, 1981 f., 572 f.) hat, gestützt auf einen Vergleich mit den Statuten der christlichen Schule von Nisibis, die Ableitung von griech. *kella*, (Studier-)Zelle, vorgeschlagen. Die von Natan ha-Bavli ausführlich geschilderte Institution war eine Art rabb. Bildungstagung, ein mehrtägiges Treffen von Studenten und Absolventen rabb. Schulen. In gaonäischer Zeit waren dafür der Monat Elul im Sommer, der Monat Adar im Winter vorgesehen (die «Kalla-Monate»). Diese zu Beginn des 4. Jhs. erstmals nachweisbaren Versammlungen mögen zum Ausbau der rabb. Akademien wesentlich beigetragen haben. Auf ihnen konnte man mit relativ zahlreicher Teilnahme rechnen: Mindestens zehn Männer mussten anwesend sein, damit die Sitzung eröffnet werden durfte (bBB 12b). Thema der Kalla war ein Traktat der rabb. Tradition, später dann des Talmud, dessen Text abgefragt wurde, bevor man sich an die Diskussion seiner besonderen Probleme machte. Sicher waren die Kalla-Sitzungen für die endgültige Ausgestaltung des bT von besonderer Bedeutung (siehe *Goodblatt*, Instruction 155 ff.; *Gafni*, Babylonia 213 ff.).

Die *Pirqa* («Abschnitt, Kapitel»), ebenfalls seit Beginn des 4. Jhs. nachweisbar, war ein Einzelvortrag zu einem teils halakhischen, teils haggadischen Thema vor einem größeren Publikum, zu dem auch Leute aus dem einfachen Volk gehörten. In gaonäischer Zeit fand die Pirqa regelmäßig an Sabbaten in den Synagogen der rabb. Akademien statt; den Vortrag hielt der Schulleiter oder der Exilarch. Die Pirqa trug somit viel zur Verbreitung der rabb. Geistigkeit im gewöhnlichen Volk bei (dazu *Goodblatt*, Instruction 171 f.; *Gafni*, Babylonia 204 ff.).

4) Die Jüngerschaft

Neben den schulischen Aspekt der rabb. Ausbildung tritt als mindestens ebenso wichtiger Teil der Schulung die *Jüngerschaft* bei einem Gelehrten, der «Dienst» des Gelehrtenschülers (*talmid ḥakham*) bei einem Rabbi. Diese Jüngerschaft dauert Jahre und ist vielfach mit einer Art Lebensgemeinschaft und einem gemeinsamen Haushalt verbunden. Nur durch diese Lebensschulung wird man ein vollwertiges Mitglied der rabb. Gesellschaft; ohne sie bleibt man trotz allen Wissens ein Ungebildeter, ein ʿam ha-ʾareẓ (bSot 21b- 22a). Bei seinem Meister lernt der Jünger das rechte Verhalten und passt sich ihm in allen Formen des täglichen Lebens an, in Kleidung, Sprechweise usw., was zu einem ausgeprägten Traditionalismus und Klassenbewusstsein führt, vielfach auch zur Erblichkeit des rabb. Standes, auch wenn dies gelegentlich zu Kritik Anlass gibt (z. B. bNed 81a).

Ziel der Ausbildung ist die Befähigung, in Fragen des religiösen Rechts frei und selbstständig entscheiden zu können. Traditionell sieht man dies an die *semikha*, die Ordination, gebunden, mit der auch das Recht verknüpft gewesen sei, den Titel Rabbi zu tragen. Seit Raschi findet sich die Meinung, in Babylonien habe man statt der Bezeichnung Rabbi den Titel Rav verwendet, weil dort die Ordination nicht existierte. Doch gab es auch dort (trotz yBik 3,3,65d; bSan 14a) geregelte Formen einer Einsetzung in ein Amt; der anfangs rein dialektale Unterschied zwischen Rabbi und Rav gewann erst später auch inhaltliche Bedeutung (siehe *Y. Breuer*). Insgesamt ist die Rekonstruktion der *semikha* äußerst problematisch: «There is no evidence that *semikhah* was ever practiced in amoraic Palestine» (*C. Hezser*, Social Structure 93).

Nach traditionellem Verständnis soll die rabb. Semikha (hebr. «Aufstützen», von da «Handauflegung» als Geste einer Funktionsübertragung) zur authentischen Weitergabe der Tradition befähigen, die ununterbrochene Traditionskette von Mose bis in die eigene Zeit sichern. Doch ist der Begriff *semikha* oder *lismokh* für die Einsetzung in ein Amt palästinisch nicht belegt; der in Palästina übliche Ausdruck ist *minnuy* bzw. *le-mannot*, «Ernennung, ernennen». Auch die aus dem Begriff *semikha* abgeleitete Handauflegung nennen nur babylonische Texte; dabei ist man sich dessen bewusst, dass diese nicht notwendig ist und die bloße Nennung des Namens des in ein Amt Einzusetzenden genügt (bSan 14a). Schließlich ist nicht nachzuweisen, dass die Einsetzung Josuas durch Mose als Vorbild diente; Num 27,23 wird in diesem Zusammenhang erst in bSan 13b zitiert. Wann der Gedanke einer ununterbrochenen Kette der Amtsweitergabe wichtig wurde, lässt sich nicht belegen. Eine Verknüpfung der *semikha* mit der Traditionskette von mAv 1 kann man frühestens in ARN B 1 (Sch. 2; B. 317) nachweisen.

bSan 5a bringt für die Amtseinsetzung die Formel: «Darf er lehren? Er darf. Darf er richten? Er darf. Darf er erlauben (d. h. Gelübde lösen)? Er darf». In diesem vollen Umfang wird man zur selbstständigen Unterweisung und Entscheidung in der Halakha autorisiert, zur Ausübung des Gerichts, zur Erlaubnis von Erstlingen für den profanen Gebrauch, zur Lösung von Gelübden, zur Mitwirkung bei der Einfügung des Schaltmonats und zur Verhängung des Banns, wobei zumindest die Beteiligung bei der Kalenderfestsetzung nur in Palästina möglich war.

Die mit dem Begriff *minnui* bzw. babylonisch *semikha* bzw. *reshuta* («Autorität, Autorisierung») bezeichnete Ernennung eines Rabbi kann die v. a. durch den eigenen Lehrer ausgesprochene Qualifikation bezeichnen, damit verbunden – wie bereits genannt – die Berechtigung zur Lehre und zur Entscheidung halakhischer Fragen (aber nicht im Gebiet des Meisters). Sie kann auch die Teilnahmeberechtigung am rabbinischen Gericht bedeuten, v. a. zur Festsetzung des Kalenders, sei es als Folge der zuvor genannten Qualifikation oder infolge der Ernennung durch den Patriarchen. In anderen Texten wieder ist es die v. a. durch den Patriarchen oder eine Ortsgemeinde verfügte Verleihung eines Amts als Richter usw. oder schließlich auch die Ernennung zu bestimmten Funktionen am

Die Jüngerschaft

Hof des Patriarchen, traditionell als Mitgliedschaft im «Sanhedrin» bezeichnet. Die zahlenmäßige Begrenzung der Ernennungen ist mit der traditionellen Mitgliederzahl dieses Gremiums oder, eher pragmatisch, mit der Befreiung von gewissen Steuern zu erklären, die einem begrenzten Kreis von Personen zukam.

Diese verschiedenen Möglichkeiten einer Ernennung fasst ySan 1,3,19a schematisch als historische Entwicklung zusammen: «Es sagte R. Ba: Anfangs pflegte jeder Einzelne seine Schüler zu ernennen ... Dann aber erwies man diesem Haus die Ehre: Man sagte: Ein Gericht, das ohne Zustimmung des Patriarchen ernannt hat – seine Ernennung ist keine Ernennung. Und ein Patriarch, der ohne Zustimmung des Gerichts ernannt hat – seine Ernennung ist eine Ernennung. Dann aber legte man fest: Nicht ernenne ein Gericht ohne Zustimmung des Patriarchen und nicht ernenne ein Patriarch ohne Zustimmung des Gerichts.» Doch spätestens mit dem Ende des Patriarchats in den Jahren vor 429 muss man wieder zu dezentralen Formen der Ernennung übergegangen sein. Auch in Babylonien unterschied man wohl immer zwischen der Autorisierung zur Lehre durch den eigenen Meister und der Ernennung in ein Amt durch eine Gemeinde oder den Exilarchen.

III. Die rabbinische Hermeneutik

Lit.: P. S. Alexander, Quid Athenis et Hierosolymis? Rabbinic Midrash and Hermeneutics in the Graeco-Roman World, in: *P. R. Davies – R. T. White*, Hg., A Tribute to Geza Vermes, Sheffield 1990, 101–124; *W. Bacher*, ET; *D. Daube*, Alex. Methods; *ders.*, Rabb. Methods; *ders.*, Texts and Interpretation in Roman and Jewish Law, Jewish Journal of Sociology 3 (1961) 3–28 (Ndr. in *Fischel*, Essays 240–265; *Daube*, Collected Works 173–204); *L. Finkelstein*, Sifra I 120–191; *M. Gertner*, Terms of Scriptural Interpretation: A Study in Hebrew Semantics, BSOAS 25 (1962) 1–27; *A. Goldberg*, Rede und Offenbarung in der Schriftauslegung Rabbi Aqibas, FJB 8 (1980) 61–79 (= Studien I 337–350); *I. Heinemann*, Darkhe ha-Aggada, J ³1970; *D. Instone-Brewer*, Hermeneutics, Theology of, EMidr 292–316; *L. Jacobs*, Studies in Talmudic Logic and Methodology, Lo 1961 (dazu *E. Wiesenberg*, Observations on Method in Talmudic Studies, JSS 11, 1966, 16–36); *R. Kern-Ulmer*, Hermeneutics, Techniques of Rabbinic Exegesis, EMidr 268–292; *S. Lieberman*, Hell.; *St. J. Lieberman*, A Mesopotamian Background for the So-Called Aggadic ‹Measures› of Biblical Hermeneutics?, HUCA 58 (1987) 157–225 (v. a. zu Notarikon und Gematria); *R. Loewe*, The «Plain» Meaning of Scripture in Early Jewish Exegesis, Papers of the Institute of Jewish Studies, Lo 1 (1964) 140–185; *F. Maass*, Von den Ursprüngen der rabbinischen Schriftauslegung, ZThK 52 (1955) 129–161; *D. Patte*, Early Jewish Hermeneutic in Palestine, Missoula 1975; *G. G. Porton*, Exegetical Techniques in Rabbinic Literature, RRJ 7 (2004) 27–51; *ders.*, Hermeneutics, A Critical Approach, EMidr 250–268; *A. Samely*, Rabbinic Interpretation of Scripture in the Mishnah, O 2002 (dazu *M. I. Gruber*, RRJ 8, 2005, 301–314); *G. Stemberger*, Hermeneutik der jüdischen Bibel, in: *C. Dohmen – G. Stemberger*, Hermeneutik der jüdischen Bibel und des Alten Testaments, Stuttgart 1996, 23–132; *W. S. Towner*, Hermeneutical Systems of Hillel and the Tannaim: A Fresh Look, HUCA 53 (1982) 101–135; *G. Vermes*, Studies 59–91; *J. Weingreen*, From Bible to Mishna. The Continuity of Tradition, Manchester 1976, 1–76; *A. Yadin*, Scripture as Logos. Rabbi Ishmael and the Origins of Midrash, Phil. 2004; *S. Zeitlin*, Hillel and the Hermeneutic Rules, JQR 54 (1963 f) 161–173. Weitere Literatur bei den einzelnen Abschnitten.

Zu einem großen Teil sind die rabb. Schriften aus dem Versuch erwachsen, die Tora als das Lebensgesetz des Judentums den sich wandelnden Lebensverhältnissen anzupassen. Diese Aktualisierung der Tora erfolgt in der «mündlichen Tora», deren Entwicklung vor allem auch mit der Bibelauslegung verbunden ist, sei es in direkter Ableitung neuer Bestimmungen oder Vorstellungen aus dem Bibeltext oder in nachträglicher Rechtfertigung einer Aussage der Tradition durch eine bestimmte Bibelstelle. Der Umgang der Rabbinen mit der Bibel mag vielfach willkürlich scheinen, ist jedoch an gewisse Regeln (*middot*) gebunden, welche die rabb. Tradition im Lauf der Zeit in Gruppen zusammengefasst hat, die sieben Regeln Hillels, die dreizehn Regeln Jischmaels und die 32 Regeln des R. Eliezer (ben Jose ha-Gelili).

Natürlich hat es schon vor der Fassung dieser Regelgruppen eine bestimmte Methodik der Bibelauslegung gegeben, die eng mit der Bemühung um eine genaue Textweitergabe verbunden war. Die frühen Bibelgelehrten bezeichnet man als *soferim*, von *sefer* «Buch» abgeleitet; der Begriff ist aber auch mit der Wortbedeutung «zählen» zu verbinden, denn eine ihrer wichtigsten Aufgaben war das Zählen der Worte in jeder Schrift der Bibel sowie der Häufigkeit der einzelnen Worte selbst, ja sogar der Buchstaben (cf. bQid 30a). Ebenso erstellten sie Listen, welche Ausdrücke in der Bibel nur ein- oder zweimal vorkommen. Solche Listen erleichterten die Erklärung eines Textes durch eine Parallele bzw. allgemein aus dem Zusammenhang der Bibel, gilt doch als wesentliches Auslegungsprinzip, die Tora aus der Tora auszulegen (yMeg 1,13, 72b lässt dies schon Noach anwenden). Gegen das hohe Alter dieses Zugangs könnte man auf das durch Qumran belegte Nebeneinander verschiedener Rezensionen des Bibeltextes verweisen; doch belegen dieselben Funde auch das Bemühen um die Fixierung des Textes. Dasselbe kann man in der rabbinischen Tradition von den frühesten Anfängen an feststellen.

Aus dem allgemeinen Wortgebrauch oder auch durch den Vergleich mit fremden Sprachen leitet sich die einfache Worterklärung ab. Diese wird häufig mit der Formel ʾ*ein* ...ʾ*ela* eingeführt: Ein Ausdruck bedeutet «nichts als» dies oder das. Vielfach (nicht unbedingt später: Eine solche Entwicklung ist nicht zu beweisen) wird der Ausdruck allerdings auch dort verwendet, wo die Erläuterung keineswegs aus dem Wortsinn selbst hervorgeht, sondern eher eine theologische Deutung ist oder den Wortsinn gar allegorisch umprägt. Erklärungen dieser Art wurden vielleicht in Textglossen zur Bibel oder auch in eigenen Sammlungen zusammengestellt. Dazu: *W. Reiss*, Wortsubstitution als Mittel der Deutung. Bemerkungen zur Formel *ein* ... *ela*, FJB 6 (1978) 27–69.

Für die Anwendung der Auslegungsregeln ist prinzipiell zwischen Halakha und Haggada zu unterscheiden. Die Halakha steht im Allgemeinen schon vor ihrer biblischen Begründung fest; die Bibelauslegung hat sich dann mehr oder weniger darauf zu beschränken, die bestehende Halakha biblisch zu begründen und zu stützen. Insofern ist die halakhische Exegese traditionsgebundener als die haggadische Auslegung. Andererseits muss sich jedoch die Halakha den wechselnden Verhältnissen anpassen; auch bemüht man sich in den je gewandelten Zeitumständen nach Möglichkeit um eine einheitliche Halakha. Das hat einen ständigen Adaptierungsprozess zur Folge. Die Haggada hingegen, die ja keinen direkten Einfluss auf das praktische Leben hat, bleibt von dieser ständigen Anpassung weitgehend verschont, auch wenn es im Dienste zeitgebundener Polemik und Abwehr bestimmter Ideen auch hier zeitbedingte Veränderungen gibt. Im Allgemeinen ist die Haggada, obwohl prinzipiell nicht so streng genormt wie die Halakha, beständiger als diese.

1) Die sieben Regeln Hillels

Lit.: A. Schwarz, Die hermeneutische Analogie in der talmudischen Litteratur, Karlsruhe 1897; *ders.*, Der hermeneutische Syllogismus in der talmudischen Litteratur, W 1901; *ders.*, Die hermeneutische Induktion in der talmudischen Litteratur, W 1909; *ders.*, Die hermeneutische Antinomie in der talmudischen Literatur, W 1913; *ders.*, Die hermeneutische Quantitätsrelation in der talmudischen Literatur, W 1916; *J. Bergman*, Gezera shawa mahi?, Sinai 71 (1972) 132–139 (Unterschied zum *heqqesh*); *M. L. Chernick*, Hermeneutical Studies in Talmudic and Midrashic Literature (h), T-A 1984 (zu *Kelal u-ferat u-kelal* und *Ribbui u-miʿut*); *ders.*, Internal Restraints on Gezerah Shawah's Application, JQR 80 (1989 f.) 253– 282; *ders.*, Gezerah Shavah: Its Various Forms in Midrashic and Talmudic Sources (h), Lod 1994; *M. Kahana*, Qawim le-toldot hitpatḥutah shel middat kelal u-ferat bi-tequfat ha-Tannaim, in: GS T. Lifshitz 173–216; *M. Weiss*, The *Gezera Shava* and the *Kal Va-Chomer* in the Explicit Discussions of *Bet Shammai* and *Bet Hillel* (h), Sidra 6 (1990) 41–61.

Die sieben Middot Hillels sind nicht von Hillel erfunden, sondern eine Zusammenstellung von damals üblichen Hauptarten des Beweisverfahrens. Die Einführung der Regeln in die pharisäische Schriftauslegung verbindet man gewöhnlich mit der Episode von yPes 6,1,33a: Die Frage, ob man das Pesachopfer an einem Sabbat zubereiten darf, der mit dem 14. Nisan zusammenfällt, beantwortet Hillel positiv. Er begründet dies mit einem Schluss vom Leichteren auf das Schwerere (das tägliche Opfer verdrängt den Sabbat, obwohl die Bibel seine Darbringung nicht unter Androhung der Ausrottung gebietet; umso eindeutiger verdrängt das unter dieser Androhung vorgeschriebene Pesachopfer den Sabbat), mit einem Analogieschluss (vom täglichen Opfer heißt es wie vom Pesachopfer, es habe zu seiner festgesetzten Zeit stattzufinden – *be-moʿado:* Num 9,2; 28,2; so ist das Pesachopfer dem täglichen Opfer auch darin gleichzusetzen, dass es den Sabbat verdrängt) und mit einer Sachanalogie (beide Male sind es Opfer der Allgemeinheit). Alle logischen Ableitungen Hillels können seine Zuhörer, die Sippe von Batyra, nicht überzeugen, bis er sich dafür auf seine Lehrer Schemaja und Avtaljon beruft, also die Tradition für sich in Anspruch nimmt.

Dieselbe Erzählung (kürzer in bPes 66a) nennt in der Fassung von tPes 4,13 (L. 165 f.) weder die Leute von Batyra noch Schemaja und Avtaljon als Lehrer Hillels. Auch die polemische Aussage, dass erst die Berufung auf die Tradition überzeugt, fehlt in T (dazu *Neusner*, Phar I 231–235, 246– 251). Die Berufung Hillels auf seine Lehrer ist übrigens durch den Kontext in T allein auf die Halakha, nicht jedoch auf die Auslegungsregeln zu beziehen (*Lieberman*, Hell. 54). Die Nähe der Regeln Hillels zu den in der hellenistischen Rhetorik üblichen Auslegungsregeln, die dann auch in die römische Rechtsauslegung eingegangen sind (dazu *Daube*, Rabb. Methods), ist daher auch nicht mit dem Hinweis auf Hillels Lehrer Schemaja und Avtaljon zu erklären, die der Tradition nach Proselyten waren und in Alexandrien studiert und gelehrt haben sollen (gegen *Daube*, Rabb. Methods 241). Eine direkte Übernahme der Regeln aus der hellenistischen Welt ist nicht nachzuweisen, auch wenn Zusammenordnung und Terminologie der Regeln auf hellenistische Einflüsse zurückgehen mögen.

tSan 7,11 (Z. 427), wo die Aufzählung der sieben Regeln eingeleitet wird mit: «Sieben Worte hat Hillel der Alte vor den Ältesten von Patira ausgelegt», bezieht sich nicht auf die Erzählung in tPes, wo die Leute von Patira/Batyra gar nicht genannt sind. Die Erzählung gibt nicht den historischen Anlass für die Einführung der Regeln wieder; sie ist auch nicht als Illustration dafür erfunden worden, wie auch nicht die Liste aus ihr abgeleitet ist; die Erzählung nennt ja nur den Schluss vom Leichteren auf das Schwerere und den Analogieschluss (in T gar nicht explizit) aus den sieben Regeln, dafür jedoch die in der Liste nicht enthaltene Sachanalogie (*heqqesh*). Historisch ist die Verbindung Hillels mit den sieben Regeln nicht zu sichern.

Außer in tSan ist der Text der Regeln Hillels auch in der Einleitung zu Sifra (F. 9 f.) und in ARN A37,18 (Sch. 110; B. 364 f.) überliefert. In Sifra ist er an die Auslegung der dreizehn Regeln Jischmaels angeschlossen; die Regeln 3 und 4 sind ineinander verschmolzen: *u-vinyan ʾav ushne ketuvim*; eigentlich gehören ja 3 und 4 als Einheit zusammen, wurden jedoch geteilt, damit sich die Siebenzahl ergibt (anders *Finkelstein* z. St., nach dem *u-shne ketuvim* die 13. Regel Jischmaels meint). In ARN steht die Liste zusammen mit anderen Listen von je sieben Dingen; dass ARN sie aus T kopiert hat (so *Neusner*, Phar I 275), lässt sich nicht belegen. Auch in T scheint die Liste nachträglich an das Kapitel angehängt, wohl durch den vorausgehenden Siebenerspruch veranlasst; es ist ein in den Schulen allgemein bekannter und nach Bedarf in verschiedenen Schriften verwendeter Text.

1. *Qal wa-ḥomer* (genauer *qol*, «Leichtigkeit»: so z. B. zu Beginn von MS Vatikan 66 von Sifra; die übliche Aussprache vermeidet eine Verwechslung mit *qol* «Stimme»). Schluss a minori ad maius, vom Leichten (minder Bedeutenden) auf das Schwere (Bedeutendere) und umgekehrt. Laut Jischmael wendet schon die Tora zehnmal diese Regel an, so z. B. Gen 44,8 (BerR 92,7, Th-A 1145). Ein nichtbiblisches Beispiel ist bKet 111b: «ein *qal wa-ḥomer* vom Weizenkorn: dieses wird nackt begraben und kommt bekleidet heraus. Wie viel mehr ist dies von den Gerechten zu erwarten, die bekleidet begraben werden.» Die Regel darf allerdings nicht zur Begründung einer höheren Strafe verwendet werden: «Es genügt, wenn das aus einem Rechtssatz Gefolgerte dem gleich ist, aus dem es gefolgert wurde» (mBQ 2,5).

2. *Gezera shawa*, wörtlich: «gleiche Verordnung» oder «Satzung». Nach *Lieberman*, Hell. 58 f., ist der Ausdruck, dessen genaue Etymologie noch nicht geklärt ist, in Entsprechung zum Terminus der hellenistischen Rhetorik *synkrisis pros ison* gebildet (zuerst belegt bei Hermogenes, 2. Jh.). Analogieschluss. Streng genommen ist dieser nur anzuwenden, wenn in zwei zu vergleichenden Sätzen der Tora dieselben Ausdrücke vorkommen und womöglich nur dort vorkommen; außerdem sollen diese Ausdrücke, auf denen der Analogieschluss aufbaut, für das Verständnis des Satzes nicht notwendig sein, sodass man annehmen kann, die Bibel selbst habe sie schon im Hinblick auf den zu ziehenden Analogieschluss gesagt (bShab 64a). Auch ist die *gezera shawa* nur äußerst zurückhaltend anzuwenden und soll durch die Tradition gestützt sein: «du sollst die *gezera shawa* nicht leichtfertig anwenden» (bKer 5a); «niemand zieht einen Analogieschluss aus eigener Autorität» (yPes 6,1,33a). Nur unter diesen, später allerdings nicht mehr streng eingehaltenen Bedingungen gilt die an einer Stelle des Pentateuch erwähnte gesetzliche Bestimmung auch für eine andere Stelle. Z. B. heißt es in Lev 27,7: «ein Mann von sechzig Jahren und mehr» habe bei der Einlösung seines Gelübdes einen bestimmten Schätzwert. mAr 4,4 lässt nun das «und mehr» auch bei anderen Altersangaben gelten, wo es nicht ausdrücklich dazugesagt ist (Lev 27,3.5): In allen Fällen ist vom vollendeten Lebensjahr auszugehen, auch wenn dies einmal eine Erschwerung, ein andermal wieder eine Erleichterung der Vorschrift bedeutet; das Wort «Jahr» hat immer gleich ausgelegt zu werden *(shana, shana, li-gezera shawa)*. Eng verwandt mit der *gezera shawa* ist der sogenannte *heqqesh*, die nicht so streng geregelte Sachanalogie (z. B. Hillel in yPes 6,1,33a).

3. *Binyan ʾav mi-katuv ʾeḥad*, wörtlich: «Bau einer Familie» (*ʾav* kurz für *bet ʾav*) «von einer einzigen Bibelstelle aus». «Vermöge der mit diesem Ausdruck bezeichneten exegetischen Norm wird auf eine Anzahl biblischer Stellen, die inhaltlich zueinandergehören, irgendeine nur bei einer derselben sich findende nähere Bestimmung angewendet. Die Hauptstelle verleiht so allen übrigen einen sie zu einer Familie verbindenden gemeinsamen Charakter» (*Bacher*, ET I 9). In ySan 1,1,18a sagt R. Eleazar ben Pedat: «An jeder Stelle, wo es heißt: ‹Und Gott›, ist Gott und sein Gerichtshof gemeint. Und es ist ein *binyan ʾav*: An allen Stellen mit *wayomer* ‹und er sagte› ist ein Unheil ausgesagt.» SifDev § 148 (F. 202) leitet aus Dtn 17,6 ab: Wo der Ausdruck *yimmaze* «er wird angetroffen» in einem bestimmten Zusammenhang ausgesagt wird, sind immer zwei oder drei Zeugen verlangt.

4. *Binyan ʾav mi-shne ketuvim* heißt es, wenn die eben erwähnte Ableitung auf zwei Bibelstellen beruht. So werden z. B. die Vorschriften, dass ein Sklave freigelassen werden muss, wenn ihm sein Besitzer ein Auge oder einen Zahn zerstört hat (Ex 21,26.27), allgemein gefasst: Für alles Unersetzliche gehört dem Sklaven als Entschädigung die Freiheit (MekhY Neziqin 9, L. III 72 f.).

5. *Kelal u-ferat u-ferat u-kelal:* «Allgemeines und Besonderes, Besonderes und Allgemeines», d. h. die Näherbestimmung des Allgemeinen durch das Besondere, des Besonderen durch das Allgemeine. Die dreizehn Middot Jischmaels zerlegen diese Regel in acht (Nr. 4–11). Zu Parallelen in der römischen Rechtsauslegung siehe *Daube*, Rabb. Methods 252–254. «Wie erfolgt der Schluss vom Allgemeinen auf das Besondere? Es heißt zuerst: ‹Von den Haustieren› (darf man Opfer darbringen: Lev 1,2). Diese allgemeine Aussage schließt nur ein, was dann detailliert wird: ‹vom Rind und Kleinvieh›. Wie erfolgt der Schluss vom Besonderen auf das Allgemeine? ‹Wenn jemand einem andern einen Esel, ein Rind, ein Schaf zur Verwahrung gibt›: Das ist die detaillierte Aussage, der dann die Verallgemeinerung folgt: ‹oder sonst ein Haustier› (Ex 22,9). Der Schluss vom Besonderen auf das Allgemeine besagt, dass der allgemeine Ausdruck den Einzelbeispielen etwas hinzufügt» (Sifra, Einleitung, F. 5 f.).

6. *Ke-yoẓe bo be-maqom ʾaḥer,* «dem Ähnliches an einer anderen Stelle». Die eigenartige Formel, wörtlich «wie herausgeht mit ihm …», leitet *Daube,* Rabb. Methods 260, vom hellenistischen Fachausdruck *symbainein* ab, «entsprechen, sich aus einer Schlussfolgerung ergeben». Diese Regel ist dem Analogieschluss ähnlich, jedoch nicht so streng eingegrenzt. Als Beispiel der Beginn von MekhY (L. I 1–3): Die Annahme, «das in der Bibel zuerst Genannte sei auch in Wirklichkeit vorrangig», wird an einer Reihe von Beispielen dadurch widerlegt, dass jeweils ein dazu passender Bibelvers angeführt wird, in dem die Reihenfolge anders ist. In Ex 3,6 heißt es «der Gott Abrahams, der Gott Isaaks und der Gott Jakobs»; in Lev 26,42 steht hingegen: «ich gedenke meines Bundes mit Jakob, meines Bundes mit Isaak und meines Bundes mit Abraham.»

7. *Davar ha-lamed me-ʿinyano:* «der Schluss aus dem Kontext» der biblischen Aussage. Wegen ihrer Einsichtigkeit ist diese Regel allgemein anerkannt. Der Satz Aqivas in SifBem § 131 (H. 169): «jeder Bibelabschnitt, der dicht bei einem anderen steht, ist mit Hinblick auf diesen auszulegen», scheint dasselbe zu besagen, doch führt dieses Prinzip oft nicht zu einer natürlichen Exegese aus dem Kontext, sondern zu oft weit hergeholten Auslegungen aus dem (für den modernen Leser!) zufälligen Nebeneinander zweier Ausdrücke. Ein Beispiel für die Regel Hillels: Eine Baraita in bSan 86a beruft sich ausdrücklich auf die Ableitung aus dem Zusammenhang in der Auslegung von Ex 20,15: «Du sollst nicht stehlen.» Nach Meinung der Rabbinen ist hier vom Menschenraub die Rede, da auch die anderen Gesetze im Zusammenhang von Personen handeln. In Lev 19,11 hingegen bezieht sich das «Ihr sollt nicht stehlen» aus dem Zusammenhang auf den Gelddiebstahl.

2) Die dreizehn Middot des R. Jischmael

Lit.: L. Finkelstein, Sifra I 147–191; *A. Freimann*, FS A. Schwarz, B-W 1917, 109–119 (Liste hebräischer Kommentare zu den 13 Middot); *G. G. Porton*, Ishmael IV 160–211.

R. Jischmael, der große Lehrer der Generation vor Bar Kokhba, gilt vor allem in der Bibelauslegung als der Gegenspieler von R. Aqiva. Gegen das pressende Deuten einzelner Wörter, ja Buchstaben stellt er den Grundsatz auf: «die Tora redet in der Sprache der Menschen» (SifBem § 112, H. 121); damit lehnt er z. B. die Ausdeutung des Inf. absolutus *hikkaret* vor dem Verbum finitum *tikkaret* ab: «Es sind stilistische Wiederholungen, die die Tora auf ihre Weise verwendet» (yYev 8,1,8d), eine weitere Erklärung solcher Doppelausdrücke ist daher nicht notwendig.

Wie Hillel wird auch Jischmael eine Gruppe von Auslegungsregeln zugeschrieben, die 13 Middot, deren Text zu Beginn von Sifra (F. 3 f.) steht (die Zahl 13 ist traditionell, bei normaler Unterteilung wären es 16; Aaron Ibn Chajjim kommt in seinem Kommentar zu Sifra von 1609–1611 auf 17 Regeln). Diese Regeln stehen im Judentum in sehr hohem Ansehen: Sie bilden einen Bestandteil des täglichen Morgengebets (so schon im ältesten vollständigen Siddur, dem des Rav Amram Gaon). Zahlreiche jüdische Lehrer seit dem Mittelalter haben sie als vom Sinai her überliefert erklärt (Zusammenstellung von *G. Fischer*, Jeschurun 7, 1860, 485–487). MHG Ex 21,1 (M. 458) leitet den Text der Middot ein: «R. Jischmael sagt: Das sind die dreizehn Middot, durch die die Tora ausgelegt wird, die dem Mose am Sinai überliefert wurden.» *D. Hoffmann* hat den Text in seine Ausgabe von MekhSh (F 1905, 117) aufgenommen; doch hat sich dies durch die Genizafunde nicht bestätigen lassen, weshalb der Abschnitt in der Ausgabe *Epstein – Melamed* 158 auch nicht aufscheint. Text der Middot auch in MHG Lev 1,2 (S. 17), dort ausdrücklich aus Sifra zitiert.

Die 13 Middot sind im Wesentlichen nur eine erweiterte Fassung der sieben Middot Hillels: J. 1 = H. 1; J. 2 = H. 2; J. 3 = H. 3 und 4; J. 4–11 sind gebildet durch Zerlegung von H. 5; J. 12 = H. 7: bHul 63a nennt diese Midda als eine der «13 Middot, nach welchen die Tora ausgelegt wird», aber ohne Nennung Jischmaels. H. 6 ist ausgelassen.

J. 13 ist neu: «Zwei Schriftverse widersprechen einander, bis der dritte Vers kommt und zwischen ihnen entscheidet.» Als Beispiel MekhY Pisḥa 4 (L. I 32): Aqiva verweist darauf, dass nach Dtn 16,2 das Pesachopfer vom Kleinvieh und von den Rindern darzubringen ist, nach Ex 12,5 von den Schafen und Ziegen. «Wie sind diese beiden Schriftstellen aufrechtzuerhalten? Sage: Dies ist eine Regel in der (Auslegung der) Tora – zwei Schriftverse widersprechen einander. Sie bleiben an ihrer Stelle stehen, bis der dritte Vers kommt und zwischen ihnen entscheidet.» Ex 12,21 nennt nur Kleinvieh für das Pesachopfer; somit ist klar, dass nur Kleinvieh und nicht Großvieh für das Pesachopfer geeignet ist. Siehe *D. Henschke*, The Rabbis' Approach to Biblical Self-contradictions (h), Sidra 10 (1994) 39– 55; *A. Yadin*, Shnei Ketuvim and Rabbinic Intermediation, JSJ 33 (2002) 386–410.

Die Geschichtlichkeit der Zuschreibung der 13 Middot an Jischmael lässt sich ebenso wenig beweisen wie jene der 7 Regeln an Hillel. *G. G. Porton* (Ishmael II 65) zeigt auf stilistischer Grundlage, dass die Liste in Sifra zusammengesetzt ist. Daher gebe es keinen Grund, «that it should be assigned to one man, other than the editor of this passage, or to one school». Eine Analyse der exegetischen Traditionen Jischmaels in tannaitischen Sammlungen zeigt: Jischmael «never uses the majority of his exegetical methods. He most commonly employs the *a fortiori* argument and the *gezerah shavah*, the same principles which were common in the non-Jewish world of his time» (l.c. 6). Wenn wir die Prinzipien betrachten, die er gemäß diesen Texten tatsächlich verwendete, kannte er höchstens fünf seiner Regeln. Auch sind die klaren Grenzlinien zwischen den Methoden Jischmaels und Aqivas nicht aufrechtzuhalten: «frequently ʿAqiba employs techniques usually associated with Ishmael and Ishmael uses methods usually assigned to ʿAqiba» (Ishmael IV 208). Zu Jischmaels Zeiten gab es somit noch nicht zwei methodisch klar unterschiedene exegetische Schulen; wenn die rabbinischen Texte schon zwischen den Methoden Jischmaels und Aqivas differenzieren, dann gewöhnlich in der palästinischen Gemara (Ishmael IV 209). «It appears that the standard picture of Ishmael's exegetical practice is, at earliest, an Amoraic construction» (Ishmael II 7).

Der Karäer Jehuda Hadassi hat sich in seiner 1148 begonnenen Darstellung des karäischen Glaubens *Eshkol ha-kofer* (Eupatoria 1836, erweiterter Ndr. Lo 1971, 124b) gegen diese Middot ausgesprochen und auch auf ihre Ähnlichkeit mit griechischen Regeln, den zwölf *ergasiai kai epicheirēmata*, hingewiesen. Dabei beruft er sich wohl auf ein mittelalterliches Scholion zur Schrift *Peri heureseōs* des Hermogenes. Direkte Parallelen ergeben sich in den *ergasiai* allerdings nur zu den ersten beiden Regeln Jischmaels bzw. Hillels; gewisse Ähnlichkeiten bestehen hingegen mit einigen der 32 Regeln Eliezers, die Hadassi ebenfalls zitiert (cf. *Lieberman*, Hell. 56).

3) Die zweiunddreißig Middot

Lit.: H. G. Enelow, Hg., The Mishnah of Rabbi Eliezer or the Midrash of Thirty-Two Hermeneutic Rules, NY 1933, Ndr. 1970 (Textausgabe mit engl. Einleitung); *V. Aptowitzer*, Das Alter der Baraita der 32 Normen ..., FS A. Schwarz, B-W 1917, 121–132; *Albeck*, Derashot 434–436; *L. Bardowicz*, Die Abfassungszeit der Baraita der 32 Normen für die Auslegung der Heiligen Schrift, B 1913; *J. N. Epstein*, On the Mishna of R. Eliezer Son of R. Jose the Galilean (h), Tarbiz 4 (1932 f.) 343–353; *ders.*, Mishnat R. Eliezer, HUCA 23/2 (1950 f.) hebr. Teil 1–15 (Ndr. Studies II 221–247); *M. Moreshet*, The Language of «Mishnat R. Eliezer» (h), Bar-Ilan 11 (1973) 183–223; *M. Zucker*, Le-pitron baʿayat l"b middot u-mishnat Rabbi Eliezer, PAAJR 23 (1954) hebr. Teil 1–39.

Die 32 Middot sind nach Eliezer ben Jose ha-Gelili (Generation nach Bar Kokhba) benannt. Bis ins 19. Jh. war ihr zuerst vom Grammatiker Abulwalid Ibn Ǧanaḥ (11. Jh.) zitierter Text nur aus dem *Sefer Keritut* des Simson von Chinon (1260–1330) bekannt (Ausgabe *J. M. Sofer*, J 1965), in der karäischen Tradition durch Jehuda Hadassi. Die Textfassung des MHG Gen (M. 22 f.) zählt 33 Middot (Teilung der 29. Midda), der Text *Enelow's* nennt 33 Middot, zählt jedoch nur 32 auf. Als Quelle des MHG hat sich inzwischen die Mishnat R. Eliezer erwiesen, auch Midrasch Agur oder Midrasch der 32 Middot genannt.

Die Datierung des Midrasch ist umstritten. *Enelow* betrachtet das Werk, in dem keine späteren Lehrer als solche des 3. Jhs. zitiert sind, als «product of the Tannaic tradition» (59), «composed not later than the closing part of the fourth century» (60). Andererseits hat schon *Bardowicz* ein Datum nach Saadja vorgeschlagen, was auch *M. Zucker* annimmt, nach dem die 32 Middot eine Auswahl aus den 49 Regeln des Samuel ben Ḥofni sind, der selbst wieder vor allem aus Saadja geschöpft hat. Etwas früher sind die Ansätze von *Epstein* (Zeit des Heraklius) und *Albeck* (8. Jh.). *Moreshet* kommt aus sprachlichen Gründen auf eine Datierung zwischen 600 und 800. Jedenfalls gilt die Spätdatierung nur für die Endfassung der Schrift, die jedoch nicht einheitlich ist und deren Traditionen zum Teil in talmudische Zeit zurückreichen können. Doch werden die 32 Regeln im Talmud noch nicht genannt. bHul 89a zitiert R. Jochanan: «Wo du die Worte des Eliezer ben Jose ha-Gelili in der Haggada hörst, halte dein Ohr hin gleich einem Trichter.» Dieser Ruhm Eliezers als Haggadist mag dazu beigetragen haben, mit seinem Namen die Regelsammlung zu verbinden, die auch in manchen Talmudausgaben nach dem Traktat Berakhot abgedruckt ist. Raschi, Abraham ben David und Zakuto lesen im Titel der Baraita nicht «32 Regeln, durch die die *Haggada* ausgelegt wird», sondern «die Tora». *S. Krauss* folgert daraus, dass diese Middot auch für die halakhische Auslegung gelten (FS A. Schwarz 572). Das gilt für einzelne dieser Regeln, andere jedoch sind eindeutig haggadisch.

1. *ribbui*, «Vermehrung, Einschließung», wenn die Bibel die Wörtchen ʾaf und *gam* («auch») oder die Akkusativpartikel ʾ*et* verwendet. So deutet BerR 1,14 (Th-A 12) Gen 1,1 «Gott schuf den Himmel und die Erde» (im Hebr. zweimal die Akk. partikel ʾ*et*) so: «*den* Himmel: Das schließt Sonne, Mond, Sterne und Sternbilder ein; und *die* Erde: Das schließt Bäume, Gräser und den Garten Eden ein». Halakhische Anwendung: Nach mAr 1,4

schiebt man die Hinrichtung der zum Tod verurteilten Ehebrecherin, die schwanger ist, nicht auf, bis sie gebiert. bAr 7a begründet dies mit Dtn 22,22: *u-metu gam shnehem* «und sie (die Ehebrecher) sollen alle beide sterben», der Mann und die Frau mit dem Embryo. Siehe M. Chernick, Hermeneutical Studies in Talmudic and Midrashic Literature (h), T-A 1984; ders., Hitpathut, zura u-mivne ba-drashot shel ribbuyim u-miʿutim, PAAJR 49 (1982) hebr. Teil 105–122; Y. Elman, Towards a History of Ribbuy in the Babylonian Talmud (h), 11th WCJS (J 1994) C I 87–94.

2. *miʿut*, «Einschränkung, Ausschließung, Verminderung», angezeigt durch die Worte ʾakh, raq («nur») und min («von, aus»). Gen 7,23: «übrig blieb nur (ʾakh) Noach». Nach BerR 32,11 (Th-A 298) ist das so zu verstehen: «ʾakh bedeutet eine Einschränkung: Auch er spie Blut wegen der Kälte», hat also nicht überlebt, ohne Schaden zu nehmen. Halakhische Anwendung: «und du sollst nur (ʾakh) fröhlich sein» (Dtn 16,15). Laut bSuk 48a schließt das zwar den Abend des letzten Festtags von Sukkot ein, nicht aber den des ersten: Dieser ist durch ʾakh ausgeschlossen.

3. *ribbui ʾahar ribbui*, «Einschließung nach Einschließung», durch Verbindung von zwei der in 1. genannten Partikel. MidrSam 20,5 (B. 54a; L. 69) deutet 1 Sam 17,36 «Auch den Löwen (*gam Het ha-ʾAri*), auch den Bären (*gam ha-dov*) schlug dein Knecht» im Namen des R. Natan: Er hat vier Löwen (je einer zusätzlich für *gam*, *ʾet* und den Artikel) und drei Bären getötet. Anders in der Halakha, wo gilt: «Einschließung nach Einschließung bedeutet Verringerung» (Sifra Zaw 11, W. 34d). Wenn daher in Lev 7,12 für das Dankopfer zweimal «mit Öl» verlangt wird, wird dafür nur ein halbes Log Öl und nicht ein ganzes wie beim sonstigen Speiseopfer verwendet (vgl. bMen 89a, wo diese Meinung Aqiva zugeschrieben wird). SifBem § 124 (H. 155 f.) wendet denselben Grundsatz als Regel des R. Jischmael auf das Verbrennen der roten Kuh an (Num 19,5 zweimal «verbrennen»): Man nimmt nur so viel Holz als gerade nötig. R. Jehuda deutet hier allerdings im Gegenteil, man solle nicht sparen, sieht also im doppelten *ribbui* eine Verstärkung.

4. *miʿut ʾahar miʿut*, Verbindung zweier einschränkender oder ausschließender Partikel. «Eine Ausschließung nach einer Ausschließung bedeutet eine Einschließung.» Diesen Grundsatz wendet R. Meir halakhisch in bMak 9b an: Auch ein Blinder, der unvorsätzlich jemanden erschlagen hat, muss in die Asylstadt flüchten, denn die zwei Ausschließungen – «ohne es zu sehen» (Num 35,23), «ohne Vorsatz» (Dtn 19,4) – bedeuten eine Einschließung. Dieses Argument wird jedoch nicht allgemein akzeptiert. Haggadische Anwendung z. B. zu 1 Kön 8,9: «in der Lade war *nichts, nur* die zwei Steintafeln». Die zweifache Einschränkung ʾein ... raq führt zu der Annahme, in der Bundeslade habe sich auch eine Torarolle befunden (bBB 14a) bzw. die Bruchstücke der ersten Tafeln (bBB 14b).

5. *qal wa-homer meforash*. Ausdrücklich angegebener Schluss a minori ad maius und umgekehrt. Vgl. Hillel 1.

6. *qal wa-ḥomer satum.* Angedeuteter Schluss a minori ad maius und umgekehrt.

7. *gezera shawa* und 8. *binyan ʾav* vgl. Hillel 2 und 3.

9. *derekh qeẓara.* Abgekürzte oder elliptische Ausdrucksweise. Dtn 21,11: «Und wenn du unter den Gefangenen eine Frau siehst, die schön von Gestalt ist» (*ʾeshet yefat toʾar*). Aus dem status coniunctus *ʾeshet* statt *ʾisha* folgert schon SifDev § 211 (F. 245): «Auch wenn sie eine verheiratete Frau ist» (*ʾeshet ʾish*), darf man sie heiraten. Der späte Midrasch Leqaḥ Tov z. St. verdeutlicht: «Überall, wo *ʾeshet* steht, muss eine Ergänzung erfolgen, z. B. *ʾeshet kesilut* («Frau Torheit», Spr 9,13). Und warum heißt es hier (nur) *ʾeshet*? Um zu lehren: auch wenn sie eine Ehefrau (*ʾeshet ʾish*) ist.»

10. Die *Wiederholung* wird zur Deutung benützt. BerR 89,9 (Th-A 1098) sagt Jehuda b. Ilai: «Eigentlich sollten 14 Jahre Hungersnot über Ägypten kommen» (Gen 41,3.6: 7 magere Kühe, 7 dürre Ähren); Nechemja antwortet: «Eigentlich waren 28 Jahre bestimmt: 14 hat der Pharao (im Traum) gesehen und es Josef gesagt», dabei also die Zahl wiederholt. Und weil auch Josef die Worte des Pharao wiederholt, müssten es nach Meinung der Rabbinen 42 Jahre gewesen sein. – mSan 1,6 beweist aus dem doppelten «die Gemeinde» Num 35,24 f., dass ein kleiner Gerichtshof 23 Mitglieder haben muss: «Gemeinde» = 10, wie aus Num 14,27 abgeleitet wird, wo man «die Gemeinde» als die zwölf Kundschafter mit Ausnahme von Josua und Kaleb versteht. Zu zweimal 10 kommen noch drei aus anderem Grunde nötige Mitglieder. – Eine Baraita in bHul 115b versteht das dreifache «Du sollst das Böckchen nicht in der Milch seiner Mutter kochen» (Ex 23,19; 34,26; Dtn 14,21) als Verbot des Essens, des Kochens und der Nutznießung. Nach Aqiva dagegen bedeutet das dreimal gesetzte Wort «Böcklein», dass Vögel, Wild und unreines Vieh biblisch nicht unter das Verbot des in Milch Kochens fallen. – MekhY Wa-yassa 5 (L. II 119) leitet Zeriqa aus der dreimaligen Wiederholung des «heute» in Ex 16,25 (vom Manna: «Esst es heute; denn Sabbat ist heute für den Herrn; heute werdet ihr auf dem Feld nichts finden») ab, dass man am Sabbat drei Mahlzeiten halten muss (vgl. bShab 117b). – Joschijja verwendet das dreimalige *ʾelohim* in Ex 22,7 f. als Beweis dafür, dass in Geld-(Zivil-)Prozessen drei Richter entscheiden: MekhY Neziqin 15 (L. III 119); vgl. bSan 3b.

11. *Zusammengehöriges, das getrennt ist* (durch *sof pasuq* oder anderen trennenden Akzent). In 2 Chron 30,18 f. ist die Verstrennung tatsächlich sinnstörend, an anderen Stellen wird sie jedoch einfach übergangen, um eine Vorstellung biblisch zu stützen. mMak 3,10 verbindet *be-mispar* von Dtn 25,2 mit *ʾarbaʿim*, dem ersten Wort des folgenden Verses, «an der Zahl 40», um damit eine Begrenzung der Prügelstrafe auf 39 Hiebe zu belegen: «*be-mispar ʾarbaʿim*: eine Zahl, die 40 am nächsten ist». – MekhY Pisḥa 16 (L. I 139) beweist Jose ha-Gelili, indem er «und es werde nichts

Gesäuertes gegessen» (Ex 13,3) mit dem «heute» des folgenden Verses verbindet, dass Israel nur diesen einen Tag in Ägypten Ungesäuertes gegessen hat. – Sifra Qedoshim 2 (W. 87d) leitet die Vorschrift, dass der Besitzer nicht einen Armen vor einem anderen begünstigen solle, indem er ihm auflesen hilft, aus Lev 19,10 ab: Dabei wird «du sollst nicht auflesen» dem Zusammenhang und dem Atnach zuwider mit dem folgenden «dem Armen» verbunden (vgl. bGit 12a). – Sifra Qedoshim 7 (W. 91a) beweist Simeon ben Eleazar die Forderung, dass der Greis seinen Mitmenschen nicht belästigen dürfe, indem er Lev 19,32 «du sollst ehren das Ansehen des Greises. Und du sollst deinen Gott fürchten» gegen den Atnach abtrennt: «Greis, du sollst deinen Gott fürchten.»

In Zusammenhang mit dieser der Grammatik widersprechenden Satztrennung im Interesse einer bestimmten Auslegung ist auch die gelegentliche Unentschiedenheit zu sehen, wohin ein Wort gehört. Issi ben Jehuda sagt MekhY Amaleq 1 (L. II 142), in der Tora gebe es fünf Worte, die kein «Übergewicht» haben, welches die Waagschale zugunsten einer Verbindung mit dem Vorangehenden oder dem Folgenden senken würde (auch bYom 52a–b; dazu *M. Breuer*, Biblical Verses of Undecided Syntactical Adhesion [h], Leš. 58, 1994 f., 189–199). Ein halakhisches Beispiel mSota 7,4: Nach Dtn 25,9 soll die Witwe dem Schwager, der nicht zur Schwagerehe bereit ist, «den Schuh ausziehen, ihm ins Gesicht spucken und sagen: *So* geschehe dem Mann, der nicht das Haus seines Bruders baut.» R. Jehuda lässt das «so» zu «sagen» wie auch zu «geschehe» gehören; sie soll *so* (d. h. in diesem Wortlaut, in hebr. Sprache) sagen: *So* geschehe …; für Parallelen in den hellenistischen Normen von *synthesis* und *diairesis* siehe *Daube*, Alex. Methods 34–44.

12. Etwas wird zum Vergleich herangezogen und erhält dadurch selbst neues Licht (vgl. Hillel 7). bSan 74a geht es um den Satz, dass man bei Todesandrohung alle Sünden außer Götzendienst, Blutschande und Mord begehen dürfe. Zu Blutschande und Mord bemerkt Rabbi: «Das ist ebenso, wie wenn jemand seinen Nächsten überfällt und totschlägt» (Dtn 22,26). «Was lernen wir aus dem Vergleich mit dem Mörder? Was lehrt, empfängt auch Belehrung. Ebenso wie bei der verlobten Jungfrau (Dtn 22,25) ist es auch beim Mörder gestattet, ihn (den Verfolgten) mit seinem (des Verfolgers) Leben zu retten. Und man vergleiche die verlobte Jungfrau (d. h. die Notzucht an ihr) mit dem Mörder: Wie man sich eher töten lassen muss, als dass man einen Mord begeht, so muss man sich eher töten lassen (so Lesart bYom 82a), als dass man einer verlobten Jungfrau Gewalt antut.»

13. Folgt auf ein Allgemeines eine Handlung (*ma'ase*), so ist sie das Besondere des Ersteren (vgl. Hillel 5). Die Aufzählung der 32 Regeln in MHG Gen bringt dazu das Beispiel (M. 30): «‹Gott sprach: Es werde Licht› (Gen 1,3). Dann heißt es wieder: ‹Lichter sollen am Himmelsgewölbe sein› (Gen 1,14). Wer es hört, könnte meinen, dies sei eine andere Begebenheit. Doch es ist nur ein Detail der ersten; denn es wird gelehrt:

Dies sind dieselben Lichter, die am ersten Tag geschaffen wurden; doch hat er (Gott) sie erst am vierten Tag aufgehängt. Dem entspricht Gen 1,27: ‹Und Gott schuf den Menschen nach seinem Abbild.› Siehe, das ist das Allgemeine, und am Schluss detailliert er seine Taten: ‹Und Gott der Herr formte den Menschen aus Erde› (Gen 2,7). ‹Da ließ Gott der Herr eine Ohnmacht auf den Menschen fallen, sodass er einschlief, und er nahm eine von seinen Rippen› (Gen 2,21). Wer es hört, könnte glauben, dass dies eine andere Sache ist, und doch ist es nur ein Detail der ersten.»

14. Bedeutendes wird mit Geringerem verglichen, um ein besseres Verständnis zu erzielen, z. B. Dtn 32,2 die Tora mit dem Regen. Diese Norm wird für die Halakha nicht angewendet.

15. = Jischmael 13.

16. Ein an seiner Stelle besonderer Ausdruck. SifBem § 110 (H. 113): «‹Bei eurem Kommen in das Land› (Num 15,18) ... R. Jischmael sagt: Die Bibel drückt dieses ‹Kommen› anders als alles andere ‹Kommen› in der Tora aus. Sonst sagt sie: ‹Und wenn ihr in das Land kommen werdet› und ‹wenn dich der Herr, dein Gott, (in das Land) kommen lässt›. Hier jedoch heißt es: ‹Bei eurem Kommen›, um dich zu lehren, dass die Israeliten, sobald sie das Land betraten, zur Teighebe verpflichtet waren» (aus Num 15,20 abgeleitet).

17. Ein an der Hauptstelle nicht deutlich ausgesprochener Umstand wird an einer anderen Stelle erwähnt. Besonders zur Ergänzung einer Pentateuchstelle aus einer nicht zum Pentateuch gehörigen. MHG Gen (M. 32) bringt als Beispiele dafür Gen 2,8: Die Beschreibung des Paradieses ist aus Ez 28,13 zu ergänzen, Num 3, wo keine Vorschriften über die Priesterabteilungen stehen, aus 1 Chron 24,19.

18. Es wird ein besonderer Fall einer Art von Vorkommnissen erwähnt, obwohl die ganze Art gemeint ist, z. B. «nächtlicher Zufall» (Dtn 23,11), weil die gemeinten Zufälle in der Nacht am häufigsten vorkommen. – SifDev § 194 f (F. 234 f.) zu Dtn 20,5 f.: Wer ein neues Haus gebaut und noch nicht eingeweiht hat, darf vom Kriegszug zurücktreten. Hier ist nur vom Bauen die Rede, gemeint ist aber auch Erben, Kaufen, Erhalten als Geschenk. Dasselbe gilt hinsichtlich des Weinbergs: Hier ist nur vom Pflanzen die Rede; gemeint ist aber auch Erben, Kaufen, Erhalten als Geschenk.

19. Eine Aussage ist in Bezug auf einen Gegenstand gemacht, gilt aber auch für einen anderen. MekhY Neziqin 6 (L. III 53) zu Ex 21,18: «Wenn jemand einen andern mit einem Stein oder mit der Faust niederschlägt», sagt R. Natan: «Er vergleicht den Stein mit der Faust und die Faust mit dem Stein. Wie der Stein geeignet sein muss zu töten, so auch die Faust; und wie die Faust identifiziert werden kann, muss es auch beim Stein möglich sein. Wenn der Stein mit anderen Steinen vermischt ist (die vielleicht andere geworfen haben), ist der Täter straffrei.»

20. Etwas wird von einem Gegenstand ausgesagt, passt aber sachgemäß nicht zu diesem, sondern ist auf einen anderen zu beziehen. SifBem § 118

(H. 138 f.) zu Num 18,15: «Du musst auslösen das Erstgeborene des Menschen, und das Erstgeborene des unreinen Viehs sollst du auslösen.» «Ich könnte das so verstehen, dass alles unreine Vieh inbegriffen ist. Doch Ex 13,13 sagt: ‹Jeden Erstling vom Esel aber löse durch ein Schaf aus›, also vom Esel und nicht von anderem unreinen Vieh. Oder muss man deuten: Den ersten Wurf des Esels muss man mit einem Schaf auslösen, den aller anderen unreinen Tiere mit Gewändern und Geräten? Ex 34,20 wiederholt: ‹Den Erstling vom Esel sollst du durch ein Schaf auslösen.› Das wiederholte ‹durch ein Schaf› lehrt, dass man nur mit einem Schaf und nicht mit Gewändern und Geräten löst. Warum sagt dann Num 18,15: ‹Du musst auslösen›? Wenn die Bedeutung nicht die ist, dass man (erstgeborenes) unreines Vieh auslöst, so beziehe es darauf, dass man unreines Vieh für die Ausbesserung des Tempels weihen und nachher wieder auslösen kann.»

21. Etwas ist mit zwei Dingen verglichen, und man legt ihm nur die guten Eigenschaften beider bei. Z. B. Ps 92,13: «Der Gerechte gedeiht wie die Palme.» Man könnte sagen: Wie die Palme bietet er keinen Schatten, doch ergänzt die Parallelzeile: «Er wächst wie die Zeder im Libanon», die jedoch keine genießbaren Früchte trägt, was wieder auf den Gerechten nicht anwendbar ist. – mAr 9,7 deutet Lev 25,31: Häuser in Dörfern haben die Vorzüge der Häuser in ummauerten Städten, zugleich die Vorzüge der Felder. «Sie werden sofort eingelöst, und sie werden alle zwölf Monate eingelöst wie Stadthäuser, und sie kehren im Jubeljahr in den Besitz des Eigentümers zurück, und man zieht (für die Zeit der Benutzung) Geld ab wie bei Feldern», wenn man sie zurückkaufen will.

22. Ein Satz, der aus dem Parallelsatz ergänzt werden muss. MekhY Kaspa 2 (L. III 161) legt R. Natan den Satz Ex 23,1 aus: «Reiche deine Hand nicht dem Frevler, indem du als falscher Zeuge auftrittst.» «Reiche deine Hand nicht – lasse den Frevler nicht als Zeugen auftreten, und lass den Räuber nicht als Zeugen auftreten.»

23. Ein Satz gilt zur Ergänzung des Parallelsatzes. Nur in der Haggada. SifDev § 40 (F. 80) zu Dtn 11,12 «Ein Land, um das sich der Herr, dein Gott, kümmert»: Gott kümmert sich doch um alle Länder! Vgl. Ijob 38,26: «um es regnen zu lassen auf menschenleeres Land, auf die Wüste, darin niemand wohnt». Was soll dann das Wort: «Ein Land, um das sich der Herr, dein Gott, kümmert»? Wegen des hier ausgesagten Sichkümmerns kümmert sich Gott auch um alle anderen Länder. Ebenso ist es mit Ps 121,4: «Der Hüter Israels schläft und schlummert nicht.» Doch vgl. Ijob 12,10: «In seiner Hand ist die Seele alles Lebens.» Das Wort «der Hüter Israels» besagt also: Um dieses Behütens willen behütet er neben ihnen alles.

24. Etwas ist im Allgemeinen enthalten und wird dann aus diesem herausgenommen, um über es selbst etwas auszusagen. Jos 2,1 sagt Josua zu zwei Kundschaftern: «Geht, kundet das Land Jericho aus.» Jericho ist

schon im Land inbegriffen, wird jedoch ausgesondert, um zu zeigen, dass es dem ganzen Land Israel gleichwertig war (MHG Gen M. 35 als Beispiel zu dieser Regel).

25. Etwas ist im Allgemeinen enthalten und wird dann aus diesem herausgenommen, um über dieses etwas auszusagen (leichte Modifikation zu Jischmael 8). Das Verbot Ex 35,3, am Sabbat Feuer anzuzünden, ist schon in Ex 35,2 enthalten – wer am Sabbat arbeitet, soll getötet werden. Man hat es jedoch hervorgehoben, um mit ihm zu vergleichen und dir zu sagen: Wie man durch das Feuermachen, das eine Hauptarbeit ist, sich schuldig macht (ein Opfer darzubringen), so macht man sich wegen jeder anderen Hauptarbeit schuldig (bShab 70a).

26. *Mashal*, «Gleichnis», allegorische Auslegung. Drei Stellen im Pentateuch hat Jischmael für die Halakha allegorisch ausgelegt: Ex 21,19; 22,2; Dtn 22,17 (SifDev § 237, F. 269 f.). MekhY Neziqin 13 (L. III 102) zu Ex 22,2: «Doch ist darüber die Sonne aufgegangen», d. h. nach dem Diebstahl, und der Geschädigte erschlägt den Dieb, «dann entsteht Blutschuld». R. Jischmael bezieht das «darüber» (ʿalaw) nicht auf die Tat, sondern auf den Dieb und fragt: «Geht denn die Sonne nur über ihm auf und nicht über der ganzen Welt? Die Sonne bedeutet für die Welt Frieden; ebenso hier. Wenn bekannt ist, dass er (der Einbrecher) im Frieden mit ihm (dem Geschädigten) lebt und dieser ihn dennoch tötet, so ist er schuldig.»

27. *Entsprechung*. Entsprechende bedeutsame Zahl. So entsprechen die 40 Tage von Num 13,25 den 40 Jahren Num 14,34.

28. *Paronomasie*, Spiel mit homonymen Wurzeln; z. B. Num 21,9 *neḥash neḥoshet* «eherne Schlange», Jer 23,2 *ha-roʿim ha-raʿim*, «die schlechten Hirten».

29. *Gematria*, nach *Bacher*, ET I 127, *grammateia* von *grammateus* notarius oder direkt aus *gramma* gebildet mit erleichternder Konsonantenumstellung. Für die Ableitung aus *geometria* siehe *Lieberman*, Hell. 69 (hellen. Parallelen) und *S. Sambursky*, On the Origin and Significance of the Term Gematria, JJS 29 (1978) 35–38 (überarbeitet aus Tarbiz 45, 1975 f., 268–271). Berechnung des Zahlenwerts der Buchstaben. EkhR 1,1 (B. 21a) sieht Ben Azzai im ersten Wort von Klgl *ʾeikhah* angedeutet, dass die Israeliten nicht eher ins Exil geführt worden seien, als bis sie verleugnet hätten den Einen (*ʾalef*) Gott, die zehn (*yod*) Gebote, das nach zwanzig (*kaf*) Generationen gegebene Gesetz der Beschneidung und die fünf (*he*) Bücher der Tora. Die Zahl 318 der Knechte Abrahams Gen 14,14 wird PesK 8 (M. 139) auf Elieser gedeutet; der Barnabasbrief findet in der Zahl einen Hinweis auf das Kreuz T = 300 und Jesus IH = 18. bYom 20a weist auf den Zahlenwert von *ha-satan* = 364: 364 Tage des Jahres hat der Satan Gewalt über die Israeliten, aber nicht am Versöhnungstag. bShab 70a findet in Ex 35,1 *ʾelle ha-devarim* die am Sabbat verbotenen 39 Arbeiten, die dem Mose am Sinai genannt worden sind: Mehrzahl *devarim* = 2, der Artikel fügt etwas hinzu (also 2+1), und *ʾelle* hat den Zahlenwert 36.

R. Mattan leitet die 30-tägige Dauer des Nasiräats aus Num 6,5 ab: *qadosh yihyeh* «er soll heilig sein»; *yhyh* hat den Zahlenwert 30 (bNaz 5a = bTaan 17a; bSan 22b).

Zur Gematrie gehörig, manchmal aber auch als eigene Regel betrachtet ist der Atbash, wonach der erste Buchstabe des hebräischen Alphabets dem letzten entspricht, der zweite dem vorletzten usw., sodass ʾ*alef* durch *taw*, *bet* durch *shin* usw. zu ersetzen ist. So übersetzt der Targum Jer 25,26: «Und zuletzt muss der König von Scheschakh trinken» unter Anwendung dieser Regel mit «der König von Babel».

30. *Notarikon* (von notarius, Schnellschreiber). Zerlegung eines Wortes in zwei oder mehr, oder jeder Buchstabe eines Wortes ist als Anfangsbuchstabe eines anderen Wortes zu verstehen. In den Buchstaben des Wortes *nimrezet* 1 Kön 2,8 findet bShab 105a die Schimpfwörter angedeutet, die Schimi gebraucht hat: *noʾef*, Ehebrecher, Moabiter, *rozeach*, Mörder, *zorer*, Bedränger, *toʿeva*, Gräuel. BerR 90,4 (Th-A 1103) deutet in selber Weise den Namen Tsafenat-Paneach, den der Pharao Josef in Gen 41,45 verleiht. – Zerlegung eines Wortes in zwei: bMen 66b = bShab 105a deutet «Karmel» als *kar male*, «voller Polster» (so voll sind dort die Ähren mit Körnern); PRE 36 (L. 84a) zerlegt den Namen Ruben in *reu ben*, «seht, ein Sohn». – Auch steht N. für kurze Ausdrucksweise, in welcher ein positiver Satz auch den entsprechenden negativen einschließt, z. B. MekhY Baḥodesh 8 (L. II 259) zu Ex 20,12: «Wenn du die Eltern nicht ehrst, werden deine Tage abgekürzt werden. Denn die Worte der Tora sind (als) Notarikon (zu verstehen).»

31. *Vorhergehendes, das nachgestellt wird.* Lev 1,15: «Und der Priester kneipe den Kopf des Taubenopfers ab und lasse ihn auf dem Altar in Rauch aufgehen, und sein Blut werde an die Wand des Altares ausgepresst.» Dazu bZev 65a: «Kann es dir einfallen zu meinen, dass er ihn erst, nachdem er ihn in Rauch hat aufgehen lassen, auspresst? Der Satz will vielmehr sagen: Wie das In-Rauch-Aufgehenlassen auf der Höhe des Altares stattfindet, so auch das Auspressen.» – «Und es (das Manna) ward zu Würmern und stinkend» (Ex 16,20). Nach MekhY Wa-yassa 5 (L. II 116) ist das ein verkehrt gestelltes Schriftwort (*miqra mesuras*): Richtig kommt zuerst der Gestank, erst dann kommen die Würmer. Gelegentlich stellen die Rabbinen auch direkt den Bibeltext um, damit er ihrem Verständnis entspricht. So Num 9,6: «Und sie kamen vor Mose und Aaron», um eine gesetzliche Auskunft zu erhalten. Das scheint vorauszusetzen, dass man zuerst Mose fragte und erst dann Aaron, als man von Mose keine Antwort erhielt. Das scheint jedoch absurd: «Wenn es Mose nicht wusste, sollte es dann Aaron wissen? Vielmehr stelle das Schriftwort um (sie kamen vor Aaron und Mose) und erkläre es so» (R. Joschijja in SifBem § 68, H. 63). Diese Methode der Deutung hat ihre Parallelen in der hellenistischen Homerexegese, deren *anastrophe* dem rabb. *seres* entspricht (dazu *Daube*, Alex. Methods 27–34, und *Lieberman*, Hell. 65–67).

32. Mancher Bibelabschnitt bezieht sich auf eine frühere Zeit als ein vor ihm stehender und umgekehrt. Num 7 (Weihegeschenke) sollte vor Num 1 stehen. Auch als ʿeruv parashiyot «Vermischung der Bibelabschnitte» bezeichnet, so bBQ 107a, wo R. Chijja bar Joseph eine solche Vermischung in Ex 22 feststellt: Die Worte «das ist es» in V. 8 befinden sich zwar im Abschnitt vom anvertrauten Gut, gehören aber in jenen vom Darlehen (V. 24). Zur Aufeinanderfolge biblischer Aussagen ganz allgemein erklärt die «Schule Jischmaels»: «In der Tora gibt es kein Vorher und Nachher» (SifBem § 64, H. 61; bPes 6b). Siehe *M. Schlüter*, Kein «früher» und «später» in der Tora? Polemische Aspekte eines rabbinischen Prinzips, FJB 30 (2003) 1–38; *dies.*, The Creative Force of a Hermeneutic Rule: The Principle «there is no earlier and later in the Torah» in Midrashic and Talmudic Literature, in: *R. Elior – P. Schäfer*, Hg., Creation and Re-Creation in Jewish Thought. FS J. Dan, Tüb. 2005, 59–84.

IV. Mündliche und schriftliche Tradition

Lit.: *P. J. Achtemeier*, Omne verbum sonat: The New Testament and the Oral Environment of Late Western Antiquity, JBL 109 (1990) 3–27; *Ch. Albeck*, Einführung 163–170; *E. S. Alexander*, Transmitting Mishnah; *J. M. Baumgarten*, The Unwritten Law in the Pre-Rabbinic Period, JSJ 3 (1972) 7–29; *ders.*, Form Criticism and the Oral Law, JSJ 5 (1974) 34–40; *R. Brown*, Midrashim as Oral Traditions, HUCA 47 (1976) 181–189; *N. Danzig*, From Oral to Written Talmud: On the Methods of Transmission of the Babylonian Talmud and its Study in the Middle Ages (h), Bar-Ilan 30–31 (2006) 49–112; *Y. Elman*, Orality and the Redaction of the Babylonian Talmud, Oral Tradition 14 (1999) 52–99; *ders. – I. Gershoni*, Hg., Transmitting Jewish Traditions: Orality, Textuality, and Cultural Diffusion, New Haven 2000; *J. E. Ephrati*, «But a man should quote his teacher verbatim» (h), Bar-Ilan 9 (1972) 221–238; *J. N. Epstein*, ITM 692–706; *J. Faur*, Golden Doves with Silver Dots. Semiotics and Textuality in Rabbinic Tradition, Bloomington 1986 (Ndr. A 1999), 84–113; *L. Finkelstein*, The Transmission of the Early Rabbinic Traditions, HUCA 16 (1941) 115–135 (Ndr. in *ders.*, Sifra V, 224*-244*); *J. M. Foley*, The Theory of Oral Composition: History and Methodology, Bloomington 1988; *S. Friedman*, The Transmission of the Talmud and the Computer Age, in: *S. Liberman Mintz – G. M. Goldstein*, eds., Printing the Talmud; From Bomberg to Schottenstein, NY 2005, 143–154; *B. Gerhardsson*, Memory and Manuscript; *I. Heinemann*, Die Lehre vom ungeschriebenen Gesetz im jüdischen Schrifttum, HUCA 4 (1927) 149–171; *J. Heinemann*, Aggadah 17–47; *M. S. Jaffee*, Writing and Rabbinic Oral Tradition: On Mishnaic Narrative, Lists and Mnemonics, Journal of Jewish Thought and Philosophy 4 (1994) 123–146; *ders.*, A Rabbinic Ontology of the Written and Spoken Word: On Discipleship, Transformative Knowledge, and the Living Texts of Oral Torah, JAAR 65 (1997) 525–549; *ders.*, The Oral-Cultural Context of the Talmud Yerushalmi, in: *P. Schäfer*, Hg., The Talmud Yerushalmi I 27–61 (auch in *Elman – Gershoni* 27–72); *ders.*, Torah in the Mouth: Writing and Oral Tradition in Palestinian Judaism 200 BCE–400 CE., O 2001; *S. Lieberman*, The Publication of the Mishnah, Hell. 83–99; *A. B. Lord*, The Singer of Tales, C (M) 1960; *J. Neusner*, Phar III 143–179; *ders.*, The Written Tradition in the Pre-Rabbinic Period, JSJ 4 (1973) 56–65; *ders.*, Oral Tradition in Judaism. The Case of the Mishnah, NY 1987 (Bearbeitung von Material aus Pur XXI; Phar III); *ders.*, What, Exactly, Did the Rabbinic Sages Mean by «The Oral Torah»? An Inductive Answer to the Question of Rabbinic Judaism, A 1998; *Safrai* I 35–119; *P. Schäfer*, Das «Dogma» von der mündlichen Torah im rabbinischen Judentum, in: *ders.*, Studien 153–197; *Y. Sussmann*, «Tora she-beʿal pe» peshuta ke-mashmaʿa, Talmudic Studies III/1 209–384; *W. S. Towner*, Form Criticism of Rabbinic Literature, JJS 24 (1973) 101–118.

1) Der Begriff der mündlichen Tora. Ein Schreibverbot?

Der Gedanke der «*mündlichen Tora*» ist eine grundlegende Vorstellung des rabb. Judentums: Gottes Offenbarung am Sinai umfasst nicht nur die in der Bibel niedergelegte «schriftliche Tora», sondern als dieser ebenbürtig einen Komplex an Traditionen, durch welche die Bibel erst voll anwendbar und der jeweiligen Situation entsprechende göttliche Lebensregel sein kann (so z. B. die Lehre von den zwei Torot in einer Anekdote um Hillel und Schammai: ARN B29,32–34, Sch. 61 f.; B. 362 f; bShab 31a). Dass es eine solche die Schrift begleitende Tradition schon in biblischer Zeit und verstärkt später gegeben haben muss, ist unbestreitbar. Hier geht es allein um die praktische Bedeutung des Begriffs «mündliche Tora» (der ja auch und vor allem das rabb. Schrifttum umfasst): Schließt er eine Aussage über die Art der Weitergabe ein – nicht schriftlich, sondern durch mündliche Überlieferung? Oder ist damit nur eine Abgrenzung gegenüber der Bibel getroffen bzw. nur gesagt, dass die eine Tora Mose am Sinai schriftlich, die andere hingegen mündlich übergeben wurde?

Schon im Mittelalter war dies eine umstrittene Frage. Raschi schreibt z. B. zu bShab 13b bezüglich der Fastenrolle: «die ganze übrige Mischna und Baraita war nicht geschrieben, denn es war verboten, sie niederzuschreiben»; ähnlich zu bEr 62b: «zu ihrer Zeit war keine Halakha niedergeschrieben, nicht ein einziger Buchstabe, ausgenommen die Fastenrolle.» Saadja, Maimonides und andere wiederum vertraten die Ansicht, die Rabbinen hätten ihre Lehren niedergeschrieben und auch Rabbi habe die Mischna schriftlich herausgegeben. Dieser Kontrast zwischen der französischen Tradition (Raschi) und der spanischen (Maimonides) zeigt sich auch in ISG: Die französische Rezension behauptet mehrmals, in talmudischer Zeit sei nichts niedergeschrieben worden, während die spanische Fassung betont, Rabbi habe seine Mischna niedergeschrieben (Belege Lewin, ISG XLVIII f.; *Sussmann*, Tora 231 Anm. 19a, sieht hinter der sephardischen Betonung des Schreibens antikaräische Tendenzen).

Im 19. Jh. gab es eifrige Verfechter beider Thesen; nicht nur Vertreter der konservativen Richtung hielten an der mündlichen Traditionsweise der Halakha (oder auch der Haggada) in der talmudischen oder zumindest tannaitischen Periode fest (so sah man z. B. in der Mündlichkeit die Garantie, dass die Halakha an die jeweiligen Zeitumstände angepasst werden konnte). Vielfach wurde behauptet, die Niederschrift der Halakha oder auch der Haggada sei völlig verboten gewesen. Unabhängig davon galt jedoch weithin die Annahme, dass de facto bei rabb. Material mit langer mündlicher Überlieferung vor seiner Niederschrift zu rechnen ist. So ist z. B. für *Beit-Arié* (Codicology 10 Anm. 2) die jahrhundertelange Lücke zwischen den Qumrantexten und den ältesten rabb. Handschriften nicht auf völligen Verlust zurückzuführen, sondern auf «the dominant oral transmission of Jewish literature» (warum sind dann aber auch keine Bibel-MSS aus dieser Periode erhalten?!).

2) Rabbinische Belege für das Schreibverbot?

Der klassische Beleg ist bTem 14b (teilweise Parallele bGit 60b): R. Dimi (A4) hatte keinen Boten; sonst hätte er Rav Joseph in einer halakhischen Frage (über das Gussopfer) einen Brief geschrieben. Doch durfte er das überhaupt? «Es sagte doch R. Abba der Sohn des R. Chijja bar Abba, es sagte R. Jochanan (A2): Die Halakhot schreiben, sind wie einer, der die Tora verbrennt, und wer aus ihnen lernt, empfängt keinen Lohn. R. Jehuda bar Nachmani (A2), der Übersetzer des Resch Laqisch, legte aus: Eine Bibelstelle sagt: ‹Schreib dir diese Worte auf›, und dann sagt die Bibelstelle: ‹gemäß (ʿal pi, wörtlich «durch den Mund») diesen Worten› (Ex 34,27), um dich zu lehren: Dinge, die mündlich (überliefert) sind, darfst du nicht aus einer Schrift vortragen (le-ʾomran bi-khtav); was schriftlich (überliefert) ist, darfst du nicht mündlich (d. h. auswendig, aus dem Gedächtnis) vortragen. Eine Lehre aus der Schule des R. Jischmael: ‹Schreib dir diese Worte› – diese darfst du schreiben, nicht aber Halakhot. Man sagt: Vielleicht ist es bei einer neuen Sache anders. So pflegten R. Jochanan und Resch Laqisch am Sabbat das Buch der Haggada einzusehen und legten so die Bibel aus: ‹Es ist Zeit, für den Herrn zu handeln; sie haben dein Gesetz gebrochen› (Ps 119,126). Sie sagten: Besser, es wird ein Buchstabe der Tora aufgehoben, als dass die (ganze) Tora in Israel in Vergessenheit gerate.»

Der Text ist zusammengesetzt:

a) Der Satz Jehudas bar Nachmani ist aus der Umklammerung durch Aussagen Jochanans zu lösen, womit er nicht mehr so absolut klingt. Er darf nicht als Ablehnung jeglicher Niederschrift der mündlichen Tora verstanden werden, verurteilt vielmehr die Verwendung schriftlicher Targume in der Synagogenlesung; Jehuda bar Nachmani war ja Meturgeman (cf. *Epstein*, ITM 697)! R. Chaggai (A4) erzählt, wie R. Samuel bar R. Isaak (A3) in der Synagoge einen Bibellehrer sah, «der den Targum aus einem Buch vortrug. Er sagte zu ihm: Das ist dir verboten. Dinge, die mündlich gesagt wurden, sind mündlich (weiterzugeben), schriftliche schriftlich» (yMeg 4,1,74d). Dieser Text kann sich ebenso wie auf den Gottesdienst auf den Schulbetrieb in der Synagoge beziehen; das «Buch» ist entweder ein schriftlicher Targum oder auch die hebräische Bibel, auf die sich der Lehrer bei der Übersetzung stützt – doch auch das ist verboten, «damit sie nicht sagen, die Übersetzung stehe in der Tora» (bMeg 32a).

b) R. Jochanan lehnt das *Schreiben von Halakhot* ab, und dies wohl auch nur für den offiziellen Schulunterricht («wer aus ihnen lernt»). Jedenfalls sind dergleichen Auffassungen erst seit dem 3. Jh. belegt und, wie aus der polemischen Note hervorgeht, auch nicht allgemein angenommen.

c) Vereinzelt wird auch die *Niederschrift der Haggada* verurteilt; so R. Jehoschua ben Levi: «Wer eine Haggada niederschreibt, hat keinen Anteil (an der kommenden Welt)» (yShab 16,1,15c); andere hingegen schätzen Haggada-Bücher (yBer 5,1,9a), sodass es auch in diesem Punkt keine einhellige Meinung gibt.

Das einzige explizite Zeugnis eines Nichtjuden aus dieser Zeit ist Augustinus, Contra adversarium legis et Prophetarum II,1,2 (CCSL 49, 87 f.): «Nescit autem habere praeter scripturas legitimas et propheticas Iudaeos quasdam traditiones suas, quas non scriptas habent, sed memoriter tenent et alter in alterum loquendo transfundit, quas deuterosin uocant». Doch ist Augustinus zu weit von der rabb. Welt entfernt, um als sicherer Zeuge gelten zu können (so rechnet *Epstein*, ITM 698, zu diesem Zitat mit der Unkenntnis des Augustinus).

Der Versuch, mit der Aussage des Josephus über die Pharisäer Ant 13,297 den Grundsatz, dass die mündliche Überlieferung nicht niedergeschrieben werden darf, schon ins 1. Jh. zu datieren, ist problematisch: Dem Text zufolge tradieren die Pharisäer gewisse Vorschriften, *haper ouk anagegraptai en tois Moyseos nomois*, während die Sadduzäer sich ausschließlich an die geschriebenen Vorschriften halten (*nomima ta gegrammena*). Nach Meinung der einen ist dieser Text von einem pharisäischen Gegensatz von schriftlicher und mündlicher Tora zu verstehen (*Baumgarten*, Unwritten Law 12–14; *Schäfer*, Dogma 190), während z. B. *Neusner* (Phar III 163–5; cf. *Epstein*, ITM 697) hier nur den Kontrast sieht: in der Bibel geschrieben – nicht in der Bibel geschrieben. Auf jeden Fall sagt der Text nichts über ein Schreib*verbot*.

3) Rabbinische Belege für die Niederschrift der mündlichen Tora

Dass die Lehre von der mündlichen Tora in rabb. Zeit nicht notwendig in ein Schreibverbot mündete, sondern vor allem als ein nicht unbedingt für die Praxis relevantes «Dogma» zu betrachten ist (so *Schäfer*), belegen auch die zahlreichen rabb. Hinweise auf schriftliche Texte haggadischer wie halakhischer Art.

a) Haggada-Bücher

- Haggada-Bücher sind in Palästina für Lehrer des 3. Jhs. mehrfach belegt (yShab 16,1,15c; yBer 5,1,9a; yKil 9,4,32b; yMaas 3,10,51a; bTem 14b; bBer 23a–b; bSan 57b); diesbezügliche Texte von Kirchenvätern (Origenes, Hieronymus) sind hier nur beschränkt verwertbar, da sie nicht unbedingt rabb. Kreise betreffen – das palästinische Judentum war ja auch damals noch vielfältiger. In Babylonien finden sich Erwähnungen solcher Bücher im Zusammenhang mit Lehrern des 4. Jhs. (bBer 23b; bHul 60b; bBM 116a; bBB 52a; bShevu 46b; bShab 89a ist nicht explizit).

b) Mit Namen erwähnte Schriften

Megillat Taanit, mTaan 2,8; bEr 62b u. ö:, die «Fastenrolle». Verzeichnis von 36 Tagen aus der Zeit des zweiten Tempels (Makkabäerzeit und Periode der römischen Herrschaft); an diesen darf wegen der an ihnen geschehenen freudigen Ereignisse nicht gefastet werden. Der aram. Text stammt aus dem 1. und 2. Jh.; der hebräische Kommentar dazu (das «Scholion») ist nachtalmudisch: Er kombiniert und erweitert zwei frühere Fassungen (*Friedman:* knapper Kommentar der Festtage schon im Bavli verwendet; zusätzliche Kommentare schöpfen aus dem Bavli). Diese Langfassung betrachtete *V. Noam* zuerst als eine aschkenasische Bearbeitung des 12./13. Jhs. (Tarbiz 62), möchte ihn jetzt aber doch etwas früher ansetzen, da schon ein Piyut von Menachem b. Makhir aus dem 11. Jh. und der von *Sussmann* publizierte Sefer Yerushalmi ihn verwenden, und hält auch eine Entstehung im Orient für möglich (Tarbiz 65; Zusammenfassung: Megillat Taʿanit 424–426). Davon zu unterscheiden ist die hebr. Fastenrolle (auch Megillat Taanit Batra genannt), eine wohl gaonäische Liste von Tagen, an denen gefastet werden muss (Text u. a. in Abraham Ibn Daud, Sefer ha-Qabbala, ed. *Cohen,* hebr. Teil 57; dazu *M. Margalioth,* Moʿadim we-zmot be-ʾEreẓ Yisrael u-ve-Bavel bi-tequfat ha-Geonim, Areshet 1, 1943 f., 204–216; *S. Z. Leiman,* The Scroll of Fasts: The Ninth of Tebeth, JQR 74, 1983 f., 174–195).

Text: H. Lichtenstein, Die Fastenrolle. Eine Untersuchung zur jüdisch-hellenistischen Geschichte, HUCA 8–9 (1931/32) 257–351; *B.-Z. Lurie,* Megillat Taʿanith. With Introductions and Notes (h), J 1964; *V. Noam,* Megillat Taʿanit: Versions, Interpretation, History. With a Critical Edition (h), J 2003 (dazu M. Kister, The Scholia on Megillat Taʿanit [h], Tarbiz 74, 2004 f., 451–477).

Lit.: H. Eshel, Megillat Taʿanit in Light of Holidays Found in Jubilees and the Temple Scroll (h), Meghillot 3 (2005) 253–257; *S. Friedman,* Hanukka in the Scholion of Megillat Taʿanit, Zion 71 (2006) 5–40; *U. Leibner,* The 23rd Day of Heshvan in Megillat Taʿanit (h), Tarbiz 71 (2001 f.) 5–17; *V. Noam,* The Scholion to the Megillat Taʿanit – Towards an Understanding of its Stemma (h), Tarbiz 62 (1992 f.) 55–99; *dies.,* Two Testimonies to the Route of Transmission of Megillat Taʿanit and the Source of the Hybrid Version of the Scholion (h), Tarbiz 65 (1995 f.) 389–416; *dies.,* Megillat Taanit – The Scroll of Fasting, in *Safrai* II, 339–362; *dies.,* In the Wake of the New Leaf of Megillat Taʿanit and its Scholion (h), Tarbiz 77 (2007 f.) 411–424; *Y. Rosenthal,* A Newly Discovered Leaf of Megillat Taʿanit and its Scholion (h), Tarbiz 77 (2007 f.) 357–410; *A. Schremer,* The Concluding Passage of Megilat Taʿanit and the Nullification of Its Halakhic Significance during the Talmudic Period (h), Zion 65 (2000) 411–439; *J. Tabory,* When was the Scroll of Fasts Abrogated? (h), Tarbiz 55 (1985 f.) 261–265; *ders.,* Jewish Festivals in the

Time of the Mishnah and Talmud (h), J 1995, 307–322; *S. Zeitlin*, Megillat Taanit as a Source for Jewish Chronology and History in the Hellenistic and Roman Periods, Phil. 1922 (= JQR 9, 1918 f., 71–102; 10, 1919 f., 49–80. 237–290).

Megillat Yuḥasin, Rolle mit Genealogien. Gattungsbezeichnung und nicht Titel einer bestimmten Schrift. Die von Ben Azzai bYev 49b zitierte Rolle, nach der N. N. ein Mamzer ist, ist zu unterscheiden von der Rolle, die R. Levi in yTaan 4,2,68a anführt, nach der Hillel von David abstammt (cf. BerR 98,10, Th-A 1259). Nach *J. Z. Lauterbach*, The three books found in the Temple at Jerusalem, JQR 8 (1917 f.) 385–423, sollen auch die nach SifDev § 356 (F. 423) und yTaan 4,2,68a im Tempel gefundenen Bücher dieser Art gewesen sein; doch legt der Zusammenhang eher Pentateuchrollen nahe, die vom Standardtext abwichen.

Sefer Yuḥasin, Buch der Genealogien. bPes 62b lehnt R. Jochanan es ab, R. Simlai das Buch der Genealogien zu lehren; im Namen Ravs heißt es dann: «Seit der Sefer Yuḥasin verborgen wurde, ist die Kraft der Weisen erschlafft und ihr Augenlicht stumpf geworden.» Mar Zutra sagt anschließend, mit den haggadischen Auslegungen allein zum Text zwischen den beiden Vorkommen des Wortes ʾ*azel* in 1 Chron 8,38 und 9,44 hätte man 400 Kamele beladen können, was wohl auch auf die reiche haggadische Auslegung gerade zu den Genealogien der Chronikbücher verweist. Der Sefer Yuḥasin scheint jedenfalls ein Kommentar zu den Genealogien des Buchs der Chronik gewesen zu sein (cf. Amram Gaon z. St., Otzar ha-Gaonim, Hg. *B. M. Lewin*, III/2, J 1930, 80).

Megillat Ḥasidim, «Buchrolle der Frommen». So yBer 10,8,14d, ebenso MHG Dtn 11,22 (F. 231) und der Großteil der Textüberlieferung von SifDev § 48, wo jedoch *Finkelstein* 112 die Lesart des MidTan Dtn 11,22 (H. 42) übernimmt: *megillat ḥarisim*, etwa «Buchrolle der Sonnenverehrer»; dies deutet *Finkelstein* z. St. mit *D. Hoffmann* (MidTan VII f.) auf die Essener (vgl. Josephus, BJ 2,128). Der Herausgeber des MHG betrachtet jedoch die Lesart des MidTan als Irrtum des Schreibers. Yalqut § 873 zu Dtn 11,22 liest *megillat setarim*, «Buchrolle der Geheimnisse» bzw. «geheim gehaltene Rolle».

Hierher gehören die Stellen, an denen von *geschriebenen Targumen* die Rede ist. Vgl. Zunz GV 65. So erwähnt z. B. tShab 13,2 (L. 57) einen Targum zu Ijob (vgl. auch *Lieberman*, TK III 203 f.); auch in Qumran wurde in Höhle 11 ein solcher Targum zu Ijob gefunden (Hg. *J. P. M. Van der Ploeg – A. S. Van der Woude*, L 1971). Verboten war ja nicht die Niederschrift des Targum, sondern nur die Verwendung eines geschriebenen Targum für den öffentlichen Vortrag.

c) Zeugnisse für das Aufschreiben von Halakhot

In der Fastenrolle heißt es zum 4. Tammuz (*Lichtenstein* 331; *Noam* 45): «Aufgehoben wurde das Buch der Dekrete» (*sefar gezarata*). Das mittelalterliche hebr. Scholion bezieht den Text auf sadduzäische Verordnungen, ebenso viele moderne Ausleger (z. B. *Lichtenstein* 295–297): sadduz. Strafkodex, aufgehoben beim Regierungsantritt der Salome Alexandra 76 v. Chr. oder 66 beim Ausbruch des Jüdischen Krieges. Dagegen *J. Le Moyne*, Les Sadducéens, P 1972, 219–223, der an heidnische, eventuell seleukidische Gesetze denkt (zur Geschichte der Auslegung *Noam*, Megillat Taʿanit 204–216).

Jochanan ben Nuri (Zeitgenosse Aqivas) erhält von einem alten Mann eine *megillat sammanin*, ein Verzeichnis der zum Räucherwerk gehörenden Spezereien, welches Erbstück in der Familie Avtinas gewesen war: tYom 2,7 (L. 233); ySheq 5,2,49a; bYom 38a.

Rav findet im Haus des Chijja eine *megillat setarim*, in der halakhische Sätze des Issi ben Jehuda standen: bShab 6b; 96b; bBM 92a. Die «Geheimrolle» wird von Raschi zu bShab 6b mit dem angeblichen Schreibverbot erklärt: Eine im Lehrhaus unbekannte neue Lehre eines einzelnen Rabbi wurde aufgezeichnet, damit man sie nicht vergaß, doch die Niederschrift wurde verborgen gehalten.

Samuel von Nehardea schickt laut bHul 95b an Jochanan dreizehn Kamelladungen voll mit Zweifeln, die sich auf die Gesetze über *Terefa* bezogen (R. Chananel in den Tosafot liest «zwölf Pergamentstücke»). Briefe halakhischen Inhalts werden erwähnt (*Epstein*, ITM 699 f.).

Vielfach erwähnt der Bavli, dass jemand, der im Schulhaus etwas nicht wusste, «hinausging, prüfte und fand» (*nafaq, daq we-ʾashkaḥ*): bBer 19a; bPes 19a; bHag 19a; bYev 36a; 105a; bKet 81b u. ö. Diese Redewendung kann zwar das Vorhandensein halakhischer Aufzeichnungen nicht direkt erweisen, legt aber ein solches Verständnis nahe. Im Yerushalmi begegnet zwar diese Wendung nie, doch gibt es Hinweise auf persönliche Notizbücher (*pinqasim*) mit halakhischen Aufzeichnungen (yMaas 2,4,49d das Notizbuch Hilfais; yKil 1,1,27a das Notizbuch des R. Hillel b. Alas: siehe dazu *Jaffee*, Torah in the Mouth 140–142). Wie *J. Sussmann* betont (Tora 290–295), sind das jeweils private Notizen, kurze Zusammenfassungen von Halakhot u. Ä., doch erwähne kein einziger Text ein halakhisches *Buch* (*sefer*), eine systematische Abhandlung der Halakha in Schriftform; *Bücher* sind ausschließlich für die Haggada belegt.

Die älteste uns erhaltene Niederschrift eines halakhischen Textes ist die umfangreiche Mosaikinschrift auf dem Fußboden der Synagoge von Rehov im Bet-Schean-Tal. Auf der Basis vor allem des Yerushalmi macht sie Angaben über die Halakha des Sabbatjahres und des Zehnten, wie sie in den Orten Israels und der Umgebung einzuhalten ist. Die 1974 entdeckte Inschrift stammt aus der 1. Hälfte des 7. Jhs.: *Y. Sussmann*,

A Halakhic Inscription from the Beth-Shean Valley (h), Tarbiz 43 (1973 f.) 88–158; *S. Lieberman*, The Halakhic Inscription from the Beth-Shean Valley (h), Tarbiz 45 (1975 f.) 54–63 (= Studies 402–411); Z. *Safrai*, Marginal Notes on the Rehob Inscription (h), Zion 42 (1977) 1–23 (datiert die Inschrift frühestens in das 2. Viertel des 7. Jhs.; archäologische Untersuchungen stützen eine Datierung ins 6.–7. Jh.: *F. Vitto*, IEJ 30, 1980, 217).

Nicht viel jünger als diese Inschrift sind wohl die ältesten Genizafragmente von M, Yerushalmi und Midraschim, welche Palimpseste über christlichen Texten sind. Dazu siehe: *M. Sokoloff – J. Yahalom*, Christian Palimpsests from the Cairo Geniza, Revue d'Histoire des Textes 8 (1978) 109–132. In dieselbe frühe Zeit gehört auch das Fragment einer Schriftrolle mit bHul: *S. Friedman*, An Ancient Scroll Fragment (BHullin 101 A–105 A) and the Rediscovery of the Babylonian Branch of Tannaitic Hebrew, JQR 86 (1995 f.) 9–50.

4) Schulbetrieb und mündliche Tradition

Die rabb. Polemik gegen die Niederschrift der mündlichen Tora ist, wie wir gesehen haben, erst seit dem 3. Jh. bezeugt; ihre dogmatisch-homiletische Begründung – die mündliche Tora unterscheidet Israel von den Völkern, die zumindest diese mündliche Tora nicht übersetzen und dann behaupten können, sie seien (das wahre) Israel – ist noch später belegt (ab dem 4. Jh., also in der christlich-byzantinischen Umwelt: yPea 2,6,17a; yHag 1,8,76d; PesR 5,1–2, F. 14b, U. 51, usw.). Dazu passt, dass auch im arabischen Denken die Bevorzugung der mündlichen Tradition erst in späterer Zeit auftaucht und nie allgemein wird (*Widengren*). Gegen die These von der Mündlichkeit der Überlieferung steht die (allerdings nicht allzu häufige) Erwähnung von schriftlichen Aufzeichnungen der mündlichen Tora, die jedoch auf den privaten Bereich eingeschränkt zu sein scheinen. Die Frage nach der Art der Tradierung der rabb. Texte ist somit nicht eindeutig zu entscheiden.

Tatsache ist, dass im Rahmen des Schulbetriebs nie schriftliche Texte, sei es der Mischna oder eines Midrasch, erwähnt werden. Zu diesem Bild eines auf Mündlichkeit beschränkten Unterrichts passt die ständige Betonung des Auswendiglernens wie auch die Funktion des Tanna als Repetitor (cf. S. 22 und S. 156). Der Tanna wird erstmals in der Generation Aqivas erwähnt. Nach *Neusner* (Phar III 171 f.) kommt in jener Zeit der Anspruch auf, nicht nur den Inhalt früherer Lehren, sondern ihren genauen Wortlaut wiederzugeben. Die Belegtexte mEd 8,7 und mYad 4,3 sind jedoch nicht notwendig zu verstehen als Hinweis auf «exact words supposedly orally formulated by a master (Moses), then orally transmitted, and now set down in writing» (Phar III 169), wie *Baumgarten* (Form Criticism 34 f.) zu Recht kritisiert hat.

Wenn die rabb. Texte oder ein Teil von ihnen als mündliche Tradition entstanden und – zumindest offiziell – auf mündlichem Weg tradiert worden sind, liegt es nahe, dafür einen Nachweis in Stilkriterien des Textes zu suchen. Die Stilmittel mündlicher Komposition hat die alttestamentliche Exegese schon seit Langem untersucht, dabei vor allem die Ergebnisse der nordischen Epen- und Sagenforschung verwertend. Auch die Epen Homers – im Kontrast mit lebender «mündlicher Literatur» am Balkan – waren schon Gegenstand eingehender Forschung (*Lord*); vielfache Bemühungen gelten außerdem den noch lebenden mündlichen Literaturen Afrikas. Man hat eine Reihe von Kennzeichen mündlich entstandener und mündlich tradierter Texte herausgearbeitet; sie sind jedoch nicht geeignet, die mündliche Entstehung eines jetzt schriftlich vorliegenden Textes mit völliger Sicherheit nachzuweisen. Über eine bestimmte Wahrscheinlichkeit kommt man in dieser Frage nicht hinaus.

Aber auch bei Beachtung dieser Einschränkung sind die Ergebnisse dieser Untersuchungen nicht direkt auf rabb. Texte anwendbar. Die Gesetze mündlicher Komposition sind nicht universal, sondern verschieden je nach soziologischem Kontext (Stellung des literarisch Schaffenden oder Tradierenden zu seinem Publikum) und literarischer Gattung. Die bisher untersuchten Traditionen sind v. a. epischer oder zumindest erzählender Art, somit am ehesten noch mit haggadischen Traditionen vergleichbar. In der rabb. Tradition überwiegen jedoch weithin rechtliche Diskussionen. Für die Midraschtradition, aber auch weithin für die halakhische Überlieferung ist zusätzlich zu beachten, dass sie Kommentar ist, somit einen Grundtext als tragende Stütze hat. Die enge Verflechtung von Mündlichkeit und Schriftkultur im Rabbinat ist stets zu berücksichtigen.

Dass ein uns schriftlich vorliegender rabbinischer Text mündlich entstanden und/oder überliefert worden ist, kann man anhand gewisser sprachlich-stilistischer Kennzeichen höchstens wahrscheinlich machen. Schwieriger ist der Nachweis mündlicher *Komposition:* Darauf könnte v. a. die Verwendung ständig wiederkehrender Sprachmuster und Erzählschablonen deuten, die nur dem jeweiligen Umstand angepasst werden müssen. Dass solche Texte für die mündliche *Weitergabe* gedacht waren, ist hingegen aus ihrer Verwendung mnemotechnischer Hilfsmittel leichter zu sichern: Dazu zählen nicht nur eigene Merkworte (*simanim*, erst spät eingefügt), sondern v. a. auch bestimmte syntaktische Muster, Standardphrasen und ein gewisser sprachlicher Rhythmus sowie allgemein festgeprägte literarische Formen. Hierher gehören auch Reihenbildungen, Zahlensprüche usw. wie auch die Zusammenordnung kleinerer Einheiten durch Stichwortassoziation, thematische Zusammengehörigkeit oder auch nur gemeinsame stilistische Eigenheiten. Striktere Anwendung finden dergleichen Regeln natürlich in der Halakha: Dort geht es viel stärker um eine wörtliche Weitergabe als in der Haggada, wo bei aller Erstarrung des Erzählgerüsts und von Standardphrasen es im Wesentlichen um den

Inhalt geht, der auch durch die bloße Notiz von Stichwörtern gemerkt werden konnte.

Besonders für haggadische Texte gilt, was die ethnologische Feldforschung festgestellt hat, dass jede neue Rezitation zugleich eine Neuschöpfung (re-creation) des Textes sein kann, der v. a. in den frühen Phasen der Überlieferung innerhalb bestimmter Grenzen noch sehr veränderbar ist. Ob dabei die Entwicklung zu einer steten Verschönerung, Konkretisierung, Zufügung von neuen Personen, Namen und Details führt oder im Gegenteil zu einem Abschleifen und Verkürzen (so W. S. Towner hinsichtlich der rabb. Zahlensprüche), hängt sowohl von der speziellen Einzelgattung wie auch der Funktion des Textes in seinem Kontext ab. Pauschalurteile, ob das Kürzere früher oder später ist, sind unmöglich.

Bei halakhischen Traditionen ist sicher mit größerer Genauigkeit der Überlieferung zu rechnen. Das heißt jedoch nicht, dass wir hier die ipsissima verba der einzelnen Rabbinen erwarten dürfen. Zwar gilt das Ideal mEd 1,3: *'adam ḥayav lomar bilshon rabbo*, «Man ist verpflichtet, die Sprache (Ausdrucksweise) seines Lehrers zu verwenden.» Der Satz ist hier allerdings eine erklärende Glosse, warum in einem Spruch Hillels eine ungewöhnliche Maßeinheit verwendet wird. Da ISG den Satz nicht wie M-Sätze mit *tenan*, sondern mit *'amrinan* einführt, vermutet *Ephrati* hier überhaupt eine Leserglosse, die nicht zum M-Text gehört; auch in bBer 47a stand der Satz ursprünglich nicht (fehlt noch in Raschis Text); allein in bBek 5a scheint er ursprünglich und von dort auf die anderen Stellen übertragen worden zu sein (siehe dazu *Sharvit*, Studies 30–34). Somit ist die wörtliche Weitergabe von Halakha-Sätzen in der tannaitischen Zeit durch diesen Satz nicht belegbar; mag diese auch in bestimmten Kreisen als Ziel gegolten haben und auch im Einzelfall die Verwendung altertümlicher Ausdrücke erklären, so stellte sie doch gewiss nicht die allgemeine Norm dar bzw. wurde nicht erreicht (cf. z. B. *D. Halivni*, Sources I 7 ff.). Das zeigt sich v. a. an der Sprache der Mischna: Diese ist so streng normiert und einheitlich, dass man unmöglich den individuellen Sprachstil des einzelnen Meisters wiedererkennen kann (cf. z. B. *Neusner*, Pur XXI, 13. 299). Zu einem Teil mag das daran liegen, dass rabb. Lehrer ihren halakhischen Vortrag bzw. dessen als Merkstoff gedachtes Resumee der geltenden sprachlichen Disziplin unterwarfen (vergleichbar etwa dem Juristendeutsch heute); zum größten Teil ist dies jedoch gewiss der sprachlich nivellierenden Redaktion zuzuschreiben.

Die Annahme einer jahrhundertelang wortgetreuen oder auch nur sachgetreuen Überlieferung durch mündliche Weitergabe ist ein durch nichts beweisbares Postulat. Es mag zwar nicht für jeden Einzelfall gelten, doch i. A. wird man annehmen müssen, dass Traditionen, die zum ersten Mal in späten Texten auftauchen, eo ipso spät sind, auch wenn sie frühen Meistern zugeschrieben werden (so mit *Neusner*, dessen These *J. Heinemann*, Aggadah 44–7 kritisiert). Eingeschränkt wird diese Hypothese durch die Tatsache, dass schriftliche Überlieferung notwendig selektiv ist; doch ist der Beweis für das hohe Alter einer erst spät aufscheinenden Überlieferung nur in seltenen Fällen zu führen. Die Berufung auf mündliche Tradition sollte daher nur mit äußerster Vorsicht und Zurückhaltung erfolgen.

Hier ist auch nach dem *Umfang mündlich tradierter Einheiten* zu fragen. Gerne verweist man pauschal auf das phantastische Gedächtnis des Orientalen. Sicher konnten viele Rabbinen die Bibel auswendig, wie auch islamische Rechtsgelehrte heute noch vielfach den Korantext auswendig beherrschen. R. Chisda tadelt R. Chananel, weil er gegen die Vorschrift biblische Bücher aus dem Gedächtnis anstatt von einer schriftlichen Vorlage niederschreibt (bMeg 18b: Die ganze Bibel, heißt es, könnte er auswendig schreiben!). Von R. Meir wird erzählt, dass er einmal in Asien eine hebräische Esterrolle aus dem Gedächtnis niederschrieb (tMeg 2, 5, L. 349; BerR 36,8, Th-A 343; yMeg 4,1,74d: Nach dieser Fassung kopiert er dann die auswendig niedergeschriebene Rolle, damit die zweite Niederschrift auch liturgisch brauchbar sei). Auch ist an den Umfang dessen zu erinnern, was ein Tanna auswendig beherrschen soll: z. B. nach bQid 49b «Halakha, Sifra, Sifre, Tosefta».

Dass aber auch in rabb. Zeit viel vergessen wurde, zeigen die zahlreichen Warnungen vor dem Vergessen der Lehre (z. B. mAv 3,8; bYom 38b; bMen 99b). Sogar ein grundlegendes Gesetz wie das des Sabbat kann man vergessen (bShab 68a), und in den Tagen der Trauer um Mose, heißt es, wurde überhaupt eine Unmenge an Halakhot, Schlussfolgerungen usw. vergessen (bTem 15b–16a). Es klingt wie ein Trost angesichts menschlicher Schwäche, wenn R. Jochanan sagt, sogar Mose habe die Tora gelernt und wieder vergessen, bis sie ihm als Geschenk verliehen wurde (bNed 38a). Somit wird man auch den Umfang mündlich tradierter Komplexe nicht übertrieben hoch ansetzen. I. A. werden es sicher relativ kleine Einheiten gewesen sein, die dann wohl auch schon in der mündlichen Tradition zu umfangreicheren Textgruppen zusammengestellt wurden, jedoch einen gewissen begrenzten Umfang nie überschritten.

Parallelüberlieferungen von Texten mit ihrer oft sehr verschiedenen Zusammensetzung derselben Traditionseinheiten können ein Hinweis sein, dass die Gruppierung von Einzeltraditionen erst bei der Niederschrift erfolgte (doch ist stets auch die Möglichkeit absichtlicher Umstellungen schriftlicher Vorlagen zu bedenken). Die großen geordneten Texteinheiten sind wohl meist erst bei der Niederschrift entstanden.

Im Fall einer zuerst rein mündlichen Tradition führt ihre *Verschriftlichung* zu einem Bruch in der Traditionsgeschichte, der nicht überbetont werden kann. Auch für rabb. Texte gilt, was *M. Dibelius* schon zu den Evangelien festgestellt hat, dass nämlich die Niederschrift «nicht einen organischen Fortgang des Prozesses durch Sammlung, Rahmung und Verbindung [bedeutet], sondern den Anfang eines neuen, rein literarischen Werdens» (Die Formgeschichte des Evangeliums, Tüb. 1919, ³1959, 10). Die Textbearbeitung vollzieht sich im schriftlichen Stadium anders als im mündlichen, ist v. a. bewusster und absichtlicher. Nun werden z. B. Glossen eingefügt (vgl. *Neusner*, The Written Tradition; ein strikter Beweis ist damit allerdings nicht zu führen), die den ursprünglichen Aufbau oft stören; es treten typische Lese- anstatt Hörfehler auf usw. Dennoch ist oft nicht zu sichern, ob bei Vorliegen von Paralleltraditionen ein Text einen anderen als schriftliches Vorbild vor sich hatte, ob ein Autor einen schriftlichen Text aus dem Gedächtnis zitiert oder sich nur auf dieselbe mündliche Tradition stützt, die noch variabler ist. Ein üblicher Weg der redaktionsgeschichtlichen Methode, als Kriterium in der Frage, wer wen kopiert hat, die Tendenz des jeweiligen Verfassers anzusehen, ist bei rabb. Texten problematisch, da hier die Frage einheitlicher Tendenzen größerer Textblöcke oder ganzer Schriften noch weithin unerforscht ist.

Noch komplizierter wird es, wenn schriftliche und mündliche Überlieferung desselben Stoffes nebeneinandertreten, wie dies für die Mischna und wohl auch für andere Texte lange zutraf; das gilt nicht erst für die Endstufe der Mischna, sondern auch für ihre Vorgeschichte (*Jaffee*, Torah 124: «it is likely ... that written versions of rabbinic teachings did exist at the earliest traceable origins of the tradition in the first century or even earlier»). Persönliche Niederschriften – unbekannt ist, welchen Umfangs – stehen neben der offiziellen mündlichen Tradition, die durch die Tannaim weitergegeben wird. *Lieberman* (Hell. 97) spricht in diesem Zusammenhang von einer «mündlichen Veröffentlichung», der gegenüber die schriftlichen Aufzeichnungen keine Autorität besitzen. Wie diese mündliche Veröffentlichung im Schulbetrieb praktiziert wurde, sieht er in bEr 54b illustriert, wo die Rabbanan lehren, wie die traditionelle Lehre weitergegeben wurde (wörtlich: wie «die Ordnung der Lehre», *seder mishna*, erfolgte): Mose lernt aus dem Mund Gottes; dann lehrt Mose Aaron seinen Abschnitt, ebenso lehrt er die Söhne Aarons, die Ältesten und das ganze Volk ihren Abschnitt; dann übernehmen der Reihe nach Aaron, seine Söhne und die Ältesten es, den Abschnitt zu wiederholen, sodass ihn alle viermal gehört haben. R. Perida lehrt einen seiner Schüler jede Lehre vierhundertmal, bis er sie beherrscht, und R. Aqiva meint ohne zahlenmäßige Beschränkung, der Lehrer habe so oft zu wiederholen, bis der Schüler den Text beherrscht. Der Text über die Traditionsweitergabe durch Mose spiegelt das rabb. Schulsystem, besonders dessen babylonische Idealform, auch wenn der Text als Baraita stilisiert ist. *Lieberman* bezieht ihn auf die Ausbildung mehrerer Tannaim durch den Redaktor der Mischna; diese Tannaim wiederholen sich gegenseitig den Merkstoff, bis er fest sitzt. Dieses System der «Veröffentlichung» ergibt jedoch nicht einen ein für alle Mal feststehenden Text; denn der Meister kann den Text, den der Tanna vor ihm rezitiert, noch immer korrigieren und verändern (*Lieberman*, Hell. 93; *Epstein*, ITM 676).

Der Text spricht allerdings nicht von «*der* Mischna», sondern allgemein von Lehrtradition (cf. *Jaffee*, Torah 4: «the broader tradition of rabbinic learning of which the Mishnah is a particular condensation»). Die historischen Umstände der Veröffentlichung der Mischna sind daraus kaum abzuleiten, auch wenn (vielleicht neben einer inoffiziellen Niederschrift – so *Epstein, Lieberman* u. a.; scharf dagegen *Sussmann*, Tora 301–349) das Anlernen einer Zahl von Tannaim plausibel ist (cf. *E. S. Alexander*, Transmitting Mishnah 19–21).

Auf jeden Fall ergeben sich Konsequenzen für die *Textkritik*: Diese kann dann nicht mit einem feststehenden Urtext rechnen, den eine Edition rekonstruieren sollte. Das Nebeneinander von mündlicher und schriftlicher Überlieferung mit dem Vorrang des mündlichen Textes schließt eine gewisse Beweglichkeit des Textes ein. Wo dieses Nebeneinander zutrifft, kann die Aufgabe der Textkritik nicht die Rekonstruktion eines Urtextes für eine Edition sein. Vielmehr hat sie eindeutig in späterer Schreib- und Drucktradition entstandene Fehler zu eruieren, um zu einer möglichst alten Textgestalt zu gelangen, die i. A. durch eine einzelne Handschrift vertreten sein sollte. Der Variantenapparat kommt dann in erster Linie als Bezeugung der frühen Text- und Auslegungsgeschichte hinzu. Die für die Edition rabb. Texte nun weithin üblich gewordene Praxis, anstelle eines rekonstruierten Mischtextes eine Einzelhandschrift (so z. B. die Tosefta-Ausgaben *Rengstorf* und *Lieberman* gegenüber der einzig vollständigen Ausgabe von *Zuckermandel*) oder die Textgestalt einer frühen bzw. repräsentativen Druckausgabe (so die Ausgabe Romm-Wilna des bT) als Grundtext zu verwenden, dem dann der Variantenapparat zur Seite tritt, ist eine Konsequenz dieser Erkenntnis. Allerdings sollte sie nicht dazu führen, die Arbeit der Textkritik auf die bloße Auswahl des optimalen Grundtextes und die Sammlung der Varianten zu beschränken. Selbstverständlich ergibt sich aus dieser Editionspraxis, dass der Ausleger rabb. Texte in viel höherem Ausmaß, als dies bei anderen antiken Texten der Fall ist, stets auch mit dem kritischen Apparat arbeiten muss (cf. *K. H. Rengstorf*, Grundsätzliche und methodische Überlegungen zur Bearbeitung von rabbinischen, insbesondere tannaitischen Texten, Theokratia 1, 1970, 76–87).

Warum haben die Rabbinen überhaupt die *mündliche Tradition* gepflegt, da sie doch in einer von alter Schriftkultur geprägten Umwelt lebten und selbstverständlich schon als Kinder schreiben gelernt hatten? Der Hinweis auf die hohen Kosten des Schreibmaterials in damaliger Zeit ist zwar richtig, erklärt jedoch nicht die prinzipielle Bevorzugung der mündlichen Tradition besonders der Halakha. Die mündliche Weitergabe wurde schließlich nicht als Notbehelf betrachtet! Der Grund liegt vielmehr in der Lehre von der mündlichen Tora, die nach rabb. Anschauung allein mündlich in angemessener Form weitergegeben werden konnte, wie auch in der Auffassung der Lehre als *mishna*, deren Wortbedeutung schon das Moment der ständigen (mündlichen) «Wiederholung» einschloss. Parallelen dazu gibt es auch sonst in der Religionsgeschichte (Parsismus, Buddhismus, Islam).

Nach *Baumgarten* (The Unwritten Law 29) ist die Betonung der mündlichen Weitergabe «a natural consequence of the canonization of the Torah», würde also der Abgrenzung aller späteren heiligen Tradition von der Heiligen Schrift dienen. Nach *Neusner* hingegen ist die anachronistische Methode der mündlichen Tradition in Javne als Mittel der rabb. Gruppenpropaganda eingeführt worden, um den Anspruch zu untermauern, in der rabb. Lehre die mündliche Tora Moses weiterzugeben; die mündliche Tradition sei somit «part of the Torah-myth most pertinent to their political needs» gewesen. Allerdings, so schränkt er selbst ein, sei ein solcher Anspruch außerhalb der rabb. Bewegung kaum bekannt, noch weniger anerkannt und somit auf den inneren Kreis der Rabbinen selbst begrenzt gewesen (Phar III 174 f.). Eine politische Begründung der mündlichen Methode nur für den internen Gebrauch ist natürlich leicht angreifbar: So wünscht *Schäfer*, Dogma 193–195, eine technische Begründung statt der dogmatischen: «nicht die mnemotechnische Methode ist das Neue in Yavneh, sondern der umfassende Versuch der Gliederung und formelhaften Bewältigung des (überkommenen) Traditionsmaterials» (195). Tatsächlich schließen beide Begründungen einander nicht aus; und dass die Bewältigung des Traditionsmaterials eben nicht primär in eine Niederschrift, sondern in einen mündlich zu rezitierenden Text mündet, wäre ohne das «Dogma» der mündlichen Tora kaum denkbar, wie *Neusner* richtig gesehen hat.

Wann man von rein privater Niederschrift rabb. Texte zum öffentlichen Gebrauch schriftlicher Exemplare übergegangen ist, kann nicht festgestellt werden; die Antwort wäre textkritisch bedeutsam, ist jedoch in unserem Zusammenhang nicht so wichtig. Jedenfalls gab es auch in gaonäischer Zeit trotz des Vorhandenseins schriftlicher Texte noch immer die Institution der Tannaim. Wahrscheinlich brachten auch erst der Untergang der babylonischen Akademien und die Ausbreitung des rabb. Judentums über Nordafrika und Spanien endgültig das Ende der mündlichen Überlieferung mit sich.

Wichtig ist jedenfalls die Tatsache, dass auch schon die frühe amoräische Schuldiskussion zur Mischna manchmal einen geschriebenen Text voraussetzt. So etwa, wenn die Vokalisierung einzelner Worte diskutiert wird: Hat man *nasʾu* oder *nisʾu* zu lesen (bKet 2b zu 5,2), *natna* oder *nitna* (bNed 35a; dazu *Epstein*, ITM 703)? Die Diskussion bEr 53a zwischen Rav und Samuel, ob in mEr 5,1 *meʿabberin* oder *meʾabberin* zu lesen ist, also ʿ*ain* oder ʾ*alef* (kein Bedeutungsunterschied, doch verschiedene Ableitungen des Wortes), was *Albeck* als Beleg für verschiedene *Les*arten betrachtet (Einführung 174), beweist hingegen nicht unbedingt einen schriftlichen Text, sondern könnte auch auf eine Aussprache zurückgehen, die nicht mehr zwischen ʿain und ʾalef unterscheidet. Eher beweist die Annahme eines Textausfalls durch Homoioteleuton in mZev 11,8 – der Text bereitet den Amoräern in bZev 97a große Schwierigkeiten – eine schriftliche Vorlage, wie *Albeck* (Einführung 179 f.) unter Verweis auf die Parallele Sifra Ẓaw VII,5, W. 32d–33a annimmt. Jedenfalls belegen solche Beobachtungen schriftliche Texte (unklar ist, welchen Umfangs) als Hintergrund der rabb. Diskussion. Naturgemäß sind solche Nachweise primär bei der Mischna möglich, da sie selbst Gegenstand des rabb. Kommentars wurde. Um wie viel mehr treffen aber dann die Schlussfolgerungen daraus für die anderen rabb. Texte zu, die nicht so zentral als «mündliche Tora» betrachtet wurden!

Abschließend noch einige Bemerkungen zur technischen Seite der Niederschrift rabb. Texte: Die zuvor angeführten Stellen sprechen von Schriftrollen wie auch von *pinqasim* mit Aufzeichnungen der mündlichen Tora. *Pinqas = pinax*, «Tafel», ist das wachsüberzogene Notizbrettchen; dass es auch aus Papyrus bestehen konnte, liest man zwar oft aus mKel 24,7; doch ist nicht ʾ*epiforin*, «Papyrus», zu lesen, sondern ʾ*epifodin = hypopodion*, «Fußschemel», wofür man einen zusammengelegten *pinqas* verwenden konnte. Cf. *W. Bunte* z. St. und v. a. *M. Haran*. Ein *pinqas* kann aus mehreren Täfelchen zusammengesetzt sein, sodass es auch für längere Niederschriften geeignet ist: So ist in yMSh 4,9, 55b von einem *pinqas* mit zwölf Blatt die Rede, in der Parallele EkhR 1,14 (B. 52) von 24 Blatt. Der *pinqas* kann also das Äquivalent des Codex sein, unterscheidet sich aber von diesem durch die Zusammensetzung in Form einer Ziehharmonika (*M. Haran*). Der im Westen entstandene Codex (zuerst aus Holz, dann aus Papyrus oder Pergament), aus dem sich das spätere Buch entwickelte, setzte sich dann auch im Osten des Reiches durch (cf. die koptischen Papyrus-Codices von Nag-Hammadi, Ende 4. Jh.); in der rabbinischen Literatur wird er jedoch nicht erwähnt und ist wohl erst relativ spät für rabbinische Texte verwendet worden. Wie juridische Texte der Römer gegen Ende des 3. Jhs. zur leichteren Benutzbarkeit von Rollen auf Codices umgeschrieben wurden, war wohl auch hier der leichtere Zugriff zu umfangreichen Texten das Hauptmotiv des Wechsels. *Lieberman* glaubt, dass auch die Unterscheidung gegenüber Torarollen mitspielte: «The employment of the note-book was the most suitable way of indicating that they were writing the Oral Law, for private, or unofficial use, and not for publication» (Hell. 204 f.; dieselbe Erwägung und nicht praktische Gründe haben ihm zufolge auch bei den Christen zur Bevorzugung des Codex beigetragen). Doch ist auch die Schriftrolle weiter in Verwendung geblieben, z. B. Genizafragmente von ARN (*M. Bregman*, Tarbiz 52, 1982 f., 201 ff., in den Anmerkungen umfassender zur Thematik) und bT (dazu *S. Friedman*, JQR 86, 1995 f., 9 ff.). Dem privaten Charakter der Niederschriften entsprechend ist es wohl immer bei der Einzelanfertigung geblieben und hat es keine Skriptorien gegeben, in denen der zu kopierende Text einer Mehrzahl von Schreibern diktiert wurde (bei der Bibel war das ja überhaupt verboten). Sogar im Mittelalter ist, wie *M. Beit-Arié* (Codicology 11) betont, noch keine Information «about any kind of institutional copying and production of books» zu finden. Das erklärt auch, warum Abschriften rabb. Texte noch zum Ende der gaonäischen Zeit eine absolute Seltenheit waren.

Lit.: L. Blau, Studien zum althebräischen Buchwesen, Budapest 1902; *M. Haran*, Codex, Pinax and Writing Slat, Scripta Classica Israelica 15 (1996) 212–222; *S. Krauss*, Talmudische Archäologie III, Le 1912, 144–158; *S. Lieberman*, Hell. 203–208; *C. H. Roberts – T. C. Skeat*, The Birth of the Codex, Lo 1983.

V. Vom Umgang mit rabbinischen Texten: Zur Methodenfrage

Lit.: R. *Bloch*, Note methodologique pour l'étude de la littérature rabbinique, RSR 43 (1955) 194–225; B. M. *Bokser*, Talmudic Form Criticism, JJS 31 (1980) 46–60; A. *Goldberg*, Entwurf einer formanalytischen Methode für die Exegese der rabbinischen Traditionsliteratur, FJB 5 (1977) 1–41 (= Studien II 50–79); *ders.*, Distributive und kompositive Formen. Vorschläge für die descriptive Terminologie der Formanalyse rabb. Texte, FJB 12 (1984) 147–153 (v. a. zum Midrasch; = Studien II 107–111); *ders.*, Form-Analysis of Midrashic Literature as a Method of Description, JJS 36 (1985) 159–174 (= Studien II 80–95); W. S. *Green*, Reading the Writing of Rabbinism: Toward an Interpretation of Rabbinic Literature, JAAR 51 (1983) 191–206; C. *Hezser*, Form-Criticism of Rabbinic Literature, in: R. *Bieringer* u. a., Hg., The New Testament and Rabbinic Literature, L 2010, 97–110; K. *Müller*, Zur Datierung rabbinischer Aussagen, FS R. Schnackenburg, Freiburg 1989, 551–587; J. *Neusner*, Types and Forms in Ancient Jewish Literature: Some Comparisons, HR 11 (1972) 354–390 (ausführlicher Phar III 5–100); *ders.*, The Use of the Mishnah for the History of Judaism Prior to the Time of the Mishnah. A Methodological Note, JSJ 11 (1980) 177–185; A. J. *Saldarini*, «Form Criticism» of Rabbinic Literature, JBL 96 (1977) 257–274; P. *Schäfer*, Research into Rabbinic Literature: An Attempt to Define the Status Quaestionis, JJS 37 (1986) 139–152 (dazu C. *Milikowsky*, JJS 39, 1988, 201–211; Reaktion von *Schäfer* JJS 40, 1989, 89–94); M. *Smith*, On the Problem of Method in the Study of Rabbinic Literature, JBL 92 (1973) 112 f.; G. *Stemberger*, Aktuelle Probleme in der Erforschung der rabbinischen Literatur: Zur Abgrenzung von Werk, Redaktion, Textgeschichte, FJB 35 (2009) 1–18; *ders.*, Dating Rabbinic Traditions, in: R. *Bieringer* u. a., Hg., The New Testament and Rabbinic Literature, L 2010, 79–96; W. S. *Towner*, Form Criticism of Rabbinic Literature, JJS 24 (1973) 101–118.

Schon die Frage der mündlichen Überlieferung rabb. Texte hat zu den methodischen Problemen der Textkritik und -edition rabb. Literatur geführt. Hier geht es um allgemeine Methodenfragen, die zum Großteil erst in den letzten Jahrzehnten klar bewusst geworden sind. Der methodische Fortschritt, den besonders die Bibelexegese erzielt hat, findet nur langsam seinen Niederschlag bei der Bearbeitung rabb. Texte. Gerade die weithin verbreitete These, die rabb. Tradition sei über Jh.e hin in absoluter Treue mündlich weitergegeben worden, hat zu einer völlig unkritischen Verwertung rabb. Materials geführt: Das betrifft sowohl den Historiker, der vielfach die rabb. Texte ungeprüft als Faktenberichte übernimmt und nur die Übertreibungen etwa bei Zahlenangaben und die offenkundig legendenhaften Züge eliminiert, wie auch den mit der rabb. Theologie beschäftigten Forscher, der oft nicht (genügend) auf die verschiedenen Entstehungszeiten der einzelnen Schriften und auch nicht auf die jeweilige Intention einer literarischen Gattung achtet und so zu einem Bild *der* rabb. Theologie kommt, das recht undifferenziert ist. Wegen seiner Einfachheit und Einheitlichkeit wird dieses Bild in der vergleichenden Religionsgeschichte, v. a. auch in der neutestamentlichen Exegese, gern übernommen (siehe *K. Müller*, Das Judentum in der religionsgeschichtlichen Arbeit am Neuen Testament, F 1983, 69 ff.). Nicht nur die Verwertung von (*H. L. Strack* –) *P. Billerbecks* «Kommentar zum Neuen Testament aus Talmud und Midrasch» als Steinbruch brauchbarer Zitate ist für diese Situation symptomatisch; auch *E. E. Urbachs* in vieler Beziehung hervorragendes und als Standardwerk zur rabb. Theologie zu bezeichnendes Buch «The Sages. Their Concepts and their Beliefs», J 1975, entgeht trotz seiner bewusst historischen Zielsetzung nicht der Gefahr einer fast völlig ungeschichtlichen Darstellung.

Sicher kann die für die Bibel entwickelte Methodenlehre nicht ungeprüft für rabb. Texte übernommen werden, doch ist von dort Wesentliches zu lernen; so kommen denn aus diesem Gebiet alle relevanten Anstöße, die die Bearbeitung rabb. Texte in den letzten Jahrzehnten befruchtet haben. Bislang gibt es erst vereinzelte Ansätze zu einer speziell für rabb. Texte geeigneten Methodenlehre. Hier sind natürlich auch nur vereinzelte knappe Hinweise möglich.

1) Die Literaturgeschichte

Die Einordnung rabb. Texte in eine Literaturgeschichte und deren konsequente Berücksichtigung ist eine Grundforderung. Doch ist eine Literatur*geschichte* bei rabb. Texten sehr problematisch. *Wie datiere ich rabb. Schriften?* Man muss sich prinzipiell der hypothetischen Natur solcher Datierungen stets bewusst bleiben, da zu viele ihrer Kriterien subjektiv sind. Es ist einmal nur von der jeweiligen Endfassung einer Schrift zu sprechen (soweit eine solche überhaupt genau abgrenzbar ist), auch wenn selbstverständlich Schichten oder Einzeltraditionen viel älter sein können als die Gesamtschrift; dies ist jedoch im Einzelfall zu beweisen. Schon die gaonäischen Einleitungen – etwa ISG – versuchen eine Antwort auf die Frage, ebenso die Einleitungen des 19. Jhs., wie etwa *Z. Frankel* oder *L. Zunz*. Gewöhnlich beantwortet man die Frage durch die Nennung des jeweiligen Endredaktors einer Schrift: Demnach ist Rabbi der Redaktor der Mischna, R. Chijja jener der Tosefta; Jochanan wird der Yerushalmi zugeschrieben, Rav Aschi und Ravina der Bavli usw. Dabei wird ein Verfasserbegriff eingetragen, der für die rabb. Schriften mit ganz wenigen Ausnahmen nicht adäquat ist, da es sich dabei gewöhnlich um Kompositionen aus großteils schon zuvor bestehenden Texteinheiten handelt, die jedoch meist für die Neuverwendung bearbeitet wurden. Die verbreitete

Annahme, dass eine rabb. Schrift eine bloße Kompilation ohne eigene Tendenz ist, ist für jeden Einzelfall erst zu begründen.

Vielfach versucht man – so etwa *Zunz* – eine Datierung nach inneren Kriterien wie auch nach der äußeren Bezeugung einer Schrift: Wann wird eine Schrift zum ersten Mal zitiert? Daraus ergäbe sich ein terminus ante quem. Doch wie erkenne ich ein Zitat als solches? Die Namen rabb. Schriften variieren in gaonäischer Zeit sehr, und auch noch im Mittelalter sind sie nicht einheitlich. Außerdem kann derselbe Name verschiedene Schriften bezeichnen. Das Zitat selbst kann auch aus einer ähnlichen Schrift oder aus dem allgemeinen Lehrgut der rabb. Schulen stammen. Zudem ist nicht immer auszumachen, in welcher Richtung das Abhängigkeitsverhältnis zu sehen ist. Wie problematisch das Kriterium der Zitierung ist, zeigt sich etwa in der Beurteilung der halakhischen Midraschim: Wenn Yerushalmi und Bavli sie nicht zitieren (so meint etwa *Ch. Albeck*), bedeutet das nicht eo ipso, dass sie den Talmudim unbekannt und daher später sind. Objektiver ist die Feststellung eines terminus post quem nach den jüngsten in einer Schrift genannten Rabbinen (doch ergeben sich Probleme der Identifizierung im Einzelfall, der Pseudonymität, späterer Zusätze usw.) oder gar nach Zeitereignissen, die erwähnt oder vorausgesetzt sind (allerdings handelt es sich auch hier oft um eine Frage der Interpretation: Nicht jeder Hinweis auf Jischmael oder die Araber deutet z. B. unbedingt auf die islamische Zeit). Was sprachliche Kriterien betrifft, sind zwar bedeutende Fortschritte in der Unterscheidung von zeitlichen Stufen etwa des Hebräischen gemacht worden. Doch die ritualisierte und formalisierte Sprache der Rabbinen macht oft genauere Angaben unmöglich. Zudem hat die Textüberlieferung vielfach die sprachlichen Eigentümlichkeiten einer Periode oder Region abgeschliffen. Insofern es sich bei rabb. Texten um Zitatliteratur handelt, ist natürlich auch mit verschiedenen Sprachschichten innerhalb derselben Schrift zu rechnen. Schließlich ist auch die Möglichkeit eines bewusst archaischen Stils zu erwägen (als Musterfall der Zohar; doch behauptet z. B. *B. Z. Wacholder* dies auch von MekhY).

Trotz dieser Schwierigkeiten lässt sich ein zumindest vorläufiges chronologisches Gerüst einer rabb. Literaturgeschichte erstellen. Dieses müsste aber auch in der Auslegung der rabb. Texte entsprechend berücksichtigt werden. Mischna oder Tosefta müssen natürlich aus sich selbst und nicht aus den Talmudim interpretiert werden; die Talmudim gehören schon zur Auslegungsgeschichte und sind für die Festlegung des ursprünglichen Sinns der Mischna nicht mehr und nicht weniger brauchbar als etwa Texte der Kirchenväter für die Deutung des Neuen Testaments. Ebenso selbstverständlich, doch nicht immer beachtet ist es, dass in der Rekonstruktion geschichtlicher Fakten oder Vorstellungen der tannaitischen Zeit tannaitische Texte absoluten Vorrang gegenüber späteren Texten haben, auch wenn diese eine Aussage im Namen eines Tannaiten oder als Baraita zitieren. Derselbe Vorbehalt gilt für die Verwertung gaonäischer Aussagen für die amoräische Zeit oder babylonischer Quellen für palästinische Zustände. Die Datierung von Einzeltexten oder von bestimmten Vorstellungen erfolgt gewöhnlich über die Rabbinennamen (dazu S. 73–75). Vor allem ist jedoch die Einordnung solcher Texte oder Vorstellungen in eine umfassende Traditionsgeschichte zu versuchen, besonders auch durch Heranziehung von Belegen aus der nichtrabb. Literatur, die oft sicherer datierbar ist. Parallelen in den Pseudepigraphen, in Qumran, im Neuen Testament, bei den Kirchenvätern oder in der arabischen Literatur können hier ebenso von Bedeutung sein wie nichtliterarische Zeugnisse (etwa die Fresken der Synagoge von Dura Europos, die für manche haggadische Tradition der früheste datierbare Beleg sind). Allerdings ist auch hier Vorsicht am Platz und nicht ohne Weiteres die ständige Kontinuität einer Vorstellung zwischen zwei zeitlich weit entfernten literarischen Belegen (z. B. die Parallelen zwischen dem Schluss der Jeremia-Homilie PesR 26,24 f. [F. 131b–132a; U. 660–1] und 4 Esr 9,38–10,57 oder auch Abschnitten von 2 Bar) oder gar ein direkter literarischer Zusammenhang zu behaupten.

2) Kultur- und Religionsgeschichte

Die traditionelle Auslegung rabb. Texte betrachtet diese fast ausschließlich als Literatur. Zeitgeschichte und Realienkunde bleiben weithin unberücksichtigt; die Texte werden dadurch eigenartig zeitlos. Doch hat die Erforschung v. a. Palästinas, in viel geringerem Maß auch Babyloniens zur rabb. Zeit in den letzten Jahrzehnten große Fortschritte gemacht. V. a. die Ergebnisse der Archäologie Palästinas tragen zu einem besseren Verständnis der Texte bei. Fragen der Siedlungsgeschichte, der Bevölkerungsstruktur und der wirtschaftlichen Gegebenheiten sind für die Textauslegung ebenso zu berücksichtigen wie etwa die Ausgrabungen von Synagogen, christlichen Kirchen und heidnischen Kultstätten und -gegenständen: Diese Ergebnisse erhellen z. B. die Gesetze des Traktats ʿAvoda Zara; andererseits sind die Synagogenfunde mit den rabb. Aussagen über die Erlaubtheit von Bildkunst zu konfrontieren. Als Konsequenz erweist sich das Bild, das uns die rabb. Literatur von den Zuständen ihrer Zeit hinterlässt, als völlig einseitig; anstelle eines monolithischen rabb. Judentums ergibt sich eine viel komplexere soziale Wirklichkeit eines palästinischen Judentums in rabb. Zeit (siehe z. B. *E. M. Meyers – J. F. Strange*, Archaeology, the Rabbis, and Early Christianity, Nashville 1981).

Von dieser Einsicht aus ist auch nach eventuellen Spuren eines Nachlebens der pseudepigraphen Literatur, von Qumran, Philo und Josephus im rabb. Schrifttum zu fragen. Diese innerjüdischen Zusammenhänge sind noch weitgehend unberücksichtigt.

Was die allgemeine Kulturgeschichte betrifft, sind v. a. die Beziehungen des rabb. Judentums zur hellenistischen Kultur Gegenstand der Forschung gewesen. Im 19. Jh. beschränkte man sich in erster Linie auf den Nachweis einzelner griechisch-hellenistischer Motive in rabb. Texten; *S. Krauss* hat dann die «Griechischen und lateinischen Lehnwörter in Talmud und Midrasch» gesammelt – ein Pionierwerk, das inzwischen unbedingt neu bearbeitet werden müsste; zahlreiche Vorarbeiten dazu haben *S. Lieberman* und *D. Sperber* geleistet. *E. E. Hallewy* ist in verschiedenen Büchern hellen. Einflüssen in der Haggada nachgegangen, während *H. A. Fischel* den Einfluss der hellen. Populärphilosophie wie auch bestimmter literarischer Konventionen auf die Rabbinen erforscht hat. Dem palästinischen Talmud in seinem griechisch-römischen Kontext ist ein umfangreiches Sammelwerk gewidmet (*Schäfer*, ed., The Talmud Yerushalmi). Die Beziehungen des babylonischen Judentums zur parthisch-persischen Kultur und Religion sind seit einigen Jahrzehnten wieder Gegenstand intensiver Forschung (Irano-Judaica I–VI, J 1982– 2008; *C. Bakhos – M. R. Shayegan*, Hg., The Talmud in Its Iranian Context, Tüb. 2010; *Y. Elman*, Marriage and Marital Property in Rabbinic and Sasanian Law, in: *C. Hezser*, Hg., Rabbinic Law in its Roman and Near Eastern Context, Tüb. 2003, 227–276; *ders.*, Middle Persian Culture and Babylonian Sages, in: *Fonrobert – Jaffee*, Hg., The Cambridge Companion 165–197; *J. Neusner*, Judaism and Zoroastrianism at the Dusk of Late Antiquity. How Two Ancient Faiths Wrote Down their Great Traditions, A 1993).

Schon vielfach untersucht wurden die Zusammenhänge zwischen Rabbinen und Kirchenvätern (siehe *J. R. Baskin*, Rabbinic-Patristic Exegetical Contacts in Late Antiquity: A Bibliographical Reappraisal, in: *W. S. Green*, Hg., Approaches V, 53–80; *A. Kamesar*, Church Fathers, Rabbinic Midrash and, EMidr 20–40; *ders.*, The Church Fathers and Rabbinic Midrash: A Supplementary Bibliography, 1985–2005, RRJ 9, 2006, 190–196) sowie der gegenseitige Einfluss von rabb. Judentum und Islam. Die Frage von Abhängigkeiten und Anleihen ist hier allerdings methodisch vielfach noch nicht einwandfrei bearbeitet worden: So ist etwa häufig angenommen worden, dass Kirchenväter rabb. Meinungen zitierten, wo es sich in Wirklichkeit nur um parallele Entwicklungen aus denselben Voraussetzungen handelt. Auch hier ist immer zu fragen, wer wen zitiert bzw. ob überhaupt zitiert wird. Auch ist die Vielschichtigkeit des Judentums Palästinas in rabb. Zeit nicht genügend berücksichtigt und die Möglichkeit christlicher Spuren auf rabb. Seite entweder a priori abgelehnt oder aber zu leichtfertig angenommen worden.

3) Form-, Traditions- und Redaktionsgeschichte

Die mit diesen Namen bezeichneten Methoden beherrschen seit Jahrzehnten die biblische Forschung. Der Ausdruck *«Formgeschichte»* erscheint erstmals bei *M. Dibelius*, Die Formgeschichte des Evangeliums, Tüb. 1919. Die Sache selbst ist etwa zwanzig Jahre älter: *H. Gunkel* hat sie, dabei auf Ansätze bei Lessing und Herder zurückgreifend, als «Gattungsgeschichte» in die alttestamentliche Forschung eingeführt. Die Methode beruht auf der Erkenntnis festgeprägter literarischer Gattungen in der Literatur sowohl der Gegenwart wie vor allem der Antike. Dabei geht es primär um kleine Überlieferungseinheiten womöglich mündlicher Herkunft, die erst in einer längeren Traditionsgeschichte zusammenwachsen und durch einen sekundären «Rahmen» zu einem größeren literarischen Werk zusammengefügt werden. Heute bevorzugt man vielfach den Ausdruck «Gattung» statt «Form», die eigentlich nur die sprachliche Gestalt eines konkreten Textes meint, sich aber gerade in der rabb. Forschung fast allgemein durchgesetzt hat. Es ist zwischen der Form- oder Gattungskritik, die die einzelnen literarischen Formen mit ihren Gesetzlichkeiten und Entstehungsbedingungen, dem «Sitz im Leben» ermittelt, und der eigentlichen Formgeschichte zu unterscheiden, der es um Entstehung und Umwandlung von Formen im Lauf der Geschichte geht (vgl. *K. Koch*, Was ist Formgeschichte?, Neukirchen ⁴1981).

In der rabb. Forschung hat es schon früh vereinzelte Ansätze zur Verwendung der formgeschichtlichen Methode gegeben: so etwa *P. Fiebig* in einer Reihe methodisch allerdings nicht sehr befriedigender Arbeiten seit 1904 oder *F. Maaß*, der 1937 am Beispiel des Traktats Avot (für solche Studien besonders geeignet, doch für die Mischna untypisch) eine Formgeschichte der Mischna versuchte (für die eigentliche Form*geschichte* verließ er sich völlig auf die Zuschreibungen der Sätze an die einzelnen Rabbinen, was natürlich äußerst problematisch ist; sonst jedoch ist seine Studie sehr gut gearbeitet). Zu einer systematischen Anwendung der Methode ist es jedoch erst seit etwa 1970 gekommen, an halakhischen Texten v. a. durch *J. Neusner* und seine Schüler, an Midrasch-Material v. a. durch *A. Goldberg* und seine Schüler, an liturgischen Texten durch *J. Heinemann*. Später hat *J. Neusner* sich wieder rabb. Erzählstoffen zugewandt, wobei allerdings der formale Aspekt nicht mehr direkt thematisiert wird (Rabbinic Narrative: A Documentary Perspective, 4 Bde., L 2003). Von einer umfassenden rabb. Formgeschichte sind wir noch weit entfernt – nur wenige Gattungen sind bisher an einem umfassenderen Textmaterial untersucht worden (eine allgemeinere Perspektive als die klassische Formgeschichte bietet *A. Samely*, Forms of Rabbinic Literature and Thought. An Introduction, O 2007; unter Leitung von *Samely* ist eine Datenbank «Typology of Anonymous and

Pseudepigraphic Jewish Literature in Antiquity, c. 200 BCE to c. 700 CE» in Vorbereitung). Immerhin ist es schon möglich, ein vorläufiges grobes Raster der wichtigsten rabb. Formen zu erstellen, das allerdings kaum über eine bloße Aufzählung hinausgeht und mehr als Arbeitsprogramm denn als Forschungsergebnis zu werten ist. Dabei ergibt sich eine weitgehende Diskontinuität zu biblischen Formen bzw. solchen der zwischentestamentlichen Literatur.

Gelegentlich wird gefordert, Formbestimmungen ohne Rücksicht auf den Inhalt eines Textes vorzunehmen (vgl. Neusner, Pur III 192 ff.); tatsächlich bedingt jedoch der Inhalt die Form. Wenn nicht Formkritik zu bloßer Stilkritik werden soll – diese ist notwendig, sollte jedoch nicht unter dem Namen Formkritik betrieben werden –, ist von einer Bestimmung der Formen auch nach inhaltlichen Kriterien nicht abzusehen.

J. Neusner hat am Beispiel der rabb. Traditionen über die Pharisäer einen Formenkatalog aufgestellt (Types 354–358), der mit Erweiterungen und Modifikationen als Grundlage für das folgende Raster gedient hat. Grundlegend ist die Unterscheidung zwischen halakhischem, haggadischem und exegetischem Material, welches sowohl an Halakha wie an Haggada teilhat.

Halakha:
1. *Aussprüche:*
In diesem Bereich ist die Forschung über die Feststellung der einfachsten syntaktischen Formen noch nicht hinausgekommen.
a) *einfache Aussage*: N. sagt + direkte Rede.
b) *Streitgespräch*: Dieses kann eine bloße Aneinanderreihung zweier Aussagen mit ihrem jeweiligen Urheber sein, sei es als Disput (X ʾomer ...; Y ʾomer ...) oder Debatte (X ʾamar lahem/lo ...; Y ʾamar lahem/lo: also mit histor. Kontext, wenn dieser auch auf das Minimum beschränkt ist, perfekt. Aussage und Zuhörer); in der Lemma-Form geht die Schilderung des Problems den konträren Entscheidungen voraus: Problem – X sagt – Y sagt; in der chiastischen Form folgt einer halakhischen Entscheidung die Nennung des Urhebers: Entscheidung – so sagt X. Y aber sagt: andere halakhische Entscheidung.
c) *Bezeugung* (X heʿid, bezeugt, dass ... bzw. hinsichtlich: v. a. im Traktat ʿEduyot).
d) *Formulare* (Prosbul, Scheidung, Ernennung usw.).
e) *Brief:* X diktiert einen Brief, dessen Inhalt folgt. Nur wenige Textbeispiele lassen über den Inhalt hinaus ein Briefformular erkennen, das dann den bekannten aramäischen Briefen, etwa jenen von Wadi Murabaʿat, folgt.
f) *Ketten und Listen.*
2. *Erzählung:*
a) *Taqqana:* Früher war es so, doch X *tiqqen*, ordnete an, dass ...

b) *Präzedenzfall*, gewöhnlich einfache Aussagesätze mit wenig Dialog, vielfach eingeleitet durch *maʿase*, «Tatfall».
c) *Aussprüche und Erzählungen in der 1. Person*.
d) *Erzählungen, eingeleitet durch einen Bibeltext und dessen Exegese*.
3. *Die talmudische Sugia* (abgeschlossene logische Einheit der rabb. Diskussion) ist eine zusammengesetzte Form, die nicht nur verschiedene literarische Formen, sondern auch haggadisches neben halakhischem Material umfasst. Dazu näher S. 224 f.

Lit.: A. *Goldberg*, Form und Funktion des Maʿase in der Mischna, FJB 2 (1974) 1-38 (= Studien II 22-49); A. *Gulak*, Das Urkundenwesen im Talmud. Im Licht der griech.-ägypt. Papyri und des griech. und röm. Rechts, J 1935; M. S. *Jaffee*, The Taqqana in Tannaitic Literature: Jurisprudence and the Construction of Rabbinic Memory, JJS 41 (1990) 204-225; F. *Maaß*, Formgeschichte der Mischna mit besonderer Berücksichtigung des Traktats Abot, B 1937; J. *Neusner*, Form and Meaning in Mishnah, JAAR 45 (1977) 27-54; *ders*., Form-Analysis and Source Criticism: The Case of Mishnah Kelim 1:1-4, in: R. H. *Fisher*, Hg., A Tribute to A. Vööbus, Chicago 1977, 133-152; *ders*., Rabb. Narrative (IV 7-107 zusammenfassend zum Maʿase); D. *Pardee*, Handbook of Ancient Hebrew Letters. With a Chapter on Tannaitic letter fragments by S. D. *Sperling*, Chico 1982; E. L. *Segal*, The Terminology of Case-Citation in the Babylonian Talmud. A Study in the Limitation of Form Criticism, JSJ 9 (1978) 205-211; R. *Shasha*, The Forms and Functions of Lists in the Mishnah, Diss. Manchester 2006.

Haggada:
Die primäre Unterscheidung von Poesie und Prosa ist in der rabb. Literatur ziemlich nebensächlich, da *poetische Formen* nur vereinzelt vorkommen; von größerer Bedeutung ist allein die Gattung des Leichenlieds: dazu E. *Feldman*, The Rabbinic Lament, JQR 63 (1972 f.) 51-75.
1. *Erzählung*: Die wichtigsten Gattungen sind hier die *geschichtliche Anekdote*, der kurze *biographische Hinweis* ohne direkte Rede, die *biographische Erzählung* (als Untergattungen Berufungserzählung, Schulgeschichte, Sterbeerzählung usw.), die *Wundererzählung*, die *Erzählung mit einer Moral*, die *Erzählung in Ich-Form* sowie jene, in der eine *bat qol* eingreift, *Märchen, Fabel* und *Legende*.
2. *Darstellung* «wissenschaftlichen» Inhalts (geographisch, volkskundlich, medizinisch, astronomisch usw.).
3. *Rede: Aussprüche in 1. Person*, solche *ohne erzählenden Kontext*, *Apophthegmata* mit erzählendem Kontext, *Wehrufe, Gleichnisse* (verschiedene Unterformen, wie z. B. Königsgleichnisse), *Sprichwort, Weisheitsspruch, Zahlenspruch, Kettenspruch* (Sorites), *Reihen* und *Listen, Gebet* und *Predigt*.

Lit.: A. J. *Avery-Peck*, Classifying early rabbinic pronouncement stories, SBLSP 22 (1983) 223-244; *ders*., Rhetorical Analysis of Early Rabbinic Pronouncement

Stories, Hebrew Annual Review 13 (1991) 1–23; *D. Ben-Amos*, A structural and formal study of Talmudic-Midrashic legends (h), 4th WCJS, J 1968, II 357–359; *Y. Fraenkel*, The Aggadic Narrative 273–294; *S. Friedman*, The Talmudic Proverb in Its Cultural Setting (h), JSIJ 2 (2003) 25–82; *A. Goldberg*, Das schriftauslegende Gleichnis im Midrasch, FJB 9 (1982) 1–87 (= Studien II 134–198); *A. Goshen-Gottstein*, Testaments in Rabbinic Literature: Transformations of a Genre, JSJ 25 (1994) 222–251; *J. Heinemann*, Prayer in the Talmud. Forms and Patterns, B-NY 1977; *J. Neusner*, Rabb. Narrative IV 109–225; *ders.*, Parable (Mashal), EMidr 612–630; *G. G. Porton*, The pronouncement story in Tannaitic literature. A review of Bultmann's theory, Semeia 20 (1981) 81–99; *A. J. Saldarini*, Last Words and Deathbed Scenes in Rabbinic Literature, JQR 68 (1977 f.) 27–45; *S. Sharvit*, The Introductory Formulae of Proverbs in Talmudic Literature (h), Hebrew Linguistics 28–30 (1990) 197–206 (= Studies 303–313); *A. M. Singer*, Animals in Rabbinic Teaching: The Fable, Diss. JThS 1979; *D. Stern*, Parables in Midrash. Narrative and Exegesis in Rabbinic Literatur, C (M) 1991; *ders.*, The Function of the Parable in Rabbinic Literature (h), JSHL 7 (1985) 90–102; *C. Thoma – S. Lauer*, Die Gleichnisse der Rabbinen I: Pesiqtà de Rav Kahana; II: Bereschit Rabba 1–63; *C. Thoma – H. Ernst*, III: BerR 63–100; ShemR 1–22; IV ShemR 23–30, Bern 1986–2000; *T. Thorion-Vardi*, Das Kontrastgleichnis in der rabb. Literatur, F 1986; *W. S. Towner*, Enumeration; *I. Ziegler*, Die Königsgleichnisse des Midrasch beleuchtet durch die römische Kaiserzeit, Breslau 1903.

Exegese:

Hier ist wieder zwischen Halakha und Haggada zu unterscheiden. In beiden Gruppen kommt es zu bloßen *Verweisen* auf die Schrift, Verwendung von Bibeltexten als *Beweisen* sowie zur eigentlichen *Textauslegung*, deren Intensität von der bloßen *Glossierung* über die einfache *Wortexegese* zum vollen *Midrasch* gehen kann; dieser wiederum kann ein rein am Text orientierter Auslegungsmidrasch oder ein homiletischer Midrasch sein (dazu näher S. 264 f.).

Eine zusammengesetzte, vorwiegend schriftauslegende Form ist die *Homilie*, bei der vor allem Einleitung und Schluss festen Formgesetzen unterliegen (Proömium und Peroratio; doch *Peticha* auch als komplette Kurzpredigt) und deren Hauptteil selbst wieder verschiedene Gattungen enthalten kann (Gleichnis, Maʿase usw.). Dazu näher S. 269–272.

Über diese beschreibende Gattungskritik hat die Arbeit zur *Gattungsgeschichte* zu führen, die allerdings ebenfalls erst in Ansätzen existiert und auch nur in sehr eingeschränkter Weise möglich ist; so spricht z. B. *Neusner* hinsichtlich der Mischna bewusst nur von Formanalyse, nicht -geschichte, da dieses Werk innerhalb einer relativ kurzen Zeit seine formale Gestalt erhalten hat («the naive conception that we may ‹date› a unit by the formal traits exhibited therein. This has not been proved, and I think it cannot be proved»: JQR 80, 1979 f., 142 Anm. 16; doch cf. dazu auch die Einschränkung von *R. S. Sarason, ibidem* 150 f.).

Welche Ergebnisse kann die formgeschichtliche Analyse rabb. Texte erbringen? Eine solche Klassifizierung des Materials allein ist zu wenig, darf nicht Selbstzweck bleiben. Vor allem zwei Resultate sind zu nennen: 1) Die Abgrenzung von vorgegebener Form und Kreativität dessen, der die Form anwendet, erlaubt ein Urteil, worauf es dem Text ankommt, führt somit zu einer gemäßeren Auslegung und hält von einer Überbewertung von Zügen eines Textes ab, die zum Schema gehören, daher z. B. bei Erzählungen nicht sofort als historische Erinnerung gedeutet werden dürfen. 2) Die Kenntnis rabb. Formen erlaubt vielfach die Trennung von Basistext und späteren Ergänzungen. Die von einer Form*geschichte* erhoffte Erkenntnis des zeitlichen Kontextes einer bestimmten Gattung ist hingegen nur selten und nur in groben Umrissen möglich; nur zusammen mit anderen Kriterien kann sie zuweilen zu einem Urteil über das Alter einer bestimmten Tradition führen. Von historischen Fragen sieht *J. Neusner* völlig ab, wenn er in seiner umfassenden Studie die großen Formen der einzelnen rabbinischen Werke zu deren Differenzierung als gesamter Schriften verwendet: The Documentary Form-History of Rabbinic Literature, 14 Bde., A 1998.

Die *Traditionsgeschichte* ist einerseits *Motivgeschichte*, weist also bestimmte Inhalte in ihrer Kontinuität bzw. Umwandlung innerhalb der rabb. Zeit nach; andererseits ist sie v. a. anhand der zahlreichen rabb. Paralleltraditionen möglich, wenn dieselbe Traditionseinheit in verschiedener Fassung vorliegt: Die *synoptische Lektüre* dieser Paralleltexte ist eine Grundaufgabe rabb. Forschung, auch wenn die geeigneten Hilfsmittel dafür noch weithin fehlen und bisher nicht einmal eine Synopse von Mischna und Tosefta existiert, geschweige denn eine Synopse des gesamten rabb. Textmaterials, wie sie z. B. *M. Smith* forderte, die aber aus Gründen des Umfangs kaum zu verwirklichen sein wird. Gerade Paralleltexte zeigen, welche Texteinheiten im Lauf der Überlieferung erst zusammengesetzt wurden, ob diese Überlieferung primär schriftlich oder mündlich zu denken ist, welche Interessen sie geprägt haben usw. *J. Neusner*'s Ablehnung «synoptischer Studien» in der rabb. Forschung (z. B. Studying Synoptic Texts Synoptically. The Case of Leviticus Rabbah, PAAJR 53, 1986, 111–145; *ders.*, Extra- and Non-Documentary Writing in the Canon of Formative Judaism, 3 Bde., Binghamton 2001) möchte der literarischen Eigenständigkeit der einzelnen rabb. Schriften das nötige Gewicht verleihen und wendet sich gegen die Verwendung von Texten ohne Rücksicht auf Kontext und Funktion innerhalb einer Schrift, betont also redaktionsgeschichtliche Interessen, ohne synoptische Studien im hier vertretenen Sinn zu betreffen (siehe dazu *S. J. D. Cohen*, ed., The Synoptic Problem in Rabbinic Literature, Providence, Rhode Island 2000).

Die *Redaktionsgeschichte* bemüht sich um die Persönlichkeit des Endredaktors eines Werkes, seine schriftstellerische bzw. theologische Eigenart, die sich darin zeigt, wie er seinen Traditionsstoff auswählt, gruppiert, in einen bestimmten Rahmen fügt, bearbeitet und dadurch interpretiert (dazu J. Rohde, Die redaktionsgeschichtliche Methode, Hamburg 1966). Die Redaktionsgeschichte bemüht sich somit, den Redaktor als Schriftsteller und nicht nur als Sammler von Traditionen zu sehen: Dies erweist sich jedoch in der rabb. Literatur viel schwieriger als etwa in den Evangelien. Denn nur wenige späte rabb. Schriften, wie etwa SER, gehen auf echte Schriftstellerpersönlichkeiten zurück, deren Intention sich ohne größere Probleme von der Tradition abheben lässt. So ist es auch gerade eine Arbeit zu SER, die die Intention der Redaktionsgeschichte am ehesten an einem rabb. Text verwirklicht hat (nämlich *M. Kadushin*, The Theology of Seder Eliahu. A Study in Organic Thinking, NY 1932, Ndr. Binghamton 2001: so das Urteil von *P. Kuhn*, Gottes Trauer und Klage in der rabb. Überlieferung, L 1978, 25). Doch ist auch auf verschiedene Studien von *J. Neusner* zu verweisen, der (z. B. zu Sifra im Kontrast mit M) sehr stark die redaktionellen Intentionen herausarbeitet, ebenso auf neuere Analysen von Erzählungen im Bavli (siehe v. a. *J. L. Rubenstein*, ed., Creation and Composition. The Contribution of the Bavli Redactors [Stammaim] to the Aggada, Tüb. 2005; ders., Stories of the Babylonian Talmud, Baltimore 2010).

Die rabb. Literatur ist nicht nur Traditionsliteratur, sondern zum größten Teil *Zitatliteratur* (*A. Goldberg*). Die Zitatform gilt auch schon für die frühesten Stadien dieser Literatur und ihre einfachsten Einheiten. Im Gegensatz etwa zur pseudepigraphen Literatur legen die Rabbinen großen Wert darauf, den Urheber des jeweils zitierten Ausspruches zu nennen (zur Problematik dieser Zuschreibungen siehe das nächste Kapitel). Darin äußert sich jedoch nicht ein gesteigertes Selbstbewusstsein des jeweiligen Autors eines Satzes, sondern gerade im Gegenteil das Wissen des Tradenten, in eine bestimmte Tradition eingebunden zu sein. Zugleich ist das namentliche Zitat von der Ansicht bestimmt, dass ein Satz nur so viel gilt wie sein Urheber, was in amoräischer Zeit zum Bemühen führt, die Urheber anonymer Sätze der tannaitischen Zeit zu eruieren, um dadurch diese Sätze als Meinung eines Einzelnen aufzuweisen; denn der anonyme Satz ist von höherer Autorität (sei es als alte unbestrittene Meinung oder als die Meinung des Endredaktors einer Schrift). Ordnungsprinzip bei der Sammlung von Zitaten ist denn auch nicht der Name des Urhebers (auch wenn es solche kleinen Sammlungen im Einzelfall gegeben hat): Es geht nicht um den Verfasser, sondern allein um die Sache. Es ist übrigens für rabb. Denken bezeichnend, wenn Jochanan ben Zakkai gewissermaßen als Stammvater der rabb. Tradition zwar oft zitiert wird, jedoch selbst seine Gewährsleute nie zitiert; und in der Endphase der talmudischen Tradition, sei es in den späten Schichten des bT oder auch in späten Midraschim, wird das Material ebenfalls wieder anonym: Schon die Savoräer und noch mehr die Späteren fühlen, dass ihre Namen nicht mehr gleichwertig neben denen der früheren Rabbinen genannt werden können, ihr eigener Beitrag zum rabb. Traditionswerk von dem der Früheren qualitativ grundlegend verschieden ist. Auf der Stufe der Endredaktion einer rabb. Schrift ist die Persönlichkeit des Redaktors primär in Auswahl, Anordnung und Bearbeitung der Zitate zu erkennen. Eine bloß additive Redaktion ist kaum einmal anzunehmen; i. A. fügt nicht einmal der eigentliche Auslegungsmidrasch seine Zitate rein katenenartig in der Reihenfolge des biblischen Textes zusammen. Gewöhnlich baut der Redaktor die Zitate seiner eigenen Zielsetzung entsprechend zusammen und argumentiert mit ihnen, als ob sie seine eigenen Worte wären. Auch ist zu bedenken, dass die vorliegenden Zitate gewöhnlich schon überarbeitet sind, «Traditionsformen», die gekürzt ein viel breiteres Material überlieferungsfähig machen (*Goldberg*, Entwurf 7 = Studien II 54). Als solche liegen sie auch schon dem Redaktor vor, der sie für seinen Zweck verwendet: Die jeweilige Änderung des Zwecks eines Zitats ist durch die diachrone Funktionsanalyse zu ermitteln (*Goldberg*, Entwurf 20 = Studien II 64). Daran ist dann die Intention des Redaktors zu erkennen, wie auch am anonymen Textmaterial, wo dieses dem Redaktor zuzuschreiben ist.

Besonders bei umfangreichen Texten ist erst zu klären, wieweit überhaupt mit einer einheitlichen Redaktion zu rechnen ist bzw. auf welche Texteinheiten man eine solche Redaktion beziehen darf. Dies gilt v. a. für die beiden Talmudim. Aber auch bei überschaubareren Traditionskomplexen ist diese Frage noch nicht geklärt, wieweit hier einheitliche Gestaltung oder einfach die Zusammenfügung von größeren Blöcken schon redigierten Materials vorliegt. Nicht einmal bei der Mischna ist die Intention des Endredaktors schon gesichert (wenn wir überhaupt im strikten Sinn mit einem solchen Endredaktor rechnen dürfen): Nicht einmal die grundlegende Frage ist entschieden, ob die Mischna ein Lehrbuch, eine Materialsammlung oder ein autoritatives Gesetzbuch sein sollte. Durch Anwendung redaktionsgeschichtlicher Methoden müsste man der Klärung dieser Frage näher kommen, ebenso auch grundlegende Probleme der Redaktion der Tosefta und anderer Schriften beantworten können. Die Frage z. B. politischer Intentionen der Redaktoren (etwa eine prohillelitische Gesamtredaktion der Mischna?) ist ebenfalls noch nicht beantwortet. Hier ergeben sich noch große Aufgaben für die Redaktionsgeschichte rabb. Texte, auch wenn man sich bewusst bleiben muss, wie schwierig gerade bei diesem Material die Trennung von Tradition und Redaktion ist. Eine umfassende vergleichende Bearbeitung von Mischna und Tosefta könnte hier das nötige methodische Instrumentarium zur Verfügung stellen.

VI. Die Rabbinen

Lit.: M. *Beer*, The Babylonian Amoraim. Aspects of Economic Life (h), Ramat Gan ²1982; R. *Brody*, On the Sources for the Chronology of the Talmudic Period (h), Tarbiz 70 (2000 f.) 75–107; A. *Cohen*, Was age the decisive criterion of subordination among the Amoraim?, JQR 92 (2001 f.) 279–313; S. J. D. *Cohen*, Epigraphical Rabbis, JQR 72 (1981 f.) 1–17 (= Essays 227–243; dazu B. Z. *Rosenfeld*, The Title ‹Rabbi› in Third- to Seventh-Century Inscriptions in Palestine: Revisited, JJS 61, 2010, 234–256); *ders.*, The Rabbi in Second-Century Jewish Society, CHJ III 922–977; J. *Fraenkel*, Paranomasia in Aggadic Narratives, SH 27 (1978) 27–51 (Einfluss von Wortspielen auf die Gestaltung von Erzählungen über Rabbinen); I. *Gafni*, On the Talmudic Chronology in Iggeret Rav Sherira Gaon (h), Zion 52 (1987) 1–24 (= Babylonia 239–265); W. S. *Green*, What's in a Name? – The Problematic of Rabbinic «Biography», in: *ders.*, Approaches I 77–96; *ders.*, Context and Meaning in Rabbinic «Biography», in: *ders.*, Approaches II 97–111; C. *Hezser*, The Social Structure; H. *Lapin*, Rabbis and Cities in Later Roman Palestine: The Literary Evidence, JJS 50 (1999) 187–207; L. I. *Levine*, The Rabbinic Class of Roman Palestine in Late Antiquity, J 1989; J. *Neusner*, The Present State of Rabbinic Biography, FS G. Vajda, Löwen 1980, 85–91; B. Z. *Rosenfeld*, Torah Centers and Rabbinic Activity in Palestine 70–400 CE. History and Geographic Distribution, L 2010; S. *Safrai*, Tales of the Sages in the Palestinian Tradition and the Babylonian Talmud, SH 22 (1971) 209–232; D. *Sperber*, Studies in Talmudic Chronology – I (h), Michtam le-David, GS D. Ochs, Ramat Gan 1978, 77–85; E. E. *Urbach*, The Sages. Their Concepts and Beliefs, J 1975, 564–678.

1) Unsere Quellen

Unsere Informationen über die einzelnen Rabbinen stammen aus der rabb. Literatur und den gaonäischen Texten, v. a. STA und ISG. Diese bieten auch eine Reihe absoluter Zahlen nach der seleukidischen Zeitrechnung, v. a. die Todesjahre einzelner Rabbinen (z. B. 279 als Todesjahr von R. Jochanan bar Nappacha). Doch ist zu beachten, dass diese Zahlenangaben in den zwei Rezensionen von ISG oft nicht übereinstimmen; auch sind diese oft in modernen Arbeiten einfach wiederholten Angaben kaum einmal überprüfbar, haben also nur relativen Wert. Anfänge einer systematischen Untersuchung dieser Zahlenangaben haben D. *Sperber* (zu den Todesdaten von 38 babyl. Amoräern) und I. *Gafni* unternommen und dabei den chronologischen Rahmen von ISG i. A. als verlässlich befunden; R. *Brody* erschloss aus dem Vergleich von STA und ISG eine gemeinsame chronologische Quelle für die amoräische Zeit. Genauere

Analysen – soweit von der Quellenlage her überhaupt möglich – stehen noch aus.

Die rabb. Texte selbst überliefern nie Daten. Die Zuordnung rabb. Angaben über Ereignisse im Leben dieses oder jenes Rabbi zu einem aus der allgemeinen Geschichte bekannten Datum ist kaum einmal möglich (Ausnahmen sind etwa die Zerstörung Jerusalems, der Bar-Kokhba-Aufstand, die Unruhen unter Gallus) und auch dann nur bedingt verwertbar. Dass z. B. Aqiva im Bar-Kokhba-Aufstand oder direkt danach hingerichtet wurde, ist zwar in rabb. Quellen gut belegt, wenn auch legendarisch ausgeschmückt. Doch bringen diese Texte keine nähere Zeitangabe. Schon aus diesem Grund ist die Aussage chronologisch unbrauchbar, dass Rabbi in dem Jahr geboren wurde, in dem Aqiva starb; daraus etwa das Jahr 135 als Geburtsjahr Rabbis abzuleiten geht nicht an. Dazu kommt, dass der Satz «X wurde geboren, als Y starb» ein Theologumenon ist, wie aus bQid 72b hervorgeht: «Es sagte Mar: Als R. Aqiva starb, wurde Rabbi geboren; als Rabbi starb, wurde Rav Jehuda geboren; als Rav Jehuda starb, wurde Rava geboren; als Rava starb, wurde Aschi geboren. Das lehrt dich: Kein Gerechter geht aus der Welt, ehe ein Gerechter gleich ihm erschaffen wurde. Denn es heißt: ‹Die Sonne geht auf und die Sonne geht unter› (Koh 1,5). Ehe die Sonne Elis unterging, ging die Sonne Samuels in Rama auf» (bYom 38b bringt den Grundsatz mit dem Beispiel von Eli und Samuel im Namen Chijjas b. Abba, der Jochanan zitiert).

Die *Chronologie der Rabbinen* ist somit wie die der rabb. Literatur *relativ*, d. h. durch das Verhältnis eines Rabbi zu einem anderen als dessen Lehrer, Diskussionspartner, Schüler oder Tradent festzustellen (immer vorausgesetzt, dass die Namensgebung eindeutig und der Name richtig überliefert ist). So lassen sich *Generationen* von Rabbinen einander zuordnen. Dieses Bezugsnetz hat zur klassischen Einteilung der rabb. Zeit in fünf Generationen von Tannaiten, sieben von Amoräern geführt. Statt absoluter Lebensdaten ordnet man daher einen Rabbi z. B. als Tannaiten der 2. Generation (T2) oder Amoräer der 5. Generation ein (A5; ein vorausgesetztes p oder b verweist auf die Herkunft aus Palästina oder Babylonien). Damit ist auch ein ungefährer Bezug zur absoluten Chronologie gegeben. Fragezeichen bleiben bei selten genannten Rabbinen. Gelegentlich ist es nicht ganz sicher, ob wir nicht mit zwei Rabbinen desselben Namens zu rechnen haben, weil sonst die rabb. Angaben unvereinbar sind (z. B. bei Mar Uqba). Ebenso ist mit Irrtümern späterer Tradenten oder Abschreiber zu rechnen; ja, auch die direkte Erfindung von Rabbinennamen ist (wie im Zohar) nicht völlig auszuschließen (so z. B. von B. Z. *Wacholder*, HUCA 39, 1968, 132–134, für MekhY angenommen).

2) Rabbinennamen als Datierungshilfe

Die Datierung einer rabb. Schrift gilt für das Gesamtwerk. Die Einzelstücke und -traditionen können jedoch viel älter sein, was aber erst zu beweisen ist. Gerne nimmt man als Anhaltspunkt für die Datierung eines solchen Stücks die Namen der erwähnten Rabbinen. Als handelnde Personen in erzählenden Texten können Rabbinen natürlich nur den terminus a quo angeben; wo Rabbinen als Urheber oder Tradenten eines Ausspruchs genannt werden, könnte man bei Verlässlichkeit der Überlieferung damit die Aussage oder zumindest ihren Inhalt datieren. Die Untersuchung umfangreicher Texteinheiten (z. B. durch *J. Neusner*) hat ergeben, dass zumindest in tannaitischen Sammlungen diese Zuschreibungen weitgehend verlässlich sind: Wenn schon die Richtigkeit des Tradentennamens nicht positiv bewiesen werden kann, so doch i. A. die mit dem Namen verbundene geschichtliche Periode; dies kann vielfach durch Zitierung, Kommentierung oder Glossierung oder selbstverständliches Voraussetzen einer Vorstellung durch einen Rabbi der folgenden Generation(en) gesichert werden (Methode der *attestation: Neusner*, Phar III 180 ff.; *ders.*, The History of Earlier Rabbinic Judaism, HR 16, 1977, 216–236; mit der Möglichkeit, Namenszuschreibungen auch im Bavli prüfen zu können, rechnet *D. Kraemer*, On the Reliability of Attributions in the Babylonian Talmud, HUCA 60, 1989, 175–190). Andere sind hier allerdings bedeutend skeptischer und behaupten global: «attributions are simply not historically reliable data» (*W. S. Towner*, Enumeration 34; cf. *W. S. Green*, Name 83 f.; *D. Halivni*, Doubtful Attributions in the Talmud, PAAJR 46 f., 1979 f., hebr. Teil 67–83; *S. Stern*, Attribution and Authorship in the Babylonian Talmud, JJS 45, 1994, 28–51). Zweifellos hat die Datierung nach Rabbinennamen mit vielfachen Problemen zu rechnen. Abgesehen vom Problem der Pseudepigraphie (dieses ist umso akuter, je später eine Erzählung oder ein Diktum erstmals aufscheint; es gibt sehr verschiedene Gründe, einem Rabbi später bestimmte Aussprüche in den Mund zu legen), sind Unsicherheitsfaktoren vor allem in der *Namensüberlieferung* zu sehen:

a) Oft weist schon der rabb. Text selbst darauf hin, dass der genaue Name des Tradenten nicht feststeht (v. a. sein Patronym oder seine Herkunftsbezeichnung: Der bT bietet die Variante mit der Formel *we-ʾamri le*) oder derselbe Satz verschiedenen Rabbinen zugeschrieben wird (*we-ʾiteima*): dazu Bacher, TT 524–540.

b) Oft tragen *mehrere Rabbinen denselben Namen*, v. a. wenn der Vatername ausgelassen wird. Ob R. Jehuda Jehuda b. Ilai (T3) oder Jehuda bar Jecheqzel (bA3) ist, kann meist durch den Kontext geklärt werden; doch ist der Kontext ursprünglich, oder ist die Zusammenstellung fälschlich erfolgt, weil schon die Redaktoren des Stücks den Sprecher falsch identifiziert haben? Wenn nicht eine echte Diskussion geboten wird, sondern einfach Meinungen einander gegenübergestellt werden (siehe unter e), ist der Kontext ebenfalls keine Hilfe. Ebenso ist keine Entscheidung zu treffen, wenn kein anderer Rabbi im Zusammenhang genannt wird und auch keine rabb. Parallele eine Klärung bringt. Zirkelschlüsse sind oft nicht zu vermeiden, müssen aber als solche bewusst bleiben: So werden die halakhischen Midraschim u. a. auch deshalb gewöhnlich in die tannaitische Zeit datiert, weil sie (fast) nur Tannaiten zitieren; wegen dieser Datierung entscheidet man sich dann im Zweifelsfall für die Identifikation eines Rabbi mit einem Tannaiten.

c) Die *Textüberlieferung* in Handschriften und Drucken ist gerade bei Namen sehr unsicher, wie der kritische Apparat einer Textausgabe deutlich zeigt. So verwechselt man ständig Natan und Jonatan, diesen wieder mit Jochanan. Ebenso vertauscht man Eleazar und Eliezer, Acha und Achai, Joschijja und Hoschaja. Die häufige Verwendung von Abkürzungen kann zu verschiedenen Auflösungen führen: So wird Simeon mit Jischmael verwechselt, R. Jochanan oder R. Joschijja (jeweils R"J) mit Rabbi (Jehuda ha-Nasi), der auch da irrtümlich in den Text kommen kann, wo man nach einem ausgeschriebenen «Rabbi» den Namen zu schreiben vergaß; Simeon ben Schetach wird zu Simeon ben Azzai (wenn das *schin* des abgekürzten Patronyms als *ain* verlesen wurde) usw.

d) Wenn rabb. *Parallelüberlieferungen* dasselbe Diktum oder dieselbe Begebenheit verschiedenen Rabbinen zuschreiben und dies nicht durch Überlieferungsfehler (wie unter c beschrieben) zu erklären ist, besteht natürlich die Möglichkeit, dass tatsächlich zwei oder mehrere Rabbinen dasselbe gesagt oder erlebt haben. Vielfach ist jedoch mit Wanderlogien oder -erzählungen zu rechnen, wie auch Parallelen in der nichtrabb. Literatur zeigen. Irrige Zuschreibungen kommen ebenso vor wie pseudepigraphe Zitate von berühmten, v. a. tannaitischen Meistern oder z. B. die Zuschreibung späterer Diskussionen an die «Häuser Hillels und Schammais».

e) Wenn zwei *Rabbinen verschiedener Perioden* in einem Text miteinander diskutieren, ist dies nicht unbedingt als Anachronismus dem Redaktor anzulasten (und der Text infolgedessen spät zu datieren). Es gibt auch fiktive Diskussionen, v. a. jedoch auch bloß sachliche Zusammenstellungen von Aussprüchen verschiedener Rabbinen, ohne dass damit eine historische Dialogsituation behauptet sein will.

f) Die *Datierung anonymer Aussprüche* bringt zusätzliche Probleme. Gelegentlich sind sie durch den Kontext als Voraussetzung der datierbaren Diskussion oder auch als deren abschließende Entscheidung zu erkennen; u. U. kann durch Parallelen der Sprecher identifiziert werden (besonders wo schon die rabb. Texte selbst auf das bewusste Verschweigen bestimmter Namen verweisen: so etwa Meir in der Schule Rabbis: cf. *Abr. Goldberg*, Tarbiz 38, 1968 f., 231–254); manchmal ist auch ein Ausspruch mit datierbaren Vorstellungen in Zusammenhang zu bringen, sei es durch glaubwürdige Zuschreibung ähnlicher Vorstellungen an einen bestimmten Rabbi oder durch nichtrabb. Parallelen. Dennoch bleibt natürlich ein relativ großer nicht datierbarer Anteil übrig. Eine anonyme Aussage ist nicht automatisch alt, weder in der Mischna und noch viel weniger in Talmud und Midrasch (der anonyme Anteil steigt mit späterer Zeit). Siehe dazu J. *Neusner*, From Mishnah to Scripture. The Problem of the Unattributed Saying, Chico 1984 (Ndr. Lanham, MD, 2000).

g) Es ist zu betonen, dass wir wohl nur in Ausnahmefällen mit *ipsissima verba* bestimmter Rabbinen rechnen dürfen (dazu *Neusner*, Development 5 f). Der rabb. Tradition geht es i. A. nicht um den Wortlaut einer Lehre, sondern um deren Inhalt, dem eine eigene Traditionsform zuteilwird – verkürzt, formalisiert und mnemotechnisch gestaltet – oder der (v. a. in der Haggada) völlig frei wiedergegeben wird (was jedoch feste Sprachklischees aus Predigt-, Schul- und Liturgiesprache nicht ausschließt).

3) Probleme der rabbinischen Biographie

Die Darstellung der jüdischen Geschichte der talmudischen Zeit ist seit jeher v. a. eine Aneinanderreihung von Gelehrten-«Biographien» gewesen (typisch z. B. *I. H. Weiss*, Dor). Dennoch ist diese biographische Arbeit nicht allzu weit gekommen, sodass L. *Finkelstein* (Akiba, NY 1936, Ndr. 1975, IX) feststellt: «The lack of suitable life-sketches of the rabbinic sages is especially deplorable because only biography can serve as an introduction to the spirit of the Talmud.» Welche Art von Biographie er meint, zeigt seine eigene Darstellung Aqivas, eine geordnete und ausschmückende Nacherzählung der einzelnen rabb. Traditionen über Aqiva; das Ergebnis ist eine Heiligenlegende oder ein historischer Roman, doch keine Biographie. Eine solche ist auch kaum zu schreiben, da das Interesse der rabb. Literatur durchaus nicht biographisch ist. Nicht nur Geburts- und Todesdaten der einzelnen Rabbinen fehlen; auch über die persönlichen Lebensumstände der meisten von ihnen werden wir nicht oder nur nebenbei informiert. Nicht einmal kürzere Lebensabschnitte auch nur der wichtigsten von ihnen lassen sich zusammenhängend rekonstruieren, denn die rabb. Texte bieten praktisch nur unzusammenhängende Einzelerzählungen, die auch nicht direkt biographisch orientiert sind.

Was von den Rabbinen überliefert ist, sind primär halakhische, exegetische oder sonstige Aussprüche ohne erzählenden Kontext, einfach mit «R. X sagte, legte aus usw.» eingeleitet und neben die Aussprüche anderer Meister gestellt. «We know about early rabbinic figures what the various authorities behind the documents want us to know, and we know it in the way they want us to know it. Consequently, the historical context ... for any saying attributed to a given master or story about him is the document in which the passage appears, *not* the period in which he is alleged to have lived» (*Green*, Name 80).

Was den Erzählstoff betrifft, finden wir keine Geburts- oder Kindheitsgeschichte, nur vereinzelte Schilderungen, wie sich ein Meister zur Tora bekehrt oder mit dem Studium begonnen hat, manche Begebenheiten, die die politische Lage der Juden in einer bestimmten Zeit charakterisieren, Reiseerlebnisse, Sterbeszenen, v. a. jedoch eine Fülle von Schulerzählungen verschiedenster Art (Jüngerverhältnis, Streitszenen, Begebnisse in der Synagoge) und Erzählungen, die als Präzedenzfälle für die praktische Halakha dienen können. Doch nicht nur in der Art der Erzählungen sind die rabb. Quellen sehr selektiv, sondern auch hinsichtlich der Personen, von denen ausführlicher erzählt wird. Es sind v. a. Personen der tannaitischen Zeit, über die wir in größerem Umfang informiert zu sein scheinen, Hillel, Gamaliel II., Jochanan ben Zakkai, Eliezer ben Hyrkanos, Aqiva, Meir und Rabbi, ebenso einzelne, v. a. frühe Amoräer wie Rav, Samuel, Jochanan und Resch Laqisch.

Wie verlässlich sind die erzählenden Überlieferungen? Methodisch einwandfreie Untersuchungen liegen bisher nur zu einzelnen Tannaiten vor (v. a. Arbeiten *Neusner*s und seiner Schüler). Sie zeigen einheitlich, dass erzählende Traditionen fast immer später als dem jeweiligen Meister zugeschriebene halakhische Stoffe aufscheinen. Erzählungen über frühe Tannaiten sind kaum einmal in Mischna und Tosefta, aber auch nur selten in den halakhischen Midraschim und in Baraitot enthalten, sondern befinden sich zum größten Teil in der amoräischen Überlieferungsschicht oder gar erst in späten Midraschim. Dieser Umstand lässt sich nicht allein mit der vorwiegend halakhischen Natur der tannaitischen Texte erklären. Das Interesse, Erzählungen zu bewahren, kommt offenbar erst später. Sicher ist die Möglichkeit nicht auszuschließen, dass authentische biographische Erinnerungen durch andere Kanäle (v. a. die so viel strapazierte mündliche Tradition) erhalten wurden, sodass nur die schriftliche Festlegung spät ist. Da jedoch Erzählmaterial mit zunehmendem zeitlichen Abstand vom jeweiligen Rabbi immer häufiger wird, muss man ernsthaft mit späteren Erfindungen und Ausschmückungen rechnen. Für eine ernst zu nehmende Biographie ist ein Großteil der rabb. Erzählungen unbrauchbar (gegen den Optimismus von *S. Safrai*, der zwar auch das fehlende biographische Interesse der rabb. Schriften betont, aber dennoch zuversichtlich ist, dass auch bei divergierenden Parallelüberlieferungen über einzelne Rabbinen «the common feature of all such Aggadot is their genuine historical core ... it is possible to determine what constitutes the historical element in the narrative»: SH p. 210).

Die «biographischen» Erzählungen über die Rabbinen sind keine Augenzeugenberichte, die getreu überliefert wurden; meist sind es relativ spät entstandene Texte, die der Erbauung, Ermahnung oder auch politischen Zielen dienten (etwa der Stützung des Patriarchats oder anderer Institutionen). Es sind gewöhnlich legendenhafte, stereotype Erzählungen, die jedoch nicht die im Redenstoff so ausgeprägte formale Struktur aufweisen. Diese formale Verschiedenheit könnte auf andere Überlieferungskanäle als beim Redenstoff deuten, zeigt jedoch eher, dass die Überlieferung des Erzählstoffs nicht so geregelt, nicht so wichtig war, was natürlich eine geringere Zuverlässigkeit mit sich bringt. Nur vordergründig geht es in diesen Texten primär um Einzelpersonen. In Wirklichkeit wollen sie jedoch v. a. bestimmte Lebenshaltungen, die rabb. Lebensweise und ihr Ideal des Lernens einprägen; das erklärt wohl auch viele Unterschiede zwischen der babylonischen und der palästinischen Fassung so mancher Erzählung (*Safrai*), die eben jeweils verschiedene Situationen der Erzählenden spiegeln. Die Texte verfolgen somit nach innen pädagogische Zwecke; nach außen sind sie rabb. Gruppenpropaganda.

Zahlreiche Erzählungen über rabb. Gelehrte weisen auffallende Parallelen zur hellenistischen Philosophenbiographie auf, wie besonders *H. A. Fischel* gezeigt hat (kritisch dazu *Green*, Name 86). Dies gilt besonders für einzelne Tannaiten, v. a. Hillel, dessen Erzählungen sehr stark an hellenistische Klischees erinnern (*chria*), aber auch z. B. für die Gestalt der Berurja, die mit Erzählungen über gelehrte Töchter und Gattinnen griechischer Philosophen in Verbindung zu bringen ist. Berurjas Darstellung als Tochter Chananjas b. Teradjon und Gattin Meirs ist allerdings erst im Bavli nachzuweisen und somit historisch nicht zu sichern (*D. Goodblatt*; wie *S. Safrai* 229 richtig betont, liebt bT überhaupt die Herstellung von Verwandtschaftsbeziehungen zwischen bedeutenden Rabbinen). Es wäre zu fragen, wieweit ein Topos der hellen. Gelehrtenbiographie auch noch im sassanidischen Babylonien nachwirkte. Jedenfalls zeigt das Beispiel Berurjas einen weiteren charakteristischen Zug in der Ausgestaltung biographischer Erzählungen, nämlich die Tendenz zur nachträglichen Identifikation verschiedener Gestalten und zur Knüpfung enger Beziehungen zwischen den einzelnen Rabbinen: Damit verringert sich die Zahl der Unbekannten und wird das Leben der bekannten Gestalten anschaulicher und plastischer (dies ist ein allgemeiner Zug in der Haggada: vgl. *I. Heinemann*, Darkhe 27 ff.).

Schließlich müssten auch noch eventuelle Querverbindungen biographischer Erzählungen in rabb. Texten zur christlichen Hagiographie näher untersucht werden (die ja auch das Erbe der hellen. Gelehrtenbiographie übernommen und in die biblische Tradition integriert hat). Vor allem aber bedarf es einer umfassenden Bestandsaufnahme des gesamten biographischen Materials in den rabb. Texten und seiner literargeschichtlichen Einordnung, um über die so notwendigen Untersuchungen zu einzelnen Rabbinen hinaus zu einer Typologie der biographischen Erzählung zu gelangen, aus der ihre Klischees und ihre Entwicklungsmöglichkeiten deutlich werden. Derzeit sind biographische Aussagen über einzelne Rabbinen nur mit größtem Vorbehalt möglich. Eine Biographie im üblichen

Sinn wird unerreichbar bleiben; dennoch können «biographische» Forschungen zu einer näheren Kenntnis der rabb. Geschichte und ihrer geistigen Strömungen Wesentliches beitragen und sind daher eine bleibende Aufgabe.

4) Die wichtigsten Rabbinen

Lit.: *Ch. Albeck*, Einführung 391–414; ders., Mavo 144–451; *W. Bacher*, Tann; pAm; bAm; TT; *H. Duensing*, Verzeichnis der Personennamen und der geographischen Namen in der Mischna, Stuttgart 1960; *Z. Frankel*, Darkhe und Mavo; *I. Halevy*, Dorot; *E. E. Hallewy*, Ha-ʾAggada ha-historit-biografit le-ʾor meqorot yewaniim we-latiniim, TA 1975; ders., ʾAggadot ha-ʾAmoraim, TA 1977; *R. Halperin*, Atlas Eytz Chayim. Tannaim wa-Amoraim, 2 Teile, TA 1980; *A. Hyman*, Sefer Toldot Tannaim we-ʾAmoraim, 3 Bde., Lo 1910 (Ndr. J 1964); *I. Konovitz*, Tannaitic Symposia. Complete Collected Sayings, in Halakah and Aggadah, in the Talmudic and Midrashic Literature (h), 4 Bde., J 1967–9; *M. Margalioth*, Hg., Encyclopedia of Talmudic and Geonic Literature, being a Biographical Dictionary of the Tanaim, Amoraim and Geonim (h), 2 Bde., TA 1960; *A. M. Naftal*, Ha-Talmud we-Yoẓraw, 5 Bde., TA 1969–79; *J. Neusner*, Hg., Dictionary of Ancient Rabbis. Selections from the Jewish Encyclopaedia [NY 1901–1906], Peabody, MA, 2003; *Z. W. Rabinowitz*, Shaʿare Torath Babel, J 1961, 315–547; *I. H. Weiss*, Dor.

Neben diesen Werken, die zum Großteil unkritische Materialsammlungen sind, sind die verschiedenen Lexika, v. a. EJ², unter dem Namen des jeweiligen Rabbi zu konsultieren. Die folgenden Listen bieten primär eine Einordnung in die rabb. Generationenfolge; die bibliographischen Hinweise unterscheiden bewusst nicht zwischen «historischen» und literarischen Studien.

a) *Die älteste Zeit und die fünf «Paare»*

«Die Männer der Großen Synagoge» (oder «Synode»; ʾanshe knesset hagedola) verbinden in mAv 1,1–2 die Zeit der Propheten mit der pharisäischen Bewegung, als deren erster Vertreter Simeon der Gerechte genannt wird. Sie überbrücken also eine Zeit von etwa zwei Jahrhunderten. Die spätere rabb. Literatur schreibt ihnen die Niederschrift von Ezechiel, den zwölf kleinen Propheten, Daniel und Ester zu (bBB 15a), ebenso exegetische und liturgische Aktivitäten. Eine geschichtliche Rekonstruktion ihrer Organisation (etwa Annahme von 120 Mitgliedern, weil in bMeg 17b 120 Älteste die 18 Benediktionen ordnen) und Tätigkeit ist haltlos. Sie sind vielmehr eine Fiktion, aus der großen Volksversammlung von Neh 8–10 abgeleitet, wie schon *A. Kuenen* gezeigt hat.

A. Kuenen, Abhandlungen zur biblischen Wissenschaft, Freiburg 1894, 125–160; *I. J. Schiffer*, The Men of the Great Assembly, in: *W. S. Green*, Persons 237–276 (Lit.!); *Schürer-Vermes* II 358 f. In die hellenist. Zeit verlegt die Große Synode *H. D. Mantel*, The Period of the Men of the Great Synagogue (h), GS A. Schalit, J 1980, 22–46 (Simeon der Gerechte ist für ihn daher Simeon II. um 200); historisch unkritisch *L. Finkelstein*, The Men of the Great Synagogue (circa 400–170 B. C. E.), CHJ II 229–244.

Simeon der Gerechte (mAv 1,2) war nach Josephus, Ant 12,43, Hohepriester unter Ptolemaios I., also um 300; bei Vergleich mit Sir 50,1–21 würde jedoch dieser Beiname eher auf den Hohepriester Simeon II. (um 200) passen (Ant 12,224). Hat Josephus die beiden verwechselt? G. F. Moore bezweifelt sogar die Existenz von Simeon I. Die Chronologie von Avot würde auch eher für Simeon II. sprechen. Die rabb. Tradition betrachtet Simeon völlig als Typus des guten Hohepriesters und hat keine historischen Vorstellungen von ihm: Sie lässt ihn sowohl mit Alexander d. Gr. zusammentreffen (WaR 13,5; M. 293) wie auch den Vater des Onias sein, der unter den Makkabäern in Ägypten den Tempel baute (bMen 109b).

O. Amitay, Shimʿon ha-Ṣadiq in his Historical Context, JJS 58 (2007) 236–249 (mythische Wahrnehmung sieht beide und den Makkabäer Simeon zusammen); *M. J. Geller*, Qumran's Teacher of Righteousness – A Suggested Identification, Scripta Judaica Cracoviensia 1 (2002) 9–19; *G. F. Moore*, Simeon the Righteous, GS I. Abrahams, NY 1927, 348–364; *O. Mulder*, Simon the High Priest in Sirach 50, L 2003; *Neusner*, Phar I 27–59; *J. C. VanderKam*, Simon the Just: Simon I or Simon II?, FS J. Milgrom, Winona Lake 1995, 303–318.

Antigonos von Sokho, lt. mAv 1,3 der Schüler Simeons, hat nach ARN A5 und B10 (Sch. 26; B. 76 f., 337) zwei Schüler, Zadoq und Boetos, von denen sich die Sadduzäer und die Boetosäer ableiten sollen (historisch wertlose Anekdote). *E. J. Bickerman*, The Maxim of Antigonos of Socho, HThR 44 (1951) 153–165; *Neusner*, Phar I 60 f.; *Schürer-Vermes* II 360.

Avot 1 lässt in der Traditionskette *fünf* «*Paare*» (*zugot*) von Gelehrten folgen, wohl eine Schematisierung der Tradition in Analogie zu Hillel und Schammai. Die rabb. Darstellung, dass sie jeweils Nasi und Av Bet-Din waren, Vorsitzender und Stellvertreter (im Gerichtshof?), ist ein Anachronismus. Doch cf. *H. Mantel*, Sanhedrin 7–18; EJ² XXI 680.

Jose ben Joezer aus Zereda und *Jose ben Jochanan*, mSot 9,9 als die letzten «Trauben» bezeichnet (dazu *G. G. Porton*, The Grape-Cluster in Jewish Literature and Art of Late Antiquity, JJS 27, 1976, 159–176); mHag 2,7 nennt Jose ben Joezer als Frommen in der Priesterschaft.

Zu ihrer Kontroverse über die Semikha mHag 2,2 *E. E. Hallewy*, The First Mishnaic Controversy (h), Tarbiz 28 (1958 f.) 154–157; *S. Zeitlin*, The Semikah controversy between the Zugoth, JQR 7 (1916 f.) 499–517. Weitere Lit.: *J. Goldin*, The First Pair (Yose Ben Yoezer and Yose Ben Yohanan) or The Home of a Pharisee, AJSR 5 (1980) 41–61; *Neusner*, Phar I 61–81; *E. Regev*, Yose ben Yoezer and the Qumran sectarians on purity laws; agreement and controversy, in: *J. M. Baumgarten* u. a., Hg.,

The Damascus Document. A Centennial of Discovery, L 2000, 95–107. Ein Versuch, Jose ben Joezer mit dem Lehrer der Gerechtigkeit von Qumran zu identifizieren: *J. Genot-Bismuth*, Le scénario de Damas. Jérusalem hellénisée et les origines de l'essénisme, P 1992 (dazu *G. D. Sixdenier*, JSJ 23, 1992, 260–267).

Jehoschua ben Perachja und *Mattai* (andere Lesart Nittai) von Arbel (Irbid bei Tiberias). Jehoschua wird bSan 107b und bSot 47a als Lehrer Jesu genannt, offenbar eine Glosse aus dem frühen Mittelalter (*J. Maier*, Jesus 117–129); ebenso wird er auf den babyl. Zauberschalen genannt (*Neusner*, Bab V 235–241; *J. Naveh* – *S. Shaked*, Amulets and Magic Bowls, J 1985, 162). Mattai scheint außer mAv 1,6 f. nur mHag 2,2 auf. *Neusner*, Phar I 82–6.

Jehuda ben Tabbai und *Simeon ben Schetach*. Allein der Zweite ist in der rabb. Literatur von Bedeutung. Er soll sich unter Alexander Jannai (103–76) und Salome Alexandra (76–67), als deren Bruder er gilt, erfolgreich für die pharisäische Partei eingesetzt haben.

J. Efron, Studies on the Hasmonean Period, L 1987, 143–218; *M. Hengel*, Rabbinische Legende und frühpharisäische Geschichte. Schimeon b. Schetach und die achtzig Hexen von Askalon, Heidelberg 1984; *Neusner*, Phar I 86–141; *Y. Zur*, Shimon Ben Shetah as the Preacher of Deceit, RB 108 (2001) 360–375 (sieht in ihm den «Lügenmann» von 1QpHab 5,11).

Schemaja und *Avtaljon* werden vielfach mit den bei Josephus genannten Samaias und Pollion identifiziert (Ant 14,172–5; 15,3.370), in denen jedoch andere lieber Hillel und Schammai sehen (so *A. Schalit*, König Herodes, B ²2001, 768–771). Dafür spricht die Namensähnlichkeit, dagegen die Behauptung des Josephus, dass Pollion der Lehrer des Samaias war. Auch verbindet die rabb. Tradition anders als Josephus die beiden nicht mit Herodes. *H. Feldman*, The Identity of Pollio, the Pharisee, in Josephus, JQR 49 (1958 f.) 53–62; *Neusner*, Phar I 142–159; *Schürer-Vermes* II 362 f.

Hillel «der Alte» soll aus Babylonien stammen und nach gewissen (späten) Traditionen aus dem Hause Davids sein. Er lebte zur Zeit des Herodes. Die oft vertretene Meinung, er sei Lehrer Jesu gewesen, ist bildlich zu verstehen. Die Tradition schreibt ihm sieben Auslegungsregeln und die Einführung des Prosbul zu. Die Traditionen über sein Leben sind völlig klischeegeprägt, kontrastieren den sanften Hillel mit dem strengen Schammai und haben viel mit den Topoi der hellen. Gelehrtenbiographie gemeinsam.

J. H. Charlesworth – *L. L. Johns*, Hg., Hillel and Jesus. Comparative Studies of two Major Religious Leaders, Minneapolis 1997; *I. Gafni*, Babylonia 70–76; *N. N. Glatzer*, Hillel. Repräsentant des klassischen Judentums, F 1966; *L. Finkelstein*, Shuv al ha-mu"m ben Hillel u-vene Batira, FS H. A. Wolfson, J 1965, hebr. Band 203–224 (Ndr. in *ders.*, Sifra V, 123–

144); *H. A. Fischel*, Studies in Cynicism and the Ancient Near East: The Transformation of a Chria, Religions in Antiquity, GS E. R. Goodenough, L 1968, 372–411; *Neusner*, Bab I 36–38; Phar I 212–340; III 255–272; *A. A. Peck – J. Neusner*, Die Suche nach dem historischen Hillel, Judaica 38 (1982) 194–214; *Schürer-Vermes* II 363–367; *M. Stern* in *S. Safrai – M. Stern*, Hg., The Jewish People in the First Century II, Assen/Amsterdam 1976, 615–618; *E. E. Urbach*, The Sages, Lo 1975, 576–592.

Schammai, manchmal ebenfalls «der Alte» genannt. Hieronymus zu Jes III,8,11/15 (CCSL 73, 116): «Sammai igitur et Hellel non multo priusquam Dominus nasceretur, orti sunt in Iudaea, quorum prior dissipator interpretatur, sequens profanus; eo quod per traditiones et *deuteroseis* suas legis praecepta dissipaverit atque maculaverit». Vielleicht hat Hieron. den tBer 6,24 (L. 40) zitierten Ausspruch Hillels missverstanden (*pizar*, «ausstreuen», hier vom Verbreiten der Tora; *profanus*, da Hillel von *ḥol* abgeleitet wird). Da die hillelitische Richtung sich durchsetzte, werden die Traditionen Schammais fast nur noch als Kontrast dazu überliefert. *Neusner*, Phar I 185–211. 303–340.

b) Erste Generation der Tannaiten

Eine kurze, historisch ungenaue Liste älterer Gesetzeslehrer gibt Hieronymus zu Jes direkt vor dem soeben angeführten Zitat (CCSL 73, 116): «Sammai et Hellel, ex quibus orti sunt scribae et pharisaei, quorum suscepit scholam Akibas, quem magistrum Aquilae proselyti autumat et post eum Meir, cui successit (!) Joannan filius Zachai, et post eum Eliezer et per ordinem Telphon [Tarfon], et rursum Joseph Galilaeus, et usque ad captivitatem Hierusalem Iosue».

Schule Schammais und *Schule Hillels*: zwei Schulrichtungen im Pharisäismus des 1. Jhs. und in der Periode von Javne, in der die halakhischen Kontroversen beider Schulen zum Großteil schon in festen literarischen Formen festgehalten werden (doch ist auch mit späteren pseudepigraphen Nachbildungen zu rechnen). Dazu gehört, dass in den etwa 300 Perikopen fast nie Namen genannt werden. Die Erzählung von den 80 Schülern Hillels, wovon Jonatan ben Uzziel der Größte, Jochanan ben Zakkai der Geringste war, ist eine historisch unbrauchbare Legende. In den Kontroversen, von denen etwa zwei Drittel direkt oder indirekt mit den Speisegesetzen zu tun haben, entscheidet die Schule Schammais gewöhnlich erschwerend (Ausnahmen mEd 4–5 festgehalten), die Hillels erleichternd. Allgemein anwendbare Prinzipien, nach denen sich die Schulen gerichtet hätten, sind nicht erkennbar, auch wenn in der Schule Schammais eine halakhisch eher konservative Tendenz zu erkennen ist, die wohl auf einem eher wörtlichen Bibelverständnis beruht, und in der Beurteilung eines Geschehens der bloße Akt zählt, während die Hilleliten die Intention berücksichtigen. Eine soziologische Erklärung – die Schammaiten als

Vertreter der landbesitzenden Mittelschicht, die Hilleliten als die Unterschicht – ist nicht beweisbar. Vielmehr vertreten die Schammaiten meist eine ältere halakhische Tradition, die in manchen Punkten der in Qumran belegten Halakha ähnlich ist (siehe *A. Shemesh*, Halakhah in the Making: The Development of Jewish Law from Qumran to the Rabbis, Berkeley 2009). In Javne hat sich i. A. die Richtung der Hilleliten durchgesetzt, was auch die Gestaltung der Überlieferung bestimmt hat.

I. Ben-Shalom, The School of Shammai and the Zealots' Struggle against Rome (h), J 1993; *Y. D. Gilat*, Intent and Act in Tannaitic Teaching (h), Bar-Ilan 4–5 (1967) 104–116; *ders.*, The Teachings of Eliezer ben Hyrcanos (h), TA 1968, 20–31; *A. Guttmann*, Hillelites and Shammaites – A Clarification, HUCA 28 (1957) 115–126; *I. Konovitz*, Beth Shammai – Beth Hillel. Collected Sayings (h), J 1965; *Neusner*, Phar II; *S. Safrai*, EJ² III 530–533; *ders.*, The Decision according to the School of Hillel in Yavneh (h), 7th WCJS, J 1981, III 21–44; *ders.*, in *Safrai* I 185–200; *Schürer-Vermes* II 365 f.; *H. Shapira*, The Schools of Hillel and Shammai, The Jewish Law Annual 17 (2007) 159–208; *M. Weiss*, The authenticity of the explicit discussions in Bet Shammai-Bet Hillel disputes (h), Sidra 4 (1988) 53–66; *ders.*, Traces of Pre-Bet Shammai – Bet Hillel Explicit Halakhic Decisions (h), Sidra 8 (1992) 39–51.

Aqavja ben Mahalalel (mAv 3,1; mEd 5,6 f. u. ö.) lässt sich historisch nicht genau einordnen. Datierungsvorschläge reichen vom 1. Jh. v. Chr. bis zur Zeit Gamaliels II. in Javne.

Y. Efrati, Akavya Ben Mahalal'el – The Man and His Times (h), Bar-Ilan 30–31 (2006) 21–36; *H. Mantel*, Sanhedrin 106–118; *A. Neher*, Aqabia ben Mahalaleel. Un héros méconnu de l'époque talmudique, REJ 133 (1974) 225–233; *Neusner*, Phar I 144 f. 416; *A. J. Saldarini*, The Adoption of a Dissident: Akabya ben Mahalaleel in Rabbinic Tradition, JJS 33 (1982) 547–556; *D. Steinmetz*, Distancing and Bringing Near. A New Look at Mishnah Tractates 'Eduyyot and 'Abot, HUCA 73 (2002) 49–96.

Rabban Gamaliel I., «der Alte», dessen Schüler der Apostel Paulus gewesen sein soll (Apg 22,3); Apg 5,34–9 wird er als Mitglied des Sanhedrin geschildert, der für die Freilassung der angeklagten Apostel eintritt. Er soll der Sohn eines Simeon gewesen sein, der wiederum Hillels Sohn war. Die Existenz dieses Simeon (nur bShab 15a) ist sehr fraglich; aber auch die Annahme, dass Gamaliel Hillels Sohn war bzw. zumindest zu dessen Schule gehörte, lässt sich nicht beweisen. *B. D. Chilton – J. Neusner*, Paul and Gamaliel, RRJ 8 (2005) 113–162; *Neusner*, Phar I 341–376; *ders.*, Form-Analysis, Biography, and Institutional History: Gamaliel and the Patriarchate, in: Rabb. Narrative IV 233–272; *Schürer-Vermes* II 367 f.

Chananja (oder Chanina), der Vorsteher der Priesterschaft (*segan hakohanim*), wohl zu Ende des Tempels und auch noch nach 70. *Neusner*, Phar I 400–413.

Nechunja ben ha-Qana (oder *ha-Qane:* Deutung des Namens un-

sicher). bShevu 26a nennt ihn als Lehrer Jischmaels, der von ihm die Vorliebe für die Anwendung der Regel vom Allgemeinen und Besonderen habe. Bedeutend in der Hekhalotliteratur. In der Kabbala gilt er als der Verfasser des Sefer ha-Bahir.
L. *Finkelstein*, Mi-torato shel R. Neḥunya ben Ha-Qana, FS Ch. Albeck, J 1963, 352–377; *ders.*, ʿOd mi-torato shel R. Neḥunya ben Ha-Qana (be-Torat Kohanim), in: Hagut ʿIvrit be-ʾAmerika I, TA 1972, 257–260; *ders.*, Additional Teachings of R. Neḥunya Ben Ha-Qana (h), Tarbiz 50 (1980f.) 88–93 (Ndr. der drei Art. in *ders.*, Sifra V, 145–180); L. H. *Schiffmann*, The Recall of Rabbi Neḥuniah Ben Ha-Qanah from Ecstasy in the Hekhalot Rabbati, AJSR 1 (1976) 269–281; M. *Schlüter*, Die Erzählung von der Rückholung des R. Neḥunya ben Haqana aus der Merkava-Schau in ihrem redaktionellen Rahmen, FJB 10 (1982) 65–109.

Rabban Simeon ben Gamaliel I., zur Zeit des jüdischen Kriegs; Josephus, Vita 38 (191) beschreibt ihn als «Mann voll Einsicht und Verstand, der auch die schlechteste Lage durch seine Klugheit wieder in Ordnung zu bringen vermochte». *Neusner*, Phar I 413 f.

Nachum der Meder. Er selbst oder seine Familie stammte aus Babylonien. Er erlebte noch den Fall des Tempels. *Neusner*, Phar I 413 f.

R. Zadoq (MS Parma mTer 10,9 vokalisiert Zadduq; cf. *Saddouk* in LXX; ebenso *Saddoukaioi*) lebte vor der Zerstörung des Tempels in Jerusalem und gehörte dann zum Kreis um Gamaliel II. Alle «biographischen» Traditionen sind spät; die Annahme eines Zadoq II., der ein Enkel des hier Genannten sein soll, ist im uneinheitlichen Material begründet, doch nicht beweisbar. J. N. *Lightstone*, Ṣadoq the Yavnean, in: W. S. *Green*, Hg., Persons 49–147.

Rabban Jochanan ben Zakkai, während des Aufstandes gegen Rom aus Jerusalem geflüchtet, später von den Römern in Javne interniert, wo er ein «Lehrhaus» gründete, das die Basis des rabb. Judentums werden sollte. Die rabb. Tradition hat dies zu einer Gründungslegende ausgestaltet. Ob Jochanan der Schule Hillels angehörte, ist ebenso wenig nachzuweisen wie seine Mitgliedschaft bei den Pharisäern vor 70. Schon in der frühen Tradition gilt Jochanan als Mystiker. mAv 2,8 f. nennt als seine fünf wichtigsten Schüler Eliezer ben Hyrkanos, Jehoschua ben Chananja, Jose den Priester, Simeon ben Natanael und Eleazar ben Arakh.

G. *Alon*, Studies 269–343; M. *Cohen*, Quelques observations au sujet de la personnalité et du rôle historique de Raban Yoḥanan ben Zakkay, RHR 187 (1975) 27–55; J. *Goldin*, Mashehu ʿal bet midrasho shel Rabban Yoḥanan ben Zakkai, FS H. A. Wolfson, J 1965, hebr. Bd. 69–92; P. *Klaiber*, Immer wieder Yavne: Die Legende von der Flucht Rabban Yoḥanan ben Zakkais, FJB 34 (2007/08) 29–51; *Neusner*, Life; *ders.*, Development; *ders.*, Eliezer II 437–458; S. *Safrai*, Beḥinot ḥadashot le-baʿayat maʿamado u-maʿasaw shel Yoḥanan ben Zakkai le-ʾaḥar ha-ḥorban, GS G. Alon, J 1970, 203–226; A. J. *Saldarini*, Johanan ben Zakkai's Escape from Jerusalem. Origin and Development of a Rabbinic Story, JSJ 6 (1975) 189-204; *P. Schäfer*, Die Flucht Johanan b. Zakkais aus Jerusalem und die Gründung des «Lehrhauses» in Jabne, ANRW II 19/2, 43-101; *A. Tropper*, Yohanan ben Zakkai, Amicus Caesaris: A Jewish Hero in Rabbinic Eyes, JSIJ 4 (2005) 133-149.

R. Eliezer ben Jakob der Ältere (sicher vom gleichnamigen Schüler Aqivas zu unterscheiden, auch wenn im Einzelfall nicht immer klar ist, wer von beiden gemeint ist). Überliefert v. a. Traditionen über den Tempel; gilt in bYom 16a sogar als Autor von Middot. *Bacher*, Tann I 62-7; *L. Finkelstein*, The Pharisees, Phil. ³1962, 731-734.

R. Chanina ben Dosa, Charismatiker, Wundertäter und Gesundbeter im 1. Jh. Steht in Verbindung mit Jochanan ben Zakkai und Gamaliel II., war jedoch wohl kein Pharisäer oder Rabbi. Auch auf bab. Zauberschalen erwähnt.

B. M. Bokser, Wonder-working and the Rabbinic Tradition. The Case of Ḥanina ben Dosa, JSJ 16 (1985) 42-92; *Neusner*, Phar I 394-396; *ders.*, Life 47-53; *S. Safrai*, The Pious (Hassidim) and the Men of Deeds (h), Zion 50 (1985) 133-154; *G. B. Sarfatti*, Pious Men, Men of Deeds, and the Early Prophets (h), Tarbiz 26 (1956 f.) 126-153, bes. 130-142; *G. Vermes*, Ḥanina ben Dosa. A controversial Galilean Saint from the First Century of the Christian Era, JJS 23 (1972) 28-50; 24 (1973) 51-64 (= Studies 178-214).

Chananja ben Chizkijja ben Garon (bzw. Gorion). Ihm schreibt bShab 13b Megillat Taanit zu, ebenso besondere Bemühungen, Widersprüche in der Bibel aufzulösen, und für die Anerkennung des Buches Ez. *Neusner*, Phar I 416. Rabb. Traditionen über ihn hängen eng mit solchen über den biblischen König Hiskija zusammen: *G. Stemberger*, Il contributo delle baraitot babilonesi alla conoscenza storica della Palestina prima del 70 D. C., in: *P. Sacchi*, Hg., Il Giudaismo palestinese: dal 1 secolo a. C. al 1 secolo D. C., Bologna 1993, 213-229.

Nachum aus Gimzo (im südwestlichen Judäa). Von ihm soll Aqiva die Regeln des Einschließens und Ausschließens (*ribbui und miʿut*) gelernt haben (bShevu 26a). *Bacher*, Tann I 57-59.

c) Zweite Generation der Tannaiten (um 90-130 n. Chr.)

1. Ältere Gruppe

Rabban Gamaliel II., Sohn des Simeon ben Gamaliel I., oft zur Unterscheidung von seinem gleichnamigen Großvater als G. von Javne bezeichnet; Nachfolger des Jochanan ben Zakkai. In der Zeit zwischen 80/90 bis ca. 110 war er der Führer der rabb. Bewegung, auch wenn seine Position nicht unumstritten war; dies zeigt die Erzählung von seiner zeitweiligen Absetzung, während welcher der aus priesterlicher Familie stammende

Eleazar ben Azarja die Führung übernommen haben soll. Die rabb. Tradition weiß auch von einer Seereise nach Rom, die Gamaliel zusammen mit Eleazar ben Azarja, Aqiva und Jehoschua ben Chananja unternommen haben soll. Diese Reise wird gelegentlich mit einer Judenverfolgung unter Domitian in Verbindung gebracht, was jedoch problematisch ist.
M. Cohen, Les réformes socioreligieuses intervenues après la déposition de Rabban Gamaliel de la présidence de l'académie de Yabneh, REJ 156 (1997) 481–493; *E. Friedheim*, Rabbinisme et paganisme en Palestine romaine, L 2006, 69–107 (Gamaliel im Bad der Aphrodite); *R. Goldenberg*, The Deposition of Rabban Gamaliel II: An Examination of the Sources, JJS 23 (1972) 167–190 (= *W. S. Green*, Hg., Persons 9–47); *D. Goodblatt*, The Origins of Roman Recognition of the Palestinian Patriarchate (h), SHJP 4 (Haifa 1978) 89–102 (nimmt eine Ernennung Gamaliels durch die Römer an; erst dann Bemühung um Anerkennung durch das Volk); *E. Habas (Rubin)*, Rabban Gamaliel of Yavneh and his Sons: The Patriarchate before and after the Bar Kokhva Revolt, JJS 50 (1999) 20–37; *S. Kanter*, Rabban Gamaliel II: The Legal Traditions, Chico 1980; *J. Neusner*, Form-Analysis, Biography, and Institutional History: Gamaliel and the Patriarchate, in: Rabb. Narrative IV 233–272; *ders.*, From Biography to Theology: Gamaliel and the Patriarchate, RRJ 7 (2004) 52–94; *B.-Z. Rosenfeld*, The Standing and Activities of Rabban Gamaliel Prior to his Move to Yavneh (h), Zion 55 (1990) 151–169 (Ernennung zum Patriarchen um 85); *H. Shapira*, The Deposition of Rabban Gamaliel – Between History and Legend (h), Zion 64 (1999) 5–38; dazu *M. Ben Shalom*, The Story of the Deposition of Raban Gamliel and the Historical Reality (h), Zion 66 (2001) 345–370; Reaktion von *Shapira* ibid. 371–378.

R. Papias, der noch Halakhot aus der Zeit des Tempels überliefert, wird manchmal in den MSS mit R. Pappos (b. Jehuda) verwechselt, der jedoch später lebte. *Bacher*, Tann I 317–9.

R. Eliezer ben Hyrkanos (mAv 2,8), in M schlechthin R. Eliezer (mehr als 320-mal). Oft in Disput mit Jehoschua ben Chananja und Aqiva. Lehrte in Lydda. Seine halakhischen Interessen verbinden ihn mit den Pharisäern. Eine Zuordnung zum Haus Hillels oder Schammais (Letzteres z. B. *S. Safrai* I 186; 198–200) ist jedoch nicht möglich. Über ihn verhängten die Rabbinen den Bann (yMQ 3,1,81c–d), was die spätere Tradition stark ausgeschmückt hat (bBM 59a). Aus tHul 2,24 kann man nicht ableiten, Eliezer sei dem Christentum zugeneigt gewesen, auch wenn seine Verhaftung durch die römischen Behörden vielleicht auf einen solchen Verdacht zurückging.

R. D. Aus, Luke 15:11–32 and R. Eliezer Ben Hyrcanus's Rise to Fame, JBL 104 (1985) 443–469; *D. Boyarin*, Dying for God: Martyrdom and the Making of Christianity and Judaism, Stanford 1999, 22–41; *ders.*, The Yavneh-Cycle of the Stammaim and the Invention of the Rabbis, in: *Rubenstein*, Hg., Creation and Composition 237–289, v. a. 265 ff.; *Epstein*,

ITL 65–70; *Y. D. Gilat*, R. Eliezer Ben Hyrcanus. A Scholar Outcast, Ramat Gan 1984; *Z. Kagan*, Divergent Tendencies and their Literary Moulding in the Aggadah, SH 22 (1971) 151–170; *I. Konovitz*, Rabbi Eliezer – Rabbi Joshua. Collected Sayings (h), J 1965; *S. Lieberman*, Roman Legal Institutions in Early Rabbinics and in the Acta Martyrum, JQR 35 (1944) 1–57, bes. 20–24 (= Texts and Studies 76–80); *J. Maier*, Jesus 144–160; *J. Neusner*, Eliezer (dazu *Abr. Goldberg*, JSJ 6, 1975, 108–114); *ders.*, In Search of Talmudic Biography, Chico 1984; *P. Schäfer*, Jesus in the Talmud, Princeton 2007, 41–51; *D. Stein*, Maxims, Magic, Myth (h), J 2004, 115–168 (zu PRE 1–2 und Parallelen); *D. Steinmetz*, Agada Unbound. Inter-Aggadic Characterization of Sages in the Bavli and Implications for Reading Agada, in: *Rubenstein*, Hg., Creation and Composition 293–337.

Jehoschua ben Chananja, in M einfach R. Jehoschua, oft in Kontroverse mit Eliezer ben Hyrkanos. Wirkte in Peqiin. Zu seiner griech. Bildung *S. Lieberman*, Greek 16–19; sein Beitrag zu M: *Epstein*, ITL 59–65.

W. S. Green, Redactional Techniques in the Legal Traditions of Joshua ben Ḥananiah, FS M. Smith, L 1975, IV 1–17; *ders.*, The Traditions of Joshua ben Ḥananiah. Part One: The Early Legal Traditions, L 1981; *D. Henshke*, R. Joshua's Acceptance of the Authority of Rabban Gamaliel II: A Study of Two Versions of the Same Event (h), Tarbiz 76 (2006 f.), 81–104; *I. Konovitz*, Rabbi Eliezer – Rabbi Joshua. Collected Sayings (h), J 1965; *R. Loewe*, Rabbi Joshua ben Ḥananiah: Ll. D. or D. Litt?, JJS 1974 (FS D. Daube) 137–154; *J. Podro*, The Last Pharisee. The Life and Times of R. Joshua ben Hananiah, Lo 1959 (Versuch einer konventionellen Biographie); *S. G. Wald*, Joshua ben Hananiah, EJ² (2007) XI 450–452.

Jose der Priester, Simeon ben Natanael und *Eleazar ben Arakh* waren, wie auch Eliezer ben Hyrkanos und Jehoschua, Schüler des Jochanan ben Zakkai, mAv 2,8. *Neusner*, Life 106–117.

Jose (oder Joseph) der Priester, mAv 2,8. *Bacher*, Tann I 67–9.

R. Eleazar ben Arakh, Lieblingsschüler des Jochanan ben Zakkai, besonders auch in der Mystik.

Bacher, Tann I 69–72; *A. Goshen-Gottstein*, The Sinner and the Amnesiac. The Rabbinic Invention of Elisha Ben Abuya and Eleazar Ben Arach, C 2000; *ders.*, Rabbi Eleazar ben Arakh: Symbol and Reality (h), FS S. Safrai, J 1993, 173–197; *N. Levine*, R. Eleazar b. Arach: The «Overflowing Spring», the Emmaus Hot Spring, and Intertextual Irony, JSJ 33 (2002) 278–289; *Neusner*, Development 247–252 und Index.

R. Eleazar ben Azarja in Javne, vornehmer, reicher Priester; soll kurze Zeit anstelle Gamaliels II. Führer der rabb. Bewegung in Javne gewesen sein (siehe Lit. zu Gamaliel II.), in deren Tradition er jedoch eine Randfigur ist: *T. Zahavy*, The Traditions of Eleazar Ben Azariah, Missoula 1977.

R. Eleazar ben Ẓadoq, Sohn des oben erwähnten Ẓadoq. Er hatte einen gleichnamigen Enkel. *Bacher*, Tann I 50.

Samuel der Kleine soll vor Gamaliel II. die Birkat ha-Minim im Achtzehngebet formuliert haben (bBer 28b). Diese war nicht primär oder gar ausschließlich gegen Christen formuliert, wie aus der Angabe der Kirchenväter Justinus, Epiphanius und Hieronymus hervorzugehen scheint, dass die Juden in ihrem täglichen Gebet Verwünschungen über die Christen aussprechen. Auch die in der Geniza von Kairo gefundene Textfassung, die ausdrücklich von *nozrim* statt *minim* spricht, ist kein Beleg für den ursprünglichen Text. Sem 8 überliefert die Totenklage Gamaliels II. und Eleazar ben Azarjas über Samuel. *Bacher*, Tann I 370–372; *N. Cohen*, Ma ḥiddesh Shmuel ha-Qatan be-Birkat ha-Minim?, Sinai 48 (1983 f.) 57–70; *M. Hirshman*, Shmuel ha-Katan (h), FS S. Safrai, J 1993, 165–172; *P. Schäfer*, Die sogenannte Synode von Jabne, Judaica 31 (1975) 54–64 (= Studien 45–55).

Simeon ha-Paqoli («dem Flachshändler») schreibt bBer 28b die «Ordnung» des Achtzehngebets unter Gamaliel II. zu. *N. Cohen*, The Nature of Shimᶜon Hapekuli's Act (h), Tarbiz 52 (1983 f.) 547–555.

R. Eleazar aus Modiim, zur Zeit des Bar-Kokhba-Aufstandes; soll von Bar Kokhba getötet worden sein (yTaan 4,8,68d). *Bacher*, Tann I 187–211; *P. Schäfer*, Der Bar-Kokhba-Aufstand, Tüb. 1981, 44 f. 173 f. Manche möchten ihn mit dem Priester Eleazar der Bar-Kokhba-Münzen gleichsetzen: siehe *S. Applebaum*, PEQ 116 (1984) 41; *L. Mildenberg*, The Coinage of the Bar Kokhba War, Aarau 1984, 29 f.

R. Levitas aus Javne, mAv 4,4; nach *Bacher*, Tann I 444, wahrscheinlich in vorhadrianischer Zeit. Auch mehrmals in PRE genannt.

2. Jüngere Gruppe der zweiten Generation

Die berühmtesten Lehrer dieser Gruppe sind Jischmael und Aqiva.

R. Jischmael ben Elischa, gewöhnlich einfach R. Jischmael, stammt vielleicht aus priesterlicher Familie (cf. tHal I,10, L. 277). Schüler des Nechunja ben ha-Qana. Lebte meist in Kefar Aziz an der Grenze Edoms. Ihm wird der Grundsatz zugeschrieben: «Die Tora redet in der Sprache der Menschen» (gegen die Aqiva zugeschriebene Ausdeutung von stilistischen Eigenheiten in der Bibel: SifBem § 112, H. 121). Vgl. S. 32 f. zu den ihm zugeschriebenen Auslegungsregeln. *Konovitz*, Tannaitic Symposia III 261–367; *G. G. Porton*, Ishmael; *ders.*, The Artificial Dispute: Ishmael and ᶜAqiva, FS M. Smith, L 1975, IV 18–29.

R. Aqiva ben Josef, gewöhnlich schlechthin R. Aqiva. Bedeutender Lehrer in der Zeit von Javne, dessen Tradition seine Schüler nach dem Bar-Kokhba-Aufstand zum Grundstock von M gemacht haben. Mystische Traditionen werden mit seinem Namen ebenso verbunden (bHag 14b) wie eine bestimmte Auslegungsmethode der Bibel: Es heißt, er habe aus jedem Häkchen des geschriebenen Gesetzes Berge von Halakhot zu deuten gewusst (bMen 29b). Historisch dürfte dies ebenso wenig wie bei R. Jischmael stimmen. Auch verschiedene «biographische» Erzählungen

(z. B. dass er sich erst im Alter von 40 Jahren dem Studium zugewandt habe, oder auch die Erzählungen von seiner Gefangenschaft und Hinrichtung) sind für die Darstellung des historischen Aqiva ziemlich unbrauchbar. Dass er Bar Kokhba als den «Stern aus Jakob», somit als messianische Figur, betrachtet habe (yTaan 4,7,68d), würde zu den übrigen ihm zugeschriebenen Anschauungen passen; doch sind seine zahlreichen Reisen kaum im Rahmen einer Werbekampagne für Bar Kokhba zu sehen. Hieronymus erwähnt Aqiva außer zu Jes 8,11 (siehe S. 81) auch in ep. 121,10 (CSEL 56, 48): Die Juden pflegen zu sagen: Barachibas et Symeon et Helles [Hillel], magistri nostri, tradiderunt nobis, ut duo milia ambulemus in sabbato.

G. S. Aleksandrow, The Role of ʿAqiba in the Bar Kokhba Rebellion, in: *Neusner*, Eliezer II 422–436 (= REJ 132, 1973, 65–77); *J. Elbaum*, Models of Storytelling and Speech in Stories About the Sages (h), 7th WCJS, J 1981, III 71–77 (über Aqiva in ARN); *L. Finkelstein*, Akiba: Scholar, Saint and Martyr, NY 1936 = 1970; *S. Friedman*, A Good Story Deserves Retelling – The Unfolding of the Akiva Legend, JSIJ 3 (2004) 55–93; dasselbe in: *Rubenstein*, Hg., Creation and Composition 71–100 (zu den Anfängen Aqivas in Ket 62b, Ned 50a); *A. Goldberg*, Das Martyrium des Rabbi Aqiva. Zur Komposition einer Märtyrererzählung (bBer 61b), FJB 12 (1984) 1–82 (= Studien I 351–412); *D. Ḥoshen*, Suffering and Divinity in R. Akiva's Philosophy (h), Daat 27 (1991) 5–33; *I. Konovitz*, Rabbi Akiba. Collected Sayings (h), J ²1965; *P. Lenhardt* – *P. von der Osten-Sacken*, Rabbi Akiva. Texte und Interpretationen zum rabb. Judentum und Neuen Testament, B 1987; *M. V. Novenson*, Why does R. Akiba Acclaim Bar Kokhba as Messiah?, JSJ 40 (2009) 551–572; *C. Primus*, Aqiva's Contribution to the Law of Zeraʿim, L 1977; *S. Safrai*, Rabbi Akiba ben Josef. His Life and Teaching (h), J 1970; *ders.* in *Safrai* I 200–207; *Y. Shahar*, Rabbi Akiba and the Destruction of the Temple: the Establishment of the Fast Days (h), Zion 68 (2003) 145–165; *P. Schäfer*, R. Aqiva und Bar Kokhba, in: *ders.*, Studien 65–121.

R. Tarfon, bei Hieronymus zu Jes 8,11–15 Telphon! Aus priesterlicher Familie, in Lydda beheimatet, Lehrer des Jehuda ben Ilai. Seine halakhischen Aussprüche werden zum Großteil in Diskussionen mit Aqiva geboten; darin geht es einerseits um den Vorzug des objektiven Faktums vor der subjektiven Intention, andererseits um priesterliche Interessen, zu deren Gunsten er stets entscheidet. Mit dem von Justin dem Märtyrer genannten Tryphon ist Rabbi Tarfon wohl nicht identisch: dazu *M. Freimann*, Die Wortführer des Judentums in den ältesten Kontroversen zwischen Juden und Christen, MGWJ 55 (1911) 555–585, 565 ff.; *L. W. Barnard*, Justin Martyr, His Life and Thought, Lo 1967, 24 f. *J. D. Gereboff*, Rabbi Tarfon: The Tradition, the Man and Early Rabbinic Judaism, Missoula 1979; *J. Neusner*, A Life of Rabbi Tarfon, ca. 50–120 C.E., Judaica 17 (1961) 141–167.

R. *Ilai*, Schüler des Eliezer ben Hyrkanos, Vater des Jehuda (b. Ilai), der oft die Tradition des Eliezer weitergibt.

Aqilas, «der Proselyt», nach Epiphanius aus Sinope im Pontus, Schüler des R. Eliezer und des R. Jehoschua ben Chananja. Er übersetzte die Bibel ins Griechische. Ob er dabei unter dem Einfluss der Aqiva zugeschriebenen Auslegungsmethode stand, ist umstritten (*Barthélemy* ja, dagegen *Grabbe*). D. *Barthélemy*, Les Devanciers d'Aquila, L 1963; L. *Grabbe*, Aquila's Translation and Rabbinic Exegesis, JJS 33 (1982) 527–536; A. *Silverstone*, Aquila and Onkelos, Manchester 1931.

R. *Jochanan ben Torta* kritisiert in yTaan 4,7,68d Aqivas Eintreten für Bar Kokhba. *Bacher*, Tann II 557 f.

Pappos ben Jehuda, auch einfach Pappos (ohne den Titel Rabbi), Haggadist. Soll mit Aqiva im Gefängnis gewesen sein (bBer 61b).

R. *Jochanan ben Nuri*, im engeren Kreis von Gamaliel II., disputiert mit Aqiva, auch sonst als dessen Gegner gezeichnet. *Bacher*, Tann I 366–8; L. A. *Rosenthal*, Die Malkhijot R. Jochanan b. Nuri's, FS D. Hoffmann, B 1914, 234–240.

R. *Jose ha-Gelili*, der Galiläer, disputiert namentlich mit Aqiva, Tarfon und Eleazar ben Azarja; Aussagen über Opfer und Tempeldienst. J. *Fraenkel*, SH 27 (1978) 28–35; J. N. *Lightstone*, Yose the Galilean. I. Traditions in Mishnah – Tosefta, L 1979; *ders.*, Yosé the Galilean in Mishnah – Tosefta and the History of Early Rabbinic Judaism, JJS 31 (1980) 37–45; B. Z. *Rosenfeld*, R. Yose Ha-Gelili and the Rabbinic Leadership on the Eve of the Bar-Kokhba Revolt (h), Sidra 11 (1995) 89–111.

R. *Eleazar Chisma* (WaR 23,4 gibt eine Erklärung des Namens), manchmal auch Eleazar ben Chisma genannt, soll ein Schüler des Jehoschua ben Chananja und im Lehrhaus des Gamaliel II. tätig gewesen sein. Die in seinem Namen überlieferten Halakhot befassen sich v. a. mit landwirtschaftlichen und Reinheitsgesetzen. D. *Levine*, Eleazar Ḥisma, in: W. S. *Green*, Hg., Persons 149–205.

R. *Jochanan ben Beroqa*, Schüler des Jeschoschua ben Chananja, mAv 4,4. *Bacher*, Tann I 448 f.

R. *Jose, Sohn der Damaszenerin* (ben Dormasqit), Schüler des Eliezer ben Hyrkan, tritt für den Wortsinn in der Bibelauslegung ein (SifDev § 1, F. 6–8). *Bacher*, Tann I 389–394.

R. *Chananja (Chanina) ben Teradjon*, nach (später) rabb. Tradition durch seine Tochter Berurja Schwiegervater des R. Meir und einer der Märtyrer in der Verfolgungszeit unter Hadrian.

Bacher, Tann I 394–7; H. W. *Basser*, Hanina's Torah. A Case of Verse Production or of Historical Fact?, in: J. *Neusner*, Hg., Approaches NS I (1990) 67–82 (= *ders.*, In the Margins of the Midrash, A 1990, 49–63); zu angebl. Familienbeziehungen: D. *Goodblatt*, The Beruriah Traditions, JJS 26 (1975) 68–85 (= W. S. *Green*, Hg., Persons 207–235); E. E. *Ur-*

bach, Ascesis and Suffering in Talmudic and Midrashic Sources (h), FS Y. F. Baer, J 1960, 48–68, bes. 61–64.

R. Eleazar ben Parta (vgl. *peruta* im paläst. Syrisch, «Wechsler»; andere denken an griech *prôtos*). Vom gleichnamigen Enkel zu unterscheiden. *Bacher*, Tann I 400–403.

R. Jehuda ben Bava, mit dem Beinamen Chasid. Er soll 5 Schülern Aqivas bald nach dessen Tod die Ordination erteilt haben und auf der Flucht von römischen Soldaten getötet worden sein (bSan 13b–14a). *G. A. Wewers*, Rabbi Jehuda-ben-Baba. Skizze zum Problem der Individualüberlieferung in der frühen rabbinischen Literatur, Kairos 19 (1977) 81–115.

R. Jose ben Qisma, bAZ 18a. *Bacher*, Tann I 397–400; *J. Gutmann*, Milhemet ha-Yehudim bime Tiryanos, Sefer Assaf, J 1953, 149–184, bes. 171 f.

Simeon ben Azzai, gewöhnlich einfach Ben Azzai (Abkürzung aus Azarja). In bHag 14b gehört er mit Ben Zoma, Elischa ben Avuja und Aqiva zu den vier, die in das «Paradies» gingen, d. h. sich in esoterische Spekulation vertieften, was nur Aqiva ungeschädigt überstand. *G. Scholem*, Jewish Gnosticism, Merkabah Mysticism, and Talmudic Tradition, NY 1960, 14–19; *H. A. Fischel*, Rabbinic Literature 1–34. 90–98. 99–128. 161–165.

Simeon ben Zoma, gewöhnlich einfach Ben Zoma. *H. A. Fischel*, Rabbinic Literature 51–89, 138–161.

Elischa ben Avuja, mehrmals als *Acher*, «der andere», bezeichnet, weil man ihn nach seinem Abfall nicht nennen wollte. War Lehrer des R. Meir. *A. Büchler*, Die Erlösung Elisa' b. Abujahs aus dem Höllenfeuer, MGWJ 76 (1932) 412–456; *A. Goshen-Gottstein*, The Sinner and the Amnesiac. The Rabbinic Invention of Elisha Ben Abuya and Eleazar Ben Arach, C 2000; *J. L. Rubenstein*, Talmudic Stories 64–104; *G. Stroumsa*, Aher: A Gnostic, in: *B. Layton*, Hg., The Rediscovery of Gnosticism II, L 1981, 808–818; *H. Yalon*, Acher im Talmudisch-Hebräischen, MGWJ 79 (1935) 238–240; *ders.* dazu auch Leš. 29 (1965) 213–217.

R. Chananja (oder Chanina) *ben Gamaliel II*. *Bacher*, Tann I 436–440.

R. Eleazar ben Jehuda aus Bartota (Birtota? So Cod. Kaufmann zu mAv 3,7), auch ohne Nennung seines Vaters Eleazar Ish Bartota. *Bacher*, Tann I 440–444.

R. Simeon von Timna (ha-Timni: so z. B. mYev 4,13 Cod. Kaufmann; andere bevorzugen die Vokalisierung *ha-Temani*, «aus Teman», wohl Edom, cf. Ijob 2,11). Schüler Aqivas und Jehoschuas (tBer 4,18, L. 23).

Gleichfalls zu dieser Generation werden noch *die älteren Schüler Aqivas* gezählt, namentlich:

Chananja ben Chakhinai, in Javne und Bene Beraq, spät auch zu den «zehn Märtyrern» gezählt. *Bacher*, Tann I 434–436.

R. Simeon aus Schiqmona. *Bacher*, Tann I 445 f.

R. Chidqa. *Bacher*, Tann I 446 f.

Mattja (oder Mattatja) ben Cheresch (Cheresch als Eigenname 1 Chron 9,15; andere: Charasch) wirkte nach babyl. Tradition in Rom (bSan 32b:

«Folge den Gelehrten zur *yeshiva*... R. Mattja nach Rom ...»); frühere Texte wissen davon nichts.

L. A. *Segal*, R. Matiah ben Heresh of Rome on Religious Duties and Redemption: Reaction to Sectarian Teaching, PAAJR 58 (1992) 221–241; A. *Toaff*, Matia Ben Cheresh e la sua accademia rabbinica di Roma, Annuario di Studi Ebraici 2 (1964 f.) 69–80.

R. *Jehuda ben Batyra* (andere: Betera), in Palästina bei Eliezer ben Hyrkanos, später in Nisibis, wo Jochanan der Sandalenmacher und Eleazar ben Schammua bei ihm lernten. Nach *Neusner*, Bab I 43–49. 121–124, ist mit zwei Rabbinen dieses Namens zu rechnen, der eine etwa 20/30–90, der Zweite ca. 100–160, beide in Nisibis.

Chananja, der Neffe (Sohn des Bruders) des Jehoschua ben Chananja, wohnte in Babylonien in Nehar Peqod, wohin er nach dem Bar-Kokhba-Aufstand geflüchtet war. Versuchte dort selbstständig den Kalender zu interkalieren, was ein Privileg Palästinas war. A. *Burstein*, Sinai 38 (1956) 32–37; 40 (1957) 387 f.; *Neusner*, Bab I 113–121.

d) Dritte Generation der Tannaiten (um 130–160 n. Chr.)

1. Jischmaels bedeutendste Schüler

R. *Joschijja*, der vielleicht aus Ḥuẓal stammte und sich nach dem Bar-Kokhba-Aufstand in Babylonien niederließ (*Neusner*, Bab I 128–131), und R. *Jonatan*, wohl ebenfalls ein Babylonier (*Neusner*, Bab I 132). Sie werden oft in MekhY und Sifre erwähnt; in M dagegen wird Jonatan nur einmal (mAv 4,9) genannt, Joschijja gar nie, vielleicht deswegen, weil Meir und Rabbi im Gegensatz zu Jischmael den Ansichten Aqivas folgten. *Bacher*, Tann II 351–364.

Diesem Kreis scheint auch *Abba Chanin* (Chanan) angehört zu haben, der oft als Tradent von Äußerungen von Eliezer ben Hyrkanos erwähnt wird und der vielleicht auch ein Babylonier war (*Neusner*, Bab I 130).

2. Die späteren Schüler Aqivas

Von diesen werden die vier Ersten am häufigsten genannt (zu den Schülern Aqivas vgl. *Abr. Goldberg*, «All base themselves upon the teachings of Rabbi ʿAqiva» [h], Tarbiz 38, 1968 f., 231–254):

R. *Meir*, Schüler erst Jischmaels, dann Aqivas. Auch Elischa ben Avuja war sein Lehrer. Wohnte zeitweise in Tiberias oder im angrenzenden Chammat Tiberias. Sein Name könnte auf Herkunft aus Kleinasien verweisen. Nach später Tradition war er durch seine Gattin Berurja Schwiegersohn des Chananja ben Teradjon. Bedeutsam als Halakhist wie Haggadist (bSan 38b: ein Drittel seines Vortrages war Halakha, ein Drittel Haggada, ein Drittel Gleichnisse). Hatte bedeutenden Anteil an der Entstehung von M, in der er etwa 330-mal genannt wird.

Bacher, Tann II 1–69; *N. G. Cohen*, Rabbi Meir, A Descendant of Anatolian Proselytes. New Light on His Name and the Historical Kernel of the Nero Legend in Gittin 56a, JJS 23 (1972) 51–59 (dazu *B. Bar-Kochva*, Zion 62, 1997, 395–402); *R. Goldenberg*, The Sabbath-Law of Rabbi Meir, Missoula 1978; *I. Konovitz*, Rabbi Meir, Collected Sayings (h), J 1967; *S. Lieberman*, Hell. 24–26; *A. Shinan*, ‹Aḥiw› shel Rabbi Meir, JSHL 2 (1983) 7–20 (zu BerR 92,6); *J. P. Siegel*, The Severus Scroll and 1QIsa, Missoula 1975, 43–48.

R. Simeon ben Jochai (= Abkürzung von Jochanan), in M stets (über 300-mal) einfach R. Simeon. Er hat lange als Autor des Zohar gegolten; in Wirklichkeit aber ist dieses Hauptwerk der Kabbala in der 2. Hälfte des 13. Jhs. von Moshe ben Shem Tov de Leon in Spanien verfasst worden. Seinem Kreis wird auch MekhSh zugeschrieben.

Bacher, Tann II 70–149; *H. Basser*, Rabbi Shimon Bar Yohai: Literary Motifs, in: *R. Ulmer*, Hg., Discussing Cultural Influences. Text, Context and Non-Text in Rabbinic Judaism, Lanham 2007, 165–192; *M. Beer*, Shimᶜon bar Yoḥai and Jerusalem (h), GS A. Schalit, J 1980, 361–375; *I. Konovitz*, Rabbi Simeon bar Yohai. Collected Sayings (h), J 1966; *L. Levine*, R. Simeon b. Yoḥai and the Purification of Tiberias: History and Tradition, HUCA 49 (1978) 143–185; *O. Meir*, Sippur Rabbi Shimᶜon ben Yoḥai ba-meᶜara, ᶜAle Siaḥ 26 (1989) 145–160; *B.-Z. Rosenfeld*, R. Simeon bar Yohai: Wonder Worker and Magician – Scholar, Saddiq and Hasid, REJ 158 (1999) 349–384; *J. L. Rubenstein*, Talmudic Stories 105–138; *R. Shoshany*, Rabbi Shimon ben Yohai in the Cave and Elijah in the Wilderness: A Comparison between Talmudic and Biblical Narratives (h), JSIJ 6 (2007) 13–36.

R. Jose ben Chalafta, in M stets einfach R. Jose (etwa 330-mal); lehrte in Sepphoris, bedeutender Halakhist. In der Tradition gilt er auch als Haupttradent der jüdischen Chronologie, wie sie im Seder Olam Rabba fixiert ist. Wird vielfach als Verfasser von Kelim betrachtet. *Bacher*, Tann II 150–190.

R. Gershenzon – *E. Slomovic*, A Second Century Jewish-Gnostic Debate: Rabbi Jose ben Halafta and the Matrona, JSJ 16 (1985) 1–41; *T. Ilan*, Matrona and Rabbi Jose: An Alternative Interpretation, JSJ 25 (1994) 18–51; *dies.*, Rabbi Yose the Tanna and Rabbi Yose Ben Halafta (h), in: These are the Names. Studies in Jewish Onomastics IV, Ramat Gan 2003, hebr. Teil 15–21 (Problematik der Gleichsetzung der beiden); *I. Konovitz*, Rabbi Jose ben Halafta. Collected Sayings (h), J 1966; *K. H. Rengstorf*, Die Mischna. Jebamot, Gießen 1929 (Ndr. 1958), 32*–37*.

R. Jehuda bar Ilai (Abkürzung aus Eleazar oder, so *G. Dalman*, Grammatik des jüd.-pal. Aramäisch, Le ²1905, Ndr. Darmstadt 1960, 179, aus Eljoënai, 1 Chron 3,23 usw.). In M stets einfach R. Jehuda (mehr als 600-mal); gilt als der Hauptvertreter seiner Generation (bSan 20a «die Generation des Jehuda b. Ilai»). bSan 86a schreibt ihm die Grundlage bzw. die anonymen Aussagen von Sifra zu.

Bacher, Tann II 191–228. 237–274; *I. Ben-Shalom*, Rabbi Judah b. Ilai's Attitude towards Rome (h), Zion 49 (1984) 9–24; dazu *D. Rokéaḥ*, Zion 52 (1987) 107–110, und nochmals *Ben-Shalom*, ibid. 111–113; *I. Konovitz*, Rabbi Judah bar Ilai. Collected Sayings (h), J 1965.

R. *Nechemja*, oft in Kontroverse mit Jehuda bar Ilai. Nach bSan 86a soll von ihm der anonyme Teil von T stammen. *Bacher*, Tann II 225–274; *Konovitz*, Tannaitic Symposia IV 23–55.

R. *Eleazar ben Schammua*, in M und in der Baraita stets einfach R. Eleazar; in Alexandrien geboren; besucht seinen Lehrer Aqiva im Gefängnis. Geht dann mit Jochanan ha-Sandelar nach Nisibis, um unter Jehuda ben Batyra zu studieren. *Bacher*, Tann II 275–282; *Konovitz*, Tannaitic Symposia I 178–216; *Neusner*, Bab I 126 f.

R. *Eliezer ben Jakob* (der Jüngere dieses Namens, 2. H. 2. Jh.), war nach dem Bar-Kokhba-Aufstand bei der Versammlung in Uscha. *S. Horovitz* (Siphre XVIII) möchte Sifre Zutta seinem Lehrhaus zuschreiben. *Konovitz*, Tannaitic Symposia I 48–86.

R. *Jochanan ha-Sandelar*, «der Sandalenmacher». Nach anderen leitet sich sein Beiname von seinem Heimatort Alexandrien ab. *Bacher*, Tann II 365 f.; *Neusner*, Bab I 126–128.

3. Andere Lehrer derselben Generation

Eliezer (manchmal auch Eleazar) *ben R. Jose ha-Gelili*, gepriesener Haggadist (bHul 89a). Ihm werden die 32 Middot des R. Eliezer zugeschrieben (vgl. S. 32–40).

R. *Jehoschua ben Qarcha* (oder Qorcha: «Glatzkopf»), bedeutender Haggadist. *Bacher*, Tann II 308–321.

R. *Eleazar ben Ẓadoq II.*, Enkel des schon erwähnten E. b. Ẓ. I.

R. *Jose ben Jasjan*, Zeitgenosse des Rabban Simeon ben Gam. II., auch einfach Ben Jasjan. *Bacher*, MGWJ 45 (1901) 300 f. und 46 (1902) 83 f., setzt ihn mit Jose beR. Issi in MekhY Baḥodesh 3 (L. II 211) gleich, wo jedoch alle Textzeugen außer dem Yalqut beR. Jehuda lesen.

Rabban Simeon ben Gamaliel II., Vater des Jehuda ha-Nasi (explizit nur im Bavli ausgesagt!). Nach dem Tod Hadrians übernahm er das von den Schülern Aqivas in Uscha statt Javne neu gegründete Zentrum des Rabbinats. bHor 13b erzählt vom Versuch R. Meirs und R. Natans, ihn abzusetzen.

Alon, The Jews in their Land II 667–673; *Bacher*, Tann II 322–334; *A. I. Baumgarten*, The Akiban Opposition, HUCA 50 (1979) 179–197 (zu den Anfängen in Uscha); *D. Goodblatt*, The Story of the Plot against R. Simeon B. Gamaliel II. (h), Zion 49 (1984) 349–374 (hält die Geschichte i. w. für eine bab. Erfindung); *N. Hacham*, Rabban Simeon Son of Gamaliel in Beitar (h), Tarbiz 74 (2004 f.) 547–564 (nimmt an, Simeon habe in Betar den Aufstand unterstützt); *Konovitz*, Tannaitic Symposia IV 159–228; *Neusner*, Bab I 73–80; *J. L. Rubenstein*, Talmudic Stories 176–211.

R. Jischmael, Sohn des Jochanan ben Beroqa, zum Kreis des Rabban Simeon ben G. II. gehörig. *Bacher*, Tann II 369 f.; *Konovitz*, Tannaitic Symposia III 267–275.

Abba Saul. Seine Zeit wird dadurch bestimmt, dass er eine Kontroverse mit Jehuda b. Ilai hatte. *Bacher*, Tann II 366–369; *Konovitz*, Tannaitic Symposia I 14–28; *I. Lewy*, Über einige Fragmente aus der Mischna des Abba Saul, B 1876 (dazu auch *Epstein*, ITL 160–163).

R. Chananja ben Aqavja (oder Aqiva), wahrscheinlich Sohn des Aqavja ben Mahalalel; wegen seines Scharfsinns von Rav geschätzt (bShab 83b). *Bacher*, Tann II 370.

Issi (Verkürzung von Josef) *ben Jehuda*, wahrscheinlich identisch mit Issi dem Babylonier, einem Schüler des Eleazar ben Schammua, nach bPes 113b auch noch mit anderen. Babylonier. *Bacher*, Tann II 373–376; *M. Hakohen*, Toldot ha-Tanna Issi ben Jehuda, Sinai 33 (1953) 355–364; 34 (1954) 231–240. 325–334. 407–423; *Neusner*, Bab I 138 f. 188–190.

R. Nehorai, Zeitgenosse des Jose ben Chalafta, wahrscheinlich in Sepphoris wohnhaft. *Bacher*, Tann II 377–383.

Reuben ben Istrobeli (nach *H. Graetz* und *S. Krauss:* Strobilos, nach *Bacher* Aristobulos). Von seiner Intervention in Rom zur Zeit der hadrianischen Verfolgung erzählt bMeil 17a–b. *Bacher*, Tann II 383 f.; *S. Klein*, Eine Tannaim-Familie in Rom, Jeschurun 3 (1916) 442–445.

Abba Jose ben Dostai (Dositheos). *Bacher*, Tann II 388 f.

e) Vierte Generation der Tannaiten

Die Zeitgenossen Rabbis

R. Dostai ben Jannai tradiert die Äußerungen Meirs, Joses und Eleazars. Als Sendbote des Patriarchen in Babylonien. *Bacher*, Tann II 385–387; *Neusner*, Bab I 136 f.

R. Simeon ben Jehuda, aus Kefar Ikos (auch K. Akum oder K. Akko geschrieben), *Bacher*, Tann II 392.

Achai ben Joschijja lehrte in Ḥuẓal, nach einiger Zeit in Palästina wieder in Babylonien, wo er der Lehrer Ravs war. *Bacher*, Tann II 393 f.; *Neusner*, Bab I 126. 129–132.

R. Jakob, nach bQid 39b Sohn der Tochter des Elischa ben Avuja. Tritt bei der Verschwörung des R. Meir und des R. Natan für Simeon ben Gamaliel ein. Gelegentlich Beiname ben Korschai. *Bacher*, Tann II 395–397.

Symmachos (ben Joseph), Schüler des R. Meir. Von manchen mit dem Autor der griechischen Bibelübersetzung identifiziert. *Bacher*, Tann II 397; *D. Barthélemy*, Qui est Symmaque?, CBQ 36 (1974) 451–465 (= *ders.*, Études d'Histoire du Texte de l'AT, Fribourg-Göttingen 1978, 307–321); *J. R. Busto Saiz*, La traducción de Símaco en el libro de los Salmos, Madrid 1978, 311–323.

Die wichtigsten Rabbinen

R. Isaak, oft in MekhY und SifBem erwähnt. Schreitet mit R. Natan gegen R. Chananja ein, da dieser in Babylonien interkaliert. *Bacher*, Tann II 397–9; *Neusner*, Bab I 117–121.

R. Jose ben Kipper (manchmal auch *Kofer* geschrieben), Schüler des Eleazar ben Schammua, mehrfach in T; reiste zwischen Palästina und Babylonien. *Bacher*, Tann I 386; *Neusner*, Bab I 116–118.

R. Dosa, Tradent des Jehuda ben Ilai, nicht identisch mit Dosa ben Archinos. *Bacher*, Tann II 389 f.

R. Dostai ben Jehuda, Tradent des Simeon ben Jochai. *Bacher*, Tann II 390–392.

R. Eleazar ben Simeon (ben Jochai) wird als Kollaborateur der Römer geschildert.

Bacher, Tann II 400–407; *Y. Gutman*, R. Elazar b. R. Shimon in the Roman Government Service of Palestine (h), Zion 18 (1953) 1–5; *Konovitz*, Tannaitic Symposia I 216–252; *S. Krauss*, R. Eleasar ben R. Simeon als römischer Befehlshaber, MGWJ 38 (1894) 151–156; *O. Meir*, On the Hebrew Expression *chomets ben yayin* (h), Dappim 4 (1988) 9–18; *R. Shoshany*, Rabbi Elazar ben Shimeon and the Thieves – A Story of Sin and Atonement (h), JSIJ 4 (2005) 1–21.

R. Pinchas ben Jair, Asket, Schwiegersohn des R. Simeon ben Jochai (bShab 33b), scheint in Lydda gewohnt zu haben. Ihm wird gelegentlich pseudepigraphisch Midrasch Tadsche zugeschrieben.

Bacher, Tann II 495–9; *O. Meir*, The She-Ass of R. Pinhas ben Yair, in: Folklore Research Center Studies VII: Studies in Aggadah and Jewish Folklore, J 1983, hebr. Teil 117–137; *M. Ben-Shalom*, On the Figure of R. Pinhas b. Yair and Anonymous Pietists (h), in: *D. Gera – M. Ben Zeev*, Hg., The Path of Peace: Studies in Honor of Israel Friedman Ben-Shalom, Beer Sheva 2005, 441–472; zu seinem Kettenspruch in mSot 9,15 *P. Schäfer*, Die Vorstellung vom Heiligen Geist in der rabbinischen Literatur, M 1972, 118–121.

R. Eleazar ben Jose (ben Chalafta). Soll mit Simeon ben Jochai nach Rom gereist sein und dort den von Titus geplünderten Tempelschatz gesehen haben (tYom 2,16; bMeil 17a–b). *Bacher*, Tann II 412–415.

R. Menachem ben Jose (ben Chalafta), auch einfach R. Menachem. *Bacher*, Tann II 415 f.

Eurydemos ben Jose (ben Chalafta). *Bacher*, Tann II 416 f.

R. Jose ben Jehuda (ben Ilai), oft in Kontroverse mit Rabbi. *Bacher*, Tann II 417–421; *Konovitz*, Tannaitic Symposia III 147–178.

R. Jehuda ben Laqisch tradiert im Namen des Simeon ben Gamaliel II., in halakhischer Kontroverse mit Jose ben Jehuda (ben Ilai). *Bacher*, Tann II 494 f.

R. Eleazar ben Jehuda. *Bacher*, Tann II 417 Anm. 4 hält ihn für identisch mit dem gleichnamigen Lehrer aus Bartota.

R. Simeon ben Eleazar (ben Schammua), Schüler Meirs, oft in Kontroverse mit Rabbi, oft in T. Kontroversen mit Samaritanern. *Bacher*, Tann II 422–436; *J. Fraenkel*, SH 27 (1978) 42–50; *Konovitz*, Tannaitic Symposia IV 117–156.

R. Jose ben Meschullam, in Kontroverse mit Simeon ben Eleazar. Mit Simeon ben Menasja führte er offenbar die «heilige Gemeinde», die sich Ende des 2. Jhs. trotz des Verbots für Juden, sich in Jerusalem aufzuhalten, dort gebildet hatte: *S. Safrai*, The Holy Assembly of Jerusalem (h), Zion 22 (1957) 183–194; *ders.*, The Holy Congregation in Jerusalem, SH 23 (1972) 62–78; *Bacher*, Tann II 489.

R. Natan, mit dem Beinamen ha-Bavli, weil er aus Babylonien nach Palästina gekommen war. Unter Rabban Simeon ben Gamaliel II. hatte er zusammen mit R. Meir wichtige Funktionen inne, nach bHor 13b wegen der Würdestellung seines Vaters in Babylonien (Exilarch?). Später oft in Kontroverse mit Rabbi. Die ARN zugrunde liegende Rezension von Avot wird gelegentlich ihm zugeschrieben. *Bacher*, Tann II 437–452; *M. Beer*, Exilarchate 29 f.; *Konovitz*, Tannaitic Symposia IV 58–89; *Neusner*, Bab I 73–79.

R. Eleazar (aber auch Eliezer bezeugt) *ha-Qappar*. Der Name ist vielleicht von Qefira abzuleiten, einem Ort im Golan nahe Dabbura, wo eine Inschrift entdeckt wurde: *Eliezer ha-Qappar. Ze bet midrasho shel Rabbi*. Oder er ist mit syr. *qufra* zu verbinden: «der Asphalthändler», bzw. von *Kapparis*, Kapernblüte, abzuleiten und bezeichnet dann einen Erzeuger von Medikamenten oder Gewürzen daraus. Wird gewöhnlich als Vater des Bar Qappara betrachtet, auf den sich eventuell die genannte Inschrift bezieht; andere möchten die beiden überhaupt miteinander identifizieren, was jedoch eher unwahrscheinlich ist. *Bacher*, Tann II 500–502; *D. Urman*, Jewish Inscriptions from Dabbura in the Golan, IEJ 22 (1972) 16–23; *ders.*, Eliezer HaKappar and Bar Kappara – Father and Son? (h), Beer-Sheva 2 (1985) 7–25.

R. Simeon ben Jose ben Laqonja, Schwager des Eleazar ben Simeon, Onkel und Erzieher des Jonatan ben Eleazar (ben Simeon). *Bacher*, Tann II 488 f.

R. Simeon ben Menasja stand mit Jose ben Meschullam an der Spitze der «heiligen Gemeinde» in Jerusalem, die alle Zeit gleichmäßig auf Torastudium, Gebet und Arbeit zu verteilen bemüht war (QohR 9,9). *Bacher*, Tann II 489–494; *S. Safrai*, Zion 22 (1957) 183 ff. und SH 23 (1972) 62 ff.

R. Mana (Abkürzung aus Menachem, wie auch Mani) in Akko, nicht zu verwechseln mit den beiden paläst. Amoräern Mani oder Mana.

R. Jehuda ha-Nasi, der «Fürst» oder der «Patriarch», häufig einfach Rabbi, zuweilen Rabbenu oder Rabbenu ha-qadosh, laut yMeg 1,11,72b und Parallelen «heilig» genannt, weil er nie auf die Stelle seiner Beschneidung geblickt habe. Sohn des Rabban Simeon ben Gamaliel II. (anders *Stern*), nach später Tradition am Todestag Aqivas geboren (bQid 72b). Studierte bei Jehuda ben Ilai (yBM 3,1,9a), später bei Simeon ben Jochai (bShab 147b) und Eleazar ben Schammua (bEr 53a) sowie Natan (dessen

Ansichten er später freilich oft widerspricht). Residierte später in Bet Schearim, dann in Sepphoris. Er brachte die Institution des Patriarchats zu voller Geltung; seine guten Beziehungen zu den römischen Behörden spiegeln sich in den Legenden über «Antoninus und Rabbi». Soweit hier historische Erinnerungen verarbeitet wurden, ist bei Antoninus am ehesten an Caracalla zu denken, der in den Jahren 199 und 215 Palästina besuchte. Jehuda ha-Nasi, der als der eigentliche Redaktor von M anzusehen ist, starb nach *A. Guttmann* im Jahr 217.

M. Aberbach, Hezekiah King of Judah and Rabbi Judah the Patriarch – Messianic Aspects (h), Tarbiz 53 (1983 f.) 353–371; *Albeck*, Einleitung 145–170; *Alon*, The Jews II 705–725; *Bacher*, Tann II 454–486; *A. I. Baumgarten*, The Politics of Reconciliation: The Education of R. Judah the Prince, in: *E. P. Sanders* u. a., Hg., Jewish and Christian Self-Definition II, Lo 1981, 213–225. 382–391; *ders.*, Rabbi Judah and his Opponents, JSJ 12 (1981) 135–172; *J. N. Epstein*, ITL 180–211; *A. Guttmann*, The Patriarch Judah I – His Birth and His Death. A Glimpse into the Chronology of the Talmudic Period, HUCA 25 (1954) 239–261; *I. Konovitz*, Rabbi Judah ha-Nasi (Rabbi). Collected Sayings (h), J 1965; *S. Krauss*, Antoninus und Rabbi, W 1910; *O. Meir*, Rabbi Judah the Patriarch. Palestinian and Babylonian Portrait of a Leader (h), TA 1999; *A. Oppenheimer*, Rabbi Judah ha-Nasi (h), J 2007; *G. Stemberger*, Die Beurteilung Roms in der rabbinischen Literatur, ANRW II, 19/2 338–396, bes. 367–375; *S. Stern*, Rabbi and the Origins of the Patriarchate, JJS 54 (2003) 193–215.

f) Fünfte Generation der Tannaiten

Jüngere Zeitgenossen Rabbis, teilweise seine Schüler. Sie bilden den Übergang zur Amoräerzeit, in der die Mischna Rabbis bald als autoritative Zusammenstellung des traditionellen Gesetzes anerkannt wurde.

Gamaliel III., Sohn Rabbis, von diesem zum Nachfolger im Patriarchat bestimmt (bKet 103b). Ein Grab in Bet Schearim (Katakombe 14) mit dem Namen R. Gamaliels neben einem anderen mit dem Namen R. Simeons könnte seines sowie das seines Bruders sein. *Bacher*, Tann II 554; *A. Wasserstein*, Rabban Gamliel and Proclus the Philosopher (Mishna Aboda Zara 3,4) (h), Zion 45 (1980) 257–267.

R. Chijja (der Name ist wohl aus Achijja abgekürzt) der Ältere (Ruba oder Rabba). Ch. bar Abba, geboren in Babylonien, vielleicht aus der Exilarchenfamilie (beansprucht Abstammung von David), kam später nach Palästina, wo er in Tiberias lebte und im Seidenhandel tätig war. Schüler und Freund Rabbis, Onkel und Lehrer Ravs. Die rabb. Tradition erwähnt mehrmals seine Mischnajot-Sammlung. Scherira betrachtet ihn als den Redaktor von T; manche sehen ihn maßgeblich an Sifra beteiligt. bHul 141a: Jede Baraita, die nicht von R. Chijja oder R. Oschaja redigiert ist, ist fehlerhaft (unzuverlässig).

Bacher, Tann II 520–530; *A. Engle*, Rabbi Hiyya the Great – Halachist and Travelling Salesman, Niv Hamidrashia 1972, engl. Teil 63–72; *I. Konovitz*, Tannaitic Symposia II 47–106; *P. Minzberg*, Toldot R. Ḥiyya u-vanaw, J 1953; *Neusner*, Bab I 101–110; *E. S. Rosenthal*, Rav ben ʾaḥi, R. Ḥiyyaa gam ben ʾaḥoto Perat ʾeḥad le-toldot ha-nusaḥ shel ha-Bavli), FS H. Yalon, J 1963, 281–337.

Bar Qappara (so gewöhnlich im Talmud), eigentlich R. Eleazar ben Eleazar ha-Qappar (siehe S. 96), auch R. El. ha-Qappar beRabbi. Lehrer des Hoschaja und des Jehoschua ben Levi. Hatte eine Schule im «Süden», wohl in Lydda (doch siehe *D. Urman*), wo er nach Meinung von *S. Lieberman* Sifre Zutta redigierte (Siphre Zutta, NY 1968, 104 ff.). Auch ihm wird in der rabb. Tradition eine Mischna-Sammlung zugeschrieben. *Bacher*, Tann II 503–520; *D. Urman*, Regarding the Location of the Batei-Midrash of Bar Kappara and R. Hoshaya Rabbah (h), 8th WCJS II, J 1982, hebr. Teil 9–16.

R. Simeon ben Chalafta, Freund Chijjas, wohnte in En Teena bei Sepphoris, mehrfach in Sagen verherrlicht, Haggadist, Gleichniserzähler. *Bacher*, Tann II 530–536.

Levi bar Sisi (Sosius?), im Bavli gewöhnlich einfach Levi (z. B. bYom 24a), Schüler Rabbis, nicht zu verwechseln mit dem Amoräer, dem Haggadisten R. Levi. *Bacher*, Tann II 536–539; *B. Ratner*, Die Mischna des Levi ben Sisi, FS A. Harkavy, St. Petersburg 1908, hebr. Teil 117–122.

R. Bannaʾa, oder Bannaja bzw. Benaja. Sein Haupttradent war Jochanan bar Nappacha. *Bacher*, Tann II 539–543.

R. Jose ben Saul, Schüler und Tradent Rabbis. *Bacher*, pAm III 598 f.

Rav Huna, Exilarch zur Zeit Rabbis (yKet 12,3,35a). Sein Leichnam wurde nach Palästina gebracht (yKil 9,32b). *Beer*, Exilarchate 66 f. 96 f.; *Neusner*, Bab I 100–108.

Über die babylonischen Tannaim siehe *Neusner*, Bab I 113–163. Tannaim, deren Zeit nicht sicher bestimmbar ist, nennt *Bacher*, Tann II 547–561.

g) Erste Generation der Amoräer

1. Palästina

R. Chama bar Bisa, Vater eines R. Hoschaja (H. Rabba?). *Bacher*, pAm I 89 f.

R. Efes (= *R. Pas*), aus Südjudäa, von Rabbi zum Leiter der Akademie in Sepphoris eingesetzt (so bKet 103b; doch cf. yTaan 4,2,68a). *Bacher*, pAm I 2. 91. 341.

R. Chanina (zuweilen Ch. bar Chama), nach Studien in Babylonien nach Palästina gekommen, Schüler Rabbis, bedeutender Lehrer in Sepphoris, laut bKet 103b als Nachfolger des R. Efes. *Bacher*, pAm I 1–34;

S. S. Miller, R. Hanina bar Ḥama at Sepphoris, in: L. I. Levine, Hg., The Galilee in Late Antiquity, NY-J 1992, 175–200.

R. Jannai, wohnte in Sepphoris. Zur Unterscheidung von seinem gleichnamigen Enkel (R. Jannai Zeʿira) auch Sabba, «der Alte», genannt. Schüler Chijjas, Lehrer Jochanans. *Bacher*, pAm I 35–47; *A. Oppenheimer*, ‹Those of the School of Rabbi Yannai›, in: *ders.*, Between Rome and Babylon, Tüb. 2005, 156–165 (= h, SHJP 4, Haifa 1978, 137–145).

Jehuda und Chizkijja, die Söhne Chijjas, mit ihrem Vater aus Babylonien nach Palästina gekommen. Jehuda Schwiegersohn Jannais; Chizkijja wird gelegentlich als Redaktor der MekhS betrachtet. *Bacher*, pAm I 48–57.

R. Jonatan ben Eleazar, gewöhnlich einfach R. Jonatan, dem R. Chanina nahestehend, aus Babylonien stammend, in Sepphoris wohnhaft. Schüler des Simeon ben Jose ben Laqonja, Lehrer des Samuel bar Nachman. *Bacher*, pAm I 58–88.

Bar Pedaja, voller Name: Jehuda bar Pedaja, Neffe des Bar Qappara, Lehrer des Jehoschua ben Levi. *Bacher*, pAm I 124 f.

R. Hoschaja, im Yerushalmi gewöhnlich Oschaja, Sohn des Chama ben Bisa, zur Unterscheidung vom Amoräer der 3. Generation auch H. Rabba («der Große, der Ältere») genannt. Schüler des Bar Qappara und des R. Chijja, Lehrer Jochanans; lebte in Sepphoris, leitete später eine Schule in Caesarea. Wie Chijja und Bar Qappara wird auch ihm eine Sammlung von Mischnajot zugeschrieben.

Bacher, pAm I 89–108; *D. Barthélemy*, Est-ce Hoshaya Rabba qui censura le «commentaire allégorique»?, Colloques Nationaux du CNRS, «Philon d'Alexandrie» (Lyon 1966), P 1967, 45–78 (= *ders.*, Études d'histoire du texte de l'AT, Fribourg-Göttingen 1978, 140–173); *L. I. Levine*, Caesarea 76. 87–89. 103 f.

Jehuda II., Sohn Gamaliels III., im Yerushalmi R. Judan Nesia oder R. Jehuda Nesia. Patriarch, Enkel Rabbis, in freundlichen Beziehungen zu Hoschaja, aber auch zu Jochanan bar Nappacha. Unter ihm Abstieg des Patriarchats, u. a. wegen des Verkaufs von Richterstellen: dazu *Alon*, Studies 374 ff.

R. Jose ben Zimra. Seine Tochter war mit einem Sohn Rabbis verheiratet. Eleazar ben Pedat tradierte seine haggadischen Aussprüche. *Bacher*, pAm I 109–118; *Alon*, Studies 405 f.

R. Simeon ben Jehoẓadaq. Seine Aussprüche sind durch Jochanan überliefert. *Bacher*, pAm I 119–123.

R. Jehoschua ben Levi, in Lydda, einer der hervorragendsten Amoräer Palästinas in der 1. Hälfte des 3. Jhs., besonders durch seine Beschäftigung mit der Haggada; Schüler des Bar Qappara, des Jehuda bar Pedaja und des Pinchas ben Jair. Lehrer des Simeon ben Pazzi und des Tanchum ben Chanilai.

Bacher, pAm I 124–194; *Y. Fraenkel*, The Image of Rabbi Joshua ben

Levi in the Stories of the Babylonian Talmud (h), 6th WCJS, J 1977, III 403–417 (Ndr. in: *ders.*, The Aggadic Narrative 273–294); *D. J. Halperin*, The Faces of the Chariot, Tüb. 1988, 253 ff.; 307 ff.; *I. Levy*, La légende de Pythagore de Grèce en Palestine, P 1927, 154 ff.; *S. Lieberman*, Shkiin, J ²1970, 34–42 (eine Erzählung über Jeh. b. L. bei Petrus Venerabilis, für welche wohl das Alphabet des Ben Sira als Quelle diente); *A. Marmorstein*, Jeschurun 13 (1926) 375–383; *B. Z. Rosenfeld*, Rabbi Joshua ben Levi and His Wife Kyra Mega: Interpretation of Inscriptions from Beth-She'arim (h), Cathedra 114 (2004) 11–36.

R. Zavdai ben Levi gehörte zum Kreis Hoschajas, verkehrte mit Jehoschua ben Levi, den er überlebte, und mit Rav. *Bacher*, pAm III 640–642.

R. Chijja ben Gamda, in Palästina und Babylonien lebend, tradiert im Namen der letzten Tannaim Simai und Jose ben Saul.

2. Babylonien

Rav Schela, in Nehardea schon ein angesehener Lehrer, als Rav aus Palästina zurückkehrte. *J. Fraenkel*, The story of R. Sheila (h), Tarbiz 40 (1970 f.) 33–40 (Ndr. in: *ders.*, The Aggadic Narrative 260–272); *Neusner*, Bab II 32–34. 109–112.

Abba bar Abba, gewöhnlich nach seinem berühmten Sohn «der Vater Samuels» genannt, war auch in Palästina, wo er mit Levi bar Sisi befreundet war. *Bacher*, bAm 34; *Neusner*, Bab II (Index).

Ze'iri oder *Zera* der Ältere, ein zum Kreis Jochanans gehöriger Babylonier, Schüler des R. Chanina (bar Chama), in dessen Namen er oft tradiert. Mehrere Amoräer dieses Namens oft schwer zu unterscheiden. *Halevi*, Dorot II, 242–6; *Neusner*, Bab II 145. 147.

Qarna, «der Richter der Diaspora», beschäftigte sich bes. mit der Lehre von den Schädigungen (Neziqin). *Bacher*, bAm 34 f.; *Neusner*, Bab II (Index).

Mar Uqba(n) I., wohl Exilarch um 210–240. Erwähnt wird, dass er dem Gerichtshof in Kafri vorstand. *Neusner*, Bab II 98–107; *Beer*, Exilarchate 65–73 und Index.

Abba Arikha, «der Lange», wohl wegen seiner ungewöhnlichen Körpergröße, eigentlich Abba, gewöhnlich einfach *Rav* genannt. Neffe Chijjas, dem er nach Palästina folgte, um bei Rabbi zu lernen. Nach gaonäischer Tradition (ISG, Lewin 78–81) war er Gründer und Leiter der rabb. Schule zu Sura am Euphrat im Jahr 219, als er aus Palästina zurückkehrte, bis zu seinem Tod im Jahr 247. Doch kann historisch nicht von einer Akademie die Rede sein, sondern von einem Jüngerkreis um Rav (siehe *Goodblatt*, Instruction). «Die Halakha bei Verboten ist nach der Ansicht Ravs, sowohl bei Erleichterung wie bei Erschwerung» (bNid 24b; vgl. bBek 24a). Von ihm heißt es auch an einigen Stellen: «Er gilt als Tannait und darf (gegen die in M aufgenommene Ansicht) disputieren» (bEr 50b; bBB 42a; bSan 83b).

M. Beer, The Political Background of Rav's Activities in Babylonia (h), Zion 50 (1985) 155–172; *R. Kalmin*, Sasanian Persian Persecution of the Jews: A Reconsideration of the Evidence, Irano-Judaica 6 (2008) 87–125; *I. Konovitz*, Rav – Samuel, J 1974; *Neusner*, Bab I 105–112. 173 f.; II passim, v. a. 111–119. 126–134. 180–187. 232–236; *J. S. Zuri*, Rav. Biografia Talmudit, J 1925.

Rabba bar Chana, Sohn des Bruders von R. Chijja und Vetter Ravs, wie dieser ein Schüler Rabbis, von dem er die Vollmacht zu religionsgesetzlichen Entscheidungen erhielt (bSan 5a). In Drucken oft Rabba bar bar Chana (z. B. bHul 8b).

Assi (Issi, Assa), von Rav und Samuel sehr geschätzt (bSan 29b). *Neusner*, Bab II (Index).

Mar Samuel (lt. ISG *Lewin* 82 gest. 254), auch Samuel Yarḥina'a, «der Astronom», und «Ariokh der Große» genannt (bBM 85b), Sohn des Abba bar Abba. Nach ISG 79 f. Leiter einer rabb. Schule in Nehardea (dazu *Goodblatt*, Instruction). Von ihm stammt der oft angeführte Satz *dina de malkhuta dina:* «Das Recht der Regierung (auch der nichtjüdischen) ist gültiges Recht» (bBQ 113a; dazu *S. Shilo*, Dina de-malkhuta dina, J 1974). Zu unterscheiden von Mar Samuel Mar(i).

M. Beer, Exilarchate (Index) und Exilarchs 70–73; *B. M. Bokser*, Samuel's Commentary on the Mishnah I, L 1975; *ders.*, Post Mishnaic Judaism in Transition. Samuel on Berakhot and the Beginnings of Gemara, Chico 1980 (dazu *E. Segal*, Tarbiz 51, 1981 f., 315–318); *J. Horovitz*, Mar Samuel und Schabur I. Zur Erklärung der letzten Zeilen des Talmudtraktats Baba mezia, MGWJ 80 (1936) 215–231 (zur talmudischen Tradition über Schapur allgemein: *G. A. Wewers*, Israel zwischen den Mächten. Die rabbinischen Traditionen über König Schabhor, Kairos 22, 1980, 77–100); *I. Konovitz*, Maʿarekhot ha-Amoraim III: Rav – Samuel, J 1974; *Neusner*, Bab II passim, v. a. 64–72. 111–119. 134–144. 232–236; *F. Rosner*, Mar Samuel the Physician, in: *ders.*, Medicine in the Bible and the Talmud, NY 1977, 156–170.

h) Zweite Generation der Amoräer

1. Palästina

R. Jochanan bar Nappacha («der Schmied»), gewöhnlich einfach R. Jochanan. Seine Lehrer waren besonders Jannai, Hoschaja und Chanina ben Chama; unter seinen Genossen ragt Simeon b. Laqisch hervor. Sein Zeitgenosse war auch Rav Jehuda bar Jechezqel (Pes 118a). Jochanan lehrte anfangs in Sepphoris, wo er auch geboren war, später in Tiberias. ISG 83 f. überliefert, er habe achtzig Jahre die Schule geleitet (*malakh*), bevor er 279 starb. Maimonides schreibt ihm die Redaktion des Yerushalmi zu.

Bacher, pAm I 205–339; *Z. M. Dor*, Teachings; *R. R. Kimelman*, Problems in Late Rabbinic «Biography»: The Case of the Amora Yohanan, SBLSP 2 (1979) 35-42; *ders.*, Rabbi Yoḥanan and Origen on the Song of Songs: A Third Century Jewish-Christian Disputation, HThR 73 (1980) 567-595; *ders.*, The Conflict between R. Yohanan and Resh Laqish on the Supremacy of the Patriarchate, 7th WCJS, J 1981, III 1-20; *I. Konovitz*, Maʿarekhot ha-ʾAmoraim I: Rabbi Yoḥanan – Resh Laqish, J 1973; *J. S. Zuri*, R. Jochanan, der erste Amoräer Galiläas, B 1918.

R. Simeon ben Laqisch, gewöhnlich Resch Laqisch genannt, mit der Schwester Jochanans verheiratet und wie dieser in Tiberias wohnhaft, aber früher als dieser gestorben.

Bacher, pAm I 340-418; *M. Z. Brettler – M. Poliakoff*, Rabbi Simeon ben Lakish at the Gladiator's Banquet: Rabbinic Observations on the Roman Arena, HThR 83 (1990) 93-98; *I. Konovitz*, Maʿarekhot ha-ʾAmoraim I: Rabbi Yoḥanan – Resh Laqish, J 1973; *I. Unna*, R. Simon ben Lakisch, als Lehrer der Halakha und Agada, F 1921; *A. Wasserstein*, A Good Man Fallen Among Robbers (h), Tarbiz 49 (1979 f.) 197 f.

R. Isaak ben Eleazar, gewöhnlich Isaak ben Chaqola. Zeitgenosse des R. Jehoschua ben Levi und des R. Jochanan (bYom 78a). Nach bMQ 25b hielt er Jochanan eine Leichenrede.

R. Alexander (bzw. Alexandrai) hat Aussprüche des Jehoschua ben Levi überliefert, gehört daher nicht zur ersten Generation der Amoräer.

Bacher, pAm I 195-204.

Rav Kahana, in pT stets ohne Titel. Schüler Ravs, kam von Babylonien nach Palästina, wo er zum Kreis Jochanans und Simeons ben Laqisch gehörte. Die gewöhnlich PesK genannte Predigtsammlung stammt aus späterer Zeit. Nicht weniger als sechs babyl. Amoräer hießen R. Kahana, drei von ihnen kamen auch nach Palästina.

Bacher, pAm III 607-9; *S. Friedman*, The Further Adventures of Rav Kahana: Between Babylonia and Palestine, in: *P. Schäfer*, Hg., The Talmud Yerushalmi III 247-271; *ders.*, The Talmudic Narrative about Rav Kahana and R. Yohanan (Bava Kamma 117a-b) and its Two Textual Families (h), Bar-Ilan 30-31 (2006) 409-490; *G. Herman*, The Story of Rav Kahana (BT Baba Qamma 117a-b) in Light of Armeno-Persian Sources, Irano-Judaica 6 (2008) 53-86; *Neusner*, Bab II (Index); *D. Sperber*, On the Unfortunate Adventures of Rav Kahana: in: *S. Shaked*, Hg., Irano-Judaica, J 1982, 83-100 (Ndr. in: *ders.*, Magic and Folklore in Rabbinic Literature, Ramat Gan 1994, 145-164).

R. Chijja bar Josef ist gleichfalls aus Babylonien nach Palästina gewandert und dort Schüler Jochanans geworden, mit dem er mehrfach disputiert. *Bacher*, pAm III 560.

R. Jose ben Chanina (nicht zu verwechseln mit dem gleichnamigen Tanna), älterer Schüler Jochanans; auch Kontroversen zwischen beiden sind erhalten. Sein bedeutendster Schüler war Abbahu. *Bacher*, pAm I 419-446; *J. S. Zuri*, Rabbi Yose bar Ḥanina me-Qisrin, J 1926.

R. *Chama bar Chanina*, Sohn des Chanina bar Chama in Sepphoris. *Bacher*, pAm I 447–476.

R. *Meascha*, Enkel des Jehoschua ben Levi. *Bacher*, pAm III 614–616.

R. *Simlai* (Samlai), Sohn des Abba, stammte aus Nehardea, wohnte dann in Lydda (schon Rav bezeichnet ihn als Bewohner von L.), später in Galiläa bei Jannai in Sepphoris. Sein Tradent ist R. Tanchum bar Chijja. *Bacher*, pAm II 552–566; *Neusner*, Bab II 144; *B. Rosenfeld*, The Activity of Rabbi Simlai: A Chapter in the Relations between Eretz Israel and the Diaspora in the Third Century (h), Zion 48 (1983) 227–239 (Simlai als Sendbote des Patriarchen); zu seinen Kontroversen mit Minim: *A. F. Segal*, Two Powers in Heaven, L 1977, Index.

R. *Jonatan aus Bet Gubrin* (Eleutheropolis), tradiert einen Ausspruch des Jehoschua ben Levi. *Bacher*, pAm III 592–594.

Mani I., auch Mana bar Tanchum, Zeitgenosse Jochanans. *Bacher*, pAm III 444. 612. 751.

Ruben, hervorragender Haggadist, Zeitgenosse des Mani I., überliefert Aussprüche des Chanina bar Chama. Seine Tradenten sind Bevai und Pinchas. *Bacher*, pAm III 79–86.

R. *Abba* (oder Ba) *bar Zavdai* (oder Zavda), kurze Zeit auch in Babylonien. Überlebte Rav Huna von Sura, gehörte noch zum Kreis von Ammi und Assi in Tiberias. *Bacher*, pAm III 533–535.

R. *Tanchum ben Chanilai*, in pT meist verderbt zu Ilai, Tradent des Jehoschua ben Levi, gehört teilweise schon zur 3. Generation. *Bacher*, pAm III 627–636.

2. Babylonien

Y. Florsheim, The Relationships amongst Second Generation Babylonian Amoraim (h), Zion 51 (1986) 281–293.

Rav Huna (lt. ISG gest. 297), nach Rav bedeutendster Lehrer in Sura. Verschiedene Texte deuten auf einen Exilarchen Huna II., dessen Existenz jedoch unsicher und der vielleicht mit Rav Huna gleichzusetzen ist. *Bacher*, bAm 52–60; *Beer*, Exilarchate 77 f. 92–97. 108 f.; *I. Konovitz*, Maʿarekhot ha-Amoraim III: Rav Huna – Rav Hisda, J 1977; *Neusner*, Bab III 48–53 und Index.

Rav Jehuda bar Jechezqel (lt. ISG gest. 299), gewöhnlich einfach Rav Jehuda. Schüler Ravs, bedeutender Lehrer in Pumbedita und nach dem Tode des Rav Huna wichtigster Lehrer Babyloniens. In bQid 72a wird er zu denen gerechnet, die das Torastudium vor dem Vergessenwerden bewahrten. Die Bedeutung seines Beinamens Schinena bQid 33b ist ungewiss; Hai Gaon: «mit großen Zähnen»; *Bacher* denkt an eiserne Ausdauer; andere: «scharfsinnig». Beschäftigte sich besonders mit Neziqin. bNid 24b erwähnt seine Körpergröße. *Bacher*, bAm 47–52; *Neusner*, Bab II (Index).

Efa und Avimi, die «Scharfsinnigen», *Ḥarifin*, von Pumbedita. *L. Bank*, «Les gens subtils de Poumbedita», REJ 39 (1899) 191–198.

Mar Uqba(n) II., Exilarch wie sein Großvater Mar U. I., durch seine Mutter ein Enkel Ravs, tradierte Aussprüche Samuels. *Neusner*, Bab II 98–107; III 48–50. 54–58.
Giddel, jüngerer Schüler Ravs, in dessen Namen er viel tradierte. *Bacher*, pAm III 564 f.
Rav Qattina und Geniva, beide in Sura, waren gleichfalls Schüler Ravs. Geniva wurde vom Exilarchen wegen seiner Opposition der persischen Staatsgewalt zur Hinrichtung ausgeliefert: *Neusner*, Bab III 75–81.
Rav Hamnuna I., Schüler Ravs in Sura (bBQ 106a). *B. S. Cohen*, On Local Academies in Talmudic Babylonia (R. Ada bar Ahava, R. Sheshet, R. Hamnuna I and II) (h), Zion 70 (2005) 447–471; *ders.*, How Many R. Hamnunas in the Babylonian Talmud? A Study in Talmudic Chronology, RRJ 10 (2007) 95–113.
Rav Adda (Ada) bar Ahava, in Sura, angeblich am Todestag Rabbis geboren (bQid 72a–b), Schüler Ravs, berühmt durch hohes Alter und Frömmigkeit, als Wundertäter betrachtet. Als Autor der noch im 14. Jh. zitierten Baraita de-Rav Adda über die Interkalation angesehen. *Bacher*, bAm 74 f.; *Neusner*, Bab II und III (Index).
Rabbah bar Avuha, Schwiegervater des Rav Nachman, mit dem Exilarchenhaus verwandt. *Neusner*, Bab III 58–61 und Index.
Rav Mattena, Schüler Samuels, dann wahrscheinlich des Rav Jehuda. *Bacher*, bAm 83–85; *Neusner*, Bab III (Index).
Rav Jirmeja bar Abba, in pT Rav Jirmeja bar Wa oder einfach R. J., älterer Schüler Ravs, zeitweise in Palästina. *Bacher*, pAm 7. 51 und pAm III 582 f.; *Neusner*, Bab II und III (Index).

i) Dritte Generation der Amoräer

1. Palästina

R. Samuel bar Nachman (in bT, zuweilen auch in pT: bar Nachmani), Schüler Jonatans ben Eleazar; angesehener Haggadist. Wirkte in Tiberias. Er war in Palästina geboren, ist aber zweimal in Babylonien gewesen: zuerst längere Zeit in jüngeren Jahren, später in amtlicher Sendung, um in Babylonien die Interkalation vorzunehmen. Sein Hauptschüler und Tradent ist Chelbo. *Bacher*, pAm I 477–551.
R. Isaak II., in bT oft mit dem Beinamen Nappacha, «der Schmied», Schüler Jochanans, wirkte teils in Tiberias, teils (wahrscheinlich später) in Caesarea; einige Zeit auch in Babylonien, wo er bes. mit Nachman b. Jakob verkehrte. Einer der fruchtbarsten Haggadisten (oft in Kontroverse mit Levi), doch auch in der Halakha angesehen. *Bacher*, bAm 79 f. 86 und pAm II 205–295; *Levine*, Caesarea (Index); *Neusner*, Bab III (Index).
R. Levi, Schüler Jochanans, bedeutender Haggadist. *Bacher*, pAm II 296–436.

R. *Eleazar ben Pedat*, gewöhnlich ohne Nennung des Vaters (nicht mit dem Tannaiten Eleazar ben Schammua zu verwechseln); in pT (außer in Ber) Leazar. In seiner Heimat Babylonien Schüler Samuels und Ravs, in Palästina bei Jochanan. Übernahm von diesem die Schule in Tiberias, starb aber noch im selben Jahr 279 (ISG). Seine Haupttradenten sind Abbahu und Benjamin ben Jefet. *Bacher*, pAm II 1–87; *Epstein*, ITM 292–307.

R. *Abbahu*, einer der späteren Schüler Jochanans, Schüler auch des Jose ben Chanina, Leiter der Schule in Caesarea. Kenner der griechischen Sprache und Kultur; Kontroversen mit Minim (Christen?). *S. Lieberman* datiert seinen Tod in das Jahr 309 (FS S. W. Baron, hebr. Band, J 1974, 239–241 = Studies 374–376). *Bacher*, pAm II 88–142; *S. T. Lachs*, Rabbi Abbahu and the Minim, JQR 60 (1969 f.) 197–212; *L. I. Levine*, Rabbi Abbahu of Caesarea (h), 6th WCJS, J 1975, II 47–50; *ders.*, R. Abbahu of Caesarea, FS M. Smith, L 1975, IV 56–76; *ders.*, Caesarea (Index); *J. Maier*, Jesus 80 ff.

R. *Ammi* (ben Natan); pT auch Immi, Schüler Jochanans und Hoschajas. Angesehener Lehrer in Tiberias. Sehr oft zus. mit Assi und Chijja II. erwähnt; sie waren Zeitgenossen des Kaisers Diokletian. Über Ammi und Assi *Bacher*, pAm II 143–173; *Neusner*, Bab III (Index).

R. *Assi* (so bT; pT gewöhnlich Jose, doch auch Assa, Assi oder Issi: Der Name ist wohl ein Diminutiv aus Josef), aus Babylonien eingewandert; dort war er Schüler Samuels, später in Palästina Jochanans. *Neusner*, Bab III (Index).

R. *Jehuda III.* der Patriarch; pT R. Jehuda Nesia oder R. Judan Nesia. Sohn des unbedeutenden Gamaliel IV., Schüler Jochanans. Er beauftragte Ammi und Assi mit der Einrichtung von Kinderschulen. In seiner Zeit besuchte der Kaiser Diokletian Palästina. *L. I. Levine*, The Jewish Patriarch (Nasi) in Third Century Palestine, ANRW II, 19/2, B 1979, 649–688.

R. *Chijja II. bar Abba*, wahrscheinlich Bruder des Simeon b. Abba, jung aus Babylonien nach Palästina gewandert, wo er Schüler bes. Jochanans war. *Bacher*, bAm 86 f. und pAm II 174–201.

R. *Simeon* (in Palästina mit gräzisiertem Namen Simon), in Babylonien S. ben Pazzi genannt, Schüler und Tradent des Jehoschua ben Levi, im Süden wohnhaft, oft in Diskussion mit Chanina ben Papa, Lehrer des Tanchum ben Chijja und Chilqijjas, der oft in seinem Namen tradiert. *Bacher*, pAm II 437–474.

R. *Zera I.*, ein Babylonier, Schüler des Rav Jehuda bar Jechezqel, gegen dessen Willen er sich nach Palästina begab. Dort trat er in nahe Beziehungen zu Ammi, Assi und Abbahu. Als Schüler Zeras gelten bes. Jirmeja, Abba b. Zevina und Chaggai. Nicht zu verwechseln mit dem späteren palästin. Zera, der ein Schüler Jirmejas war. Er war kein Freund der Haggada: «Die Haggada lässt sich hin und her wenden, und wir lernen nichts (für die Praxis) aus ihr» (yMaas 3,51a). *Bacher*, pAm III 1–34; *L. Bank, Rabbi Zeira et Rab Zeira,* REJ 38 (1899) 47–63 (unterscheidet drei Träger dieses Namens, nämlich zwei Babylonier, den Schüler des Rav Jehuda und einen Zeitgenossen Abajes und Ravas, und den Palästinenser); *Abr. Goldberg, Rabbi Zeʿira and Babylonian Custom in Palestine* (h), Tarbiz 36 (1966 f.) 319–341.

R. Abba II., ein Babylonier, Schüler des Rav Huna und des Rav Jehuda, war wiederholt in Palästina und blieb dann dauernd dort, erst in Caesarea (in Verkehr mit Abbahu), dann in Tiberias (in Verkehr mit Ammi und Assi). *Bacher*, pAm III 517–525.

R. Samuel bar R. Isaak, Schüler des Chijja II. bar Abba, Schwiegervater des Hoschaja II., war einige Zeit auch in Babylonien im Kreise des Rav Huna; sein bedeutendster Schüler und Tradent ist Jirmeja. *Bacher*, pAm III 34–54.

R. Hela (oder Ela), neben Zera I. der bedeutendste Gelehrte zu Anfang des 4. Jhs. in Tiberias; von diesem (yYom 3,40c; yGit 7,3,48d) «Baumeister der Gesetzeslehre», d. i. großer Gelehrter, genannt, Lehrer Avins I., Jonas und Joses. *Bacher*, pAm III 699–702.

R. Zeriqa (pT auch Zeriqan), Schüler des Eleazar ben Pedat und Ammis, im Verkehr mit Jirmeja und Jehuda bar Simon. *Bacher*, pAm III 754 f.

Hoschaja (II.) und *Chananja*, Brüder, die aus Babylonien stammten, durch das Beiwort *ḥavrehon de-rabbanan*, «Genossen der Gelehrten», gekennzeichnet; Schüler Jochanans in Tiberias, wo sie sich als Schuhmacher ernährten, beide von der Nachwelt legendarisch verherrlicht. Hoschaja wurde ein Schwiegersohn des Samuel bar Isaak. *Bacher*, pAm III 550–552. 565.

R. Joschijja, Schüler des Jochanan und des Rav Kahana; zur Unterscheidung von dem der 2. Generation angehörigen gleichnamigen Amoräer in Ḥuẓal mehrfach als «Zeitgenosse des Eleazar (ben Pedat)» bezeichnet. *Bacher*, pAm III 599–603.

R. Abba bar Memel, im pT R. Ba, angesehener Halakhist; in Verkehr mit Zera I., Samuel b. Isaak und Jirmeja; in seinem Namen tradiert Jose bar Avin. *Bacher*, pAm III 530–532.

R. Jakob bar Idi, Schüler Jochanans. *Bacher*, pAm III 571 f.

R. Isaak bar Nachman, Schüler des Jehoschua ben Levi. *Bacher*, pAm I 131; III 440.

R. Bevai (vgl. Esr 2,11), Schüler Abbahus, zu unterscheiden von dem ungefähr gleichzeitigen bab. Amoräer. *Bacher*, pAm III 667–669.

R. Abba bar Kahana, Schüler Jochanans, bedeutender Haggadist; sein Haupttradent ist Berekhja. *Bacher*, pAm II 475–512; *A. Marmorstein,* Jeschurun 13 (1926) 369–375.

R. Chanina b. Pappai (so bT; Aramaisierung von Pappos); pT meist Chinena, in den Midraschim meist Chanina b. Pappa. Schüler des Samuel b. Nachman, debattiert oft mit Simon ben Pazzi, wirkte neben Abbahu in

Caesarea, vorübergehend auch in Babylonien. Mehrfach in Legenden verherrlicht. *Bacher*, pAm II 513–532.

R. *Benjamin ben Levi*, wesentlich Haggadist. Tradenten: Judan und Huna. *Bacher*, pAm III 661–666.

R. *Acha b. Chanina* hatte mit Chanina b. Pappai Kontroversen, tradierte Sätze z. B. von Jochanan und Jehoschua ben Levi, verbrachte auch einige Zeit in Babylonien. *Bacher*, pAm III 504–506.

Tanchum bar Chijja aus Kefar Akko, wohnte in Tiberias, Schüler des Simon ben Pazzi, in Verkehr mit Assi und Chanina b. Pappai. *Bacher*, pAm III 636–639.

R. *Abba aus Akko*, bekannt durch seine Bescheidenheit. *Bacher*, pAm III 526.

2. Babylonien

Rav Huna b. Chijja, Nachfolger des R. Jehuda b. Jechezqel in Pumbedita. *Beer*, Exilarchate 101–103; *Neusner*, Bab IV 95–97.

Rav Chisda, gest. 309, Schüler und Freund des Rav Huna, nach dem Tod des Rav Jehuda bedeutendster Lehrer in Sura, bes. Haggadist, berühmt durch sein scharfsinniges Diskutieren (bEr 67a: *pilpule de-Rav Ḥisda*).

Bacher, bAm 61–71; *J. Florsheim*, Rav Ḥisda as Exegetor of Tannaitic Sources (h), Tarbiz 41 (1971 f.) 24–48; *ders.*, Le-toldot ḥayyaw shel Rav Ḥisda, Sinai 71 (1972) 121–131; *G. Herman*, The Relations between Rav Huna and Rav Ḥisda (h), Zion 61 (1996) 263–279; *I. Konovitz*, Maʿarekhot ha-ʾAmoraim III: Rav Huna – Rav Hisda, J 1977; *Neusner*, Bab III passim (Index).

Rabbah bar Rav Huna, nach dem Tod Chisdas dreizehn Jahre lang wichtigster Lehrer in Sura, gest. 322. *Neusner*, Bab III (Index); IV 107–109 und Index; *Bacher*, bAm 62 f.

Rav Hamnuna II., Schüler von Chisda und Ulla (bEr 62b-63a; bNid 27a), Lehrer von Rav Papa (bNid 27a). Starb um dieselbe Zeit wie Rabbah bar Rav Huna (bMQ 25a–b). *B. S. Cohen*, How Many R. Hamnunas in the Babylonian Talmud? A Study in Talmudic Chronology, RRJ 10 (2007) 95–113.

Rav Scheschet, Schüler Samuels, daher anfangs in Nehardea, dann in Machoza, später als Lehrer in Schilhi. Er beherrschte den Traditionsstoff in großem Umfang auswendig (bEr 67a; bShevu 41b) und legte ihn konservativ formalistisch aus (*Cohen*). *Bacher*, bAm 76–79; *B. S. Cohen*, Rav Nahman and Rav Sheshet. Conflicting Methods of Exegesis of Tannaitic Sources (h), HUCA 76 (2005) 11*–32*; *Neusner*, Bab III und IV (Index).

Rami (R. Ammi) bar Abba, neben Eleazar ben Pedat und Chijja II. (bBeẓa 25b). Mehrere haggadische Sätze von ihm bNed 32a–b; bMeg 15b.

Rav Nachman bar Jakob (gest. 320), gewöhnlich einfach Rav Nachman, Schüler des Samuel, bei dem sein Vater die Stellung eines Gerichtsschreibers innehatte (bBM 16b); Schwiegersohn des Rabba b. Avuha in Machoza und Freund des Palästinensers Isaak II. In seinem Haus beschäftigte man sich viel mit Masora. *Bacher*, bAm 79–83; *B. S. Cohen*, Rav Nahman and Rav Sheshet (siehe oben zu Rav Scheschet); *Neusner*, Bab III 61–75 und passim; IV (Index).

Rabbah (pT Abba) *bar bar Chana* (der Vater hieß Abba bar Chana, daher zweimal *bar*) war einige Zeit in Palästina, später in Pumbedita und in Sura. Besonders bekannt geworden ist R. durch seine phantastischen Reiseerzählungen (bBB 73a–74a). *Bacher*, bAm 87–93; *Neusner*, Bab III (Index).

Ulla bar Jischmael, bT Ulla ohne Nennung des Vaters, auch in pT ohne Titel; er übersiedelte aus Palästina nach Babylonien, kehrte jedoch wiederholt zum Besuch in seine Heimat zurück. *Bacher*, bAm 93–97; *Neusner*, Bab III (Index).

Rabba(h) bar Nachmani, auch einfach Rabbah, gest. 330, Nachfolger des Rav Huna bar Chijja als wichtigster Lehrer, nach der Tradition auch Leiter des Lehrhauses, in Pumbedita. War wohl nie in Palästina. Wegen seiner scharfen Dialektik als «Bergeentwurzeler» (ʿoqer harim) bezeichnet.

Bacher, bAm 97–101; *M. Beer*, The Removal of Rabba bar Nachmani from the Office of Head of the Academy (h), Tarbiz 33 (1963 f.) 349–357; *Neusner*, Bab IV (Index); *ders.*, Contours 539–565; *D. Sperber*, Ha-ʾim ʿala Rabbah le-ʾEreẓ Yisraʾel?, Sinai 71 (1972) 140–145.

Rav Rachba von Pumbedita, Tradent seines Lehrers Jehuda bar Jechezqel. bPes 13b.52b.

Rav Josef (bar Chijja), gest. 333, wegen seiner umfassenden Kenntnis des traditionellen Gesetzes durch die Bezeichnung «Sinai» geehrt. Nach Rabbahs Tod soll er die Schule in Pumbedita geleitet haben. Ihm wird die Redaktion einer aram. (Teil-)Übersetzung der Bibel zugeschrieben. Auch als Merkava-Mystiker bekannt. *Bacher*, bAm 101–107; *Y. Elman*, Rav Yosef in a Period of Divine Anger (h), Bar-Ilan 30–31 (2006), 9–20 (persische Einflüsse); *J. Neusner*, Contours 517–537.

j) Vierte Generation der Amoräer

1. Palästina

R. Jirmeja, aus Babylonien stammend, Schüler des Zera I., nach dessen Tod die anerkannte Autorität der Schule von Tiberias, tradierte Aussprüche des Chijja II. bar Abba; Lehrer Chizkijjas, Jonas, Joses und Zeras II. *Bacher*, pAm III 95–106.

R. Chaggai, gleichfalls Schüler des Zera, angesehenes Mitglied des Lehrhauses zu Tiberias, Vater Jonatans, Tradent des Isaak II. *Bacher*, pAm III 670–673. Seinem Schüler Jakob von Kefar Nevoraja sagt man oft

Verbindungen mit Judenchristen nach: *Bacher*, pAm III 709–711; *S. Fine, A Cosmopolitan «Student of the Sages»: Jacob of Kefar Nevoraia in Rabbinic Literature*, in: *S. L. Jacobs*, ed., *Maven in Blue Jeans*. FS Z. Garber, West Lafayette, IN, 2009, 35–43; *O. Irsai, Yaʾakov of Kefar Niburaia. A Sage Turned Apostate* (h), JSJT 2 (1982 f.) 153–168; *S. S. Miller, Sages and Commoners in Late Antique ʾEreẓ Israel*, Tüb. 2006, 192–195.

R. Chelbo, Schüler des Samuel bar Nachman, Ammi nahestehend, vorübergehend in Babylonien bei Rav Huna; sein Schüler war Berekhja. *Bacher*, pAm III 54–63.

R. Acha aus Lydda, später in Tiberias, Schüler des Jose b. Chanina und des Tanchum b. Chijja, Lehrer des Huna b. Avin. Er war anerkannt auf dem Gebiet der Halakha, noch mehr als Haggadist. *Bacher*, pAm III 106–160.

R. Avin I. (pT auch Avun u. Bun), oder abgekürzt Ravin (so meist in bT), stammte aus Babylonien, wo er auch später längere Zeit lebte. Mit Abaje (gest. 338) befreundet. Seine Lehrer waren Assi und Hela. Tradenten: Judan, Huna, Pinchas (b. Chama) und Berekhja. An vielen Stellen ist es nicht möglich, ihn von seinem gleichnamigen Sohn zu unterscheiden, der an seinem Todestag geboren wurde. *Bacher*, pAm III 397–432; *D. Urman, Jewish Inscriptions of the Mishna and Talmud Period from Kaẓrin in the Golan* (h), Tarbiz 53 (1983 f.) 513–545, möchte die Grabinschrift *Rabbi Avun. Mishkavo be-kavod* auf diesen Rabbi beziehen (542–544), was jedoch fraglich ist.

R. Samuel b. Ammi. Von ihm sind bes. haggadische Aussprüche erhalten. *Bacher*, pAm III 744–748.

R. Chanina b. Isaak, Haggadist. Tradenten: Jehoschua b. Nechemja und Huna. *Bacher*, pAm III 681–685.

R. Chanina b. Acha, wahrscheinlich Sohn des Acha b. Chanina. *Bacher*, pAm III 679 f.

R. Chanin (Chanan) aus Sepphoris, Tradent des Samuel b. Nachman. Sein Tradent ist Pinchas. *Bacher*, pAm III 674–676.

R. Judan, oft Tradent früherer Autoritäten, Schüler des Abba II. (R. Ba) und Lehrer des Mana II. *Bacher*, pAm III 237–272.

R. Huna (auch Chuna, Chunja oder Nechunja), mit vollem Namen R. Huna b. Avin, Schüler und Tradent des Jirmeja und des Acha, neben Jose eine Autorität der Schule von Tiberias, lebte eine Zeit lang in Babylonien, oft in haggadischer Kontroverse mit Judan. Sein Hauptschüler war Tanchuma bar Abba. *Bacher*, pAm III 272–302.

R. Jehuda bar Simon, auch: der Sohn des S. ben Pazzi: pT auch kurz: J. ben Pazzi; oft auch einfach R. Jehuda, aus Lydda. Schüler seines Vaters Simon b. P. und Zeras. In Kontroversen v. a. mit Aivo. *Bacher*, pAm III 160–220.

R. Aivo, in Kontroversen mit Jehuda bar Simon. *Bacher*, pAm III 63–79.

R. *Jehoschua ben Nechemja*, ausschließlich Haggadist, fast nur in der Midraschliteratur. *Bacher*, pAm III 303–309.
R. *Chanina b. Abbahu*, Sohn des Leiters der Schule von Caesarea. Einmal kurz: Chanina von Caesarea. *Bacher*, pAm III 676–679.
R. *Ahava* (oder Achawa) ben Zera, Sohn des Zera I. in Caesarea, wo Mani II. seine Vorträge hörte; besonders Haggadist. *Bacher*, pAm III 656–659.
R. *Dimi* oder *Avudimi* (der «Babylonienfahrer», *naḥota*, der paläst. Lehrsätze und Überlieferungen in Pumbedita, bes. Abaje, vortrug). *Bacher*, pAm III 691–693.
Hillel II., Patriarch (ca. 330–365), Sohn des Patriarchen Jehuda III. Nur zweimal in Zusammenhang mit Halakhot erwähnt, yBer 1,5a; yTer 1,41a. Er soll im Jahr 358 den festen Kalender eingeführt haben, was jedoch erst Abraham bar Chijja im Jahr 1122 unter Berufung auf Hai Gaon bezeugt. Er ist wohl der in der Synagogeninschrift von Chammat Tiberias erwähnte Patriarch. In seine Zeit fällt der Versuch Julians, den Tempel wieder aufzubauen.

E. Mahler, Handbuch der jüdischen Chronologie, F 1916, Ndr. H 1967, 455–479; *M. Schwabe*, A New Document relating to the History of the Jews in the 4th Century C. E. Libanius ep. 1251 (F) (h), Tarbiz 1,3 (1930) 107–121. Die weiteren Briefe des Libanius an einen Patriarchen (*M. Schwabe*, Tarbiz 1,2, 1930, 85–110) betreffen wohl den Sohn Hillels, Gamaliel V.

2. Babylonien

Abaje, lebte etwa 280–339, Sohn des Kajlil, der ein Bruder des Rabba(h) bar Nachmani war. Er war ein Schüler dieses Rabba(h) und bes. Josefs; lt. ISG dann als des Letzteren Nachfolger fünf Jahre Leiter der Schule in Pumbedita.

Bacher, bAm 107–113; *D. Hanschke*, Abbaye and Rava – Two Approaches to the Mishna of the Tannaim (h), Tarbiz 49 (1979 f.) 187–193; *R. Kalmin*, Friends and Colleagues, or Barely Acquainted? Relations Between Fourth-Generation Masters in the Babylonian Talmud, HUCA 61 (1990) 125–158; *ders.*, Sages, Stories, Authors, and Editors in Rabbinic Babylonia, A 1994, 175–192 (beides zum Verhältnis Abaje-Rava); *Y. L. Maimon*, Le-toldot Abaye, FS Ch. Albeck, J 1963, 306–323; *Neusner*, Bab IV (Index); *ders.*, Contours 331–565.

Rava, gest. 352, mit vollem Namen Rava bar Josef bar Chama, Schüler des Rav Nachman (bar Jakob) und des Rav Josef; lehrte in Machoza am Tigris. Unter Abaje und Rava erreichte die talmudische Dialektik ihren Höhepunkt; ihren Debatten ist im bT viel Raum gewidmet (*Kalmin* [siehe oben zu Abaje]: kaum authentische Dispute, sondern meist nur literarische Zusammenstellung kontrastierender Meinungen). Die Halakha hat mit Ausnahme weniger Fälle für Rava gegen Abaje entschieden (bEr 15a; bSan 27a). *Ch. Albeck*, Rava ha-sheni, FS J. Freimann, B 1937, hebr.

Teil 1–71 (unterscheidet Rava von einem zweiten, der zu den letzten Amoräern gehörte, zu Ende der Zeit von Ravina und Rav Aschi); *Dor*, Teachings 11–78; *Neusner*, Bab IV (Index); *ders.*, Contours 412–438. 497–516; *M. Weiss*, ʾAmar Rava matnitin qashiteh – mai ʾirya. A Study of Talmudic Terminology (h), Tarbiz 51 (1981 f.) 543–565 (rechnet wie *Albeck* mit einem zweiten Rava nach Aschi).

R. Adda II. bar Ahava, Zeitgenosse und Schüler von Abaje und Rava. bBB 22a; bTaan 8a.

Rav Nachman bar Isaak, gest. 356, war zusammen mit Rava Schüler des Nachman bar Jakob. Nach Ravas Tod Leiter der Schule in Pumbedita (so ISG). Da Rav N. bar Isaak auch kurzweg Rav Nachman genannt wird, ist es zuweilen schwierig, ihn von seinem Lehrer N. bar Jakob zu unterscheiden. *Bacher*, bAm 133–137; *Neusner*, Bab IV (Index).

Rav Rami bar Chama, Schwiegersohn und Schüler Chisdas, gest. um 350. *Neusner*, Bab IV (Index).

Rav Idi bar Avin I., Schüler Chisdas, um 350, in Naresch, später in Shekhanẓiv.

Rav Josef bar Chama, in Machoza, Schüler des R. Scheschet.

Rabbah bar Mari, ein Babylonier, der sich zeitweise in Palästina aufhielt. *Bacher*, bAm 124–127; *Neusner*, Bab IV 381–383 und Index.

R. Acha bar Jakob in Pafunja (wahrscheinlich Epiphaneia, zum Bezirk von Pumbedita gehörig: siehe *A. Oppenheimer*, Babylonia Judaica in the Talmudic Period, Wiesbaden 1983, 340–344). *Bacher*, bAm 137–139; *B. S. Cohen*, Nehardean Sages 130–138.

k) Fünfte Generation der Amoräer

1. Palästina

R. Jona, Schüler Jirmejas und Helas. Jona und Jose II. waren um 350 die Leiter des Lehrhauses in Tiberias. In der Zeit des Ursicinus (seit 351 Feldherr des Gallus, der unter Konstantius Caesar im Orient war). *Bacher*, pAm III 220–231; *Epstein*, ITM 395–399.

R. Jose II. bar Zavda, gleichfalls Schüler Helas. *Bacher*, pAm III 231–237.

R. Jehuda IV., der Patriarch, etwa 385–400, Sohn Gamaliels V., Enkel Hillels II. Mit seinem Sohn Gamaliel VI. erlosch das Patriarchat in Palästina.

R. Pinchas, voller Name: Pinchas bar Chama, Schüler Jirmejas, zum Kreis des Jose gehörig, Zeitgenosse des Patriarchen Jehuda IV. *Bacher*, pAm III 310–344.

R. Chizqijja, Schüler Jirmejas, Leiter der Schule in Caesarea. *Bacher*, pAm III 690 f.

R. Berekhja, in den Midraschim oft: B. ha-Kohen; Schüler Chelbos, sehr häufig als Tradent genannt. *Bacher*, pAm III 344–396.

R. Jose bar Avin (Avun), auch Jose beR. Bun, der letzte bedeutende Halakhist in Palästina, Lehrer des Avin II. *N. Aminoah*, An Inquiry into the Talmudic Tradition of R. Jose Bé R. Bun (h), 8th WCJS, J 1982, C 13–18; *Bacher*, pAm III 449. 724–729.

R. Avin II., am Todestag seines Vaters Avin I. geboren, in der 3. und 4. Ordnung des pT sehr oft neben Mani II., oft in den Tanchuma-Midraschim. *Bacher*, pAm III 397 f. 404. 407.

R. Mani II., auch Mana (Abkürzung aus Menachem), Sohn des Jona, Schüler Joses II., Chizqijjas und Judans. Lebte und lehrte meist in Sepphoris. Sein Schüler war der Haggadist Azarja, sein Haupttradent Nachman. Sehr oft in pT. *Bacher*, pAm III 397. 443–457.

R. Chananja II. (auch Chanina) aus Sepphoris, oft in Verbindung mit Mani, zu dessen Gunsten er auf die Leitung der Schule verzichtete. *Bacher*, pAm III 673 f. 446 f.

R. Tanchum(a) bar Abba, genauer Berabbi Abba, Schüler Hunas, sammelte systematisch die Haggada. Seine Midraschsammlungen hat man vielfach als Grundstock von PesK, PesR und den Tanchuma-Yelamdenu-Midraschim betrachtet. Er beschließt die Reihe der bedeutenderen palästinischen Haggadisten. *Bacher*, pAm III 465–511.

R. Nachman, Schüler und Tradent des Mani II. (zu unterscheiden von dem älteren Nachman, dem Sohn des Samuel b. N., und von dem Babylonier Rav N. bar Jakob). *Bacher*, pAm III 739–743.

R. Azarja, Schüler des Mani II., tradiert Aussprüche des Jehuda bar Simon. *Bacher*, pAm III 458–465.

Ulla II., mehrmals in pT (nicht in bT), jüngerer Zeitgenosse Ravas. Später aus Palästina nach Babylonien übersiedelt. 1986 wurde nahe Tiberias ein Basaltblock entdeckt, auf dem ein R. Ulla und sein Bruder als Spender für die Synagoge genannt sind: *Z. Ilan*, Excavations and Surveys in Israel 6 (1987 f.) 110.

Zera II., Schüler Jirmejas, zum Kreis Manis gehörig. *Bacher*, pAm III 17. 99. 106. 225. 449.

2. Babylonien

Rav Papa bar Chanan, gest. 375, Schüler Abajes und Ravas, gründete eine Schule in Naresch bei Sura. Zitiert gerne Sprichwörter.

Bacher, bAm 141–143; *Dor*, Teachings 79–115; ders., The Palestinian tradition and the Halakhic teaching of Rabbi Pappa (h), 4th WCJS, J 1967, I 157–162; *Neusner*, Bab IV (Index). *M. Schiff*, The contribution of Rav Pappa to the Redaction of «Talmud» (according to the tractates of Seder Moed) (h), Diss. TA 1979.

Rav Huna, Sohn des Rav Jehoschua, wie Papa ein Schüler Ravas, gelehrt und reich. *Bacher*, bAm 141; *Neusner*, Bab IV (Index).

Rav Bevaj bar Abaje. Zahlreiche Legenden über seinen Umgang mit dem Todesengel und den Dämonen.

R. *Chama in Nehardea*, bSan 17b. Nach Rav Nachman bar Isaak leitete er lt. ISG lange die Schule in Pumbedita, gest. 377. *B. S. Cohen*, Nehardean Sages 127–151; *Neusner*, Bab V (Index).

R. *Papi*, Schüler Rabas, Lehrer Aschis, in Machoza, in guten Beziehungen zum Exilarchen.

Rav *Zevid von Nehardea*, wohl vom etwas späteren Zevid (ohne Beinamen) zu unterscheiden, der lt. ISG von 377 bis 385 Leiter der Schule in Pumbedita war. *B. S. Cohen*, Nehardean Sages 153–176; *Neusner*, Bab V (Index).

Dimi von Nehardea, lt. ISG in den Jahren 385–388 Leiter der Schule von Pumbedita. *B. S. Cohen*, Nehardean Sages 177–193.

Rafram I. ben Papa in Pumbedita, Schüler des Rav Chisda und Nachfolger Dimis.

l) Sechste Generation der Amoräer in Babylonien

Amemar, einer der Lehrer Aschis (bMen 37b u. ö.), leitete lange eine Schule in Nehardea und war dort auch als Richter tätig. *Bacher*, bAm 146; *B. S. Cohen*, Nehardean Sages 37–98; *Neusner*, Bab V (Index).

Rav *Kahana* in Pum Nahara (bei Nehardea), Schüler Papas und des Huna b. Jehoschua, Lehrer Aschis. *Neusner*, Bab V.

Ravina I., gest. etwa 420, Schüler Ravas, befreundet mit Rav Nachman b. Isaak; Kollege des Rav Acha b. Rava, später des Rav Aschi. *A. Cohen*, The Identification of Ravina, Rav Ashi's Colleague (h), 11th WCJS (J 1994) C I 95–102 (wenn Ravina viel jünger als Aschi war und sehr alt wurde, wäre die Annahme eines zweiten Ravina überflüssig); *ders.*, Ravina and Contemporary Sages. Studies in the Chronology of Late Babylonian Amoraim (h), Ramat Gan 2001; *Neusner*, Bab V (Index).

Huna bar Natan, Schüler Papas, mehrmals von Aschi erwähnt, war, wie Scherira berichtet, Exilarch. Ein Siegel, das eventuell diesem Huna gehörte, beschreibt *S. Shaked*, Epigraphica Judaeo-Iranica, FS S. D. Goitein, J 1981, 65–82, bes. 65–68. *M. Beer*, Exilarchs 62–70.

Rav *Aschi* (gest. 427), auch mit der Ehrenbezeichnung Rabbana Aschi (bKet 22a); er soll 52 Jahre lang das Lehrhaus in Sura geleitet und in den Kalla-Monaten den ganzen Talmud, einen großen Teil zweimal, durchgenommen haben. Das hat ihm einen großen Platz in den verschiedenen Theorien zur Entstehung des bT gesichert: siehe *Neusner*, Hg., Formation (Index); *ders.*, Bab V (Index); *ders.*, Contours 569–628; *J. S. Zuri*, Rav Ashi (h), Warschau 1924.

Rav *Kahana*, gest. 414, lehrte in Pumbedita. *Neusner*, Bab V.

Rav *Acha bar Rava*, Sohn des Rava bar Josef, gest. 419, lehrte in Pumbedita, disputiert oft mit Ravina I. *Neusner*, Bab V.

Mar Zutra, mit Aschi befreundet, gest. 417. *Beer*, Exilarchs 49–55; *A. Cohen*, Was the Amora Mar Zutra Head of the Yeshiva in Pumbedita? (h), Bar-Ilan 30–31 (2006) 201–232; *Neusner*, Bab V 48–51 und Index.

m) Siebente Generation der Amoräer in Babylonien

Für die babyl. Amoräer nach Aschi siehe R. Kalmin, The Redaction of the Babylonian Talmud: Amoraic or Saboraic?, Cincinnati 1989, 12–31.

ISG nennt als Schulleiter in Sura:

R. Jemar, Nachfolger Aschis, 427–432, vielfach mit dem Exilarchen Meremar identifiziert. Beer, Exilarchs 55–61; Kalmin 18–20; Neusner, Bab V (Index: Maremar, Yemar).

R. Idi bar Avin II., Schüler Papas, 432–452. Kalmin 28 f.

Rav Nachman bar Rav Huna, 452–455. S. Albeck, Sinai-Sefer Jobel (1958) 70 f.

Mar bar Rav Aschi (= Tavjomi), 455–468. Kalmin 27 f.; Neusner, Bab (Index).

Rabba Tosfaa, 468–470. Der Name T. bezieht sich auf die Heimat Tospitis oder ist als «Hinzufüger» zu verstehen. Kalmin 22 f.; Neusner, Bab V (Index).

Ravina (Rav Avina) II. bar Huna, 470–499, Neffe des Ravina I. (doch siehe oben zu Ravina I.!). Kalmin 23 f.

Schulleiter in Pumbedita waren lt. ISG:

Rav Geviha aus Be Qatil, 419–433. Kalmin 16.

Rav Rafram II., 433–443. Kalmin 25 f.; Neusner, Bab V (Index).

Rav Richumai (Nichumai), 443–449. Kalmin 24 f.; Neusner, Bab V 137 f. 143–145.

Rav Sama Sohn Ravas, 449–476. Kalmin 21.

Rav Jose. ISG bezeichnet ihn, zusammen mit Ravina II., als *sof horaʾa*, das Ende der autoritativen Lehre und der Amoräer, weshalb man gerne in seine Zeit die Redaktion des bT legt. Dazu Neusner, Hg., Formation (Index); ders., Bab V 143–145.

Die gaonäischen und mittelalterlichen Traditionen über die späteren Meister einschließlich der Savoräer: Neusner, Bab V 135–146 (144 f. synoptische Tabelle der verschiedenen Quellen).

n) Die Savoräer

Zum Anteil der Savoräer am bT siehe S. 226–228. ISG 98 f. nennt folgende Savoräer, die teilweise noch der 2. Hälfte des 5. Jhs., sonst der 1. Hälfte des 6. Jhs. angehören:

1. Älterer Savoräerkreis

Sama bar Jehuda, gest. 504.

Rav Achai bar Rav Huna, gest. 506. Auch mit dem Zusatz «aus Be Chatim». Neusner, Bab V 143–145.

Rav Richumai (Variante Nichumai), gest. 506. Ephrathi, The Sevoraic Period 123.

Rav Samuel bar R. Abbahu von Pumbedita, gest. 506. bHul 59b. *Ephrathi*, The Sevoraic Period 122 f.
Ravina von Amuzja (oder Amusa), gest. 507.
Rav Acha, Sohn des (Rabba bar) Abbuha, gest. 510.
Rav Tachna (Variante: Tachina) und *Mar Zutra*, Söhne des Rav Chinena, gest. 515 (Mar Zutra ist nicht mit dem gleichnamigen Exilarchen gleichzusetzen, der um dieselbe Zeit versucht haben soll, einen jüdischen Staat in Babylonien zu gründen: dazu *Neusner*, Bab V 95–105).
Rabba Josef (Variante: Jose), Schulleiter in Pumbedita, gest. 520.

2. *Jüngerer Savoräerkreis*

Rav Aina in Sura, wohl nicht mit *Rav Giza* zu identifizieren: *Ephrathi*, The Sevoraic Period 33 f. 36–44.
Rav Simona in Pumbedita. *Ephrathi*, The Sevoraic Period 36–45.
Rabbai aus Rov in Pumbedita. Manche rechnen ihn schon als Gaon (vgl. ISG 47: *we-'amrin de-gaon hawa*). Demnach würde die Zeit der Savoräer schon mit Rav Simona um 540 schließen, was jedoch nicht haltbar ist. *Ephrathi*, The Sevoraic Period 33 f. 37–42.

Zu den *Geonim* vgl. *Assaf*, Geonim; *Brody*, The Geonim. Der Anfang der Geonim hängt natürlich vom Ende der Savoräer ab, solange man die Bezeichnungen im Sinn einer strikten Periodisierung nimmt und nicht mit einer Zeit des Nebeneinanders von Savoräern und Geonim als Schulhäuptern rechnet. Die eigentliche gaonäische Periode setzt jedenfalls erst in islamischer Zeit ein, auch wenn man manchmal schon Simona und Rabbai als die ersten Geonim betrachtet und gewöhnlich *Mar bar Rav Chanan* aus Isqija als ersten Gaon in Sura (ab 589) bezeichnet, *Rav Mar ben Mar Rav Huna* als den ersten in Pumbedita (seit 609). Das Ende des Gaonats ist mit *Samuel ha-Kohen ben Ḥofni* in Sura, gest. 1034, *Rav Hai* in Pumbedita, gest. 1038, anzunehmen. Über die Anwendung des Titels Gaon in noch späterer Zeit, v. a. für Schulleiter in Palästina und Ägypten, siehe: *J. Brand, S. Assaf, D. Derovan*, Gaon, EJ² VII 380–386; *S. Poznanski*, Babylonische Geonim in nachgeonäischer Zeit, B 1914; ders., Die Anfänge des palästin. Geonats, FS A. Schwarz, B-W 1917, 471–488; *L. Ginzberg*, Geonica, 2 Bde., NY 1909 (Ndr. 1968); *S. Assaf*, Geonim.

VII. Sprachen der rabbinischen Literatur

Die rabb. Literatur ist in verschiedenen Sprachstufen des Hebräischen und des Aramäischen überliefert. Neben das Mischna-Hebräische tritt das Hebräisch der amoräischen und gaonäischen Zeit; das Aramäische, vereinzelt auch in tannaitischen Texten gebraucht, ist v. a. in der amoräischen Literatur in Verwendung. Es scheidet sich regional in den galiläischen und den babylonischen Dialekt. Ein wichtiger Aspekt der rabb. Sprache sind die fremdsprachlichen Einflüsse, die v. a. für die griechischen und lateinischen Fremd- und Lehnwörter bisher schon genauer erforscht wurden, die jedoch auch aus dem orientalischen Sprachbereich (Akkadisch, Persisch, Arabisch) feststellbar sind. In diesem Rahmen kann die Problematik nur kurz skizziert werden; das Hauptgewicht liegt auf der Angabe der sprachlichen Hilfsmittel für den Umgang mit den rabb. Texten. Etwas ausführlicher *B. M. Bokser* in: *J. Neusner*, Hg., The Study II 63–70; *D. Goodblatt*, ibid. 136–144.

1) Mischna-Hebräisch (mhe¹)

Lit.: *Albeck*, Einführung 189–390; *M. Azar*, The Syntax of Mishnaic Hebrew (h), J 1995; *M. Bar-Asher*, Studies in Mishnaic Hebrew (h), 2 Bde., J 2009; *ders.*, Hg., Studies in Mishnaic Hebrew (SH 37; Lit.!), J 1998; *ders.* Mishnaic Hebrew: an introductory survey, CHJ IV 369–403; FS Bar-Asher II, J 2007; *A. Bendavid*, Biblical Hebrew and Mishnaic Hebrew (h), 2 Bde., TA I ²1967, II 1971; *Y. Breuer*, Perfect and Participle in Descriptions of Ritual in the Mishnah (h), Tarbiz 56 (1986 f.) 299–326; *Epstein*, ITM 1207–1269; *S. Friedman*, An Ancient Scroll Fragment (BḤullin 101A–105A) and the Rediscovery of the Babylonian Branch of Tannaitic Hebrew, JQR 86 (1995 f.) 9–50; *G. Haneman*, A Morphology of Mishnaic Hebrew (h), TA 1980; *E. Hazan - Z. Livnat*, ed., Mishnaic Hebrew and Related Fields. FS S. Sharvit (h), Ramat Gan 2010; *E. Y. Kutscher*, Hebrew and Aramaic Studies, J 1977; *ders.*, A History of the Hebrew Languague, L 1982, 115–147; *M. Moreshet*, Lexicon of Verbs renewed by the Tannaim (h), Ramat Gan 1980; *S. Sharvit*, Studies in Mishnaic Hebrew (h), J 2008; *H. Yalon*, Introduction to the Vocalization of the Mishna (h), J 1964; *ders.*, Studies in the Hebrew Language (h), J 1971.

Grammatik: *M. H. Segal*, A Grammar of Mishnaic Hebrew, O 1927, Ndr. Lo 1978 (sehr veraltet); *M. Pérez-Fernández*, La Lengua de los Sabios. I. Morfosintaxis, Estella (Navarra) 1992 (= An Introductory Grammar of Rabbinic Hebrew, L 1997).

Mit Ausnahme weniger aramäischer Sätze – Sprüche Hillels und anderer früher Meister: mAv 1,13; 2,6; 4,5; 5,22 f.; mEd 8,4; Zitate aus der Fastenrolle: mTaan 2,8; dem Targum: mMeg 4,9; und aus Urkunden: Ehevertrag mKet 4,7–12; mYev 15,3; Scheidebrief mGit 9,3; Pachtvertrag mBM 9,3; mBB 10,2 – ist die Mischna in jener Sprachstufe des Hebräischen geschrieben, die man nach ihr als Mischna-Hebräisch bezeichnet, die sich jedoch (mit Nuancen) auch in der Tosefta und den halakhischen Midraschim wie in den Baraitot des pT findet. Schon die Rabbinen haben diese Sprachstufe vom Bibelhebräischen (bhe) unterschieden: «Die Sprache der Tora steht für sich, und die Sprache der Weisen steht für sich» (R. Jochanan in bAZ 58b).

Im Gefolge von *A. Geiger* hat man mhe früher als Kunstsprache der Tannaiten angesehen. *M. H. Segal* hat es dann als eine Weiterentwicklung des bhe nachgewiesen (JQR 20, 1908, 647–737). Die Bar-Kokhba-Briefe haben nunmehr gezeigt, dass diese Sprache in Judäa tatsächlich gesprochen wurde; erst nach dem zweiten Aufstand und der Verlagerung des rabb. Schwerpunkts nach Galiläa, wo Aramäisch die Umgangssprache war, konnte sich mhe auf Dauer nicht durchsetzen und wurde mit dem Ende der tannaitischen Periode zu einer toten Gelehrtensprache (so v. a. *Kutscher*). Die Eigenstellung von mhe gegenüber bhe erweist sich in Wortschatz und Grammatik:

a) Wortschatz

Zu einem großen Teil aus bhe übernommen. Doch nehmen nun Wörter vielfach neue Bedeutung an (z. B. *ẓedaqa* bhe «Gerechtigkeit», mhe «Nächstenliebe») oder werden zu rabb. Schulausdrücken; gelegentlich ändern sie auch das Genus oder die Pluralbildung; in der Rechtschreibung setzt sich die Plene-Schreibung durch. Zahlreiche Lehnwörter aus dem Akkadischen und Persischen, aus dem Lateinischen und Griechischen ergänzen den Wortschatz. Den wesentlichen Einfluss nimmt aber das Aramäische.

b) Grammatik

Was das Substantiv betrifft, wird die Verwendung des status constructus zum Anschluss eines Genitivs weitgehend durch *shel* ersetzt; zusätzlich ist das proleptische Possessivsuffix häufig (z. B. *ribbono shel ʿolam*, «Herr der Welt»); nach welchen Regeln der Artikel verwendet wird, ist noch nicht völlig geklärt. *Shel* plus Possessivsuffix ersetzt nun auch oft das Suffix am Nomen selbst, wie allgemein das Pronominalsystem flexibler wird (z. B. *ʿeẓem* plus Suffix als Reflexivpronomen; *ʾet* plus proleptisches Suffix: z. B. *ʾoto ha-yom*, «am selben Tag» usw.). Im *Verbalsystem* erfolgt eine Vereinfachung durch den Ausfall einer eigenen Form für die 2. Person Fem. Plural (im Perfekt durch die auch sonst übliche Angleichung von Schluss-*mem* und -*nun*) und eine gewisse Vereinheitlichung bei den schwachen Verben. Der Pual verschwindet fast völlig; an die Stelle des Hitpael tritt der Nitpael. Entscheidend ist jedoch die Neuerung im Zeitensystem (unter dem Einfluss des Aramäischen, vielleicht auch des Griechischen): Nun erst kann man Gegenwart, Zukunft und Vergangenheit klar schon von den Formen her unterscheiden, indem die vollendete Form der Vergangenheit, die unvollendete der Zukunft zugeordnet wird und das Partizip das Praesens ersetzt. Eine fortdauernde perfektische Handlung drückt nun *haya* plus Partizip aus: *haya ʾomer*, «er pflegte zu sagen». Selbstverständlich haben diese Veränderungen auch die Syntax des mhe gewandelt. Besonders ist hier die häufigere Verwendung von Relativsätzen zu nennen.

Unterschiede zwischen der Sprache der Rabbinen Palästinas und derjenigen Babyloniens scheinen auf der Stufe von mhe¹ zu bestehen; sie sind v. a. phonologischer Art (z. B. fast völliges Verschwinden der Laryngale in der babyl. Aussprache) bzw. betreffen die Schreibweise, sind jedoch jedenfalls verhältnismäßig gering.

2) Das amoräische Hebräisch (mhe²)

Lit.: S. *Abramson*, Some Aspects of Talmudic Hebrew (h), Language Studies II–III, J 1987, 23–50; Y. *Breuer*, On the Hebrew Dialect of the Amoraim in the Babylonian Talmud (h), Language Studies II–III, J 1987, 127–153; *ders.*, ʿAl gilgule leshon Ḥazal ba-Talmud ha-Bavli, in: Talmudic Studies II 91–125; *ders.*, The Hebrew in the Babylonian Talmud according to the Manuscripts of Tractate Pesaḥim (h), J 2002; *ders.*, Lexical Innovations in Babylonian Amoraic Hebrew (h), Leš. 69 (2007) 51–86; *E. Y. Kutscher*, unter 1) genannte Titel; *M. Moreshet*, The Language of the Baraytot in the T. B. is not MHe¹ (h), GS H. Yalon, J 1974, 275–314; *ders.*, New and Revived Verbs in the Baraytot of the Babylonian Talmud (In Comparison with mhe² in the Babylonian and Palestinian Talmudim) (h), Archive I 113–162; *ders.*, Further Studies of the Language of the Hebrew Baraytot in the Babylonian and Palestinian Talmudim (h), Archive II 31–73; *M. Sokoloff*, The Hebrew of Berésit Rabba according to Ms. Vat. Ebr. 30 (h), Leš. 33 (1968 f.) 25–42. 135–149. 270–279.

In amoräischer Zeit wird Hebräisch noch gebietsweise eine bestimmte Zeit lang in Judäa gesprochen, ist jedoch sonst eine tote Sprache geworden. Diese verändert sich gegenüber mhe¹ in zweifacher Weise: a) durch den Einfluss der lebenden Umgangssprache, des Aramäischen, dessen verschiedene Dialekte in Galiläa und Babylonien auch auf mhe² differenzierend wirken. In Palästina kommt ein gewisser Zustrom früher nicht belegter Formen und Wörter des in Judäa weiterlebenden Hebräisch dazu; b) durch eine steigende Orientierung an bhe in Wortschatz und Formen.

Was die Baraitot betrifft, hat *Moreshet* nachgewiesen, dass sie in der palästinischen Überlieferung i. A. mhe¹ sind, in bT hingegen eine schon stark von mhe² beeinflusste Sprache aufweisen; die Sprache der babyl. Baraitot ist demnach als eine Zwischenstufe zwischen mhe¹ und mhe² (der babyl. Ausprägung) anzusehen bzw. ist gelegentlich völlig mhe² (fiktive Baraitot).

3) Das galiläische Aramäisch

Lit.: Y. Breuer, Aramaic in late antiquity, CHJ IV 457–491; *I. Gluska*, Hebrew and Aramaic in Contact During the Tannaitic Period: A Sociolinguistic Approach (h), TA 1999; *E. Y. Kutscher*, Studies in Galilean Aramaic, Ramat Gan 1976; *ders.*, Hebrew and Aramaic Studies, I (h), II (engl./deutsch), J 1977; *ders.*, EJ² II 349– 351; *M. Sokoloff*, Notes on the Vocabulary of Galilean Aramaic (h), GS E. Y. Kutscher, Ramat-Gan 1980, 166–173; *G. Svedlund*, The Aramaic Portions of the Pesiqta de Rav Kahana, Uppsala 1974. – *Grammatiken: G. Dalman*, Grammatik des jüdisch-palästinischen Aramäisch, Le ²1905 (Ndr. Darmstadt 1960); *C. Levias*, A Grammar of Galilean Aramaic (h). Introduction by *M. Sokoloff* (engl.), NY 1986 (für die Syntax noch immer relevant); *H. Odeberg*, The Aramaic Portions of Bereshit Rabba. With Grammar of Galilean Aramaic, Lund 1939 (Syntax!); *W. D. Stevenson*, Grammar of Palestinian Jewish Aramaic, O 1924 (alle veraltet und unzureichend). *Lexikon: M. Sokoloff* (siehe unter 6).

Das «galiläische» Aramäisch (dessen Geltungsbereich wohl über Galiläa hinaus ganz Palästina umfasste) ist in den Handschriften und Drucken besonders schlecht überliefert, da europäische Kopisten an ihre Texte (pT, Midraschim) aus der vertrauteren Sicht des bT herangingen, andererseits auch durch die Sprache der Targumim beeinflusst waren, die zwar i. A. palästinischer Herkunft, doch babylonisch überarbeitet sind und so eine Mischform darstellen. Erst die Entdeckung zahlreicher aramäischer Inschriften aus dem talmudischen Palästina und die darauf gestützte Aussonderung von sprachlich besonders verlässlichen MSS haben in den letzten Jahrzehnten die Rekonstruktion des ursprünglichen galiläischen Aramäisch ermöglicht (v. a. durch *Kutscher*).

4) Das babylonische Aramäisch

Lit.: Y. Breuer, The Hebrew Component in the Aramaic of the Babylonian Talmud (h), Leš. 62 (1999) 23–80; *ders.*, Aramaic in late antiquity, CHJ IV 457–491; *Y. Kara*, Babylonian Aramaic in the Yemenite Manuscripts of the Talmud. Orthography, Phonology and Morphology of the Verb (h), J 1983; *S. A. Kaufman*, The Akkadian Influences on Aramaic, Chicago 1974; *E. Y. Kutscher*, Hebrew and Aramaic Studies, 2 Bde., J 1977; *ders.*, EJ² II 353–6; *S. Morag*, Babylonian Aramaic: The Yemenite Tradition. Historical Aspects and Transmission. Phonology, The Verbal System (h), J 1988; *ders.*, The Traditions of Hebrew and Aramaic of the Jews of Yemen (h), TA 2001; *ders.* – *Y. Kara*, Babylonian Aramaic in Yemenite

Tradition: The Noun (h), J 2002; *E. Wajsberg*, The Aramaic Dialect of the Early Amoraim (h), Leš. 60 (1997) 95–156; *ders.*, The Aramaic Dialect of the Palestinian Traditions in the Babylonian Talmud, Leš. 66 (2004) 243–282; 67 (2005) 301–326; 68 (2006) 31–61 (echt palästinische Sprache, älter als das galiläische Aramäisch paläst. Werke). – *Grammatiken: J. N. Epstein*, A Grammar of Babylonian Aramaic (h), J 1960 (dazu *E. Y. Kutscher*, Leš. 26, 1961 f., 149–183; Ndr. in: Hebrew and Aramaic Studies I 227–252); *C. Levias*, A Grammar of the Aramaic Idiom contained in the Babylonian Talmud, Cincinnati 1900, Ndr. Westmead 1971; *D. Marcus*, A Manual of Babylonian Jewish Aramaic, Washington, D.C. 1981; *M. Margolis*, Lehrbuch der aramäischen Sprache des babylonischen Talmuds, M 1910; *M. Schlesinger*, Satzlehre der aramäischen Sprache des babylonischen Talmuds, Le 1928, Ndr. H 1995.

Das babylonische Aramäisch gehört mit dem Mandäischen und dem Syrischen zum östlichen Zweig des Aramäischen. Die Erforschung dieses Dialekts hat weniger Fortschritte gemacht, v. a. auch deswegen, weil hier Inschriften als Korrektiv zu den MSS fehlen, deren sprachliche Überlieferung v. a. durch Biblizismen und Vereinheitlichung gelitten hat. Auch die Zauberschalen von Nippur sind, obwohl sprachlich verwandt, hier nur mit Vorsicht zu verwenden. Umstritten ist auch noch immer die sprachliche Einordnung der «außerordentlichen Traktate» des bT: Sind sie Zeugen einer sprachgeschichtlich früheren Stufe (so *Kutscher*) oder vielmehr spät, schon der gaonäischen Sprache nahe (*Epstein*)? Die Fragmente der Geniza, besonders auch die dort entdeckten (vokalisierten) gaonäischen Texte können in der Rekonstruktion der Sprachgeschichte weiterhelfen und v. a. auch eine genauere Trennung der amoräischen von der gaonäischen Sprache ermöglichen. Leider fehlt auch hier noch eine zuverlässige Grammatik, auch wenn die von *Epstein* sehr wertvoll ist (*Kutscher*, Leš. 26, 170: «die einzige wissenschaftliche Grammatik des babylonischen Aramäisch, die wir heute besitzen»).

5) Lehn- und Fremdwörter

Lit.: S. Krauss, Griechische und lateinische Lehnwörter im Talmud, Midrasch und Targum, 2 Bde., B 1898/99, Ndr. H 1987 (mit wertvollen Anmerkungen von *I. Löw*); *S. Lieberman*, Greek; Hell.; Texts and Studies (aber auch fast alle anderen Werke). *E. S. Rosenthal*, For the Talmudic Dictionary – Talmudica Iranica, in: *S. Shaked*, Hg., Irano-Judaica, J 1982, hebr. Teil 38–134; *S. Shaked*, Between Iranian and Aramaic: Iranian Words Concerning Food in Jewish Babylonian Aramaic, with Some Notes on the Aramaic Heterograms in Iranian, in: *ders.* – *A. Netzer*, Hg., Irano-Judaica V, J 2002, 120–137; *D. Sperber*, Greek and Latin Words in Rabbinic Literature: Prolegomena to a New Dictionary of Classical Words in Rabbinic Literature, Bar-Ilan 14–15 (1977) 9–60; 16–17 (1979) 9–30; *ders.*, Essays on Greek and Latin in the Mishna, Talmud and Midrashic Literature, J 1982; *ders.*, A Dictionary of Greek and Latin Legal Terms in Rabbinic Literature, J 1984 (dazu *R. Katzoff*, JSJ 20, 1989, 195–206); *ders.*, Nautica Talmudica, Ramat Gan 1986; *ders.*, On the Need to Correct Krauss's Lehnwörter: *Pnqrysyn* (h), JSIJ 3 (2004) 13–17.

Mit der Hellenisierung des östlichen Mittelmeerraums sind auch die hebräische und die aramäische Sprache unter den Einfluss des Griechischen geraten und haben im Lauf der Jahrhunderte zahlreiche Wörter in ihren Wortschatz übernommen. Diese Anleihen betreffen fast jedes Lebensgebiet, Recht und Handwerk ebenso wie Landwirtschaft und Haushalt. Wo diese Lehnwörter neben den eigenen hebräischen oder aramäischen verwendet werden, handelt es sich vielfach um Luxus- oder Importgüter. Die lateinischen Einflüsse, die mit der römischen Herrschaft über Palästina einsetzen, sind verhältnismäßig geringer und beschränken sich vor allem auf die Bereiche von Militär und Verwaltung.

Die Problematik dieser Lehnwörter ist nicht nur durch die mit jeder Übernahme in eine fremde Sprache verbundene Abwandlung bedingt, sondern v. a. durch die Überlieferungsgeschichte der rabb. Texte. Mit der islamischen Eroberung rückt das rabb. Judentum aus dem griech.-latein. Kulturkreis; die Lehnwörter werden vielfach bald unverständlich und verballhornt bzw. durch ähnlich klingende hebr.-aram. Wörter ersetzt. Das Unverständnis der Abschreiber hat dies noch verstärkt. Somit ist das Erkennen der Lehnwörter oft äußerst schwierig geworden. Viele Eintragungen in *S. Krauss* sind dadurch fehlerhaft. Große Fortschritte haben hier v. a. die Arbeiten von *S. Lieberman* gebracht, der u. a. auch die Notwendigkeit betonte, sich über die klassischen Wörterbücher hinaus auf das Vokabular des in Palästina gebräuchlichen Provinzialgriechisch zu stützen. Bedeutende Vorarbeiten für die dringend notwendige Neubearbeitung des Wörterbuchs von *S. Krauss* hat *D. Sperber* geleistet, neben seinen zwei Speziallexika v. a. im Beitrag in Bar-Ilan, der eine ausgewählte Liste von zahlreichen gegenüber *Krauss* neuen Beispielen mit einem griech.-latein. Index bietet. Was die Übernahme persischen Sprachguts in die Sprache von bT betrifft, gab es einzelne Untersuchungen schon im 19. und frühen 20. Jh., deren Ergebnisse dann auch in die talmudischen Lexika von *Jastrow* und *Levy* eingegangen sind; seit einigen Jahrzehnten hat die Forschung auf diesem Gebiet neuen Schwung bekommen; *Sokoloff*'s Dictionary of Babylonian Aramaic setzt hier neue Maßstäbe.

6) Lexika

M. Jastrow, A Dictionary of the Targumim, the Talmud Babli and Yerushalmi, and the Midrashic Literature, 2 Bde., Lo 1886–1903, Ndr. NY 1950; *A. Kohut*, Aruch Completum, 8 Bde., W 1878–92; *ders.*, Additamenta ad Aruch Completum, hg. *S. Krauss*, W 1937; *J. Levy*, Neuhebräisches und chaldäisches Wörterbuch über die Talmudim und Midraschim, 4 Bde., Le 1876–1889; *ders.*, Nachträge und Berichtigungen, B 1929, Ndr. H 1964; *E. Z. Melamed*, Millon ʾArami-ʿivri le-Talmud Bavli, J 1992 (einfaches Gebrauchswörterbuch); *M. Sokoloff*, A Dictionary of Judean Aramaic, Ramat Gan 2003 (für den Zeitraum 175 v.–200 n. Chr.); *ders.*, A Dictionary of Jewish Palestinian Aramaic of the Byzantine Period, Ramat Gan ²2002 (dazu *K. Beyer*, Abr-Nahrein 30, 1992, 195–201; *R. Macuch*, BSOAS 55, 1992, 205–230; *J. Blau*, Leš. 57, 1992 f., 59–65; *M. A. Friedman*, ibid. 67–94); *ders.*, A Dictionary of Jewish Babylonian Aramaic of the Talmudic and Geonic Periods, Ramat Gan 2002 (zu beiden Lexika *B. A. Levine*, AJSR 29, 2005, 131–144). Dazu kommen die Spezialwörterbücher von *I. Löw*, Die Flora der Juden, 4 Bde., W/Le 1926–34, Ndr. H 1967; *ders.*, Fauna und Mineralien der Juden, H 1969.

Die noch viel verwendeten Lexika von *Jastrow* und *Levy* sind veraltet, etymologisch unzuverlässig und auch unvollständig. Die Textfunde der Geniza von Kairo und die Analyse der rabbinischen Handschriften, die Ergebnisse der Sprachgeschichte des Hebräischen und des Aramäischen sowie die Fortschritte der vergleichenden Semitistik haben für die Lexikographie der rabbinischen Literatur neue Voraussetzungen geschaffen. Für die aramäischen Bestandteile sind *Jastrow* und *Levy* inzwischen durch die Lexika von *Sokoloff* zum judäischen, zum paläst. jüd. und zum bab. Aramäisch ersetzt, die erstmals palästinisches und babylonisches Aramäisch trennen und für Etymologie und Sprachvergleich neue Maßstäbe setzen. Ein neues Lexikon des rabb. Hebräisch wird an der Academy of the Hebrew Language erarbeitet (für Vorarbeiten siehe die zwei Bände von Archive), in deren Maʾagarim als textliche Grundlage dafür die Transkriptionen der jeweils besten Handschriften der rabbinischen Literatur mit sprachlicher Analyse schon zugänglich sind (http://hebrew-treasures.huji.ac.il).

ZWEITER TEIL
DIE TALMUDISCHE LITERATUR

I. Die Mischna

Allgemeine Lit.: *Ch. Albeck*, Einführung; *ders.*, Untersuchungen über die Redaktion der Mischna, B 1923; *E. S. Alexander*, Transmitting Mishnah; *A. J. Avery-Peck – J. Neusner*, Hg., The Mishnah in Contemporary Perspective, L 2002; *R. Bernasconi*, Reasons for Norms in Mishnaic Discourse: Some Formal, Functional, and Conceptual Observations, Melilah 2004/2, 1–60; *J. Brüll*, Einleitung in die Mischnah (h), 2 Bde., F 1876–1885, Ndr. J 1970; *H. Eilberg-Schwartz*, The Human Will in Judaism: The Mishnah's Philosophy of Intention, Decatur-Georgia 1986; *J. M. Ephrati*, On the Literary Sources of the Mishnah (h), Bar-Ilan 11 (1973) 49–68; *J. N. Epstein*, ITM und ITL; *J. Fraenkel*, Ha-aggada she-ba-Mishna, Talmudic Studies III/2 655–683; *Z. Frankel*, Darkhe; *L. Ginzberg*, Zur Entstehungsgeschichte der Mishnah, FS D. Hoffmann, B 1914, 311–345; *Abr. Goldberg*, The Mishna – A Study Book of Halakha, in: *Safrai* I 211–251; *M. I. Gruber*, The Mishnah as Oral Torah: A Reconsideration, JSJ 15 (1984) 112–122; *A. Guttmann*, The Problem of the Anonymous Mishna, HUCA 16 (1941) 137–155; *D. W. Halivni*, The Reception Accorded to Rabbi Judah's Mishnah, in: *E. P. Sanders* u. a., Hg., Jewish and Christian Self-Definition II, Lo 1981, 204–212. 379–382; *ders.*, Mishnas which were changed from their Original Forms (h), Sidra 5 (1989) 63–88; *J. Hauptman*, Rereading the Mishnah. A New Approach to Ancient Jewish Texts, Tüb. 2005; *C. Hezser*, The Mishnah and Ancient Book Production, in: *A. J. Avery-Peck – J. Neusner* 167–192; *D. Z. Hoffmann*, Die erste Mischna und die Controversen der Tannaim, B 1882; *D. Kraemer*, The Mishnah, CHJ IV 299–315; *N. Krochmal*, The Writings (h), hg. *S. Rawidowicz*, Lo ²1961, 194–237; *M. Krupp*, Einführung in die Mischna, F 2007; *S. Lieberman*, The Publication of the Mishnah, in: *ders.*, Hell. 83–99; *E. Z. Melammed*, Introduction; *ders.*, Interpolations in the Mishnah and their Identification (h), Tarbiz 31 (1961 f.) 326–356; *J. Neusner*, The Modern Study (Einführung überarbeitet in: *ders.*, Hg., The Study I 3–26); *ders.*, Introduction 97–128; *ders.*, Judaism 27–135; *ders.*, Form-Analysis and Exegesis: A Fresh Approach to the Interpretation of Mishnah with special reference to Mishnah-tractate Makhshirin, Minneapolis 1980; *ders.*, Judaism: The Evidence of the Mishnah, A ²1988; *ders.*, The Memorized Torah: The Mnemonic System of the Mishnah, Chico 1985 (überarbeitet aus: *ders.*, Phar und Pur); *ders.*, The Mishnah before 70, A 1987 (überarbeitet aus: *ders.*, Pur); *ders.*, Redaction, Formulation and Form: The Case of Mishnah; With Comments by *R. S. Sarason*, JQR 70 (1979 f.) 131–152; *ders.*, The Mishnah: Religious Perspectives, L 1999; *ders.*, The Mishnah: Social Perspectives, L 1999; *ders.*, Making God's Word Work. A Guide to the Mishnah, NY 2004; *R. Reichman*, Mishna und Sifra. Ein literarkritischer Vergleich paralleler Überlieferungen, Tüb. 1998; *L. A. Rosenthal*, Über den Zusammenhang, die Quellen und die Entstehung der Mischna, B 1918; *A. Samely*, Notes on the Sequencing of Information in Mishna Tractates, FJB 35 (2009) 19–

64; B.-Z. Segal, Ha-Geografia ba-Mishna, J 1979; E. E. Urbach, EJ XII 93–109; St. Wald, EJ² XIV 319–331; M. Weiss, Mishnah Tractates which Open with Numbered Lists (h), Sidra 1 (1985) 33–44; H. Yalon, Introduction to the Vocalization of the Mishna (h), J 1964; D. Zlotnick, The Iron Pillar – Mishnah. Redaction, Form, and Intent, J 1988.

Einzeltraktate (nach alphabet. Reihenfolge der Traktate; Textausgaben und Kommentare folgen S. 161 f., 165 f.):

Avot: J. J. Cohen, The «Sayings of the Fathers», its Commentaries and Translations (h), KS 41 (1964 f.) 104–117; 277–285; B. Z. Dinur, The Tractate Aboth (Sayings of the Fathers) as Historical Source (h), Zion 35 (1970) 1–34; L. Finkelstein, Introductory Study to Pirke Aboth, JBL 57 (1938) 13–50; ders., Mavo le-Massekhtot ʾAvot we-ʾAvot de-Rabbi Natan, NY 1950; Y. Gartner, Why did the Geonim institute the custom of saying «Avoth» on the Sabbath? (h), Sidra 4 (1988) 17–32; I. B. Gottlieb, Pirqe Abot and Biblical Wisdom, VT 40 (1990) 152–164; A. Guttmann, Tractate Abot – Its Place in Rabbinic Literature, JQR 41 (1950 f.) 181–193; M. B. Lerner, The Tractate Avot, in: Safrai I 263–276; J. Neusner, Pirqé Abot, EncJud ²2005, 1994–1999; M. J. H. M. Poorthuis, Tradition and Religious Authority: On a Neglected Christian Parallel to the Mishna Abot 1,1–10, HUCA 66 (1995) 169–201; A. J. Saldarini, The End of the Rabbinic Chain of Tradition, JBL 93 (1974) 97–106; J. Schofer, Spiritual Exercises in Rabbinic Culture, AJS Review 27 (2003) 203–225; S. Sharvit, Leshonah we-signonah shel massekhet ʾAvot le-doroteha, Beer Sheva 2006; D. Steinmetz, Distancing and Bringing Near. A New Look at Mishnah Tractates ʿEduyyot and ʾAbot, HUCA 73 (2002) 49–96; G. Stemberger, Mischna Avot. Frühe Weisheitsschrift, pharisäisches Erbe oder spätrabbinische Bildung? ZNW, 96 (2005), 243–258 (= Judaica Minora II 317–330; 331–452 weitere Aufsätze zu Avot); A. Tropper, Tractate Avot and Early Christian Succession Lists, in: A. H. Becker – A. Y. Reed, Hg., The Ways that Never Parted. Jews and Christians in Late Antiquity and the Early Middle Ages, Tüb. 2003, 159–188; B. T. Viviano, Study as Worship. Aboth and the New Testament, L 1978.

Bava Meẓiaʿ: H. Lapin, Early Rabbinic Civil Law and the Social History of Roman Galilee. A Study of Mishnah Tractate Baba Meṣiaʿ, A 1995.

Berakhot: A. Walfish, Approaching the Text and Approaching God: The Redaction of Mishnah and Tosefta Berakhot, Jewish Studies 43 (2005/06) 21–79.

ʿEduyot: H. Klüger, Über Genesis und Composition der Halachasammlung Edujot, Breslau 1895; A. Aderet, Tractate Eduyyot of the Mishnah as Testimony to the Process of Restoration Following the Destruction of the Second Temple (h), FS S. Safrai, J 1993, 251–265.

ʿEruvin: M. Klein, The Literary Structure of the Mishnah (Erubin Chapter X) (h), Alei Sefer 14 (1987) 5–28.

Gittin: J. Hauptman, Mishnah Gittin as a Pietistic Document (h), 10th WCJS, J 1990, C I 23–30.

Ketubbot: N. Margalit, Not by her mouth do we live; a literary/anthropological reading of gender in Mishnah Ketubbot, chapter 1, Prooftexts 20 (2000) 61–86.

Maʿaserot: M. S. Jaffee, Mishnaic Literary History and the History of a Mishnaic Idea: On the Formation of the Mishnah's Theory of Intention, with special Reference to Tractate Maʿaserot, AJS Review 11 (1986) 135–155.

Makkot: M. Bar-Asher Siegal, The Unintentional Killer: Midrashic Layers in the Second Chapter of Mishnah Makkot, JJS 61 (2010) 30–47.

Middot: F. J. Hollis, The Archaeology of Herod's Temple. With a Commentary on the Tractate Middoth, Lo 1934; *A. Spanier*, Zur Analyse des Mischnatraktates Middot, FS Leo Baeck, B 1938, 79–90; *Th. A. Busink*, Der Tempel von Jerusalem von Salomo bis Herodes. II von Ezechiel bis Middot, L 1980; *M. Bar-Ilan*, Are Tammid and Middoth Polemical Tractates? (h), Sidra 5 (1989) 27–40.
Nazir: S. Fishbane, The structure and implicit message of Mishnah Tractate Nazir, in: *ders.*, Deviancy in Early Rabbinic Literature, L 2007, 16–41.
Neziqin: D. Daube, The Civil Law of the Mishnah: The Arrangement of the Three Gates, Tulane Law Review 18 (1943 f.) 351–407 (= Collected Works I 257–304).
Nidda: J. Neusner, From Scripture to Mishnah: The Origins of Tractate Niddah, JJS 29 (1978) 135–148.
Para: J. Neusner, Form-analysis and Exegesis. The Case of Mishnah Parah Chapter Three, JJS 33 (1982) 537–546.
Qinnim: M. Weiss, The Order of Mishnayot in Tractate Kinim: A Note on Tosefta-like Chapters in the Mishna (h), Sidra 13 (1997) 61–91.
Rosh ha-Shana: Z. Karl, Some Observations on the Tractate Rosh Hashana (h), Tarbiz 27 (1957) 475–482; *A. Walfish*, The literary method of redaction in Mishnah based on Tractate Rosh Hashanah, Diss. J 2001.
Sanhedrin: B. A. Berkowitz, Execution and Invention. Death Penalty Discourse in Early Rabbinic and Christian Cultures, O 2006 (v. a. zu mSan 6).
Sota: D. Y. Ebner, The Composition and Structure of Mishnah «Sotah», Diss. Yeshiva Univ. 1980; *I. Rosen-Zvi*, The Rite that Was Not. Temple, Midrash and Gender in Tractate Sotah (h), J 2008.
Tamid: L. Ginzberg, Tamid. The Oldest Treatise of the Mishnah, Journal of Jewish Lore and Philosophy 1 (1919), Ndr. NY 1969, 197–209; *J. Neusner*, Dating a Mishnah-Tractate: The Case of Tamid, in: Neusner on Judaism II, Aldershot 2005, 155–171; *A. Spanier*, Zum Mischnatraktat Tamid, MGWJ 69 (1925) 271–275.
Yoma: D. Stökl Ben Ezra, The Impact of Yom Kippur on Early Christianity, Tüb. 2003, 19–28.

1) Worterklärungen

Lit.: S. Abramson, «Mishna» we-»Talmud» (Gemara) be-fi qadmonim, FS D. Sadan, TA 1977, 23–43; *Albeck*, Einführung 1–3; *Bacher*, ET I 122 f. 193–195; *L. Finkelstein*, Midrash, Halakhot, and Aggadot (h), FS Y. F. Baer, J 1960, 28–47 (Ndr. in *ders.*, Sifra V, 100–119).

Das hebr. Verb *shana*, «wiederholen», bedeutet im engeren Sinn durch wiederholtes Vorsagen mündlich Überliefertes lernen (z. B. mAv 2,4; 3,3) bzw. lehren (z. B. bEr 54b), im Gegensatz zu *qara*, die Heilige Schrift studieren. Aram. Äquivalent *teni* oder *tena*. Davon als Substantiv *mishna* bzw. aram. *matnita* abgeleitet. *Mishna* bedeutet somit das Lernen (mAv 3,7) wie auch die mündliche Lehre (tBer 2,12, L. 8). In diesem Sinn umfasst M die drei Zweige der Tradition, den Midrasch als die Auslegung des Bibeltextes, die Halakhot als die von der Schrift unabhängig formulierten

Satzungen, schließlich die Haggadot, alles nichthalakhische Material. So antwortet bQid 49a mit einer Baraita auf die Frage: «Was ist Mischna? R. Meir sagt: Halakhot; R. Jehuda sagt: Midrasch» (dazu näher *Finkelstein*).

Im Besonderen bedeutet M das gesamte bis etwa 200 ausgebildete traditionelle Religionsgesetz, aber auch die Lehre eines der in dieser Zeit tätigen Lehrer (Tannaiten) wie auch den einzelnen Lehrsatz (gleichbedeutend *halakha*) oder Sammlungen solcher Lehrsätze (z. B. yHor 3,48c *mishnayot gedolot*, die großen Mischnasammlungen wie die M Chijjas – so statt des «Chuna» der Drucke zu lesen –, Hoschajas und Bar Qapparas). *Kat'-exochen* ist M die R. Jehuda ha-Nasi zugeschriebene Sammlung, um die es hier geht.

Natan ben Jechiel gibt in seinem Arukh eine andere Ableitung des Wortes: «warum wird sie M genannt? weil sie die ‹zweite› ist gegenüber der Tora». Ähnlich ist die Ableitung, die hinter dem Sprachgebrauch der Kirchenväter steht, die M mit *deuterôsis* wiedergeben (ebenso Justinians Novelle 146).

Die M Rabbis wird im bT als *mishnatenu* oder *matnitin* (selten *matnita*) zitiert, im pT als *matnitin* oder *matnita*. Andere M-Sammlungen heißen in bT *matnita* oder *baraita*, in pT *mishnayot*. M-Sätze werden in bT und pT angeführt mit *tenan* oder *tenayna*, «wir haben gelernt».

2) Aufbau und Inhalt

In der uns vorliegenden Form besteht M (ebenso T und die Talmudim) aus sechs Hauptabteilungen oder Ordnungen (*sedarim*, gelegentlich auch ʿ*arakhim*). Daher die traditionelle Bezeichnung des Talmud als Schas (Abkürzung von *shisha sedarim*, «sechs Ordnungen»). Jeder Seder hat eine Anzahl (7–12) Traktate: *massekhet* (eigentliche «Gewebe»; zum Bedeutungswechsel vgl. lat. textus) oder aram. *massekhta*. Als Pluralformen sind *massekhot*, *massekhtot* und *massekhiyot* belegt. Die Traktate zerfallen in Kapitel (*pereq*), diese in Lehrsätze (*mishna* bzw. pT *halakha*).

a) Inhaltsübersicht

(In Klammern hinter dem Namen des Traktats folgt jeweils die Zahl seiner Kapitel.)

§ *1. Erste Ordnung: Zeraʿim «Samen»*
Elf Traktate, v. a. die Landwirtschaft betreffende Gesetze.

1. *Berakhot* (9), «Segenssprüche». Bestimmungen zum *Shemaʿ*-Gebet, Morgen-, Nachmittag- und Abendgebet, zu den 18 Benediktionen (*Shemone ʿEsre*) und zum Zusatzgebet. Lobsprüche beim Genießen verschie-

Aufbau und Inhalt 127

dener Früchte und bei sonstigen Gelegenheiten. Das gemeinsame Gebet nach der Mahlzeit. Nennung des Gottesnamens bei der Begrüßung.

2. Pea (8), die «Ecke» des Ackers, deren Ernte nach Lev 19,9f.; 23,22; Dtn 24,19ff. den Armen zu überlassen ist; allgemein das Armenrecht. Von welchen Gewächsen gibt man die Pea? Was macht eine Feldecke aus? Wie gibt man die Pea? Die Nachlese, das Vergessene, der Armenzehnte, der reisende Arme; wer hat Anspruch auf das Armenrecht?

3. Demai (7), «Zweifelhaftes», d. h. Früchte, bei denen es zweifelhaft ist, ob von ihnen die Zehntenhebe für die Priester und in den betreffenden Jahren der zweite Zehnte gegeben sind. Wann muss man nachverzehnten? Wer gilt hinsichtlich der Einhaltung dieser Bestimmungen als vertrauenswürdig? Verhalten bei gemeinsamem Besitz bzw. bei Vermischung von Demai mit Unverzehntetem.

4. Kilʾaim (9), «Verschiedenartiges». Nach Lev 19,19; Dtn 22,9–11 sind das verbotene Mischungen von Dingen (Gewächsen, Tieren, Kleidungsstoffen) einer Gattung, aber verschiedener Art. Welche Arten von Pflanzen und welche von Tieren bilden Kilʾaim? Vermengung von zweierlei Samen; Aussaat von Verschiedenem auf einem Acker oder im Weinberg. Bastarde.

5. Sheviʿit (10), «Siebentes Jahr», in dem nach Ex 23,11 und Lev 25,1–7 die Felder brachliegen und nach Dtn 15 Schulden erlassen und Schuldsklaven befreit werden müssen. Welche Feldarbeiten darf man im Sabbatjahr verrichten? Wie darf man das im Sabbatjahr Gewachsene nutzen? Schuldenerlass und Prosbul (Erklärung «vor Gericht», *pros boulen*, dass man die Schuld jederzeit einheben darf).

6. Terumot (11), «Abgaben» oder «Heben» (Priesterhebe Num 18,8 ff. und Dtn 18,4; Abgabe, die die Leviten nach Num 18,25 f. vom ihnen zustehenden Zehnten den Priestern geben müssen). Wie sondert man die Abgabe ab, welches Maß hat sie? Was geschieht bei Vermischung dieser Abgabe mit anderen Früchten, wie erstattet man vergessene oder gestohlene Abgaben? Verunreinigung der Hebe usw.

7. Maʿaserot oder *Maʿaser Rishon* (5), «Zehnte» oder «erster Zehnter», der nach Num 18,21 ff. den Leviten zusteht. Von welchen Früchten muss man diesen Zehnten geben, welche sind zehntenfrei?

8. Maʿaser Sheni (5), «der zweite Zehnte» (Dtn 14,22 ff.; vgl. 26,12 ff., nach rabb. Erklärung auch Lev 27,30–33), der bzw. dessen Geldwert in Jerusalem verzehrt werden sollte. Bestimmungen über den Verkauf des zweiten Zehnten, seine Verunreinigung, die Verwendung des dafür erlösten Geldes. Der Weinberg im vierten Jahr; die Wegschaffung (*biʿur*) des Zehnten. Abschaffung des dabei üblichen Bekenntnisses Dtn 26,13–15 und andere vom Hohenpriester Jochanan (= Johannes Hyrkan) angeordnete Änderungen.

9. Halla (4), «Teighebe», Num 15,8 ff. Wovon und in welchem Maß muss man Halla geben? Inwiefern gleichen sich Halla und Hebe? Wie unterscheiden sich verschiedene Länder bezüglich der Halla?

10. ʿOrla (3), «Vorhaut» der Bäume, vgl. Lev 19,23, wonach Bäume in den ersten drei Jahren als unbeschnitten gelten, die Früchte somit verboten sind. Wann betrifft dieses Gesetz Bäume und Weinstöcke? Vermischungen von ʿOrla, Kilʾaim, Hebe usw. Anwendung dieser Gesetze in Israel, Syrien und anderwärts.

11. Bikkurim (3), «Erstlinge», vgl. Dtn 26,1 ff.; Ex 23,19. Wer bringt sie dar, wovon und ab wann? Worin stimmen Erstlinge, Hebe und zweiter Zehnter überein, und worin unterscheiden sie sich? Wie bringt man die Erstlinge nach Jerusalem? Viele Mischna- und Talmudtexte fügen ein 4. Kapitel über den Zwitter (*androgynos*) an, das sich mit Varianten in T befindet.

§ 2. *Zweite Ordnung: Moʿed «Festzeiten»*

12 Traktate.

1. Shabbat (24): Ex 20,10; 23,12; Dtn 5,14 usw. Die wenigen Bestimmungen des Pentateuch zum Sabbat werden hier sehr detailliert, z. T. daraus abgeleitet, dass Ex 35 das Gebot der Sabbatruhe mit den Vorschriften für den Bau des Heiligtums verbindet. Man unterscheidet öffentliches, privates, neutrales sowie freies Gebiet, was den Transport von einem Ort zum andern betrifft. Welche Beschäftigungen sind am Sabbat erlaubt? 39 Hauptarten der verbotenen Arbeiten.

2. ʿEruvin (10), «Vermischungen», mit denen man bestimmte Sabbatgesetze umgehen kann: Durch Ablegen von Speise am Ende des Sabbatwegs (2000 Ellen) gründet man einen «Wohnsitz», von dem aus man einen weiteren Sabbatweg gehen darf. Durch die fiktive Vermischung der Höfe darf man von einem Privatbereich in einen anderen tragen, nachdem in einer der Wohnungen eine aus gemeinsamen Beiträgen hergestellte Speise niedergelegt worden ist.

3. Pesaḥim (10), «Pesachlämmer, Pesachopfer». Ex 12; 23,15; 34,18; Lev 23,5–8; Num 28,16 ff.; Dtn 16,1 ff. Wegschaffen des Sauerteigs; Zubereitung der ungesäuerten Brote; die bitteren Kräuter; am Rüsttag erlaubte Arbeiten; Schlachtung des Pesachlammes und seine Zubereitung; wer darf davon essen? Das Pesachfest im 2. Monat (Num 9,10 ff.); Ordnung des Pesachmahles.

4. Sheqalim (8), «Schekel», nämlich die im zweiten Tempel für den Gottesdienst verwendete Halbschekelsteuer (Ex 30,12 ff.; Neh 10,33). Wer ist dazu verpflichtet? Einwechseln der dazu vorgeschriebenen alten Münzen. Was darf dafür angeschafft werden? Die Opferbüchsen im Tempel, die Bundeslade, Reinigung des Tempelvorhangs, Kostbarkeit des Vorhangs vor dem Heiligtum.

5. Yoma (8), «der Tag», d. h. der Versöhnungstag, *(Yom ha-) Kippurim* Lev 16. Vorbereitung des Hohepriesters; Auslosung der beiden Böcke; drei Sündenbekenntnisse des Hohepriesters und sein dreimaliges Eintreten in das Allerheiligste. Verbote für den Versöhnungstag. Wodurch versöhnt wird (Sündopfer, Schuldopfer, Tod, Versöhnungstag, Buße).

6. *Sukka* (5), «Laubhütte», auch Plural *Sukkot*, das Laubhüttenfest Lev 23,33–36; Num 29,12 ff.; Dtn 16,13 ff. Herstellung und Beschaffenheit der Festhütte; vom Essen und Schlafen in ihr; der Feststrauß (Lulav, Etrog); das Wasserschöpfen. Die 24 Priesterabteilungen, ihre Arbeit bei den Opfern, ihr Anteil an den Opferstücken und den Schaubroten.

7. *Beẓa* (5), «Ei» (nach dem Anfangswort) oder *Yom Tov*, «Festtag». Was man an Festtagen beachten muss. Unterschiede zum Sabbat. Diesbezügliche Meinungsverschiedenheiten zwischen den Schulen Hillels und Schammais. Kauf von Lebensmitteln an Festtagen, Beförderung von Nahrungsmitteln, Verbot der Feuererzeugung usw.

8. *Rosh ha-Shana* (4), «Neujahrsfest» Lev 23,24 f.; Num 29,1 ff. Viererlei Neujahr (Nisan, Elul, Tishri, Shevat). Bezeugung und Heiligung des Neumonds. Blasen des Schofar. Ordnung der Lobsprüche am Neujahrsfest: zehn Malkhiyot (Bibelverse, in denen das Königreich Gottes erwähnt wird), zehn Zikhronot (Bibelverse über das Gedenken Gottes), zehn Schofarot (Verse, in denen das Schofar erwähnt wird).

9. *Taʿanit* (4), auch Plural *Taʿaniyot*, «Fasten». Wann beginnt man, um Regen zu beten, wann, darum zu fasten? Die siebentägigen Fasten und die dazugehörigen Gebete. An welchen Tagen fastet man nicht? Weshalb fastet man sonst noch? Choni der Kreiszieher. Wann bricht man bei beginnendem Regen das Fasten ab? Der 17. Tammuz, der 9. Ab und der 15. Ab.

10. *Megilla* (4), «Buchrolle», besonders die Esterrolle, die zu Purim in der Synagoge verlesen wird (vgl. Est 9,28). Wann und wie liest man die Esterrolle? Vom Verkauf heiliger Sachen; die gottesdienstlichen Vorlesungen aus Tora und Propheten; welche Texte dürfen nicht öffentlich vorgelesen, welche nicht übersetzt werden?

11. *Moʿed Qatan* (3), «Halbfeiertage» (*qatan*, «klein», unterscheidet den Traktat Moʿed von der gleichnamigen Ordnung), manchmal nach dem Anfangswort auch *Mashqin* genannt, «man bewässert». Vorschriften für die Tage zwischen dem 1. und 7. Tag des Pesach- bzw. zwischen dem 1. und 8. Tag des Sukkotfestes, an denen gewisse Arbeiten erlaubt sind. Begräbnis- und Trauerbräuche.

12. *Ḥagiga* (3), «Festfeier». Über die drei Wallfahrtsfeste (Pesach, Wochenfest, Laubhüttenfest: Dtn 16,16). Wer muss im Tempel erscheinen, und wie viel muss er für die Opfer aufwenden? Dinge, über die man nicht jeden belehrt. Meinungsunterschiede hinsichtlich der Semikha. Die rituelle Händewaschung. 7 Stufen der Reinheit und Reinheitsvorschriften.

§ 3. *Dritte Ordnung: Nashim «Frauen»*
7 Traktate

1. *Yevamot* (16), «Schwägerinnen», auch *Yavmut*, «Schwägerschaft», vokalisiert, manchmal auch *Nashim*, «Frauen», genannt. V. a. über die Schwagerehe (Dtn 25,5–10; vgl. Rut 4 und Mt 22,24) und die Ḥaliẓa, die davon entbindet. Wer ist dazu verpflichtet und unter welchen Umstän-

den? Wen darf ein (Hohe-)Priester nicht heiraten? Aufnahme von Ammonitern usw. in die Gemeinde. Stellung der Proselyten. Weigerung einer Unmündigen, bei ihrem Mann zu bleiben. Bezeugung des Todes eines Ehemanns.

2. Ketubbot (13), «Hochzeitsverschreibungen», vgl. Ex 22,16. Ketubba ist sowohl der Ehevertrag als auch die in ihm der Frau für den Fall der Scheidung oder des Todes des Mannes ausgesetzte Summe. Heirat von Jungfrauen; Strafgeld bei Vergewaltigung eines Mädchens. Pflichten des Manns und der Frau gegeneinander. Besitz der Frau; Erbrecht nach der Frau; Rechte der Witwe.

3. Nedarim (11), «Gelübde» und ihre Aufhebung (Num 30). Was gilt als Gelübde? Qorban; Gelübde mit Einschränkung; Ausflüchte. Vier von vornherein ungültige Gelübde. Notlügen. Deutung von Gelübden. Welche Gelübde kann ein Gelehrter erlassen? Wer kann einer Frau oder Tochter die Gelübde aufheben und welche Gelübde?

4. Nazir (9), «Nasiräer», oder *Nezirut*, «Nasiräergelübde», Num 6. Welche Ausdrücke verpflichten zum Nasiräat, und wie lange dauert es? Zeit des Scherens. Erlassung von N.-Gelübden. Was dem Nasiräer verboten ist. Verunreinigung des Nasiräers; die von ihm darzubringenden Opfer. N.-Gelübde von Frauen und Sklaven.

5. Sota (9), «die des Ehebruchs verdächtige Frau», Num 5,11–31. Durchführung des Eifersuchtsordals vor dem großen Gerichtshof. Unterschiede zwischen Israeliten und Priestern in Rechten und Strafen. Wann gibt man das Eifersuchtswasser nicht zu trinken? Formeln, die man nur hebräisch sagen darf. Erklärung zu Dtn 20,2–9 (Ansprache des Priesters vor dem Krieg); Tötung eines Kalbes, wenn ein Mörder unbekannt bleibt (Dtn 21,1–9). Anhang: Vorzeichen des Messias.

6. Gittin (9), «Scheidebriefe» (Dtn 24,1). Übersendung, Beglaubigung und Zurücknahme von Scheidebriefen. Formular, Unterschrift. Wiederaufnahme der entlassenen Frau. Scheidung in Krankheitsfällen, bedingte Scheidung. Gültigkeit mündlicher Anordnungen hinsichtlich eines Scheidebriefs. Gründe für die Scheidung.

7. Qiddushin (4), «Antrauung, Verlobung», verschieden von der später erfolgenden Heimführung, der eigentlichen Eheschließung (*nissu'in*). Wie erwirbt sich der Mann eine Frau (durch Geld, Urkunde, Beischlaf)? Erwerbung von anderen Gütern. Welche Gebote müssen nur Männer erfüllen, welche gelten nur in Israel? Verlobung durch einen Abgeordneten, unter Bedingungen. Ebenbürtige Heiraten. Sittenregeln.

§ 4. Vierte Ordnung: Neziqin «Beschädigungen»
10 Traktate

1. Bava Qamma (10), «erste Pforte» (des ursprünglich einheitlichen Traktats Neziqin mit 30 Kapiteln). Beschädigungen im engeren Sinn, einschließlich Diebstahl, Raub und Körperverletzung. Beschädigung durch den stoßenden Ochsen, die nicht zugedeckte Grube, durch Abweiden und Feuer. Abschätzung des Schadens, Ersatz. Bedenklicher Ankauf. Abfälle, die dem Fabrikanten bzw. dem Handwerker gehören.

2. Bava Mezi'a (10), «mittlere Pforte». Fundgegenstände, die zwei beanspruchen. Wer hat keinen Anspruch auf Fundgegenstände? Aufbewahrung von Gegenständen, Kauf, die Frist zum Zurücktreten, unerlaubter Gewinn, Ersatzpflicht. Zinsen und Spekulation. Mieten von Arbeitern und Vieh. Miete und Pacht; Pfandnehmen; Lohnforderungen. Ansprüche, die sich aus dem Einsturz eines Baus ergeben.

3. Bava Batra (10), «letzte Pforte». Teilung gemeinschaftlichen Besitzes. Beschränkungen in der Ausnutzung des Grundbesitzes. Ersitzung (*ḥazaqa*). Verkauf von Immobilien und Mobilien. Gewährleistungspflicht des Verkäufers. Erbschaftsrecht. Vermögensteilung. Geschenke bei der Hochzeit. Ausstellung von Dokumenten. Bürgschaft.

4. Sanhedrin (10), aus griech. *synhedrion*, «Gerichtshof». Gericht von drei Männern; kleiner Sanhedrin von 23, großer Sanhedrin von 71 Mitgliedern. Auswahl der Schiedsrichter. Zeugenschaft. Wer kann weder Richter noch Zeuge sein? Unterschied zwischen Zivil- und Kriminalprozessen. Arten der Todesstrafe. Der ungehorsame Sohn (Dtn 21,18 ff.). Der Einbrecher. Der Rückfällige. Hinrichtung ohne Urteil. Wer hat keinen Anteil an der kommenden Welt? Der widerspenstige Lehrer (*zaqen mamre*) und der falsche Prophet.

5. Makkot (4), «Schläge». Über die Prügelstrafe (Dtn 25,1–3). Prügelstrafe für falsche Zeugen. Der unvorsätzliche Totschläger und die Asylstädte (Dtn 19,1 ff.; Num 35,9 ff.). Wann trifft es die Prügelstrafe? Zahl der Hiebe, Art der Ausführung. Strafe der Geißelung macht von der Ausrottung frei. Lohn der Gebote.

6. Shevu'ot (8), «Schwüre» (vgl. Lev 5,4 ff.). Hauptarten von Schwüren. Leichtfertiger und vergeblicher Schwur. Zeugniseid; vom Richter auferlegter Eid. Wann schwört man nicht? Eide in Lohn-, Geschäfts- und anderen Angelegenheiten. Vier Arten der Hüter (mit oder ohne Lohn, Entlehner, Mieter).

7. 'Eduyot (8), «Zeugnisse» späterer Lehrer über die Sätze früherer Meister, auch *Beḥirta*, «Auswahl», genannt. Nach bBer 28a an dem Tag gelehrt, an dem Eleazar ben Azarja statt Gamaliel II. eingesetzt wurde. Insgesamt 100 Sätze, außerdem 40 Fälle, in denen die Schammaiten erleichtern, die Hilleliten erschweren. Die meisten Sätze stehen in M noch an anderer Stelle (nach der Sachordnung).

8. 'Avoda Zara (5), «Götzendienst». Feste der Götzendiener. Bestimmungen gegen zu engen Kontakt mit ihnen. Götzenbilder. Wein von Götzendienern. Wie man von Götzendienern gekaufte Geräte reinigt.

9. Avot (5), (Aussprüche der) «Väter», auch *Pirqe Avot*, «Abschnitte, Kapitel der Väter». Möglich ist auch das Verständnis von Avot als «grundlegende Prinzipien» der Mischna: so *M. B. Lerner* in *Safrai* I 264. Traditionskette von Mose bis zum Ende der tannaitischen Zeit. Sentenzen der genannten Lehrer. Anonyme Zahlensprüche und moralische Betrachtungen. Erst in späterer Zeit kam Kapitel 6 dazu, die Lobrede auf das Gesetz (*qinyan tora*, der «Erwerb der Tora»), die nicht zu M gehört.

10. Horayot (3), «Lehren, Entscheidungen». Irrtümlich erfolgte religionsgesetzliche Entscheidungen. Darbringung des Sündopfers Lev 4,13 f. Unterschiede zwischen Gericht, Hohepriester und anderen bei Befolgung irriger Entscheidungen. Andere Unterschiede zwischen Hohepriester, gewöhnlichem Priester usw.

§ 5. *Fünfte Ordnung: Qodashim «Heiliges»*
11 Traktate

1. Zevaḥim (14), «Schlachtopfer» (vgl. Lev 1 ff.). Erforderliche Intention. Wodurch ein Schlachtopfer untauglich wird und bei welchen Versehen es trotzdem tauglich bleibt. Blutsprengen, Vogelopfer. Vorrang von Opfern gegenüber anderen. Reinigung der Gefäße. Anteil der Priester an den Opfern. Verbrennung von Stieren und Böcken. Geschichte der Opferstätten.

2. Menaḥot (13), «Speiseopfer», vgl. Lev 2; 5,11 ff.; 6,7 ff.; 7,9 f.; Num 6,13 ff. usw. Die erforderliche Intention. Bei welchen Verstößen ein Speiseopfer tauglich bleibt oder untauglich wird. Zubereitung des Speiseopfers. Brote des Dankopfers, des Einweihungs- und des Nasiräeropfers. Maße beim Speiseopfer. Trankopfer. Opfergelübde.

3. Ḥullin (12), «Profanes». Das Schlachten von nicht zum Opfer bestimmten Tieren und sonstige Bestimmungen über den Genuss von tierischer Nahrung. Wer darf schächten, womit und wie tut man dies? Reine und unreine Tiere. Nicht Fleisch in Milch kochen. Abgaben von Geschlachtetem an die Priester. Erstlinge von der Schafschur. Gesetz vom Vogelnest (Dtn 22,6 f.).

4. Bekhorot (9), «Erstgeburten», vgl. Ex 13,2.12 f.; Lev 27,26 f.; Num 8,16 ff.; 18,15 ff.; Dtn 15,19 ff. Erstgeburt vom Esel, von unreinem Vieh. Beschau von Erstgeburten. Zum Opfer untaugliche Erstgeburten. Fehler, die einen Menschen zum Priesterdienst untauglich machen. Erbrechte des Erstgeborenen. Rechte des Priesters hinsichtlich des Lösegelds. Der Zehnte vom Vieh (Lev 27,32).

5. ʿArakhin (9), «Schätzungen», d. h. Beträge, die man aufgrund eines Gelübdes je nach Alter und Geschlecht zu entrichten hat (Lev 27,2 ff.). Wer darf schätzen? Mindest- und Höchstmaß. Berücksichtigung des Vermögens des Gelobenden. Verpflichtung der Erben. Pfändung, wenn das Äquivalent nicht bezahlt wird. Lösung des ererbten, erkauften oder verkauften Ackers; ummauerte Städte (Lev 25).

6. Temura (7), «Vertauschung» eines Opfertiers (Lev 27,10.33). Womit getauscht werden darf. Verschiedenheit der Opfer Einzelner gegenüber solchen der Gemeinde. Tausch bei einem Sündopfer. Was darf nicht auf

Aufbau und Inhalt 133

den Altar gebracht werden? Was von Geheiligtem muss man verbrennen oder vergraben?

7. *Keritot* (6), «Ausrottungen». Die in der Tora (Ex 12,15 u. ö.) genannte Strafe der «Ausrottung» wird als im Alter von 20–50 Jahren erfolgender natürlicher Tod ohne Nachkommen gedeutet. Ausrottung steht auf 36 Sünden, wenn man sie vorsätzlich begeht. Schuldopfer in Zweifelsfällen. Kraft des Versöhnungsfestes.

8. *Meʿila* (6), «Veruntreuung» von Geheiligtem (Num 5,6–8; Lev 5,15 f.). Bei welchem Opfer und ab welchem Zeitpunkt findet Veruntreuung statt, wo ist sie unmöglich? Benutzung des Geheiligten.

9. *Tamid* (6, jetzt 7 durch spätere Unterteilung von Kap. 6), Kurzform für ʿ*olat tamid*, das «tägliche Brandopfer», vgl. Ex 29,38 ff.; Num 28,3 ff. Die Nachtwache der Priester im Heiligtum. Das Aufräumen des Altars. Die verschiedenen Aufgaben der Priester. Die Darbringung des Opferlamms. Das Morgengebet. Das Räucheropfer. Der Hohepriester beim Opferdienst. Der Priestersegen und die Gesänge der Leviten.

10. *Middot* (5), «Maße» und Einrichtung des Tempels. Die Nachtwachen im Tempel. Tore des Tempels, die Feuerstätte. Tempelberg, Mauern und Vorhöfe. Brandopferaltar. Der Tempel. Der Vorhof und seine Kammern. Die Quaderhalle.

11. *Qinnim* (3), «Vogelnester». Das Taubenopfer, das arme Wöchnerinnen (Lev 12,8) und Arme bei bestimmten Verfehlungen (Lev 5,1 ff.) darbringen und das auch als freiwilliges Brandopfer möglich ist (Lev 1,14 ff.). Komplikationen, wenn Vögel, die verschiedenen Personen oder zu verschiedenen Opferarten gehören, durcheinandergeraten.

§ 6. *Sechste Ordnung: Toharot «Reinheiten»*

12 Traktate

1. *Kelim* (30), «Geräte». Welche Arten von Unreinheiten können Geräte annehmen? Anknüpfungspunkte in der Bibel: Lev 6,20 f.; 11,32 ff.; Num 19,14 ff.; 31,20 ff. Hauptunreinheiten, Grade der Unreinheit und der Heiligkeit. Irdene Gefäße; Öfen und Herde; Gefäße mit Deckel; Geräte aus Metall, Leder usw. Betten, Tische, Reitzeug usw. Unterscheidung von Äußerem, Innerem, Gestell, Rändern, Griffen usw. der Geräte bezüglich möglicher Verunreinigung.

2. *Ohalot* (18), «Zelte», bzw. *Ahilot*, «Bezeltungen». Über die durch einen Leichnam verbreitete Unreinheit. Diese erfolgt nicht nur durch Berührung, sondern schon dadurch, dass sich etwas im selben «Zelt» befindet (Num 19,14). Welche Öffnungen hindern bzw. fördern das Vordringen der Unreinheit? Auffinden von Leichnamen. Gebeinstätten. Häuser von Heiden.

3. *Negaʿim* (14), «Plagen», d. h. Aussatz (Lev 13–14). Arten des Aussatzes, Beschau durch den Priester. Zweifelhafte Fälle. Blühen des Aussatzes. Aussatzbeulen und Brandmale. Hautkrankheiten. Aussatz von Kleidern und Häusern. Reinigung eines Aussätzigen.

4. *Para* (12), «die (rote) Kuh» (Num 19). Alter und Eigenschaften der roten Kuh. Schlachten und Bereitung der Asche. Zubereitung des Sprengwassers und dessen Aufbewahrung. Wie es untauglich oder unrein wird. Wirksame und unwirksame Besprengung.
5. *Toharot* (10), «Reinheiten», euphemistisch für «Unreinheiten». Verunreinigungen, die nur bis Sonnenuntergang wirksam sind. Nicht rituell geschlachtete Tiere (*nevela*). Grade der Verunreinigung durch Berührung von Unreinem. Zweifelhafte Unreinheit. Verunreinigung durch Flüssigkeiten. Verunreinigung von Öl und Wein beim Pressen und Keltern.
6. *Miqwa'ot* (10), «Tauchbäder» zur Reinigung (Ansätze in Lev 15,12; Num 31,23 für Gefäße; Lev 14,8 für Aussätzige; 15,5 ff. für durch geschlechtliche Ausflüsse Verunreinigte). Maß und Beschaffenheit des Tauchbades. Wie ist das Tauchbad zu vollziehen, und was macht es unwirksam?
7. *Nidda* (10), «Unreinheit (der Frau)»; vgl. Lev 15,19 ff. (Blutfluss) und Lev 12 (Wöchnerin). Die Menstruierende; die Wöchnerin. Samaritanische, sadduzäische und nichtisraelitische Frauen. Verschiedene Lebensalter, Pubertät bei Mädchen usw.
8. *Makhshirin* (6), «was (zum Unreinwerden) geeignet macht», auch *Mashqin*, «Flüssigkeiten», genannt. Nach Befeuchtung mit einer von sieben Flüssigkeiten können trockene Nahrungsmittel durch Berührung mit etwas Unreinem unrein werden (vgl. Lev 11,34.37 f.).
9. *Zavim* (5), «mit einem unreinen Ausfluss Behaftete» (vgl. Lev 15). Vom Zählen der sieben unreinen Tage, bis der Zav wieder als rein gilt. Fragen bei der Prüfung des Ausflusses; Verunreinigung durch einen Zav. Vergleich mit verschiedenen Arten von Unreinheit. Aufzählung der Dinge, die Hebe untauglich (*pasul*) machen.
10. *Tevul yom* (4), «der am selben Tag ein Tauchbad genommen hat» und danach noch bis Sonnenuntergang unrein ist (Lev 15,5; 22,6 f.). Profanes darf er berühren, Hebe, Ḥalla und Geheiligtes macht er jedoch untauglich (*pasul*), wenn auch nicht unrein. Wie wirkt sich die Berührung eines Teils auf das Ganze aus?
11. *Yadayim* (4), «Hände», d. h. rituelle Unreinheit und Reinigung der Hände; vgl. Mt 15,2.20; 23,25; Mk 7,2 ff.; Lk 11,38 f. Reinigung der Hände durch Begießen mit Wasser. Wodurch werden die Hände verunreinigt? Schriften, die die Hände unrein machen, d. h. (liturgisch verwendbare Exemplare von Schriften, die) zur Bibel gehören. Debatte über das Hohelied und Kohelet. Das Aramäische in Esra und Daniel. Unterschiede zwischen Pharisäern und Sadduzäern.
12. *ʿUqẓin* (3), «Stiele». Wie Stiele, Schalen und Kerne mit unrein werden, wenn die Frucht unrein wird, bzw. wie sie die Frucht mit verunreinigen.

Aufbau und Inhalt

b) Ist diese Einteilung ursprünglich?

Vgl. dazu *Albeck*, Einführung 184–188; *Epstein*, ITM 980–1006; *M. Kahana*, The Arrangement of the Orders of the Mishnah (h), Tarbiz 76 (2006 f.), 29–40.

Die Unterteilung von M in *sechs Ordnungen* erwähnt bKet 103b im Namen des R. Chijja (T5): *shita sidre* (vgl. bBM 85b). Palästinische Texte verwenden statt *seder* auch ʿ*erekh:* z. B. PesK 1,7 (M. 11) *shesh* ʿ*erkhe hamishna*. Mehrfach nennt der Talmud die Namen der einzelnen Ordnungen. Was die Reihenfolge der 6 Ordnungen betrifft, findet sich die uns vorliegende Folge schon in einer Auslegung des Resch Laqisch (A2) zu Jes 33,6; die einzelnen Ausdrücke des Verses bezieht er der Reihe nach auf die M-Ordnungen: Glaube – Zeraʿim; deine Zeit – Moʿed; Macht – Nashim; Rettung – Neziqin; Weisheit – Qodashim; Wissen – Toharot (bShab 31a). Die Verbindung der Ordnungen mit den einzelnen Ausdrücken des Bibelverses ist nur zum Teil einsichtig. Dies legt nahe, dass der Text die Reihenfolge der Ordnungen nicht aus dem Bibeltext ableitet, sondern diese ihm vorgegeben ist. Trotzdem kann der Text nicht beweisen, dass diese Reihenfolge schon im 3. Jh. feststand. MidTeh 19,14 (B. 86a) legt R. Tanchuma (A5) Ps 19,8–10 auf die 6 Ordnungen von M aus. Dabei nennt er der Reihe nach Nashim, Zeraʿim, Toharot, Moʿed, Qodashim und Neziqin. Die dazu jeweils zitierten Psalmstücke entsprechen nicht der Reihenfolge des Bibeltextes – wohl erst nachträglich hat man Toharot mit dem dazugehörigen Psalmzitat an die 5. Stelle gerückt, um der biblischen Textfolge zu entsprechen: Das legt nahe, dass dem Autor tatsächlich die hier gebrachte Reihenfolge der M-Ordnungen vorlag (zumal auch hier die Verbindung zwischen Schriftwort und Ordnung äußerst locker ist). D. h. aber, dass es in talmudischer Zeit noch keine verbindliche Reihenfolge der einzelnen Ordnungen gab, auch wenn sich schon bald die uns bekannte Folge immer mehr durchsetzte (so auch bBM 114b, wonach Neziqin die 4., Toharot die 6. Ordnung ist; Aufzählung der Ordnungen in jetziger Reihenfolge in EstR 1,12).

Die *Namen der Traktate* sind zum Großteil schon in den Talmudim belegt: so z. B. Ber in bBQ 30a, Yoma in bYom 14b, RH in bTaan 2a; Ket, Ned, Naz und Sota in bSot 2a; BQ und BM in bAZ 7a; San (einschließlich Mak) in yMak 1,31b; Mak und Shevu in bShevu 2b; Ed in bBer 28a, Avot in bBQ 30a; bTam in bYom 14b, Mid in bYom 16a, Kel in Kel 30,4; Ahilot und Negaʿim in yMQ 2,5,81b; ʿUqẓin in bHor 13b. Die Namen sind meist vom Inhalt, gelegentlich auch vom Anfangswort genommen (so Beẓa häufiger als Yom Tov; Sheḥitat Qodashim älter als Zevaḥim; Mashqin älter als MQ).

Die *Zahl der Traktate* beträgt jetzt 63. Ursprünglich aber bildeten die drei «Pforten» (Bavot) am Anfang der 4. Ordnung nur einen, gleichfalls Neziqin genannten Traktat: «Ganz Neziqin ist *ein* Traktat» (bBQ 102a;

vgl. bBM 10a. b). Dieser umfasste wie Kelim 30 Kapitel (WaR 19,2, M. 417). Diesen ursprünglichen Zustand geben die MSS Kaufmann und Parma wieder; auch andere MSS zählen die Kapitel der drei «Pforten» durch. Nur wegen seiner Größe ist der Traktat schon in talmudischer Zeit dreigeteilt worden (ebenso Kelim in T): Die Teilung erfolgte rein mechanisch in drei «Pforten» zu je 10 Kapiteln; sachlich müsste BM 10 zu BB gehören. Makkot bildete ursprünglich zusammen mit San einen einzigen Traktat, San, der 14 Kapitel umfasste, wie die MSS Kaufmann und Parma belegen. Das setzt auch yMak 1,14,31b voraus: «Wir lernen hier etwas, was wir im ganzen (Traktat) Sanhedrin nicht lernen ...» Die Abtrennung von San ist auch hier nicht sachgemäß erfolgt: Mak 1 müsste noch zu San gehören. Noch Maimonides bezeugt, wenn auch unwillig, in der Einleitung zu seinem M-Kommentar, dass in den Handschriften Mak und San verbunden und als ein Traktat gezählt werden. Somit ergibt sich als ursprüngliche Zahl der Traktate 60, wie auch R. Isaak Nappacha (A3) bezeugt, wenn er die «60 Königinnen» von Hld 6,8 als die «60 Traktate der Halakhot» deutet (ShirR 6,14).

M. Kahana sieht im Aufbau des Textes von M eine bewusste Entscheidung Rabbis: 6 Ordnungen mit insgesamt 60 Traktaten, aufgeteilt in zwei Hälften von je 30 Traktaten (Zeraʿim 11, Moʿed 12, Nashim 7 = 30; Neziqin 7, Qodashim 11, Toharot 12 = 30), eine Aufteilung, die auch in der abweichenden Gliederung von R. Tanchuma in MidTeh gewahrt ist (Nashim 7, Zeraʿim 11, Toharot 12; Moʿed 12, Qodashim 11, Neziqin 7), die noch dazu chiastisch angeordnet ist (7–11–12/12–11–7). *Kahana* verweist zu Recht auf andere antike Werke, bei denen die Zahl der Bücher eines Werks bewusst gewählt ist. Die gezielte Aufteilung eines Werks in bedeutende oder runde Zahlen oder auch seine symmetrische Gliederung war immer attraktiv. Ob dies aber die von Anfang an geplante Struktur von M war, muss Hypothese bleiben.

Die *Reihenfolge der Traktate* innerhalb der Ordnungen ist nicht einheitlich überliefert: MSS und Drucke weichen ebenso voneinander ab wie die Anordnung der Traktate in der Überlieferung von T und den beiden Talmudim. Die hier gebotene Reihenfolge entspricht der des Maimonides in der Einleitung zu seinem M-Kommentar, ausgenommen in der Folge Naz Sota Git: Maimonides plädiert hier für die Folge Naz Git Sota, die sich jedoch wegen des expliziten Zeugnisses von bNaz 2a und bSot 2a (kannte Maimonides diese Stellen nicht?) nicht durchgesetzt hat. Sonst gibt es wenig talmudische Angaben zur Reihenfolge (bTaan 2a: RH-Taan; bShevu 2b: Mak-Shevu), die eindeutig verwertbar sind. Eine einheitliche ursprüngliche Reihenfolge der Traktate ist nicht anzunehmen. Das den M-Handschriften zugrunde liegende Ordnungsprinzip innerhalb der Ordnungen scheint die Kapitelzahl der einzelnen Traktate gewesen zu sein, wie schon *A. Geiger* vermutet hat (Wissensch. Zeitschrift für jüd. Theologie 2, 1836, 489–492). Dies trifft jedenfalls für alle Ordnungen außer Zeraʿim zu, wenn wir in der Ordnung Neziqin die drei «Pforten» als einzigen Traktat Neziqin mit 30 Kapiteln betrachten und ebenso San und Mak als Traktat San mit 14 Kapiteln zusammennehmen. In der Ordnung Qodashim ist zu beachten, dass Tamid ursprünglich nicht 7, sondern 6 Kapitel zählte. Wo die einzelnen MSS von M in der Reihenfolge voneinander abweichen, geschieht dies regelmäßig durch Umstellung von Traktaten mit derselben Kapitelzahl. Wenn die Erstausgabe von M Avot (5 Kapitel) nach Horayot (3 Kapitel) bringt, so wohl deshalb, weil Avot innerhalb der Ordnung (und der ganzen M) einzigartig ist und vielleicht einst überhaupt den Abschluss von M bildete; aber auch diese Ausgabe stellt in der zusammenfassenden Liste der 4. Ordnung Avot vor Horayot!

Die Anordnung der Ordnung Zeraʿim weicht hingegen völlig von diesem Prinzip ab, auch wenn eine Gruppe größerer Traktate den kleinen Traktaten vorausgeht. Die Kapitelzahlen in der üblichen Reihenfolge sind: 9-8-7-9-10-11-5-5-4-3-3. MS Wien von T stellt im ersten Teil um: Ter (11), Shevi (10), Kil (9); auch ein Geniza-MS belegt die Reihenfolge Shevi-Kil. Doch selbst wenn dies die ursprüngliche Reihenfolge wäre, blieben noch die ersten drei Traktate in ihrer Anordnung ungeklärt. Auch der Versuch von Abr. *Goldberg* (in *Safrai* I 234), darin eine erst sekundär mit dem Folgenden verbundene Teilordnung zu sehen, hilft kaum weiter. Demai, «zweifelhaft Verzehntetes», jetzt an 3. Stelle, müsste rein sachlich erst nach Maas und Ter kommen (in MS Erfurt von T steht Demai tatsächlich nach Ter!), und auch Pea, jetzt an 2. Stelle, ist hier sachlich kaum gerechtfertigt. Was schließlich Ber betrifft, dürfte der Traktat aufgrund seines Inhalts an den Anfang von M gestellt worden sein (im Münchener Codex des bT steht Ber am Ende der Ordnung Moʿed!). Wie es zur jetzigen Anordnung der Traktate in Zeraʿim gekommen ist, kann jedenfalls nicht mehr zufriedenstellend geklärt werden. Zwar ist vermutet worden, dass z. B. die Reihenfolge Kil-Shevi-Ter mit der Reihenfolge der biblischen Basistexte (Lev 19; Lev 25; Num 18) zu begründen sei. Die Annahme jedoch, dass allgemein die Stellung der betreffenden Gesetze im Pentateuch für die älteste Ordnung der Traktate maßgeblich gewesen sei, ist nicht zu belegen, auch wenn die Aufeinanderfolge nicht weniger Bestimmungen innerhalb der einzelnen Traktate durch das Beieinanderstehen entsprechender Sätze im Pentateuch erklärt werden kann. Einzelne Traktate sind sicher wegen ihrer sachlichen Verwandtschaft nebeneinandergestellt worden (so Maas und MSh). Doch auch der Versuch des Maimonides in der Einleitung zu seinem M-Kommentar, die von ihm für ursprünglich gehaltene Anordnung der Traktate sachlich zu begründen (Zusammenstellung des Gleichartigen, Voransetzung des Unentbehrlichen, Aufeinanderfolge in der Tora), kann nicht als überzeugend angesehen werden.

Wenn die Massekhtot innerhalb ihrer Ordnungen tatsächlich primär nach ihrer Kapitelzahl angeordnet worden sind, muss die *Kapiteleintei-*

lung älter als diese Anordnung sein. Tatsächlich erwähnt schon WaR 19,2 (M. 417) je 30 Kapitel für Neziqin und Kelim. Auch finden sich in den Talmudim einzelne M-Kapitel mit den noch heute üblichen, aus den Anfangsworten gebildeten Namen zitiert, so yGit 8,5,49c «Wer sich von seiner Frau scheidet» (mGit 9), bYev 96b «Vier Brüder» (mYev 3), bNid 48a «ein durch Kaiserschnitt entbundenes Kind» (mNid 5). Das schließt natürlich nicht aus, dass einzelne Kapitel erst später abgetrennt (Tam 6 und 7 zählen in den MSS und bei den frühen Kommentatoren als ein einziges Kapitel) oder erst nachträglich hinzugefügt worden sind (mAv 6; mBik 4 aus der T-Tradition). Auch ist vereinzelt die Abtrennung der Kapitel sachlich unrichtig vorgenommen worden: so etwa in Shab, wo 9,1–4 sachlich mit 8,7 zusammengehört (jeweils Aussagen, für die ein zitierter Bibelvers kein Beweis, aber ein Hinweis ist). Solche unsachgemäßen Trennungen können gelegentlich älter als die Talmudim sein und auf die Rezitatoren von M in den Schulen, die Tannaim, zurückgehen.

Die *Reihenfolge der Kapitel* innerhalb eines Traktates ist nicht immer eindeutig überliefert: In Er bietet z. B. MS Oxford die Reihenfolge 6, 5, 7, 4, während MS München 5 vor 3 stellt; Pes ist bei den Geonim zweigeteilt: a) Kap 1–4 und 10; b) Kap. 5–9. So kommt es, dass MS München Kap. 10 direkt an 4 anschließt; in Tam bietet MS Florenz 4 vor 3. In Ber hat Raschi 4 nach 2 gelesen; Meg 3 steht in den Drucken des bT an 4. Stelle; in Git tauschen Rabbenu Ascher und viele französische Texte 6 und 7; BB 5 steht in MS Hamburg 19 nach 6,7 nach 8; San 10 steht im bT an 11. Stelle, Men 10 in bT an 6. Stelle. Die Untergliederung der Kapitel in *Halakhot* und *Mishnayot* ist jedenfalls alt und wird im Wesentlichen schon in den Talmudim vorausgesetzt.

Die uneinheitliche Anordnung der Traktate innerhalb ihrer Ordnungen und der Kapitel innerhalb der Traktate in den verschiedenen Textzeugen macht deutlich, dass diese Untergliederung von M nicht einer normativen ursprünglichen Anordnung des Textes folgt, sondern wechselnden Interessen im Lehrbetrieb der Rabbinen und ihrer Nachfolger untergeordnet war; erst die MSS-Tradition und am nachhaltigsten der Versuch des Maimonides haben die Anordnung der Traditionsblöcke innerhalb M normiert, ohne jedoch je zu voller Einheitlichkeit zu führen.

c) Ein Ordnungsprinzip der Mischna

Trotz einer gewissen Uneinheitlichkeit in der Textüberlieferung steht der Aufbau von M so weit fest, dass nach ihrem Ordnungsprinzip zu fragen ist, auch wenn man die Erklärung des Maimonides hinsichtlich der logischen Reihenfolge der Traktate nicht übernehmen kann. Die *Zuordnung der einzelnen Traktate zu ihren jeweiligen Sedarim* ist fast durchweg vom Inhalt her sachlich gerechtfertigt. Problematisch sind Ber, Naz, Ed und Avot.

1. *Ber*, das sich v. a. mit den täglichen Gebeten befasst, passt an sich nicht zur Ordnung Zeraʿim, in der es um die Gesetze bezüglich der Landwirtschaft und ihrer Produkte geht. Seine Zuordnung zu dieser Ordnung dürfte wohl deshalb erfolgt sein, weil hier auch die Tischgebete mit ihren Segenssprüchen über die einzelnen Lebensmittel ausführlich besprochen werden. Die Thematik des Gebets führt zur Einordnung des Traktats ganz zu Beginn der Ordnung und somit der ganzen M, um deren religiösen Charakter von Anfang an klarzustellen.

2. Die Einordnung von *Naz* gibt schon in bSot 2a und bNaz 2a zu Fragen Anlass. Man begründet die Zusammenstellung mit Sota moralisierend: Wer die des Ehebruchs Verdächtige verflucht sieht, wird sich den verführerischen Weingenuss abgeloben. Tatsächlich gehört Naz mit Ned zusammen: Da der Traktat über die Gelübde wegen der besonderen Problematik der Gelübde bei Frauen (Aufhebbarkeit durch Mann oder Vater: Ned 10–11) in der Ordnung Nashim aufgenommen wurde, fand hier auch Naz (als Sonderfall von Gelübden) seinen Platz, obwohl nur 4,1–5 und 9,1 von Frauen abgelegte Nasiräatsgelübde behandeln.

3. *Ed*, «Zeugnisse», dürfte im Anschluss an Shevuʿot, «Schwüre», in die Ordnung Neziqin gekommen sein, nachdem dieser Traktat mit seiner für M einzigartigen Anordnung nach Lehrmeistern und ohne thematische Einheit sonst nicht unterzubringen war. *Albeck* (Mischna IV 277) sieht die Aufnahme von Ed in Neziqin dadurch begründet, dass die in Ed enthaltenen Aussagen vor dem Sanhedrin in Javne bezeugt wurden.

4. *Avot*, als einziger Traktat von M rein haggadisch und damit neben Ed der zweite abnormale Traktat in M, hat nach *Albeck* (Mischna IV 348 f.) in Neziqin Aufnahme gefunden, weil die «Väter» die Mitglieder des Sanhedrin waren. Diese Begründung ist jedoch recht zweifelhaft. In bBQ 30a sagt R. Jehuda: «Wer ein Frommer sein will, halte die Gesetze von den ‹Schädigungen›. Rava sagte: die Vorschriften der ‹Väter›. Manche sagen: die Vorschriften von den ‹Segenssprüchen›». Wenn hier Rava die Aussage Jehudas spezifiziert, wäre damit für seine Zeit die Einordnung von Avot in Neziqin belegt, aber noch nicht begründet. Eine logische Begründung ist wohl nicht zu finden. Eher ist die historische Begründung von *A. Guttmann* zu erwägen: Avot sei erst spät (um 300) in M eingefügt und daher an den Schluss des Werkes gestellt worden, den damals gewöhnlich die Ordnung Neziqin bildete. Für einen noch späteren Ansatz siehe *G. Stemberger*, Mischna Avot. Frühe Weisheitsschrift, pharisäisches Erbe oder spätrabbinische Bildung? ZNW, 96 (2005) 243–258 (= Judaica Minora II 317–330).

Innerhalb der einzelnen Traktate ist zwar die thematische Anordnung grundlegend; doch wird sie immer wieder durch Assoziationen unterbrochen, seien diese inhaltlich, formaler Art oder durch denselben Tradenten gegeben. In Sota z. B. ist das eigentliche Thema die des Ehebruchs Verdächtige. Wie dieser Vergeltung nach dem Prinzip «Maß für Maß» zuteilwird, so auch anderen, sei es zum Guten oder zum Bösen (1,7–9). Dem Satz Jehoschuas über die sittenlose Frau folgt eine weitere Sentenz in seinem Namen, wer aller durch sein Verhalten die Welt zerstört (3,4). Beim Speiseopfer der Sota wird unterschieden zwischen der Tochter eines Priesters und der Frau des Priesters, die Tochter eines gewöhnlichen Israeliten ist: So kommt man auf die Unterschiede zwischen Priester und Priestertochter allgemein zu sprechen, ebenso auf den Unterschied zwischen Mann und Frau. Formal werden die Sätze durch die Einleitung *ma ben*, «was ist (der Unterschied) zwischen ...?» verbunden (3,7–8). Einem Spruch des R. Aqiva mit Kommentar des R. Jehoschua in 5,1 folgen in 2–5 weitere Sprüche des R. Aqiva vom selben Tag (*bo ba-yom darash R. Aqiva*), jeweils von R. Jehoschua und anderen ergänzt; der Anschluss ist dabei durch die Namen Aqivas und Jehoschuas gegeben, ebenso wohl auch durch das Stichwort «verunreinigen». Am umfangreichsten sind diese assoziativen Einschübe in 7–9: Die Beschwörungsformel der Sota kann in allen Sprachen gesprochen werden; was kann ebenso in allen Sprachen, was nur in Hebräisch rezitiert werden? So kommt man zu liturgischen Fragen und zum Thema des Kalbs, dem man das Genick bricht, wenn ein Mörder nicht gefunden wird. Dieser Brauch hat mit dem Überhandnehmen der Mordfälle aufgehört: Was hat sich noch im Lauf der Zeit geändert? Von hier zieht man die Verbindungslinie bis zu den Zeichen der Endzeit.

An anderen Stellen ist die Textfolge von M offenbar vom halakhischen Midrasch beeinflusst und hängt vom Zusammenhang des Bibeltextes ab: mMSh 5,10–14 erläutert z. B. Dtn 26,13–15; mYev 8 spricht unmittelbar nach einigen Bestimmungen über Männer, deren Geschlechtsglied verstümmelt ist (Dtn 23,2 f.), über die Nichtaufnahme von Ammonitern und Moabitern sowie die Aufnahme von Ägyptern und Edomitern in die Gemeinde (Dtn 23,4 ff.); auf die Erläuterung von Dtn 20,2–9 in mSot 8 folgt in 9 die von Dtn 21,1–9; mBM 2,10 erwähnt den unter seiner Last erliegenden Esel (Ex 23,5), obwohl das nicht in den Zusammenhang gehört, weil im Kontext vom verirrten Vieh (Ex 23,4) die Rede ist; mMak 2 bringt Bestimmungen über den unvorsätzlichen Totschläger Dtn 19,4 ff. und die Asylstädte Dtn 19,2 ff.; diese gehören nicht in den Traktat, sind aber angeführt, weil mMak 1 von Fällen spricht, in denen falsche Zeugen Streiche erhalten sollen (Dtn 19,19). Shevu ist im Wesentlichen aus der Erklärung von Lev 5 (Kap. I–V) und Ex 22,5–14 (Kap. 6–8) zusammengestellt. Hier setzt M sicher auch frühe Formen des halakhischen Midrasch voraus. Wörtliche Parallelen von M mit den erhaltenen halakhischen Midraschim sind dagegen i. A. nicht Übernahmen aus diesen Midraschim (anders *Reichman*, nach dem die Redaktoren von M Sifra in einem fortgeschrittenen Stadium der Redaktion benutzten), sondern später in die Midraschim kopiert worden.

Die dem modernen Leser unsystematisch wirkende Stoffzusammenstellung von M geht also auf verschiedene damals übliche Ordnungsprinzipien zurück. Völlige Kohärenz und Einheitlichkeit im System der Rabbinen dürfen wir prinzipiell nicht erwarten. Dennoch können, bei aller gebotenen Vorsicht, die Verschiedenheiten in der Anordnung des Stoffes in M sehr wohl für ihre Quellenanalyse und Traditionsgeschichte verwertet werden.

3) Die Entstehung

a) Die Tradition

Fast jede Darstellung der Entstehungsgeschichte von M beruht auf dem Schreiben des *Gaon Scherira von 987*, in dem er die Fragen der Gemeinde von Kairowan beantwortet: Wie wurde M niedergeschrieben? Haben die Männer der Großen Synagoge zu schreiben begonnen und die Weisen jeder Generation einen Teil geschrieben, bis Rabbi kam und M abschloss? Das umfangreiche anonyme Material von M entspricht, wie sie wissen, der Lehre des R. Meir, und die am häufigsten genannten Gelehrten – Meir, Jehuda, Jose und Simeon – sind Schüler Aqivas, nach dem die Halakha geht. Doch warum haben die Früheren den Späteren eine Fülle von Material überliefert und hat man dennoch bis zum Ende der Zeit Rabbis nichts aufgeschrieben? Des Weiteren will die Gemeinde von Kairowan eine Begründung für die Anordnung der Traktate in M, Auskünfte über T usw. (ISG 4–6).

Die Antwort Scheriras fügt zerstreute talmudische Angaben zu einem geschichtlichen Abriss der talmudischen Zeit. Vor Rabbi gab es keine einheitliche Formulierung der Gesetze, geschweige denn eine geordnete M. Aus Sorge, die Lehre könne verloren gehen, machte sich Rabbi an die Redaktion von M. Dabei ging er nicht nach eigenem Gutdünken vor, sondern ließ die Tradition bis zurück zu den Männern der Großen Synagoge prüfen, um die als richtig befundenen Sätze wörtlich zu übernehmen (als Beleg gilt mSan 5,2, wo Ben Zakkai ohne den Titel Rabban genannt wird: Diese Tradition soll aus der Zeit stammen, als er noch nicht ordiniert war). Einzelne Traktate wie ʿUqzin (lt. bHor 13b zur Zeit Simeons b. Gamaliel gelehrt) und ʿEduyot (lt. bBer 28a am Tag der Einsetzung des Eleazar ben Azarja vorgetragen) lagen Rabbi schon fest vor und wurden von ihm nur durch Lehren aus der Zeit seines Vaters ergänzt. Die anonyme Lehre in M ist lt. Scherira tatsächlich jene Meirs, der sich auf Aqiva stützt, welcher wiederum von seinen Lehrern übernimmt. Eine schriftliche Fassung von M war früher nicht nötig, da alle einmütig dasselbe lehrten; erst durch die zahlreichen Schüler Hillels und Schammais kam es zu Meinungsverschiedenheiten.

ISG kommt zu dieser Schilderung einer einheitlichen Weitergabe der

M-Lehre aus grauer Vorzeit, bis sie von Rabbi redigiert wurde, von ihrer Auffassung der mündlichen Tora aus, die als solche direkt auf Mose zurückgeht (wie andere explizit sagen). Dieses einheitliche Bild der Traditionsentwicklung dient Scherira im Kampf gegen die Karäer mit ihrer Abwertung der rabb. Überlieferung. Das hohe Alter der mündlichen Tora betont auch Saadja im Sefer ha-Galui (S. Schechter, Saadyana, C 1903, 5); doch begannen nach ihm schon die Männer der Großen Synagoge mit der Niederschrift von M. STA schließlich (Machzor Vitry, J 1963, 484) behauptet, gestützt auf bHag 14a: «Von den Tagen Moses bis auf Hillel gab es 600 Ordnungen der M, wie sie der heilige Mose auf dem Sinai gegeben hatte; doch von Hillel an wurde das Ansehen der Tora schwach, und so legten Hillel und Schammai nur 6 Ordnungen fest» (vgl. auch Responsum 20 in Sha'are Teshuvah. Responsa of the Geonim, NY 1946, und Bereshit Rabbati, ed. *Albeck* 48).

Die moderne Einleitungswissenschaft ist i. A. nicht über diese Ansätze hinausgekommen (vgl. *J. Neusner*, Hg., The Modern Study). Fast allgemein rechnet man mit einer langen Vorgeschichte von M: Manche führen diese bis zur Offenbarung an Mose auf dem Sinai zurück (*D. Hoffmann*); i. A. lässt man sie jedoch mit dem Schriftstudium in der Exilzeit bzw. mit den Männern der Großen Synode einsetzen (z. B. *Z. Frankel*), wobei durch Esra ebenfalls der direkte Anschluss an die biblische Zeit gesichert ist. Auch die Haggada von den 600 Ordnungen von M vor Hillel oder zumindest die Schaffung der 6 Ordnungen durch Hillel selbst oder in seiner Zeit wird gerne übernommen (z. B. *N. Krochmal*). Andere wie *Ch. Albeck* nehmen im Anschluss an Scherira zwar keine feste Ordnung von M vor Rabbi an, halten jedoch ebenfalls daran fest, dass die Anfänge der in M niedergelegten Halakha Jahrhunderte älter als M selbst sind. Erst *J. N. Epstein* verzichtet weithin darauf, die vormischnaische Periode zu rekonstruieren, und verlässt sich im Allgemeinen auf eine literargeschichtliche Untersuchung von M selbst.

So ergeben sich als Festpunkte einer traditionellen opinio communis: Rabbi Jehuda ha-Nasi hat M redigiert; dabei hat er als Hauptquelle die M des R. Meir verwendet, der sich wieder auf die M seines Lehrers Aqiva stützt. Aber auch Aqiva war nicht der erste Redaktor von M, sondern greift auf eine «erste M» zurück, deren Wurzeln bis in die biblische Zeit zurückreichen.

Diese Darstellung scheint sich auf rabb. Zeugnisse stützen zu können; v. a. der R. Jochanan zugeschriebene Satz wird zitiert: «Anonyme Aussagen von M (*stam matinitin*) – R. Meir, solche von T – R. Nechemja, solche in Sifra – R. Jehuda, solche in Sifre – R. Simeon. Und alle richten sich nach R. Aqiva» (*we-kulhu ʾaliba de-R. ʿAqiva*: bSan 86a). Abgesehen von der Frage der Zuverlässigkeit dieser Tradition spricht der Text nicht explizit von geordneten oder gar schriftlichen M-Sammlungen Aqivas oder Meirs, sondern kann auch von der M zugrunde liegenden Halakha verstanden werden. Dasselbe gilt für mSan 3,4, wo Aqivas M der ersten M gegenübergestellt wird (ebenso mNaz 6,1 und tMSh 2,12, L. 253; mKet 5,3 und mGit 5,6: die erste M gegenüber späteren Entscheidungen; tMSh 2,1, L. 249, und SifZ Naso 5,10, H. 232 bezeichnen bestimmte Lehren als M des R. Aqiva): M kann hier auch eine einzelne Halakha sein. Eine redaktionelle Tätigkeit Aqivas ist damit nicht notwendig eingeschlossen. Eine solche scheint jedoch in zwei anderen Texten ausgesagt zu sein: «als R. Aqiva den Schülern Halakhot ordnete» (*mesader*: tZav 1,5, R. 337), ließ er sie Gegengründe vorbringen. S. *Lieberman* (Hell. 91) versteht dies als Überprüfung der *hypomnēmata*, der Mitschriften der Studenten, und deutet diese Aussage wie auch ySheq 5,1,48c («R. Aqiva, der Midrasch, Halakhot und Haggadot festlegte», *hitqin*) im Sinn einer redaktionellen Tätigkeit Aqivas.

So schwer diese rabb. Aussagen zu bewerten sind, kann man sie doch nicht einfach vernachlässigen. Das zeigen auch nichtjüdische Zeugnisse, nämlich zwei allerdings ungenaue oder verderbte Stellen des Epiphanius: «Denn die Überlieferungen der Alten heißen bei den Juden *deuterōseis*. Diese sind vier: Eine läuft unter dem Namen Moses (*mishne tora*, das Dtn? Doch deutet der Zusammenhang auf ein nichtbiblisches Werk!), die Zweite nach dem sogenannten R. Aqiva, die Dritte nach Adda oder Juda, die Vierte nach den Söhnen der Hasmonäer» (Anordnungen des Johannes Hyrkan? oder Verstümmelung aus Hoschaja? Haer. 33,9, GCS 25, I 459 f.). Der Paralleltext (Haer. 15,2, p. 209 f.) lautet: «Denn es gab bei ihnen vier *deuterôseis*: Eine ist nach dem Propheten Mose benannt, die Zweite nach ihrem Lehrer Aqiva oder Baraqiva, eine weitere nach Adda oder Annas, der auch Juda heißt, eine andere nach den Söhnen der Hasmonäer.»

b) Bibelauslegung als Ursprung der Mischna?

Lit.: G. *Aicher*, Das Alte Testament in der Mischna, Freiburg 1906; A. J. *Avery-Peck*, Scripture and Mishnah: The Case of the Mishnaic Division of Agriculture, JJS 38 (1987) 56–71; D. W. *Halivni*, Midrash, Mishnah, and Gemara. The Jewish Predilection for Justified Law, C (M) 1986; J. Z. *Lauterbach*, Rabbinic Essays, NY 1973 (= Cincinnati 1951), 163–256 (aus JQR 5, 1914 f., und 6, 1915 f.); J. *Neusner*, Method and Meaning in Ancient Judaism II, Chico 1981, 101–213; *ders.*, Judaism. The Evidence of Mishnah, Chicago 1981, 167–229; *ders.*, Scripture and the Generative Premises of the Halakhah: A Systematic Inquiry, 4 Bde., Binghamton 1999; *ders.*, The Torah and the Halakhah. The Four Relationships, Lanham 2003; *ders.*, Is Scripture the Origin of the Halakhah?, Lanham 2005; R. S. *Rosenblatt*, The Interpretation of the Bible in the Mishnah, Baltimore 1935; S. *Safrai* I 146 ff.; A. *Samely*, Rabbinic Interpretation of Scripture in the Mishnah, O 2002; E. E. *Urbach*, The Derasha as a Basis of the Halakha and the Problem of the Soferim (h), Tarbiz 27 (1957 f.) 166–182 (= The World of the Sages. Collected Studies, J ²2002, 50–66); J. *Weingreen*, From Bible to Mishna. The Continuity of Tradition, Manchester

1976; *S. Zeitlin*, Midrash: A Historical Study, in: *ders.*, Studies in the Early History of Judaism. History of Early Talmudic Law, IV, NY 1978, 41–56.

Die rabb. Auffassung vom sinaitischen Ursprung der mündlichen Tora lässt natürlich auch M am Sinai beginnen. Neben dieser These eines von Anfang an bestehenden Nebeneinanders von mündlicher und schriftlicher Tora findet sich in der Tradition auch die andere Meinung, dass die mündliche Tora von der schriftlichen abgeleitet und deren konsequente Auslegung ist. Schon Scherira (ISG 39) behauptet, dass die frühen Lehrer in der Zeit des zweiten Tempels nach der midraschischen Methode von Sifra und Sifre vorgingen, also die Halakha aus der Bibel ableiteten bzw. im Anschluss an die Bibel lehrten, auch wo diese von der Bibel unabhängig ist. Diese wohl auch von der Polemik gegen die Karäer mitbestimmte Aussage Scheriras haben *N. Krochmal, Z. Frankel, J. Brüll, D. Hoffmann* u. a. übernommen (in impliziter apologetischer Abwehr der christlichen These vom «Spätjudentum»: *J. Neusner*, Method 158). *J. Z. Lauterbach* (Rabb. Essays 163 ff.) hat sie ausgebaut und die Makkabäerzeit als die Periode angesehen, in der neben die midraschische Methode der Halakha-Lehre die mischnaische getreten sei, welche die Halakha wie die uns vorliegende M ohne Bezug zur Bibel lehrt. Den Grund für das Aufkommen der mischnaischen Methode sah *Lauterbach* darin, dass in einer Periode ohne Lehrautorität zahlreiche Halakhot ohne biblischen Bezug sich eingebürgert hatten und nicht mehr zu verdrängen waren; zugleich konnten die Pharisäer die mit diesen nicht aus der Bibel abgeleiteten Halakhot verbundene Lehre von der mündlichen Tora als Stütze ihrer eigenen Lehrautorität verwenden. Gegen diesen zeitlichen Ansatz wendet sich *Halivni* 18 ff.: Erst nach 70 verdrängte unter dem Druck der äußeren Umstände die mischnaische Methode den midraschischen Zugang, ohne sich jedoch auf Dauer durchsetzen zu können (M ist «a composite work, excerpted from earlier sources, from Midrash»: p. 53).

Dagegen steht die Meinung, die Halakha sei ursprünglich nicht aus der Bibel abgeleitet und auch nicht im Rahmen der Exegese gelehrt worden; die mischnaische Methode sei also ursprünglicher als die midraschische. Dafür spricht, dass Halakhot frühester Autoritäten stets ohne biblische Begründung überliefert werden. Auch die Erzählung über Hillels Entscheidung hinsichtlich der Vorbereitung des Pesachopfers am Sabbat ist zu erwähnen (yPes 6,1,33a: vgl. S. 28), vorausgesetzt, sie ist zumindest in ihrem Kern historisch brauchbar. Vertreter dieser Meinung sind u. a. *Halevy* (Dorot Ic 292 ff.; Ie 467 ff.), *G. Aicher* und *S. Zeitlin*. Nach *Zeitlin* hat sich die Midraschform nur durchgesetzt, um den in der Zeit des zweiten Tempels entstandenen Halakhot höhere Autorität zu verleihen. Aus bQid 49a («Was ist M? R. Meir sagt: Halakhot. R. Jehuda sagt: Midrasch»; vgl. bSan 86a, wonach die anonyme M Meir entspricht, das anonyme Sifra R. Jehuda) entnimmt *Zeitlin*, dass bei der Sammlung der Halakha in ein einziges Corpus Meir eine thematische Anordnung vertreten habe, Jehuda eine Anordnung gemäß dem Pentateuch. Andere nehmen eine vermittelnde Position ein und vertreten ein Nebeneinander beider Methoden (so z. B. *S. Safrai* I 154). *J. N. Epstein*, (ITL 503 ff.) und *Ch. Albeck* (Einführung 56–93) nehmen zwar beide im Anschluss an Scherira den zeitlichen Vorrang der mischnaischen Lehrmethode an; doch betonen sie, dass sich die Halakha vielfach zwar auf die Bibel stützt, sich jedoch nicht aus dieser ableitet. *E. E. Urbach* nimmt an, dass in der Frühzeit die etablierten Autoritäten (der Sanhedrin und seine Gelehrten sowie die Gerichte) die Halakha in Form von *taqqanot* und *gezerot* festsetzten, die autoritätslosen Soferim hingegen sich auf die Bibelauslegung stützten. Erst langsam, mit der Schwächung der bestehenden Institutionen, habe sich die Bibelauslegung als gleichwertige Quelle der Halakha durchgesetzt; nach 70 begannen die Gelehrten, Soferim zu werden (mSot 9,15: Im Kontext sind die Soferim jedoch eher als Schullehrer zu verstehen, besagt also die Stelle einen Niedergang der Gelehrsamkeit vor dem Ende der Zeiten!), und schließlich gewann die Schule Aqivas, die jegliche Halakha aus der Bibel ableiten wollte, die Oberhand.

Nach unserem derzeitigen Wissen sind solche historischen Rekonstruktionen kaum möglich. Der einfache Befund des M-Textes selbst zeigt, dass es im Wesentlichen drei Gruppen von Halakhot gibt: 1) solche, die aus der Bibel abgeleitet sind; 2) von der Bibel unabhängige Halakhot; 3) unabhängig von der Bibel entstandene Halakhot, die nachträglich mit der Bibel verbunden worden sind. Dem entspricht eine anonyme Aussage in mHag 1,8: «(Die Gesetze über) die Dispens von Gelübden hängen in der Luft und haben nichts, worauf sie sich stützen können. (Die Halakhot über) Sabbat, Feste und Vergreifung am geheiligten Gut sind wie Berge, die an einem Haar hängen. Da gibt es wenig Bibel und zahlreiche Halakhot. Zivilrecht, Tempeldienst, Reinheiten und Unreinheiten sowie Inzest(gesetze) haben etwas, worauf sie sich stützen können. Sie sind das Wesen der Tora» (*gufe tora*). *Ephrati* (Bar-Ilan 11) betont die schlechte Bezeugung der Lesart «an einem Haar» (*be-saʿara*) gegenüber der anderen Lesung «im Sturm» (*samekh* statt *sin*); er sieht den Satz als Polemik gegen das Unternehmen von Javne, die Halakha systematisch zu lehren; während die einen Sätze unbiblisch oder nur schwach durch die Bibel gestützt sind, sind die anderen die biblische Lehre (*gufe tora*) und bedürfen keiner systematischen Neuordnung. Doch auch wenn *Ephrati*'s Analyse historisch stimmt, ist der Satz doch durch das Fehlen einer rabb. Antwort darauf schon positiv aufgenommen und nur noch als faktische Feststellung des Verhältnisses der Halakha zur Bibel zu verstehen.

Eine genaue Analyse jedes einzelnen M-Traktates, ja jedes einzelnen Komplexes an Gesetzen kann allein dazu führen, das Verhältnis von M zur Bibel genauer zu definieren. M bringt verhältnismäßig wenig Bibelzitate, und sogar diese sind zum Teil erst später hinzugefügt worden; auch ist eine Beweisführung aus der Bibel («wie geschrieben steht») relativ selten. I. A. macht M den Eindruck eines bewussten Bemühens, von der Bibel unabhängig zu sein. Doch zeigt eine genauere Betrachtung einzelner Traktate ein je verschiedenes Verhältnis zur Bibel: Manche Traktate wirken wie eine bloße Paraphrase, Kommentierung und Erweiterung des Bibeltextes (so z. B. fast die ganze 5. Ordnung von M außer Tam und Mid, die nicht Bibelerklärung, sondern Darstellung der tatsächlichen Zustände zur Zeit des Tempels sein wollen; ebenso jene Traktate von Seder Toharot, die die Quellen der Unreinheit behandeln). *J. Neusner* betont allerdings zu Recht: «Sameness, five hundred years later, is the greatest difference» (Method 170): Es geht ja nicht nur darum, bestimmte Bibelabschnitte wiederzugeben und zu kommentieren, sondern auch um die dabei getroffene Auswahl und die Perspektive der Wiedergabe (in Qodashim z. B. wird das Priestertum weithin ignoriert). «Mishnah constitutes a statement on the meaning of Scripture, not merely a statement of the meaning of Scripture» (ibid. 168). Andere M-Texte sind zwar auch erweiternder Bibelkommentar, wären aber aus dem Bibeltext allein nie zu erschließen (z. B. der Traktat Qinnim). Schließlich gibt es zahlreiche Passagen von M, die von der Bibel völlig unabhängig sind bzw. überhaupt in Widerspruch zu ihr stehen. Das gilt z. B. für weite Strecken der 6. Ordnung, wo es um Orte und Objekte der Unreinheit und um Wege ihrer Beseitigung geht: Hier wird eine ganze Reihe von grundlegenden Thesen für den Umgang mit der Bibel vorausgesetzt (z. B. jene, dass die Reinheitsvorschriften auch außerhalb des Kultes gelten).

Ein historischer Schluss auf frühe Vorstufen von M ist von dergleichen Erkenntnissen her nicht möglich. M selbst behauptet auch in jenen Traktaten, die offenkundig auf der Bibel beruhen, keine sehr frühen Anfänge: Die frühesten zitierten Autoritäten sind vom Beginn unserer Zeitrechnung. Andere Traktate (wie etwa Makhshirin), die von der Bibel ziemlich unabhängig sind, setzen erst nach 70 ein; aber auch solche Traktate, die biblische Grundlagen haben, kommen zu ihrer Interpretation erst aufgrund bestimmter bibelfremder Voraussetzungen. Die Feststellung von M-Einheiten, die nicht systematisch oder assoziativ, sondern in Anlehnung an Bibeltexte aufgebaut sind, kann daher im Einzelfall zur Quellenscheidung innerhalb von M dienen, nicht jedoch eine weiter zurückreichende Vorgeschichte von M belegen, die direkt mit der Bibel verbindet.

c) Vorstufen unserer Mischna

Der Versuch, auf dem Weg über eine frühe Stufe eines an die Bibel angelehnten und aus der Exegese stammenden Halakha-Vortrages eine lange Vorgeschichte von M zu erhellen, kann als gescheitert gelten; die Frage nach Vorstufen unserer M bleibt dennoch bestehen. Schon Scherira nimmt an, dass Rabbi für seine M-Redaktion gewisse Traktate vorlagen, nämlich ʿEduyot und ʿUqẓin. Verschiedene Amoräer behaupten ebenfalls solche Quellen Rabbis, nicht nur in der allgemeinen Aussage Jochanans bSan 86a, dass die anonyme M von R. Meir stammt und alle sich an R. Aqiva halten, sondern auch in der Zuschreibung einzelner Traktate (ihres Grundstocks, ihres anonymen Teils oder nur einzelner Halakhot?) an bestimmte Tannaiten vor Rabbi.

J. N. Epstein (ITL 25–58; ähnlich kurz gefasst *E. E. Urbach*, EJ XII, 93–102) arbeitet eine Reihe von M-Sammlungen heraus, die auf die Zeit des Tempels oder kurz nach seiner Zerstörung zurückgehen sollen. Dazu rechnet er den Grundstock von Sheq (Urheber Abba Jose ben Chanin: ySheq 6,2,49d), Tam (Simeon von Miẓpa: so Jochanan yYom 2,3,39d; dagegen Jakob bar Acha: Nicht alles stammt von diesem, sondern nur die «Aussprüche, die den Rabbanan notwendig waren», *millin zerikhin le-rabbanan*, mit denen sie also übereinstimmten), Mid (Eliezer ben Jakob: bYom 16a; yYom 2,3,39d mit derselben Einschränkung wie zu Tam) und Yoma, wo wie in Mid schon Tam benutzt worden sei. Ebenso rechnet *Epstein* hierher Teile von Taan, Suk, Hag, Qid und einzelne Stücke in nahezu allen Traktaten. Bei allen diesen Traktaten, auch Sheq, Tam und Mid, rechnet er mit späterer Bearbeitung und Ergänzung (spätere Rabbinennamen), vertraut jedoch der weitgehenden Ursprünglichkeit der von ihm als frühe M herausgearbeiteten Texte.

Epstein hat in seiner Argumentation viele Vorgänger (z. B. *D. Hoffmann* und *L. Ginzberg*). Seine Hauptkriterien sind zum Teil inhaltlich – Dinge, die mit dem Tempel(dienst) zu tun haben oder noch den König voraussetzen –, gelegentlich sprachliche Beobachtungen (so zu Tam oder mBik 3,1–8, einem oft zitierten Text, der die Darbringung der Erstlingsfrüchte im Tempel durch Agrippa beschreibt: archaische Sprache, eigenartige Redewendungen – doch reichen diese wenigen Bemerkungen für eine Quellenscheidung oder gar für eine solche Frühdatierung?), v. a. jedoch amoräische Zeugnisse, dieser oder jener Tannait stehe hinter einem bestimmten Traktat. Solche talmudischen Angaben sind jedoch kein Beweis, sondern höchstens ein Hinweis auf eine mögliche Lösung, die mit anderen Methoden zu überprüfen ist. Wenn z. B. Eliezer b. Jakob in mMid 2,5 und 5,4 sagt: *«ich habe vergessen, wozu es diente»*, geht nach *Epstein* (ITL 31) daraus explizit hervor, dass die ganze uns vorliegende Beschreibung von ihm stammt; sein Name sei hier eingefügt worden, um die Ich-Form zu erklären. Das ist jedoch nicht beweiskräftig. Auch *Urbach*'s Verweis auf mDem 2,2–3, mHag 2,7; 3,6 f. als Zulassungsbedingungen zu einer Gemeinschaft, die Parallelen in Qumran haben, beweist nicht «the antiquity of the formulation and phraseology of these halakhot» (EJ XII, 96), sondern höchstens das Alter ihres Inhalts.

Die internen Kriterien für eine Quellenscheidung – Sprache, Widersprüche innerhalb von M, Abhängigkeit einer Halakha von einer anderen, eventuell auch formgeschichtliche Kriterien – müssten in einem viel größeren Maß beachtet werden, um zu einem überzeugenden Ergebnis zu gelangen. Hier geht es ja nicht um die Datierung des Inhalts bestimmter Halakhot, sondern um ihre literarische Verarbeitung (zur Kritik vgl. *J. Neusner*, Method 166 f. Anm. 8). *Neusner* (Eliezer II 52) kommt durch eine formkritische Analyse der Eliezer-Traditionen zu einem negativen Ergebnis hinsichtlich einer fest formulierten M vor 70: «We do not have any significant evidence that a corpus of Mishnah – whether in writing or orally formulated and then orally transmitted in exactly the language of the original formulation – lay before Eliezer.»

Ch. Albeck (Einführung 94–129) sieht sich zwar gezwungen, die amoräischen Zuschreibungen von Tam und Mid zu akzeptieren (127), schwächt sie aber dahingehend ab, «daß eine Anzahl von anonymen Lehren dieser Traktate sich in unserer Mischna in demselben Stile vorfinden, in welchem sie im Trakt. Tamid durch R. Simon aus Mizpa und im Trakt. Middot durch R. Elieser b. Jakob festgesetzt worden sind» (128). Der erste redigierte Traktat von M ist nach ihm ʿEduyot, der nach tEd 1,1 (Z. 454) auf die Gelehrten in Javne zurückgehen soll, die aus Angst, die Tora könne vergessen werden, die Halakha in geordnete Form brachten, bei Hillel und Schammai beginnend (122 ff.). Die vom Rest von M so abweichende Anordnung des Stoffes nach Tradentennamen und formalen Kriterien wie auch die Tatsache, dass ein Großteil dieses Stoffes im sachlich richtigen Zusammenhang auch in den anderen Traktaten vorkommt, ist nach *Albeck* nur durch den zeitlichen Vorrang von Ed zu erklären. Allerdings liege der Traktat uns nicht in der ursprünglichen Form vor, sondern mit vielen Änderungen und Zusätzen aus späterer Zeit (für eine differenziertere Analyse des Traktats siehe *Epstein*, ITL 422–444, der 428 *Albeck*s Meinung ablehnt; vgl. auch *Neusner*, Phar II 326 ff.). *Albeck*s These ist unhaltbar; doch bleibt die Eigenart von Ed eine Tatsache, ob man sie nun historisch durch das höhere Alter des Traktats oder durch die Herkunft aus einer anderen Schule als der Rest von M erklären will. Doch ist eine beweisbare Verwertung dieser Beobachtungen für die Redaktionsgeschichte von M noch nicht gelungen.

Was R. Aqiva betrifft, nach dem sich lt. bSan 86 a alle richten, ist seine Bedeutung für die Entwicklung der M-Tradition nicht zu bezweifeln. Schon die Amoräer verweisen auf die Tatsache, dass Meir in seinem Halakha-Vortrag nie im Namen des R. Aqiva zitiert (in M trifft dies tatsächlich zu). R. Jochanan erklärt dies damit: «jeder weiß, dass Meir ein

Schüler des R. Aqiva ist» (yBer I,4b). Tatsächlich lassen sich viele anonyme Sätze von M als Lehre Aqivas identifizieren (so immer wieder in bT). Eine Tradition in ARN A18,4–5 (Sch.67; B. 176f.) vergleicht Aqiva mit einem Arbeiter, der in seinem Korb alles sammelt, was er findet, Weizen, Gerste usw., und daheim dann sortiert. «So tat R. Aqiva und machte die ganze Tora zu Ringen und Ringen», d. h., er ordnete sie «ringförmig», systematisch, an. Auch ist an den schon genannten Text des Epiphanius zu erinnern. Ebenso seien QohR 6,2; 12,7 und ShirR 8,1 erwähnt, die jeweils als Beispiel von *mishnayot gedolot* u. a. die M des R. Aqiva zitieren (zur Problematik dieser Texte *Epstein*, ITL 71). Tatsache ist auch der bedeutende Umfang von Zitaten Aqivas in M sowie sein Anteil am anonymen Stoff von M.

Hier geht es jedoch nicht um die Frage, was Aqiva zum *Material* von M beigetragen hat, sondern darum: Hat Aqiva eine geordnete, redigierte M-Sammlung geschaffen, die jetzt noch durch *literarische Kriterien* erfassbar ist? Der relativ einheitliche Stil unserer M macht nicht nur die Auffindung von ipsissima verba Aqivas in M unwahrscheinlich, sondern noch mehr den Nachweis einer von Aqiva gestalteten literarischen Vorstufe von M unmöglich. Wenn z. B. *Epstein* (ITL 71) Aqiva als den Vater unserer M bezeichnet, mag dies zwar für den Stoff gelten, ist jedoch für die literarische Gestalt von M nicht beweisbar (vgl. *Ch. Primus*, Aqiva's Contribution to the Law of Zera'im, L 1977, 7: «In Aqiva's traditions on agriculture I see no evidence to suggest the existence of an Aqivan proto-mishnah»; vgl. ibid. 194). Wenn Aqiva eine Proto-M geschaffen hat, ist diese völlig im Werk seiner Schüler aufgegangen.

Ähnlich steht es mit der *M Meirs*, der immer wieder in M genannt wird und auf den sicher auch viele anonyme Halakhot zurückgehen. Seine M soll die direkte Basis der M Rabbis gewesen sein, auch wenn man nach bHor 13b-14a in Rabbis Haus die Namen derer nicht nennt, die einst die Würdestellung der Dynastie untergraben wollten (d. h. Meir und Natan). Man hat versucht, ganze Kapitel der heutigen M direkt auf Meir zurückzuführen (so Git 8, Ed 4 und Ber 8: *Epstein*, ITL 99f.). Doch kann man höchstens die Übereinstimmung der Lehre dieser Kapitel mit Meir bzw. seiner Generation beweisen, nicht hingegen die Annahme, dass Meir diese Sätze so formuliert und selbst zu geschlossenen Kapiteln zusammengestellt hat. Gerade die Gestalt Meirs ist trotz häufiger Nennung als des Lehrers bestimmter Halakhot in M völlig ohne eigene Konturen. Von ihm gilt ebenso wie auch von den anderen Schülern Aqivas – Jehuda ben Ilai, Eleazar ben Schammua, Simeon ben Jochai und Jose ben Chalafta, aber auch Abba Saul, dessen M man zu rekonstruieren versucht hat –, dass wir bestenfalls das ihnen zugeschriebene Traditionsmaterial feststellen können, nicht jedoch ihre literarischen Spuren finden (insoweit sie je literarisch tätig gewesen sind!): «The men of the generation(s) following Meir were so successful at leaving their mark on these traditions that any reconstruction of the earlier shape of things must remain hypothetical at best» (R. *Goldenberg*, The Sabbath-Law of R. Meir, Missoula 1978, 246). Auch lässt sich aus bHor 13b, wonach Meir und Natan Simeon ben Gamaliel durch die Aufforderung bloßstellen wollen, ʿUqẓin vorzutragen – einen Traktat, den er nicht beherrscht, aber noch rechtzeitig lernt, nachdem ihn Jakob b. Qodshi durch ständiges lautes Rezitieren des Traktats aufmerksam gemacht hat –, nicht sicher schließen, der Traktat habe damals schon feste Gestalt gehabt; noch weniger beweist der Text, dass der Traktat in dieser Gestalt in unsere M übernommen wurde (wie dies ISG und viele andere annehmen; siehe *D. Goodblatt*, Zion 49, 1984, 349–374: bHor 13b-14a eine späte und historisch unverlässliche babyl. Erzählung). Und auch Kel 30,4 beweist nichts, wenn Jose b. Chalafta sagt: «Wohl dir, Kelim: du hast zwar mit Unreinheit begonnen, aber mit Reinheit geendet.» *W. Bunte* (zur Stelle in der Gießener M) rechnet mit Jose als dem Redaktor des Traktats bzw. als jemandem, dem der Traktat schon fertig vorlag; S. 7 hält er hingegen eine Endredaktion durch Rabbi für möglich. Der Satz kann ebenso gut auf eine frühere Form des Traktats oder auch nur auf die Praxis verweisen, auch bei negativen Themen einen positiven Abschluss zu suchen.

Die Vorgeschichte von M und ihre literarischen Quellen sind somit zumindest mit den derzeit zur Verfügung stehenden Methoden nicht rekonstruierbar. «Mishnah's formulation and its organization are the result of the work of a single ‹generation› of tradents-redactors: tradents who formulate units of thought, and redactors who organize aggregations of said units of thought. Mishnah is not the product of tradents succeeded by redactors.» Diese Feststellung *Neusner's* (JQR 70, 142) ist vielleicht ein wenig zu pessimistisch, was die Erhellung von Vorstufen von M betrifft (vgl. die Einschränkungen durch *R. S. Sarason*, ibid. 150), entspricht jedoch dem derzeit Beweisbaren. Sogar dort, wo Texteinheiten in M nach einem anderen Prinzip als der Rest von M zusammengeordnet sind (etwa nach rein formalen Kriterien in mMeg 1,4–11; mMen 3,4–4,4 usw.), können wir zwar mit ziemlich fest geprägten Vorlagen rechnen, doch ist deren unveränderte Überlieferung nicht garantiert.

Mit relativ großer Sicherheit ist hingegen das Wachstum des M-*Stoffes* zumindest in den großen Etappen nachweisbar: eventuelle Anfänge vor 70 – Javne – Uscha – Endredaktion, wie dies v. a. *Neusner* gezeigt hat. Denn wenn auch die Zuschreibung einzelner Aussprüche an individuelle Meister immer wieder zu Zweifeln Anlass gibt, ist doch ihre Einordnung in bestimmte Gelehrtengenerationen mit ziemlicher Sicherheit vorzunehmen und damit auch das umfangreiche anonyme Material weithin historisch einstufbar. Ein Fortschritt darüber hinaus, besonders auch die Beantwortung der Frage, ob dem Endredaktor von M festgeprägte schriftliche oder mündliche Quellen vorlagen, ist vielleicht durch verfeinerte Methoden in Zukunft zu erhoffen, derzeit jedoch nicht zu verwirklichen.

d) Die Redaktion der Mischna

Als Verfasser von M gilt in der rabb. Tradition einhellig R. Jehuda ha-Nasi, kurz Rabbi genannt (vgl. *Epstein*, ITL 200). «Rabbi und Rabbi Natan sind das Ende der Mischna, Rav Aschi und Ravina sind das Ende der (autoritativen) Lehre» (*horaʾa*: bBM 86a). Dieser viel zitierte Satz schreibt selbstverständlich Rabbi nicht direkt die Abfassung von M zu, sondern markiert einfach mit seinem und R. Natans Namen das Ende der mischnaischen Periode. Doch zeugt die unbefangene Zuschreibung von M-Entscheidungen an Rabbi eindeutig für die Vorstellung, dass M das Werk Rabbis ist (z. B. bKet 95a: «hier hat Rabbi anonym gemäß R. Meir entschieden, dort gemäß R. Jehuda»; R. Jochanan in yQid 3,14,64c; R. Simeon ben Laqisch in yShab 14,1,14b usw.).

Doch kann M in ihrem gegenwärtigen Umfang keineswegs von Rabbi selbst stammen. Sie hat vielmehr im Lauf der Zeit zahlreiche Zusätze erhalten. Dazu gehören v. a. jene Stellen, in denen Rabbi selbst genannt und seine Meinung der anderer gegenübergestellt wird (mNaz 1,4; mMak 1,8 usw.: vgl. ITL 194–199), ebenso jene Stellen, in denen Lehrer genannt werden, die nach Rabbi gelebt haben: so etwa in mAZ 2,6, wo mit Rabbi und seinem Gericht wohl Jehuda Nesia gemeint ist, besonders aber in Avot (2,2 Rabbis Sohn Gamaliel; 6,2 Jehoschua ben Levi; ganz 6 ist ein späterer Zusatz, aber auch viele andere Abschnitte sind später) und am Ende einiger Traktate (so in mSot 9,15 – dort ist übrigens auch der Tod Rabbis erwähnt, sowie mUq 3,12 Jehoschua ben Levi). I. A. ist hier mit späteren Zufügungen zu M zu rechnen, die aus T, halakhischen Midraschim und Baraitot stammen, z. T. auch aus der amoräischen Diskussion von M, während an anderen Stellen einfach das «Ich» des Sprechers vom tradierenden Tanna durch «Rabbi» ersetzt worden ist (hier liegt jedoch eine Fehlerquelle: Rabbi ist nicht nur Jehuda ha-Nasi; jeder Tanna nennt seinen eigenen Meister Rabbi). Somit sind diese Stellen kein entscheidender Einwand gegen die Annahme Rabbis als des Redaktors von M, solange wir damit rechnen, dass der Text eine Zeit lang eine gewisse Beweglichkeit bewahrt hat (vgl. *Epstein*, ITM 946 ff.). Auch ist der Begriff «Redaktor» weit zu fassen und Rabbi als die Hauptgestalt anzusehen, unter deren Autorität M im Wesentlichen ihre Gestalt gewonnen hat. Es bleibt zu betonen, dass wir für die Rolle Rabbis in der Entstehung von M keinen strikten Beweis führen können, es vielmehr nur keine entscheidenden Argumente gegen die Tradition gibt, die die Redaktion von M mit seinem Namen verbindet.

Gewöhnlich kann man die Zuschreibung einer Schrift an einen bestimmten Verfasser auch dadurch überprüfen, dass man die Schrift mit den anderswo überlieferten Meinungen des Genannten vergleicht. Bei M ist ein solcher Vergleich schon insofern sehr schwierig, als gerade die Nennung Rabbis sehr oft auf Überlieferungsfehler zurückzuführen ist (irrtümliche Auslassung des Namens hinter dem Titel Rabbi, falsche Auflösung von Abkürzungen wie R.J. und damit die Verdrängung von Jochanan oder Jonatan durch Rabbi usw.). Eine umfassende Untersuchung der Rabbi zugeschriebenen Traditionen gibt es noch nicht. Vor allem hängt die Frage eng mit dem Problem der Zielsetzung von M zusammen, die anschließend zu besprechen sein wird.

Wie die Amoräer immer wieder betonen, entspricht die anonyme Lehre von M – also jener Teil, den man als die Meinung des Redaktors ansehen kann – in vielen Fällen nicht der sonst bezeugten Meinung Rabbis (vgl. ITL 200 ff.). Wiederholt heißt es: «M ist nicht wie Rabbi» (yBeẓa 2,3,61b zu mBeẓa 2,3; bRH 19b zu mRH 1,3; bAr 31a zu mAr 9,3 usw.). bMen 72a verweist auf einen Widerspruch innerhalb M und spricht die eine Meinung Rabbi, die andere R. Eleazar ben R. Simeon zu. Widersprüche gibt es auch zwischen anonymen Lehren von M und Rabbi zugeschriebenen Sätzen in T (vgl. z. B. tBer 3,18, L. 16, mit mBer 4,5; tShab 10,19, L. 45, mit mShab 11,6 usw.). Als Erklärung solcher Widersprüche kann man den Rabbi zugeschriebenen Satz zitieren: «ich betrachte ihre Worte als besser im Vergleich zu meinen Worten» (mKil 2,11; statt des *R. Meir ʾomer* der üblichen Ausgaben ist die Lesart *Rabbi ʾomer* vorzuziehen; cf. ITM 1203); in bEr 38b heißt es zu solchen Stellen: «Rabbi lehrte dies, ist jedoch nicht dieser Ansicht.» Damit sind also sowohl spätere Meinungsänderungen Rabbis wie auch die Übernahme von etablierten Meinungen durch ihn auch in Fällen, wo er persönlich nicht derselben Meinung ist, in Betracht gezogen.

Diese Annahmen sind nicht unwahrscheinlich, fordern jedoch eine weitere Erklärung: Warum überliefert Rabbi Sätze, mit denen er nicht (mehr) übereinstimmt? Was beabsichtigt er unter dieser Voraussetzung mit M? Hat er in diesem Fall irgendwo seine eigenen Meinungen niedergelegt? *E. Z. Melammed* (Introduction 120) nimmt z. B. eine Privatsammlung des Hauses Rabbis an; diese wurde von seinen Schülern und Söhnen redigiert und ist uns – so *Melammed*, ähnlich *Abr. Goldberg* (in *Safrai* I 294 f.) – vor allem in T erhalten, wo Rabbi etwa 250-mal erwähnt wird, aber auch in den Talmudim und in den halakhischen Midraschim (vgl. *Epstein*, ITM 43 ff., zu den zahlreichen Traditionen *de-vei Rabbi*: Ist aber hier auch immer Jehuda ha-Nasi gemeint?). Auch *Albeck* (Einführung 161 f.) rechnet mit einer Privatsammlung des Lehrhauses Rabbis, mit einem «Talmud» Rabbis (yShab 16,1,15c), der in Ergänzung zu M vorgetragen worden sei und die Gesetzesentscheidungen enthalten habe. Eine solche Annahme einer halakhischen Privatsammlung ist natürlich nicht mehr als eine Zusatzhypothese, wenn man unter der Voraussetzung, dass Rabbi der Redaktor von M ist, von seiner Meinung abweichende Aussagen in M und anderes Rabbi zugeschriebenes Material umfassend erklären will; die Hypothese *Goldberg*'s (in *Safrai* I 217), dass die aufeinanderfolgenden Redaktoren von M bis einschließlich Rabbi stets nur die Lehren

Die Entstehung 153

der vorausgegangenen Generation offiziell formulierten, nicht aber die der eigenen, verkompliziert das Bild nur unnötig.

Die Antwort auf die Frage, warum Rabbi Sätze überliefert, mit denen er nicht übereinstimmt, wie auch die nähere Bestimmung der angenommenen Privatsammlung Rabbis hängt eng mit dem alten Problem zusammen, welchen Zweck M verfolgt: Ist sie eine bloße *Quellensammlung*, ein *Lehrbuch* oder ein *Codex* der geltenden Halakha?

Ch. Albeck vertritt die Meinung, dass Rabbis Grundsätze bei der Redaktion von M «die Grundzüge für eine jede rein ‹wissenschaftlich› orientierte *Sammlung* darstellen. Der Redaktor sammelte die Quellen, er klärte die wichtigsten Lesarten ab ..., überlieferte also einen ‹eklektischen› Text aus den ‹dreizehn Arten› der Halacha, die er gelernt hatte (s. Bab. Ned. 41a), aber er änderte diese nicht und fügte ihr nicht seine eigenen Ansichten ein» (Einführung 157). «Dass die Halachot bei der abschliessenden Redigierung nicht verändert worden sind, sondern in genau derselben Sprache festgesetzt und geordnet wurden, in welcher sie überliefert waren ... Hieraus ist zu folgern, dass der Redaktor sich nicht zum Ziele gesetzt hatte, in seiner Mischna halachische Entscheidungen ‹für die Praxis› (*lemaʿase*) zu ordnen» (Einführung 155; vgl. 156 und 463 f.). Die Entscheidung *Albecks* beruht auf seiner Auffassung, dass «der Redaktor der Mischna keine Änderungen, keine Umstellungen und keine Kürzungen an dem Stoff vornahm, der ihm vorlag, sondern ihn in unserer Mischna so festlegte, wie er ihn empfangen hatte» (149).

Abr. Goldberg leitet wie sein Lehrer *Albeck* aus den Wiederholungen, der sprachlichen Uneinheitlichkeit innerhalb M usw. ab, dass diese kein Codex des geltenden Rechts sein kann. Vielmehr sieht er in M ein vor allem nach pädagogischen Kriterien aufgebautes *Lehrbuch*, das in möglichst gut merkbarer Weise möglichst viel in möglichst kurzer Form bietet. Diese Absicht zeige sich v. a. in der Kombination der Quellen durch Rabbi: «His aim in choosing a source is always its pedagogic value for the preparation of an official text of study for the academy, regardless of whether the source chosen is the accepted law or not. The editor does not commit himself to any particular point of view, other than a general acceptance of the Akivan line in the Hillelite tradition» (in *Safrai* I 227).

J. N. Epstein (ITL 224–6) schließlich hält sich an die verbreiteste Meinung, M sei ein *Gesetzeskanon*, in dem die anonym gebotenen Entscheidungen jeweils die geltende Halakha darstellen, auch wenn im Einzelfall die Gesetzesentscheidung von M nicht immer sofort zu ersehen ist. In Hinblick auf einen Codex habe Rabbi ihm vorliegende Halakhot geändert, ergänzt oder getilgt, überprüft und revidiert, verschiedene Quellen miteinander verbunden, aber auch die Mehrheitsmeinung seiner eigenen vorgezogen.

Tatsächlich haben die Amoräer spätestens ab der 3. Generation M als Gesetzescodex und in sich völlig einheitliches System betrachtet. Das führte oft zu recht gezwungenen Auslegungen, gelegentlichen Textkorrekturen und der häufigen Annahme elliptischer Ausdrucksweise in M (*ḥasore meḥasra*, «es fehlt etwas», als Deutungsprinzip in bT: dazu *Epstein*, ITM 595–672). Ähnlich wie in der Bibelauslegung ging man davon aus, dass es in M keine unnötigen Wiederholungen gebe. Diese amoräische Auslegung ist für die Wirkungsgeschichte von M bedeutsam, sagt jedoch nichts über die ursprüngliche Absicht von M. Diese ist vielmehr aus inneren Kriterien zu erheben, die wiederum nicht eindeutig sind, wie die so verschiedene Beurteilung durch so hervorragende Kenner der Materie wie *Epstein* und *Albeck* hinlänglich zeigt.

Für die Auffassung von M als *Quellensammlung* scheinen die Wiederholungen von Halakhot, die inneren Widersprüche, die Abweichungen der anonymen Entscheidungen gegenüber den anderwärts, in T und den Baraitot, als Halakha Rabbis zitierten Ansichten ebenso zu sprechen wie manche sprachliche Beobachtungen. Wiederholungen und noch mehr Widersprüche sind in einem Codex geltenden Rechts schwer erklärlich. Andererseits dürfen wir M nicht nach heutigen Kriterien beurteilen. Oft kommen Wiederholungen zustande, weil Traktate oder auch Kapitel möglichst geschlossene, in sich stehende Einheiten bilden sollen, oder auch, weil M zuweilen größere Texteinheiten zitiert, auch wenn nicht deren gesamter Inhalt in den jeweiligen Zusammenhang gehört (v. a. bei den nach formalen Kriterien zusammengestellten Halakhot oder etwa bei der Zusammenstellung der Erleichterungen der Schule Schammais gegenüber jener Hillels in Beẓa). Auch die Aufnahme nicht mehr geltenden Rechts (z. B. Toharot) spricht weniger für einen Codex als vielmehr für eine Traditionssammlung bzw. ein Lehrbuch, kann allerdings auch in Hinblick auf die Zukunft erfolgt sein, in der die Erfüllung dieser Halakhot wieder möglich würde.

Eine wörtliche Übernahme von unveränderten Quellentexten erklärt jedoch nicht die Gesamtheit der literarischen Eigenheiten von M und ist auch keine notwendige Erklärung. Auch ist zu fragen, ob eine Quellensammlung in sich, ohne Bearbeitung oder bestimmte Zielsetzung, im damaligen Rabbinat überhaupt einem Bedürfnis entsprochen hätte (zumal diese Sammlung ja alles andere als vollständig ist).

Was die Widersprüche in M betrifft, behilft sich z. B. bMen 72a mit der Identifizierung der Autoren: In mMen 10,9 heißt es von der Erstlingsgarbe, sie sei in Ordnung, wenn sie bei Tag geschnitten werde; nach mMeg 2,6 hingegen ist die ganze Nacht für das Schneiden der Gerstengarbe geeignet. Nach bMen 72a stammt die eine Entscheidung von R. Eleazar, die andere von Rabbi. Demnach würde M nicht immer die Diskussion entscheiden und auch die anonyme Meinung nicht unbedingt mit der Rabbis übereinstimmen; vielmehr würde der Redaktor eine Diskussion unentschieden überliefern und seine eigene Meinung an anderer Stelle einfügen. Gerade die Auflösung von Widersprüchen in M ist äußerst problematisch

Die Entstehung

und wird zu leicht von einer vorgefassten Meinung über Rabbis Intentionen beeinflusst.

Die Auffassung von M als Lehrbuch nimmt eine Mittelstellung ein. Die formalen Anforderungen an ein solches sind nicht so strikt wie bei einem Codex; didaktische Motive könnten im Vordergrund stehen und so die Art der Quellenverarbeitung (doch wie erkenne ich diese?) und v. a. auch Wiederholungen erklären. Den heutigen Anforderungen an ein Lehrbuch würde M allerdings durchaus nicht entsprechen: Zu viel wird als bekannt vorausgesetzt. Wenn M ein Lehrbuch gewesen sein sollte, so jedenfalls keines für den Autodidakten (ein solcher war ohnedies nicht erwünscht), sondern eines, das als Leitfaden im Unterricht dienen konnte, eine Kurzfassung der Lehre nach einer breiteren Darstellung und Erklärung, stets von Erläuterungen begleitet und an bestimmte Wissensvoraussetzungen geknüpft, die nicht die heutigen sind. Auch wissen wir zu wenig über das rabb. Schulsystem und seine pädagogischen Methoden, um hier zu Sicherheit zu gelangen.

Die Sicht von M als Codex ist zwar traditionell geworden, hat jedoch (aus heutiger Sicht) mit den größten Schwierigkeiten zu kämpfen. *Dagegen* sprechen v. a. die schon genannten Aspekte, derentwegen sich *Albeck* für eine Quellensammlung entscheidet, ebenso die Tatsache, dass in einem Codex die Diskussion, die zur Entscheidung hinführt, mit ihren Gegenargumenten nur verwirren könnte, und auch die (wohl nicht nur für den heutigen Leser) oft schwierige Entscheidung, was denn tatsächlich die geltende Halakha ist. *Dafür* (aber auch für die These der Sammlung) spricht neben der Wirkungsgeschichte v. a. die Tatsache, dass M Sätze als Halakha bringt, die der anderwärts als Rabbis Lehre gebotenen Meinung widersprechen. Das zusammen mit dem viel häufigeren Befund, dass die anonyme Schlussentscheidung in einer Diskussion mit anderwärts Rabbi zugeschriebenen Thesen übereinstimmt, legt nahe, dass Rabbi versucht hat, eine allgemein annehmbare Zusammenfassung der Halakha zu finden, auch wenn er nicht in allen Einzelheiten damit übereinstimmt. Auch ist es nicht notwendig, M als ganz persönliches Werk Rabbis zu sehen. Es ist sogar wahrscheinlicher, M als den in seiner Schule gebotenen Lehrvortrag anzusehen, nicht als das Werk eines Einzelnen, sondern einer Gruppe mit Rabbi an der Spitze. Das könnte auch mit dazu beigetragen haben, dass M so gar keine persönliche stilistische Handschrift trägt.

Ob M ursprünglich als Sammlung, Lehrbuch oder Codex konzipiert war, ist mit unserem heutigen Wissen nicht eindeutig zu beantworten. Es ist wohl auch nur eine moderne Alternative, die außerdem den Utopismus von M, ihre idealisierte Ordnung der perfekten Harmonie zwischen Himmel und Erde, und die dahinterstehende Philosophie nicht gebührend beachtet. Im Prinzip gilt ja die alte Tradition als in der Lehre weiterzugebendes Gesetz, womit die Begriffe in etwa ineinanderfallen. Auch ist eine gewisse Entwicklung nicht auszuschließen: So mag die Zusammenfassung der Halakha in der Schule Rabbis, mit ihrem Streben nach Einschluss der verschiedensten Lehrmeinungen im Rabbinat sicher auch ein politischer Akt im Bemühen um eine Vereinheitlichung des Judentums unter Leitung des Patriarchenhauses, zuerst primär Basis der Lehre in der Schule, zugleich natürlich Grundlage der Entscheidungen im Gericht Rabbis gewesen sein. Die überragende Autorität Rabbis führte dann dazu, dass das Werk sehr bald als Codex des bindenden Rechts für das gesamte rabb. Judentum betrachtet wurde, wie die Bibel ein Grundstein und eine Basis neuer Entwicklung durch Interpretation (vgl. *Epstein*, ITM: Ab etwa der 3. amor. Generation ändert sich die Einstellung zu M; man gibt ihr im Notfall eine sehr gezwungene Deutung oder korrigiert auch ihren Text, widerspricht ihr aber nicht mehr mit Baraitot).

Wie ist die *Redaktion und Veröffentlichung von M* zu denken? Die Redaktionsarbeit bestand im Wesentlichen in Sichtung, Zusammenstellung, Auswahl und Ergänzung überkommener Tradition zu einem organischen Ganzen von stilistischer Einheit, nicht als Schreibtischarbeit, sondern im Schulbetrieb, als Teamarbeit unter der Führung Rabbis und in Fragen des praktisch anwendbaren Rechts sicher auch im Zusammenspiel mit dem Gericht des Patriarchen. Was die Veröffentlichung betrifft, ist nicht an eine offizielle schriftliche Ausgabe zu denken, deren Erstexemplar etwa am Patriarchenhof zu Einsicht und Kontrolle hinterlegt worden wäre. Es gab nur inoffizielle Niederschriften, die jeweils wohl nur einzelne Teile umfassten, was zu der schon festgestellten Beweglichkeit in der Überlieferung des Gesamtwerks und seiner Anordnung führte. Wie *J. Sussmann* betont (siehe S. 49), waren solche Niederschriften privat und hatten nie den Umfang eines «Buches». Nach ihm hat es eine private Niederschrift der gesamten Mischna nie gegeben (und wird daher in den rabbinischen Texten auch nie erwähnt). Andere gehen dagegen wohl zu Recht vom Nebeneinander von schriftlichen Texten (wie umfangreich auch immer diese gewesen sein mochten) und der v. a. im Lehrbetrieb primären mündlichen Rezitation aus (siehe etwa *Jaffee*, Tora 140 f. zu yMaas 2,4,49d und yKil 1,1,27a).

Dazu mag man mit *S. Lieberman* (vgl. S. 54) an das peinlich genaue Anlernen einer Zahl von Tannaim denken, die dann jederzeit in der Lage waren, die jeweils gewünschte Texteinheit zu rezitieren. Beim Vortrag von M-Kapiteln aus dem Gedächtnis konnten diese «lebenden Ausgaben» den Text durch im Schulbetrieb gebrachte kurze Erläuterungen ergänzen, bis in die Zeit der Enkel Rabbis auch deren für wichtig gehaltene Entscheidungen hinzufügen, im Lauf der Überlieferung entstandene Fehler korrigieren (nicht unbedingt als Wiederherstellung der ursprünglichen Fassung!) usw. Zugleich bedingte diese Traditionsform aber auch eine gewisse Starrheit des Textes, eine Eigengesetzlichkeit der Tradition, über die der ursprüngliche Herausgeber nicht mehr ohne Weiteres frei verfügen konnte; Meinungsänderungen ließen sich nicht leichthin in den Text einbauen; diesbezügliche Versuche trugen wohl auch zur Auffächerung der Texttradition bei, und dies besonders, sobald M auch in anderen Schulzentren übernommen wurde.

Die «Kanonisierung» von M ab der Mitte des 3. Jhs. bewirkte nicht unbedingt eine Erstarrung der Texttradition, sondern veranlasste ihrerseits wieder Textänderungen (Harmonisierung mit der geübten Halakha), erklärende und ergänzende Zufügungen. Die Kommentierung von M in der amoräischen Zeit wirkte ebenfalls auf den Text zurück; neue Möglichkeiten der Textveränderung ergaben sich dann mit der überwiegend schriftlichen Weitergabe von M. Nur diese letzte Stufe der Textentwicklung ist der Textkritik fassbar. Diese kann nie auf eine Urschrift von M zurückführen, da es eine solche wohl nie gegeben hat. Die frühere Textgeschichte von M ist uns zwar durch verschiedene MSS und Talmuddiskussionen punktuell fassbar, lässt jedoch kein definitives Urteil über M zur Zeit Rabbis zu.

Zusammenfassend lässt sich nur die Kristallisation der Tradition im Kreis um Rabbi zu einem geordneten Ganzen feststellen, das noch etwa fünfzig Jahre gewisse Wachstumsmöglichkeiten hatte, bevor M der üblichen Textgeschichte kanonisch gewordener Schriften unterworfen wurde. Die hier gebotene Skizze der Redaktion und Veröffentlichung von M hat eine gewisse Wahrscheinlichkeit für sich, muss jedoch mit zu vielen Unbekannten rechnen, als dass man sie schon für gesichert halten könnte.

4) Der Text: Handschriften und Ausgaben

Lit.: J. N. Epstein, ITM; *M. Krupp*, Manuscripts of the Mishna, in: *Safrai* I 252–262; *M. Schachter*, Babylonian-Palestinian Variations in the Mishna, JQR 42 (1951 f.) 1–35; *ders.*, The Babylonian and Jerusalem Mishnah textually compared (h), J 1959; *Y. Sossman* (= Sussmann), Manuscripts and Text Traditions of the Mishna (h), 7th WCJS (1981) III 215–250; *S. Zeitlin*, Ha-Mishna she-ba-Talmud Yerushalmi we-ha-Mishna she-ba-Bavli, FS Z. Shazar, J 1973, 539–548.

a) Handschriften

In der handschriftlichen Überlieferung des M-Textes ist zwischen dem palästinischen und dem babylonischen Texttypus zu unterscheiden. Diese beiden Typen gehen schon auf die früheste amoräische Texttradition zurück, waren jedoch nie in ihren jeweiligen Ländern einheitlich ausgeprägt, sondern wohl von Schule zu Schule leicht unterschiedlich (vgl. *B. M. Bokser* in *Neusner*, Hg., The Modern Study 33 f., in Kritik an *Epstein*). Auch in ihrer späteren Ausprägung sind die Typen nicht rein erhalten, sondern

haben sich gegenseitig beeinflusst (z. B. babylonische Vokalisierung eines
paläst. Textes). Selbstständige M-MSS (also solche ohne Kommentar oder
Gemara) gehören durchweg der palästinischen Texttradition an; die Gemara des pT wurde ohne M-Text überliefert – auch in MS Leiden von pT
ist dieser erst aus MS Parma hinzugefügt worden. MSS des bT hingegen
schlossen immer M ein, und zwar nach der babylonischen Rezension.
Auch der M-Kommentar des Maimonides stützt sich auf den paläst. Texttypus von M, ändert diesen aber oft nach der bab. Tradition. Diese Mischfassung wurde dann auch vom Erstdruck Neapel übernommen.

1. Geniza-Fragmente

Die ältesten erhaltenen M-Texte sind einzelne Fragmente aus der *Geniza
von Kairo*. Diese sind jetzt auf verschiedene Bibliotheken und Museen
aufgeteilt (v. a. Cambridge, Oxford, London, St. Petersburg und New
York). Sie sind von sehr unterschiedlichem Wert: Die ältesten unter ihnen
stammen vielleicht aus dem späten 7. oder 8. Jh., die jüngsten sind mehr
als 800 Jahre jünger. Besonders bedeutend sind die vokalisierten Texte:
Vertreten sind sowohl die alte palästinische wie auch die tiberianische
und die babylonische Vokalisierung. Die Geniza-Fragmente sind erst
zum Teil veröffentlicht:

N. Alloni, Hg., Geniza Fragments (12 Fragmente aus M, meist vor dem 11. Jh.; umfassende hebr. Einführung); *A. I. Katsh,* Ginze Mishna. One Hundred and Fifty
Nine Fragments from the Cairo Geniza (h), J 1970 (Fragmente aus der besonders
wertvollen Antonin-Sammlung St. Petersburg, u. a. MS 262, das einen Großteil
von Toharot umfasst. Edition nicht zufriedenstellend); *I. Yeivin,* A Collection of
Mishnaic Geniza Fragments with Babylonian Vocalization. With Description of
the Manuscripts and Indices (h), J 1974. – *N. Allony,* Qetaʿ Mishna ʿim niqqud
ʾereẓ-yisraeli, FS Ch. Albeck, J 1963, 30–40 (dazu ibid. 114–122 *A. Greenbaum,*
Biʾurim ...); *ders.,* Qetaʿ Mishna nusaf be-niqqud ʾereẓ-yisraeli, Sinai 72 (1973)
11–29 (2 Blätter, 10.–11. Jh., San 10,6 – Mak 1,1; Shevu 6,3–7,7); *Ch. B. Friedmann,*
Zur Geschichte der ältesten Mischnaüberlieferung. Babyl. Mischna-Fragmente
aus der Altkairoer Geniza, veröffentlicht und kritisch untersucht, Jb der Jüdisch-
Literarischen Gesellschaft 17, F 1927, 265–288; *P. Kahle* – *T. Weinberg,* The
Mishna-Text in Babylonia. Fragments from the Geniza, HUCA 10 (1935) 185–222;
P. Kahle, The Mishnah Text in Babylonia II, HUCA 12–13 (1937 f.) 275–325;
A. I. Katsh, Unpublished Geniza Fragments of Pirke Aboth in the Antonin Collection in Leningrad, JQR 61 (1970 f.) 1–14; *R. Mirkin,* Two Mishna Fragments
from the Cairo Genizah (h), H. Yalon Memorial Volume, J 1974, 371–384; *S. Morag,* Mishnayot min ha-pereq «Ba-me madliqin» bi-shne kitve-yad shel Genizat
Qahir, Studia Orientalia, GS D. H. Baneth, J 1979, 111–123 (mShab 2); *A. Murtonen,* Qitʿe Mishna be-niqqud bavli, Leš. 21 (1956 f.) 1–6; *S. Sharvit,* Tractate Bikkurim: The Printed Edition Compared with Genizah Fragments (h), Bar-Ilan 6
(1968) 22–32. Kurzbeschreibung und Listen von Geniza-Fragmenten in *N. Sacks,*
Hg., Mishna Zeraʿim I, J 1972, 87–112; II, J 1975, 39–43. Allgemeiner Überblick:
Y. Sussmann, Talmud Fragments in the Cairo Geniza (h), in: *M. A. Friedman,* Hg.,

Cairo Geniza Studies, TA 1980, 21–31. Zur Sprache: *G. Birnbaum*, The Language of the Mishnah in the Cairo Geniza: Phonology and Morphology (h), J 2008.

2. Die wertvollsten vollständigen M-Handschriften

MS Kaufmann: Bibliothek der ungar. Akademie der Wissenschaften, Budapest, Sammlung Kaufmann A 50. Wichtigstes M-MS, meist Anf. 13.Jh. datiert; *M. Beit-Arié*, K"J Kaufmann shel ha-Mishna [Budapest A50]. Moẓa'o u-zemano, in: Qoveẓ ma'amrim bilshon Ḥazal II, J 1979 f., 84–99, schlägt das frühe 12.Jh. vor; *D. Rosenthal*, Mishna Aboda Zara (h), Diss. J 1980, 123–130, datiert das MS spätestens ins 11.Jh., da MS Parma von ihm abhängig sei; *M. Krupp* (Manuscripts 253) übernimmt dieses frühe Datum. Paläst. Texttypus mit nachträglicher tiberianischer Vokalisierung. Schrift wohl italienisch. 286 Blatt, Text bis auf ein Blatt (Ker 3,7–5,2) vollständig. Beschreibung bei *S. Krauss*, MGWJ 51 (1907) 54–66. 142–163. 323–333. 445–461; zur Vokalisierung siehe *G. Birnbaum*, Leš. 48 f. (1984 f.) 269–280; *M. Bar-Asher*, Studies I 195–239. Faksimile-Ausgabe durch *G. Beer*, Den Haag 1929, verkleinerter Ndr. J 1968. Fotos auf der Website der Nationalbibliothek J zugänglich. Transkription in den *Ma'agarim* der Academy of the Hebrew Language http://hebrew-treasures. huji. ac. il.

MS Parma: Biblioteca Palatina, De Rossi 138. 195 Blatt, paläst. Texttypus in orient. Quadratschrift, nachträglich teilweise vokalisiert. Meist Mitte 13.Jh. datiert. Doch hat schon *G. Haneman* in seiner Dissertation (J 1972) einen Schreiber des MS mit jenem von MS Vatikan 31 (1072/3 datiert) gleichgesetzt. Die enge Verwandtschaft der beiden MSS legt jedenfalls nahe, MS Parma in das 11.Jh. zu datieren: *M. Krupp*, The Relationship Between MS Parma De Rossi 138 of the Mishna and MS Vatican 31 of the Sifra, Seder Eliyahu Rabba, and Zutta (h), Tarbiz 49 (1979 f.) 194–196; *I. Z. Feintuch*, On the Parma MS (h), Bar-Ilan 18–19 (1981) 196–217; ebenso auch *M. Beit-Arié*, Hebrew Manuscripts in the Biblioteca Palatina in Parma, ed. *B. Richler*, J 2001, 153: «probably the oldest complete copy of the Mishnah extant». Schon früher hat *Feintuch* zu zeigen versucht, dass MS Parma in MS Leiden des pT als Vorlage verwendet wurde (Tarbiz 45, 1975 f., 178–212). Faksimile-Ausgabe J 1970, 2 Bde. Fotos auf der Website der Nationalbibliothek J zugänglich.

MS Cambridge: Univ. Bibl. Add. 470,1. 250 Blatt, etwa 1400. Jerusalemer Textfamilie, sephard.-griech. Schrift. Veröffentlicht von *W. H. Lowe*, The Mishnah on which the Palestinian Talmud rests, C 1883, Ndr. J 1967.

Vollständiger M-Text auch in den beiden vollständigen Talmud-MSS: *Leiden*, Univ. Bibl., Sammlung Scaliger 3, für pT; für bT: *München*, Staatsbibl., Cod. hebr. 95.

Von besonderer Bedeutung ist der M-Text im Autograph des M-Kommentars von Maimonides (siehe S. 164). Wichtig auch Codex Paris 328–329 (Faksimile mit Einleitung von *M. Bar-Asher*, 3 Bde., J 1973), der in 2 Bän-

den die gesamte M mit hebr. Übersetzung des M-Kommentars von Maimonides enthält; 1398–1401 geschrieben; eine sprachliche Analyse bietet M. Bar-Asher, The Tradition of Mishnaic Hebrew in the Communities of Italy (h), J 1980. Codex Parma «B» De Rossi 497, Seder Toharot (Faksimile mit Einleitung von M. Bar Asher, J 1971 = ders., Studies I 131–161); ders., Studies I 162–194 (Randglossen und Korrekturen in Parma B).
Kurze Beschreibung der MSS: N. Sacks, Hg., Mishna Zeraʿim I, 1972, 65–81; II, J 1975, 55.

b) Drucke

1. Frühe Drucke

Vom um 1485 entstandenen Erstdruck der M sind nur einzelne Blätter erhalten; so gilt die Ausgabe Neapel 1492 als editio princeps, die ein Werk von J. S. Soncino ist. Sie enthält auch den hebr. Maimonides-Kommentar; von hier ist wohl auch zum Großteil der M-Text übernommen worden. Dieser ist ein Mischtext, näher beim paläst. Typus, doch babylonisch beeinflusst. Vgl. *Epstein*, ITM 1275–8 und *A. M. Haberman* in der Einleitung zum Nachdruck der Ausgabe, J 1970. Die späteren Drucke bieten i. A. den babyl. Texttypus, so der Druck Justiniani, V 1546 f., und die Ausgabe V 1548 f. mit dem Kommentar des Ovadja von Bertinoro. Jom Tov Lipmann Heller gab eine aufgrund von MSS korrigierte Ausgabe mit eigenem Kommentar (Tosfot Jom Tov) heraus: Prag 1614–1617; Krakau 1643 f. Diese Ausgabe wurde die Grundlage aller späteren Drucke. Von diesen ist v. a. die Ausgabe Romm, 13 Bde., Wilna 1908 f. zu nennen (schon 1887 begonnen, nach Unterbrechung 1908 erweitert, nachgedruckt und vollendet).

2. Moderne Gesamtausgaben

Ch. Albeck, Shisha Sidre Mishna, 6 Bde., J 1952–1958, mehrmals nachgedruckt. Text vokalisiert von *H. Yalon*. Einführungen und kurze Anmerkungen zu den einzelnen Traktaten. Praktische, aber unkritische Handausgabe (dazu *Abr. Goldberg*, KS 34, 1958 f., 274–280).

Zwei *kritische Ausgaben* sind ein Torso geblieben:

Die sogenannte *Gießener Mischna*. Erschien seit 1912, begründet von *G. Beer* und *O. Holtzmann*, später von *K. H. Rengstorf* und *L. Rost* bzw. *S. Herrmann* geleitet. Bis 1935 in Gießen erschienen, dann in Berlin, dort 1956 wieder aufgenommen. Text, deutsche Übersetzung, Einleitung, Kommentar in Form von Fußnoten; wertvoller textkritischer Anhang. Die Qualität der in Berlin erschienenen Bände hat gegenüber früheren Ausgaben sehr zugenommen. In den früheren Bänden wurde ein Mischtext erstellt, in den späteren Codex Kaufmann als Grundtext verwendet; die Varianten der MSS sind in den kritischen Apparat verwiesen, wie das

Der Text: Handschriften und Ausgaben 161

dem heutigen Stand der Textforschung zu M entspricht. Bis 1991 sind insgesamt 45 Traktate erschienen; allein die Ordnung Zeraʿim ist vollständig. Liste der erschienenen Traktate:

Zeraʿim: Ber O. Holtzmann 1912; Pea, Demai W. Bauer 1931; Kil K. Albrecht 1914; Shevi D. Correns 1960; Ter E. Güting 1969; Maas und MSh W. Bunte 1962; Ḥalla, ʿOrla, Bik K. Albrecht 1913. 1916. 1922. – Moʿed: Shab, Er W. Nowack 1924. 1926; Pes G. Beer 1912; Yoma J. Meinhold 1913; Suk H. Bornhäuser 1935; Beẓa W. E. Gerber 1963; RH P. Fiebig 1914; Taan D. Correns 1989; Meg L. Tetzner 1968; MQ E. L. Rapp 1931. – Nashim: Yev K. H. Rengstorf 1929, verbess. Ndr. 1958; Naz M. Boertien 1971; Sota H. Bietenhard 1956; Git D. Correns 1991. – Neziqin: BQ, BM, BB W. Windfuhr 1913.1923.1925; Sanh, Mak S. Krauss 1933; Avot K. Marti/G. Beer 1927; Hor W. Windfuhr 1914. – Qodashim: Ar M. Krupp 1971; Tam, Mid, Qin O. Holtzmann 1928. 1913. 1931. – Toharot: Kel W. Bunte 1972; Oh W. Bunte 1988; Para G. Mayer 1964; Toh W. Bunte 1981; Nid B. Z. Barslai 1980; Zab W. Bunte 1958; Tevul Yom, Yad, Uqẓim G. Lisowsky 1964. 1956. 1967.

The Institute for the Complete Israeli Talmud, Jerusalem, hat eine große M-Ausgabe begonnen, von der bisher die 1. Ordnung erschienen ist: The Mishnah with Variant Readings Collected from Manuscripts, Fragments of the «Genizah» and Early Printed Editions and Collated with Quotations from the Mishnah in Early Rabbinic Literature as well as with Bertinoro's Commentary from Manuscript. Order Zeraim, Hg. *N. Sacks*, 2 Bde., J 1972–75. Als Grundtext ist nicht ein MS verwendet worden, sondern die Ausgabe Romm, Wilna 1908 f.

3. Editionen einzelner Traktate (alphabetisch)

D. *Rosenthal*, Mishna Aboda Zara – A Critical Edition (with Introduction), Diss. J 1980 (Textbasis MS Kaufmann; ausführlicher hebr. Einleitungsband); *ders.*, 'Nusaḥ ʾEreẓ Yisraʾel' we-'Nusaḥ Bavel' be-Mishnat ʿAvoda Zara, FS S. Lieberman, J 1983, 79–92; *R. T. Herford*, The Ethics of the Talmud: Sayings of the Fathers, Lo 1925, öfter Ndr. (Avot: Text, Übersetzung, Kommentar); *S. Sharvit*, Tractate Avoth Through the Ages. A Critical Edition, Prolegomena and Appendices (h), J 2004; *ders.*, The Textual Criticism of Tractate Avot, in *Safrai* I 277–281; *ders.*, An Oriental Mishnah of the 12th Century (h), Alei Sefer 17 (1992 f.) 5–17 (= Studies 340–364); *M. Assis*, Mavo le-mahadura maddaʿit shel Massekhet ʿArakhin, Asufot 5 (1990 f.) 9–101; *M. Krupp*, Mischnatraktat «Arakin». Computergesteuerte textkritische Ausgabe, H 1977; *Abr. Goldberg*, The Mishna Treatise Eruvin. Critically Edited and Provided with Introduction, Commentary and Notes (h), J 1986; *P. R. Weis*, Mishnah. Horayoth, its history and exposition, Manchester 1952 (dazu *Abr. Goldberg*, KS 32, 1956 f., 163–168); *W. Zuidema*, Der Mischnatraktat Ḥagiga, Diss. Leiden 1987; *Th. Hirth*, Der Mischnatraktat «Keritot» nach Handschriften und Erstdrucken herausgegeben, übersetzt und kommentiert, Diss. Tüb. 1973;

J. Rabbinowitz, Mishnah Megillah. Edited with Introduction, Translation, Commentary and Critical Notes, Lo 1931, Ndr. Westmead 1970; *A. S. Kaufman*, The Temple of Jerusalem. Tractate Middot. An Ancient Version composed from manuscripts (h), 3 Bde., J 1991–2009 (eklekt. Edition aus 33 MSS inkl. Geniza-Fragmenten und frühen Drucken; Bd 2–3: Zeilensynopse); *T. Z. Meacham*, Mishnah Tractate Niddah with Introduction: A Critical Edition with Notes on Variants, Commentary, Redaction, and Chapters in Legal History and Realia (h), 2 Bde., Diss. J 1989; *Abr. Goldberg*, The Mishnah Treatise Ohaloth. Critically Edited and Provided with Introduction, Commentary and Notes (h), J 1955; *ders.*, Commentary to the Mishna. Shabbat. Critically edited and provided with Introduction, Commentary and Notes (h), J 1976 (dazu *Z. A. Steinfeld*, KS 55, 1979 f., 571–583); *Y. Feliks*, Mishna Tractate Shevi'it. A Study of the Mishnaic Text on its Botanical and Agricultural Background (h), J 1987 (krit. Text mit Kommentar); *E. Z. Melammed*, Shevi'ith Tractate (according to Manuscripts and Geniza Fragments) (h), GS H. Yalon, J 1974, 385–417; *H. Fox*, A critical edition of Mishnah Tractate Succah with an introduction and notes (h), 2 Bde., Diss. J 1979; *A. Brody*, Der Misna-Traktat Tamid, Uppsala 1936.

c) Übersetzungen

Von den früheren Übersetzungen sei nur erwähnt: Mischna ... cum Maimonidis et Bartenorae commentariis integris. Accedunt variorum auctorum notae ac versiones. Latinitate donavit ac notis illustravit *Gulielmus Surenhusius*, Amsterdam 1698–1703 (zum Teil von anderen übersetzt); *Johann Jacob Rabe*, Mischnah oder der Text des Talmuds ... übersetzt und erläutert, 6 Teile, Onolzbach 1760–1763. Neuere Gesamtübersetzungen: *D. Correns*, Die Mischna ins Deutsche übertragen, mit einer Einleitung und Anmerkungen, Wiesbaden 2005; *H. Danby*, The Mishnah. Translated from the Hebrew with Introduction and Brief Explanatory Notes, O 1933, mehrmals Ndr.; *M. Krupp*, Die Mischna, F 2007 ff. (bis 2010 3 Bände: Mo'ed, Nashim, Neziqin); *J. Neusner*, The Mishnah. A New Translation, New Haven 1988; *C. del Valle*, La Misná, Salamanca ²1997. Durch ihre Anmerkungen noch immer nützlich: Mischnajot ... Hebr. Text mit Punktation, deutscher Übersetzung und Erklärung, B 1887–1933, Basel ³1968 (Zera'im: *A. Sammter*; Mo'ed: *E. Baneth*; Nashim: *M. Petuchowski*; Neziqin: *D. Hoffmann*; Qodashim: *J. Cohn*; Toharot: *D. Hoffmann, J. Cohn, M. Auerbach*). Vollständige Übersetzungen auch in der deutschen bT-Übersetzung von *L. Goldschmidt* und in der englischen bT-Ausgabe (Soncino). Zahlreiche Übersetzungen von Einzeltraktaten (siehe auch oben zu den Textausgaben sowie unten zu den M-Kommentaren).

d) Konkordanz

Ch. Y. Kasovsky, Thesaurus Mishnae. Concordantiae verborum quae in sex Mishnae ordinibus reperiuntur, 4 Bde., J 1957–1961; H. Duensing, Verzeichnis der Personennamen und der geographischen Namen in der Mischna, Stuttgart 1960.

5) Die Auslegung der Mischna

Die Auslegung von M beginnt zum Teil schon in T und dann v. a. in den beiden Talmudim, deren M-Verständnis weithin die spätere M-Interpretation bestimmt hat. Erst relativ spät ist M wieder unabhängig vom Talmud für sich studiert und ausgelegt worden.

Saadja Gaon (882–942) soll einen M-Kommentar verfasst haben, wozu offenbar Fragmente aus der Geniza gehören; ein fast die Hälfte von M umfassendes Fragment (arab. Worterklärungen) soll vom Institute for the Complete Israeli Talmud, J, publiziert werden (cf. *Brody*, The Geonim 269). Der Kommentar des *Hai Gaon* (939–1038) ist verloren gegangen. Der *Perush ha-Geonim* wurde ihm vom Erstherausgeber *J. Rosenberg*, B 1856, irrtümlich zugeschrieben, dürfte jedoch aus seinem Schülerkreis stammen. Dieser älteste erhaltene M-Kommentar ist ein Sammelwerk; nur zum Seder Toharot erhalten. Besonders sprachliche Erklärungen (Vergleich mit Arab., Pers., Griech. und Aram.); stützt sich auf die Talmudim, T, die Targume und die LXX. *J. N. Epstein*, Der Gaonäische Kommentar zur Mischnaordnung Teharoth zugeschrieben R. Hai Gaon, 2 Hefte, B 1921–4; *ders.*, Der Gaonäische Kommentar zur Ordnung Tohoroth. Eine kritische Einleitung ..., B 1915 (hebr. Zusammenfassung mit zusätzlichen Textstücken: The Supplement to the Gaonic Commentary to Taharot [h], Tarbiz 16, 1944 f., 71–134).

Von *R. Natan b. Abraham II.*, dem Av bet din der palästinischen Jeschiva Ende des 11. Jhs., stammt ein arabischer Kommentar mit kurzen Wort- und Sacherklärungen, der im 12. Jh. ergänzt wurde (hebr. Übersetzung von *J. Qāfiḥ* in der M-Ausgabe El Hamekoroth, 13 Bde., J 1955–1958). Von den zahlreichen Glossaren zu M ist fast nichts erhalten geblieben: siehe *N. Aloni*, Two Fragments from the Geniza Dealing with Mishnaic Vocabulary (h), FS Y. Gil, J 1979, 249–255.

Maimonides (1138–1204; zum Geburtsjahr siehe *S. D. Goitein*, FS G. Vajda, Löwen 1980, 155) schrieb zwischen seinem 23. und 30. Lebensjahr einen M-Kommentar in arab. Sprache, dem später die Bezeichnung *kitab as-sirag* bzw. *sefer ha-ma'or*, «Buch der Leuchte», gegeben wurde, da *ha-ma'or* der Ehrentitel des Maimonides war. Das Werk enthält eine Einleitung zu M und eine Abhandlung über die Tannaiten. Teile, wie die Einleitung und der Kommentar zu Avot und v. a. der Pereq Ḥeleq (San 10) mit den 13 Glaubenssätzen wurden auch getrennt überliefert. Schon zu Lebzeiten des Maimonides teilweise ins Hebräische übersetzt, vollständig 1297 in Spanien durch mehrere Bearbeiter. Die hebräische Übersetzung wurde zuerst in der M-Ausgabe Neapel 1492 gedruckt, in der M-Übersetzung von *G. Surenhusius* ins Lateinische übertragen Amsterdam 1698–1703. Arab. Text mit hebr. Übersetzung: Mishna ʿim Perush Rabbenu Moshe ben Maimon, Maqor we-Targum, Hg. *J. Qāfiḥ*, 7 Bde., J 1963–1968 (³1976–1978 in 3 Bden, nur hebr.). Siehe dazu *J. Blau*, Leš. 30 (1965 f.) 54–60; 31 (1966 f.) 235–239; 32 (1967 f.) 399–401; 35 (1970 f.) 75–78. Außerdem ist das Handexemplar des Maimonides (nach anderen das Autograph) erhalten, heute auf mehrere MSS aufgeteilt: Oxford Bodl. 393 (Zeraʿim) und 404 (Neziqin, Qodashim), sowie Sassoon 72 (Moʿed) und 73 (Nashim), jetzt NB Jerusalem; Toharot fehlt völlig, aber auch sonst ist das MS nicht vollständig (z. B. fehlen Shab und Er 1–7); Faksimile mit hebr.-engl. Einführung: *S. D. Sassoon – R. Edelmann*, Maimonidis commentarius in Mischnam, 3 Bde., Kopenhagen 1954–1956. Zum MS: *S. M. Stern*, Autograph Manuscripts of the Commentary on the Mishnah by Maimonides (h), Tarbiz 23 (1953 f.) 72–83; *J. Blau*, Do We Really Possess an Autograph of Maimonides' Mishna-Commentary? (h), Tarbiz 27 (1957 f.) 536–543; *S. M. Stern – S. D. Sassoon*, The Autograph Manuscript of Maimonides' Commentary on the Mishna (h), Tarbiz 29 (1959 f.) 261–267. Englische Übersetzung: *F. Rosner*, Moses b. Maimon. Commentary on the Mishnah: introduction to Seder Zeraim and commentary on tractate Berachoth, NY 1975.

Isaak ben Melchisedek von Siponto (ca. 1090–1160) schrieb einen Kommentar zu Zeraʿim, der sich vor allem auf pT, aber auch T, Sifra, bT und die Geonim stützt. Im Mittelalter wird auch sein Kommentar zu Toharot öfter zitiert, ist jedoch nicht erhalten. Kritische Ausgabe: *N. Sacks*, Perush ha-RIBMATS le-Rabbenu Malkiẓedeq me-Simpont la-Mishna Zeraʿim, J 1975. *Simson b. R. Abraham aus Sens* (ca. 1150–1230) verfasste einen Kommentar zu M Zeraʿim (außer Ber) und Toharot (außer Nid), der in den meisten Talmudausgaben enthalten ist. Dieselben Traktate kommentierte auch *Ascher ben Jechiel (Rosch)*, der aus Deutschland stammte und 1327 in Spanien starb. Sein erstmals in der Talmud-Ausgabe Amsterdam 1717 gekürzt gedruckter Kommentar, vollständig Zeraʿim Altona 1735, Toharot F 1720–22, fasst im Wesentlichen seine Vorgänger kurz zusammen und ergänzt sie.

Von größter Autorität ist der Kommentar des *Ovadja von Bertinoro* (nahe bei Ravenna; seit 1486 in Jerusalem, wo er 1510 starb): zuerst veröffentlicht V 1548 f., seither in fast allen M-Ausgaben, latein. Übersetzung von *G. Surenhusius*. Stützt sich auf den Talmudkommentar von Raschi; in Zeraʿim und Toharot, wo die Gemara fehlt, übernimmt er v. a. Simson von Sens. Auch fügt er gewöhnlich die Entscheidung der Halakha im Anschluss an Maimonides hinzu.

Jom Tov Lipmann Heller (1579–1654) aus Wallerstein in Bayern, später Rabbiner in Prag und Krakau, ergänzte den Kommentar Bertinoros. Diese «Zusätze», *Tosfot Yom Tov*, wurden zuerst 1617 in Prag gedruckt, umgearbeitet und vermehrt Krakau 1642–1644. Seither in den meisten M-Ausgaben. *Salomo ha-Adani* (1567–ca. 1625) verfasste ebenfalls einen Kommentar als Ergänzung von Bertinoro: Melekhet Shlomo; wie Heller ist auch er wegen seiner MSS-Kenntnisse bedeutend für die Textkritik von M. Gedruckt in M Romm, Wilna. Dort finden sich auch die Kommentare des *Gaon Elija von Wilna* (1720–1798) zu Zeraʿim, Toharot und einzelnen Traktaten aus den übrigen Ordnungen, ebenso der Kommentar Tifʾeret Yisrael des *R. Jisrael Lipschütz* (1782–1861), der zuerst mit M in 6 Bänden in Hannover, Danzig, Königsberg 1830–1850 erschienen ist. Dieser Kommentar bemüht sich v. a. um die praktische Halakha im Anschluss an den Schulchan Arukh. Er besteht aus zwei Abteilungen, einer Erklärung des Wortsinns (Peschat) und einer in der Art des Pilpul, die *Lipschütz* im Anschluss an 1 Kön 7,21 Jachin und Boas nennt.

Die M-Ausgabe Romm, Wilna, enthält neben den genannten noch zahlreiche andere traditionelle Kommentare (siehe *Albeck*, Einführung 415–438; *A. Marx*, The «Romm» Mishnah, JQR 2, 1911 f., 266–270).

Alle genannten Kommentare sind der Tradition verpflichtet. Das bedeutet v. a., dass M im Licht des Talmud gedeutet wird. Die Erörterungen sind gewöhnlich in Form von Glossen gehalten, die sprachliche oder halakhische Details betreffen und praktisch nie einen größeren Textzusammenhang berücksichtigen; an den Realien des Lebens in mischnaischer Zeit und seinem historischen Zusammenhang sind sie i. A. nicht interessiert.

Moderne Kommentare gibt es, wenn man von den zahlreichen Einzeluntersuchungen zu bestimmten Traktaten (v. a. Avot) oder Textabschnitten absieht, nur zwei (*Albeck*s Kommentar in seiner M-Ausgabe ist ja ebenfalls traditionell ausgerichtet, außerdem auf kurze Glossen beschränkt):

Die einzelnen Bände der *«Gießener Mischna»* beschränken sich zwar nach den allgemeinen Einführungen auf eine glossenhafte Kommentierung; diese erfasst jedoch die wesentlichen sprachlichen, sachlichen und (weniger) religionsgeschichtlichen Zusammenhänge. Doch verhindert diese Art des Kommentierens eine eingehendere Beschäftigung mit literarischen Fragen – Struktur einer Perikope, Beziehungen zu Parallelen, formkritische und traditionsgeschichtliche Fragen. Dies hat in umfassender Weise *J. Neusner* in seiner Kommentierung der Ordnung Toharot getan, bedeutend kürzer zu den Ordnungen Qodashim, Nashim, Moʿed und Neziqin: A History of the Mishnaic Law of Purities, 22 Bde., L 1974–1977; A History of the Mishnaic Law of Holy Things, 6 Bde., L 1978–1980; A History of the Mishnaic Law of Women, 5 Bde., L 1980; A History of the Mishnaic Law of Appointed Times, 5 Bde., L 1981–1983;

A History of the Mishnaic Law of Damages, 5 Bde., L 1983–1985. *Neusner*'s Schüler haben im selben Stil Zeraʿim bearbeitet: *J. Neusner*, Hg., The Law of Agriculture in the Mishnah and the Tosefta. Translation, commentary, theology, 3 Bde., L 2005 (minimal revidierter Ndr. ursprünglich verstreut veröffentlichter Arbeiten: *A. J. Avery-Peck*, Mishnah's Division of Agriculture. A History and Theology of Seder Zeraim, 1985; Ber *T. Zahavy* 1987; Pea *R. Brooks* 1983; Dem *R. S. Sarason* 1978; Kil *I. Mandelbaum* 1982; Shevi *L. E. Newman* 1983; Ter *A. J. Peck* 1981; Maas *M. S. Jaffee* 1981; MSh *P. J. Haas* 1980; Hal *A. Havivi, T. Zahavy* 1981; ʿOrla *H. S. Essner* 1981; Bik *M. M. Wenig, D. Weiner* 1981). Diese Kommentare (v. a. Pur) bemühen sich systematisch um Formkritik und Traditionsgeschichte von M und allgemein um die literarischen Fragen, ohne (zumindest in Pur) die Realien zu vernachlässigen.

II. Die Tosefta

Allgem. Lit.: *Ch. Albeck*, Mavo 51–78; *ders.*, Meḥqarim ba-Baraita u-va-Tosefta we Yaḥsan la-Talmud, J 1944, Ndr. 1969; *J. H. Dünner*, Die Theorien über Wesen und Ursprung der Tosephta kritisch dargestellt, Amsterdam 1874; *Y. Elitzur*, Meeting-Points between Reality and Language in Tannaitic Hebrew and the Question of the Ancienty of the Tosefta (h), Language Studies 5–6 (FS I. Yeivin), J 1992, 109–121; *Y. Elman*, Authority and Tradition: Toseftan Baraitot in Talmudic Babylonia, NY 1994; *ders.*, Babylonian Baraitot in the Tosefta and the «Dialectology» of Middle Hebrew, AJSR 16 (1991) 1–29; *J. N. Epstein*, ITL 241–262; *H. Fox – T. Meacham*, eds., Introducing Tosefta. Textual, Intratextual and Intertextual Studies, Hoboken, NJ, 1999; *Z. Frankel*, Darkhe 322–325; *ders.*, Mavo 22–27; *Abr. Goldberg*, The Tosefta – Companion to the Mishna, in *Safrai* I 283–301; *A. Guttmann*, Das redaktionelle und sachliche Verhältnis zwischen Misna und Tosephta, Breslau 1928; *H. Malter*, A Talmudic Problem and Proposed Solutions, JQR 2 (1911 f.) 75–95 (Plädoyer für Zuckermandel); *P. Mandel*, The Tosefta, CHJ IV 316–335; *E. Z. Melammed*, Introduction 148–160; *ders.*, Halakhic Midrashim in the Mishna and Tosephta (h), Bar-Ilan 2 (1964) 84–99; *Ch. Milikowsky*, Seder ʿOlam and the Tosefta (h), Tarbiz 49 (1979 f.) 246–263; *J. Neusner*, Introduction 129–152; *ders.*, The Tosefta: Its Structures and Its Sources, A 1986 (aus *ders.*, Pur, überarbeitet; dazu *Y. Elman*, JQR 78, 1987 f., 130–136); *ders.*, The Tosefta. An Introduction, A 1992; *S. Rosenblatt*, The Interpretation of the Bible in the Tosefta, Phil. 1974; *A. Schwarz*, Studien über die Tosifta, MGWJ 23 (1874) 464–470. 561–568. 24 (1875) 25–31. 87–90. 126–139. 274–281. 325–330. 351–366. 460–472. 492–500; *ders.*, Die Tosifta des Tr. Sabbath, in ihrem Verhältnis zur Mischna, Karlsruhe 1879; *ders.*, Tosifta juxta Mischnarum Ordinem recomposita et Commentario instructa, I Wilna 1890; II F 1902; *A. Spanier*, Die Toseftaperiode in der tannaitischen Literatur, B 1922; *M. Tilly*, Tosefta, TRE 33 (2002) 680–683; *A. Walfish*, ʾIḥud ha-halakha we-ha-ʾaggada: ʿIyyun be-darkhe ʿarikhatah shel ha-Tosefta, FS Y. Fraenkel, 309–331; *P. R. Weis*, The Controversies of Rab and Samuel and the Tosefta, JSS 3 (1958) 288–297; *S. Zeitlin*, The Tosefta, JQR 47 (1957) 382–399; *M. S. Zuckermandel*, Tosefta, Mischna und Boraitha in ihrem Verhältnis zueinander, 2 Bde., F 1908/09; Supplement 1910; *ders.*, Gesammelte Aufsätze, 2 Bde, F 1911/12.

Zu Einzeltraktaten: *Abr. Goldberg*, Tosefta Bava Kamma. A Structural and Analytic Commentary with a Mishna-Tosefta-Synopsis (h), J 2001 (Teil schon in Talmudic Studies II 151–196); *G. Mayer*, Ein Zaun um die Tora. Tradition und Interpretation im rabbinischen Recht, dargestellt am Toseftatraktat Kilʾajim, Stuttgart 1973; *O. I. Ruiz Morell*, Las aguas amargas de la mujer. La ordalía de los celos en el rabinismo. Estudio lingüístico y literario del Tratado Sotah de Tosefta, Estella (Navarra) 1999; *R. L. Zeidman*, A View of Celebrations in Early Judaism. Tosefta Avodah Zarah [Idolatry], Diss. Toronto 1992.

Verhältnis T zu M und den Talmudim: *W. Bunte*, Der Mischnatraktat Zabim in seinem Verhältnis zum gleichnamigen Traktat der Tosefta, ZDMG 107 (1957) 31–

66; B. Cohen, Mishnah and Tosefta: a comparative study. I Shabbat, NY 1935; S. Friedman, The Primacy of Tosefta in Mishnah-Tosefta Parallels – Shabbat 16,1: *kol kitve ha-qodesh* (h), Tarbiz 62 (1992 f.) 313–338; *ders.*, Mishna-Tosefta Parallels (Shabbat 13,14) (h), Bar-Ilan 26 f. (1995) 277–288; *ders.*, The Primacy of Tosefta to Mishnah in Synoptic Parallels, in: *Fox – Meacham*, Introducing Tosefta 99–121; *ders.*, Ha-baraitot ba-talmud ha-bavli we-yaḥasan le-maqbilotehen she-ba-Tosefta, in: FS Dimitrovsky 163–201; *ders.*, Tosefta Atiqta. Pesaḥ Rishon. Synoptic Parallels of Mishna and Tosefta Analyzed with a Methodological Introduction (h), Ramat Gan 2002; *J. Hauptman*, Rereading the Mishnah. A New Approach to Ancient Jewish Texts, Tüb. 2005; *dies.*, Mishnah As a Response to «Tosefta», in: *S. J. D. Cohen*, Hg., The Synoptic Problem in Rabbinic Literature, Providence, Rhode Island 2000, 13–34; *A. Houtman*, Mishnah and Tosefta. A Synoptic Comparison of the Tractates Berakhot and Shebiit, Tüb. 1996; *B. Katzoff*, The Relationship Between the Baraitot in the Tosefta and their Talmudic Parallels. The Evidence of Tractate Berachot (h), HUCA 75 (2004) hebr. Teil 1–24 (bewahrt der Bavli den Text von T besonders getreu, oder ist unser T-Text schon vom Bavli beeinflusst?); *ders.*, Did Rav Natronai Gaon Use the Tosefta in his Responsa? (h), Alei Sefer 20 (2008) 17–27; *J. Kulp*, Organisational Patterns in the Mishnah in Light of their Toseftan Parallels, JJS 58 (2007) 52–78; *B. De Vries*, Meḥqarim 96–129 (zu BM, Mak und Meila) und 148–160 (Beziehung zu Talmudim); *M. Weiss*, Tosefta-like Chapters in the Mishnah (h), 11th WCJS (J 1994) C I 55–62.

1) Name, Aufbau und Inhalt

Das aram. *tosefta* (eventuell *tosifta*; Plur. *tosafata*; hebr. *tosefet*, Plur. *tosafot*) bedeutet allgemein «Hinzufügung, Ergänzung», und zwar eine zusätzliche halakhische Lehre, welche M (im weiteren Sinn: die offiziell gelehrte Halakha) ergänzt. So stellt etwa Abbahu in yShab 8,1,11a in Abrede, eine neue Halakha (*'oraita ḥadata*) zu wissen; vielmehr habe er eine *tosefta atiqta* gehört, eine «alte Ergänzung». Im engeren Sinn kann *tosefta* ein Buch mit solchen ergänzenden Lehren bezeichnen, insbesondere die uns unter diesem Titel erhaltene Schrift. bMeg 28b nennt in einer umfassenden Formel als rabb. Lehrstoff *hilkheta, sifra, sifre we-tosefta* (bShevu 41b fügt noch *talmud* hinzu); in bQid 49b ist damit der Stoff bezeichnet, den ein Tanna beherrschen muss. Damit meint man sicher schon fest geordnete Traditionskomplexe – die Halakha mit ihren Ergänzungen und den halakhischen Midrasch, doch wohl kaum die uns unter diesen Namen bekannten Schriften. Auch wenn bYom 70a explizit aus der *tosefta* zitiert (das Zitat findet sich mit Varianten in tYom 4,19, L. 247 f.), ist das nicht unbedingt unsere T.

T ist ein halakhisches Werk, das im Aufbau M entspricht: Dieselben 6 Ordnungen (Sedarim) umfassen auch dieselben Traktate, deren Namen und Anordnung sowohl in der T-Überlieferung wie auch gegenüber M leicht variieren (hier übernehmen wir Traktatnamen und Kapitelzählung nach *Zuckermandel*, auch wenn die Seiten der Ausgaben *Lieberman* oder *Rengstorf* angegeben sind: Z. B. ist tYom 4,19 bei *Lieberman* tKippurim 3,19). Das zu M Gesagte gilt also auch hier. Nur die Traktate Avot, Tamid, Middot und Qinnim haben keine Entsprechung in T; der Traktat Kelim ist in T in drei «Pforten» unterteilt (BQ, BM, BB). Im Umfang ist T etwa sechzig Prozent umfangreicher als M (die Maʾagarim der Hebräischen Sprachakademie geben für T 304 079 Wörter an, 188 483 für M).

Die Sprache von T ist M-Hebräisch, wie in M von vereinzelten aramäischen Sätzen und mit zahlreichen Lehnwörtern besonders griechischer oder lateinischer Herkunft durchsetzt. Auch die in T genannten Rabbinen entsprechen jenen von M, wenn auch nicht ganz in derselben Verteilung.

2) Die Entstehung

a) Die Tradition

bSan 86a heißt es im Namen des R. Jochanan: *stam tosefta* R. Nechemja. Sollte hier unsere T gemeint sein, wird ihr anonymer Teil einem Lehrer von Uscha (T3) zugeschrieben, eine Generation später als die anonymen Sätze von M, die auf R. Aqiva zurückgehen sollen. Als eigentlichen Verfasser von T bezeichnet Scherira (ISG L. 34) R. Chijja bar Abba (T5), einen Freund und Schüler Rabbis, und bestätigt damit die Meinung der Fragesteller aus Kairowan. Dieselbe Meinung vertreten Raschi (z. B. zu bBM 85b) und Maimonides (im Vorwort zu Mishne Tora, J 1957,9; ebenso in der Einleitung zu seinem M-Kommentar, ed. *Qāfiḥ* 33 f.).

Verschiedene Gelehrte des Mittelalters beziehen übrigens bSan 86a nicht auf unsere T, so etwa R. Simson von Chinon im Sefer Keritut IV,1,12 (ed. *J. M. Sofer* 158): «Was sie im Talmud T nennen, ist nicht, was wir T nennen, sondern ein Zusatz, den sie hinzufügten, um M zu erklären.» Unsere T bezeichnet er als Werk des R. Chijja und des R. Hoschaja (A1: ein von *S. Schechter*, Saadyana, C 1903, 141 Anm. 1 zitierter Text sieht ebenfalls Hoschaja als Autor von T an). Dieselbe Meinung vertritt R. Nissim (990–1062) in der Einführung zu seinem Sefer ha-Mafteaḥ (in bT Romm vor Ber abgedruckt); er begründet dies mit bTaan 21a, wo Ilfa (A2) sagt: «Wenn mich jemand eine Baraita des R. Chijja oder des R. Hoschaja fragt und ich sie nicht aus M erklären kann, stürze ich mich vom Masten des Schiffes und möge ertrinken.» Später findet sich diese Ansicht noch z. B. bei Hameiri, der T als «Baraitot» des R. Chijja und des R. Hoschaja bezeichnet (Einführung zu seinem Avot-Kommentar 12a). Die wenigen Stellen, an denen T R. Chijja nennt (z. B. tNeg 8,6, R. 180; tBeẓa1,7, L. 281 wird auch R. Abba = Rav genannt!), müsste man bei Annahme dieser These wohl als spätere Zusätze betrachten.

In der modernen Forschungsgeschichte hat v. a. Z. *Frankel* die Zuschreibung von T an Chijja und Hoschaja übernommen. Nach ihm vereinigt unsere T T-Sammlungen des R. Chijja und in geringerem Maß auch des R. Hoschaja (Mavo 22a–27b). Dagegen wendet sich z. B. *Albeck* (Mavo 55 f.) mit der Begründung, dass nur ein kleiner Teil der in den Talmudim diesen Rabbinen zugeschriebenen Baraitot in T enthalten sei. *Abr. Goldberg* übergeht diesen Einwand mit der These, dass ein Redaktor nur die Lehren der vorangegangenen Generation offiziell edierte; die Redaktion von T begann eine Generation später als die von M und fand in der Arbeit von R. Chijja, dem literarischen Erben Rabbis, ihren Höhepunkt. Die Lehren von R. Chijja und seinen Zeitgenossen hat dann wahrscheinlich R. Hoschaja ediert und eine letzte, nicht umfangreiche Schicht sei wohl von Rav herausgegeben worden. *Goldberg* möchte T in den Zeitraum 220–230 datieren (in *Safrai* I 283. 294 f.).

Wenn man die traditionelle Angabe, R. Chijja sei der Verfasser von T, mit bSan 86a verbindet, ergibt sich die vielfach angenommene Entwicklungsgeschichte von T in Parallele zu jener von M: Man müsste dann eine T Nechemjas annehmen, die die M Aqivas oder Meirs ergänzt, und die dann R. Chijja in Anlehnung an die M Rabbis überarbeitet und beendet hätte. Zweck von T ist nach dieser traditionellen Auffassung die Ergänzung von M (um dort nicht aufgenommenes tannaitisches Material nicht in Vergessenheit geraten zu lassen) bzw. ein Kommentar zu M.

J. N. Epstein (ITL 242 ff.) übernimmt zwar auch die traditionellen Angaben, die T mit Nechemja und Chijja verbinden, sieht jedoch in der T Nechemjas nicht eine Ergänzung zur M Aqivas, sondern zu jener Simeons ben Gamaliel II., die damals die offizielle M gewesen sei; R. Chijja wiederum habe von Rabbi abweichende bzw. nach ihm entstandene Halakhot gesammelt, doch sei seine Sammlung nicht unsere T. Diese Rekonstruktion *Epsteins* führt nicht nur weitere Unbekannte ein, sondern geht auch weit über das hinaus, was sich aus den Quellen beweisen lässt.

b) Das Verhältnis der Tosefta zur Mischna

Fast immer ist T als Ergänzung zu M und als kurz nach dieser entstanden betrachtet worden. Dadurch ist T in der Forschungsgeschichte immer in ihrem Verhältnis zu M und nie selbstständig gesehen worden. Eine solche Betrachtung ist allerdings legitim, sofern T nicht voreilig an M gemessen und durch M interpretiert wird. Eine nähere Bestimmung des Verhältnisses von T zu M, aber auch zu den Baraitot und den Talmudim ist eine wesentliche Aufgabe der T-Forschung.

Für das Verhältnis von T zu M ergibt der Vergleich eine Vielfalt an Beziehungen verschiedenster Art, ähnlich den Grundfakten der synoptischen Frage in der neutestamentlichen Forschung. Dort methodische Anleihen zur Lösung des Problems zu nehmen liegt daher nahe. Das gilt

Die Entstehung

auch für die Erstellung einer so dringlich erforderten Synopse von T und M (und der anderen Parallelen; siehe *A. Houtman*). Die Beziehungen T-M lassen sich so zusammenfassen:

1. T ist wörtlich gleich M oder weist nur geringe Varianten auf.
2. T bietet zu in M anonymen Sätzen die Autorennamen oder ergänzt M durch zusätzliche Glossen und Diskussionen.
3. T wirkt wie ein Kommentar zu nicht zitiertem M-Material und ist oft ohne M kaum verständlich; doch gibt es auch Texte in M, die ohne T nicht zu verstehen sind.
4. T bietet zusätzliches Material ohne direkten Bezug zum mit M gemeinsamen Stoff (v. a. mehr haggad. und midraschischen Stoff).
5. T widerspricht M in Halakha oder Tradentennamen.
6. Die *Anordnung* des mit M parallelen Stoffes ist in T weithin gleich, doch oft auch verschieden. Häufig hat es den Anschein, dass T die ursprünglichere Anordnung und auch die Halakha selbst in der urtümlicheren Form bietet (ausführlich begründet dies *S. Friedman*, Tosefta Atiqta, für zahlreiche Abschnitte von Pesaḥim; cf. *ders.* in Introducing Tosefta; ebenso *J. Hauptman*).
7. Der *Stil* von T ist nicht so prägnant durchformuliert und abgeschliffen wie der von M. Mnemotechnische Züge sind zwar vorhanden, doch nicht so bedeutend wie in M. Es scheint, dass T im Gegensatz zu M nicht zum Auswendiglernen und mündlichen Tradieren formuliert worden ist (*J. Neusner*).

Die hier skizzierten Fakten, ergänzt durch Beobachtungen an den zu T parallelen Baraitot in den Talmudim (sind diese aus T entnommen, stammen sie aus einer Paralleltradition, oder sind umgekehrt die talmudischen Baraitot Bausteine von T gewesen?), sind in der Forschungsgeschichte sehr vielfältig und widersprüchlich gedeutet worden. Diese Fülle an Erklärungen geht allerdings nicht nur auf die Mehrdeutigkeit der Fakten zurück, sondern auch auf eine oft sehr selektive Verwertung dieser Fakten.

Die umfassendsten Studien zu T stammen von *M. S. Zuckermandel*, dem Herausgeber von T. Mehrere Jahrzehnte lang arbeitete er an seiner These, die er 1908–1912 in endgültiger Form vorlegte. Nach ihm ist T die M unseres pT, unsere M hingegen babylonisch. Damit erklärt er die Tatsache, dass manchmal pT mit T gegen M übereinstimmt; wo pT mit M gegen T übereinstimmt, sieht er Interpolationen oder Textveränderungen. Später wandelte er seine These dahingehend ab, dass das Werk Rabbis unsere M und T umfasste, pT also beide voraussetzt; die babylonischen Amoräer jedoch hätten nur Teile aus diesem Werk anerkannt, eben unsere M. Als M der allgemein anerkannte Codex wurde, ließ man in T viele parallele Texte aus, wodurch T ihre ursprüngliche Kohärenz verlor. Diese These, die *Zuckermandel* mit seiner T-Ausgabe erhärten wollte, hat fast allgemein schärfste Ablehnung erfahren und ist auch nicht haltbar. Doch ist ihr Anliegen berechtigt, das Verhältnis M-T nicht einseitig von M aus zu sehen.

J. H. Dünner, dessen Untersuchung zu T 1874 zugleich mit der frühesten Fassung der These *Zuckermandels* erschien, entfernte sich wie dieser, doch in anderer Richtung, von der Tradition: Nach ihm ist T eine nachtalmudische Kompilation aus talmudischen Baraitot und echtem tannaitischen Material (solches nimmt er an, um damit die Unterschiede von T zu den talmudischen Baraitot zu erklären). Damit ist *Dünner* ein wesentlicher Vorläufer *Ch. Albecks* und seiner Schule. Ihm ähnlich urteilt *I. H. Weiss*, Dor II 193 ff.: Er führt T auf einen palästinischen Kompilator zurück, der im 5., vielleicht schon im 4. Jh. in Babylonien gewirkt und neben verschiedenen anderen Quellen auch die Talmudim verwendet haben soll (*Weiss* begründet dies damit, dass zahlreiche T-Sätze in der Gemara als Aussprüche von Amoräern aufscheinen).

Eine neue Lösung des Verhältnisses M-T hat *A. Spanier* versucht; im Bemühen von *A. Schwarz*, T anhand von M neu zu ordnen, hat er einen Vorläufer. *Spanier* bezeichnet T als «Sonderausgabe von Scholien zur Mi; der Sammler, der sie von der Mi loslöste und für sich zusammenstellte, hat dabei manches hinzugefügt und fortgenommen, um dem neuen Werke wenigstens in bescheidenem Maße den Schein eines einheitlichen Ganzen zu verleihen» (Toseftaperiode 47). Solche Scholien zu M habe es übrigens schon zur M Aqivas gegeben; Rabbi habe sie z. T. in seine M eingearbeitet, was viele Parallelen zwischen M und T erklärt, die weit über die Eigenart von Scholien hinausgehen (S. 74). Selbstverständlich nimmt die These *Spaniers* von allem Anfang an eine schriftliche Fassung von M an.

A. Guttmann vertritt eine ähnliche These: «Das Ziel des Tosephtaredaktors scheint also zunächst gewesen zu sein, das in die Misna nicht aufgenommene einschlägige tannaitische Material zu sammeln, gleichviel, ob es die Misna ergänzt, erklärt, ihr widerspricht oder bloß Varianten zu ihr bietet» (S. 1). Diesen Stoff habe der Verfasser zu einem relativ selbstständigen Werk gestaltet, auch wenn T nur eine Ergänzung zu M darstellte (S. 2). Die gegenüber M abweichende Anordnung von T erklärt *Guttmann* dadurch, dass zuerst ein bloßer Zettelkatalog von tannaitischen Aussagen vorlag, wobei einzelne Traktate schon gebündelt waren. Als diese Karteikarten in Buch- bzw. Rollenform umgearbeitet wurden, behielten diese Traktate die Ordnung von M bei, während bei anderen die Ordnung durcheinandergeriet (176 f.). Diese These hat ebenso wie die *Spaniers* nur wenig Freunde gefunden und ist als unzureichende Notlösung anzusehen; auch überträgt sie zu sehr moderne literarische Gepflogenheiten in die talmudische Zeit (auch wenn man zu *Spaniers* Scholientheorie ähnliche Hypothesen zum Fragmententargum heranziehen könnte).

Die hier genannten Theorien zu T wollen alle eine Pauschallösung anbieten. Doch sind die zuvor genannten Beziehungen zwischen M und T nicht einheitlich über das Gesamtwerk verteilt; vielmehr sind sie in den einzelnen Traktaten von T je verschieden zusammengesetzt und gewichtet. Somit ist ein Pauschalurteil über das Verhältnis von T zu M nicht

Die Entstehung

möglich und sind vorerst einmal die einzelnen Traktate von T für sich zu betrachten.

Diese Eigenständigkeit der Traktate zeigt sich schon in der Länge von T gegenüber M: T ist insgesamt etwa 60 % länger als M; somit sind auch viele Traktate in T länger als in M, Einzelne sind fast gleich lang (z. B. Yad), manche jedoch sogar kürzer (z. B. Sheq).

In Stoff und Aufbau setzen viele Traktate von T M voraus, auch wenn T längere Stoffeinschaltungen enthält, über einzelne Passagen von M kommentarlos hinweggeht oder auch eine andere Anordnung des Stoffes aufweist: so z. B. Ter (dazu *E. Güting* in der Gießener M, auf die sich auch die folgenden Zitate beziehen, 27–31), wo T vielfach M zum besseren Verständnis braucht, kaum einmal jedoch M auf T angewiesen ist. Ähnlich steht es in Shevi (*D. Correns* 28 f.), wo T sich ebenfalls auf M bezieht, doch vielleicht eine frühere Textform von M voraussetzt (vgl. auch *De Vries*, Meḥqarim 101 zu BM und 108 zu Mak). Das lässt nicht an eine direkte Abhängigkeit vom M-Text denken, sondern an die Verwurzelung von T und M in einer gemeinsamen, schon weithin geprägten und geordneten Tradition, wie dies *W. Bunte* zu Maas und MSh annimmt (16–26), wo T ohne M völlig verständlich ist. Anders wiederum Sukka, wo viele Termini von T ohne M nahezu unverständlich sind, T überhaupt ohne M nicht zu deuten ist (so *H. Bornhäuser* 18–25). Umgekehrt wiederum urteilt *K. H. Rengstorf* zu Yev (46–52): T setzt hier nicht eindeutig M voraus, M hingegen weithin T. Eher könnte man T von M aus ergänzen. Wieder ein anderes Bild ergibt sich *H. Bietenhard* (18–22) aus Sota, wo man leichter M aus T ergänzen kann als umgekehrt. Für die gesamte Ordnung Toharot schließlich stellt *J. Neusner* (Pur XXI,15) fest, dass hier tatsächlich T als Ergänzung von M und als ihr erster Kommentar zu verstehen ist. Seder Qodashim wiederum ist das Hauptargument für jene, die T als gegenüber M selbstständiges Werk betrachten.

Die Liste der hier aufgeführten Urteile ließe sich deutlich erweitern. Ihre Verschiedenheit geht nicht allein auf die persönlichen Ansichten der einzelnen Forscher zurück, auch nicht nur auf die sicher vorhandene Uneinheitlichkeit der Fragestellung, mit der man an den Vergleich von M und T herangeht. Sie ist vielmehr in einem objektiv verschiedenen Verhältnis der einzelnen Traktate von M und T zueinander begründet, das wohl auf eine je verschiedene Vorgeschichte verschiedener Traktate oder Ordnungen von T zurückzuführen ist. Eine noch stärker ins Detail gehende Vergleichsarbeit ließe wohl auch zu einzelnen Traktaten kein einheitliches Urteil mehr zu (so richtig *P. Schäfer*, JJS 37, 1986, 147–149).

c) Das Verhältnis der Tosefta zu den Talmudim

In den vorausgegangenen Hinweisen zur Forschungsgeschichte war schon kurz vom Verhältnis der T zu den Baraitot der Talmude die Rede. Auch in dieser für die historische Einordnung von T so wichtigen Frage sind die Fakten nicht eindeutig:

1. Das einzige explizite T-Zitat in den Talmudim befindet sich in bYom 70a. Die Textvarianten lassen aber keine Entscheidung zu, ob der hier als T zitierte Text tatsächlich aus unserer T und nicht aus einer ähnlichen gleichnamigen Sammlung stammt.

2. Zahlreiche Baraitot in den Talmudim entsprechen (fast) wörtlich T.

3. Andere Baraitot in den Talmudim stimmen zwar mit T in der Sache überein, weichen jedoch im Wortlaut beträchtlich ab.

4. Oft diskutieren Amoräer in den Talmudim über Probleme, deren Lösung ihnen aus T bekannt sein müsste. Kennen sie T nicht, anerkennen sie T nicht als die Halakha entscheidende Autorität, oder war ihnen einfach der entsprechende T-Text nicht präsent (schließlich werden ja auch nicht immer die passendsten M-Zitate als Beleg gebracht, obwohl man die Kenntnis von M bei den Amoräern doch voraussetzen müsste)?

Diese Beobachtungen lassen verschiedene Deutungen zu, die sich im Wesentlichen auf zwei Schulen zurückführen lassen. Ihre profiliertesten Vertreter im 20. Jh. waren *J. N. Epstein* und *Ch. Albeck*, doch gehen beide Auffassungen viel weiter zurück.

Nach *Epstein* haben die Talmudim T in verschiedener Weise gekannt: Eine Vorform der heutigen T hat zu den Baraitot des bT geführt, während die Baraitot im pT, die T textlich viel näherstehen, direkt auf unsere T zurückgehen. Dass die Talmudim gelegentlich T nicht zitieren, obwohl es ihnen in einer bestimmten Diskussion nützlich wäre, ist nicht überzubewerten und deutet nicht auf ihre allgemeine Unkenntnis von T.

Für *Albeck* hingegen sind die häufige Textabweichung talmudischer Baraitot von T-Parallelen sowie die Tatsache, dass der Talmud an entscheidenden Stellen T nicht zitiert, ein Beweis dafür, dass die Redaktoren der Talmudim T noch nicht kannten; vielmehr zitierten sie aus anderen Baraita-Sammlungen, die (vielleicht zusammen mit den Talmuden) dann auch die Quellen unserer T geworden sind. Die Endredaktion von T ist demnach gegen Ende der amoräischen Zeit anzusetzen.

Eine vermittelnde Stellung nimmt *B. De Vries* ein. Für ihn ist die Nichtberücksichtigung von T in talmudischen Diskussionen kein Beweis für die Nichtkenntnis von T, nicht zur Zeit der Entstehung der einzelnen Sugia und schon gar nicht für die Endredaktion, die es vielleicht gar nicht als ihre Aufgabe angesehen hätte, in ihr vorliegende Sugiot ergänzend mit T-Zitaten einzugreifen. Als Grundlage der Baraitot in den Talmuden sieht *De Vries* eine M ergänzende, den Amoräern schon schriftlich vorliegende Baraita-Sammlung, die nicht mit unserer T übereinstimmte (als Begründung dafür nennt er weniger die abweichenden Lesarten als vielmehr Abweichungen in der Anordnung des Textes), auch nicht eine Vorform von T ist, aber eine mit T gemeinsame frühere Traditionsstufe verwendet. Andere (so *P. R. Weis* und *A. Weiss*) relativieren das Problem mit der Annahme, dass einzelne Amoräer T kannten, andere wiederum nicht.

Eine gründliche Untersuchung anhand des Traktats Pesaḥim bietet *Y. Elman*, dessen Position der von *Albeck* ähnlich, doch differenzierter ist: Viele T-artige Baraitot in bT wirken «unabhängig»: «these Toseftan baraitot came to the Bavli's redactors as individual baraitot, perhaps loosely connected, and not as part of a Tosefta-like composition» (Authority 278). Ein frühes Datum von T ist deswegen noch nicht unmöglich (doch auch nicht zu sichern). «If the Tosefta's language points to an early date, that is either because it was reduced to written form at an early date but then neglected, or because its constituent components existed in writing and were not altered by its redactors ... In any case, early or late, the Tosefta was not known as such in Amoraic Babylonia» (281).

d) Ist eine Lösung möglich?

Die Verschiedenartigkeit der vorgeschlagenen Lösungen zeigt, dass wir von einer allgemein annehmbaren Darstellung der Entstehungsgeschichte und Zielsetzung von T noch weit entfernt sind. Vielleicht liegt das auch an unseren Fragestellungen, die der Problematik nicht ganz gerecht werden. Jedenfalls genügen *Albecks* Argumente nicht, eine Spätdatierung von T zu sichern, wie *Y. Elman* zu Recht betont. Textabweichungen der Baraitot gegenüber T können auch auf freie Zitierweise und bewusste Bearbeitung zurückgehen (dafür argumentiert v. a. *S. Friedman*, Ha-baraitot: Die Redaktoren von bT gehen mit Baraitot viel freier um als die von pT), z. T. auf andere, mit T parallele Sammlungen. Die Erklärung, die Redaktoren hätten T wegen geringerer Autorität oft nicht berücksichtigt (so schon Alfasi: T ist nicht Halakha), vereinfacht zumindest im Fall von bT das Problem zu sehr. Doch besagt auch eine tatsächliche Unbekanntheit von T (oder von Teilen von T) in gewissen Kreisen noch nicht, dass T damals noch nicht existiert hat. Die Gemeinsamkeiten von T mit M sind zu groß, als dass man ohne zwingenden Grund die Entstehungszeit von T allzu weit von jener von M abrücken würde.

Bezeichnend für die Komplexität des Befundes ist die Entwicklung der Auffassungen *J. Neusner*'s, der in seine History of the Mishnaic Law eine Übersetzung und Kommentierung von T aufnahm, bald aber zur Auffassung gelangte, er sei dabei einem Irrtum über T erlegen: In Wirklichkeit sei T nachmischnaisch und habe zur Geschichte des M-Gesetzes nichts zu sagen (The Tosefta IV, NY 1981, XV f.). In VI, 1977, X bezeichnet er die Entstehungszeit von T als unbekannt, zwischen 200 und 450; II, 1981, IX, nennt er das Ende des 4. Jhs. 1986 griff er jedoch wieder auf seine frühere

Auffassung zurück, wonach «the major work of redaction of T. – that is, the organization and arrangement of its already extant materials – between the preliminary redaction of M. and its ultimate conclusion» anzusetzen sei (The Tosefta 99; cf. 7). Ähnlich, wenn auch wieder vorsichtiger äußert er sich p. XXIII zu der neuen Einleitung zum Nachdruck von Band VI seiner T-Übersetzung (1990): T ist nach Abschluss von M, doch vor pT kompiliert worden und ist wohl ein Werk des 3. Jhs. Nur ein kleiner Teil ihres Inhalts «can have reached formulation prior to the closure of the Mishnah» (cf. Introduction 131; ähnlich auch die neue Einleitung zur T-Übersetzung, 2002, XIV–XVI).

Sicher ist T als redigiertes Werk nachmischnaisch und somit schon amoräisch, doch wohl aus den Anfängen der amoräischen Zeit. Der Annahme einer Redaktion von T im späten 3. oder frühen 4. Jh. lassen sich jedenfalls kaum schwerwiegende Gründe entgegenhalten. Dass die Redaktion von T in Palästina erfolgte, ist wegen der Sprache wie auch wegen der besonderen Nähe zu pT unbestreitbar; auch die Aufnahme babylonischer Baraitot in den Text in wohl späterer Zeit (siehe *Elman*, Babylonian Baraitot, zu tSuk 2,8–3,1) erfolgte wohl in Palästina. Überhaupt ist natürlich mit einem späteren Wachstum von T zu rechnen, v. a. auch durch das Eindringen von M-Texten, wie auch umgekehrt T-Texte in M kamen; ebenso wurden wohl auch noch später talmudische Baraitot in T eingefügt. Solche Textveränderungen wurden sicher dadurch begünstigt, dass T nicht den offiziellen Status von M erlangte und dadurch in der literarischen Gestalt unkontrollierter war. Andererseits war T durch denselben Umstand nicht so sehr wie M bewussten Anpassungen an die spätere Halakha ausgesetzt. Dafür hatte die Textgestalt von T sicher stärker durch lange Vernachlässigung zu leiden.

Nach dem bisher Gesagten ist die Frage nach dem Verhältnis von T zu M nicht einhellig zu beantworten: Wieweit ist T tatsächlich eine «Ergänzung» zu M, wieweit ein selbstständiges Werk und daher ihr Name eine «Irreführung», wie andere behaupten? Die Lösung liegt wohl kaum in einem Entweder-Oder. Eine historische Entwicklung ist in Betracht zu ziehen: So könnte T zuerst eine zu M parallele, jedoch von M unabhängige Halakha-Sammlung gewesen sein, die mit der «Kanonisierung» von M jedoch immer mehr nur in Funktion von M und als Ergänzung dazu gesehen wurde, was entsprechenden Einfluss auf die weitere Textgeschichte, jedoch keine einheitliche und durchgehende Revision von T zur Folge hatte. Oder man denkt an eine getrennte Entstehungsgeschichte der einzelnen T-Traktate, die zu jeweils verschiedenen Verhältnissen in Bezug auf M führte; beide Möglichkeiten können auch miteinander kombiniert werden.

Ebenso offen ist die mit dem Vorigen eng verbundene Frage nach der *Zielsetzung von T:* War T ursprünglich als geltende Halakha (in Konkurrenz zu M) gedacht oder als M ergänzendes Lehrbuch, als erster Kommentar zu M? Diese Frage ist u. a. auch deswegen nicht zu beantworten, weil wir die Quellen von T nicht im notwendigen Maß freilegen und auch kaum Sicheres über ihre ursprüngliche Gestalt sagen können. Der (oder die) Verfasser von T waren sicher nicht bloße Archivare von Baraitot, die sie unverändert überliefert hätten. Es ist nicht zu belegen, dass T alle Baraitot, die wir aus den Talmudim kennen, die jedoch nicht in T enthalten sind, nicht gekannt hat; ebenso wenig ist zu beweisen, dass gerade T trotz aller textlichen Abweichungen zu den talmudischen Baraitot stets die ursprüngliche Textgestalt überliefert hat. Auch die inneren Widersprüche und Wiederholungen in T sind kein hinreichendes Argument für die Annahme einer rein sammlerischen Tätigkeit des Redaktors von T. Was jedoch tatsächlich die Absicht von T war, positiv aufzuzeigen, ist uns derzeit genauso unmöglich wie die Beantwortung vieler anderer Fragen zur Literargeschichte von T. Diese ist trotz aller bisherigen Bemühungen zum größten Teil noch immer ungeklärt.

3) Der Text der Tosefta

a) Handschriften

Die einzige fast vollständige T-Handschrift ist *MS Wien* (Nationalbibl. Wien hebr. 20, Katalog Schwarz Nr. 46). Auch hier fehlen einige Blätter in der Mitte, die später ersetzt worden sind, ebenso Zav 1,3–3,1 (Ausfall eines Blattes), viele kleine Textlücken; 227 Blatt, 13.–14. Jh. Dem Texttypus der Geniza-Texte und der sephardischen Textfamilie ähnlich, die den Drucken zugrunde liegt. Beschreibung: *M. S. Zuckermandel*, Der Wiener Tosefta-Codex, Magdeburg 1877.

Älter als der Wiener Codex ist *MS Erfurt*, das jedoch nur die vier ersten Ordnungen umfasst (nach 3½ Kapiteln von Zev hat der Schreiber seine Arbeit abgebrochen, obwohl noch Platz war). 222 Blatt in aschkenaz. Schrift, 12. Jh. (auf der letzten Seite befindet sich eine Pfandurkunde von 1260). Ursprünglich als pT-Handschrift katalogisiert, dann als M verkannt und erst 1870 von *Z. Frankel* als T identifiziert. Seit 1879 in der königlichen Bibliothek Berlin, nun Orientabteilung der Staatsbibl. (Preußischer Kulturbesitz) Berlin (2°1220).

Beschreibung: *M. S. Zuckermandel*, Die Erfurter Handschrift der Tossefta, B 1876. Sprachl. Analyse: *H. Nathan*, The Linguistic Tradition of Codex Erfurt of the Tosefta (h), Diss. J 1984; *N. Braverman*, An Examination of the Nature of the Vienna and Erfurt Manuscripts of the Tosefta (h), Language Studies 5–6 (FS I. Yeivin), J 1992, 153–170 (cf. auch seine Diss. J 1995 zu Wortschatz und Verb in M/T); *M. Mishor*, On the Vocalization of MS Erfurt of the Tosefta (h), Leš. 64 (2002) 231–244; *ders.*, On the Origin of the Vocalization System of MS Erfurt (h), Leš. 67 (2004/05) 161–165 (orientalisch und nicht europäische Entwicklung).

Der Text weicht oft in den Parallelen zu M stärker von M ab als die Wiener Handschrift (doch auch das Gegenteil ist nicht selten); diese im Vergleich zu MS Wien größere Unabhängigkeit gegenüber M könnte als Vorzug gelten, ist jedoch im Detail erst zu untersuchen; das gilt auch für die oft gegen MS Erfurt angeführte größere Nähe dieses MS zur Textform der babylonischen Baraitot als zu jener der palästinischen Textfassung. *P. Schäfer* vermutete in Anlehnung an *I. Ta-Shma*, die Eigenheit von MS Erfurt sei «the product of the aggressive Ashkenazi revision» (JJS 40, 1989, 92). Doch ist die Revision, die auf den Schreiber bzw. die direkte Vorlage von Erfurt zurückgeht, kaum sehr umfangreich gewesen; diese Rezension des T-Textes ist vielmehr viel älter und weist in den orientalischen Raum (*cf. Mishor*): Ein kleines Fragment von T aus Faenza, im 10. Jh. in orient. Quadratschrift geschrieben, mit Er 9,25 f., verso 10,2 f. (*M. Perani*, Henoch 14, 1992, 303 f.) wies schon in diese Richtung; später wurden in Norcia ein weiteres Blatt und das obere Viertel des folgenden Blatts vom selben MS gefunden: Ned 4,8–6,5 und 7,4–5 (*M. Perani*, Il più antico frammento della «Genizah italiana»: La Tosefta di Norcia [ca. 1000 E. V.], in: *ders.*, Hg., La «Genizah italiana», Bologna 1999, 261–265; zur Datierung: *E. Engel*, in: *M. Perani – C. Ruini*, «Fragmenta ne pereant», Ravenna 2002, 90). Trotz vieler kleiner Übereinstimmungen mit MS Wien gehört das MS eindeutig in die Familie von MS Erfurt (cf. *G. Stemberger*, I frammenti della Tosefta di Norcia, in: La «Genizah italiana» 267–273). Dass die Textform von MS Erfurt nicht auf eine späte Harmonisierung mit dem Bavli zurückgeht, sondern vielfach pT nähersteht als MS Wien und neben diesem eine zweite frühe Rezension des T-Textes ist, vertritt zu Recht *A. Schremer*, The Text-Tradition of the Tosefta: A Preliminary Study in the Footsteps of Saul Lieberman (h), JSIJ 1 (2002) 11–43.

Die Ordnung Moʿed (vor ihr der Traktat Ḥullin) ist auch in *MS London* (Brit. Mus., Add. 27 296) überliefert. Sephard. Handschrift, 15. Jh. Scheint einen Ausgleich zwischen Erfurt und der Textfassung von MS Wien anzustreben.

4 Blatt eines eng mit MS Wien verwandten T-MS (13. Jh., Teile von RH, Yoma, Meg) hat *M. Perani* im Staatsarchiv Bologna entdeckt; dieses MS könnte die wesentliche Vorlage des Erstdrucks gewesen sein (*M. Perani – G. Stemberger*, Nuova luce sulla tradizione manoscritta della Tosefta: I frammenti rinvenuti a Bologna, Henoch 16, 1994, 227–251).

Zahlreiche Fragmente aus der Kairoer *Geniza* befinden sich v. a. in Cambridge (z. B. Er 8-Pes 4, Fragmente von Yev und Para 1–4) und im JThS NY (fast ganz Yev in verschiedenen Fragmenten). Siehe *J. Bowman*, Fragments of the Tosefta from the Cairo Genizah and their Importance for the Text of the Tosefta, Glasgow University Oriental Society, Transactions 11 (1942–1944), Hertford 1946, 38–47. Kurze Beschreibung der MSS durch *M. Lutzki* in *S. Lieberman*, Tosefta Zeraʿim, 8–13. Dort noch nicht berücksichtigt ist eine Handschrift der Zentralbibliothek Zürich (Z

Heid 38), wohl 17. Jh., welche die ersten vier Ordnungen umfasst; der Schreiber verwendete, vielleicht neben einem Druck, zumindest ein MS (*K. H. Rengstorf*, Die Tosefta. Text Bd. I, Stuttgart 1983, XXI Anm. 43). Transkriptionen der MSS Wien, Erfurt, London, der Genizafragmente inklusive der in Italien gefundenen und den Erstdruck haben *S. Friedman* und *L. Moscovitz* im Internet zugänglich gemacht, dazu einen Katalog der Genizafragmente: http://www.biu.ac.il/JS/tannaim.

Die schlechte handschriftliche Überlieferung von T gibt dem Textzeugnis mittelalterlicher Autoren besondere Bedeutung, deren Zitate *S. Lieberman* gesammelt hat: Tosefet Rishonim, 4 Bde., J 1937–1939 (Ndr. NY 1999).

b) Drucke

Erstdruck im Talmudkompendium des Alfasi, V 1521 f.; dieser Druck beruht auf einem inzwischen verlorenen MS; er wurde die Basis fast aller späteren Drucke. Schon der Drucker erkannte die Fehlerhaftigkeit seines MS, wollte jedoch nicht eigenmächtig korrigieren. In der bT-Ausgabe W 1860–1873 ist T im Anschluss an den jeweiligen bT-Traktat wiedergegeben (die beigefügten Varianten aus MS Wien nehmen mit fortschreitendem Werk ab und fehlen in Seder Toharot völlig). Für die frühen Drucke siehe *M. E. Abramsky*, The printed Tosefta (Bibliography) (h), KS 29 (1953 f.) 149–161.

M. S. Zuckermandel, Tosephta, Pasewalk 1880; Supplement mit Übersicht, Register und Glossar, Trier 1882. Nach eigenen Angaben hat er bis Zev 5,5 MS Erfurt, dann MS Wien als Grundlage genommen und jeweils die Varianten aus der anderen Handschrift sowie aus dem Druck mitgeteilt. Doch ist MS Erfurt nicht genau kopiert und MS Wien noch unvollständiger benutzt. Nach *Lieberman* entspricht die Ausgabe Z. ab Zev 5,6 im Wesentlichen dem Druck der Ausgabe im bT Romm Wilna. Zu ihrer Zeit war die Ausgabe eine große Leistung, auch wenn sie nicht voll zufriedenstellt. Noch durch keine andere Gesamtausgabe ersetzt, jedoch von *S. Lieberman* durch ein wertvolles Supplement ergänzt: Tashlum Tosefta, dem Ndr. von Zuckermandel J 1937 beigebunden, Ndr. J 1970.

S. Lieberman, The Tosefta, NY 1955–1988, umfasst in 5 Bänden die Ordnungen Zera‘im, Mo‘ed, Nashim und die drei Bavot von Neziqin. Basis der Ausgabe ist MS Wien; die Varianten aus MS Erfurt, aus dem Erstdruck und der Geniza enthält der Apparat (Geniza-Fragmente in Faksimile beigegeben). Im Gegensatz zu *Zuckermandel* bietet L. somit keinen Mischtext, auch wenn er in Ausnahmefällen die Lesart von MS Erfurt oder dem Erstdruck in den Text aufnimmt (dies wird jedoch gewöhnlich angegeben). Hebr. Kurzkommentar und ausführliches Verzeichnis der rabb. Parallelen.

K. H. Rengstorf hat in Zusammenarbeit mit anderen in der Reihe *Rab-*

binische Texte. Erste Reihe: *Die Tosefta* bisher zwei Textbände veröffentlicht, Toharot und Zeraʿim, Stuttgart 1967. 1983. Außerdem ein Faszikel mit Text, Übers. und Erklärung: Yev (1953). Als Grundtext wählt *Rengstorf* MS Erfurt, muss aber natürlich von Zev an auf MS Wien ausweichen. Die Ausgabe R. ist eine wichtige Ergänzung zu L.; wo eine der beiden Ausgaben zur Verfügung steht, ist sie natürlich Z. vorzuziehen.

Methodisch in Anlehnung an die Stuttgarter T: *H. Bietenhard*, Der Tosefta-Traktat Sota. Hebr. Text mit krit. Apparat, Übers., Komm., Bern 1986.

D. E. Y. Sarnor hat mit anderen eine Edition von TSota veranstaltet: Tosefta Massekhet Sota, Boston 1970 (auf der Basis von MS Wien; Einleitung: Computer-Aided Critical Editions of Rabbinic Texts).

R. Neudecker, Frührabbinisches Ehescheidungsrecht. Der Tosefta-Traktat Gittin, R 1982 (Übers., Kommentar, Reproduktion von MS Erfurt).

c) Übersetzungen

Eine latein. Übersetzung von 31 Traktaten der T hat *Biagio Ugolini* zusammen mit dem hebr. Text herausgegeben: Thesaurus antiquitatum sacrarum Bd. 17 und 18 (Moʿed), 19 (Qodashim), 20 (Zeraʿim), V 1755–1757.

Die bisher einzige vollständige Übersetzung hat *J. Neusner* vorgelegt: The Tosefta. Translated from the Hebrew, 6 Bde., NY 1977–1986 (Bd. I, Zeraʿim, Hg. *J. Neusner* – *R. S. Sarason*; Ndr. in 2 Bden mit neuer Einleitung: Peabody, MA, 2002). Die Übersetzungen sind der History of the Mishnaic Law *Neusner*'s und seiner Schüler (siehe S. 165 f.) entnommen.

Deutsche Übersetzung und Erklärung in *K. H. Rengstorf* (dann *G. Mayer* und *M. Tilly*), Hg., Rabbinische Texte, Stuttgart 1960 ff. Bisher 14 Bde.: I 1–5 Seder Zeraim, 1971–2001, übers. *P. Freimark*, *W. F. Krämer*, *G. Lisowsky*, *E. Lohse* und *G. Mayer*; II,1–5 Seder Moëd, 1993–2011, übers. *L. Doering*, *F. G. Hüttenmeister*, *G. Larsson*, *H. Bornhäuser*, *G. Mayer* und *M. Tilly*; IV,3 Seder Nezikin, Sanhedrin-Makkot, übers. *B. Salomonsen*, 1976; VI 1–3 Seder Toharot, übers. *W. Windfuhr*, *G. Lisowsky*, *E. Schereschewsky*, *G. Mayer* und *K. H. Rengstorf*, 1960–1967. Faszikel mit Yev (*Rengstorf*, 1953).

Spanische Übersetzung mit hebr. Text und Anmerkungen: *O. Ruiz Morell* – *A. Salvatierra Ossorio*, Tosefta III Nashim. Tratado rabínico sobre las mujeres, Estella 2001.

d) Konkordanz

H. J. Kasowski, Thesaurus Thosephtae. Concordantiae Verborum quae in Sex Thosephtae ordinibus reperiuntur, 6 Bde., J 1932–1961 (Bde. 5 und 6 Hg. *M. Kasowski*).

4) Kommentare zur Tosefta

Nach dem Zeugnis der Geonim ist schon zu ihrer Zeit T studiert worden (z. B. ISG 42 span. Rezension); doch lange Zeit wurde T nur in Zusammenhang mit M (v. a. Zeraʿim: wichtig v. a. *Melchisedek von Siponto* und *Simson von Sens*) oder pT studiert. Selbstständige Kommentare zu T entstanden erst seit dem 17. Jh. Der erste Kommentar stammt von einem Anhänger Sabbetai Zewis, *R. Abraham ha-Jakini*, und ist nicht erhalten. Sein jüngerer Zeitgenosse *Abraham Gombiner* (ca. 1637–1683) schrieb einen kurzen Kommentar zu T Neziqin: als Anhang zum Werk seines Schwiegersohns Moses Jekutiel Kaufmann Leḥem ha-Panim unter dem Titel Magen Abraham 1732 in Amsterdam veröffentlicht. Der bedeutendste traditionelle T-Kommentar stammt von *David Pardo* (1718–1790): Sefer Ḥasde David. Bd I Zeraʿim, Moʿed, Nashim Livorno 1776; II Neziqin Livorno 1790; III Qodashim J 1890 (Ndr. I–III J 1971); IV 1–3 Toharot J 1970–1977. Zu nennen ist auch der Kommentar des *Elija Gaon von Wilna* (1720–1797) zu T Toharot (in T Romm Wilna 1881). Elija Gaon brachte das T-Studium in Litauen zu großer Blüte. Aus Litauen stammt auch *Yeḥezqel Abramsky*, der Autor des letzten großen traditionellen T-Kommentars: Ḥazon Yeḥezqel, in Teilen und verschiedenen Nachdrucken ab 1925 erschienen; Gesamtausgabe 6 Bde. in 12 Teilen J 2000–2003.

Es gibt noch keinen modernen Kommentar zur gesamten T, doch drei beachtliche Teilunternehmen: *S. Lieberman*, TK, umfasst die Ordnungen Zeraʿim, Moʿed, Nashim sowie die drei Bavot von Neziqin. Sehr ausführlich, weit über das hinausgehend, was man von einem T-Kommentar erwarten würde. Viele Parallelabschnitte aus M und den Talmudim werden ebenfalls erklärt. Wertvolle sprachliche Erläuterungen v. a. zu griechischen Lehnwörtern. Durch die Anlage in Form von Glossen bis ausführlichen Exkursen zu einzelnen Stellen kommen jedoch größere Textzusammenhänge als Einheit zu wenig in den Blick, wie auch die üblichen Einleitungsfragen ausgeklammert werden. Doch auch so ist TK der wichtigste T-Kommentar, den wir derzeit besitzen. Wichtig ist auch *Lieberman*'s Tosefet Rishonim, 4 Bde., J 1937–1939, für die Kommentierung von T aus der frühen Textüberlieferung.

Die von *K. H. Rengstorf u. a.* mit einem Team edierte Stuttgarter T ist in den Übersetzungsbänden (siehe 3c) ebenfalls von einem Kommentar begleitet. Nicht so umfangreich wie TK, ebenfalls in Form von einzelnen Glossen und berücksichtigt daher den literarischen Zusammenhang nicht genügend, beachtet auch die jüdische Auslegungstradition nicht hinreichend, doch gut in Realien und eine wertvolle Ergänzung zu TK (besonders in Toharot, wo TK fehlt).

J. Neusner hat in seiner History of the Mishnaic Law (für Zeraʿim das

Werk seiner Schüler) auch ganz T im Vergleich mit M kommentiert und dabei weithin auch die großen literarischen Fragen, die bisher zu kurz gekommen sind, entsprechend berücksichtigt (siehe S. 165 f.).

III. Der palästinische Talmud

Allgem. Lit.: *M. Assis*, On the Question of the Redaction of Yerushalmi Neziqin (h), Tarbiz 56 (1986 f.) 147–170; *A.J. Avery-Peck*, Yerushalmi's Commentary to Mishnah Terumot: From Theology to Legal Code, in: *W. S. Green*, Hg., Approaches IV 113–136; *H.-J. Becker*, Die großen rabbinischen Sammelwerke Palästinas. Zur literarischen Genese von Talmud Yerushalmi und Midrash Bereshit Rabba, Tüb. 1999 (dazu *Ch. Milikowsky*); *N. Be'eri*, Exploring Ta'aniot. Yerushalmi, Tractate Ta'aniot – Forming and Redacting the Traditions (h), Ramat Gan 2009; *M. Benovitz*, Transferred Sugyot in the Palestinian Talmud: The Case of Nedarim 3:2 and Shevuot 3:8, PAAJR 59 (1993) 11–57; *B. M. Bokser*, An Annotated Bibliographical Guide to the Study of the Palestinian Talmud, ANRW II 19,2 139–256 (Ndr. in: *J. Neusner*, The Study II 1–119, aber auch mit der Paginierung von ANRW, die hier verwendet wird; kritischer Status Quaestionis); *J. N. Epstein*, IAL 271–606; *Z. Frankel*, Mavo (Klassiker); *L. Ginzberg*, A Commentary on the Palestinian Talmud I, NY 1941 (Ndr. 1971), hebr. Einleitung (= Mavo); *Abr. Goldberg*, The Palestinian Talmud, in *Safrai* I 303–319; *C. Hezser*, Form, Function and Historical Significance of the Rabbinic Story in Yerushalmi Neziqin, Tüb. 1993; *M. Katz*, Yerushalmi, End of Tractate Avoda Zara – The «Missing Yerushalmi» Revisited (h), Sidra 12 (1996) 79–111; *S. Lieberman*, On the Yerushalmi (h), J 1929, ²1969; *ders.*, The Talmud of Caesarea (h), Beiheft 2 zu Tarbiz, J 1931; *ders.*, Siphre Zutta (The Midrash of Lydda). II The Talmud of Caesarea, NY 1968; *E. Z. Melammed*, Introduction 499–644; *C. Milikowsky*, On the formation and transmission of Bereshit Rabba and the Yerushalmi; questions of redaction, text-criticism and literary relationships, JQR 92 (2002) 521–567; *L. Moscovitz*, Sugyot Muḥlafot in the Talmud Yerushalmi (h), Tarbiz 60 (1990 f.), 19–66; *ders.*, Parallel Sugiot and the Text-Tradition of the Yerushalmi (h), ib. 523–549; *ders.*, Lishanei Aharinei in the Talmud Yerushalmi (h), Sidra 8 (1992) 63–75; *ders.*, On the Aggadic ‹Foreign Bodies› in the Yerushalmi (h), Tarbiz 64 (1994 f.) 237–258; *ders.*, Le-darkhe shiluban shel ha-'aggadot bi-Yrushalmi – berurim rishonim, Asufot 11 (1995) 197–209; *ders.*, The formation and character of the Jerusalem Talmud, CHJ 663–677; *ders.*, The Terminology of the Yerushalmi. The Principal Terms (h), J 2009; *J. Neusner*, Judaism in Society: The Evidence of the Yerushalmi, Chicago 1983 (Ndr. A 1991); *ders.*, The Talmud of the Land of Israel. A Preliminary Translation and Explanation Bd. 35, Introduction. Taxonomy, Chicago 1983; *ders.*, The Yerushalmi – The Talmud of the Land of Israel: An Introduction, Northvale NJ 1993; *ders.*, Introduction 153–181; *ders.*, Judaism 139–193. 224–248; *L. I. Rabinowitz – S. G. Wald*, EJ² XIX 483–487; *P. Schäfer*, Hg., The Talmud Yerushalmi; *Y. Sussmann*, We-shuv li-Yerushalmi Neziqin, in: Talmudic Studies I 55–133; *ders.*, Pirqe Yerushalmi, in: Talmudic Studies II 220–283; *H.-P. Tilly*, Zur Redaktion des Traktates Moed Qatan des Talmud Yerushalmi, F 1995; *G. A. Wewers*, Probleme der Bavot-Traktate. Ein redaktionskritischer und theologischer Beitrag zum Talmud Yerushalmi, Tüb. 1984.

1) Begriffe: der Name

Talmud (von *lamad* «lernen» bzw. *limmad* «lehren») bedeutet «Studium» (als theoretische Tätigkeit im Gegensatz zu *maʿase*, «Handeln», Ausüben der Gebote), aber auch «Belehrung, Lehre» (so schon in Qumran: 4Qp-Nah II,8), v. a. die aus der Bibel kommende Belehrung und somit auch den Schriftbeweis. So in den häufigen Ausdrücken *talmud lomar*, «es gibt eine Belehrung aus der Bibel, indem sie sagt» bzw. kurz «die Bibel lehrt»; *mai talmuda*, «welchen biblischen Beleg gibt es?»; *yesh talmud*, «es gibt einen biblischen Beweis». Da *limmad* somit auch «etwas aus der Bibel ableiten» bedeutet, ist Talmud gelegentlich mit Midrasch austauschbar. Talmud kann aber auch die gesamte traditionelle «Lehre» bedeuten, v. a. auch die durch Auslegung von M gewonnene Lehre der Amoräer, die Bibel und M gegenübergestellt wird (z. B. bQid 30a). So definiert auch Scherira (ISG L. 51): «Talmud ist die Weisheit der frühen Lehrer, die darin die Gründe der M auslegten.» Vgl. *Bacher*, ET I 199–202; II 234 f.; *Albeck*, Mavo 3 f.; *Melammed*, Introduction 323–326.

Gemara (*gemar* bedeutet im babyl. Aramäisch nicht nur «vollenden», sondern auch «lernen») ist das «Lernen der Tradition» bzw. die «traditionelle Lehre» selbst im Gegensatz zur *sevara*, der logischen Ableitung neuer Lehren (z. B. bEr 13a; 60a). Diese Lehre der mündlichen Tora wird als «Vollendung» der schriftlichen Tora bzw. als Vollendung des Studiums überhaupt betrachtet. Die Formulierung von bEr 32b: «Habt ihr es in die Gemara (die traditionelle Auslegung von M) aufgenommen?» führt zum gaonäischen Sprachgebrauch, der Gemara als «Vervollständigung» von M durch die Auslegung der Amoräer auffasst. Durch die Zensur gerät «Gemara» anstelle von «Talmud» in die Talmud-Drucke (seit der Ausgabe Basel 1578–1580), in denen nach dem M-Text «Gemara» die Überschrift für die amoräische Auslegung bildet und somit zur üblichen Bezeichnung für diese wird. Vgl. *Bacher*, ET II 28–33; *Albeck*, Mavo 4–7; *Melammed*, Introduction 326–330.

Der pT, in seiner Heimat ursprünglich sicher einfach als Talmud schlechthin bezeichnet, begegnet in frühen Zitaten unter verschiedenen Namen. In den Responsen der Geonim wird er als *Talmud ʾErez Yisrael* angeführt (Saadja, Hai Gaon usw.), ebenso als *Gemara de-ʾErez Yisrael*. Die Halakhot Gedolot nennen ihn *Talmud de Maʿarva*, «Talmud des Westens», offenbar in Anlehnung an die häufige Ausdrucksweise des bT «im Westen sagen sie» u. Ä., womit – von Babylonien aus gesehen – Palästina gemeint ist. Die Tosafot (Anfang zu Ḥullin) sagen *Hilkhot ʾErez Yisrael*. Die Bezeichnung *Yerushalmi* findet sich schon vereinzelt bei den Geonim, regelmäßig bei R. Chananel von Kairowan, manchmal auch bei Alfasi, oft bei den mittelalterlichen Autoren. Wenn man die heute fast allgemein eingebürgerte Bezeichnung auf den Entstehungsort des pT bezieht, ist dies sicherlich falsch, da Jerusalem damals den Juden verboten war. Vielleicht entstand die Bezeichnung in islamischer Zeit, als Jerusalem der Sitz der früher in Tiberias ansässigen Akademie wurde (so S. W. Baron, A Social and Religious History of the Jews, VI, NY ²1958, 331 Anm. 25). Für Literaturangaben siehe Bokser 149 f.

2) Inhalt und Aufbau

PT ist der M-Kommentar der palästinischen Amoräer. Dies ist jedoch im weitesten Sinn zu verstehen. Denn pT hält sich nicht eng an M, sondern bietet viel zusätzliches Material, das mit M nur locker in Verbindung steht. Nicht nur entfaltet pT die Halakha von M in oft völlig unerwarteter Weise, sondern ergänzt sie auch durch verschiedenste haggadische Stoffe und Bibelauslegungen usw. und ist auch als historische Quelle für die Geschichte Palästinas, die Entwicklung der jüdischen Liturgie usw. von Bedeutung. In der Anordnung folgt pT M und wird entsprechend nach dem jeweiligen M-Traktat mit dessen Kapitel und Halakha (wo aber die Zählung der einzelnen Ausgaben variiert) zitiert, ergänzt durch die Blatt- und Kolumnenangabe (a–d).

a) Das Fehlen vieler Traktate

Nicht zur gesamten M, sondern nur zu den ersten vier Ordnungen sowie zu mNid 1–3 aus dem Seder Toharot liegt pT vor. Ebenso fehlt die Gemara zu Avot und ʿEduyot, zu mShab 21–24 und mMak 3. Somit liegt in pT die Gemara zu 39 von 63 M-Traktaten vor.

Wie ist das Fehlen der Gemara zu so umfangreichen Teilen von M zu erklären? War sie nie vorhanden? War sie zwar Teil des palästinischen Lehrstoffes, ist jedoch aus bestimmten Gründen nicht in die endgültige Fassung von pT aufgenommen worden? Oder sind Teile des pT im Lauf der Textüberlieferung verloren gegangen?

Die früher gelegentlich vertretene These, ursprünglich habe es eine pGemara zu allen sechs Ordnungen gegeben, beruft sich als Erklärung für den Verlust von Qodashim und Toharot auf die Ungunst der Zeiten und das lange Fehlen von anerkannten Lehrhäusern in Palästina sowie auf das geringere Ansehen von pT gegenüber bT. Für einen solchen Textverlust scheinen zahlreiche Yerushalmi-Zitate bei mittelalterlichen Autoren zu sprechen, die sich in unserem pT nicht finden (gesammelt von *S. Buber*, Yerushalayim ha-benuya, J 1906). Doch sind diese Zitate sehr problematisch. Vielfach sind es Sekundärzitate, v. a. von R. Chananel übernommen, wo Zitat und Paraphrase nicht immer zu unterscheiden und auch das Ende des eigentlichen Zitats oft nicht zu erkennen ist. V. a. jedoch zitieren spanische Gelehrte auch den palästinischen Midrasch, Midrasch Rabba,

Tanchuma usw. als Yerushalmi. So bringt Jehuda ben Barzillai (11.–12. Jh.) in seinem Jeẓira-Kommentar (*S. J. Halberstam*, Hg., Commentar zum Sepher Jezira von R. Jehuda b. Barsilai, h, B 1885, 58 f.) als Yerushalmi eine Haggada aus TanB Lekh 23–24, die nachträglich auch in BerR geraten ist (vgl. Th-A 498 f.). Ähnlich steht es mit Yerushalmi-Zitaten Raschis. Auch kabbalistische Schriften werden als Yerushalmi zitiert (nicht unbedingt als bewusste Fälschung, sondern eher, da sie als palästinische Midraschim angesehen wurden). So erweist sich ein Yerushalmi-Zitat im Kad-ha-Qemaḥ des Bachja ben Ascher (13. Jh.) z. B. als dem Buch Bahir entnommen (siehe *Ginzberg*, Mavo 29–32). Auch andere Texte werden gelegentlich als Yerushalmi zitiert, so der *Sefer Maʿasim li-vne ʾEreẓ Yisrael*.

J. N. Epstein, Maʿasim li-vne ʾEreẓ Yisrael, Tarbiz 1, 1929 f., 33–42 (= Studies II 326–335), bes. 36–38; *S. Lieberman*, On the Yerushalmi 36–46; *ders*., Studies 274–295; *Z. M. Rabinowitz*, Sepher ha-Maʿasim livnei Erez Yisrael. New Fragments, h, Tarbiz 41, 1971 f., 282–305; *M. A. Friedman*, Shne Qetaʿim mi-Sefer ha-Maʿasim li-vne ʾEreẓ Yisrael, Sinai 74, 1974, 14–36; *ders*., Marriage Laws Based on Maʿasim Livne Ereẓ Yisraʾel (h), Tarbiz 50, 1980 f., 209–242; *ders*., ‹An Important Maʿase› – A New Fragment of Maʿasim Livnei Eretz Israel (h), Tarbiz 51, 1981 f., 193–205; *ders*., On the New Fragment of Maʿasim Livnei Eretz Israel (h), ibid. 662–664; *H. Newman*, Ha-Maʿasim li-vne ʾEreẓ Yisrael u-reqaʿam ha-histori, M. A.-Arbeit, J 1987 (107–162 Neuedition der zum ursprünglichen Bestand der byzant. Zeit gerechneten Texte). Weitere Lit.: *Bokser* 227–229.

Ebenso wenig führt der Versuch von *Z. Frankel, B. Ratner* u. a. weiter, im vorhandenen pT-Text Querverweise zu verloren gegangenen Traktaten von Qodashim zu finden (vgl. *Epstein*, IAL 332–334). Auch die Aussage des Maimonides im Vorwort zu seinem M-Kommentar, «vom Yerushalmi finden sich fünf komplette Ordnungen», beweist nichts, solange kein einziges sicheres Zitat aus pQodashim vorliegt (*Y. Sussmann*, Pirqe 278 ff., vermutet einen Textausfall; Maimonides habe pT und bT zusammen gemeint). Die Veröffentlichung einer angeblichen Handschrift aus dem Jahr 1212 mit dem Großteil der Ordnung Qodashim durch *S. Friedländer* (1907/08), zuerst von *S. Buber* und *S. Schechter* für echt gehalten, ist schon bald als Fälschung bzw. als thematische Sammlung aus den schon bekannten Teilen von pT (eventuell gestützt auf ein älteres Werk) erkannt worden: vgl. u. a. *V. Aptowitzer*, MGWJ 54 (1910) 564–570; *A. Schischa*, EJ² VII 276.

Trotz seiner polemischen Tendenz, die palästinischen Traditionen abzuwerten, ist somit die Aussage des Pirqoi ben Bavoi (Ende 8. Jh.) ernst zu nehmen: Nach ihm halten sich die Juden Palästinas nicht an alle Speisevorschriften, «weil sie keine einzige Halakha aus dem Talmud bezüglich der Sheḥita und überhaupt aus dem Seder Qodashim haben. Der Seder Qodashim und die ganze talmudische Ordnung Toharot ist ihnen in Vergessenheit geraten» (*Ginzberg*, Ginze Schechter II 560).

Funde von pT-Fragmenten in der Geniza von Kairo enthalten ebenfalls kein Stück der fehlenden Traktate. Diese waren dementsprechend wohl nie in pT enthalten. Das bedeutet jedoch nicht, dass sie in Palästina nicht studiert wurden – einschlägige Stellen im pT beweisen ebenso wie Zitate palästinischer Amoräer in bT zu diesen Themen das Gegenteil. Das Studium der in pT fehlenden Traktate in Palästina geht auch aus den Fragmenten hervor, die *M. Margulies* veröffentlicht hat (Hilkhot ʾEreẓ Yisrael min ha-Geniza, J 1973). Offen bleibt jedoch, warum dieses Material nicht in die Redaktion von pT aufgenommen wurde (etwa, weil die Gesetze der beiden Ordnungen nicht mehr beachtet wurden?). Die Begründung, die Zeitumstände hätten zu einem raschen Abschluss des Werkes gedrängt (*Frankel*, Mavo 48b), ist nicht zu beweisen.

Die Traktate Shab, Mak und Nid waren ursprünglich wohl vollständig; ihre Schlusskapitel gingen noch in gaonäischer Zeit verloren – es gibt von ihnen keine Spur in MSS (auch nicht in der Geniza) oder gesicherten mittelalterlichen Zitaten (*Sussmann*, Pirqe). Shab 21–24 lag schon dem Schreiber des Fragments in der Geniza nicht vor, wie dieser ausdrücklich bezeugt (Text: *J. N. Epstein*, Tarbiz 3, 1931 f., 245 = Studies II 287). Was yNid 4–10 betrifft, verweisen die Tosafot bNid 66a auf Yerushalmi, Pereq Dam Nidda. Daraus schloss man, der Text zumindest von 7 sei noch im Mittelalter bekannt gewesen. ʾOr Zaruʿa bringt jedoch dasselbe Zitat als «Ende von Nidda», wohin es sachlich auch besser als in 7 passen würde. *Sussmann* (Pirqe 249–255) nimmt an, das dieser Aussage zugrunde liegende MS habe einfach an yNid 3 vereinzelte Baraitot angefügt, wie dies auch sonst am Schluss von Traktaten geschieht; es belege somit nicht die Kenntnis eines später verlorenen Textes. *Ch. Albeck* (Einleitung zu BerR, 72) vermutet in BerR 18,1 (Th-A 160) ein Zitat von yNid 5,6; sachlich passt der Text dorthin, muss jedoch nicht aus der redigierten Fassung von pT stammen. Den Text von yMak 3 hat *S. Lieberman* aufgrund von Parallelen in pT und Zitaten aus dem Mittelalter rekonstruiert (Hilkhot Ha-Yerushalmi, NY 1947, 67 f.); ein ihm noch unbekanntes Geniza-Fragment mit Mak 3 veröffentlichte *S. Wiedder* (Tarbiz 17, 1945 f., 129–135); es schien im Wesentlichen die Rekonstruktion zu bestätigen, auch wenn sich wieder einmal zeigte, wie vorsichtig mittelalterliche Zitate zu verwenden sind (vgl. *J. N. Epstein*, Tarbiz 17, 1945 f., 136 f.). Dass das Fragment nicht den ursprünglichen Text von yMak 3 bietet, weist *Sussmann* nach (Pirqe 263–269): Der Text ist aus einer Reihe haggadischer Midrasch-Zitate zusammengesetzt und wurde wohl als Ersatz für den damals schon fehlenden Traktatschluss kompiliert. Ebenfalls problematisch ist der Schluss von AZ. *M. Katz* versucht aus Zitaten den fehlenden Schluss zu rekonstruieren; dieser behandle die sieben noachidischen Gebote und sei ausgefallen, weil er nicht auf M, sondern auf T beruhe. Weitere Lit. bei *Bokser* 165–168.

b) Wiederholungen innerhalb des palästinischen Talmud

Neben den fehlenden Traktaten prägen v. a. die zahlreichen oft (fast) wörtlichen Wiederholungen langer Abschnitte innerhalb von pT dessen Erscheinungsbild. Die folgende Liste hat W. Bacher (JE XII, NY 1906, 6 f.) erstellt; auf die Bedeutung dieser Parallelen für die Redaktions- und Textgeschichte von pT ist später noch einzugehen.

Aus dem ersten Seder sind 39 lange Abschnitte im zweiten wiederholt, einige mehr als einmal (Stellenangaben hier nur nach Seite, Kolumne und Zeile, bei den Parallelen nur die Anfangszeile): *Ber* 3b,10–55 = Shab 3a,69; 4a,30–56 = Sheq 47a,13 = MQ 83c,40; 5a,33–62 = MQ 82b,14; 5d,14–20 = Shab 3a,55; 5d,65–6a,9 = MQ 83a,5; 6c,4–17 = Yom 44d,58; 6d,60–67 = Meg 73d,15; 7b,70–7d,25 = Taan 67c,12; 7d,75–8a,59 = Taan 63c,2; 8c,60–69 = RH 59d,16; 9a,70–9b,47 = Taan 63c,66; 9c,20–31 = Meg 75c,8; 9c,49–54 = Meg 75b,31; 10a,32–43 = Pes 29c,16; 11c,14–21 = Pes 37c,54; 12c,16–25 = Er 22b,29; 12c,44–62 = Suk 24a,6 = Meg 72a,15; 13d,72–14a,30 = Taan 64a,75; *Pea* 15a,67–15b,21 = Hag 76b,24; 17a,39–72 = Hag 76b,13; 18d,16–33 = Sheq 46a,48; 18d,66–19a,5 = Sheq 48c,75; 21a,25–29 = Sheq 48d,55; *Demai* 22a,31–40 = Sheq 48d,40; *Kil'aim* 29b,27–61 = Er 19c,15 = Suk 52a,40; 29b,62–76 = Suk 52a, 73; *Shevi* 34c,27–49 = MQ 80b,26; 38a,50–60 = Shab 3c,55; *Ter* 44a,32–38 = Shab 44d,4; 45d,42–51 = Shab 3d,2 (vgl. AZ 41d,13–28); 46a,41–46b,35 = Pes 28a,34; *Maas* 49a,22–28 = Suk 53d,43; 49b,14–32 = Shab 6b,17; 49b,39–48 = Beẓa 62b,72; *MSh* 53b,6–44 = Yom 45c,2 (vgl. Shevu 32b,56–34c,3); 54b,48–58 = Sheq 51b,15; 55a,23–55 = Er 24c,33; 55d,62–67 = MQ 80b,72; *Hal* 57c,16–20 = RH 57b,60.

16 Abschnitte des ersten Seder sind im dritten wiederholt: *Ber* 6a,-5–6b,17 = Naz 56a,12; 6b,51–56 = Qid 61c,11; 9d,3–19 = Git 47b,49; 11b,42–68 = Naz 54b,2; 14b,45–70 = Sota 20c,40; *Pea* 15b, 41–47 = Ket 32c,10; 15c,7–16 = Qid 61a,75; *Demai* 25b,60–25c,7 = Qid 63a,75; *Kil* 32a,64–32d,7 = Ket 34d,74; *Shevi* 36b,25–68 = Qid 61c,56; *Ter* 40c,42–40d,6 = Yev 13c,70; 42b,44–53 = Naz 43d,16; 44c,9–44d,44 = Ket 27b,5; *MSh* 55a,69–55b,13 = Git 47d,55; *ʿOrla* 61b,8–33 = Naz 55c,32; *Bik* 64a,32–44 = Yev 9b,71.

10 Abschnitte aus dem ersten Seder sind im vierten wiederholt: *Ber* 3a,52–69 = San 30a,65 = AZ 41c,46; 6b,20–41 = San 20a,43; *Pea* 16b,22–25 und 43–60 = San 27c,38; *Shevi* 35b,26–40 = AZ 44b,27; 39b,14–38 = Mak 31a,33; *Ter* 45c,24–45d,11 = AZ 41a,18; 47c,66–47d,4 = AZ 41c,13; *MSh* 54d,71–55a,8 = San 19a,63; 56c,9–18 = San 18d,13; *ʿOrla* 62b,49–62c,10 = AZ 45a,32.

Auch Abschnitte der zweiten Ordnung kehren in der vierten wieder. Besonders lange sind: *Shab* 9c,62–9d,59 = San 24c,19; 14d,10–15a,1 = AZ 40d,12.

3) Die Entstehung nach der Tradition

Maimonides bezeichnet R. Jochanan (bar Nappacha, lt. ISG im Jahre 279 gestorben) als Verfasser des pT (Vorwort zum M-Kommentar, ed. *Qāfiḥ* I 46). In der Einführung zu Mishne Tora präzisiert er: «Und R. Jochanan verfasste den pT im Land Israel etwa 300 Jahre nach der Zerstörung des Tempels», etwa hundert Jahre bevor Rav Aschi den bT verfasste. Im mit Mishne Tora etwa gleichzeitigen Sefer ha-Qabbala des Abraham Ibn Daud (*Cohen* hebr. Text p. 24) ergänzt eine Glosse, die sich in Handschriften und im Erstdruck findet, wohl in Übernahme von Maimonides (so *Cohen* 122 Anm. 18), zu R. Jochanan: «Und er verfasste den pT zu fünf Sedarim; denn vom Seder Toharot gibt es nur den Traktat Nidda. Und der pT wurde etwa 200 Jahre nach Zerstörung des Tempels verfasst.» Die Zeitangabe korrigiert Maimonides, dessen «300 Jahre nach Zerstörung des Tempels» ja nicht zu den Lebensdaten des Jochanan bar Nappacha passt. Vgl. auch den Sefer Keritut des Simson von Chinon.

Schon früh erkannte man die Schwierigkeiten dieser Angabe des Maimonides; werden doch in pT zahlreiche Rabbinen genannt, die bis ins späte 4. Jh. lebten, ebenso werden so späte Ereignisse erwähnt (u. a. wird Ursicinus, der Feldherr des Gallus um 351–354, mehrmals genannt). Dies zusammen mit der Diskrepanz in der Zeitangabe des Maimonides führt zur Annahme eines anderen, späteren Jochanan als Verfasser von pT. So urteilt z. B. Estori ha-Parchi (1280–ca. 1355) in Kaftor wa-Feraḥ mit der Begründung, Jochanan bar Nappacha sei ein Schüler Rabbis, der pT hingegen sei etwa 280 Jahre nach M verfasst worden (Kap. 16; ed. *A. M. Luncz*, J 1897, 280). Auch bei modernen Autoren fehlen nicht Versuche, die Angabe des Maimonides mit den Fakten zu harmonisieren: So meint *Frankel* (Mavo 48a), der Name Jochanans verweise nur auf seine Schule, die Akademie von Tiberias; *W. Bacher* (JE XII,17) wiederum sieht in der Nennung von Jochanan als Verfasser von pT nur ausgedrückt, dass dieser den Grundstock dazu geschaffen habe.

4) Die Redaktion

a) Der terminus post quem

Die spätesten in pT genannten Rabbinen sind Amoräer der 5. Generation, v. a. Mana II. bar Jona (in bT Mani genannt), der in Sepphoris wirkte, und der bekannte Halakhist Jose bar Avin (= Jose be-R. Bun), die in der 2. Hälfte des 4. Jhs. tätig waren. Aber auch R. Samuel, der Sohn des R. Jose bar Avin, und Schüler des R. Mani sind noch genannt, z. B. R. Azarja (Esra?) und R. Nachman, womit wir nach verbreiteter Meinung im 5. Jh.

stehen. Der letzte in pT zitierte babylonische Gelehrte ist Rava (um 350 gestorben). Das letzte erkennbare historische Ereignis, von dem pT spricht, sind die Unruhen unter Gallus um 351; wenn die Lesart von yNed 3,2, 37d (Julian) gegenüber der Parallele yShevu 2,9, 34d (Diokletian) vorzuziehen ist (so *Epstein*, IAL 274), ist sogar noch der Aufmarsch des Kaisers Julian zu seinem Perserfeldzug 363 erwähnt.

Aus den genannten Fakten ist kein präzises Datum zu sichern. *Y. Sussmann* (Neziqin 132 f.) betont die Unsicherheit der zeitlichen Einordnung der letzten Amoräer; R. Jose be-R. Bun sei der letzte selbstständige Meister von pT, womit dessen Redaktion spätestens Ende der 60er-Jahre des 4. Jhs. möglich sei. Meist jedoch setzt man die jüngsten in pT genannten Lehrer später an und schließt so auf dessen Redaktion in der 1. Hälfte des 5. Jhs; *Epstein* (IAL 274) versucht eine genauere Datierung um 410–420. Ein etwas späteres Datum ergibt sich, wenn man die Endredaktion von pT mit dem Ende des Patriarchats vor 429 in Verbindung bringt und als Reaktion auf diesen schweren Eingriff in die Organisation des palästinischen Judentums sieht (z. B. *Ginzberg*, Mavo 83). Diese früher beliebte «Katastrophentheorie» ist zwar heute etwas in Misskredit geraten, hat jedoch noch immer viel für sich, solange man sie nicht missbraucht, um damit Probleme der pT-Redaktion vorschnell wegzuerklären oder gar die palästinische Überlieferung als unfertig abzuwerten, wie dies ja schon Pirqoi ben Bavoi getan hat.

Als *Ort der Redaktion* ist Tiberias anzunehmen, nachdem «hier» in pT immer wieder eindeutig als Tiberias zu erkennen ist und «die Rabbinen von hier» den «Rabbinen des Südens» (yBer 2,7,5b) oder den «Rabbinen von Caesarea» (yShab 13,1,14a) gegenübergestellt werden. Zudem treten die Rabbinen von Tiberias in einem Großteil von pT-Abschnitten nicht nur zahlenmäßig besonders hervor, sondern bestimmen auch die späteste Schicht der jeweiligen Perikope. Das entspricht auch der hervorragenden Stellung der Akademie am Sitz des Patriarchen, ist jedoch nicht zu verallgemeinern; denn die Annahme einer einheitlichen und zentralen Redaktion von pT ist problematisch, wie verschiedene Beobachtungen deutlich machen.

b) Art der Redaktion

Die zahlreichen Wiederholungen von Perikopen könnten ebenso wie das Fehlen zahlreicher M-Traktate und Kapitel nahelegen, dass pT gar nicht im eigentlichen Sinn redigiert wurde, sondern nur eine eilige Stoffsammlung ist. Zu dieser Annahme kommt *I. Halevy* (Dorot II, 528 f.) v. a. auch wegen der vielen Widersprüche in pT, aber auch deshalb, weil die Reihenfolge der Gemara in pT oft nicht jener von M entspricht. Man müsse daher schließen, dass der «Redaktor» einfach die Materialblöcke aus verschiedenen Schulen ungeordnet und unvermittelt nebeneinandergestellt habe.

Dagegen haben sich v. a. *S. Lieberman* (The Talmud of Caesarea 20–25) und *L. Ginzberg* (Mavo 69–81) gewandt (Zusammenfassung: *Melammed*, Introduction 564–567). *G. A. Wewers* meint dagegen, ohne die These einer bloßen Materialsammlung zu erneuern: «Der fragmentarische Charakter des erhaltenen yT und die Annahme einer abschließenden und umfassenden Endredaktion schließen sich gegenseitig aus» (Probleme 311). Doch haben die Redaktoren tatsächlich das Ziel gehabt, die komplette M zu kommentieren? Sicher ist die pT-Redaktion nicht im Sinn einer endgültigen Fixierung des Textes zu verstehen und kann insofern von einer grundsätzlichen Unabgeschlossenheit von pT gesprochen werden (Probleme 3 ff.). Die Grenzen zwischen Redaktion und Tradition sind im Einzelnen nicht immer auszumachen; auch später geht noch die Arbeit im Text selbst weiter, was dann auch zu verschiedenen Textrezensionen führt. Doch würde es zu weit führen, deshalb jede Handschrift als je eigene Redaktion zu betrachten (so *H.-J. Becker*, Sammelwerke 155 f.).

Es ist indes mit einer echten Redaktion von pT zu rechnen, auch wenn diese natürlich nicht an modernen Ordnungsprinzipien zu messen ist (cf. z. B. *J. Neusner*, Judaism in Society 49: pT «did not just grow, but rather, someone made it up»; wenige würden jedoch mit ihm S. 70 pT als «a single, stunningly cogent document ... in the bulk of its units of discourse» bezeichnen). Charakteristisch für den Redaktor war es v. a., Sugiot an allen Stellen zu bringen, wo Themen oder Fragestellung sich berührten, auch wenn nur ein Teil der Sugia an der anderen Stelle sachlich angebracht war (vgl. *Lieberman*, On the Yerushalmi 34). Dabei hat er gelegentlich Perikopen umgebaut, um sie der neuen Umgebung anzupassen. So ändert z. B. yBer 3,1,6a–b die Ordnung gegenüber der Parallele yNaz 7,1, 56a, um den Anschluss an das vorher Gesagte herzustellen (*Ginzberg*, Mavo 76). Im Lauf der Textüberlieferung sind gerade diese Paralleltraditionen dann Anlass für zahlreiche Textverfälschungen gewesen. Bei Abschrift des gesamten pT pflegte man Parallelstellen nicht zu wiederholen, sondern einfach die Auslassung zu vermerken; sollte man aber nur einen einzelnen Traktat kopieren, musste man diese Stellen wieder einfügen. Das war oft mit falschem Einsatz oder Ende der Stelle oder unrichtiger Einfügung in den Kontext verbunden und rief so erst den Eindruck völliger Unordnung in pT hervor. Ebenso konnte es vorkommen, dass eine Parallelstelle schließlich nur noch im sekundären Zusammenhang überliefert wurde (und in Extremfällen völlig verloren ging), dort jedoch in der Fassung, die eigentlich an die andere Stelle gehört hätte (siehe dazu *G. A. Wewers*, Probleme; *L. Moscovitz*, Sugyot Muḥlafot). Auch sonst ist die jetzige Unordnung des pT oft auf Abschreibfehler zurückzuführen (z. B. Ausfall von Tradentennamen, Umstellung von Sätzen, Homoioteleuta usw.).

Wo die *Anordnung der Gemara* nicht der Reihenfolge von M entspricht, geht dies vielfach darauf zurück, dass die pT zugrunde liegende M einfach anders angeordnet war. Durch Abschreiber oder Drucker des pT durchgeführte Umstellungen, um die Anordnung von pT an unsere M anzugleichen, haben die Verwirrung nur vergrößert. Auch finden sich Abweichungen von der M-Ordnung vielfach gerade in Parallelperikopen und sind dann einfach auf falsche Einordnung des Textes durch den Abschreiber zurückzuführen, der eine in seiner Vorlage ausgelassene, da schon anderswo gebrachte Stelle eingefügen musste. Der Großteil der Fälle ist mit einer der beiden angeführten Erklärungen zu lösen, sodass auch an den übrigen Stellen mit Überlieferungsfehlern zu rechnen ist.

Widersprüche in pT sind meist innerhalb einer Sugia anzutreffen. Wie meist schon aus den Tradentennamen hervorgeht, sind diese gewöhnlich auf die übergangslose Aneinanderfügung von Perikopen aus verschiedenen Schulen zurückzuführen, sodass Meinungsverschiedenheiten unvermittelt nebeneinanderstehen, obwohl explizit gesagt wird, dass der betreffende Punkt außer Streit steht. Wo Widersprüche zwischen einer Sugia und ihrer Parallelversion auftreten, ist damit zu rechnen, dass der Redaktor Fassungen derselben Sugia aus verschiedenen Schulen verwendet hat (wieweit voneinander abweichende oder einander widersprechende Parallelperikopen auf frühere Redaktionen des pT verweisen könnten, untersucht *L. Moscovitz*, Sugyot Muḥlafot); dazu kommen natürlich noch die schon erwähnten Möglichkeiten von Textveränderungen im Lauf der Überlieferung.

Unter Berücksichtigung des Gesagten ist jedenfalls eine echte und systematische Redaktion von pT anzunehmen, die u. a. dafür sorgt, dass in Palästina nicht anerkannte Schulregeln der Babylonier auch in Traditionen von in Palästina lehrenden babylonischen Meistern nicht vorkommen (*Lieberman*, Talmud of Caesarea 22, nennt als Beispiel yYev 7,2,9b, wo Jirjemas Satz die babylonische Regel «was schließt die Verallgemeinerung ein?», *klala le-atoye mai?* voraussetzt, aber nicht nennt). Wie im Einzelnen die Redaktion vorgegangen ist und auf welche Quellen sie sich stützt, wie sie diese bearbeitet hat usw., ist noch nicht hinreichend geklärt.

c) Die Redaktion von Neziqin

Über die Feststellung hinaus, dass einzelne Sugiot in verschiedenen Schulen formuliert worden sind, lässt sich für einen umfassenden Teil von pT, nämlich den Traktat Neziqin mit seinen drei «Pforten», eine vom Rest des pT abweichende Redaktion erweisen. Schon *I. Lewy* hat in seinem Kommentar zu yBQ 1–6 (Jb Breslau 1895–1914) wegen der Widersprüche zwischen Sugiot in Neziqin und ihren Parallelen im übrigen pT auf eine verschiedene Redaktion dieses Teils von pT geschlossen; *S. Lieberman* (Talmud of Caesarea) hat die Frage systematisch untersucht und ist zu folgenden Ergebnissen gekommen:

Die drei Bavot unterscheiden sich vom übrigen pT nicht nur allgemein durch eine viel knappere Sprache, sondern auch durch viele Details von

Stil und Wortwahl sowie in der Schreibung von Amoräernamen. Es ist anzunehmen, dass diese Unterschiede ursprünglich viel ausgeprägter waren, aber durch Angleichung an den Rest von pT in der Textüberlieferung oft verwischt worden sind. Sugiot von Neziqin, die Parallelen im übrigen pT haben, unterscheiden sich von diesen in Aufbau und Inhalt wie auch in den Namen der genannten Amoräer. Manche Sugiot in Neziqin haben ihrem Inhalt nach ihren Stammplatz in einem anderen Traktat, wo sie in pT jedoch nicht aufscheinen; umgekehrt werden in anderen Traktaten Mischnayot von Neziqin erklärt, worauf jedoch Neziqin in keiner Weise Bezug nimmt, diese Tradition also nicht zu kennen scheint. In Neziqin häufig erwähnte Amoräer werden sonst in pT kaum genannt, während im übrigen pT wichtige (besonders späte) Amoräer in Neziqin nicht oder kaum aufscheinen. Daraus ist zu schließen, dass Neziqin nicht zusammen mit dem Rest von pT in Tiberias, sondern in einer anderen Schule redigiert worden ist.

Die Schule, aus der Neziqin stammt, ist Caesarea, das seit dem 3. Jh. ein bedeutendes talmudisches Zentrum war (dazu *L. I. Levine*, Caesarea 82–96, der *Lieberman's* These zustimmt). Die dortigen Rabbinen, etwa 140-mal in pT kollektiv als *Rabbanan de-Qesarin* genannt, bildeten offenbar eine Art «rabb. Gilde» (*Levine* 95–97). Die mit Caesarea verbundenen Rabbinen, deren bedeutendster Abbahu ist, werden in Neziqin besonders oft genannt. Dazu kommt, dass die Beispielerzählungen und sonstigen Illustrationen von Halakhot sich meist auf Caesarea beziehen, während die Formel ʾit ʾamrin, «andere sagen», gewöhnlich Rabbinen in Tiberias meint. Die Tatsache, dass in Neziqin zahlreiche griechische Wörter vorkommen, die sich sonst in der rabb. Literatur nicht finden oder dort eine andere Bedeutung haben, lässt ebenfalls auf eine griechischsprachige Umgebung wie eben Caesarea schließen.

Fast alle in Neziqin genannten Amoräer gehören den ersten drei Generationen an. Aus späteren Generationen sind nur R. Jose b. Zavdi (etwa 40-mal) und R. Jose be-R. Bun (etwa 30-mal) häufig genannt, und zwar regelmäßig als Abschluss der Diskussion; ihren Aussagen folgen nie anonyme Kommentare. Zu diesen Beobachtungen passen Unterschiede in der Halakha gegenüber dem Rest von pT und auch eine oft noch recht archaische Terminologie. Das alles deutet auf eine frühere Redaktion von Neziqin, die um 350 erfolgt sein dürfte. *Ginzberg* (Mavo 81 f.) übernimmt diese Thesen – er sieht im «Talmud von Caesarea» ein Handbuch für die in der Halakha ungebildeten Richter der jüdischen Gemeinde von Caesarea.

J. N. Epstein (IAL 286) hat dagegen eingewandt, viele sonst im pT den Rabbinen von Caesarea oder Abbahu zugeschriebene Aussprüche fehlen in Neziqin oder stehen dort im Namen anderer Rabbinen; zudem spricht yBB 10,1,17c von den «Rabbinen von Caesarea» (nicht so die Parallele yGit 7,12,49d!), obwohl man «die Rabbinen von hier» erwarten müsste, wenn Caesarea der Ort der Redaktion gewesen wäre. Sicher habe es einen

«Talmud von Caesarea» gegeben; doch werde dieser im ganzen pT verwendet, ebenso auch in Neziqin – «auch, aber nicht mehr». Außerdem mache es die häufige Nennung des R. Jose be-R. Bun unmöglich, die Redaktion von Neziqin früher als die des übrigen pT anzusetzen. Neziqin sei auch gar nicht im eigentlichen Sinn redigiert, sondern enthalte an vielen Stellen nur kurze Zusammenfassungen und Hinweise als Gedächtnisstützen (IAL 290; *Melammed*, Introduction 572, schließt sich *Epstein* an). S. *Lieberman* (Sifre Zutta 125–136) hat auf die Einwände geantwortet und seine These nochmals bekräftigt.

Einzelnen Argumenten *Epsteins* gegen *Lieberman* könnte man mit dem Hinweis auf die allgemeine Textverderbnis von pT und der Feststellung begegnen, dass sicher auch der «Talmud von Caesarea» nicht alles aufgenommen hat, was die Rabbinen von Caesarea lehrten. Die Entdeckung von MS Escorial als eines Textzeugen von yNeziqin hat jedoch die Diskussion um diese Traktate neu aufleben lassen. Das MS zeigt, wie problematisch *Liebermans* Argumentation mit sprachlichen Eigentümlichkeiten und Fremdwörtern ist; auch die Lokalisierung der Beispielerzählungen verweist nicht so sicher auf eine Redaktion in Caesarea (*M. Assis*, On the Question). Die Verteilung der Rabbinennamen weicht nicht so sehr vom Rest von pT ab, dass man sie als Argument verwenden könnte (*Y. Sussmann*, Neziqin 121 ff.). *C. Hezser* fasst ihre Analyse der Erzählungen von Neziqin dahingehend zusammen, dass die drei von *Lieberman* vorgebrachten Argumente für eine Lokalisierung der Erzählungen in Caesarea (Sprache, Rabbinen, Lokalkolorit) einander nicht ergänzen und kein sicheres Ergebnis zulassen: «Caesarea may have been the place where y. Neziqin was edited, but the material under discussion does not provide clear-cut evidence that this was so» (Form 405). Was die Frühdatierung von Neziqin betrifft, hebt *G. A. Wewers* (Probleme 308 f.) hervor, dass die von *Lieberman* für Datierung und Lokalisierung der Redaktion von Neziqin verwendeten Unterschiede zum übrigen pT eigentlich nur die Traditionen, nicht die Redaktion betreffen; für diese sei damit nur ein terminus post quem gegeben. *Y. Sussmann* hingegen setzt die Gesamtredaktion von pT so früh an, dass eine viel frühere Entstehung von Neziqin nicht mehr möglich ist. Als Ergebnis der lebhaften Diskussion bleibt somit nur die jetzt viel deutlicher erfasste Eigenständigkeit von Neziqin, die eine eigene Redaktion dieser Traktate in einer anderen Schule als für den Rest von pT belegt; doch lässt sich weder Ort und Zeit der Redaktion sicher bestimmen noch *L. Ginzberg*s Vermutung zum Zielpublikum von Neziqin begründen.

d) Quellen des palästinischen Talmud

Hier geht es nicht so sehr um Quellenschriften im eigentlichen Sinn als vielmehr um die Materialien, die den Redaktoren von pT bzw. den Amoräern der pGemara zur Verfügung standen: M, Baraitot, halakhische Midraschim und babylonische Traditionen.

1. Die M des pT

Insofern pT ein Kommentar von M ist, bildet M natürlich seine wichtigste Basis. Die genaue Feststellung des M-Textes, der den Diskussionen von pT zugrunde liegt, ist jedoch mit großen Schwierigkeiten verbunden. Die ursprüngliche Fassung von pT hat keinen M-Text enthalten, sondern nur Zitate und Anspielungen innerhalb der Gemara selbst. Erst spätere MSS haben den durchlaufenden Text gemäß den Texteinheiten von M aufgebrochen und jeweils kapitelweise den M-Text vor den der pGemara gesetzt. So ist z.B. auch der Schreiber von MS Leiden vorgegangen: Den M-Text und den Text von pT hat er von je verschiedenen Vorlagen abgeschrieben (siehe I. Z. Feintuch, The Mishna of the MS Leiden of the Palestinian Talmud, h, Tarbiz 45, 1975 f., 178–212: Die M-Vorlage ist meist MS Parma, De Rossi 138). Gelegentlich hat dabei der Kopist die Kapitel in der Gemara nicht richtig abgetrennt. In Yev 15–16 war seine pT-Vorlage unvollständig, sodass er die Grenze zwischen den beiden Kapiteln nicht erkannte, und so hat er beide M-Kapitel gemeinsam vor den folgenden Text der Gemara gesetzt. Der sonst von MS Leiden abhängige Erstdruck hat auf der Grundlage eines anderen MS korrigiert (*Epstein*, IAL 605, vgl. ITM 932 f.).

Das bedeutet, dass der M-Text unserer MSS und Drucke von pT nicht unbedingt jener Text ist, den die Amoräer diskutierten. Er ist vielmehr ein Mischtext zwischen der palästinischen und der babylonischen M-Rezension (sofern wir zwischen den beiden Rezensionen überhaupt so klar trennen können, wie dies *Epstein* macht).

Der tatsächliche Grundtext von pT ist aus der Gemara zu erschließen. Diese lässt oft Abweichungen vom M-Text erkennen, der sich in unseren Ausgaben an der Spitze des Kapitels befindet, aber auch von der Textfassung der M-Handschriften selbst wie auch von jener, die die Gemara des bT voraussetzt. Ber 1,1 zählt z.B. Gebote auf, die man «bis Mitternacht» erfüllen muss, deren Verpflichtung jedoch die Gelehrten bis zum folgenden Morgengrauen festgelegt haben. Im bT zugrunde liegenden M-Text ist hier das «Essen des Osterlammes» nicht erwähnt (bBer 9a), wohl aber in der von pT diskutierten Fassung (yBer 1,3,3a; die MSS-Überlieferung von M ist hier uneinheitlich). mShab 2,6 heißt es, dass Frauen wegen drei Übertretungen sterben, während sie gebären (*be-shaʿat ledatan*). Die pGemara setzt hingegen die Lesart *yldot* voraus und diskutiert, ob man *yoldot* («Gebärende») oder *yeladot* («Mädchen») vokalisieren müsse.

(yShab 2,5b). Die Lesart *be-shaʿat ledatan* ist wohl eine klarstellende Umschreibung des zweideutigen Ausdrucks (*Ginzberg*, Mavo 54). Die zitierten Beispiele ließen sich leicht vermehren. In allen diesen Fällen weicht die in pT vorausgesetzte M-Formulierung von jener des bT ab. L. Ginzberg ist der Meinung, dass sich in Palästina eine von Rabbi selbst revidierte Fassung seiner M durchgesetzt hat, während in Babylonien die Erstfassung nicht mehr verdrängt werden konnte (Mavo 51; die gegenteilige These, dass nämlich in Babylonien sich die Altersfassung Rabbis durchgesetzt habe, vertritt *D. Rosenthal*, Mishna Aboda Zara, Diss. J 1980; in Meḥqere Talmud II, 1993, 514 ff. und La «Genizah italiana», Bologna 1999, 198, nimmt dagegen auch er an, dass die paläst. Fassung jünger ist). Doch macht er selbst darauf aufmerksam, dass nicht alle M-Varianten zwischen pT und bT so zu erklären sind, sondern wir auch mit bewussten Korrekturen des M-Textes durch die Amoräer rechnen müssen. Die Rekonstruktion *der* M des pT ist also auch durch die Gemara nicht möglich, da nicht alle Einzelbeispiele einer Textabweichung in pT automatisch einer einheitlichen palästinischen M-Rezension zugeschrieben werden dürfen, ja die Existenz einer völlig einheitlichen M-Fassung in ganz Palästina ebenfalls zu bezweifeln ist. (Vgl. *Epstein*, ITM 706–726. 771–803; IAL 604–606; *Ginzberg*, Mavo 51–56; *Melammed*, Introduction 535–548; *Bokser* 171 f.; die S. 157 genannten Titel von *M. Schachter* und *S. Zeitlin*).

2. Baraitot in pT

Baraita, wörtlich die «draußen befindliche» Lehre (kurz für aram. *matnita baraita*), bezeichnet alle tannaitischen Lehren und Aussprüche außerhalb von M. Der hebr. Ausdruck *mishna ḥizona* ist erst spät belegt (BemR 18,21). In pT kommt die Bezeichnung Baraita nur yNid 3,3,50d vor, sonst meist *matnita* wie für M selbst. Die Sprache der Baraitot ist gewöhnlich eine spätere Form des M-Hebräischen.

Lit.: S. *Abramson*, Al shne leshonot hava'a min ha-mishna, Sinai 79 (1975 f.) 211–228 (zur Unterscheidung von *tanya* und *tenan* in der Einleitung von Zitaten); *Ch. Albeck*, Die Herkunft des Toseftamaterials, MGWJ 69 (1925) 311–328; *ders.*, Meḥqarim ba-Baraita we-Tosefta we-Yaḥasan la-Talmud, J 1944, Ndr. 1969; *ders.*, Mavo 19–50; *W. Bacher*, TT; *J. N. Epstein*, ITM; *M. Higger*, Otsar ha-Baraitot, 10 Bde, NY 1938–1948 (Sammlung der Baraitot in beiden Talmudim); *G. Stemberger*, Narrative Baraitot in the Yerushalmi, in: *P. Schäfer*, Hg., The Talmud Yerushalmi I 63–81; *St. G. Wald*, EJ² III 124–128; *L. Moscovitz*, The Terminology 454–478. 581–605.

Die zahlreichen Baraitot in pT sind nur zum Teil mit einer der dafür üblichen Formeln eingeleitet (z. B. *teni R. N. N.* oder anonym *teno rabbanan* u. a.), oft jedoch ohne jeden Hinweis auf ihre Herkunft aus der Baraita. Der Vergleich mit MSS zeigt, dass diese Zitatformeln oft später ausgefallen sind (dazu *Higger*, Otsar II 227 ff.). Die Baraitot des pT (wie auch des bT) stammen v. a. von den Tannaim als den Tradenten der Schulen sowie aus sicher schriftlichen Sammlungen tannaitischen Materials. Ob man T als solche Baraitot-Sammlung betrachten muss oder mit M den Baraitot gegenüberzustellen hat, ist schon im Mittelalter nicht einhellig beantwortet worden und in diesem Zusammenhang auch unwesentlich. Ein klares Urteil, ob pT T selbst als Quelle verwendet (so *J. N. Epstein*) oder nur T-Stoff aus gemeinsamen Quellen schöpft (so *Ch. Albeck*), ist jedenfalls derzeit nicht möglich (vgl. S. 174 f.).

Der weitaus größte Teil der Baraitot in pT ist anonym. Doch wird auch eine Reihe von Sammlungen zitiert (*Bacher*, TT 203–214; *Melammed*, Introduction 549–554); die wichtigsten davon sind die Baraita-Sammlungen aus den Schulen des R. Chijja (etwa 200-mal zitiert), des R. Hoschaja (etwa 80-mal) und des Bar Qappara (etwa 60-mal). Ob diese Sammlungen mit den *Mishnayot Gedolot* dieser drei Rabbinen (yHor 3,48c: Statt Chuna ist Chijja zu lesen!) identisch sind, ist nicht sicher, jedoch wahrscheinlicher als die Annahme zusätzlicher Sammlungen dieser Meister. Wichtige Baraita-Sammlungen stammen auch aus den Schulen des R. Simeon bar Jochai (etwa 70-mal) und des R. Jischmael (etwa 80-mal), des R. Samuel (etwa 20-mal, nur in den Ordnungen Zeraʿim und Moʿed) und des R. Chalafta b. Saul (etwa 20-mal).

Die Überlieferung der Baraitot stellt uns vor eine Reihe von Problemen. Manchmal werden Baraitot an anderer Stelle als Aussage eines Amoräers zitiert, was beides stimmen mag, aber auch auf Texte verweisen kann, die irrtümlich oder gar pseudepigraph als Baraitot überliefert werden. Auch weichen Baraitot vielfach gegenüber ihren Parallelen in T, den halakhischen Midraschim oder bT ab, was auf eine nicht so genormte Weitergabe von Baraitot wie bei M (und selbst dort ist die Normierung nur relativ!) schließen lässt. Baraitot werden oft nicht wörtlich zitiert, sondern nur gekürzt, in Anspielung, durch eine spätere Auslegung erweitert oder an einen anderen Sprachgebrauch angepasst (dazu *Ginzberg*, Mavo 60 f.). V. a. jedoch macht die bruchstückhafte Überlieferung jede Rekonstruktion eventuell vorliegender (schriftlicher) Sammlungen von Baraitot und deren Verwertung bzw. Unkenntnis in pT (wie in den anderen rabb. Schriften) problematisch und damit auch daraus gezogene Schlussfolgerungen unsicher.

Weitere Lit. in *Bokser* 173–178.

3. Midraschim

Ebenso wie bT, jedoch in viel geringerem Ausmaß, hat auch pT midraschischen Stoff aufgenommen. Die zuvor genannten Baraitot bieten neben mischnaischem Material auch viel Midrasch, sodass *Bacher* mehrere tannaitische Midrasch-Sammlungen als Quellen von pT vermutet (TT 210–213), und zwar Midraschim zum Pentateuch (Ex bis Dtn) aus der Schule des R. Chijja (vielfach zu Lev und mit Parallelen in Sifra, das deshalb gelegentlich R. Chijja zugeschrieben wird), des R. Jischmael, des R. Simeon ben Jochai und des R. Chizkijja.

Was den halakhischen Midrasch betrifft, hat E. Z. *Melammed* (Halachic Midrashim of the Tannaim in the Palestinian Talmud, h, Ramat Gan 2000; cf. *ders.*, Introduction 275–296) das gesamte Material in pT gesammelt. Etwa 1300 Zitate aus halakhischen Midraschim, die bestimmten Tannaiten zugeschrieben oder anonym als Baraita zitiert werden, verteilen sich ungefähr so: 270 Zitate betreffen Ex, 450 Lev, 177 Num, 290 Dtn und 138 Gen und die übrige Bibel. Teilweise finden sich diese Zitate wörtlich oder abgewandelt in den uns erhaltenen halakhischen Midraschim wieder, teilweise haben sie keine Parallele. Keines der Zitate ist sehr lang, viele sind sogar äußerst kurz, umfassen nicht einmal eine Zeile, oft nur einzelne kommentierende Worte. Selbstverständlich erschwert das äußerst die Feststellung, ob wir es mit einem echten Zitat zu tun haben, mit einer bloßen Anspielung oder einem Hinweis auf eine bestimmte Auslegungstradition. Doch belegt zumindest für Sifra eine Reihe von längeren wörtlichen (z. T. auch glossierten) Parallelen mit größter Wahrscheinlichkeit die Verwendung einer schriftlichen Fassung dieses Midrasch (*G. Stemberger*, Sifra – Tosefta – Yerushalmi, JSJ 30, 1999, 277–311); für andere halakhische Midraschim ist dies erst näher zu untersuchen.

PT zitiert außerdem über 1100 Midraschim im Namen von Amoräern. Zum überwiegenden Teil sind sie haggadischer Art und beziehen sich auf Gen, Propheten und Schriften (aber auch zu Ex bis Dtn gibt es haggadische Midraschim, allerdings zu einem viel geringeren Teil). Auch hier sind die zitierten Midraschim sehr kurz, und selbst die längeren unter ihnen umfassen nur wenige Zeilen. Gerne verbindet pT mehrere Midraschim eines einzelnen Amoräers miteinander; die halakhischen Midraschim bieten vielfach die biblische Begründung zu halakhischen Kontroversen der Tannaiten. Die Sprache der meisten dieser Midraschim ist Hebräisch, doch gegenüber den tannaitischen Texten sind sie viel mehr mit aramäischen Worten oder auch ganzen Sätzen durchzogen. Besonders umfangreich ist das Aramäisch natürlich in der Haggada, die ja in erster Linie für das gewöhnliche Volk bestimmt war (*Melammed*, Introduction 312–317).

Viele der in pT zitierten Midraschim haben Parallelen in der Midrasch-Literatur sowie in bT. Die Frage nach eventuell pT vorliegenden Midrasch-Schriften oder -Sammlungen ist jedoch wegen der Kürze der Zitate und des allgemeinen Überlieferungszustandes von pT wie der rabb. Schriften i. A. nicht mit Gewissheit zu beantworten, auch wenn man sicher mit der Existenz midraschischer Schriften im amoräischen Palästina rechnen muss. Was gemeinsame Abschnitte in BerR und pT betrifft, hat *H.-J. Becker* gezeigt, dass sie i. A. auf verschiedene Bearbeitungen gemeinsamer, wohl schriftlicher Quellen zurückgehen und nicht direkte Abhängigkeit des einen Werks vom anderen belegen (Sammelwerke 150); zu WaR cf.

L. *Moscovitz*, The Relationship between the Yerushalmi and Leviticus Rabbah: A Re-Examination, h, 11th WCJS (1994) C I 31–38. Für RutR nimmt *M. B. Lerner* (The book of Ruth in aggadic literature and Midrasch Ruth Rabba, h, Diss. J 1971) an, dass pT in einer späteren Redaktionsstufe eine frühe Rezension von RutR verwendet hat. Manchmal mag diese Beziehung zwischen pT und Midrasch wechselseitig gewesen sein, dass eine Frühform des Midrasch pT bekannt war, die endgültige Fassung wiederum von pT beeinflusst ist; auch ist damit zu rechnen, dass mit pT etwa zeitgleiche Midraschim frühere Fassungen von pT bzw. von einzelnen Traktaten verwendet haben. Da dieselben Amoräer sowohl an der Ausgestaltung des pT wie auch auf dem Gebiet des Midrasch gearbeitet haben, können Abhängigkeitsverhältnisse verschiedener Schriften voneinander nur mit äußerster Vorsicht festgestellt werden.

4. Babylonische Traditionen

Palästinische Gelehrte standen in dauerndem Kontakt mit babylonischen Rabbinen, sei es durch Kollegen, die aus beruflichen Gründen zwischen den beiden Ländern hin- und herreisten (die sogenannten *naḥote*), oder auch durch Babylonier, die sich für eine bestimmte Zeit oder auch auf Dauer in Palästina niederließen. Besonders für Caesarea sind starke Verbindungen zu Babylonien belegt (*Levine*, Caesarea 89–92. 96). Selbstverständlich brachten diese Babylonier auch ihre Traditionen mit, auch wenn sie versuchten, sich ihrer neuen Umgebung anzupassen (vgl. bBM 85a über R. Zera: Als er nach Palästina zog, fastete er hundert Tage, um die babylonische Gemara zu vergessen. Dazu *Abr. Goldberg*, Tarbiz 36, 1966 f., 319–341). So kommen zahlreiche Aussprüche babyl. Amoräer in den pT, gewöhnlich zitiert mit der Einleitung «dort sagen sie» bzw. «die Rabbinen von dort lehren» (*Bacher*, TT 311–317. 477–505; *Epstein*, IAL 314–322; *Moscovitz*, Terminology 549–552. 575–580). Allerdings muss sich «dort» in pT nicht immer auf Babylonien beziehen, sondern kann auch eine andere rabb. Schule in Palästina meinen! Viele der in pT zitierten Aussprüche von Babyloniern sind in bT nicht oder in anderer Form überliefert. In diesem Zusammenhang ist sicher nicht an größere Komplexe von schon durchredigierten (schriftlichen oder mündlichen) Traditionen zu denken, die man als «Quellen» des pT im eigentlichen Sinn bezeichnen könnte, sondern einfach an Traditionsmaterial, das durch Vermittlung babyl. Gelehrter in Palästina bekannt geworden ist. Vgl. auch *Bokser* 187–191. *J. Schwartz*, Tension between Palestinian Scholars and Babylonian Olim in Amoraic Palestine, JSJ 11 (1980) 78–94.

e) Die Verarbeitung der Überlieferung

Untersuchungen zur Redaktion von pT beschränken sich i. A. auf dessen Endzustand, dessen Eigenheiten durch die Redaktionsmethode erklärt werden sollen, und sehen pT als Einheit. Die hervorragende Ausnahme ist S. *Liebermans* Untersuchung der drei «Pforten» von Neziqin, in vielen Punkten ausgebaut durch die Arbeiten von *G. A. Wewers, M. Assis, Y. Sussmann* und *C. Hezser* (siehe S. 192–194). Zwar herrscht weithin Übereinstimmung, dass verschiedene amoräische Schulen hinter pT stehen. Doch gibt es noch keine systematische Untersuchung zur Vorgeschichte des pT bzw. seiner Teile, auch wenn es selbstverständlich ist, dass nicht die Endredaktoren in einem einzigen Arbeitsgang eine amorphe Masse von Traditionsgut kompiliert und bearbeitet haben.

Z. *Frankel* (Mavo 45a–49a) hat eine Entwicklung des pT in drei Stufen vermutet: Kommentierung von M im Schulbetrieb – Sammlung und Ergänzung solcher Schulnotizen durch verschiedene Meister in Form von Traktaten entsprechend dem Aufbau von M – Auswahl, Kombination und Bearbeitung dieser Sammlungen in Tiberias (vgl. *Epstein*, IAL 275, der zu Einzelbeispielen ebenfalls drei Schichten feststellt). Diese Annahme ist vernünftig und im Einzelfall von Neziqin auch belegbar. Doch bietet sie nicht mehr als die großen Umrisse einer Entwicklung. Die Literargeschichte des pT im Einzelnen festzustellen (die Entwicklung der Sugia, die Entstehung der einzelnen Traktate und die gestaltende Arbeit der verschiedenen Meister und Schulen, das relative Alter der einzelnen Stücke und ihre Verknüpfung) ist ein anzustrebendes Ziel; wieweit es erreichbar ist, ist jedoch nach bisherigen Untersuchungen kaum zu sagen. Erst dann wäre eine historisch gesicherte Verwendung von pT möglich, die über den zu optimistischen Standpunkt hinwegkommt, Einzelsprüche nach den als Autoren oder Tradenten genannten Meistern zu datieren, ohne dabei ins Gegenteil zu verfallen und nur die Stufe der Endredaktion zu akzeptieren (dazu tendiert *J. Neusner*, Judaism in Society). Bis dorthin ist es noch ein weiter Weg.

5) Der Text

Mehr als andere rabb. Schriften hat pT in seiner Textüberlieferung gelitten. Auf die zahlreichen Textverderbnisse durch Auslassung und Wiedereinfügung von Parallelperikopen wurde schon hingewiesen. Andere Gründe der Textverderbnis sind in der Vernachlässigung von pT zu sehen, sobald bT die absolute Vorherrschaft im Studienprogramm des europäischen Judentums erlangt hatte und sogar in Palästina pT verdrängen konnte. Als Folge davon sind nur sehr wenige MSS von pT erhalten, die außerdem, ausgenommen die Geniza-Fragmente, stark durch den Text und die Sprache des bT beeinflusst sind. Die Unkenntnis der dem pT eigenen Sprache führte nicht nur zu Angleichungen in Schreibweise und Grammatik an bT bzw. bei hebräischen Abschnitten an die Bibel, sondern auch zu einer völligen Verfälschung zahlreicher griechischer und lateinischer Lehnwörter und Zitate und in der Folge zu weiteren «Korrekturen», um dem Text einen Sinn abzugewinnen (dazu vgl. v. a. die Arbeiten von S. Lieberman). Zur Inschrift von Rehov als ältestem Zeugnis für die pT-Tradition siehe S. 49 f.

a) Handschriften

MS Leiden, Scaliger 3 (Univ. Bibl. Leiden) ist das einzige vollständige MS von pT (selber Umfang wie die Drucke). 672 Blatt in zwei Foliobänden, 1289 vollendet. Der Schreiber Jechiel b. R. Jequtiel b. R. Benjamin ha-Rofe beklagt im Kolophon seine sehr fehlerhafte Vorlage, die er nach Kräften zu korrigieren versucht hat. Trotz sehr schneller Arbeit (die Ordnungen Nashim und Neziqin hat er in 36 Arbeitstagen vollendet: *Melammed*, Introduction 508), die zu zahlreichen Auslassungen durch Homoioteleuton führte, ist das MS textkritisch äußerst wertvoll. Viele Randglossen, meist Textkorrekturen, stammen zum Teil vom Schreiber selbst. Faksimile-Ausgabe mit Einführung von *S. Lieberman* J 1971 (schlechte Wiedergabe); Neuausgabe: *M. Edelmann*, Hg., Early Hebrew manuscripts in facsimile. Vol. III The Leiden Yerushalmi part I. MS Leyden, Univ. Library Scaliger 3, mit Einführung von *E. S. Rosenthal*, 1979.

B. Elizur, Traces of a Lost Page from Ms. Leiden of the Yerushalmi (h), KS 63 (1990 f.) 661–668; *ders.*, Le-nusaḥ Yerushalmi Horayot, in: Talmudic Studies II 1–12; *J. N. Epstein*, Some Variae Lectiones in the Yerushalmi. I: The Leiden MS (h), Tarbiz 5 (1933 f.) 257–272; 6 (1934 f.) 38–55 (= Studies II 291–325); *ders.*, Diqduqe Yerushalmi: IAL 335–606 (nur bis Shab 15 vollendet, von *Melammed* ergänzt); *S. Liebermann*, Hayerushalmi Kiphshuto, J 1934 (NY-J ³2008, ed. *M. Katz*, mit Addenda et Corrigenda), Mavo 15–21; *ders.*, Further Notes on the Leiden Ms. of the Jerushalmi (h), Tarbiz 20 (1949) 107–117 (= Studies 219–229); *E. Z. Melammed*, MS Vatican as the Source for the Marginal Glosses in the Leiden Manuscript of Talmud Yerushalmi (h), Tarbiz 50 (1980 f.) 107–127; *L. Moscovitz*, Double Readings in the Yerushalmi – Conflations and Glosses (h), Tarbiz 66 (1996 f.) 187–221; *Y. Sussmann*, Before and after the Leiden Manuscript of the Talmud Yerushalmi (h), Bar-Ilan 26 f. (1995) 203–220; *ders.*, Einleitung zur Ausgabe des MS durch die Hebräische Sprachakademie, 9–40 (siehe unter c).

MS Rom, Codex Vat. Ebr. 133. 152 Blatt. Sota und Zeraʿim (ohne Bik; M fehlt in Sota 9 und in ganz Zeraʿim außer Ber 2). Spätes 13. oder frühes 14. Jh.; sehr fehlerhaft (*Sussmann* u. *Becker*: aschkenasische Bearbeitung), doch ergänzt es manche Lücken in MS Leiden und hat wertvolle Lesarten. Verwendet als Vorlage vier verschiedene MSS (*Melammed*, Introduction 513). Faksimile: Talmud Yerushalmi Codex Vatican (Vat. Ebr. 133) mit

Einleitung von *S. Lieberman* (= *ders.*, On the Yerushalmi, h, J 1929), J 1971. Ausgewählte Varianten aus MS Rom zu Seder Zeraʿim: *L. Ginzberg*, Yerushalmi Fragments from the Geniza, NY 1909, Ndr. H 1970, 347–372. *H.-J. Becker*, The Yerushalmi Fragments in Munich, Darmstadt and Trier and Their Relationship to the Vatican Manuscript Ebr. 133, JSQ 2 (1995) 329–335; *M. Assis*, On the Fragments of the Palestinian Talmud from Germany (h), Alei Sefer 19 (2001) 19–34.

MS Escorial G I-3, spanisches bT-MS aus dem 15. Jh., dessen oberer Rand die drei Bavot von pT Neziqin enthält, wie *E. S. Rosenthal* entdeckte. Dieser wichtige Textzeuge steht den Geniza-Fragmenten nahe und hilft an vielen Stellen, MS Leiden zu ergänzen bzw. zu korrigieren: Yerushalmi Neziqin. Edited from the Escorial Manuscript with an Introduction by *E. S. Rosenthal*; Introduction and Commentary by *S. Lieberman* (h), J 1983. Eine Synopse von MS Escorial mit der Ausgabe Krotoschin bietet *G. A. Wewers*, Übersetzung des Talmud Yerushalmi IV/1–3: Bavot, Tüb. 1982, 526–533; zum MS siehe auch *M. Assis*, On the Question; *Y. Sussmann*, Neziqin 116. 1999 in Savona entdeckte Blätter eines sephardischen pT-MS (13. Jh.) stimmen in vielen Lesarten mit MS Escorial überein; parallele Sugiot in anderen Traktaten von Neziqin lassen die Möglichkeit offen, dass dessen Texttypus mehr als die Bavottraktate umfasste: *M. Perani – G. Stemberger*, The Yerushalmi Fragments Discovered in the Diocesan Library of Savona, Henoch 23 (2001) 267–303.

Zeraʿim und Sheqalim mit Kommentar des S. Sirillo: Nat. Bibl. Paris, Suppl. Hébreu 1389 (umfasst Berakhot bis Kilʾaim); nach *Becker*, wie schon früher vermutet, ein Autograph des Sirillo, 1541/42 in Safed entstanden, doch noch ohne Kenntnis des Erstdrucks V 1523 f.; die Fortsetzung dazu ist MS Moskau, Günzburg 1135 (Terumot bis Bikkurim). Jünger, z. T. noch von Sirillo bearbeitet, sind die MSS British Library 403–405 = Or. 2822–2824 und MS Amsterdam, Sammlung Etz Chayyim (jetzt Jerusalem).

Editionen: *M. Lehmann*, Hg., Berakhot, Mainz 1875; *Ch. J. Dinklas*, Hg., Zeraʿim, 11 Bde., J 1934–1967; *K. Kahana*, Hg., Sheviʿit, 2 Bde., J 1972/73. Cf. *H.-J. Becker*, Die «Sirillo-Handschriften» des Talmud Yerushalmi, FJB 16 (1988) 53–73; *ders.*, Zwei neue Yerushalmi-Handschriften und die «Gemara» zu Eduyot mit dem Kommentar des Shlomo Sirillo, FJB 17 (1989) 57–66; *ders.*, Verstreute Yerushalmi-Texte in MS Moskau 1133, FJB 19 (1991/92) 31–61; *T. Lifshitz*, Ha-ʾim haya lifne ha-Rav Shlomo Sirillo ketav yad shel Yerushalmi le-Massekhet Ḥalla?, in: GS T. Lifshitz 247–263; *A. Samuel*, Al nusaḥo shel R. Shlomo Sirillo li-Yerushalmi Massekhet Ḥalla, ibid. 435–460.

Der Traktat Sheqalim ist schon früh mit dem Text des bT verbunden worden. Er befindet sich u. a. in MS München des bT (Faksimile-Ausgabe *H. L. Strack* Ndr. J 1971), ebenso in einem MS mit Kommentar des R. Meschullam (ed. *A. Schreiber*, Treatise Shekalim, NY 1954). *M. Assis*, On the Textual History of the Tractate Shekallim (h), 7th WCJS, Studies in the

Talmud, Halacha and Midrash (J 1981), 141–156; *Y. Sussmann*, Masoret limmud u-masoret nusaḥ shel ha-Talmud ha-Yerushalmi Massekhet Sheqalim, FS S. Lieberman, J 1983, 12–76.
Weitere MSS: Z. M. Rabinovitz, A Fragment of Mishna and Yerushalmi Sheviʿit (h), Bar-Ilan 2 (1964) 125–133 (yShevi 7, jemenit. MS des 14. Jhs.; *Bokser* 158 erwähnt, dass Sussmann das MS für ein Geniza-Fragment hält, dessen Fortsetzung sich in Cambridge befindet); *M. Assis*, A Fragment of Yerushalmi Sanhedrin (h), Tarbiz 46 (1976 f.) 29–90; 327–329; dazu *S. Lieberman*, On the New Fragments of the Palestinian Talmud (h), ibid. 91–96 (nordafrik. MS, 12. Jh., Großteil von ySan 5,1,22c-6,9,23c); *A. H. Freimann*, A Fragment of Yerushalmi Baba Kama (h), Tarbiz 6,1–2 (1934) 56–63; dazu *J. N. Epstein*, ibid. 64 f. = Studies II 866 f. (Vat. Ebr. 530.21, um 1300 geschrieben; BQ 2,4,3a–3,4,3c).

Eine Reihe von pT-Blättern wurde in den letzten Jahren aus Bucheinbänden wiedergewonnen. 12 Folioblätter mit zusammen 48 großen Kolumnen aus Moʿed und Nashim wurden aus Bucheinbänden der Bibliotheken Darmstadt, München und Trier abgelöst; sie stammen aus einer aschkenasischen Handschrift des 13. Jhs. Publikation: *Y. Sussmann*, Seride Yerushalmi – Ketav Yad ʾashkenazi. Liqrat pitron ḥidat «Sefer Yerushalmi», Kobez al Yad 12 (1994) 1–120. Schon *T. Kwasman* (Untersuchung zu Einbandfragmenten und ihre Beziehung zum Palästinischen Talmud, Heidelberg 1986) sah darin einen Textzeugen nicht des pT selbst, sondern eines Sefer Yerushalmi (dagegen *H.-J. Becker*, siehe oben zu MS Vat. 133); ausführlich begründet dies *Y. Sussmann*, The Askenazi Yerushalmi MS – ‹Sefer Yerushalmi› (h), Tarbiz 65 (1995 f.) 37–63. Die 6 Blatt aus Nashim sind jedoch der gewöhnliche pT-Text ohne Auslassungen oder Zufügungen (darunter auch Ket 15 Ende –16, der einzige handschriftliche Beleg dieses Stücks; in MS Leiden fehlt ein Blatt). Zu in Italien gefundenen Fragmenten (11.–12. Jh.) siehe *D. Rosenthal* in *M. Perani*, Hg., La «Genizah» italiana, Bologna 1999, 185–199.

b) Fragmente aus der Geniza

Zahlreiche Fragmente befinden sich in verschiedenen Bibliotheken und sind erst zum Teil veröffentlicht. Eine umfassende Untersuchung des Alters der einzelnen Stücke steht noch aus; die Pauschaldatierung ins 10. Jh. ist sehr fraglich (*Y. Sussmann*, Tarbiz 43, 1973 f., 155 f. Anm. 497; *Sussmann* plant eine umfassende Ausgabe der pT-Fragmente aus der Geniza). Der besondere Wert der Fragmente liegt, abgesehen von ihrem Alter und der besonderen Seltenheit von pT-MSS, darin, dass sie alle im Orient entstanden sind und die ursprüngliche Schreibweise viel besser als die europäischen MSS erhalten haben.

S. Abramson, Qetaʿ Geniza mi-Yerushalmi Shabbat Pereq ha-Maznịʿa, Kobez Al Yad 8 (18), J 1975, 3–13 (Korrekturen und Ergänzungen dazu *ibid.* 10 [20], J 1982,

323 f.); *N. Alloni*, Geniza Fragments 35-43; *J. N. Epstein*, Additional Fragments of the Yerushalmi (h), Tarbiz 3 (1931 f.) 15-26. 121-136. 237-248; *L. Ginzberg*, Yerushalmi Fragments from the Genizah Vol. I (mehr nicht erschienen), NY 1909, Ndr. H 1970; *ders.*, Ginze Schechter I 387-448; *A. I. Katsh*, A Genizah Fragment of Talmud Yerushalmi in the Antonin Collection of the Saltykov-Shchedrin Library in Leningrad, JQR 71 (1980 f.) 181-184 (Sheq 7,31a. b.32a; Fortsetzung von Ginzberg p. 139); *S. Loewinger*, New Fragments from the Yerushalmi Pesaḥim ch. 5-7, FS A. Marx, NY 1950, hebr. Teil 237-283 (dazu *Lieberman*, ibid. 284-286); *Z. M. Rabinovitz*, New Genizah Fragments of the Palestinian Talmud (h), GS H. Yalon, J 1974, 499-511; *A. Schremer*, A New Fragment of the Palestinian Talmud from the Geniza (h), Alei Sefer 19 (2001) 35-42 (Er 1,1,18c); *S. Wiedder*, A Fragment of Jerushalmi from Geniza Fragments in Budapest (h), Tarbiz 17 (1945 f.) 129-135 (dazu *J. N. Epstein*, ibid. 136 f. = Studies II 868 f.).

Zu pT-MSS und Geniza-Fragmenten siehe: *Bokser* 153-163; *Ginzberg*, Mavo 36-40; *Melammed*, Introduction 508-515; *N. Sacks*, Mishna Zeraʿim I, J 1972, 72-76.

Wegen der schlechten handschriftlichen Bezeugung von pT sind die Zitate in der mittelalterlichen Literatur von besonderer Bedeutung, wenn auch nur mit größter Vorsicht zu verwerten; siehe z. B. *L. Moscovitz*, On One Yerushalmi Citation in Rashi's Commentary on the Talmud (h), Tarbiz 64 (1994 f.) 381-387 (zu Shab 10,3). Für die Ordnungen Zeraʿim und Moʿed (außer Er) hat sie gesammelt: *B. Ratner*, Ahawath Zion w-Jeruscholaim, 12 Bde., Wilna 1901-1917, Ndr. J 1967, trotz vieler Fehler von größtem Wert (wichtige Rezensionen u. a.: *V. Aptowitzer*, MGWJ 52, 1908; 54, 1910; 60, 1916; *W. Bacher*, REJ 43, 1901, bis 64, 1912). Für mittelalterliche Zitate wichtig ist auch *S. Lieberman*, Emendations in Jerushalmi (h), Tarbiz 2 (1930 f.) 106-114. 235-240. 380; 3 (1931 f.) 337-339 (= Studies 165-213); ebenso seine anderen Arbeiten; *H.-J. Becker*, Die Yerushalmi-Midrashim der Ordnung Zeraʿim in Yaʿaqov ibn Ḥavivs «ʿEn Yaʿaqov», FJB 18 (1990) 71-173 (Anf. 16. Jh., Saloniki); *ders.*, Die Yerushalmi-Zitate im Mishnakommentar des Shimshon aus Sens, Seder Zeraʿim, FJB 20 (1993) 97-173; 21 (1994) 131-170; 22 (1995) 113-181; 23 (1996) 129-184; *M. Katz*, Yerushalmi Citations in Manuscripts of the Bavli (h), Sidra 7 (1991) 21-44.

c) Druckausgaben

Lit.: *A. M. Habermann*, Ha-Talmud ha-Yerushalmi, in der Neuausgabe von *R. Rabbinovicz*, Maʾamar ʿal hadpasat ha-Talmud, J 1952, 203-222; *Bokser* 151 f.

Erstdruck durch D. Bomberg, V 1523 f. (zum Datum siehe *I. Z. Feintuch*, On the Talmud Yerushalmi, Venice Edition, h, KS 59, 1984, 268-270). Als Grundlage diente MS Leiden (dazu: *M. Mishor*, An Impress from the Venice Edition in the Leiden MS of Talmud Yerushalmi, h, KS 53, 1977 f., 578). Der Herausgeber behauptet, drei zusätzliche MSS verwendet zu haben. Diese sind wohl verloren, wenn nicht yHor in bT, ed. 1520-1523 von einem dieser drei MSS stammt; *Melammed*, Introduction 514, vermutet auch, dass MS Rom dem Drucker in Venedig vorlag. Wie *S. Lieberman*, Yerushalmi Horayot, FS Ch. Albeck, J 1963, 283–305, gezeigt hat, hat der Herausgeber fast nur MS Leiden verwendet und seine Vorlage vielfach «korrigiert». In bT ed. 1520–1523 ist yHor statt der Tosafot zur babylonischen Gemara abgedruckt, ySheq ebenfalls nach einem anderen MS als in pT wiedergegeben.

Weitere Ausgaben: Krakau 1609 mit kurzem Kommentar; Krotoschin 1866 (Ndr. J 1969, verbreitetste Ausgabe); Shitomir, 5 Bde. mit Kommentaren, 1860–1867; Romm Wilna, 7 Bde. mit Kommentaren, 1922, Ndr. J 1973.

Frühe Versuche *kritischer Ausgaben* betreffen einzelne Traktate: *A. M. Luncz*, Talmud Hierosolymitanum ad exemplar editionis principis, 5 Bde., J 1907–1919 (Ber bis Shevi; verwendet MS Leiden, Vat 133, das MS mit dem Kommentar Sirillos und einzelne Geniza-Fragmente); *E. A. Goldman*, A critical edition of Palestinian Talmud, tractate Rosh Hashana, HUCA 46 (1975) 219–268; 47 (1976) 191–268; 48 (1977) 219–241; 49 (1978) 205–226; *J. Feliks*, Talmud Yerushalmi Massekhet Shevi'it (Text nach MS Leiden mit Varianten aus MSS, Geniza und Erstdruck; botanisch bzw. landwirtschaftlich orientierter Kommentar), 2 Bde., J 1980–1986; *E. S. Rosenthal*, Yerushalmi Neziqin, J 1983; *A. Steinsaltz*, Talmud Yerushalmi. Massekhet Pea, J 1987.

Den größten Fortschritt für die Textaufbereitung von pT bedeuten folgende zwei Ausgaben:

P. Schäfer – H.-J. Becker, Hg., Synopse zum Talmud Yerushalmi, 4 Bde. in 7 Teilen, Tüb. 1991–2001 (enthält die Texte der Ausgaben V 1523, K 1662 und Amsterdam 1710, der MSS Leiden, Rom und Escorial sowie der Sirillo-MSS, zu Mo'ed auch weiteres Textmaterial; Geniza- und andere MSS-Fragmente wurden bewusst nicht aufgenommen).

Talmud Yerushalmi. According to Ms. Or. 4720 (Scal. 3) of the Leiden University Library with Restorations and Corrections. Introduction by *J. Sussmann*, J 2001 (dazu *S. Naeh*, Tarbiz 71, 2001 f., 569–603). Diese durch die Academy of the Hebrew Language im Rahmen des Historical Dictionary of the Hebrew Language besorgte Edition von MS Leiden ergänzt und korrigiert dieses, wo notwendig, (deutlich gekennzeichnet) durch Fragmente der Geniza und andere MSS und sollte die Ausgabe Krotoschin (deren Blatt- und Kolumneneinteilung sie übernimmt) als Standardausgabe ablösen.

d) Übersetzungen

Die einzige vollständ. moderne Übers. ist *J. Neusner,* The Talmud of the Land of Israel, 35 Bde., Chicago 1982–1994 (Ber *T. Zahavy;* Pea *R. Brooks;* Demai *R. S. Sarason;* Kil *I.J. Mandelbaum;* Shevi und Ter *A.J. Avery-Peck;* Maas *M. S. Jaffee;* MSh *R. Brooks;* Pes *B. M. Bokser* – *L. H. Schiffman;* alles andere *J. Neusner;* Bd. 35 Introduction: Taxonomy). Zu Recht bezeichnet *Neusner* sie im Untertitel zurückhaltend als «Preliminary Translation». Kritische Anmerkungen zu den ersten Bden: *J. Neusner,* Hg., In the Margins of the Yerushalmi. Glosses on the English Translation, Chico 1983. Nachdruck der Übers. mit neuer Gliederung und graphischer Strukturierung und Kapiteln zur Struktur jedes Traktats (von Zeraʿim jedoch nur Berakhot; Sheqalim fehlt; die oft reichen Anmerkungen zu den nicht von Neusner selbst verfassten Übersetzungen wurden gestrichen) unter dem Titel: The Talmud of the Land of Israel. An Academic Commentary, 31 Bde., A 1998 f.; die Struktur der Traktate allein (Text wie in Academic Commentary) bietet auch *J. Neusner,* The Talmud of the Land of Israel. A Complete Outline of the Second, Third, and Fourth Divisions, 8 Bde., A 1996 (die CD-ROM-Ausgabe, Peabody, MA, 2009 enthält den vollen Text, die Ordnung Zeraʿim in neuer Übersetzung durch Neusner und die Outline der Ordnungen 2–4).

Eine ausgezeichnete deutsche Übersetzung erscheint seit 1975 in Tübingen und steht nahe vor dem Abschluss: *Ch. Horowitz,* Der Jerusalemer Talmud in deutscher Übersetzung. Bd. I: Berakhot, 1975. Folgebände unter dem Sammeltitel: Übersetzung des Talmud Yerushalmi, Hg. *M. Hengel, P. Schäfer* u. a. Bisher erschienen: Pea (1986, *G. A. Wewers*), Demai (1995, *Wewers*–*F. G. Hüttenmeister*), Ter (1985 *Wewers*), Maas und MSh (1996 *R. Ulmer*); Orla (2009 *Hüttenmeister*); Shab (2004 *Hüttenmeister*), Pes (2004 *A. Lehnardt*); Yoma (1995 *F. Avemarie*), Sheq (1990 *Hüttenmeister*), Suk (1983 = Düsseldorf 1963 *Ch. Horowitz*), RH, Beẓa, Taan (2000, 2001, 2008, *Lehnardt*); Meg (1987 *Hüttenmeister*), Hag (1983 *Wewers*), MQ (1988 *H.-P. Tilly*); Ket (2009 *M. Morgenstern*); Sota (1998 *Hüttenmeister*), Git (2008 *B. Rebiger*), Qid (1995 *Tilly*), Ned (1983 = Düsseldorf 1957 *Horowitz*); die ganze Ordnung Neziqin (1980–1984, *Wewers*); Nid (2006, *Morgenstern*). Diese Übersetzung zeichnet sich durch reiche Anmerkungen, regelmäßige Verweise auf Abweichungen in MSS und eine genaue Angabe der Parallelen innerhalb von pT und in der übrigen rabbinischen Literatur aus.

Zweisprachige Teilausgabe: *H. W. Guggenheimer,* The Jerusalem Talmud. Edition, Translation, and Commentary. First Order: Zeraïm, 5 Bde., B 2000–2003; Third Order: Našim (einschließlich Nidda), 5 Bde., B 2004–2008; Fourth Order: Neziqin, 3 Bde., B 2008–2011 (hebr. Text vokalisiert, Kurzkommentar).

Frühere (Teil-)Übersetzungen: *Biagio Ugolini* hat 20 Traktate mit eigener latein. Übersetzung ediert: Thesaurus Antiquitatum Sacrarum, Bde. 17–30, V 1755–65 (17: Pes; 18: Sheq, Yoma, Suk, RH, Taan, Meg, Hag, Beẓa, MQ; 20: Maas, MSh, Halla, Orla, Bik; 25: San, Mak; 30: Qid, Sota, Ket). *M. Schwab*, Le Talmud de Jérusalem, 11 Bde., P 1871–1889, Ndr. in 6 Bden P 1998 (sehr unzuverlässig). *A. Wünsche*, Der Jerusalemer Talmud in seinen haggadischen Bestandtheilen übertragen, Zürich 1880, Ndr. H 1967.

Einzeltraktate: *A. W. Greenup*, Taanith from the Palestinian Talmud, Lo 1918; *J. Rabbinowitz*, The Jerusalem Talmud (Talmud Yerushalmi): Bikkurim. Text, translation, introduction and commentary, Lo 1975.

e) Konkordanz

M. Kosovsky, Concordance to the Talmud Yerushalmi (Palestinian Talmud), 8 Bde., J 1979–2002; Oṣar ha-Shmot J 1985, Ozar Midreshe ha-Miqra, J-NY 2004 (Erstdruck als Basis); *M. Assis*, Otzar Leshonot Yerushalmiyim: A Concordance of Amoraic Terms, Expressions and Phrases in the Yerushalmi (h), 3 Bde., NY-J 2010.

6) Kommentare

Lit.: Bokser 225–249; *Ginzberg*, Mavo 90–132; *S. Lieberman*, The Old Commentators of the Yerushalmi (h), FS A. Marx, NY 1950, hebr. Teil 287–319; *Melammed*, Introduction 515–534; *J. Rubinstein*, Quntras ha-shalem shel mefarshe ha-Yerushalmi, im Anhang zur pT-Ausgabe NY 1948; *I. Twersky*, Rabad of Posquières, Phil. ²1980.

Abgesehen von einer möglichen Verwendung des pT oder einer seiner Vorstufen in verschiedenen Midraschim finden wir den frühesten Beleg für den Einfluss des pT in der Inschrift von Rehov (siehe S. 49 f.) aus dem 7. Jh.: yDem 2,22c–d und yShevi 7,36c werden hier verwertet, sei es direkt aus einer pT-Fassung oder aus einer halakhischen Bearbeitung des pT nach Art des Sefer ha-Maʿasim, der in der ursprünglichen Fassung um die Mitte des 7. Jhs. entstanden ist. Auch der aus der Geniza bekannte Pereq Zeraʿim könnte eine frühe Bearbeitung von pT-Stoffen sein, wenn man ihn nicht gar als mit pT zeitgleichen, nur eben nicht in den pT aufgenommenen Text betrachtet (dazu *A. Lehnardt*, Pereq Zeraʿim – eine Schrift aus der Zeit des Talmud Yerushalmi – Text, Übersetzung und Kommentar, FJB 30, 2003, 57–89). Die ziemlich schnelle Verdrängung des pT durch bT (Jehudai Gaon bemüht sich nach 750 darum sogar schon in Palästina) bewirkt, dass pT lange Zeit nicht als selbstständiges Werk kommentiert wird, sondern lediglich als Parallelbeleg oder Erläuterung zu bT herangezogen wird: so v. a. im Sefer Methiboth, ed. *B. M. Lewin*, J 1933 Ndr. 1973, aus dem 10. Jh., dessen Verfasser ein Babylonier war, der wohl in Kairowan wirkte (dieser entscheidet aber oft noch die Halakha gegen bT!); ebenso bei R. Chananel von Kairowan, 11. Jh. (dazu *A. Y. Friezler,* Yaḥaso shel Rabbenu Ḥananel li-Yerushalmi be-Ferush le-Bavli, Niv ha-Midrashiya, TA 1972 f., 126–134). Ähnlich R. Nissim und Alfasi im 11. Jh. sowie dann Maimonides (*S. Lieberman,* Hilkhot ha-Yerushalmi le-ha-Rambam, NY 1947). Im 12. Jh. ist auch der Sefer Ravia des Eliezer b. Joel ha-Levi (ed. *E. Prisman,* 4 Bde., J 1965) für die Wirkungsgeschichte des pT von Bedeutung, ebenso dann das Schrifttum der Tosafisten, die pT mehr verwendet haben als vielfach angenommen wird (*E. E. Urbach,* The Tosafists 703 ff.).

Die ältesten erhaltenen Kommentare im eigentlichen Sinn zu pT betreffen beide den zusammen mit bT überlieferten Traktat Sheqalim. Sie werden *R. Meschullam,* 13. Jh., und dem gleichzeitigen *Schüler des R. Samuel ben R. Schneur von Evreux* zugeschrieben; ediert von *A. Schreiber* (Sofer), Treatise Shekalim with two Commentaries of Early Rabbinic Authorities, NY 1954; *E. E. Urbach* bezweifelt diese Zuschreibung und sieht die Kommentare als Werke früher Tosafisten an: KS 31, 1955 f., 325–358. Zur Ordnung Zeraʿim sind auch die frühen M-Kommentare heranzuziehen, die sich stark auf pT stützen, da hier bT fehlt.

Solomo Sirillo aus Spanien, später in Safed, vollendete um 1540 seinen Kommentar zu Zeraʿim und Sheq, wahrscheinlich noch ohne Kenntnis des Erstdrucks von pT (vgl. S. 202).

Eleazar b. R. Moshe Azikri (1553–1600, Safed) schrieb Kommentare zu Ber (in pT Shitomir 1860), Pea, Demai, Ter, Pes (nur in Zitaten im Melekhet Schlomo des Salomo Adani in M Romm) und Beẓa (ed. *I. Francus,* Talmud Yerushalmi Tractate Betzah. With the Commentary of Eleazar Azzikri, NY ²1995, mit ausführlicher Einleitung).

Samuel Ashkenazi (ca. 1525–1595) kommentierte die Haggadot des pT, vielleicht noch mit pT-MSS: Jefe Marʾe, V 1590 und öfter (*M. Benayahu,* R. Samuel Yaffe Ashkenazi and Other Commentators of Midrash Rabba. Some Biographical and Bibliographical Details, h, Tarbiz 42, 1972 f., 419–460, bes. 428–430).

Jehoschua Benveniste (ca. 1590–1665, Türkei) verfasste einen ausführlichen Kommentar zu den halakhischen Teilen von 18 Traktaten: Zeraʿim K 1662 (Ndr in: Jerushalmi Zeraʿim, J 1972), der Rest K 1749. Wichtig wegen seiner Verwendung mittelalterlicher Autoren.

David Darshan, ein hauptsächlich sprachlicher Kurzkommentar zur pT-Ausgabe Krakau 1610.

Elija b. Loeb Fulda (ca. 1650–1720): knapper Kommentar zu 15 Traktaten – Zeraʿim und Sheq, Amsterdam 1710; BQ, BM und BB F 1742. Gab den Anstoß für das Studium des pT in Deutschland und Osteuropa.

Moshe Margolies (gestorben 1780, Litauen), Kommentar zum ganzen pT: Pene Moshe, Nachträge Marʾe ha-Panim. Amsterdam 1754 Nashim; Livorno 1770 Neziqin; vollständig in pT Schitomir.

David Fränkel, der Lehrer Moses Mendelssohns, 1704–1762: Qorban ha-ʿEda; Nachträge Shire Qorban. Will den Kommentar Fuldas ergänzen (nur Sheq bei beiden). Dessau 1742, B 1757. 1760–1762. Margolies und Fränkel sind die beiden wichtigsten traditionellen Kommentare. *Elija Gaon von Wilna* hat sich in verschiedenen Werken mit pT befasst, v. a. in seinem Kommentar zum Schulchan Arukh. Textkritisches Interesse; versucht pT anders als seine Vorgänger aus sich selbst und nicht aus bT zu erklären. *K. Kahana*, Le-ḥeqer beʾure haGRA li-Yerushalmi we-la-Tosefta, TA 1957; Sefer ha-Yerushalmi we-ha-GR"A me-Wilna, ed. *S. Goren*, J 1991. Die in diesen Kommentaren vertretene traditionelle Richtung wird bis in die Gegenwart weitergeführt, u. a. von *Jehoschua Isaak Schapiro*, Noʿam Yerushalmi, 4 Bde., Wilna 1863–1869, Ndr. in 2 Bden J 1968, *Abraham Krochmal*, Yerushalayim ha-benuya, Lemberg 1867, Ndr. J 1971, und *Josef Engel*, Kommentar zu Zeraʿim, Gilyon ha-Shas, W 1924, Ndr. in Talmud Yerushalmi. Zeraʿim, J 1972. Vgl. auch die Sammlung wichtiger Kommentare: Hashlama li-Yerushalmi, Wilna 1928, Ndr. J 1971 (Zusatztitel: Shitta mequbbeẓet ʿal ha-Yerushalmi). Traditionell orientiert ist auch noch *S. Goren*, Ha-Yerushalmi ha-meforash. I Berakhot, J 1961, auch wenn hier schon textkritisch gearbeitet und v. a. *Ginzbergs* und *Liebermans* Arbeit eingebracht wird.

Unter den *modernen Kommentaren* sind v. a. Folgende zu nennen (bewusste und systematische Anwendung kritischer Methoden):

I. Lewy, Introduction and Commentary to Talmud Yerushalmi. BQ. I–VI, J 1970 (= Ndr. von: Interpretation des 1. [2. usw.] Abschnittes des paläst. Talmud-Traktats Nesikin, h mit deutscher Einleitung, Jb des jüd.-theol. Seminars Breslau 1895–1914). Vgl. *E. Urbach*, Der Einfluss des Seminars auf das Studium des Jerusalemischen Talmuds (h), in: *G. Kisch*, Hg., Das Breslauer Seminar, Tüb. 1963, 175–185, bes. 177–182.

Saul Liebermann, Hayerushalmi Kiphshuto, Part I Vol. I: Sabbath Erubin Pesahim, J 1934 (NY-J ³2008, ed. *M. Katz*, mit Addenda et Corrigenda): mehr nicht erschienen; *ders.*, Kommentar zu Yerushalmi Neziqin, ed. *E. S. Rosenthal*, J 1983. Auch seine anderen Arbeiten enthalten viel für die Interpretation von pT.

Z. W. Rabinovitz, Shaʿare Torat Ereẓ Jisrael. Notes and Comments on the Yerushalmi, ed. *E. Z. Melammed*, J 1940 (besonders auch zu Stil und Komposition des pT. Cf. die Rezension von G. Allon, Tarbiz 12, 1940 f., 88–95).

L. Ginzberg, A Commentary on the Palestinian Talmud. A Study of the Development of the Halakah and Haggadah in Palestine and Babylonia (h), 4 Bde., NY 1941–1961. Textkritisch bedeutsamer «Kommentar» zu Ber 1–5 mit umfangreichen Exkursen zu verschiedensten Problemen v. a. der jüdischen Liturgie. In Bd. I neben umfangreicher hebr. Einleitung ein allgem. englischer Introductory Essay. Ndr. der Bde. 1–3 NY 1971. Vgl. *Abr. Goldberg*, KS 38, 1962 f., 195–202.

Eine Erschließung des Yerushalmi durch seine Strukturierung, aber auch durch umfangreiche in die Übersetzung integrierte Erklärungen bietet *J. Neusner* (siehe oben zu den Übersetzungen).

IV. Der babylonische Talmud

Allgem. Lit.: Ch. Albeck, Mavo 452–575; *N. Aminoah*, The redaction of the tractate Qiddushin in the Babylonian Talmud (h), TA 1977; *ders.*, The Redaction of the Tractate Betza, Rosh-Hashana and Ta'anith in the Babylonian Talmud (h), TA 1986; *N. Brüll*, Die Entstehungsgeschichte des babylonischen Talmuds als Schriftwerkes, Jb für jüd. Geschichte und Literatur 2 (1876) 1–123; *Y. Elman*, Orality and the Redaction of the Babylonian Talmud, Oral Tradition 14 (1999) 52–99; *J. N. Epstein*, IAL 9–270; *Abr. Goldberg*, The Babylonian Talmud, in *Safrai* I 323–345; *A. Goldberg*, Der Diskurs im babyl. Talmud. Anregungen für eine Diskursanalyse, FJB 11 (1983) 1–45 (= Studien II 263–296); *D. Goodblatt*, The Babylonian Talmud, ANRW II 19,2, B-NY 1979, 257–336 (Ndr. in: *J. Neusner*, Hg., The Study II 120–199, auch mit der Paginierung von ANRW, die hier verwendet wird); *D. Halivni*, Introduction to «Sources and Traditions». Studies in the Formation of the Talmud (h), J 2009; *L. Jacobs*, The Talmudic Argument. A study in Talmudic reasoning and methodology, C 1984; *ders.*, Structure and form in the Babylonian Talmud, C 1991; *R. Kalmin*, Sages, Stories, Authors, and Editors in Rabbinic Babylonia, A 1994; *ders.*, The formation and character of the Babylonian Talmud, CHJ IV 840–876; *J. Kaplan*, The Redaction of the Babylonian Talmud, NY 1933, Ndr. J 1973; *D. Kraemer*, The Mind of the Talmud. An Intellectual History of the Bavli, NY-O 1990 (dazu *Y. Elman*, JQR 84, 1993 f., 261–282); *J. N. Lightstone*, The Rhetoric of the Babylonian Talmud, Its Social Meaning and Context, Waterloo (Ontario) 1994; *E. Z. Melammed*, Introduction 319–397; *L. Moscovitz*, Talmudic Reasoning. From Casuistics to Conceptualization, Tüb. 2002; *J. Neusner*, Judaism: The Classical Statement. The Evidence of the Bavli, Chicago 1986; *ders.*, Invitation to the Talmud. A Teaching Book. Revised and Expanded Edition, Binghamton 2000; *ders.*, Hg., Formation; *ders.*, Language as Taxonomy. The Rules for Using Hebrew and Aramaic in the Babylonian Talmud, A 1990; *ders.*, The Rules of Composition of the Talmud of Babylonia, A 1991; *ders.*, The Bavli's One Voice. Types and Forms of Analytical Discourse and their Fixed Order of Appearance, A 1991; *ders.*, Decoding the Talmud's Exegetical Program, A 1992; *ders.*, The Bavli's Massive Miscellanies, A 1992; *ders.*, The Bavli's Unique Voice. A Systematic Comparison of the Talmud of Babylonia and the Talmud of the Land of Israel, 7 Bde., A 1993; *ders.*, The Initial Phases of the Babylonian Talmud, 4 Bde., A 1995; *ders.*, Introduction 182–220; *ders.*, Judaism 283–339; *ders.*, The Reader's Guide to the Talmud, L 2001; *ders.*, How the Talmud Works, L 2002 (beide Bände fassen je eine Reihe früherer Monographien zusammen); *ders.*, How the Bavli is Constructed, Lanham 2009; *Z. W. Rabinowitz*, Scha'are Torath Babel, J 1961; *R. Reichman*, Abduktives Denken und talmudische Argumentation. Eine rechtstheoretische Annäherung an eine zentrale Interpretationsfigur im babylonischen Talmud, Tüb. 2006; *D. Rosenthal*, 'Arikhot qedumot ha-meshuqa'ot ba-Talmud ha-Bavli, in: Talmudic Studies I 155–204; *ders.*, 'Al ha-qizur we-hashlamato. Pereq be'arikhat ha-Talmud ha-Bavli, Talmudic Studies III 791–863; *E. Segal*, Case Citation in the Babylonian Talmud. The Evidence of the Tractate

Neziqin, A 1990; *ders.*, Anthological Dimensions of the Babylonian Talmud, Prooftexts 17 (1997) 33–61; *J. Sussmann*, Babylonian Sugiyot to the Orders Zeraʿim and Tohorot (h), Diss. J 1969; *St. G. Wald*, EJ² XIX 470–481; *A. Weiss*, The Babylonian Talmud as a Literary Unit, Its Place of Origin, Development and Final Redaction (h), NY 1943; *ders.*, The Talmud in its Development (h), NY 1954; *ders.*, SLA.

1) Aufbau und Inhalt

Zu den Begriffen «Talmud» und «Gemara» siehe S. 184. Die Geonim, R. Nissim, Alfasi und andere bezeichnen bT einfach als *talmud dilan*, «unseren Talmud». *Talmuda de-Bavel* in bBM 85a meint nicht unseren bT, sondern einfach die in Babylonien in amoräischer Zeit traditionelle Lehre. *Talmud bavli* soll bT von pT abgrenzen, gewöhnlich jedoch genügt Talmud (oder Gemara) als Bezeichnung für bT, der im jüdischen Verständnis der Talmud schlechthin ist.

In einer allerdings nur sehr annähernden Weise lässt sich bT als die babylonische Kommentierung von M bezeichnen. Doch umfasst bT Gemara nur zu 36½ von 63 Traktaten von M: Keine Gemara gibt es zu Zeraʿim mit Ausnahme von Ber; in Moʿed fehlt Sheq (in MSS und Drucken durch pT ersetzt), in Neziqin Ed und Avot, in Qodashim Mid, Qin und Tam (ausgenommen Kapitel 1, 2, 4); in Toharot ist nur Nidda kommentiert.

Sind diese fehlenden Traktate in den babylonischen Schulen erörtert worden? Dies scheint u. a. aus dem Ausspruch Ravas (4. Jh.) hervorzugehen: «In den Tagen Rav Jehudas (bar Jechezqel) bestand das ganze Studium im (Seder) Neziqin; wir hingegen lernen die sechs Ordnungen ... wir lernen sogar (den Traktat) ʿUqzin in dreizehn Sitzungen» (bTaan 24a. b; bBer 20a dasselbe im Namen Papas, eines Schülers Ravas). Diskussionen zu Themen der M-Traktate ohne Gemara finden sich verstreut in den anderen Traktaten von bT. Ob der Ursprung solcher babyl. Aussagen jedoch in der Auslegung von Zeraʿim und Toharot selbst liegt (so *B. M. Bokser*, Samuel's Commentary on the Mishnah I, L 1975, 4 zu Zeraʿim) oder nicht (so *Sussmann*, Babylonian Sugiyot 316: Zeraʿim und Toharot wurden in den babyl. Schulen nicht für sich selbst studiert), ist nicht sicher.

Warum sind diese Traktate in bT ohne Gemara geblieben? Wenn man nicht mit Zufall oder äußeren Gründen rechnen will, bleibt die traditionelle Antwort, dass die Gesetze von Zeraʿim außer Ber sowie von Toharot außer Nid in der Praxis keine Bedeutung hatten: Die landwirtschaftlichen Gesetze waren zum Großteil an das Land Israel gebunden, die Reinheitsvorschriften allgemein nicht mehr durchführbar, da es keinen Tempelkult gab. Dasselbe würde zwar auch für Qodashim gelten, wozu es jedoch eine Gemara gibt: vielleicht deshalb, weil nach bMen 110a das Studium der

Opfervorschriften bzw. der Tora allgemein dem Opferdienst im Tempel gleichgestellt wird.

In den üblichen Druckausgaben umfasst bT (inklusive M zu den Traktaten ohne Gemara und mit den «außerkanonischen» und «kleinen» Traktaten) fast 2900 Blatt Folio und ist damit viel umfangreicher als pT. Das liegt am ausladenderen Stil von bT sowie seinem viel längeren Wachstum, v. a. jedoch auch daran, dass bT viel Material aufgenommen hat, das mit einem M-Kommentar nichts mehr zu tun hat (was in kleinerem Umfang natürlich auch für pT gilt). V. a. hat bT zahlreiche und umfangreiche *Midraschim* integriert, während diese in Palästina einer eigenen Literaturgattung vorbehalten bleiben (wenn man von kleinsten midraschischen Einheiten in pT absieht). Ganz allgemein ist die Haggada in bT viel umfangreicher als in pT (2/3 von bT gegenüber 1/6 von pT). So enthält bT z. B. in Ber 55a–57b ein «Traumbuch» (vgl. yMSh 4,9,55b–c), in BB 73a–75b einen Traktat über Wunder und Visionen in Art einer Apokalypse, in Suk 27b–28a Beispielerzählungen über das Verhalten der Rabbinen in den Lehrhäusern, in Git 55b–58a Erzählungen aus der Zeit der beiden großen Aufstände gegen Rom (vgl. EkhR). An Midraschim seien z. B. Meg 10b–17a zu Ester (vgl. EstR) und Sot 11a–13a zu Ex (vgl. ShemR) genannt.

BT weist insgesamt enzyklopädischen Charakter auf. Alles, was in den rabb. Schulen gelehrt wurde und für erhaltenswert galt, wurde aufgenommen: vielerlei Legenden (etwa über Totenerscheinungen), Anekdoten über die Rabbinen, historische Erinnerungen, Wissensstoff aus Medizin, Biologie, Mathematik, Astronomie, Astrologie usw. So ist bT weniger ein thematisch geschlossenes Buch als vielmehr eine im Aufbau an M orientierte Nationalbibliothek des babylonischen Judentums.

2) Die Entstehung: die Tradition

Die traditionelle Entstehungsgeschichte von bT beruht im Wesentlichen auf zwei Talmudzitaten: bBB 157b spricht von zwei *mahadurot* des Rav Aschi, was nicht nur «Ausgabe», sondern auch «Revision, Fassung» der dort diskutierten Lehre bedeuten kann. bBM 86a nennt «Rabbi und R. Natan das Ende der *mishna*, Rav Aschi und Ravina das Ende der *horaʾa*». Wie *horaʾa* genauer zu interpretieren ist, steht nicht fest. Am ehesten ist es, parallel zu *mishna*, als eine bestimmte Form der Lehre und autoritativen Entscheidung der Halakha aufzufassen, die auf die Zeit der Amoräer beschränkt wird. So versteht es STA 8, wonach die *horaʾa* von Rav bis Rav Aschi und Ravina währt und 204 bzw. nach einer anderen Lesart 280 Jahre dauert. Die beiden Zahlenangaben erklären sich durch die Unsicherheit, ob Ravina I., ein Zeitgenosse des nach STA 424 verstorbenen Aschi, oder der 499 verstorbene (STA 6) Ravina II. gemeint ist. Die erste Möglichkeit würde eher dem Wortlaut von bBM 86a entsprechen (ein gewisser Zeitpunkt für das Ende der *hora'a*, anstatt dieses fast ein Jahrhundert währen zu lassen). Doch wurde die zweite Möglichkeit in gaonäischer Zeit allgemein übernommen: so schon von STA 6, wonach mit dem Tod Ravinas II. der Talmud «verschlossen» (*nistam*) bzw. «versiegelt» wurde (*neḥetam*, so eine andere Lesart).

Am einflussreichsten wurde die Version von ISG, die neben diesen Talmudstellen v. a. Schultraditionen von Pumbedita verwertet: «Und Rav Aschi leitete sein Lehrhaus nahezu sechzig Jahre lang. Daher lesen wir im Kapitel *mi she-met* (hier bBB 157b) von der ersten *mahadura* von Rav Aschi und von der letzten *mahadura* von Rav Aschi. Denn so haben die Rabbanan festgelegt: in jeder Kalla zwei *metivata*, seien sie nun kurz oder lang, zu lehren. Und so wiederholte (bzw. revidierte) er seine Lehre (*talmudeh*) in 30 Jahren. Und da Rav Aschi nahezu 60 Jahre lang vorsaß, hatte er zwei *mahadure*. Und er starb im Jahr 424» (span. Rezension: 427; ISG 93 f.). «Und am Mittwoch, dem 13. Kislew des Jahres 499 starb Ravina, der Sohn des Rav Huna, welcher das Ende der *hora'a* ist» (ISG 95). «Und nach ihm saß Rav Assi vor, und in seinen Tagen war das Ende der *hora'a*, und der Talmud wurde verschlossen» (*'istetem talmuda*; Goodblatt 309 erwägt auch die Übersetzungsmöglichkeit «wurde der Talmud anonym gemacht», insofern als nachher die Urheber von Aussagen und Texten nicht mehr genannt werden) (ISG 97). Die Nennung von Rav Assi (span. Rezension: Jose) als *sof hora'a* ist übrigens durch den Talmudtext nicht gestützt! Anschließend streift Scherira nur kurz die Zeit der Savoräer, von denen innerhalb weniger Jahre die meisten starben, wie er gestützt auf gaonäische Chroniken feststellt (ISG 97 f.). Erst die gaonäische Zeit behandelt er wieder ausführlicher.

ISG nennt nirgends ausdrücklich Rav Aschi als den Herausgeber des bT; auch muss *talmud* in seinem Text nicht unbedingt bT bedeuten, sondern kann auch einfach die talmudische Lehre sein. Doch versteht ISG die beiden Talmudstellen offenbar aus der Sicht der gaonäischen Zeit und ihrer Institutionen als Aussagen über den Abschluss der talmudischen Lehre (sei es nun allgemein oder in Form des redigierten bT); die zwei *mahadurot* sind demnach eine zweimalige Totalrevision dieser Lehre in den Kalla-Monaten der 60-jährigen Amtszeit Rav Aschis (bzw. nach der spanischen Rezension in den Semestern dieser Lehrjahre).

Die mittelalterliche Tradition ist völlig von ISG abhängig. Sie baut ihre Angaben weiter aus und konkretisiert sie (nun ist eindeutig bT gemeint). So z. B. Raschi in seinen Kommentaren zu bBM 86a und bBB 157b; ebenso Abraham Ibn Daud: Rav Aschi «begann den Talmud niederzuschreiben» (Sefer ha-Qabbala, ed. *Cohen* 27); Rav Jose ist der Anfang der Savoräer, und im 24. Jahr seines Vorsitzes (d. h. im Jahr 500) wurde der Talmud versiegelt: «Seine Niederschrift begann unter Rav Aschi, und 73 Jahre nach seinem Tode wurde er versiegelt» (ibid. 33).

Diese Thesen sind bis in die Gegenwart immer wieder übernommen worden und prägen noch immer das klassische Bild: Demnach hat Aschi zweimal den gesamten Talmud bearbeitet; einige Jahrzehnte später erfolgten dessen endgültiger Abschluss und die Niederschrift. Fraglich bleibt dabei nur, welche Rolle man den Savoräern zuteilt. Auch wer ihnen nicht nur die üblicherweise angenommene fast nur stilistische Revision, sondern auch längere Textstücke zuschreibt, lässt gewöhnlich bT in Übereinstimmung mit den großen Autoritäten *Epstein* und *Albeck* um die Mitte des 6. Jhs. endgültig vollendet sein. Eine große Rolle in allen Rekonstruktionen spielt auch die von Scherira für das Ende der Perserzeit erwähnte Verfolgungszeit (ISG 99), die gewöhnlich als Motiv für die bT-Redaktion schon durch Aschi gilt (dieser hätte dann in Vorahnung kommender Verfolgung gearbeitet) oder zumindest die Niederschrift des bT nach so langer mündlicher Überlieferung begründet.

Die traditionelle These ist aus mehreren Gründen problematisch. Nicht nur sind die beiden bT-Texte als Basis dafür zu schmal, außerdem nicht eindeutig und historisch nicht von vornherein gesichert. Die Auslegung durch Scherira setzt außerdem in bBB 157b ein Akademiesystem und v. a. auch die Institution der Kalla-Monate in einer Weise voraus, wie sie erst in gaonäischer Zeit voll nachweisbar ist. Schließlich ergibt die Analyse von bT selbst, dass Rav Aschi zwar viel Material beigetragen hat, aber gegenüber anderen Meistern seiner Zeit und nach ihm in keiner Weise so herausragt, dass man ihn als den Redaktor der Erstfassung von bT bezeichnen könnte. Sicher ist mit den Namen von Aschi und Ravina ein Zeitraum angegeben, der für die Redaktion von bT entscheidend war. Näheres kann aber nur eine Untersuchung von bT selbst ergeben.

3) Die Redaktion

a) Keine einheitliche Redaktion

J. Neusner betont die seiner Meinung nach völlig einheitliche Redaktion von bT: «The facts before us do not indicate a haphazard, episodic, sedimentary process of agglutination and conglomeration»; vielmehr sei bT «a well-considered and orderly composition, planned from beginning to end and following an outline that is definitive throughout» (The Rules 190); «the single, cogent and rhetorically consistent discourse before us ... The whole shows a plan and program ... the creation of single minded geniuses of applied logic and sustained analytical enquiry» (The Bavli's One Voice 460 f.). In einem vielleicht ein halbes Jahrhundert währenden Prozess sei der Großteil der Materialien von bT gestaltet worden, die dann um Abschnitte der Mischna gruppiert und zu dem uns vorliegenden Werk redigiert wurden (ibid. 464). Zu Recht lehnt *Neusner* die traditionelle

Vorstellung eines «sedimentären» Wachstums von bT zugunsten der Annahme einer geplanten Redaktion ab, die nach bestimmten Kriterien vorging. In dieser Gesamtschau gehen jedoch die vielen Details unter, die auf eine bewegtere Entstehungsgeschichte verweisen und auch nicht von der Redaktion im Sinn der Einheitlichkeit des Werkes geglättet wurden. Wie *J. N. Epstein* (IAL 12; ihm folgt *Melammed*, Introduction 462 f.) betont, zeigen Unterschiede, Widersprüche und Verdoppelungen innerhalb von bT, ja auch innerhalb einzelner seiner Traktate ebenso wie sprachliche und stilistische Unterschiede und die Nennung verschiedener Amoräer in verschiedenen Traktaten und ihren Abschnitten, dass bT kein Werk aus einem Guss ist, sondern viele Quellen verarbeitet, Schichten aus verschiedenen Zeiten und Generationen, von verschiedenen Verfassern, Redaktoren und Schulen vereint: «*Jeder einzelne Traktat ist ein Buch für sich*» (IAL 12). So ist es sicher nicht nur dem Umstand zuzuschreiben, dass *Epstein* seine Einleitung nicht selbst vollenden konnte, sondern logische Konsequenz, wenn er in IAL nicht eine Einleitung in «den» bT bietet, sondern Einleitungen zu (neun) Traktaten des bT.

Fünf Traktate – Ned, Naz, Meil, Ker, Tam – heben sich vom Rest des bT durch eine Reihe sprachlicher und grammatischer Eigenheiten ab, wie schon die Tosafisten beobachtet haben (*Urbach*, The Tosafists 727 f.). Zu diesen «*außergewöhnlichen Traktaten*» gehören auch jene Teile von Tem, die durch den Ausdruck *lishana ʾaḥarina* gekennzeichnet sind. Diese Traktate unterscheiden sich durch Wortschatz, grammatische Eigenheiten (andere Possessivsuffixe, Demonstrativ- und Personalpronomina) und eine abweichende Terminologie: Statt *teiqu*, eine Sache bleibt «unentschieden» (dazu *L. Jacobs*, Teyku. The unsolved problem in the Babylonian Talmud. A study in literary analysis and form of the Talmudic Argument, Lo-NY 1981), heißt es z. B. *tibaʿe*; das sonst übliche *ḥasore meḥasra*, die Deutung durch Annahme einer Auslassung im M-Text, fehlt, wo man es erwarten würde. Diese und andere ursprünglich noch viel ausgeprägtere sprachliche Unterschiede sind z. T. durch Abschreiber und Drucker an den üblichen Stil von bT angepasst worden (dazu *Epstein*, A Grammar of Babylonian Aramaic, h, J 1960, 14–16, und IAL 54. 72–74; *Melammed*, Introduction 464–470).

Raschi bezeichnet (z. B. bTem 6b) die *lishana ʾaḥarina* als *lashon yerushalmi*. Ihm folgt *I. Halevy* (Dorot III 48–50), der annimmt, dass hier und in den anderen außergewöhnlichen Traktaten tatsächlich palästinischer Sprachgebrauch vorliegt. Gestützt auf ein gaonäisches Zeugnis, dass Ned seit Jehudai Gaon in den babylonischen Jeschivot nicht studiert wurde (dazu *B. M. Lewin*, Otzar ha-Gaonim XI, J 1942, 5–12: nur von Ned ausdrücklich bezeugt, von den anderen Traktaten könnte man es aufgrund gaonäischer Listen von Traktaten annehmen), vermutet er, dass diese Massekhtot in den babylonischen Jeschivot unter den Geonim nicht gelehrt wurden, wohl aber in Palästina, wo man auch die Abschriften dieser

Traktate angefertigt habe. Das soll dann auch den sprachlichen Stil beeinflusst haben.
Dagegen wendet sich v. a. *Z. W. Rabinowitz* (Schaʿare Torath Babel 299–310): Noch im 11. Jh. studierte man in Palästina pT und nicht bT. Die sachlichen Unterschiede dieser Traktate gegenüber dem Rest von bT haben in pT keine Parallelen; die sprachlichen Eigenheiten lassen sich nicht auf Palästina zurückführen, sondern beruhen auf Dialektunterschieden im babylonischen Aramäisch. Der Großteil des bT wurde in Sura redigiert, wo Rav Aschi wirkte; die sprachlich abweichenden Traktate hingegen weisen den Dialekt von Pumbedita und Nehardea auf, der dem paläst. Aramäisch nahesteht. Sie wurden in Pumbedita redigiert (so schon *I. Lewy* in seinem Kommentar zu yNeziqin p. 74); das lege auch die Ähnlichkeit der Sprache mit jener der Geonim nahe, die ja zum Großteil aus Pumbedita stammen (doch verwenden auch die Schriften der Geonim aus Sura dieselbe Sprache! De Vries, Meḥqarim 231).

Andere versuchen die Eigenart dieser Traktate weniger durch einen anderen Ort der Redaktion als vielmehr zeitlich zu begründen. *A. Weiss* (MGWJ 73, 186–189; 83, 261–276; The Bab. Talmud as a Literary Unit 46–128) und ähnlich auch *B. De Vries* (Meḥqarim 223–238) sehen die außergewöhnlichen Traktate als älter an. *A. Weiss*, der die Unterschiede zu den anderen Traktaten herunterspielt, meint, ganz bT sei zuerst in Pumbedita redigiert worden und erst dann in die anderen Schulen gekommen; dort erfuhren die regelmäßig studierten Traktate sprachliche Anpassungen; die vernachlässigten 5½ Traktate hingegen behielten ihre sprachlich urtümliche Form. *De Vries*, der auch sachlich die 5½ Traktate für urtümlicher hält, nimmt insbesondere für Meʿila (Meḥqarim 237 f.) eine Redaktion im Lehrhaus des Rav Papa an, betont jedoch gleich *Weiss* die ältere Sprachgestalt dieser Traktate gegenüber den anderen, die in gaonäischer Zeit regelmäßig studiert und entsprechend adaptiert wurden.

J. N. Epstein hingegen vertritt die Meinung, dass die 5½ Traktate später als der Rest des bT sind. Seiner Ansicht nach enthalten sie Zitate aus dem übrigen bT (*De Vries* tut diese Stellen als spätere Zufügungen ab: Das würde jedoch wohl im Gegensatz zu seiner sonstigen Annahme das Studium dieser Traktate in gaon. Zeit voraussetzen!); v. a. jedoch ist ihre Sprache dem gaonäischen Aramäisch schon so nahe, dass sich eine frühere Datierung verbietet (IAL 54–71. 72–83. 131–144).

Eine eindeutige Lösung ist derzeit nicht in Sicht. Eine Erklärung der Unterschiede durch verschiedene Orte der Redaktion ist denkbar, doch mit unseren gegenwärtigen Kenntnissen nicht zu beweisen; ebenso weiß man zu wenig von sprachgeschichtlichen Entwicklungen, um begründet für Früh- oder Spätdatierung dieser Traktate eintreten zu können. Vielleicht kommt man über den Sonderfall von Tem, wo oft sachlich dasselbe in zwei sprachlich verschiedenen Fassungen kommt, eine davon als *lishana ʾaḥarina* gekennzeichnet, einer Lösung näher. Rabinowitz begründete dies mit einer doppelten Redaktion dieses Traktats, einer in Sura und einer in Pumbedita; später seien dann beide Fassungen miteinander vereint worden. E. S. Rosenthal (The Rendrings of TB Tractate Temura, h, Tarbiz 58, 1988 f., 317–356) hat durch eine Analyse der Textüberlieferung des Traktates gezeigt, dass es sehr wohl zwei Rezensionen gegeben hat. Die übliche Fassung ist durch die vier vollständigen MSS des Traktats belegt; die andere (lishana ʾaḥarina) ist in Auszügen in MS Florenz aufgenommen (weitere Zitate bringt Beẓalel Aschkenazi), doch durch ein Fragment aus der Geniza (Cambridge) und eines aus Modena auch selbstständig belegt. Die Frage nach Textrezensionen und ihrer Nachgeschichte wird auch für andere Traktate des bT die Forschung künftig wohl stärker bestimmen.

b) Quellen

1. Mischna

Lit.: Siehe die S. 157 genannten Titel von *M. Schachter* und *S. Zeitlin; B. M. Bokser,* Samuel's Commentary on the Mishnah. Its Nature, Forms, and Content. Part One: Mishnayot in the Order of Zeraʿim, L 1975; *ders.,* Post Mishnaic Judaism in Transition. Samuel on Berakhot and the Beginnings of Gemara, Chico 1980; *J. Florsheim,* Rav Hisda as Exegetor of Tannaitic Sources (h), Tarbiz 41 (1971 f.) 24–48; *J. Fraenkel,* Ha Gufa Qashya. Internal Contradictions in Talmudic Literature (h), Tarbiz 42 (1972 f.) 266–301; *Abr. Goldberg,* The Use of the Tosefta and the Baraitha of the School of Samuel by the Babylonian Amora Rava for the Interpretation of the Mishna (h), Tarbiz 40 (1970 f.) 144–157; *M. Zucker,* Ha-«ḥasore meḥasra» ba-Talmud, FS A. Schwarz, W 1926, 47–53.

Selbstverständlich ist auch für bT M die Basis. Schon die MSS, ebenso dann auch die Drucke von bT überliefern daher einen vollständigen M-Text. Dieser ist, wie schon betont, kein einheitlicher Grundtext; auch weicht, wie bei pT, gelegentlich der in der Diskussion vorausgesetzte M-Text von jenem am Anfang der Gemara ab (dazu ITM 166 ff.). Insofern M palästinische Verhältnisse voraussetzt, steht natürlich die Exegese von M in Babylonien unter anderen Bedingungen als in Palästina. Mit der Anerkennung von M als Codex geltenden religiösen Rechts wohl noch im 3. Jh. sieht sich die babylonische Exegese von M gezwungen, M mit der zuweilen von ihr abweichenden babyl. Halakha in Einklang zu bringen. Dies erfordert eine viel größere Freizügigkeit im Umgang mit M als in Palästina üblich.

In Babylonien ist v. a. der Hinweis auf die elliptische Ausdrucksweise von M mit der Formel *ḥasore meḥasra* beliebt, weshalb man entsprechend zu ergänzen habe. Manchmal geschieht dies zu Recht, manchmal aber auch ohne entsprechende Stütze im Text (dazu *M. Zucker; Epstein,* ITM 595–672). Ebenso spezifisch für bT ist die Formel *ha gufa qashya,* «das enthält in sich eine Schwierigkeit», um auf Widersprüche zwischen zwei Teilen einer M hinzuweisen. Auch hier sind z. T. wirkliche innere Widersprüche gesehen, zum Großteil jedoch in den Text hineingelesen worden, um eine bestimmte Auslegung zu erzielen (dazu *J. Fraenkel*). Wie *J. Florsheim* zu Rav Chisda betont: «Das Hauptziel der Auslegung ist die Erneuerung der Halakha. D. h., das Wesen der Auslegung ist es, die Quelle mit der nach dem System Rav Chisda's entschiedenen Halakha übereinstimmen zu lassen, und nicht, das System Rav Chisdas mit der Quelle in Übereinstimmung zu bringen. D. h. nicht, dass Rav Chisda nicht die Auslegung der Quellen nach dem Wortsinn kannte; doch war diese nicht sein Hauptziel ... Dieses System ist nicht Rav Chisda eigen, sondern für den Talmud in seiner Gänze typisch» (Tarbiz 41, p. 48).

2. Baraitot

Lit.: Zum Begriff und allgemein S. 196; Albeck, Mavo 44–50; *Bacher*, TT 222–234; *S. Friedman*, Ha-baraitot ba-talmud ha-bavli we-yaḥasan le-maqbilotehen sheba-Tosefta, in FS Dimitrovsky 163–201; *ders.*, Towards a Characterization of Babylonian Baraitot: «ben Tema» and «ben Dortai» (h), in: Netiʿot Le-David. Jubilee Volume for D. Weiss Halivni, ed. *Y. Elman, E. B. Halivni, Z. A. Steinfeld*, J 2004, 195–274 (Baraita in bPes 70b eine bab. Schöpfung); *S. Goldsmith*, The Role of the Tanya Nami Hakhi Baraita, HUCA 73 (2002), 133–156; *Goodblatt* 286–288; *J. Hauptman*, Development of the Talmudic Sugya by Amoraic and Post-Amoraic Amplification of a Tannaitic Proto-Sugya, HUCA 58 (1987) 227–250; *dies.*, Development of the Talmudic Sugya: Relationship between Tannaitic and Amoraic Sources, Lanham 1988; *L. Jacobs*, Are there fictitious baraitot in the Babylonian Talmud?, HUCA 42 (1971) 185–196; *Melammed*, Introduction 258–270 = Zusammenfassung von: *ders.*, Halachic Midrashim of the Tannaim in the Talmud Babli (h), J ²1988; *ders.*, Introduction 392–394. 407–412; *A. Weiss*, SLA 167–171.

Die Frage, ob und wieweit bT bzw. einzelne seiner Meister T und die halakhischen Midraschim gekannt haben, ist nicht mit Sicherheit zu beantworten (vgl. zu T S. 174f., zu den Midraschim S. 276). Die Möglichkeit, dass die Parallelen zwischen bT und diesen Werken auf nur ähnliche Sammlungen zurückgehen, ist nicht auszuschließen. Andererseits lassen auch die Abweichungen im Wortlaut bei diesen Parallelen nicht unbedingt auf andere Vorlagen schließen, sondern können ebenso im Lauf der Textüberlieferung bzw. durch bloß sinngemäße Zitation entstanden sein. Für die Analyse von bT selbst ist diese Frage auch nicht so bedeutend: «Whether or not the Babylonian Amoraim knew the extant Tannaitic collections, they obviously had at their disposal compilations of Tannaitic sources. Some of these compilations bore the same name as the extant collections; others bore different names» (*Goodblatt* 287).

Keine besonderen Probleme stellen die Baraitot, welche bT mit pT gemeinsam hat; denn hier ist die palästinische und wohl auch tannaitische Herkunft des Materials (nicht unbedingt der Formulierung) i. A. gesichert. Anders hingegen steht es mit jenen als Baraita eingeführten Texten des bT, die sich nur in bT befinden. Dies gilt besonders dann, wenn eine Parallele in pT existiert, jedoch nicht als Baraita (etwa in einer Erzählung über R. Eliezer ben Hyrkan bBM 59b: vgl. yMQ 3,1,81c). Ebenso fragwürdig sind jene Baraitot, die gleich daneben oder an anderer Stelle als Aussprüche von Amoräern zitiert werden, vielfach mit der Formel *tanya nami hakhi* eingeleitet. Nach verbreiteter Auffassung sind diese Baraitot erst sehr spät in den Text eingebaut worden (so auch *S. Goldsmith*); *J. Hauptman* versucht dagegen nachzuweisen, dass sie zur frühesten Schicht der M-Kommentierung gehören; später seien oft amoräische Aussagen davorgestellt worden, an die die Textüberlieferung gern die Baraitot anglich. Wortgetreue Überlieferung ist so auch nach dieser These selbst bei Baraitot halakhischen Inhalts nicht unbedingt zu erwarten; erzählende Baraitot sind noch problematischer. Was schließlich die Aussagen von Tannaim aus amoräischer Zeit betrifft, sind die Amoräer selbst nicht bereit, diese als Autorität gleich einer echten Baraita anzunehmen.

Wie problematisch manche Baraitot sind, haben schon die Geonim gesehen (vgl. das Responsum des Rav Hai Gaon zu bPes 105a in *B. M. Lewin*, Otzar ha-Gaonim III, J 1930, 104, worauf schon *I. H. Weiss*, Dor III 195 f., aufmerksam macht). *A. Weiss* (The Talmud in its Development 35–63) hat zwar versucht, die parallele Bezeugung von Aussprüchen als Baraitot und amoräische Aussagen damit zu erklären, dass in amoräischer Zeit viele Baraitot schon Allgemeingut waren und eben nicht ausdrücklich als solche zitiert wurden. Das mag zwar im Einzelfall richtig sein, kann jedoch nicht sämtliche Beispiele erklären, wie *L. Jacobs* hervorhebt: Zumindest manche Baraitot sind jedenfalls in bT als fiktiv anzusehen.

3. Midraschim

Neben dem Tannaiten zugeschriebenen midraschischen Material in bT finden sich dort auch zahlreiche Midraschim aus amoräischer Zeit. Z. T. ist dieser Midraschstoff sicher in der Auslegung von M entstanden, wenn etwa Bibelstellen die Halakha von M oder auch amoräische Entscheidungen stützen sollen. Diese meist nur kurzen Stücke können wohl nicht als Quellen von bT im eigentlichen Sinn angesehen werden, ebenso wenig wie die vielen Stellen, in denen haggadische Schriftauslegung – gewöhnlich ganz nach den Prinzipien, die schon in tannaitischer Zeit üblich waren – kurz und mehr nebenbei aufscheint (*Melammed*, Introduction 296–311. 384–391). Doch gibt es in bT auch größere und zusammenhängende Midraschim, deren Sitz im Leben nicht die M-Exegese ist, sondern die als eigene Disziplin gepflegte Bibelauslegung in Schule oder Synagogenpredigt Palästinas oder Babyloniens (Beispiele S. 213; allegorische Auslegung von Joel 2,20 auf den bösen Trieb in bSuk 52a; halakh. Deutung von Lev 23,42 f. in bSuk 6b, die allerdings auch direkt aus der M-Auslegung stammen könnte, usw.; siehe *A. Weiss*, SLA 256-259. 276-292). In diesen Fällen sind mündlich oder meist wohl eher schriftlich ausformulierte Traditionseinheiten anzunehmen, die den Redaktoren von bT als fertige Texte vorlagen und in den Rahmen des M-Kommentars eingebaut wurden. So manches Material in diesen Midraschim ist zwar aus palästinischer Tradition übernommen (im Einzelfall ist aber auch mit späterer Erweiterung des bT aus paläst. Quellen zu rechnen, wie *Abr. Goldberg* in *Safrai* I 336 mit Verweis auf MS Vat. 134 und Sʾridei Bavli bemerkt); die größeren Einheiten sind jedoch in Babylonien erarbeitet und von babylonischen Interessen geprägt (siehe *D. Börner-Klein*, Eine babylonische Auslegung der Ester-Geschichte, F 1991; *D. Kraemer*, Scripture Commentary in the Babylonian Talmud: Primary or Secondary Phenomenon, AJSR 14, 1989, 1-15; *E. Segal*, The Babylonian Esther Midrash. A Critical Commentary, 3 Bde., A 1994; *G. Stemberger*, Midrasch in Babylonien. Am Beispiel von Sota 9b-14a, Henoch 10, 1988, 183-203).

In diesem Zusammenhang sind auch die Targumim zu nennen, die den babyl. Amoräern ebenfalls, wenn auch nicht unbedingt in der uns heute bekannten, so doch in einer relativ gefestigten Form als Quelle zur Verfügung standen. Für die Auswertung von Parallelen zwischen Targum und bT ist jedoch zu beachten, dass viele davon erst sekundär aus bT in den Targum (besonders Pseudo-Jonatan) gekommen sind.

4. Palästinische Quellen aus amoräischer Zeit

Lit.: *N. Aminoah*, Qitʿe Talmud mi-siddur qadum be-massekhet Rosh Ha-Shana, FS E. Z. Melammed, Ramat Gan 1982, 185-197; *Bacher*, TT 506-523; *Z. M. Dor*, Teachings; *Epstein*, IAL 290-312; *Abr. Goldberg*, Palestinian Law in Babylonian Tradition, as Revealed in a Study of Pereq ʿArvei Pesaḥim (h), Tarbiz 33 (1963 f.) 337-348; *A. M. Gray*, A Talmud in Exile: The Influence of Yerushalmi Avodah Zarah on the Formation of Bavli Avodah Zarah, Providence, R. I. 2005; *P. Hayman*, From Tiberias to Meḥoza: redactorial and editorial processes in amoraic Babylonia, JQR 93 (2002 f.) 117-148; *M. S. Jaffee*, The Babylonian Appropriation of the Talmud Yerushalmi: Redactional Studies in the Horayot Tractates, in: *A. J. Avery-Peck*, Hg., New Perspectives on Ancient Judaism IV, Lanham 1989, 3-27; *Melammed*, Introduction 442-451; *Z. Safrai - A. M. Maeir*, Ata igarta memaʿarba («An Epistle Came from the West»): Historical and Archaeological Evidence for the Ties between the Jewish Communities in the Land of Israel and Babylonia during the Talmudic Period, JQR 93 (2002 f.) 497-531; *J. Schwartz*, Southern Judaea and Babylonia, JQR 72 (1981 f.) 188-197; *A. Weiss*, SLA 264 ff.

Früher hat man vielfach angenommen, dass bT pT gekannt und als Quelle benutzt hat. Alfasi (Sefer ha-Halakhot, Ende von Er: ed. *N. Sacks*, J 1969, I 198), wohl auf Rav Paltoi Gaon gestützt (so *Ginzberg*, Mavo 85), lehnt es ab, eine Entscheidung auf pT gegen bT zu stützen, da schon die Verfasser von bT pT geprüft und in vielen Punkten verworfen hätten. *M. S. Jaffee* glaubt in einem Vergleich von ybHor «suggestive evidence» zu finden, «that the Yerushalmi, in more or less its extant form, shapes the Babylonians' conception of their own task and, moreover, supplies the dominant exegetical themes appropriated by them for amplification or revision» (S. 7); pT biete die strukturelle Vorgabe des M-Kommentars in bT. Dagegen meint J. Neusner, dass pT und bT zwar ein gemeinsames Programm verfolgen; doch «the rhetoric and literary program of the Bavli owed remarkably little to those of its predecessor» (Judaism: The Classical Statement 75).

Die relative Nähe eines einzelnen Traktats von bT zu pT erlaubt allerdings kein Gesamturteil darüber, in welcher Form die Redaktoren von bT pT gekannt haben. Gewöhnlich schließt man aus einem Detailvergleich von pT mit bT, dass bT nicht unseren pT verwendet hat (dazu *Epstein*, IAL 290–292); vielmehr ist mit der Verbreitung palästinischen Materials – ungeformter Traditionen ebenso wie ganzer Sugiot, wenn auch noch nicht in der endgültigen Form, in der sie uns in pT begegnen – in Babylonien zu rechnen. Das erklärt die unleugbaren Parallelen zwischen den beiden Talmudim und zugleich ihre Abweichungen und Widersprüche in Tradentennamen, Halakha usw., ebenso auch die Tatsache, dass viele Aussprüche babyl. Amoräer nur in pT enthalten sind (Liste in *Bacher*, TT 311–317. 477–505) und dass Sprüche paläst. Amoräer in bT stark von ihrer Wiedergabe in pT abweichen.

Hauptverantwortlich für die Verbreitung paläst. Überlieferungen in Babylonien sind babylonische Lehrer, die eine Zeit lang in Palästina studiert haben (z. B. Rav), sowie die *naḥote* (vgl. S. 199). Auf solche Anleihen in der palästinischen Tradition verweist bT selbst immer wieder mit Formeln wie «im Westen sagen sie» (z. B. bSot 18b), «als N. N. kam» (z. B. bShab 45b) oder «N. N. sandte» (z. B. bGit 66a), um damit persönliche oder briefliche Überbringung von Traditionen auszusagen. Einzelne Rabbinen sind auch an solchen palästinischen Traditionen besonders interessiert und bemühen sich um ihre Auslegung und Verwertung: so v. a. Rava und sein Schüler Papa, die sich intensiv mit der Lehre Jochanans auseinandergesetzt haben (dazu *Z. M. Dor*).

Der palästinische Einfluss reicht von der bloßen Übernahme halakhischer Entscheidungen und Bräuche (dazu *Goldberg*) bis zur Übertragung ganzer Sugiot, die in Babylonien natürlich noch entsprechend bearbeitet wurden (*Dor* passim; *Epstein*, IAL; *Melammed*, Introduction; *S. Friedman*, A Critical Study of Yevamot X with a Methodological Introduction [h], Texts and Studies. Analecta Judaica, Hg. *H. Z. Dimitrovsky*, NY 1977, 275–441, v. a. 283–321). Auch kleine Traktate, wie etwa das Traumbuch von bBer 55a–57b, stammen aus palästinischen Quellen (yMSh 4,9,55b und EkhR zu 1,1), auch wenn sie in Babylonien entsprechend ausgebaut und erweitert worden sind (dazu *P. S. Alexander*, Bavli Berakhot 55a–57b: The Talmudic Dreambook in Context, JJS 46, 1995, 230–248).

c) Die redaktionelle Verarbeitung der Tradition

Manche Autoren bezweifeln, ob es je eine Endredaktion von bT im eigentlichen Sinn gegeben hat; sie rechnen eher mit Schicht für Schicht entstandenen lokalen Talmuden (*A. Weiss*, The Bab. Talmud as a Literary Unit 256) und einem – sicher von bestimmten großen Meistern maßgeblich beeinflussten – organischen Wachstum des babylonischen Traditionsmaterials, das schließlich aus bestimmten Gründen (Interessensverlagerung) aufgehört hat (so z. B. *A. Weiss*, SLA 117 f). Das würde sich mit ISG decken, der zufolge der Talmud von Generation zu Generation erweitert wurde.

Aber auch wenn man mit *J. Neusner* (siehe S. 215 f.) gegen die Vorstellung eines sedimentären Wachstums von bT, wie er sie besonders *D. W. Halivni* vorwirft, die Rolle der Endredaktion in den Mittelpunkt stellt, in bT «not patchwork quilts, but woven fabric» sieht (The Bavli's One Voice 461), bleibt die Frage nach den Vorstufen von bT relevant. Wie stark auch immer der gestaltende Eingriff der eigentlichen Redaktoren in der Endphase von bT war, muss es doch Vorstufen von bT gegeben haben, die über die zuvor skizzierten Quellen hinausgingen und sich um eine durchgehende M-Auslegung bemühten. Ob dabei auch schon nicht an M orientierte Textblöcke (v. a. Midraschim oder kleine thematische Traktate) integriert wurden oder deren Aufnahme eine Entscheidung der eigentlichen Redaktoren von bT war, mag dabei offenbleiben. Jedenfalls hat nicht erst Rav Aschi im 5. Jh. oder sonst ein Redaktor bT aus verschiedenen Quellen zusammengearbeitet. Vielmehr ist mit einer langen Entwicklung des bT und vielfältigen Vorformen zu rechnen, in denen die genannten Quellen schon in jeweils verschiedenem Ausmaß zur Verfügung standen und verwertet wurden. Überspitzt formuliert: Jeder große Meister der amoräischen Zeit hat «seinen» Talmud gelehrt, sei dieser nun umfassend oder auf einzelne Traktate oder Themen spezialisiert gewesen (wie dies z. B. *Bokser* für Samuel gezeigt hat; vgl. auch *D. Rosenthal*, Pirqa de Abbaye [TB Rosh Ha'Shana II], h, Tarbiz 46, 1976 f., 97–109, der die Gemara zu RH 2 mit Ausnahme weniger Zusätze Abaje und seiner Schule in Pumbedita zuschreibt; auch die Sammlung von Sprüchen einzelner Meister ist gelegentlich als Quelle in bT eingegangen, z. B. bBQ 11a–b, wo 7-mal Ulla im Namen des R. Eleazar spricht; dazu *A. Weiss*, SLA 221–225).

Dass solche verschiedenen Quellen der babylonischen Gemara bT zugrunde liegen (dazu v. a. *Albeck*, Mavo 557–575; weitere Lit. bei *Goodblatt* 289–293), geht v. a. aus den Parallelperikopen hervor. Wo diese an verschiedenen Stellen (fast) identisch überliefert werden, könnte man sie auf redaktionelle Entscheidung zurückführen. Doch manche dieser Parallelversionen weichen stark voneinander ab, schreiben denselben Ausspruch verschiedenen Meistern zu bzw. widersprüchliche Aussagen einem selben Meister. Diese Sugiot verweisen ebenso auf verschiedene Quellen wie jene

Stellen, an denen einmal dieselbe Aussage eines Rabbi übernommen und dann wieder völlig abgelehnt wird oder die aus einer Gemara zitieren, die nicht unserem bT entspricht (oft mit der Formel *we-hawenan ba:* dazu *De Vries*, Meḥqarim 200-214). Ein weiteres Anzeichen verschiedener Quellen ist die Einleitung *ʾikka de-ʾamri*, «manche sagen», o. Ä., worauf das soeben Gesagte mit nur leichten Varianten nochmals kommt (auch mit *lishana ʾaḥarina*), sowie die nicht chronologische Anordnung von Rabbinen in einem Abschnitt: Wenn beim üblicherweise chronologischen Aufbau einer Perikope nach späten Meistern wieder ältere Lehrer kommen, kann dies auf eine nachträgliche Ergänzung des Abschnitts aus einer anderen Quelle deuten (*Albeck*, Mavo 573 f.; dagegen *A. Weiss*, Meḥqarim 160-212).

Die verschiedenen Quellen, die der Endredaktion von bT zugrunde lagen, zu rekonstruieren ist beim derzeitigen Wissensstand nicht möglich, auch wenn einzelne größere und in sich geschlossene Materialblöcke sich problemlos herauslösen lassen, ohne dass ihr Fehlen bemerkt würde (so z. B. bBB 73a-75b: dazu *G. Stemberger*, Münchhausen und die Apokalyptik, JSJ 20, 1989, 61-83 = Judaica Minora II 299-316). Auch ist eine literarische Eigenentwicklung der einzelnen Traktate vorauszusetzen, von denen manche älter, andere wieder jünger sind (so *J. N. Epstein*; siehe auch die Untersuchungen von *Aminoah* u. a. zu solchen Einzeltraktaten). Darüber hinaus hat man verschiedentlich versucht, Grundbausteine des bT herauszuarbeiten, die seine geschichtliche Entwicklung nachvollziehen lassen. So hat *J. Kaplan* zwischen kurzer und langer Form von bT unterschieden, die er *gemara* und *talmud* nennt und die seiner Meinung nach auch zeitlich einander folgen. Ähnlich unterscheidet *Weiss* (neben anderen Formen, wie Sammlungen, Midraschim und Traktaten) zwischen *Memra* und *Sugia*.

Die *Memra* ist «eine kurze amoräische Aussage, die einen bestimmten abgeschlossenen Gedanken ohne jedwede Diskussion umfasst» (SLA 1); sie kann hebräisch oder aramäisch, anonym oder einem Amoräer zugeschrieben, selbstständig oder auch Kommentar zu Bibel, M oder Baraita sein. Die Datierung einer solchen Memra ist für jeden Einzelfall eigens zu entscheiden.

Die *Sugia* (von aram. *segi*, «gehen», abgeleitet, somit «Gang» - vgl. Halakha - nämlich der Gang einer Diskussion, die Entscheidung in einer Kontroverse) bezeichnet eine in sich geschlossene Grundeinheit der talmudischen Diskussion, die vielfach auf einer Memra oder mehreren davon aufbaut, eine M diskutieren, aber auch von M unabhängig sein kann. Die Sugia ist an sich auch in Palästina daheim, hat jedoch in Babylonien eine besondere Entwicklung und Ausgestaltung erfahren.

Die Sugiot als Grundbausteine des bT entziehen sich einer pauschalen Beurteilung. Manche sind kurz und einfach aufgebaut, andere kompliziert und entsprechend lang; manchmal verwerten sie sogar andere Sugiot

Die Redaktion

oder Teile davon, die sie in sich aufnehmen. Zwar in sich abgeschlossen, können Sugiot doch die Kenntnis anderer Sugiot und deren Begrifflichkeit voraussetzen. Hier sind Ansätze für eine Datierung und die Erkenntnis des Wachstums der Sugiot gegeben. Dabei sind allerdings vorschnelle Urteile zu vermeiden, wie etwa die pauschale Frühdatierung des anonymen Materials (z. B. *Albeck*, Mavo 577; vgl. dazu *G. G. Porton* in *Neusner*, Hg., Formation 131); weiter führen Kriterien, wie sie v. a. *S. Friedman* ausgearbeitet hat (6th WCJS III 390). Dass die Sugiot der außergewöhnlichen Traktate vergleichsweise rudimentär sind (*De Vries*, Meḥqarim 194), ist ein Argument für die Frühdatierung dieser Traktate.

Einzelne Sugiot sind sicher schon sehr früh entstanden und haben andere Sugiot beeinflusst. Spätere Sugiot verwerten z. T. diese früheren zusammen mit anderen Quellen – Midraschim, Spruchsammlungen usw. Wohl von Anfang an werden auch solche Sugiot wie andere Materialien anhand von M geordnet und gesammelt, was zu immer umfangreicheren Corpora führt, die ihrerseits wieder mit anderen Sammlungen kombiniert werden. *Ch. Albeck* nimmt an, dass die späteren Redaktoren nichts anderes getan haben, als Materialblöcke unverändert aneinanderzureihen. Dafür scheinen Abweichungen, Widersprüche und Wiederholungen zwischen den einzelnen Teilen von bT zu sprechen. Doch darf man die Redaktion von bT nicht nach modernen Kriterien beurteilen. Angesichts der im Wesentlichen doch geschlossenen Konzeption des Werkes ist die Vorstellung einer bT-Redaktion im Sinn einer bloßen Materialsammlung sicher eine unzulässige Vereinfachung.

Lit. zur Sugia: Ch. Albeck, Mavo 576–601 (dazu *G. G. Porton* in *Neusner*, Hg., Formation 127–133); *Arye Cohen*, Rereading the Talmud. Gender, Law and the Poetics of Sugyot, A 1998; *Avinoam Cohen*, On the non-chronological Location of Mar Bar Rav Ashi's Statements in Babylonian Talmud Sugyot (h), Sidra 2 (1986) 49–66; *S. Friedman*, Some Structural Patterns of Talmudic Sugiot (h), 6th WCJS, J 1977, III 389–402; *ders.*, A Critical Study of Yevamot X with a Methodological Introduction (h), Texts and Studies. Analecta Judaica, Hg. *H. Z. Dimitrovsky*, NY 1977, 275–441; *ders.*, Form Criticism of the Sugya in the Study of the Babylonian Talmud (h), 7th WCJS (1981) III 251–5; *ders.*, Hg., Five Sugyot from the Babylonian Talmud (h), J 2002; *J. Hauptman*, Development of the Talmudic Sugya. Relationship Between Taanaitic and Amoraic Sources, NY 1988; *dies.*, Development of the Talmudic Sugya by Amoraic and Post-Amoraic Amplification of a Tannaitic Proto-Sugya, HUCA 58 (1987) 227–250; *D. C. Kraemer*, The Origins of the Sugya as a Literary Unit, 9th WCJS (J 1986) 23–30; *V. Noam*, ‹The Later Rabbis Add and Innovate›: On the Development of a Talmudic Sugya (h), Tarbiz 72 (2002 f.) 151–175 (zu bBQ 31a–b und seiner nachamoräischen Überarbeitung); *B. De Vries*, Meḥqarim 181–199. 239–258; *A. Weiss*, The Talmud in its Development; *ders.*, SLA; *ders.*, Meḥqarim (zu *Weiss: S. Kanter* und *D. Goodblatt* in *J. Neusner*, Hg., Formation 87–94 und 95–103; *M. S. Feldblum*, Prof. Abraham Weiss – his approach and contribution to Talmudic scholarship, FS A. Weiss, NY 1964, 7–80, bes. 13–36).

d) Der Beitrag der Savoräer

Lit.: T. R. *Bard* in J. *Neusner,* Hg., Formation 61–74; A. *Cohen,* On the Phrase «La schmia li klomar la sbira li» in the Babylonian Talmud (h), Tarbiz 53 (1983 f.) 467–472; J. E. *Ephrathi,* The Sevoraic Period; Y. *Etz-Ḥaim,* Saboraic Material as a Factor in the Development of Non-Identical Parallel Sugiot (h), Michtam le-David, GS D. Ochs, Ramat-Gan 1978, 137–152; I. *Francus,* Additions and Parallels in T. B. Bava Qamma VII (h), Bar-Ilan 12 (1974) 43–63; S. *Friedman,* Glosses and Additions in TB Bava Qamma VIII (h), Tarbiz 40 (1970 f.) 418–443; ders., zur Sugia genannte Artikel; D. *Goodblatt* 294 f. 314–318; R. *Kalmin,* The Redaction of the Babylonian Talmud: Amoraic or Saboraic?, Cincinnati 1989; H. *Klein,* Gemara and Sebara, JQR 38 (1947 f.) 67–91; ders., Gemara Quotations in Sebara, JQR 43 (1952 f.) 341–363; ders., Some Methods of Sebara, JQR 50 (1959 f.) 124–146; B. M. *Lewin,* Rabbanan Savorae we-Talmudam, J 1937; E. Z. *Melammed,* Introduction 473–478; J. L. *Rubenstein,* Hg., Creation and Composition; E. *Segal,* Case Citation 122 ff.; J. S. *Spiegel,* Later (saboraic) additions in the Babylonian Talmud (h), Diss. Univ. TA 1975; ders., Comments and Late Additions in the Babylonian Talmud (h), in: M. A. *Friedman,* A. *Tal,* G. *Brin,* Hg., Studies in Talmudic Literature, TA 1983, 91–112; A. *Weiss,* The Literary Activities of the Saboraim (h), J 1953.

Die Bezeichnung *Savoräer* leitet sich von *savar,* «nachdenken, prüfen, schlussfolgern» ab. Die so genannten Lehrer folgen den Amoräern. Was jedoch ihre nähere Geschichte und v. a. ihr Werk betrifft, herrscht wenig Klarheit. Scherira Gaon gibt als savoräische Periode die Zeit von 500 bis 589 an, während Abraham Ibn Daud sie ein Jahrhundert länger, bis 689, währen lässt. In der Forschung hat sich lange Scheriras Angabe durchgesetzt, und gestützt auf schlechte Textfassungen von ISG (und STA), hat man diese Zeit noch mehr eingeschränkt, sie nur noch bis Mitte des 6. Jhs. bzw. eine einzige Generation dauern lassen: «Die eigentlichen Saboräer gehören nur einer einzigen Generation an» (H. *Graetz,* Geschichte der Juden V, Le [4]1909, 398; vgl. auch I. H. *Weiss,* Dor IV 3 f.).

Entsprechend gering hat man auch das Werk der Savoräer veranschlagt, überzeugt davon, dass Rav Aschi und Ravina das Ende der *hora'a* darstellen und um 500 der Talmud «versiegelt» worden ist. In traditionellen Darstellungen bleibt so den Savoräern nur die Feinarbeit literarischer Endredaktion: die Einfügung erklärender Glossen, die Angabe, welcher der zitierten amoräischen Aussagen die Halakha folgt, die Ergänzung von beweisenden Schriftstellen oder vollständigen Parallelen, wo ursprünglich nur ein knapper Hinweis darauf gegeben war, die Angabe von Simanim, mnemotechnischen Hilfen, u. Ä. Sogar J. N. *Epstein* schränkt ihre Tätigkeit noch ziemlich ein: Ihr Werk ist «die äußere Anordnung (des bT), meist ohne etwas zu ändern ... außer Zusätzen und Bindegliedern zwischen Memrot und Sugiot, die jedoch oft die ganze Sugia und ihre ursprüngliche Gestalt ändern. Sie übertrugen Sugiot von einer Stelle zu

Die Redaktion

einer anderen, ergänzten eine durch die andere und bemühten sich um deren Vergleichung» (IAL 12).

Inzwischen hat sich die Beurteilung der Savoräer gewandelt. Der längere Zeitansatz des Sefer ha-Qabbala Ibn Daud's setzt sich durch (Begründung bei *Ephrathi* 74–81), und man erkennt auch immer mehr den großen Anteil der Savoräer am bT. V. a. *J. Kaplan* und *A. Weiss* haben gezeigt, dass man von einer «Versiegelung» des bT um 500 nicht sprechen kann. Die Savoräer, «durch deren Verdienst die Himmel ausgespannt sind und die Erde festgegründet ist» (STA 9), haben nicht nur kleine kosmetische Retuschen an bT vorgenommen, sondern ihn durch zahlreiche Sugiot ergänzt. Darauf verweisen schon die Geonim (ISG 71!), die oft bT in einer Fassung zitieren, in der savoräische Ergänzungen noch fehlen, ebenso die handschriftliche Überlieferung des bT, die oft savoräische Stücke nicht enthält bzw. gerade hier stark schwankt. Auch Angaben mittelalterlicher Autoren helfen hier oft weiter.

Schon *N. Brüll* hat darauf hingewiesen, dass manche Traktate mit savoräischen Sugiot beginnen. *A. Weiss* hat dies für fast alle Traktate und auch viele Kapitelanfänge innerhalb der Traktate aufgezeigt: Diese Sugiot sind entweder das Werk von Savoräern, die damit eine Einführung in den Traktat oder das Kapitel geben, oder von ihnen unter Verwendung amoräischer Quellen geschaffen. Detailuntersuchungen wie die von *S. Friedman* und *I. Francus* haben die Berechtigung der Annahmen von *Weiss* gezeigt. Besonders zahlreich sind die savoräischen Ergänzungen in BM, aber auch in BQ und BB, womit sich Neziqin auch hierin als ein zusammengehöriger Traktat erweist (*Friedman*, Glosses); nirgends fehlen sie ganz.

Was die anonymen Stücke des bT betrifft, hat *D. Halivni* (Sources II Einführung) die Vermutung geäußert, dass sie spät, jedenfalls aus der Zeit nach Ravina und R. Aschi sind, und gefolgert: Unter dieser Voraussetzung «müssen wir die Gemara als ein aus zwei Büchern zusammengesetztes Werk betrachten, aus einem Buch der Amoräer und einem Buch der anonymen Traditionen» (7 f.). Auch *J. S. Spiegel* findet als gemeinsamen Nenner savoräischer Ergänzungen die Anonymität (Additions 250). Soll das eventuell auch ISG 97 andeuten: ʾistetem talmuda, «der Talmud wurde anonym gemacht», wie *Goodblatt* 309 zu übersetzen vorschlägt? In der neueren Forschung bevorzugt man vielfach den Ausdruck Stammaim (die Verfasser des *stam*, d. h. des anonymen Teils des Bavli), wobei die Begriffe Stammaim und Savoräer vielfach austauschbar sind, «Savoräer» oft auch nicht mehr eine bestimmte Periode bedeutet, sondern einfach die Endphase der Redaktion des Bavli in der Zeit der Geonim. Besonders deutlich wird das in den jüngsten Arbeiten von *D. Halivni*, der im Lauf der Zeit die Savoraim/Stammaim immer später datierte: «In sum, the Saboraim were Stammaim who flourished in the second half of the eighth century (and the beginning of the ninth) after the Talmud was almost completed (חתומה) and closed (חתוּ׳ח) and the era of new books had begun» (*D. Halivni*, Aspects of the Formation of the Talmud, in: *Rubenstein*, Hg., Creation and Composition, 339–360, Zitat 345; *ders.*, Introduction to «Sources and Traditions», v. a. 23 ff.). Damit reduziert er wieder den Beitrag der Savoräer, die einfach die letzte Phase der zwei Jahrhunderte der Stammaim und nur für die abschließende redaktionelle Bearbeitung verantwortlich wären. Andere vertreten einen etwas früheren zeitlichen Ansatz für die Schlussphase des Bavli (siehe etwa *Lightstone*, The Rhetoric 247–281, zu savor. Redaktion im 6.–7. Jh.; zuvor schon *J. Kaplan*, Redaction 312), doch besteht weitgehende Übereinstimmung, dass die Savoräer/Stammaim nicht einfach einen um etwa 500 schon vorliegenden bT da und dort ergänzten, sondern die eigentlichen Redaktoren von bT waren.

e) Gaonäische Ergänzungen

Die heute üblich gewordene spätere Datierung der Redaktion des Bavli wurde auch schon früher gelegentlich vertreten: «Die Behauptung, der Talmud sei am Ende des 5. Jahrhunderts abgeschlossen worden, schwebt mithin in der Luft. Der Talmud wurde seit der Mitte des 8. Jahrh. nicht fortgesetzt, weil sich bereits ein selbständiges schriftstellerisches Streben Bahn zu brechen suchte, wie die Halakhot Pesukoth und Gedoloth beweisen, und weil durch den Karaismus der talmudischen Richtung Abbruch geschah» (*L. Löw*, Gesammelte Schriften V, Szegedin 1900, Ndr. H 1979, 67).

Dieses Urteil ist im Grunde richtig. Um etwa die Mitte des 8. Jhs. sieht man bT schon als abgeschlossenes Werk an; ab dieser Zeit ist auch mit Handschriften des Bavli oder von Teilen davon zu rechnen, wie auch das Geniza-Fragment einer Schriftrolle von bHul belegt (siehe *N. Danzig*, From Oral to Written Talmud: On the Methods of Transmission of the Babylonian Talmud and its Study in the Middle Ages, h, Bar-Ilan 30–31, 2006, 49–112). Zwar kommen auch weiterhin Ergänzungen in den Text, v. a. durch Jehudai Gaon (gestorben ca. 761), doch erst auf dem Umweg über erklärende Randglossen (*Assaf*, Geonim 135 f.). Viele dieser Ergänzungen sind in MSS als *perush* gekennzeichnet oder fehlen bzw. werden von mittelalterlichen Autoren als gaonäische Zutaten bezeichnet. Weitere Zusätze zu bT aus der Zeit Jehudais oder später identifiziert *D. Rosenthal*, ‹Lishna de-Kalla› (h), Tarbiz 52 (1982 f.) 273–308. Wichtig ist in diesem Zusammenhang v. a. der Sefer ha-Ittur des Isaak ben Abba Mari von Marseilles (12. Jh.). So manche Jehudai zugeschriebene Stellen (dazu *Brüll* 73 ff.; *Melammed*, Introduction 472) gehen allerdings auf frühere Geonim zurück (*Assaf*, Geonim 136). Auf mündliche Rezitation als Ursache späterer Veränderungen von bT bis ins 9. Jh. und als Erklärung verschiedener Textrezensionen verweist *E. S. Rosenthal*, The History of the Text and

Problems of Redaction in the Study of the Babylonian Talmud (h), Tarbiz 57 (1987f.) 1–36; andere dagegen betonen zu Recht, dass dergleichen Eingriffe auch im schriftlichen Text möglich sind. Jedenfalls wird die Frage von Textrezensionen (und nicht einfach üblichen Varianten in MSS) in Zukunft stärker zu beachten sein.

Siehe *M. Benovitz*, The Two Textual Traditions of Shevuot Chapter 3 in the Babylonian Talmud (h), Sidra 10 (1994) 5–38; *S. Friedman*, On the Origin of Textual Variants in the Babylonian Talmud (h), Sidra 7 (1991), 67–102; *A. Shremer*, «Tre lishane» – mesoret ha-nusaḥ shel Bavli Moʿed Qatan, Asufot 2 (1987f.) 17–28; *ders.*, Between Text Transmission and Text Redaction: A Different Recension of Moʿed-Qatan from the Genizah (h), Tarbiz 61 (1991f.) 375–99; *ders.*, Fragments of Lishana Aharina of Bavli Moed Qatan from the Geniza (h), Sidra 9 (1993) 117–161; *E. Wajsberg*, The Contribution of the Forms R. Schimʿon ben Laqisch and ke-eize tsad to the Taxonomy of Talmudic Manuscripts (h), Leš. 55 (1990f.) 367–382.

Auch spätere Erklärungen, wie v. a. Raschi, sind auf dem Umweg über Randglossen in den Text gekommen. Ganz allgemein ist bT im Mittelalter in Übereinstimmung mit Raschis Erklärungen und Emendationen redigiert worden (dazu *J. A. Ephrati*, Bar-Ilan 6, 1976, 75–100; doch siehe auch *V. Noam*, Sidra 17, 2001/02, 109–150: viele von Raschis Emendationen gehen auf bab. Traditionen zurück). Auch ist man bis in die jüngste Vergangenheit mit der Eintragung von Konjekturen in den Text äußerst großzügig gewesen, sodass *D. Goodblatt* 264 urteilt: «BT reached its present state only in the last century.» Damit stehen wir jedoch schon bei der Textgeschichte von bT, während seine Redaktionsgeschichte mit dem 8. Jh. endgültig abgeschlossen ist.

4) Der Text

Wie schon die Redaktionsgeschichte von bT zeigt, ist dieser nicht durch einen bestimmten Herausgeber oder Kreis von Herausgebern zu einer genau datierbaren Zeit redigiert worden. Damit haben wir auch nie einen einheitlichen und allgemein anerkannten bT-Text anzunehmen. Nicht nur ist die Grenze zwischen Redaktions- und Textgeschichte nicht klar zu ziehen; das Nebeneinander von zwei gaonäischen Akademien hat wohl ebenso die Vereinheitlichung der Textgestalt von bT verhindert. So machen denn auch die Geonim schon in ihren Responsen auf Textvarianten aufmerksam. In der weiteren Textüberlieferung in den verschiedenen Zentren der jüdischen Gelehrsamkeit haben sich diese natürlich noch vermehrt (siehe *U. Fuchs*, The role of the Geonim in the textual transmission of the Babylonian Talmud, h, Diss. J 2003).

Aufgabe der Textkritik kann es nun nicht sein, einen «Urtext» wiederherzustellen, sondern die Textgestalt(en) jener Zeit zu rekonstruieren, als bT als abgeschlossenes Werk angesehen wurde, d. h. die Textgestalt des 8. Jhs. Dies ist nur nach entsprechenden textgeschichtlichen Vorarbeiten und der Einordnung der verschiedenen MSS (und Zitate daraus) in Textfamilien möglich, wie schon *A. Marx* gefordert hat, gegen den Mischtext der Berakhot-Ausgabe von *N. Pereferkowitsch* (St. Petersburg 1909) protestierend (JQR 1, 1910 f., 279–285). Auch die mittelalterlichen Zitate von bT sind noch nicht voll verwertet. Was hingegen die textkritische Verwertung von rabb. Parallelen betrifft, etwa in den Midraschim, ist äußerste Vorsicht am Platz, will man nicht verschiedene Ausprägungen einer Tradition als Textvarianten missverstehen.

Ein wichtiger Punkt in der textkritischen Arbeit ist die Auffüllung von *Zensurlücken*. *S. Lieberman* (Shkiin, J ²1970) vermutet, dass schon sehr früh eine innerjüdische Zensur magische und theosophische Texte gestrichen hat, die den Karäern und ihrer Kritik eine willkommene Angriffsfläche boten. Mit solcher innerer Zensur ist auch später zu rechnen. Ab 1263 (Disputation von Barcelona) tritt jedoch die christliche Zensur in den Vordergrund; mit dem Aufkommen des Buchdrucks erlangte sie volle Wirksamkeit: In der bT-Ausgabe Basel 1578–1580 wurde z. B. AZ gar völlig gestrichen. Jüdische Drucker ließen vielfach schon vorbeugend bestimmte Stellen aus, um nicht bei der Zensur Anstoß zu erregen: so schon Gerschom aus Soncino. Die weißen Stellen in den Exemplaren der zu Soncino gedruckten Traktate sind wohl in den Lücken der benutzten (spanischen) Handschriften begründet; die ziemlich häufigen Weglassungen in den zu Pesaro gedruckten Traktaten rühren dagegen wohl von Gerschom selbst her, der auf die Abhängigkeit des Herzogs vom Papst Rücksicht zu nehmen hatte. Leer gelassene Stellen findet man z. B. in AZ Pesaro, im ersten Sulzbacher Druck des Traktats San und in vielen späteren Drucken. 1835 verbot die russische Zensur, zuerst für den Wilnaer Druck, dass auf die Streichungen durch leere Räume aufmerksam gemacht werde.

Ein Teil der von der Zensur im bT und in den Kommentaren zu ihm gestrichenen Stellen ist in kleinen meist anonym erschienenen Schriften gesammelt. Außer diesen hat es noch manche nicht in Buchform gedruckte Zusammenstellung gegeben, so die in Amsterdam 1708 von Simeon und Isaak Schammasch einseitig bedruckten Blätter, welche in die Ausgabe Frankfurt/Oder eingeklebt werden sollten.

A. Berliner, Censur und Confiscation hebräischer Bücher im Kirchenstaate, F 1891; *M. Carmilly-Weinberger,* Censorship and freedom of expression in Jewish history, NY 1977; *M. Krupp,* Der Anfang der Ḥisronot ha-Schass-Literatur. Christliche Talmudzensur und ihre jüdische Überwindung, in: FS G. Stemberger, B 2005, 449–462; *W. Popper,* The Censorship of Hebrew Books, NY 1899, Ndr. 1969; *A. Raz-Krakotzkin,* The Censor, the Editor, and the Text. The Catholic Church and the Shaping of the Jewish Canon in the Sixteenth Century, Phil. 2007; *I. Sonne,* Expurgation of Hebrew Books, NY 1943, Ndr. in: *Ch. Berlin,* Hg., Hebrew Printing and Bibliography, NY 1976, 199–241.

a) Handschriften

Die erste Erwähnung einer vollständigen bT-Handschrift findet sich im 10. Jh.: Samuel ha-Nagid schreibt (zitiert im Sefer ha-ʿIttim des Jehuda von Barcelona), Natronai bar Chakinai, der 773 aus Babylonien verbannt wurde, habe für die spanischen Juden bT aus dem Gedächtnis niedergeschrieben (Text in *B. M. Lewin*, Otzar ha-Gaonim I, Haifa 1928, 20). Nach einem im Jahr 953 aus Babylonien nach Spanien geschriebenen Brief (der Geniza-Text ist veröffentlicht in JQR 18, 1906, 401) hat Gaon Paltoi (842–858) für Spanien ein bT-MS mit Erläuterungen anfertigen lassen. *A. Marx* (JQR 18, 1906, 770) findet daher die Nachricht über Natronai sehr zweifelhaft; *S. Abramson* (Tractate ʿAbodah Zarah, NY 1957, XIII Anm. 1) hingegen hält beide Nachrichten für miteinander vereinbar. Maimonides sagt, er habe ein Stück einer etwa 500 Jahre alten Gemara benutzt (Mishne Tora Bd. XVI, J 1965, 201). Nachmanides erwähnt die aus der Schule Chuschiels (Ende 10. Jh.) hervorgegangenen korrekten Talmudexemplare (Milḥamot Adonai BQ 85b; Text in verschiedenen Ausgaben von Alfasi enthalten, z. B. Romm Wilna 1922). Von so frühen MSS ist allerdings fast nichts erhalten geblieben. Nicht nur der große Textumfang von bT stand einer größeren Verbreitung und Erhaltung von MSS im Wege; viele MSS sind auch in von der Kirche immer wieder angeordneten Talmudverbrennungen vernichtet worden (erstmals Paris 1242, als 24 Wagenladungen hebr. MSS verbrannt wurden). Eine umfassende Liste von bT-MSS bietet *M. Krupp* in *Safrai* I 346–366. *S. Friedman*, The Manuscripts of the Babylonian Talmud: A Typology Based Upon Orthographic and Linguistic Features (h), FS S. Morag, J 1996, 163–190. Der Text eines großen Teils der MSS ist zusammen mit frühesten Drucken und der Ausgabe Wilna auf der CD-ROM der Sol and Evelyn Henkind Talmud Text Databank des Saul Lieberman Institute of Talmudic Research des JTS zugänglich, die ständig erweitert wird (letztes Update 2003).

MS München, Cod. Hebr. 95 der Staatsbibl. München. Einziges fast vollständiges MS des bT (es fehlen 18 Blatt: Pes 58a–67b; 119a–121b; Ket 84a–87a; Men 76b–77b der übl. Ausgaben). 570 Blatt in aschken. Schrift, 1342 in Paris entstanden. Zahlreiche Randglossen (Varianten, Kurzkommentare). Faksimile-Ausgabe durch *H. L. Strack*, L 1912 (mit 43 pp. Einleitung, in der die fehlenden Stücke aus anderen MSS wiedergegeben sind); J 1971 in 3 Bden. Beschreibung *N. Sacks*, Mischna Zeraʿim I, J 1972, 69 f.

MS St. Petersburg-Firkovitch. 177 Blatt, orient. Schrift, sehr schlecht erhalten. Umfasst Ket und Git. Nach Firk. auf 1122 datiert, doch konnte schon *R. Rabbinovicz* (Diqduqe Soferim Megilla Einleitung) diese Stelle nicht mehr lesen.

MS Oxford, Bodleian Libr. 2673, enthält Ker zur Hälfte und ist das

älteste sicher datierte MS von bT: 1123. Publiziert in *S. Schechter – S. Singer*, Talmudical Fragments in the Bodleian Library, C 1896, Ndr. J 1971.
MS Florenz, Nationalbibl. III 7–9. Der Band mit Bek, Tem, Ker, Tam, Meil und Qin wurde 1177 vollendet (Ber im selben Band ist von anderer Hand). Von derselben Hand oder doch aus derselben Zeit sind wohl die beiden anderen Bände: BQ, BM, BB, San und Shevu. Alle 3 MSS umfassen etwa 1/3 des bT. Faksimile: Babylonian Talmud: Codex Florence (National Library III 7–9), Introduction by *D. Rosenthal*, 3 Bde., J 1972.
MS Hamburg 165 umfasst die drei Bavot. 1184 in Gerona geschrieben. Faksimile durch *L. Goldschmidt*, B 1914, Ndr. J 1969 (mit neuem Faks.). Zu erwähnen ist auch MS 169: Babylonian Talmud. Tractate Hullin. Codex Hamburg 169, J 1972.
Vatikan. Die Talmud-MSS der Vat. Bibl. gehörten großteils einst der Palatina in Heidelberg: «No other collection includes as many copies of tractates of the Talmud as the Vatican Library; over twenty codices in the Library include copies, multiple copies or fragments of almost all the thirty-six tractates of the Babylonian Talmud» (Editor's Introduction, in: Hebrew Manuscripts in the Vatican Library, ed. by *B. Richler*. Palaeographical and Codicological Descriptions by *M. Beit-Arié – N. Pasternak*, Vatikan 2008). Als Faksimile liegen vor: Manuscripts of the Babylonian Talmud from the Collection of the Vatican Library. Series A, 3 Bde., J 1972 [I: Vat. Ebr. 109 (Er, Beẓa), 108 (Shab, MQ); II: Vat. Ebr. 134 (Yom, RH, Taan, Suk, Beẓa, Meg, Hag, MQ); III: Vat. Ebr. 130 (Git, Ket); 110 (Sot, Ned, Naz)]; Series B, 3 Bde., J 1974 [IV: Vat. Ebr. 118 (Zev, Men); V: Vat. Ebr. 119 (Zev, Tem, Ar, Bek, Meil, Ker); 114 (Yev, BM); VI: Vat. Ebr. 111 (Yev, Qid, Nid)].
New York, JThS no. 44830, 1290 in Ubeda, Spanien, vollendet, enthält AZ. Faksimile: Tractate ʿAbodah Zarah of the Babylonian Talmud. Ms. Jew. Theol. Sem. of America, mit Einleitung und Anmerkungen von *S. Abramson*, NY 1957. *S. Friedman*, Avodah Zara, Cod. JTS – a Manuscript Copied in Two Stages (h), Leš. 56 (1991/92) 371–374.
Göttingen, Univ. Bibl. Cod. Hebr. 3, 110 Blatt, Anf. 13. Jh., enthält Teil von Taan sowie Hag, Beẓa, Meg und MQ bis 10a.
Karlsruhe, Badische Hof- und Landesbibl., Reuchlin 2: San, einst im Besitz Reuchlins.
London, Brit. Museum, Harley 5508: RH, Yom, Hag, Beẓa, Meg, Suk, MQ, Taan. 236 Blatt, wahrscheinl. 12. Jh.; Add. 25717: Bek (teilweise), Ar, Ker. 102 Blatt, 14. Jh.
New York, Columbia University. Von *E. Deinhard* aus dem Jemen nach NY gebrachtes MS, geschrieben 1546–1548, enthält in 2 Bden: Beẓa, Pes, Meg, MQ, Zev. The Yemenite MS of Megilla, Hg. *J. M. Price*, Toronto 1916; The Yemenite MS of Moʿed Katon, ohne Ort und Jahr, Hg. *J. M. Price*, Ndr. J 1970. *E. L. Segal*, The Textual Traditions of Ms. Columbia University to TB Megillah (h), Tarbiz 53 (1983 f.) 41–69.

b) Geniza-Fragmente

Zu bT gibt es zahlreiche, teils sehr umfangreiche MSS-Fragmente aus der Geniza von Kairo, die aber erst z. T. veröffentlicht worden sind. Manche Fragmente mögen bis ins 9. Jh. zurückreichen, doch gibt es noch keine systematische Untersuchung zur Paläographie dieser Texte und damit zu einer begründeten Datierung. Ebenso ist auch die Einordnung der Lesarten der verschiedenen Fragmente in die Textgeschichte von bT erst zu leisten.

W. H. Lowe hat schon 1879 ein Fragment von Pes herausgegeben (4 Blätter): The fragment of Talmud Babli Pesachim of the ninth or tenth century, in the University Library, Cambridge, C 1879; *N. Alloni*, Geniza Fragments, enthält auch 7 bT-Fragmente; *S. Friedman*, A Talmud Fragment of the Gaonic Type (h), Tarbiz 51 (1981 f.) 37–48 (BM 21b-22b); *ders.*, An Ancient Scroll Fragment (BḤullin 101A–105A) and the Rediscovery of the Babylonian Branch of Tannaitic Hebrew, JQR 86 (1995 f.) 9–50; *D. Golinkin*, Ginzei Rosh Hashanah. Manuscript Fragments of Bavli Rosh Hashanah from the Cairo Genizah. A Facsimile Edition with a Codicological Introduction (h), NY 2000; *Y. Hasidah*, Me-Ginze Jehuda. Daf Gemara Ketav-Yad, Sinai 73 (1973) 224–229 (Ber 27a–b; 14. Jh.); *A. I. Katsh*, Ginze Talmud Babli, J 1975 (178 Fragmente aus der Russischen Nationalbibliothek St. Petersburg zu Ber bis Yev); *ders.*, Ginze Talmud Babli II, J 1979 (90 Fragmente zu Ket bis Nid); 32 Beispiele aus diesem Band vergleicht mit anderen MSS *ders.* in Essays on the Occasion of the Seventieth Anniversary of The Dropsie University, Phil. 1979, 219–235; *S. Morag*, Vocalised Talmudic Manuscripts in the Cambridge Genizah Collections. Vol. 1, C 1988; *ders.*, On the Vocalization of the Babylonian Talmud in the Geonic Period, h, 4th WCJS, J 1968, II 223–225; *Y. Sussmann*, Talmud Fragments in the Cairo Geniza (h), in: *M. A. Friedman*, Hg., Cairo Geniza Studies, TA 1980, 21–31; ausführliche Beschreibungen der Geniza-Fragmente finden sich auch in den einzelnen Bänden der bT-Ausgabe des Institute for the Complete Israeli Talmud (siehe S. 235).

Zur MSS-Überlieferung einzelner Traktate siehe: *A. Amit*, The Place of the Yemenite Manuscripts in the Transmission-History of b. Pesaḥim (h), HUCA 73 (2002) hebr. Teil 31–77; *S. J. Friedman*, Le-ʾilan ha-yuḥasin shel nusḥe Bava Meẓia, FS S. Lieberman, J 1983, 93–147; *D. R. Golinkin*, Rosh Hashana Chapter IV of the Babylonian Talmud (Part 2): A Critical Edition and Commentary (h), Diss. JThS NY 1988; *A. Schremer*, The Manuscripts of Tractate Moed Katan (h), Sidra 6 (1990) 121–150; *M. Sabato*, A Yemenite Manuscript of Tractate Sanhedrin and its Place in the Text Tradition (h), J 1998; *ders.*, BT Sanhedrin – Manuscripts and Branches of the Textual Tradition, in: Issues in Talmudic Research. GS E. E. Urbach (h), J 2001, 80–99; *E. Segal*, The textual traditions of tractate Megillah in the Babylonian Talmud (h), Diss. J 1981; *I. M. Traube*, Studies in texts and manuscripts of Tractate Kiddushin (h), Diss. JThS NY 1975.

Der Mangel an guten frühen MSS von bT macht die Kollation der Talmud-Zitate bei den Geonim und im Mittelalter zusammen mit den Textvarianten der MSS zu einer dringlichen Notwendigkeit. *R. Rabbinovicz*,

Diqduqe Soferim. Variae Lectiones in Mischnam et in Talmud Babylonicum, 15 Bde., M 1868–1886; Bd. 16 Przemysl 1897; Ndr. in 12 Bden J 2002, hat hier Pionierarbeit geleistet. Das Werk umfasst die Ordnungen Zeraʿim, Moʿed, Neziqin (ohne Avot); von Qodashim nur Zev, Men, Hul. Ergänzungen: *M. S. Feldblum*, Diḳduḳe Sopherim. Tractate Gittin, NY 1966; *H. Malter*, The Treatise Taʿanit of the Babylonian Talmud, NY 1930, Ndr. J 1973; als Diqduqe Soferim ha-Shalem versteht sich die vom Complete Israeli Talmud Institute begonnene bT-Ausgabe (siehe unten). Sammlung der gaonäischen Texte durch *B. M. Lewin*, Otzar ha-Gaonim, 13 Bde., Haifa und J, 1928–1943; Otsar ha-Geonim le-Massekhet Sanhedrin, Hg. *H. Z. Taubes*, J 1966. Siehe auch *J. Brody*, Sifrut ha-Geonim we-ha-Teqst ha-Talmudi, in: Talmudic Studies I 237–303.

c) Druckausgaben

R. Rabbinovicz hat eine Geschichte des bT-Drucks vorgelegt (Maʾamar ʿal hadpasat ha-Talmud, M 1866 in Bd. I von Diqduqe Soferim, 1877 getrennt; J 1952 von *A. M. Haberman* neu herausgegeben und auf den neuesten Stand gebracht); *M. J. Heller*, Printing the Talmud. A History of the Earliest Printed Editions of the Talmud, NY 1992; ders., Printing the Talmud. A History of the Individual Treatises Printed from 1700–1750, L 1999; *S. L. Mintz – G. M. Goldstein*, eds., Printing the Talmud: From Bomberg to Schottenstein, NY 2005.

Um 1480 hat die Familie Alqabeẓ einzelne Traktate in einer spanischen Rezension herausgebracht; Angehörige der Familie setzten später die Arbeit in Saloniki fort. Dazu *H. Z. Dimitrovsky*, Hg., Sʾridei bavli – Fragments form Spanish and Portuguese incunabula and sixteenth century printings of the Babylonian Talmud and Alfasi, 2 Bde., NY 1979. Auch in Marokko (Fez) wurden zwischen 1516 und 1521 einzelne Traktate gedruckt; nur Er 1521 ist vollständig erhalten. Jehoshua Shlomo und sein Neffe Gershom aus Soncino haben von 1484–1519 in Soncino, Barco und Pesaro wenigstens 25 Traktate gedruckt (*E. N. Adler*, Talmud Printing before Bomberg, FS D. Simonsen, Kopenhagen 1923, 81–84; *A. M. Haberman*, Ha-Madpisim Bene Soncino, W 1933; *M. Marx*, Gershom [Hieronymus] Soncino's Wanderyears in Italy, 1498–1527. Exemplar Judaicae Vitae, HUCA 11, 1936, 427–500).

Daniel Bomberg, ein Nichtjude in Venedig, hat die ersten vollständigen Ausgaben des bT gedruckt, die erste 1520–1523 (Ndr. J 2001, 10 Bde.), die zweite 1531 vollendet. Sein Erstdruck fixiert die äußere Form der bT-Drucke bis in die Gegenwart: jeweils Textbeginn eines Traktats auf Blatt 2, da 1 dem Titelblatt vorbehalten ist; Vorder- und Rückseite jedes Blatts werden als a und b gezählt. Die Seitenaufteilung bleibt bei allen Ausgaben gleich, ebenso die Beifügung des Raschi-Kommentars auf der Innenseite des Textes, der Tosafot auf der Außenseite. Siehe

A. M. Haberman, The printer Daniel Bomberg and the list of books published by his press (h), Safed-TA 1978.

In den folgenden Jahren entstanden Drucke in verschiedenen jüdischen Gemeinden, u. a.: *M. A. Justiniani*, V 1546–1551; Basel 1578–1580 durch die Zensur stark verstümmelt (*J. Prijs*, Der Basler Talmuddruck, 1578–1580, Olten 1960); Krakau 1602–1605 folgt Basel, ergänzt jedoch die meisten Zensurverstümmelungen und übernimmt den dort fehlenden Traktat AZ aus Krakau 1579; Amsterdam 1644–1648. *Immanuel Benveniste*, übernimmt den Text von Lublin 1617–1639; Frankfurt am Main 1720–1722 (1714–1717 in Amsterdam begonnen; diese Teile in F nachgedruckt) hat fast allen folgenden Drucken als Grundlage gedient. Umfangreiche Sammlung von Kommentaren in der Ausgabe Romm, Wilna 1880–1886 (vgl. *A. M. Haberman*, Peraqim be-toldot ha-madpisim ha-ᶜivrim we-ᶜinyane sefarim, 1476–1896, J 1978; Liste der Druckfehler: *D. Choen*, He-ᶜAqov le-Mishor, J 1993).

Das *Institute for the Complete Israeli Talmud* hat 1972 mit der Herausgabe eines bT begonnen, der als Grundtext den der Ausgabe Romm Wilna verwendet und dazu kritische Apparate mit den Varianten aus Geniza, MSS und mittelalterlichen Zitaten bietet. Bisher erschienen (alle J): Yev, ed. *A. Liss*, 4 Bde., 1983–1996; Ket, ed. *M. Hershler*, 2 Bde., 1972–1977; Ned, ed. *M. Hershler*, 2 Bde., 1985–1991; Sota, ed. *A. Liss*, 2 Bde., 1977–1979; Git, ed. *H. Porush*, 3 Bde., 1999–2009.

A. Steinsaltz hat eine besonders für den Nichtspezialisten sehr hilfreiche Ausgabe ediert, die den vokalisierten bT-Text mit Raschi-Kommentar und einem kurzen neuhebräischen Kommentar mit hebr. Übersetzung der aram. Teile, Textvarianten, Parallelen usw. bietet: 44 Bde., J 1967–2010. Englische Ausgabe NY 1989 ff. (Talmudtext auch original).

Einzeltraktate: Taan, Hg. *H. Malter*, Phil. 1928 (Ndr. Skokie, IL, 2002), *editio maior* 1930 (hier ohne die engl. Übersetzung; anders als die im Folgenden zu nennenden Traktate versucht *Malter* einen Mischtext auf der Basis von 24 MSS zu erstellen, was entsprechend kritisiert worden ist), Ndr. 1967 und J 1973; Git, Hg. *M. S. Feldblum*, NY 1966; BQ, Hg. *E. Z. Melammed*, J 1952; BM, Hg. *M. N. Zobel* und *H. Z. Dimitrovsky*, TA-J 1960; BB und AZ, Hg. *S. Abramson*, J 1952. 1957. *S. J. Friedman*, Talmud Arukh. BT Bava Meẓiᶜa VI. Critical Edition with Comprehensive Commentary (h), NY 1990–1997.

d) Übersetzungen

I. Epstein, Hg., The Babylonian Talmud. Translated into English with notes, glossary and indices, 35 Bde., Lo 1935–1952, Ndr. in 18 Bden Lo 1961 u. ö.; englisch-hebräische Ausgabe, 36 Bde. (inkl. Minor Tractates und Indices), Lo 1960–1990.

J. Neusner, The Babylonian Talmud. A Translation and Commentary, 22 Bde. + CD-ROM, Peabody, MA, 2005 (Ndr. von The Talmud of Baby-

lonia. An Academic Commentary, 36 Bde. in 46 Teilen, A 1994–1999). Der Kommentar erfolgt v. a. in der optischen Darbietung der logischen Struktur des Textes, der Kennzeichnung der Quellen und der jeweiligen Sprache des Originals sowie in kurzen Hinweisen zum Verlauf der Diskussion. Jeder Traktat schließt mit einem Kapitel «Structure and System»: Diese sind gesondert zusammengefasst in The Talmud of Babylonia. A Complete Outline, 4 Teile in 8 Bden, A 1995.
L. *Goldschmidt*, Der babylonische Talmud, 12 Bde., B 1929–1936 (Ndr. F 1996 u. ö.), Indexband Hg. R. *Edelmann*, Kopenhagen 1959; zweisprachige Ausgabe in 9 Bden B 1897–1935. M. *Cales* – A. J. *Weiss*, Hg., El Talmud de Babilonia, Buenos Aires 1964–2004 (bisher 15 Bde. bis inkl. Sanhedrin, Teile von Moʿed fehlen noch; Text der Ausgabe Romm Wilna und span. Übers.); E. *Zolli*, Il Talmud babilonese, Bari 1958 (nur Ber; Ndr. R 1968 mit dem Titel: Il trattato delle Benedizioni del Talmud babilonese, mit einer Einführung von S. *Cavalletti*). Für frühere Übersetzungen siehe E. *Bischoff*, Kritische Geschichte der Thalmud-Übersetzungen aller Zeiten und Zungen, F 1899.

e) Konkordanz

C. J. und B. *Kasowski*, Thesaurus Talmudis. Concordantiae Verborum quae in Talmude Babilonico reperiuntur, 42 Bde., J 1954–1989; B. *Kosowsky*, Thesaurus Nominum Quae in Talmude Babylonico Reperiuntur, 5 Bde., J 1976–1983.

5) Die Autorität des babylonischen Talmud

Der bT erreichte seine (fast) endgültige Gestalt im 8. Jh., zu einer Zeit, als die babylonischen Akademien in Blüte standen und die gerade an die Macht gekommenen Abbassiden ihre Hauptstadt Bagdad gründeten. Damit war das babylonische Judentum im politischen Zentrum der damaligen Welt und durch Verkehrsverbindungen von überall her relativ leicht erreichbar. Das ermöglichte eine geistige Ausstrahlung des rabb. Judentums, das sich nunmehr in Babylonien endgültig gefestigt hatte und über den Kreis der Talmudschulen hinaus auf das Volk immer mehr Einfluss bekam, weit über die Grenzen des Landes hinaus.

Etwa um dieselbe Zeit erfuhr aber das rabb. Judentum Babyloniens auch eine große Gefährdung durch die aufkommende Bewegung der Karäer mit ihrer Ablehnung der mündlichen Tradition und des Talmud. Diese Gefährdung dürfte ihrerseits die Rabbinen zum Angriff herausgefordert haben. Jedenfalls bemüht sich schon um 750 Jehudai Gaon, in Palästina für die babylonische Halakha zu werben (siehe S. 207). Schon seit amoräischer Zeit in Palästina vorhandene babylonische Synagogengemeinden haben diesen

Vorstoß sicher erleichtert, ebenso die Nähe der karäischen Halakha zu palästinischer Überlieferung, die damit schnell suspekt wurde. Hier griff auch um 800 Pirqoi ben Bavoi ein, der in einem Brief an die zum Einflussbereich Palästinas gehörende Gemeinde von Kairowan offen gegen die palästinische Halakha polemisiert (den Text hat *B. M. Lewin* veröffentlicht: Geniza Fragments: I. Chapiters of Ben Baboj, h, Tarbiz 2, 1930 f., 383–404; dazu *J. N. Epstein*, ibid. 411 f.; *S. Spiegel*, Le-parshat ha-polmos shel Pirqoi Ben Bavoi, FS H. A. Wolfson hebr. Teil, J 1965, 243–274). Ein an den Anf. des 9. Jhs. datierter Grabstein (wohl von Venosa) ist der älteste Beleg für die Kenntnis eines bT-Textes (Ber 17a) oder zumindest einiger seiner Wendungen in Europa: *C. Colafemmina*, Una nuova epigrafe ebraica altomedievale a Lavello, Vetera Christianorum 29 (1992) 411–421; *ders.*, Epigraphica hebraica Venusina, ibid. 30 (1993) 353–358, bietet 357 f. eine korrigierte Lesung, womit auch eine Phrase aus Ber 58b belegt ist. Im 9. Jh. versucht in Palästina der Sefer ha-Yerushalmi einen Kompromiss zwischen paläst. und babylon. Halakha; doch spätestens mit dem Untergang der Akademie von Jerusalem im 11. Jh. siegt die babylonische Tradition.

Fast entscheidender war jedoch der Sieg des bT in Kairowan. Hält im Sefer ha-Metivot (10. Jh.) die Tradition des pT noch ihren Platz neben jener des bT, so wird sie bei Chananel und Nissim schon klar an die zweite Stelle gerückt und steht für Alfasi der Vorrang des bT gegenüber pT außer Frage. Mit dem Einfluss Alfasis auf die weitere Entwicklung der talmudischen Studien in Spanien ist der absolute Vorrang des bT dort endgültig gesichert und wird auch im aschkenazischen Raum nie infrage gestellt. Der babylonische Talmud ist damit *der* Talmud schlechthin geworden, nach dem sich die gesamte Halakha bis in die Gegenwart richtet und der zumindest bis ins 18. Jh. auch der in den Lehrhäusern des Judentums absolut primäre, wenn nicht überhaupt ausschließliche Lehrstoff gewesen ist (vgl. *Ginzberg*, Mavo 88–110).

6) Kommentare

Die Auslegung des bT beginnt in diesem selbst, da jede neue Schicht des bT zugleich auch wesentlich Deutung der vorausgehenden ist. In der *gaonäischen Periode* konzentrieren sich die Bemühungen um die Auslegung des bT in drei Arten von Schriften:

a) Einführungen in den Talmud

Diese Einführungen enthalten kurze Angaben über die Lehrer des Talmud, ebenso Regeln für dessen Auslegung, v. a. zur Entscheidung der Halakha (dazu *Assaf*, Geonim 147–154). Die arabische Einführung in den Talmud des *Saadja Gaon* wird in den Buchlisten der Geniza erwähnt, doch sind nur fünf Abschnitte davon in hebr. Übersetzung in den Klale ha-Talmud des Bezalel Ashkenazi (Ende 16. Jh.) erhalten: veröffentlicht von *A. Marx,* FS D. Hoffmann, B 1914, hebr. Teil 196 f. 205. 210 (*S. Abramson,* On «Darkhei ha-Talmud», Attributed to R. Saadya Gaon, h, KS 52, 1976 f., 381 f., hält die Zitate für Exzerpte aus Samuel b. Ḥofni; vgl. *ders.,* ʿInyanot be-sifrut ha-Geonim, J 1974, 164-173). *Samuel ben Ḥofni* hat ebenfalls eine arab. Einführung in den Talmud geschrieben, von der Teile in der Geniza entdeckt worden sind. In 148 Kapiteln behandelt sie die talmudischen Lehrer, die in bT erwähnten Quellen und die Regeln zur Festlegung der Halakha

S. Abramson, R. Samuel Ḥofni's Introduction to the Talmud, ibid. 421-423, dort auch zu früher veröffentlichten Fragmenten; *ders.,* Min ha-pereq ha-ḥamishi shel ‹Mavo ha-Talmud› le-Rav Shmuel ben Ḥofni, Sinai 88, 1981, 193-218; *ders.,* Rabbi Shmuel B. Chofni Liber Prooemium Talmudis. Textum Arabicum Edidit et Versione Hebraica, Introductione Notisque Instruxit, J 1990 (Kap. 141-144; Kap. 143 auch schon im Sefer A. Eben-Shoshan, J 1985, 13-65; siehe auch *ders.,* S. Lieberman Memorial Volume, ed. *S. Friedman,* NY-J 1993, 233-262); *M. Assis,* Linguistic Aspects of Chapter 143 of R. Shmuel ben Ḥofni Gaon's Introduction to the Talmud, Leš. 56 (1991 f.) 27-43; *E. Roth,* A Geonic Fragment Concerning the Oral Chain of Tradition, h, Tarbiz 26, 1956 f., 410-420.

b) Responsen

Responsen in Beantwortung verschiedenster Anfragen aus der jüdischen Welt enthalten auch viel zur Talmudauslegung. Gesammelt in *S. Assaf,* Teshuvot ha-Geonim, 2 Bde., J 1927-1929; *A. Harkavy,* Responsen der Geonim, B 1887; *B. M. Lewin,* Otzar ha-Gaonim, 13 Bde., Haifa und J 1928-1943; *H. Z. Taubes,* Otsar ha-Geonim le-Massekhet Sanhedrin, J 1966.

Ebenfalls hierher gehören die *halakhischen Kompendien:* die Sheʾiltot des Rav Achai Gaon, die Halakhot Pesuqot des Jehudai Gaon und die Halakhot Gedolot des Simon Qajjara.

S. Mirsky, Hg., Sheeltot de Rav Ahai Gaon, 5 Bde., J 1959-1977; vgl. *S. Abramson,* ʿInyanot be-sifrut ha-Geonim, J 1974, 9-23; *R. Brody,* The Textual History of the Sheʾiltot, h, NY-J 1991; *ders.,* The Geonim 202-215. - *S. Sasoon,* Hg., Sefer Halachot Pesuqot. Auctore R. Jehudai Gaon (Saec. VIII), J 1950; Faksimile des Codex Sassoon 263 mit Einleitung von *S. Abramson,* J 1971; *N. Danzig,* Introduction to Halakhot Pesuqot with A Supplement to Halakhot Pesuqot (h), NY 1993; *E. Hildesheimer,* An Analysis of the Structure of «Halachot Pesukot» (h), Michtam le-David, GS D. Ochs, Ramat-Gan 1978, 153-171; *S. Morel,* Meqorotaw shel Sefer Halakhot Pesuqot: Nituaḥ ẓurani, PAAJR 49, 1982, hebr. Teil 41-95; *J. Qara,* Hilkhot Trefot u-Sheḥita mi-Sefer Halakhot Pesuqot (h), Le-Rosh Yosef, FS Y. Qāfiḥ, J 1995, 187-225. - *J. Hildesheimer,* Hg., Halachoth Gedoloth nach dem Texte der Handschrift der Vaticana, B 1890; *E. Hildesheimer,* Sefer Halakhot Gedolot, 3 Bde. J 1971-1988; *M. Balberg,* Nedarim and Nazir in Halachot Gedolot (h), Tarbiz 72 (2002 f.) 523–565; *S. N. Hoenig*, Halakhot Gedolot: An Early Halakhic Code, The Jewish Law Annual 2, 1979, 45–55; Faksim. des Codex Paris 1402 mit Einleitung von *S. Abramson*, J 1971.

c) Kommentare der Geonim

Diese werden z. T. bei mittelalterlichen Autoren zitiert (*Melammed*, Introduction 479–486), zum Großteil sind sie jedoch verloren gegangen. So der Kommentar des *Paltoi Gaon*, von dem wir aus einem Brief an Chasdai Ibn Schaprut von 952 wissen. Von Scherira sind Kommentare zu Ber und Shab aus mittelalterlichen Zitaten bekannt, jener zu BB 1–3 aus einer Buchliste der Geniza sowie Fragmenten, die *S. Assaf* und *J. Mann* veröffentlicht haben (*J. Mann*, Texts and Studies in Jewish History and Literature I, NY 1930, Ndr. 1972 mit Einführung von *G. D. Cohen*, bringt 568–572 ein Stück von Scheriras Kommentar zu BB, 573–607 Stücke von Hai Gaon zu Ber; *J. N. Epstein*, On the Commentary of R. Sherira and R. Hai Gaon to Baba-Bathra, h, Tarbiz 5, 1933 f., 45–49 = Studies II 604–608). Der *Saadja* zugeschriebene Kommentar zu Ber (veröffentlicht von *S. A. Wertheimer*, J 1908, nach einem Geniza-Fragment, Ndr. in *ders.*, The Geniza Fragments. «Ginze Jerusalem», ed. *A. J. Wertheimer*, J 1981) stammt wohl nicht von diesem, sondern von einem späteren Autor, der eingangs ein Stück aus Saadjas M-Kommentar zitiert (so *Assaf*, Geonim 143). *Hai Gaon* hat Kommentare zu vielen bT-Traktaten verfasst, die z. T. aus mittelalterlichen Zitaten, inzwischen auch fragmentarisch aus der Geniza bekannt sind. Von ihm dürften auch die Texte zu Git und Qid aus der Geniza stammen (*S. Löwinger*, Gaonic Interpretations of the Tractates Gittin und Qiddushin, HUCA 23/1, 1950 f., 475–498 und 10 Seiten Faksimile), doch nicht aus einem eigentlichen Kommentar, sondern als Responsa konzipiert (so *S. Assaf*, KS 29, 1959 f., 64 f.). *E. Hurwitz*, Fragments of the Geonim Commentary to Tractate Shabbath from Cairo Geniza, and Selections from Commentaries of Rishonim from MSS (h), Hadorom 46 (1977 f.) 123–127. Allgemein zu den gaon. Kommentaren *S. Assaf*, Geonim 135–146; *Brody*, The Geonim 270–274.

d) Mittelalterliche Einleitungen in den Talmud

Hier ist v. a. die Samuel ha-Nagid zugeschriebene Einleitung zu nennen, die in vielen bT-Ausgaben nach Ber abgedruckt ist und v. a. schwierige Termini erklärt. Aus Zitaten geht hervor, dass nur ein Teil der Einleitung erhalten ist. Als Autor gilt vielfach nicht der spanische Nagid, sondern der ägyptische Samuel ha-Nagid (12. Jh.), doch auch in diesem Fall müsste man mit späteren Ergänzungen des Textes rechnen (cf. *G. D. Cohen*, The Book of Tradition, London 1967, 182 f.; *M. Ben-Sasson* in GS H. H. Ben-Sasson, J 1989, 164 ff.). Die Einführung des *Maimonides* zu seinem M-Kommentar ist z. T. auch eine Einleitung in den Talmud. Eine arabische Einleitung in bT stammt von *Joseph Ibn Aqnin*, einem Schüler des Maimonides (*H. Graetz*, Hg., Einleitung in den Talmud von Joseph Ibn-Aknin, FS Z. Frankel, Breslau 1871, Ndr. J 1967). Zu nennen ist auch *Simson von Chinon* (Anf. 14. Jh.) mit seinem Sefer Keritut (Hg. *S. Sofer*, J 1965) sowie *Bezalel Ashkenazi* (16. Jh., Ägypten), dessen Klale ha-Talmud methodologische Bemerkungen der hervorragendsten Ausleger des Talmud enthalten (Hg. *A. Marx*, FS D. Hoffmann, B 1914, 369–382 und hebr. Teil 179–217).

e) Halakha-Kompendien

Die Tradition dieser Kompendien wird im Mittelalter durch *Isaak ben Jakob Alfasi* weitergeführt, der im Sefer ha-Halakhot (ed. *N. Sacks*, Hilkhot Rav Alfas, 2 Bde., J 1969) das geltende Gesetz des bT mit einer Kurzfassung von bT selbst verbindet. *Eliezer ben Joel ha-Levi* (13. Jh., Deutschland, Akronym Rabia) hat halakhische Entscheidungen, Novellen und Responsen zum Talmud im *Sefer Rabiah* zusammengefasst (*V. Aptowitzer*, Hg., Sefer Rabiah, B 1913, II J 1935, Ergänzungen 1936; Introductio ad Sefer Rabiah, h, J 1938; Neufassung dieser Ausgabe in 4 Bden durch *S. Y. Cohen* und *E. Prisman*, J 1964/65). Ein weiteres Talmudkompendium stammt von *Ascher ben Jechiel* (= *Rosch*; aus Deutschland, gest. 1327): dieses ist in den meisten bT-Ausgaben abgedruckt. Zu nennen ist auch *Maimonides'* Mishne Tora (20 Bde., J 1957–1965), das die gesamte Halakha in sachlicher Ordnung umfasst, ebenso die Arbaʿa Turim des *Jakob ben Ascher* (gest. um 1340). Dessen Schrift hat *Josef Karo* (1488–1575) im Bet Josef kommentiert, dessen Kurzfassung, der Schulchan Arukh, 1554 in Safed vollendet wurde. Durch Moses Isserles (1520–1572) in der Mappat ha-Schulchan ergänzt, wurde das Werk allgemein als geltendes Recht angenommen.

f) Eigentliche Kommentare zu bT nach den Geonim

I. M. Ta-Shma, Talmudic Commentary in Europe and North Africa. Literary History, I: 1000–1200; II: 1200–1400 (h), J 1999–2000.

Der erste Kommentar ist der des *Chananel ben Chushiel* von Kairowan (etwa 990–1050). Dieser kommentierte wohl ganz bT unter starker Benutzung des pT. Zu Moʿed und Neziqin außer BB in bT Wilna. Perushe Rabbenu Ḥananel bar Ḥushiel laTalmud, 7 Bde., J 1990–1996 (Ber und Moʿed), ed. *D. Metzger*; BQ; BM, 2 Bde., ed. *D. Domb*, J 1991; BB, ed. *J. D. Cohen*, J 1991; *S. Abramson*, Sefer Perush Rabbenu Ḥananel b. Ḥushiel la-Talmud. I ʿAl ha-perush. II Me-gufe ha-perush, J 1995; *S. Assaf*, Me-perushe Rav Ḥananel le-Sanhedrin, FS M. Ostrovsky, J 1946, 69–84; *E. Hurwitz*, Perush Rabbenu Ḥananel le-Massekhet Nidda me-Genizat Qahir, Hadorom 51 (1981) 39–109; *Ta-Shma* I 120–139.

Nissim ben Jakob von Kairowan (gest. um 1062) hat einen Kommentar zu Ber, Shab und Er verfasst, gedruckt in bT Wilna. Fragmente aus der Geniza: *B. M. Lewin*, Perush Rabbenu Nissim le-ʿEruvin, FS J. Freimann, B 1937, hebr. Teil 72–80; *D. Metzger*, Anhang zu seiner Ausgabe des Kommentars Ḥananels zu Er (J 1993); dort auch Auszüge aus dem Sefer ha-Mafteaḥ zu Er (ed. *E. E. Dickman*), RH und Suk (ed. *D. Metzger*); *J. Rovner*, Ha-reʾayot le-mahadura qeduma shel perush Rav Ḥananel ben Ḥushiel mi-Qairowan le-Bavli Qamma Meẓiʿa, PAAJR 60 (1994) hebr. Teil 31–84; *Ta-Shma* I 139–145.

Gerschom ben Jehuda (gest. 1028 in Mainz) werden Kommentare zu 9 Traktaten zugeschrieben (in bT Wilna; *N. Sacks*, Qoveẓ Rishonim le-Massekhet Moʿed Qatan, J 1966, enthält u. a. auch den Gerschom zugeschriebenen Komm.); diese sind jedoch später stark erweiterte und zu Beginn des 12. Jhs. redigierte Vorlesungsmitschriften seiner Schüler. Unter Gerschoms Schülern studierten auch *Natan ben Jechiel*, der im 11. Jh. in Rom ein Talmudlexikon, den Arukh, verfasste (ed. *A. Kohut*, 8 Bde., W 1878–1892; wichtig für die Textkritik), und Raschi. *Ta-Shma* I 36–40.

Raschi (= R. Shlomo Jiẓḥaqi aus Troyes, gest. 1105) hat zu den meisten der mit Gemara versehenen Traktate des bT einen klassisch gewordenen Kommentar geschrieben, der in fast allen bT-Ausgaben abgedruckt ist. Die unter dem Namen Raschis gedruckten Kommentare zu Taan, Ned, Naz, Hor und MQ stammen jedoch nicht von ihm; die Traktate Pes, BB und Mak wurden von seinen Schülern vollendet. Aus einem spanischen MS veröffentlichte *E. F. Kupfer* einen Komm. zu MQ, den er für den echten Raschi-Komm. hielt (J 1961). Doch siehe *J. Florsheim*, Rashi's Commentary on Moʿed Katan (h), Tarbiz 51 (1981 f.) 421–444, nach dem das MS Zitate aus Raschis Komm. mit zahlreichen Zufügungen aus anderen Kommentaren bzw. durch den Kompilator selbst ergänzt; völlig gegen die Zuschreibung *A. Schremer*, ʿAl ha-Perushim le-Massekhet Moʿed Qatan ha-meyuḥasim le-Rashi, in FS Dimitrovsky 534–554.

A. Aptowitzer, Le-toldot perushe Rashi la-Talmud, FS B. Heller, Budapest 1941, 3–17; *A. Ahrend*, Studies on the Text Witnesses of Rashi's Commentary on Tractate Rosh Ha-shanah (h), Sidra 20 (2005) 5–24; *J. Fraenkel*, Rashi's Methodology in his Exegesis of the Babylonian Talmud (h), J 1975; *M. Hershler*, Mahadura qamma shel Rashi le-massekhet Sukka, Genuzot 1 (1984) 1–66 (MS Escorial G-II 4: Kommentar zu Suk I, eher von einem Schüler Raschis als eine frühe Fassung von diesem selbst); *J. Malchi*, ‹A Different Version› of Rashi's Commentary to Tractate Berakhot (h), Alei Sefer 12 (1986) 63–82; ders., Rashi's Commentary to Tractate Berachot included in Sefer Haner of R. Zecharyah Agamati, ibid. 17 (1992 f.) 85–95; *H. Merḥavya*, Regarding the Rashi Commentary to Ḥelek' (Talmud Bavli, Sanhedrin, Chap. XI) (h), Tarbiz 33 (1963 f.) 259–286 (hält dieses Stück im Gegensatz zu *J. N. Epstein* u. a. für echt, jedoch mit zahlreichen Glossen durchsetzt; ebenso *J. Fraenkel*, Rashi's Methodology 304–325); *Z. A. Steinfeld*, Hg., Rashi Studies (h), Ramat Gan 1993; *Ta-Shma* I 40–56.

Jehuda ben Natan, ein Schwiegersohn Raschis, vollendete dessen Kommentar zu Mak (ab 19b) und kommentierte fast den gesamten bT. In bT Wilna ist ihm Pseudo-Raschi zu Naz zu Unrecht zugeschrieben. Dieser Kommentar dürfte von Meir bar Samuel, einem anderen Schwiegersohn Raschis, stammen: *J. N. Epstein*, The Commentaries of R. Jehuda ben Nathan and the Commentaries of Worms (h), Tarbiz 4 (1932 f.) 11–34. 153–192. 295 f. (= Studies III 11–76). Siehe auch *E. Kupfer*, Hg., Perushe ha-Talmud mi-Bet Midrasho shel Rashi: Perush Mass. Qiddushin, J 1977; *A. Schreiber* (Sofer), Shne Perushim Qadmonim ʿal-Mass. Meʿila, J 1965.

Die *Tosafisten* («Ergänzer» des Kommentars Raschis) wirkten v. a. im 12. und 13. Jh. in Deutschland und Frankreich. Nicht fortlaufender Kommentar, sondern ausführliche Erläuterung einzelner Stellen. Bemühen sich um die Beseitigung innerer Widersprüche in bT durch den *Pilpul* (wörtlich «Pfefferung»: eine später zu Denkakrobatik ausartende scharfe Logik: dazu *C. Z. Dimitrovsky*, On the Pilpulistic Method, FS S. W. Baron, J 1974, hebr. Bd. 111–181) und die Erschließung von Halakhot für immer neue Lebensumstände. Zu den älteren Tosafisten gehören drei Enkel Raschis: Isaak ben Meir, Samuel ben Meir (vollendete Raschis Komm. zu BB ab 29a) und Jakob ben Meir (Rabbenu Tam) sowie dessen Neffe Isaak ben Samuel von Dampierre. Isaaks Schüler Simson von Sens veranstaltete die älteste Sammlung dieser Tosafot, die «Tosafot von Sens», die zur Basis der folgenden Sammlungen wie der des Eliezer von Touques wurden («Tosafot von Touques»), welche den Großteil der in den bT-Ausgaben am Außenrand gedruckten Tosafot ausmachen.

J. Faur, Tosafot ha-Rosh le-Massekhet Berakhot, PAAJR 33 (1965) hebr. Teil 41–65; *S. Fridman*, Sefer Shaʿare Shalom, TA 1965; *A. Schreiber* u. a., Hg., Tosfoth Chachmei Anglia, J 1968–80 (Git, San 1968; Pes 1969; BM 1969; Beẓa, Meg, Qid 1970; Nid, AZ 1971; Ber 1980); *E. E. Urbach*, The Tosafists; *ders.*, Die Entstehung und Redaktion unserer Tosafot, Jb Jüd.-theol. Sem. Breslau 1936; *ders.*, Mi-toratam shel Ḥakhame Anglia mi-lifne ha-gerush, FS I. Brodie hebr. Teil, Lo 1966, 1–56; *Ta-Shma* I 58–92; *B. Z. Wacholder*, Supplements to the Printed Edition of the Tosafot Yesanim, Yevamot, Chapter I, HUCA 40/41 (1969 f.), hebr. Teil 1–30.

Mose ben Nachman (gest. 1270) hat zu zahlreichen Traktaten *ḥiddushim* («Neuerungen») – ausführliche Diskussionen einzelner Stellen des bT – geschrieben und damit eine neue Entwicklung in der bT-Auslegung eingeleitet. Ausgabe in 3 Bden, J 1928/29, Ndr. J 1972; krit. Ausgabe: *M. Hershler*, Hg., Ḥiddushe ha-Ramban, J 1970 ff. (I 1970: Mak, AZ, San; II 1973: Shab, Er, Meg; III 1976: Shevu, Nid; IV 1987: Yev, Sot, Ber, Taan, RH; V 1985: Ned; VI 2002: BM). *Ta-Shma* II 29–55.

Menachem ben Salomo, gewöhnlich Meiri genannt, provençalischer Name Don Vidal Solomon (1249–1306), hat ḥidduschim unter dem Titel Bet ha-Beḥira verfasst, die inzwischen zum Großteil veröffentlicht sind (zwischen 1942 und 1971 28 Bde. zu 31 Traktaten, J, Hag in TA; auch zu mHalla, Avot und Miqwaot; Ndr. 13 Bde., J 1965–1978). *G. Stern*, Philosophy and Rabbinic Culture, Lo 2009, 70–110; *Ta-Shma* II 158–173.

Salomo b. Abraham Adret (1235–1310, Barcelona): Ḥiddushim, 3 Bde., J 1962. Kritische Ausgabe: *H. Z. Dimitrovsky* u. a., Hg., Ḥiddushe ha-Rashba, 12 Bde., J 1981–1993. *Ta-Shma* II 55–66.

Ascher ben Jechiel: Tosafot ha-Rosh ha-Shalem, Hg. *S. Wilman*, 3 Bde. 1987 (Ndr. von Brooklyn 1971–1978); Ned, hier nicht enthalten, doch in den meisten bT-Ausgaben. *Ta-Shma* II 78–85.

Jom Tov ben Abraham aus Sevilla (= Ritba, 1250–1320): Ḥiddushe ha-Ritba, Hg. *M. Goldstein* u. a., 19 Bde., J 1974–2005 (Ber, Shab, Er, Pes, Yom, Suk, Beẓa, RH, Taan, Meg, MQ, Yev, Ket, Ned, Git, Qid, BM, BM, Mak, Shevu, AZ, Chul, Nid); BB, Hg. *B. J. Menat*, J 1975; für übrige Traktate siehe die Ausgabe TA 1958 (6 Bde.). *Ta-Shma* II 69–74.

Beẓalel ben Abraham Ashkenazi (ca. 1520–1591/94) sammelte Talmudauslegungen der Geonim und mittelalterl. Autoren in seiner Shitta Mequbbeẓet, 11 Bde., TA 1963; neue Ausgabe durch *J. D. Ilan*, 3 Bde., Bene Beraq 1992 (Zev, Men, Bek, Ar, Tem, Ker, Meʿila, Tam, Qin), und *Z. Metzger*, 13 Bde., J 1997 (Ber, Beẓa, Naz, Sota, Ket, Ned, BQ, BM, BB). *S. Toledano*, The Talmudic Methodology of Rabbi Bezalel Askenazi, the Author of the Shitah Mekubbetzet (h), Tarbiz 78 (2008 f.) 479–520.

Von den späteren Kommentatoren seien nur genannt: Salomo Luria von Lublin, gest. 1573; Samuel Edels, gest. 1631 in Ostrog; Elija Gaon von Wilna, gest. 1797; Aqiva Eger, gest. 1837 in Posen. In bT Wilna sind zahlreiche Kommentare mitgedruckt. Frühe Kommentare sind ediert in *M. Hershler*, Hg., Ginze Rishonim, 4 Bde., J 1962–1967: Suk, RH, Yoma, Taan, Ber. Viele Kommentare sind im *Otzar Mefarshei Hatalmud*, J 1971 ff., zusammengefasst (keine wörtliche Wiedergabe, Hauptgewicht auf den Autoren nach 1600); bis 2009 15 Bde. erschienen (Zeraʿim, Pes, Suk, Git, Qid, BQ, BM, Mak). *A. Freimann*, List of the Early Commentaries on the Talmud (h), FS L. Ginzberg, NY 1945, II 323–354; *M. M. Kasher – J. Mandelbaum*, Sarei ha-Elef. A Millennium of Hebrew Authors (500–1500 C. E.) (h), NY 1959; *I. Ta-Shma*, Ḥiddushei ha-Rishonim – their Order of Publication (h), KS 50 (1974 f.) 325–336.

Moderne Kommentare zu bT, die über die Besprechung einzelner Stellen hinausgehen, gibt es kaum. Am ehesten könnte man hier *Z. W. Rabinowitz*, Shaʿare Torath Babel. Notes and Comments on the Babylonian Talmud (h), Hg. *E. Z. Melamed*, J 1961, nennen, ebenso *D. Halivni*, Sources and Traditions. A Source Critical Commentary on the Talmud (h). I: On Seder Nashim, TA 1968; II: Seder Moed from Yoma to Hagiga, J 1975; III: Shab, J 1982; IV: Er – Pes, J 1982; BQ, J 1993, BM J 2003, BB J 2007, eventuell auch den hebr. Kurzkommentar in der bT-Ausgabe Steinsaltz, der aber kaum einmal über Raschi hinausgeht. Die Beschäftigung mit halakhischen bzw. literargeschichtlichen Problemen und der bloße Umfang von bT haben jedenfalls bisher von einer durchgehenden Kommentierung abgehalten. Einen bedeutenden Fortschritt zumindest in einem Teilbereich bietet die knappe Analyse von bT in der Übersetzung *J. Neusners* (siehe oben). Der von *T. Ilan* herausgegebene Feminist Commentary on the Babylonian Talmud ist naturgemäß auf bestimmte Abschnitte der behandelten Traktate begrenzt, bietet zu diesen jedoch eine gründliche Kommentierung aus Gender-Perspektive: *T. Ilan* u.a., Hg., A Feminist Commentary on the Babylonian Talmud. Introduction and Studies, Tüb. 2007; *T. Ilan*, Massekhet Taʿanit, Tüb. 2008; *T. Or*, Massekhet Betsah, Tüb. 2010; *S. Valler*, Massekhet Sukkah, Tüb. 2009. Die anderen Traktate von Moʿed sind weit fortgeschritten, mit Qodashim wurde begonnen.

7) Der Talmud in der Polemik

Lit.: R. Chazan, The Condemnation of the Talmud Reconsidered (1239–1248), PAAJR 55 (1988) 11–30; *ders.*, Daggers of Faith, Berkeley 1989; *J. Cohen*, The Friars and the Jews, Ithaca 1982; *ders.*, Living Letters of the Law. Ideas of the Jew in Medieval Christianity, Berkeley 1999, 317–363; *G. Dahan*, Hg., Le brûlement du Talmud à Paris 1242–1244, P 1999; *F. Delitzsch*, Rohling's Talmudjude beleuchtet, Le 1881; *S. Grayzel*, The Church and the Jews in the XIIIth Century, 2 Bde., NY 1966–1989; *I. A. Hellwing*, Der konfessionelle Antisemitismus im 19.Jh. in Österreich, W 1972 (zu Rohling und Deckert); *H.-M. Kirn*, Das Bild vom Juden im Deutschland des frühen 16.Jahrhunderts, Tüb. 1989 (zu J.Pfefferkorn); *Ch. Merchavia*, The Church versus Talmudic and Midrashic Literature (500–1248) (h), J 1970; *H.-G. von Mutius*, Die christlich-jüdische Zwangsdisputation zu Barcelona. Nach dem hebräischen Protokoll des Moses Nachmanides, F 1982; *M. Orfali*, De Iudaicis erroribus ex Talmut de Jerónimo de Santa Fe, Madrid 1987; *ders.*, Talmud y Cristianismo. Historia y causas de un conflicto, Barcelona 1998; *F. Parente*, The Index, the Holy Office, the Condemnation of the Talmud and Publication of Clement VIII's Index, in: *G. Fragnito*, Hg., Church, Censureship and Culture in Early Modern Italy, C 2001, 163–193; *M. Pelli*, The Age of Haskalah, L 1979, 48–72 (Einstellung der Maskilim); *U. Ragacs*, «Mit Zaum und Zügel muß man ihr Ungestüm bändigen» - Ps 23,9. Ein Beitrag zur christlichen Hebraistik und antijüdischen Polemik im Mittelalter, F 1997; *dies.*, Die zweite Talmuddisputation von Paris 1269, F 2001; *S. Rappaport*, Christian Friends of the Talmud, FS I. Brodie, Lo 1967, I 335–354; *J. Rembaum*, The Talmud and the Popes: Reflections on the Talmud Trials of the 1240s, Viator 13 (1982) 203–223; *J. M. Rosenthal*, The Talmud on Trial. The Disputation of Paris in the Year 1240, JQR 47 (1956f.) 58–76. 145–169; *C. Schulte*, Die jüdische Aufklärung, M 2002, 81–118 (Maskilim); *J. Shatzmiller*, La deuxième controverse de Paris, P 1994.

Als Werk einer zwar starken, doch nicht allein herrschenden Richtung im Judentum hat der Talmud stets seine Gegner auch innerhalb des Judentums gehabt. Schon vor der Vollendung des bT führen innerjüdische Polemiken zur Novelle 146 Justinians von 553, die nicht nur die Vertreter der griechischen Bibellesung in der Synagoge stärkt, sondern auch jede *deuterôsis* verbietet, worunter wohl jede über die Bibel hinausgehende traditionelle Erklärung derselben gemeint ist. Leo VI. (886–912) hat dieses Verbot erneuert, das an sich gegen bT hätte angewendet werden können, jedoch offenbar keine praktische Auswirkung hatte. Gefährlicher war die Opposition der *Karäer* gegen den Talmud. Anan ben David, der um die Mitte des 8. Jhs. diese Richtung begründete, soll aufgefordert haben, die Worte der Mischna und des Talmud zu verlassen; er werde einen eigenen Talmud verfassen (so der Gaon Natronai im Seder Rav Amram Gaon, Hg. *D. Goldschmidt*, J 1971, 111).

Karäische Tendenzen oder auch nur ein radikaler Rationalismus im Gefolge des Maimonides haben *Nikolaus Donin* zu einem Gegner des Talmud gemacht. Deshalb 1224 von Rabbinen gebannt, trat er 1236 zum Christentum über. 1238 legte er Gregor IX. eine Schrift mit 35 Punkten gegen den Talmud vor, was zur *Disputation von Paris* 1240 über den Talmud zwischen Nikolaus und Rabbi Jechiel führte und 1242 die Verbrennung der schon 1240 konfiszierten hebräischen Bücher zur Folge hatte. 1247 schreibt Innozenz IV., er habe den Juden den Besitz des Talmud erlaubt, da sie ohne ihn nicht gemäß ihrer Religion leben könnten, zugleich aber habe er auch die Zensur des Talmud veranlasst. Die *Disputation von Barcelona* 1263 zwischen dem ehemaligen Juden Pablo Christiani, der aus Talmud und Midrasch Beweise für das Christentum schöpfen wollte, und Nachmanides, der dagegen die Halakha als allein verbindlichen Teil des Talmud betonte, zeigt einen anderen Aspekt im Kampf um den Talmud. Der etwas später entstandene Pugio Fidei des *Raymund Martini* versucht ebenfalls, den Talmud für die christliche Propaganda unter den Juden zu verwenden, ebenso auch die zweite Pariser Disputation (1269?). In der Folgezeit bestimmen jedoch Verurteilungen des Talmud (z. B. nach der Disputation von Tortosa 1413/14), Verbote, dass Juden den Talmud studieren (so Eugen IV. im Anschluss an das Konzil von Basel), Talmudverbrennungen (z. B. 1553 in Rom und Venedig, wo die blühenden hebräischen Druckereien zugrunde gingen) und Zensur das Bild in den christlichen Ländern.

Auch im 16. Jh. war es ein bekehrter Jude, *Johannes Pfefferkorn*, der den Kampf gegen den Talmud führte, sah er doch in den jüdischen Büchern den alleinigen Grund, dass die Juden nicht Christen würden. Als er 1509 von Kaiser Maximilian mit der Prüfung der hebräischen Bücher beauftragt wurde, setzte sich der Humanist *Johannes Reuchlin* entschieden für den Talmud ein; Pfefferkorn brachte ihm deshalb ein langes Verfahren vor der Inquisition ein. Die römischen Maßnahmen gegen die Reformation verschärften schließlich das Klima religiöser Intoleranz. Und so kam der Talmud auch auf den ersten Index der verbotenen Bücher von 1558/59 (zu Vor- und Nachgeschichte siehe *Parente*).

Christliche Hebraisten des 17. Jhs. erkannten den Wert der rabb. Literatur für ein tieferes Verständnis des Neuen Testaments: *John Lightfoot*, Horae Hebraicae et Talmudicae, C 1658, hat hier einen Weg gewiesen, der in *(H. L. Strack –) P. Billerbeck*, Kommentar zum Neuen Testament aus

Talmud und Midrasch, 6 Bde., M 1922–1961, sein vorläufiges Ziel erreicht hat (*M. Smith*, Tannaitic Parallels to the Gospels, Phil. 1951, hat sich methodisch richtig sehr eingeschränkt. Einen neuen Versuch, rabb. Literatur für die Kommentierung des Neuen Testaments zu nutzen, unternimmt *D. Instone-Brewer*, Traditions of the Rabbis from the Era of the New Testament, Bd. I, Grand Rapids 2004; 6 Bde. sind geplant). Zu nennen ist auch *J. Buxtorf*, Lexicon chaldaicum, talmudicum et rabbinicum, Basel 1639.

Das Hauptwerk der talmudfeindlichen Literatur ist *Johann Andreas Eisenmenger*, Entdecktes Judenthum, 2 Bde., F 1700. Eisenmenger hat jahrzehntelang bei Juden die rabb. Literatur unter dem Vorwand studiert, zum Judentum übertreten zu wollen, in Wirklichkeit jedoch alle Stellen zusammengesucht, die jüdische Irrtümer oder Angriffe gegen die christliche Religion belegen sollten. In seinem Werk, das für die kommenden Zeiten eine wahre Fundgrube antijüdischer Argumente werden sollte, zitiert er jeweils die hebräischen Originalquellen mit seiner Übersetzung, die teilweise fehlerhaft, jedoch sicher nicht bewusst falsch war; auch hat er keine Belege gefälscht, wie ihm gelegentlich vorgeworfen wurde. Die Frankfurter Juden erwirkten ein Verbreitungsverbot, doch erschien 1711 in Berlin (Impressum Königsberg) eine 2. Auflage und 1732 f. eine englische Übersetzung.

Eisenmengers Zitatensammlung, ohne den jeweiligen Zusammenhang für jegliche Missdeutung offen und so auch «Beweis» für Ritualmord, Brunnenvergiftung und andere «jüdische Verbrechen», diente *August Rohling* (1839–1931, seit 1876 Professor für Altes Testament in Prag) als Basis für sein Pamphlet «Der Talmudjude», Münster 1871. Das Machwerk, das insgesamt 17 Auflagen erlebte, erwies sich als Munition in der antisemitischen Hetze v. a. der christlich-sozialen Partei in Österreich, wobei sich besonders auch der Wiener Pfarrer *Joseph Deckert* (1843–1901) hervortat.

Aber auch innerjüdische Angriffe gegen den Talmud waren in dieser Periode, die zugleich die der Haskala – der jüdischen Aufklärung – war, nicht selten. *Moses Mendelssohn*, selbst rabb. gebildet, bemühte sich, den Quellen, d. h. der Bibel, den ihr geziemenden Platz und den Vorrang gegenüber dem Talmud einzuräumen. Der Lehrplan der auf ihn zurückgehenden Freischule in Berlin (1778 gegründet) gab dem Talmudstudium keinen Raum. Spätere jüdische Aufklärer wurden zuweilen gegen den Talmud direkt polemisch, wie etwa der Lektor der Rabbinerschule Warschau, *Abraham Buchner* (Der Talmud in seiner Nichtigkeit, Warschau 1848). Die meisten jedoch begnügten sich damit, die rabb. Literatur zu umgehen – erst relativ spät werden Talmudstudien in der Wissenschaft des Judentums bedeutend – oder auf ihre rein historische Bedeutung hinzuweisen. Mit der Gründung der Rabbinerseminare und Jüdischen Hochschulen fiel diesen die historisch-kritische Erforschung der rabb. Literatur zu, während die osteuropäischen Jeschivot das traditionelle Studium dieser Schriften weiterpflegten. Diese orthodoxen Kreise waren es auch, die an der halakhischen Autorität des bT auch für die Gegenwart festhielten, während weite jüdische Kreise – so v. a. auch das Reformjudentum – die talmudische Halakha den Zeitumständen anzupassen versuchten oder überhaupt als völlig überholt betrachteten und ad acta legten.

V. Die außerkanonischen Traktate

Am Ende der Ordnung Neziqin des bT wird gewöhnlich eine Reihe von Texten abgedruckt, die man als «außerkanonische» Traktate (da sie nicht die Autorität des eigentlichen bT besitzen) oder auch als «kleine Traktate» bezeichnet («klein» eher im Sinn geringerer Autorität als notwendig kleinen Umfangs). Diese erstmals in der bT-Ausgabe Romm Wilna 1886 in dieser Form zusammen wiedergegebenen Traktate sind in zwei Gruppen zu teilen, sieben selbstständige Schriften und sieben thematische Sammlungen von Halakhot, die zum größten Teil auch sonst belegt sind. Oft bezeichnet man nur diese zweite Gruppe als «kleine Traktate» im eigentlichen Sinn.

Englische Übersetzung aller dieser Traktate: *A. Cohen*, Hg., The Minor Tractates of the Talmud, 2 Bde., Lo 1965, ²1971. Umfassende Darstellung: *M. B. Lerner*, The External Tractates, in *Safrai* I 367–403.

1) Avot de Rabbi Natan (= ARN)

Lit.: L. Finkelstein, Introductory Study to Pirke Abot, JBL 57 (1938) 13–50; *ders.*, Mavo le-Massekhtot ʾAvot we-ʾAvot de-Rabbi Natan, NY 1950; *J. Goldin*, The two versions of Abot de Rabbi Nathan, HUCA 19 (1945 f.) 97–120; *ders.*, The Third Chapter of Abot De-Rabbi Nathan, HThR 58 (1965) 365–386; *ders.*, Reflections on the Tractate Aboth de R'Nathan (h), PAAJR 46 f. (1979 f.) hebr. Teil 59–65; *M. Kister*, Studies in Avot de-Rabbi Nathan. Text, Redaction and Interpretation (h), J 1998; *ders.*, Legends of the Destruction of the Second Temple in Avot-De-Rabbi Nathan (h), Tarbiz 67 (1997 f.) 483–529; *ders.*, ʿIyyun be-ʾAvot deR. Natan A pereq 17– ʿarikha we-naftule mesorot, Talmudic Studies III/2 703–738; *ders.*, EJ² II 750–1; *J. Neusner*, Judaism and Story: The Evidence of the Fathers According to Rabbi Nathan, Chicago 1992; *ders.*, Form-Analytical Comparison in Rabbinic Judaism. Structure and Form in The Fathers and The Fathers According to Rabbi Nathan, A 1992; *A. J. Saldarini*, Scholastic Rabbinism. A Literary Study of the Fathers According to R. Nathan, Chico 1982; *J. W. Schofer*, The Making of a Sage. A Study in Rabbinic Ethics, Madison, WI, 2005; *L. Zunz*, GV 114–116.

Text: H.-J. Becker, Hg., Avot de-Rabbi Natan. Synoptische Edition beider Versionen, Tüb. 2006; *ders.*, Hg., Geniza-Fragmente zu Avot de-Rabbi Natan, Tüb. 2004 (30 Blatt von 14 Handschriften, jeweils Faksimile und Transkription, Beschreibung, synoptischer Vergleich mit anderen Textzeugen). *Beckers* Edition ersetzt die klassische Ausgabe von *S. Schechter*, Aboth de Rabbi Nathan. Edited from Manuscripts with an Introduction, Notes and Appendices (h), W 1887, Ndr. mit Prolegomenon v. *M. Kister*, NY-J 1997. *M. Bregman*, An Early Fragment of

Avot de Rabbi Natan

Avot de Rabbi Natan from a Scroll (h), Tarbiz 52 (1982 f.) 201–222 (ARN A 38 und 36; das Geniza-Fragment soll nicht später als 9. Jh. sein). *Übersetzungen* von Fassung A: K. *Pollak*, Rabbi Nathans System der Ethik und Moral, F 1905; J. *Goldin*, The Fathers according to Rabbi Nathan, New Haven 1955; J. *Neusner*, The Fathers According to Rabbi Nathan: An Analytical Translation and Explanation, A 1986; Fassung B: *A. J. Saldarini*, The Fathers according to Rabbi Nathan (Abot de Rabbi Nathan) Version B. A Translation and Commentary, L 1975 (dazu J. *Elbaum*, KS 52, 1976 f., 806–815). Beide Fassungen: *M. A. Navarro Peiró*, Abot de Rabbí Natán, Valencia 1987.

ARN wird gewöhnlich in zwei Fassungen (A und B) ediert, die 41 bzw. 48 Kapitel umfassen. Fassung A wurde erstmals in der Talmudausgabe von *M. A. Justiniani* am Ende von Seder Neziqin abgedruckt (V 1550). *S. Schechter* hat sie in der üblichen Form wiedergegeben, jedoch nach MSS (Oxford Neubauer 408; MS Epstein vom Jahr 1509, jetzt JTS NY 10484, ein Teil ist aber verloren gegangen) und mittelalterlichen Zitaten korrigiert. Fassung B hat schon *S. Taussig* z. T. aus Cod. hebr. München 222 veröffentlicht (Neweh Schalom I, M 1872); *S. Schechter* hat MS Rom Ass. 303 als Basis genommen, dazu MS Parma De Rossi 327 und MS Halberstam aus der Bodleiana, Oxford Neubauer 2635, sowie mittelalterl. Zitate herangezogen. *H.-J. Becker* bietet alle vollständigen Textzeugen beider Fassungen synoptisch, dazu in einem eigenen Band die Geniza-Fragmente von ARN und verwandtem Material; Beschreibung der Textzeugen: *Kister*, Studies 225–237; *Becker* X–XVIII. Zwei Geniza-Fragmente hat schon *Saldarini* in seiner Übersetzung verwertet.

ARN steht eindeutig in einem Abhängigkeitsverhältnis zum M-Traktat Avot, den es zitiert und kommentiert. Gleich ihm enthält ARN nur Haggada. Für die nähere Bestimmung des Verhältnisses zu Avot unterscheidet *Schechter* verschiedene Teile: ARN A 1–11 (B 1–23) und 12–18 (B 23–30) betrachtet er als Midrasch zu Avot, dessen Aussprüche ARN ausführlich und oft mit verschiedenen Deutungen nacheinander interpretiert und dazu oft die Bibel heranzieht. ARN 20–30 (B 31–35) verhalten sich eher wie M selbst, indem sie einfach die Sprüche der Rabbinen ohne Kommentar bieten. 31–41 (B 36–48) bestehen wie Avot 5 primär aus Zahlensprüchen; sie zitieren Avot und ergänzen es nach Art von T (*Schechter* XVI f.). *Goldin* und *Saldarini* schließen sich *Schechter* an, betrachten jedoch den Midrasch als die vorherrschende Gattung. Die Bezeichnung von ARN als T zu Avot (z. B. *D. Hoffmann*, Die erste Mischna und die Controversen der Tannaim, B 1882, 27) bzw. als Baraita dazu (so *Zunz*, GV 114; *Albeck*, Einführung 410) ist darin begründet, dass ARN (fast) nur Tannaiten als Autoritäten zitiert und in M-Hebräisch verfasst ist anstatt im Aramäisch der Gemara.

Die beiden ARN-Fassungen weichen im Avot-Text voneinander ab und weisen gemeinsame gravierende Unterschiede zur jetzigen M Avot auf. M Avot enthält viel mehr Material, als ARN zugrunde liegt (mAv

1,16–2,7 und 2,13–14 fehlen in beiden Fassungen). Auch sind in ARN die Aussprüche der Rabbinen z. T. chronologisch richtiger als in M geordnet. Ebenso gibt es Abweichungen im Wortlaut und in den Tradentennamen (oft auch zwischen ARN A und B). *L. Finkelstein* (Mavo 4 f.; ihm folgen *Goldin* und *Saldarini*) hält die den beiden Fassungen von ARN vorliegende Form von Avot für älter als die der M.

Nach *S. Schechter* (XX–XXIV) gehen ARN A und B auf einen gemeinsamen schriftlichen Urtext zurück, während *Goldin* (The two versions) mit *Finkelstein* (JBL 57, 16.39) sie für voneinander unabhängige Ausformungen der mündlichen Tradition hält. Das Grundthema in A sei das Studium der Tora, in B die guten Werke (The two versions 98 f.).

Für die Entstehungsgeschichte von ARN ist der Name von R. Natan belanglos. Es ist weder sicher, dass damit der bekannte Tannait gemeint ist, noch, dass dieser als Verfasser von ARN oder der ARN zugrunde liegenden Version von Avot angesehen wurde.

Die Verwendung einer von M abweichenden Fassung von Avot könnte eine relativ frühe Entstehungszeit für den Grundstock von ARN nahelegen. Doch ist Avot selbst, zumindest als Gesamtheit, später als die übrige M und nicht leicht zu datieren. Wie lange die lebendige Entwicklung von ARN gedauert hat, lässt sich nicht sagen. Die weithin übliche Datierung der Endfassung in das 7. bis 9. Jh. (*Zunz*, GV 116: nachtalmudisch) beruht im Wesentlichen darauf, dass man ARN mit den kleinen Traktaten als Einheit sieht. Von Sprache, Inhalt und zitierten Rabbinen her schließt dagegen *J. Goldin*: «The composition of the contents of ARN cannot be much later than the third or following century, or at the utmost shortly thereafter» (The Fathers XXI). Man muss allerdings beide Fassungen gesondert beurteilen. ARN B (schon in den She'iltot im 8. Jh. zitiert) ist sicher die ältere Version; sie hat, da nicht so verbreitet, weniger unter späteren Veränderungen gelitten (*Schechter* XXIV) und somit die urtümlichere Gestalt bewahrt. *M. B. Lerner* datiert die Endredaktion von ARN B Ende 3. Jh., für die Version A hingegen schließt er aus dem von Bregman veröffentlichten Fragment (Rest einer Buchrolle mit einer frühen Form von ARN A 38, gefolgt von 36), dass «the basis for the extant arrangement ... is a product of the latter half of the seventh or early eighth century» (378), auch wenn das Material zum Großteil der tannaitischen Periode nahesteht. *Kister* (Studies 217–222) hält dagegen beide Fassungen für nachtalmudisch, in der erhaltenen Form frühestens am Ende der amoräischen Zeit entstanden (nach dem 5. und vor dem 9. Jh., vermutlich in der Mitte dieses Rahmens), wobei A sicher weiter als B vom Original entfernt ist; *H.-J. Becker* dagegen sieht die Aufteilung des MSS-Materials auf zwei Fassungen als zu große Vereinfachung einer viel komplexeren Entstehungs- und Überlieferungsgeschichte von ARN im Sinn eines «offenen Werks»; dies belegen seine synoptische Edition (in der zwei MSS der Version A so sehr von den anderen abweichen, dass sie getrennt wiedergegeben werden) zusammen mit der Edition aller Geniza-Fragmente.

2) Soferim

Lit.: M. *Higger*, Masseket Soferim, NY 1937; *ders.*, Seven Minor Treatises ... and Treatise Soferim II (mit engl. Übers.), NY 1930; J. *Müller*, Masechet Soferim. Der thalmudische Tractat der Schreiber, Le 1878 (mit ausführlichem deutschen Kommentar); O. *Ben Ifa*, Massekheth Soferim ou le traité gaonique des «Scribes», Dison 1977 (Text Müllers mit Übers.). – D. *Reed Blank*, Soferim: A Commentary to Chapters 10–12 and a Reconsideration of the Evidence, Diss. JThS, NY 1998; *dies.*, It's Time to Take Another Look at «Our Little Sister» Soferim: A Bibliographical Essay, JQR 90 (1999f.) 1–26; E. *Fleischer*, Eretz-Israel Prayer and Prayer Rituals as Portrayed in the Geniza Documents (h), J 1988, 199–202; M. M. *Kasher*, Torah Shelemah Bd. 29: The Script of the Torah and its Characters (h), J 1978, 94–99; R. *Langer*, Early Medieval Celebrations of Torah in the Synagogue: A Study of the Rituals of the Seder Rav Amram Gaon and Massekhet Soferim (h), Kenishta 2 (2003), 99–118; I. W. *Slotki*, Einleitung zu seiner Übers. in A. *Cohen*, The Minor Tractates I; *Zunz*, GV 100f. (Derashot 275–277 Anmerkungen von *Albeck*); dt. Übers.: H. *Bardtke*, Wissensch. Zeitschrift Leipzig 1952/53, 31–49.

Der Traktat Soferim ist in zwei Fassungen überliefert, einer palästinischen (in den Talmudausgaben) und einer babylonischen. Die übliche (pal.) Version besteht aus mehreren Teilen: Kap. 1–5 enthalten die Regeln für die Herstellung der Bibelhandschriften unter Verwendung des kleinen Traktats Sefer Tora; 6–9 setzen dieses Thema fort; 10–21 regeln die öffentliche Verlesung der Tora. Wie E. *Fleischer* (199–202, Einzelbelege *passim*) betont, weicht Soferim oft von der palästinischen Liturgie ab, auch wenn der Verfasser des Traktats in Palästina wirkte (so 242 Anm. 105); in manchen Punkten steht er unter bab. oder anderem regionalen Einfluss und versucht die pal. Liturgie nicht einfach zu beschreiben, sondern zu reformieren. Einen Schritt weiter geht *Reed Blank*. Da 10–21 (daraus, v. a. aus 19, stammen auch *Fleischer*s Belege) bei den Geonim und auch in der Geniza nie belegt sind, vermutet sie für diesen Teil europäische Herkunft, vielleicht Italien oder Byzanz; bald nach Aschkenas gekommen, ist der Text dort noch vielfach glossiert worden (u. a. Parallelen aus bT), ehe er im 14. Jh. feste Gestalt erhielt (JQR 4–5). Kap. 1–9 sind sicher früher, und gaonäische Vorformen für den ganzen Traktat, der auch als Hilkhot Soferim oder Baraita de-Soferim zitiert wird, sind anzunehmen. Eine genauere Datierung des Traktats und seiner Teile ist jedoch vor weiteren Studien zur Geschichte der Liturgie und der Textüberlieferung kaum möglich.

Von der (bab.) Version II sind nur die ersten zwei Kapitel erhalten. Doch zeigt *Higger* (Seven Minor Treatises, hebr. Einleitung 12–15) durch Zitate in einem Geniza-Text (veröffentlicht von E. N. *Adler*, JQR 9, 1897,

681–716 als ein Werk des Jehuda ben Barzilai, von *Higger* jedoch einem babylonischen Juden des 11. Jhs. zugeschrieben), dass der Text ursprünglich umfangreicher gewesen sein muss. Hai Gaon zitiert mehrmals diese zweite Fassung.

3) Evel Rabbati

Lit.: N. *Brüll*, Die talmudischen Traktate über Trauer um Verstorbene, Jahrbücher 1 (1874) 1–57; *M. Higger*, Treatise Semachot, NY 1931 (krit. Ausgabe); *Ch. M. Horovitz*, Uralte Tosefta's Teile 2–3, Mainz 1890 (Semaḥot zutarti und Stücke von Evel-Traktaten); *D. Zlotnick*, The Tractate «Mourning», New Haven 1966 (Einleitung, engl. Übersetzung, krit. Text); *ders.*, EJ² XVIII 271 f.; *M. Klotz*, Der talmudische Tractat Ebel Rabbati, B 1890 (krit. Ausgabe der Kap. 1–4 mit kommentierter deutscher Übers.); *Zunz*, GV 94.

Evel Rabbati, der «große (Traktat) über die Trauer», euphemistisch bei Raschi u. a. Semaḥot («Freuden») genannt, beschreibt in 14 Kapiteln Halakhot und Gebräuche, die gegenüber Sterbenden, Selbstmördern und Hingerichteten einzuhalten sind, Trauer- und Begräbnisbräuche, aufgelockert durch viele Beispielerzählungen (*maʿase*). In bMQ 24a; 26b; bKet 28a werden Zitate aus einer Schrift namens Evel Rabbati gebracht; allerdings hat es offenbar Textrezensionen verschiedenen Umfangs und Inhalts gegeben (Nachmanides zitiert in Torat ha-Adam eine Variante als *mekhilta ʾaḥariti de-ʾevel*; verschiedene mittelalterliche Zitate finden sich nicht in unserem Text); so bleibt offen, ob bT nicht doch eine frühe Form oder Rezension unseres Textes zitiert. Der Gaon Natronai (9. Jh.) schreibt zu den bT-Stellen: «Evel ist ein M-Traktat, in dem Trauergebräuche enthalten sind; in ihm findet sich ein Großteil der Halakhot, die in MQ 3 gelehrt werden; und es gibt zwei, einen großen und einen kleinen» (Otzar ha-Gaonim VIII, J 1938, 95).

Der Text fehlt in MS München von bT, wurde jedoch schon in der Erstausgabe des bT 1523 gedruckt und ist in mehreren MSS überliefert. Gewöhnlich wird er ins 8. Jh. datiert (z. B. *Brüll*). Doch können die zahlreichen Parallelen mit bT und v. a. pT nicht einfach als Entlehnungen aus den Talmudim erklärt werden. Von den genannten Rabbinen, vom Aufbau, Inhalt und auch von der Sprache her ist auch ein viel früheres Datum möglich (*Zlotnick: Ende 3. Jh.*), das auch archäologische Fakten (Begräbnissitten) stützen könnten (*E. M. Meyers*, The Use of Archaeology in Understanding Rabbinic Materials, FS N. N. Glatzer, L 1975, 28–42, 93 f.; *ders.*, Jewish Ossuaries: Reburial and Rebirth, R 1971). Zu Semaḥot de R. Chijja (S. Zutarti) siehe *M. B. Lerner* 390 f.

4) Kalla

Lit.: Ch. Albeck, Mavo 601–604; *V. Aptowitzer*, Le traité de «Kalla», REJ 57 (1909) 239–248; *D. Brodsky*, A Bride without Blessing: A Study in the Redaction and Content of Massekhet Kallah and Its Gemara, Tüb. 2006; *B. De Vries*, The date of compilation of the tractate ‹Kalla rabbati› (h), 4th WCJS, J 1967, 131 f. (Ndr. in: ders., Meḥqarim 259–262); *Y. Epstein*, Studies in Massekhet Kalla Rabbati. Text, Redaction and Period, Diss. J 2009. – *Text: N. N. Coronel*, Ḥamisha Quntarsim. Commentarios quinque …, W 1864 (erste Ausgabe von Kalla Rabbati); *M. Higger*, Massektot Kallah, NY 1936; *M. Friedmann*, Pseudo-Seder Eliahu zuta, W 1904, 13–19 (Ndr. zusammen mit SER und SEZ, J 1960).

Der in bT und Machzor Vitry wiedergegebene Traktat Kalla («Braut») umfasst ein Kapitel, das Verlobung, Ehe und eheliche Beziehungen bespricht. bShab 114a, bTaan 10b und bQid 49b nennen als Erfordernis für einen rabb. Gelehrten die Kenntnis der *massekhet kalla*. Raschi u. a. beziehen dies auf den Traktat Kalla, während Chananel u. a. darin die Institution der Kalla und den dafür vorbereiteten Traktat sehen; diese Deutung ist vorzuziehen, wobei die Nennung des Kalla-Traktats in bT schon eine Glosse zur paläst. Tradition ist (*Albeck; Goodblatt*, Instruction 157–159). *Higger* 13 sieht Kalla als tannaitisches Werk an, das ein Schüler des Eliezer ben Hyrkan verfasst habe. Gewöhnlich aber sieht man darin ein Werk des Jehudai Gaon (8. Jh.) bzw. allgemeiner gaonäischer Herkunft (*M. B. Lerner* 395: «definitely … a post-talmudic compilation of the early Gaonic Period»). *Brodsky* dagegen möchte Kalla und Kalla Rabbati 1–2 in die Zeit zwischen ca. 280 und 450 datieren und in Babylonien ansetzen.

Kalla Rabbati, von *Coronel* aus MS Halberstam-Epstein veröffentlicht, auch in bT Romm Wilna enthalten, besteht aus 10 Kapiteln mit jeweils Baraita und Gemara; die Gemara von 1–2 kommentiert den Traktat Kalla, 8 das Zusatzkapitel 6 von Avot (Qinyan Tora), die übrigen Kapitel sind Gemara zum Traktat Derekh Ereẓ. *Friedmann* 15 verbindet das Werk mit der Schule Ravas (bA4), was *De Vries* übernimmt und v. a. mit der sprachlichen Nähe zu den außergewöhnlichen Traktaten des bT begründen möchte. Meist schreibt man es hingegen einem Schüler des Jehudai Gaon (*Aptowitzer*) oder zumindest dieser Zeit zu.

5) Derekh Ereẓ Rabba (DER)

Lit.: A. Epstein, Qadmoniot 104–106; *S. Krauss*, Le traité talmudique «Déréch Éréç», REJ 36 (1898) 27–46; 205–221; 37 (1898) 45–64; dazu *W. Bacher*, REJ 37 (1899) 299–303; *Zunz*, GV 116–118. – *Text: M. Higger*, The treatises Derek Erez, Pirke ben Azzai, Tosefta Derek erez, edited from MSS with an introduction, notes, variants and translation, NY 1935, Ndr. J 1970. *Übers.: M. van Loopik*, The Ways of the Sages and the Way of the World. The Minor Tractates of the Babylonian Talmud: Derekh ʾEretz Rabbah, Derekh ʾEretz Zuta, Pereq ha-Shalom. Translated on the basis of manuscripts and provided with a commentary, Tüb. 1991.

Derekh Erez (wörtlich «Weg der Erde», daher «Lebensregeln») bezeichnet zwei völlig verschiedene Traktate, die zur Unterscheidung voneinander nachträglich als Rabba bzw. Zutta bezeichnet wurden. DER ist eine Sammlung von Baraitot, durch Aussprüche früher Amoräer ergänzt. Die Kapitel 1–2 fehlen in manchen MSS (1: unerlaubte Ehen – Elija Gaon möchte das Stück daher zu Kalla nehmen; 2: verschiedene Menschenklassen usw.), die mit 3 beginnen, das auch Pereq ben Azzai bezeichnet wird (Raschi in bBer 22a) und vielfach dem ganzen Traktat den Namen gegeben hat. Kap. 3–11 bieten Lebensregeln, Tischsitten, Regeln für das Benehmen im Bad usw. und haben viel Material mit ARN gemeinsam. In bBer 22a bitten die Schüler R. Jehuda, sie ein Kapitel Derekh Erez zu lehren; yShab 6,2,8a nennt einen Satz aus DER als *be-derekh ʾerez* stehend. Der Grundstock könnte schon in tannaitischer Zeit entstanden sein; doch ist der Text später nicht nur überarbeitet worden, sondern hat ein lebendiges Wachstum erfahren, das zu sehr variierender Texttradition geführt hat.

6) Derekh Erez Zutta (DEZ)

Lit.: Siehe zu 5; *Text: M. Friedmann*, Pseudo-Seder Eliahu zuta, W 1904, Ndr. J 1960; *D. Sperber*, Masechet Derech Eretz Zutta, J ²1982; *ders.*, A Commentary on Derech Erez Zuta Chapters Five to Eight, Ramat-Gan 1990. *Übers.: M. van Loopik* (siehe zu 5); deutsch: *A. Tawrogi*, Der thalmudische Tractat Derech Erez Sutta, Königsberg 1885.

DEZ ist eine primär an Gelehrte gerichtete Sammlung von zumeist anonymen Maximen, die zu Selbstprüfung und Bescheidenheit mahnen. Das letzte Kapitel (10) ist eschatologisch. Das Werk ist zusammengesetzt: 1–4 (und 9, später hinzugefügt) wird auch als «Sündenfurcht» (*Yirʾat Het*) zitiert; 5–8 (in den bT-Ausgaben aus Machzor Vitry übernommen) nennen die Halakhot Gedolot allein DEZ. Kap. 10 stammt sicher auch aus anderer Quelle. *Van Loopik* 9 vermutet, dass DEZ 1–3 (4) «as a literary unit is a Tannaitic collection from the circles of the early Hasidim»; die Endredaktion von DEZ sei jedoch vermutlich erst in gaonäischer Zeit erfolgt (cf. auch *D. Sperber*, Masechet 11 179: gaonäisch).

7) Pereq ha-Shalom

Text in *Higger* (siehe unter 5) und *Higger*, Masekhtot Zeirot, NY 1929 (beide Fassungen). Übersetzung: *M. van Loopik* (siehe zu 5); *A. Wünsche*, Lehrhallen IV 56–61.

Das Kapitel, oft als 11. von DEZ wiedergegeben (so in bT Wilna), ist eine kleine Schrift mit Sprüchen über den Frieden, die in zwei Fassungen vorliegt (vgl. *S. Schechter*, ARN 112 f. Anm. 19 zu B). Als Quelle ist wohl WaR 9,9 (M. 187–195) anzusehen.

8) Die anderen «kleinen Traktate»

Text: M. Higger, Seven Minor Treatises ... and Treatise Soferim II, NY 1930 (Einführung, Text, Übersetzung). Zuerst von *R. Kirchheim*, Septem libri Talmudici parvi Hierosolymitani, F 1851, Ndr. J 1970, nach einem MS E. Carmoly's ediert, seither in fast allen bT-Ausgaben nach den unter 1–7 besprochenen Texten.

Die 7 Traktate sind thematische Sammlungen von Baraitot, die als Einheit erstmals in Nachmanides, Torat ha-Adam (Kitve Ramban, ed. *B. Chavel*, J 1964, II 100) genannt sind: «der Traktat Ẓiẓit aus den sieben kleinen Traktaten». *M. Higger* betrachtet die üblicherweise als nachtalmudische Schriften bezeichneten Texte als die ersten thematischen Kompendien in der Zeit nach M, in Palästina entstanden, doch später in Babylonien überarbeitet. *M. B. Lerner* 401 hält sie für tannaitisch. WaR 22,1 (M. 496) sagt R. Nechemja, dass auch die Gesetze über Ẓiẓit, Tefillin und Mezuza schon in der Gesetzgebung am Sinai enthalten waren. Der Satz wird von QohR 5,7 übernommen, dort aber durch einen späteren Bearbeiter, der bei Ẓiẓit usw. an die kleinen Traktate dachte, durch Gerim, Avadim u. a. ergänzt (dazu *Epstein*, ITM 50). Diese Texte sind somit als Belege für die kleinen Traktate nur indirekt (für die gaonäische Zeit) brauchbar.

1. *Sefer Tora*: Vorschriften über das Schreiben von Torarollen; Grundform wohl schon im 3. Jh., wenn auch später überarbeitet.

2. *Mezuza*, «Türpfosten». Ein Pergamentstück mit Dtn 6,4–9; 11,13–21 in einem Behälter, der am rechten Türpfosten angebracht wird. *A. Lehnardt*, Massekhet Mezuza – der kleine talmudische Traktat von der Türpfostenkapsel, Judaica 63 (2007) 46–54 (mit komment. Übers.).

3. *Tefillin*, «Gebetsriemen», aus Ex 13,9.16; Dtn 6,6; 11,18 abgeleitet. *A. Lehnardt*, Massekhet Tefillin – Beobachtungen zur literarischen Genese eines Kleinen Talmud-Traktates, in: *K. Herrmann* u. a., Hg., Jewish Studies Between the Disciplines (FS P. Schäfer), L 2003, 29–72 (mit komment. Übers.; Text könnte vortalmudisch sein, aber auch als gaonäische Aufnahme früher Halakha verstanden werden).

4. *Ẓiẓit*, «Quasten, Schaufäden» (Num 15,37 ff.; Dtn 22,12) an den vier

Zipfeln des Oberkleides, später am kleinen und am großen Talit (Gebetsmantel).

5. *ʿAvadim*, «Sklaven». Deutsch mit Anmerkungen: Angelos 1, Heft 3–4, Le 1925, 87–95.

6. *Gerim*, «Proselyten».

7. *Kutim*, «Samaritaner». Die freundliche Einstellung zu den Samaritanern in einem Teil von Kutim könnte nahelegen, dass ein Grundstock schon vor dem Bruch Ende des 3. Jhs. entstanden ist; der Text als Ganzer ist jedoch wohl später. Cf. A. *Lehnardt*, Das außerkanonische Talmud-Traktat Kutim (Samaritaner) in der innerrabbinischen Überlieferung, FJB 26 (1999) 111–138 (mit komment. Übers.); *ders.*, Massekhet Kutim and the Resurrection of the Dead, in: *M. Mor – F. V. Reiterer*, eds., Samaritans: Past and Present, B 2010, 175–192.

Die letzten drei Traktate waren schon früher veröffentlicht worden (*H.J.D. Azulai*, Marʾit ha-ʿAyin, Livorno 1805; eine andere Fassung von Gerim schon in Simḥat ha-regel, Livorno 1782); so hat *Jakob Naumburg* Gerim schon in Naḥalat Jakob, Fürth 1793, kommentiert.

DRITTER TEIL
MIDRASCHIM

I. Einführung

Lit.: C. *Bakhos*, Hg., Current Trends in the Study of Midrash, L 2006; R. *Bloch*, Midrash, DBS V, P 1950, 1263-1280; *dies.*, Ecriture et tradition dans le judaïsme – aperçus à l'origine du Midrash, Cahiers Sioniens 8 (1954) 9-34; D. *Boyarin*, Intertextuality and the Reading of Midrash, Bloomington 1990 (dazu A. *Samely*, Justifying Midrash: On an ‹Intertextual› Interpretation of Rabbinic Interpretation, JSS 39, 1994, 19-32); A. *Del Agua Pérez*, El método midrásico y la exégesis del Nuevo Testamento, Valencia 1985; M. G. *Distefano*, Inner-Midrashic Introductions and Their Influence on Introductions to Medieval Rabinic Bible Commentaries, B 2009; Encyclopaedia of Midrash. Biblical Interpretation in Formative Judaism, 2 Bde., ed. J. *Neusner* – A. J. *Avery-Peck*, L 2005; L. *Finkelstein*, The Oldest Midrash: Pre-Rabbinic Ideals and Teachings in the Passover Haggadah, HThR 31 (1938) 291-317; M. *Fishbane*, Biblical Interpretation in Ancient Israel, O 1985 (innerbiblische Exegese); J. *Fraenkel*, Darkhe ha-ʾAggada we-ha-Midrash, 2 Bde., Givʿataim 1991 (dazu M. *Hirshman*, Jewish Studies 32, 1992, 83-90); *Abr. Goldberg*, The Early and the Late Midrash (h), Tarbiz 50 (1980 f.) 94-106; A. *Goldberg*, Die funktionale Form Midrasch, FJB 10 (1982) 1-45 (= Studien II 199-229); *ders.*, Stereotype Diskurse in den frühen Auslegungsmidraschim, FJB 16 (1988) 23-51 (= Studien II 242-262); *ders.*, Midrashsatz. Vorschläge für die descriptive Terminologie der Formanalyse rabbin. Texte, FJB 17 (1989) 45-56 (= Studien II 112-119); *ders.*, Paraphrasierende Midrashsätze, FJB 18 (1990) 1-22 (= Studien II 120-133); D. W. *Halivni*, Midrash, Mishnah, and Gemara, C (M) 1986; M. I. *Gruber*, The Term Midrash in Tannaitic Literature, in: R. *Ulmer*, Hg., Discussing Cultural Influences. Text, Context and Non-Text in Rabbinic Judaism, Lanham 2007, 41-58; E. E. *Hallewy*, Biblical Midrash and Homeric Exegesis (h), Tarbiz 31 (1961 f.) 157-168; G. H. *Hartman* – S. *Budick*, Hg., Midrash and Literature, New Haven 1986; I. *Heinemann*, Darkhe ha-ʾAggada, J ³1970; J. *Heinemann*, Aggadah; D. *Henschke*, The Midrash of the Passover Haggada (h), Sidra 4 (1988) 33-52; M. D. *Herr*, ʾAggada u-midrash be-ʿolamam shel Ḥazal be-ʾEreẓ Yisrael, FS. Y. Fraenkel, 131-148; M. *Hirshman*, ʾEizehu meqoman shel midreshe ha-ʾaggada u-mi hem «baʿale ha-ʾaggada»?, Talmudic Studies III/1, 190-208; K. *Hruby*, Exégèse rabbinique et exégèse patristique, Revue des sciences religieuses 47 (1973) 341-372 (deutsch: *ders.*, Aufsätze zum nachbiblischen Judentum und zum jüdischen Erbe der frühen Kirche, hg. von P. *von der Osten-Sacken* – Th. *Willi*, B 1996, 321-348); I. *Jacobs*, The Midrashic Process. Tradition and Interpretation in Rabbinic Judaism, C 1995; M. *Kadushin*, The Rabbinic Mind, NY ²1965; R. *Kern-Ulmer*, Theological Foundations of Rabbinic Exegesis, EMidr 944-964; R. *Le Déaut*, A propos d'une définition du midrash, Bib 50 (1969) 395-413; T. H. *Lim*, Origins and Emergence of Midrash in Relation to the Hebrew Bible, EMidr 595-612; P. *Mandel*, Midrashic Exegesis and its Precedents in the Dead Sea

Scrolls, DSD 8 (2001) 149–168; *E. Z. Melammed*, Bible Commentators (h), J 1975, I 5–128; *D. Muñoz Leon*, Derás. Los caminos y sentidos de la palabra divina en la Escritura I: Derás targúmico y derás neotestamentario, Madrid 1987; *J. Neusner*, Midrash in Context. Exegesis in Formative Judaism, Phil. 1983; *ders.*, Midrash as Literature. The Primacy of Documentary Discourse, Lanham 1987; *ders.*, Invitation to Midrash, San Francisco 1988; *ders.*, What is Midrash? and A Midrash Reader, A 1994; *G. Porton*, Understanding Rabbinic Midrash: Texts and Commentary, Hoboken 1985; *ders.*, Rabbinic Midrash: Public or Private, RRJ 5 (2002) 141–169; *ders.*, Midrash and Rabbinic Sermon, in: *A. J. Avery-Peck, D. Harrington, J. Neusner*, Hg., When Judaism and Christianity Began. Essays in Memory of A. J. Saldarini, L 2004, II 461–482; *ders.*, Midrash, Definitions of, EMidr 520–534; *A. Samely*, Between Scripture and its Rewording: Towards a Classification of Rabbinic Exegesis, JJS 42 (1991) 39–67; *ders.*, Scripture's Implicature: The Midrashic Assumptions of Relevance and Consistency, JSS 37 (1992) 167–205; *I. L. Seeligmann*, Voraussetzungen der Midraschexegese, VTS 1 (L 1953) 150–181; *D. Stern*, Midrash and Theory. Ancient Jewish Exegesis and Contemporary Literary Studies, Evanston, Ill., 1996; *A. Shinan – Y. Zakovitch*, Midrash on Scripture and Midrash Within Scripture, SH 31 (1986) 257–277; *G. Stemberger*, Midrasch. Vom Umgang der Rabbinen mit der Bibel, M 1989; *L. M. Teugels – R. Ulmer*, Hg., Recent Developments in Midrash Research, Piscataway, NJ, 2005; *J. Townsend*, The Significance of Midrash, in: *Teugels – Ulmer*, Hg., Recent Developments 17–24; *G. Vermes*, Scripture and Tradition in Judaism: Haggadic Studies, L [2]1973 (Ndr. 1983); *ders.*, Bible and Midrash: Early Old Testament Exegesis, in: *ders.*, Studies 59–91; *J. Weingreen*, From Bible to Mishnah, Manchester 1976; *A. G. Wright*, The Literary Genre Midrash, Staten Island, NY 1967 (dazu *Le Déaut* im genannten Aufsatz).

1) Der Begriff

Lit.: *Bacher*, ET I 25–28. 103–105; II 41–43. 107; *I. Frankel*, Peshat in Talmudic and Midrashic Literature, Toronto 1956; *M. Gertner*, Terms of Scriptural Interpretation: A Study in Hebrew Semantics, BSOAS 25 (1962) 1–27; *I. Heinemann*, Le-hitpathut ha-munaḥim ha-miqzoʿim le-ferush ha-Miqra, Leš. 14 (1946) 182–189; *R. Loewe*, The «Plain» Meaning of Scripture in Early Jewish Exegesis, Papers of the Institute of Jewish Studies, Lo, 1 (1964) 140–185; *O. Meir*, The Problem of the Term «Midrash» in the Studies of Midrashim (h), 11th WCJS (J 1994) C I 103–110; *L. Teugels*, Midrash in the Bible or Midrash on the Bible? Critical Remarks about the Uncritical Use of a Term, in: *G. Bodendorfer – M. Millard*, Hg., Bibel und Midrasch, Tüb. 1998, 43–63; *S. Wagner*, ThWAT II (1977) 313–329.

Midrasch ist vom Verb *darash* abgeleitet, das «suchen, fragen» bedeutet. Schon in der Bibel wird das Verb vorwiegend theologisch verwendet, mit Gott oder der Tora u. Ä. als Objekt (z. B. Esr 7,10 «das Gesetz Gottes erforschen», Jes 34,16 «im Buch Gottes nachforschen»). Das Substantiv Midrasch kommt in zwei späten Stellen vor: Nach 2 Chron 13,22 ist die Geschichte Abijas «aufgezeichnet im Midrasch des Propheten Iddo»;

24,27 spricht vom «Midrasch zum Buch der Könige». Die genaue Bedeutung von Midrasch ist an beiden Stellen nicht sicher: «Buch, Werk» (die LXX übersetzt *biblion* bzw. *graphē*, die Vulgata *liber*) oder doch schon im späteren Sinn eine «Auslegungsschrift». Sir 51,23 ist der erste Beleg für *bet midrash*, «Lehrhaus». Im Sinn von «Lehre, Belehrung» ist Midrasch auch in Qumran belegt: *midrash le-maskil* in 4QS b und d (*G. Vermes*, JJS 42, 1991, 254: «Teaching for the master»); mehrfach verwendet Qumran *darash* im Sinn von «erforschen, auslegen» (die Gesetze oder Gebote: 1QS 5,11; 6,6; 4Qfl 1,11) und spricht vom *midrash ha-tora* (1QS 8,15; CD 20,6).

Damit ist der rabb. Sprachgebrauch schon gegeben, wo Midrasch v. a. «Forschung, Studium» ist und als «Theorie» vom wichtigeren Tun (*maʿase*) abgesetzt wird (mAv 1,17), insofern synonym mit *talmud*, das z. B. in yPes 3,7,30b dem Tun gegenübergestellt wird. Im engeren Sinn als «Auslegung» steht Midrasch in mKet 4,6 *ze midrash darash*, «diese Auslegung legte er vor» (Gegenstand der Auslegung ist hier die Ketubba). Speziell wird Midrasch dann auf die Beschäftigung mit der Bibel bezogen: so z. B. yYom 3,5,40c, wonach sich jede Schriftauslegung (*midrash*) nach dem Inhalt zu richten hat. Das *bet ha-midrash* ist somit das Lehrhaus, in dem man dem Studium v. a. der Bibel obliegt (z. B. mShab 16,1; mPes 4,4). Konkret bezeichnet Midrasch dann auch das Ergebnis der Auslegung bzw. Schriftwerke, die Bibelauslegung enthalten. Der *darshan* (aram. *darosha*) ist der Schriftausleger oder Prediger.

An sich besagt der Ausdruck nicht eine bestimmte Methode der Bibelauslegung, die der Erhebung des Wortsinns, dem *peshat*, gegenübergestellt werden könnte, wie dies dann in der mittelalterlichen Exegese der Fall ist (auch wenn es eine Unterscheidung *derash – peshat* schon in amoräischer Zeit gibt: *Heinemann* 188; vgl. bAr 8b; bEr 23b; bSan 100b u. ö.). Auch der *peshat* ist in talmudischer Zeit nicht der einfache Wortsinn, sondern vielfach nur eine durch lange Tradition oder Lehrautorität geheiligte Meinung.

Midrasch lässt sich nicht genau definieren, eher beschreiben, wie *R. Le Déaut* 401 betont. *G. G. Porton* formuliert: «Rabbinic midrash is an oral or written literature composed by the rabbis that has its starting point in a fixed, canonical biblical text. In midrash, this original text, considered the revealed word of God by the midrashist and his audience, is explicitly cited or clearly alluded to» (EMidr 520).

Der kanonische (oder vielleicht allgemeiner: religiös autoritative) Text ist sicher wesentliche Voraussetzung des Midrasch (auch wenn mKet 4,6 als Gegenstand der Auslegung die Ketubba nennt); Midrasch ist aber nicht nur «a literature about a literature» (*Wright* 74), wie *R. Le Déaut* (406) zu Recht moniert; er kann ebenso gut statt auf einen biblischen Text auf ein biblisches Ereignis anspielen. Die von *Porton* in die Definition des Midrasch aufgenommene Einstellung der Zuhörer bzw. der Leser zum kommentierten kanonischen Text (oder biblischen Ereignis) gehört nicht dazu, da sie fast immer unüberprüfbar bleiben müsste (dazu *Porton*, EMidr 523. Auch wenn der primäre Adressat die Auffassung des Midraschisten teilt, muss Midrasch als solcher auch außerhalb dieser Voraussetzungen abgrenzbar bleiben).

2) Anfänge der Midraschexegese

Ansätze zu einer midraschischen Auslegung früherer Bibeltexte hat es schon *innerhalb der Bibel* selbst gegeben (dazu umfassend *M. Fishbane*): «Die älteste Midraschexegese (hat sich) organisch aus der Eigenart der biblischen Literatur entwickelt» (*Seeligmann* 151). So hat man etwa die Chronikbücher als eine Art Midrasch zu den Büchern Sam und Kön verstanden (*Seeligmann* in Tarbiz 49, 1979 f., 14–32), ebenso die chronistischen Zusätze in früheren Büchern gesehen (z. B. Glosse in Gen 22,14, die den Berg der Opferung Isaaks mit dem Tempelberg gleichsetzt). Hier sind auch die Geschichtspsalmen zu nennen und v. a. auch die Überschriften der Psalmen.

Aus der *nachbiblischen Literatur* sei das Lob der Väter in Sir 44–50 genannt, die Schilderung des Wirkens der Weisheit in der Geschichte Israels in Weish 10–19, ebenso auch das midraschische Element in der LXX sowie im Werk des Philo oder des Josephus. Umstritten ist die genauere Bestimmung der literarischen Gattung von Jubiläen und Genesisapokryphon. Zu Jubiläen als Rewritten Bible siehe *M. Segal*, The Book of Jubilees. Rewritten Bible, Redaction, Ideology and Theology, L 2007; direkter mit dem Midrasch verbindet *B. Halpern-Amaru* das Jubiläenbuch (EMidr 333–350), auch wenn sie betont, dass die literarische Form «is markedly different from that found in the exegetical midrash of the rabbis» (333). Das Gen-Apokryphon «contains elements similar to a *targum* and to a *midrash*» (*J. A. Fitzmyer*, The Genesis Apocryphon of Qumran Cave I, R [2]1971, 10), ist als Ganzes aber damit nicht wirklich vergleichbar und eher unter den weiteren Begriff der Rewritten Bible zu fassen (*D. A. Machiela*, The Dead Sea Genesis Apocryphon, L 2009, 2–5).

Das *Verhältnis von Targum und Midrasch* ist überhaupt nicht klar abzugrenzen. Für beide wird Neh 8,8 oft als Ausgangspunkt, wenn nicht gar als erster Beleg genannt. Dort heißt es von der Verlesung der Tora unter Esra: «Und sie lasen im Buch, der Tora Gottes, in Abschnitten und mit Erklärungen, sodass sie das Gelesene verstanden.» Jedenfalls ist der Targum nicht einfach Übersetzung, sondern auch Erklärung und oft auch Erweiterung der Bibel mit Haggada. Mit *Le Déaut* 411 ist anzunehmen, dass viele Elemente vom Targum in den Midrasch kamen und umgekehrt, also keine selbstständige Geschichte der beiden literarischen Gattungen anzunehmen ist (siehe dazu v. a. *A. Sperber*, The Bible in Aramaic IV B: The

Targum and the Hebrew Bible, L 1973, sowie die Texte in IV A: The Hagiographa. Transition from Translation to Midrash, L 1968; zu Bd B siehe *A. Díez Macho*, JSJ 6, 1975, 217–236; für Parallelen zwischen Pentateuch-Targumen und rabb. Literatur siehe *E. B. Levine* im Anhang zu *A. Díez Macho*, Neophyti I. Targum Palestinense MS de la Biblioteca Vaticana, Bde. II–V, Madrid 1970–1978; *P. V. M. Flesher*, Pentateuchal Targums as Midrash, EMidr 630–646). Die Verwandtschaft der beiden Gattungen ergibt sich auch aus dem gemeinsamen Sitz im Leben, der für beide in Schule sowie Synagogenliturgie zu sehen ist (dazu *A. D. York*, The Targum in the Synagogue and in the School, JSJ 10, 1979, 74–86); Meturgeman und Darshan, Übersetzer und Prediger, waren sicher oft identisch (doch siehe *E. Levine*, EMidr 929 f.: «there is no evidence that the genre was originally oral or that it was composed to accompany the liturgical reading of Scripture in the synagogue»). Das besagt jedoch nichts über die eigentlichen Anfänge des rabb. Midrasch, wie *Porton* (EMidr 527–532) zu Recht betont: Besonders für die Frühzeit der rabb. Bewegung haben wir nur sehr wenige Belege, dass Rabbinen in der Synagoge predigten; sie legen biblische Texte gewöhnlich eher im Jüngerkreis oder im Lehrhaus aus.

Aus Qumran ist als eigene Gattung der Bibelauslegung auch der *Pescher* bekannt geworden (1QpHab). Nach jedem einzelnen Bibelvers folgt die Deutung des Prophetentextes auf die Gegenwart der Gemeinde von Qumran. Darin spiegelt sich die Überzeugung, dass die Prophetentexte über ihren gewöhnlichen Sinn hinaus eine Bedeutung für das Ende der Tage haben, das sich in der Gegenwart des Auslegers erfüllt. Hierin sind diese Kommentare mit den Erfüllungszitaten im Neuen Testament zu vergleichen. Der Pescher ist als Untergattung des Midrasch zu betrachten (vgl. *H. Gabrion*, L'interprétation de l'Écriture dans la littérature de Qumran, ANRW II 19,1, B-NY 1979, 779–848; doch siehe *L. H. Schiffman*, der Parallelen zwischen Pesharim und Midrasch nur «to a very limited extent» sieht: EMidr 49).

Midraschartige Texte hat man auch im *Neuen Testament* festgestellt; besonders für die Kindheitsevangelien und für die Erzählung von der Versuchung Jesu hat man vielfach den Begriff Midrasch verwendet. Allerdings ist gerade in der neutestamentlichen Forschung die Bestimmung eines Textes als Midrasch vielfach zu einer Modeströmung geworden, wobei nicht immer genügend auf die Eigenart des rabb. Midrasch als Ausgangspunkt geachtet worden ist. *Wrights* Arbeit über die literarische Gattung Midrasch geht von dieser Unsicherheit in der neutestamentlichen Forschung aus. Siehe *R. M. Price*, New Testament Narrative as Old Testament Midrash, EMidr 534–574.

L. Finkelstein betrachtet, allerdings mit sehr fragwürdigen Argumenten für seine sehr frühe Datierung, die Pesach-Haggada als den ältesten eigentlichen Midrasch (cf. dazu *D. Henschke*). Der vielfach als Rewritten Bible eingestufte *Liber Antiquitatum Biblicarum*, der wohl vom Ende des

1. Jhs. stammt, kommt in vielen Zügen auch schon dem Midrasch nahe und könnte als frühe Form davon angesehen werden. Eine längere Vorgeschichte des Midrasch vor rabb. Zeit lässt sich jedenfalls nicht bestreiten.

3) Die Eigenart des rabbinischen Midrasch

Wie schon bei seinen Vorläufern, so ist auch beim rabb. Midrasch das *religiöse Interesse* der Bibelbearbeitung und -auslegung von Bedeutung. Midrasch ist nicht «objektive» Fachexegese, auch wenn er sich zuweilen deren Methoden aneignet, die philologische Fragestellung ebenso kennt wie das textkritische Interesse (die *al-tiqri*-Auslegung in der rabb. Literatur dient jedoch durchaus nicht immer nur der Textkritik: vgl. Seeligmann 160; *I. Heinemann*, Darkhe 127–129); ebenso ist dem Midrasch das Prinzip der Auslegung aus dem Kontext, der Erklärung der Bibel aus der Bibel, selbstverständlich: Kontext ist jedoch die ganze Bibel; in dieser kann jeder Vers mit jedem in Beziehung gesetzt werden; die spezielle Intention einer einzelnen Schrift interessiert hingegen kaum. Die Bibel wird eben als geschlossene Einheit empfunden, deren göttliche Botschaft entsprechend einheitlich ist. Dass Midrasch primär religiöse Betätigung ist, zeigt auch die (spät eingeführte) Rezitation der dreizehn Regeln Jischmaels im Morgengebet. Er kommt aus dem Bewusstsein einer untrennbaren Zusammengehörigkeit Israels und seiner Bibel, weshalb Midrasch immer auch *Aktualisierung* ist, die Gegenwartsbedeutung des Textes bzw. der biblischen Geschichte stets von Neuem zu erheben hat. Nicht immer allerdings ist der Gegenwartsbezug der Midraschexegese offensichtlich; aber auch dort, wo sie oberflächlich betrachtet nur der frommen Neugierde dient, geht es letztlich darum, die Bibel stets die geistig-religiöse Umwelt sein zu lassen, in der der Jude lebt.

Die *Methoden* der Bibelauslegung im Midrasch beschränken sich nicht auf die hermeneutischen Regeln. G. *Vermes* unterscheidet zwischen «reiner Exegese», in der es um sprachliche Probleme, echte und vermeintliche Lücken und Widersprüche im Text geht, und «angewandter Exegese», «providing a non-scriptural problem with a scriptural solution» (Bible and Midrash 62). Auch ist, wie schon früher betont, zwischen Halakha und Haggada zu unterscheiden. Die halakhische Exegese muss nicht nur die in der Bibel fehlenden Details nachliefern, die erst die genaue Gebrauchsanweisung einer biblischen Vorschrift sind; sie muss auch Widersprüche ausgleichen (etwa zwischen Dtn 15,12 und Ex 21,7 hinsichtlich der Freilassung der Sklavin: *Vermes*, Bible and Midrash 69), den Bibeltext mit der bestehenden Praxis in Übereinstimmung bringen (etwa in der Frage des Bilderverbots), in der Bibel noch gar nicht vorgesehene Regelungen biblisch abstützen (Bibelstelle als *asmakhta*, «Stütze», oder *zekher*, «Erinnerung, Hinweis»: dazu *A. Rosen-Zvi*, ‹Even Though there is no Proof to the Matter, There is an Indication of the Matter›: The Meaning, Character and Significance of the Phrase in the Tannaitic Literature, h, Tarbiz 78, 2008 f., 323–344) usw. Die *haggadische Exegese* ist freier, mehr vom spielerischen Moment mitbestimmt, dennoch aber in ihrer Weise stark traditionsgebunden wie andererseits auch zeitgeschichtlichen Einflüssen offen (z. B. für apologetische und polemische Notwendigkeiten). Die Unterschiede zwischen halakhischer und haggadischer Exegese sind jedenfalls weniger prinzipiell als vielmehr durch die verschiedene Zielrichtung beider bestimmt.

I. Heinemann (Darkhe) spricht von zwei Hauptrichtungen in der Haggada: Die *«schöpferische Geschichtsschreibung»* füllt biblische Erzählungen auf, indem sie Details ergänzt, Personen identifiziert, die Lebensverhältnisse der biblischen Gestalten anachronistisch zeichnet, diesen die Kenntnis der ganzen Bibel und auch der Zukunft zuschreibt, Widersprüche bereinigt, durch Analogie die Details der Erzählungen miteinander verbindet usw. Die *«schöpferische Philologie»* deutet nicht nur Wiederholungen von Worten und Sätzen, für das Verständnis eines Satzes nicht notwendige Wendungen, sondern auch das Fehlen von Details, die man erwarten würde, durch ein argumentum ex silentio. Sie achtet auf kleine stilistische Abweichungen zwischen parallelen Aussagen und Erzählungen, verschiedene Möglichkeiten, ein nicht vokalisiertes Wort zu lesen, sowie auf sprachlich antiquierte Formen der Bibel. Von der Selbständigkeit der einzelnen Redeteile überzeugt, nimmt sie oft ihre eigene Abtrennung von Worten und Sätzen vor (anfänglich gab es in MSS zwischen den einzelnen Worten keine Zwischenräume!), zerlegt ein Wort in Teile oder betrachtet es als Notarikon, zählt die Häufigkeit des Vorkommens eines bestimmten Buchstabens in einem Abschnitt, achtet auf die Stellung eines Wortes im Zusammenhang, um daraus etwas abzuleiten, dreht die Reihenfolge von Worten in einem Satz um, deutet eigenwilligst Eigennamen usw.

Was willkürlicher Umgang mit dem Bibeltext zu sein scheint, entspringt in Wirklichkeit der Auffassung, dass in der Tora alles enthalten ist; mAv 5,22 sagt Ben Bag Bag: «Wende und wende sie (die Tora), denn alles ist in ihr.» Auch ist die Bibel, wie man überzeugt ist, mehrdeutig: «Eine Bibelstelle hat mehrere Bedeutungen» (bSan 34a). Dabei bleiben sich die Rabbinen jedoch bewusst, dass sie in ihrer Auslegung der Bibel gelegentlich Gewalt antun; so wirft etwa Jischmael dem Eliezer ben Hyrkan vor: «Siehe, du sagst zur Schrift: Sei still, bis ich dich auslege» (Sifra, Tazriʿa Negaʿim 13,2, W. 68b). Wesentlich bleibt jedoch immer das Bewusstsein, dass die Bibel relevant bleibt, das Wort Gottes an den Menschen von heute ist.

Eine brauchbare Beschreibung des rabb. Midrasch muss auch imstande sein, diesen von der midraschartigen Literatur zur Bibel vor und nach der rabb. Periode abzugrenzen, Vorläufer und Nachfolger der rabb. Bibelauslegung aufzuzeigen. *D. Halivni* (Midrash 118 ff.) versucht eine Unterscheidung von «einfachem» und «komplexem» Midrasch; ähnlich hebt *Abr. Goldberg* in einem Vergleich der Tempelrolle von Qumran mit frühen rabb. Texten hervor, dass die Tempelrolle als «früher Midrasch» die Halakha nicht mit Regeln von der Bibel ableitet oder aus dieser beweist, sondern sie gleichwertig und sprachlich nicht unterscheidbar neben den Bibeltext stellt und mit Bibelversen umrahmt. Nicht zu belegen ist allerdings die Ansicht, die pharisäische Halakha sei ebenfalls in dieser Form dargeboten worden und Spuren der Weiterentwicklung zum «späten Midrasch» ließen sich noch in Texten wie mSot 8 nachweisen. Richtig ist jedoch, dass der rabb. Midrasch gegenüber seinen Vorformen oft den Bibeltext als Beweis verwendet, ihn sprachlich von der Auslegung klar trennt und vielfach auch die Regeln angibt, aus denen sich eine Auslegung ergibt. Als zusätzliche Charakteristik ist die Angabe von Rabbinen als Autoren bzw. Tradenten von Auslegungen hervorzuheben. In späten Midraschim werden Rabbinennamen immer seltener, um schließlich fast völlig zu verschwinden.

4) Einteilung der Midraschim

Die erhaltenen rabb. Midraschim lassen sich sehr ungenau folgenderweise einteilen:

a) Halakhische und haggadische Midraschim

Die Abtrennung ist nicht genau, insofern auch die halakhischen Midraschim haggadischen Stoff enthalten und umgekehrt; doch kennzeichnet sie das jeweils dominierende Interesse eines Midrasch. Gegen die Bezeichnung einer Midraschgruppe als haggadische Midraschim wendet man gelegentlich ein, der Ausdruck sei eine Tautologie. Die ursprüngliche Bedeutung von Haggada sei ja Bibelauslegung, wie die Einleitungsformel *maggid ha-katuv* nahelegt (*Bacher*, ET I 30). Doch betrifft dieser Einwand höchstens die Herkunft des Begriffs Haggada; denn in der weiteren Entwicklung erfolgte eindeutig eine Einschränkung des Begriffs. Wie *Bacher* selbst betont (ET I 33), «hat das Substantiv schon in früher Zeit im Sprachgebrauche der Schulen die Bedeutung nichthalachischer Schrifterklärung gewonnen. Denn nur in dieser Bedeutung tritt uns das Wort in den ältesten Traditionen entgegen.» Die überkommene inhaltliche Einteilung ist also beizubehalten. Die Bezeichnung der halakhischen Midraschim als «*tannaitische Midraschim*» ist hingegen als Einteilungsprinzip nur dann konsequent, wenn man auch von amoräischen bzw. gaonäischen Midraschim spricht, d. h. die Entstehungszeit zum Einteilungsgrund macht. Dazu ist jedoch die Datierung vieler Midraschim (bes. auch der halakhischen Midraschim) viel zu problematisch.

b) Exegetische und homiletische Midraschim

Von der Form her unterscheiden wir exegetische und homiletische Midraschim, auch als Auslegungs- bzw. Predigtmidraschim bezeichnet. Doch auch hier ist keine glatte Trennung durchzuführen, insofern sich gelegentlich charakteristische Züge der einen Gattung auch in der anderen finden. Doch prinzipiell ist es ein Unterschied, ob der Midrasch den biblischen Text Vers für Vers, oft sogar Wort für Wort auslegt oder nur zu einzelnen Versen bzw. zum Hauptthema des Wochenabschnitts der Tora- oder Prophetenlesung einen erbaulichen Kommentar gibt. Auch bieten die Predigtmidraschim sicher i. A. nicht tatsächlich gehaltene Synagogenpredigten, sondern literarische Kurzfassungen, die z. T. auch direkt in den Schulen entwickelt worden sind.

Die Vermischung der verschiedenen Gattungen im Midrasch ist sicher auch dadurch gefördert worden, dass Midrasch mehr noch als die sonstige rabb. Literatur weitgehend Zitatliteratur, Komposition aus vorliegenden Texteinheiten ist. Besonders im exegetischen Midrasch besteht die Neigung zur Aneinanderreihung von Auslegungen entsprechend der Anordnung des Bibeltextes, wobei gewöhnlich die Autoren bzw. Tradenten der einzelnen Auslegungen genannt werden. Die Verknüpfung von Auslegungen mit der wiederholten Einleitung *davar ʾaḥer*, «andere Auslegung», lässt an bloß katenenartige Sammlungen denken; oft jedoch sind solche nebeneinandergestellten Auslegungen keine Alternativen, sondern Teile einer bewusst komponierten Gesamtdarstellung (siehe *E. Ungar*, When «Another Matter» is the Same Matter. The Case of Davar-Aher in Pesiqta DeRab Kahana, in: *J. Neusner*, Hg., Approaches NS II, 1990, 1–43; *J. Neusner*, Symbol and Theology in Early Judaism, Minneapolis 1991).

c) Entstehungsland

Fast alle Midraschim mit Ausnahme der späten Sammelwerke sind in Palästina entstanden. Zwar hat man auch in Babylonien auf dem Gebiet des Midrasch gearbeitet, wenn auch offenbar nicht in dem Umfang wie in Palästina; babylonische Midraschtexte, die zum Teil palästinisches Material verwerten, dieses jedoch vielfach den eigenen Interessen anpassen und selbstständig bearbeiten, sind nicht als eigene Schriften überliefert, sondern in bT integriert worden (siehe S. 220 f.).

5) Der Lesezyklus in der Synagoge

Lit.: M. Bregman, The Triennial Haftarot and the Perorations of the Midrashic Homilies, JJS 32 (1981) 74–84; *N. G. Cohen*, Philo's Scriptures: Citations from the Prophets and Writings. Evidence for a Haftarah Cycle in Second Temple Judaism,

L 2007; *I. Elbogen*, Der jüdische Gottesdienst in seiner geschichtlichen Entwicklung, F ³1931 (Ndr. H 1962), 155–186; *E. Fleischer*, A List of Yearly Holidays in a Piyyut by Qiliri (h), Tarbiz 52 (1982 f.) 223–272; *ders.*, Inquiries Concerning the Triennial Reading of the Torah in Ancient Eretz-Israel (h), HUCA 62 (1991) 43–61; *ders.*, Annual and Triennial Reading of the Bible in the Old Synagogue (h), Tarbiz 61 (1991 f.) 25–43; *ders.*, Remarks Concerning the Triennial Cycle of the Torah Reading in Eretz Israel (h), Tarbiz 73 (2003 f.) 83–124; *J. Heinemann*, The Triennial Lectionary Cycle, JJS 19 (1968) 41–48; *M. L. Klein*, Four Notes on the Triennial Lectionary Cycle, JJS 32 (1981) 65–73; *J. Mann*, The Bible as Read and Preached in the Synagogue, Cincinnati I 1940 (Ndr. NY 1971 mit Prolegomenon von *B. Z. Wacholder*), II 1966 (von *I. Sonne* vollendet); *S. Naeh*, The Torah Reading Cycle in Early Palestine: A Re-Examination (h), Tarbiz 67 (1997 f.) 167–187 (dazu *R. Sar-Shalom*, Sefer Rafael, J 2001, 620–642); *ders.*, On the Septennial Cycle of the Torah Reading in Early Palestine (h), Tarbiz 74 (2004 f.) 43–75; *J. Offer*, The Masoretic Divisions (Sedarim) in the Books of the Prophets and Hagiographa (h), Tarbiz 58 (1988 f.) 155–189; *Ch. Perrot*, La lecture de la Bible dans la synagogue. Les anciennes lectures palestiniennes du Shabbat et des fêtes, H 1973; *D. Rosenthal*, The Torah Reading in the Annual Cycle in the Land of Israel (h), Tarbiz 53 (1983 f.) 144–148; *J. Tabory*, Jewish Prayer and the Yearly Cycle. A List of Articles, KS Supplement to vol. 64 (1992/93).

Die Homilien-Midraschim bieten Predigten zu den Synagogenlesungen der Sabbate und Festtage. Sie folgen einer palästinischen Leseordnung, auch wenn sie meist nachträglich nach der babylonischen Ordnung unterteilt worden sind (ebenso verfuhr man mit den halakhischen Midraschim, die ursprünglich ein völlig anderes Gliederungsprinzip hatten).

a) Die Toralesung

mMeg 3,6 sieht eine lectio continua der Tora vor; doch ist nicht einheitlich geregelt, ob die Wochentagslesungen in den Ablauf einbezogen werden oder nicht. Aus bMeg 29b geht hervor, dass man in Babylonien einen einjährigen Lesezyklus hatte, in Palästina einen dreijährigen (der Text ist allerdings nicht datierbar; offen ist auch, ob hier «drei Jahre» im strikten Sinn gemeint sind). Doch gab es in Palästina noch in gaonäischer Zeit *keine einheitlichen Zyklen* (für die rabb. Zeit cf. WaR 3,6, M. 69; für die gaon. Periode Ha-Ḥilluqim she-ben ʾanshe mizraḥ u-vene ʾEreẓ Yisraʾel, Hg. *M. Margoliot*, J 1938, 88); vielmehr variierten die Zyklen von Ort zu Ort. Das belegen auch die verschiedenen Perikopenlisten (die Pentateuch-Perikope heißt in Palästina Seder, in Babylonien Parascha): 141, 154, 155 und 167 Sedarim sind belegt. 137 Paraschiyot werden in Piyutim des Josef Ibn Avitur (10.–11. Jh.) genannt (cf. *Fleischer*, Tarbiz 73, 85–89). Die Lesungen waren nicht an bestimmten Jahreszeiten gebunden, wie u. a. aus den Qerovot Jannais hervorgeht. Statt eines Zyklus von genau 3 Jahren haben wir somit einen solchen von ca. 3½ (so explizit ein Genizatext: *Fleischer*, Remarks 108) bis fast 4 Jahren anzunehmen. Auch wird der

Zyklus unterbrochen, z. B. für die besonderen Sabbate (für die ebenso wie für die Feste die Lesung schon sehr früh feststeht). Es kann somit keine feste Entsprechung bestimmter Tora- mit bestimmten Prophetenlesungen gegeben haben. Der babylonische einjährige Zyklus teilt den Pentateuch in 54 Wochenabschnitte. Auch diese Leseordnung dürfte ursprünglich aus Palästina stammen, wie schon früher vermutet wurde (*Wacholder* XXIII, *Perrot* 146 f.; *D. Rosenthal*). *E. Fleischer* sieht dies in einem von ihm veröffentlichten Piyut ha-Kallirs bestätigt, der den einjährigen Zyklus und das Fest Simchat Tora als dessen Abschluss voraussetzt. Er vermutet (Tarbiz 61; 73, 118 ff.), dass vor 70 die Toralesung der einzige Programmpunkt der Sabbatversammlung und daher lang war, somit eher den Paraschiyot des einjährigen Zyklus entsprach. Nach 70 wurde dazu die lectio continua eingeführt und diese Ordnung später auch in Babylonien übernommen. In Palästina dagegen machte die Erweiterung des Gottesdienstes durch Pflichtgebete usw. eine Kürzung der Lesungen notwendig, was zum «dreijährigen» Zyklus führte; erst mit dem späteren Wegfall der Predigt kehrten auch die meisten palästinischen Synagogen zum einjährigen Zyklus zurück. *S. Naeh* dagegen glaubt die Aussage des Piyut und anderer Texte mit der Annahme eines Doppelzyklus von 141 bzw. 167 Abschnitten innerhalb von sieben Jahren und seinem feierlichen Endpunkt zu Sukkot (Haqhel, Dtn 31,12 ff.) erklären zu können. Diese These kann zwar viele Details des palästinischen Zyklus plausibel erklären, muss aber mit zu vielen Unbekannten rechnen und findet keinerlei Stütze in der Tradition (siehe *Fleischer*, Tarbiz 73, 101 ff.).

b) Die Prophetenlesung

Die Prophetenlesung heißt *Haftara* («Abschluss, Entlassung»; vgl. den palästinischen Ausdruck *ashlamuta*, «Vollendung», d. h. wohl der Bibellesung, nicht des Gottesdienstes selbst). Sie ist zwar schon im Neuen Testament belegt (Lk 4,17), jedoch erst sehr spät nach einem Zyklus geregelt worden. Anders als für die Toralesung galt für die der Propheten nicht die Pflicht der lectio continua (mMeg 4,4). Die Lesungen für die Feste und ausgezeichneten Sabbate waren schon sehr früh festgelegt (tMeg 3,1–7, L. 353–355; dazu *Lieberman*, TK V 1164 ff.); im Übrigen galt jedoch lange Wahlfreiheit, wenn nur die Haftara irgendwie mit dem Seder zusammenpasste (bMeg 29b). Vielfach wurden die Haftarot in eigenen Rollen zusammengeschrieben (bGit 60a); soweit man aus den späten Haftarot-Listen des «dreijährigen» Zyklus entnehmen kann, wurden bei deren Auswahl Jesaja und die zwölf kleinen Propheten ganz besonders bevorzugt. An den drei Trauer- und sieben Trostsabbaten (17. Tammuz bis Sukkot), zu denen die Haftarot ebenfalls schon sehr früh feststanden, hat sich die Synagogenpredigt an die Haftarot gehalten; wieweit sie diese sonst berücksichtigt hat, ist nicht allgemein zu beantworten (vgl. *Wacholder* XII gegen *Mann*). Zwar zitieren die (literarischen!) Homilien der Midraschim im tröstlichen Schlussteil (Chatima) oft den Anfangsvers der Haftara. Da aber viele andere Chatimot nicht einer bekannten Haftara entsprechen bzw. gar nicht mit einem Prophetenvers enden, ist es wohl nur im Einzelfall möglich, von der Peroratio der Homilie auf den Prophetentext zu schließen, der zusammen mit einem gewissen Toraabschnitt gelesen wurde (*Bregman*).

c) Hagiographen

Nach mShab 16,1 liest man einige der heiligen Schriften am Sabbat nicht, damit das Lehrhaus nicht vernachlässigt werde; dass dies die Hagiographen sind, macht yShab 16,1,15c explizit, wo man dies aber auf die Zeit vor dem Minḥa-Gebet einschränkt, zu welchem bShab 116b ausdrücklich für Nehardea die Lesung der Ketuvim belegt. Sehr früh ist die Lesung von Ester für Purim belegt; die von Rut, Hld und Klgl ist erst in Soferim 14,3 bezeugt und so wohl erst im Mittelalter aufgekommen (cf. *G. Stemberger*, Die Megillot als Festlesungen der jüdischen Liturgie, JBTh 18, 2003, 261–276 = Judaica Minora I 243–247). Selbstverständlich wurden im Gottesdienst auch die Psalmen rezitiert, doch i. A. wohl kaum nach einer festen Ordnung.

6) Synagogenpredigt, Peticha und Chatima

Lit.: N. J. Cohen, Structure and Editing in the Homiletic Midrashim, AJSR 6 (1981) 1–20; *A. Goldberg*, Die «Semikha». Eine Kompositionsform der rabbinischen Homilie, FJB 14 (1986) 1–70 (= Studien II 347–394); *J. Heinemann*, Sermons in the Talmudic Period (h), J 1970; *ders.*, EJ² XVI 467–470; *ders.*, On Life and Death. Anatomy of a Rabbinic Sermon, SH 27 (1978) 52–65 (zu bShab 30a–b); *M. Hirshman*, The Preacher and His Public in Third-Century Palestine, JJS 42 (1991) 108–114; *D. Lenhard*, Die Rabbinische Homilie. Ein formanalytischer Index, F 1998 (dazu *A. Samely*, An Account of the Rabbinic Homily: Lenhard's Form-Analytical Index, JJS 53, 2002, 371–379); *S. Maybaum*, Die ältesten Phasen in der Entwicklung der jüdischen Predigt, 19. Bericht der Lehranstalt für die Wissenschaft des Judenthums in Berlin, 1901; *G. Stemberger*, The Derashah in Rabbinic Times, in: *A. Deeg* u.a., eds., Preaching in Judaism and Christianity – Encounters and Developments, B 2008, 7–21 (= Judaica Minora II 663–675); *Zunz*, GV 342–372.

Zur Peticha: *C. N. Astor*, The Petiḥtaʾot of Eicha Rabba, Diss. JThS NY 1995; *W. Bacher*, Die Proömien der alten jüdischen Homilie, Le 1913 (Ndr. Westmead 1970); *M. Bregman*, Circular Proems and Proems Beginning with the Formula ʿZo he sheneʾemra beruaḥ haq-qodešʾ (h), GSJ. Heinemann, J 1981, hebr. Teil 34–51; *H. Fox*, The Circular Proem: Composition, Terminology and Antecedents, PAAJR 49 (1982) 1–31; *A. Goldberg*, Petiḥa und Ḥariza. Zur Korrektur eines

Missverständnisses, JSJ 10 (1979) 213–218 (= Studien II 297–302); *ders.*, Versuch über die hermeneutische Präsupposition und Struktur der Petiḥa, FJB 8 (1980) 1–59 (= Studien II 303–346); *K.-E. Grözinger*, Prediger gottseliger Diesseitszuversicht, FJB 5 (1977) 42–64; *J. Heinemann*, The petiḥtot in aggadic midrashim, their origin and function (h), 4th WCJS, J 1968, II 43–47; *ders.*, The Proem in the Aggadic Midrashim – A Form-Critical Study, SH 22 (1971) 100–122; *ders.*, Tannaitic Proems and their Formal Characteristics (h), 5th WCJS, J 1972, III 121–134; *M. S. Jaffee*, The «Midrashic» Proem: Towards the Description of Rabbinic Exegesis, in: *W. S. Green*, Hg., Approaches IV 95–112; *B. Kern*, Paraphrasendeutung im Midrasch. Die Paraphrase des Petiḥaverses, FJB 9 (1981) 115–161; *P. Mandel*, ʿAl ‹pataḥ› we-ʿal ha-petiḥtah: ʿIyyun ḥadash, FS Y. Fraenkel, J 2006, 49–82; *P. Schäfer*, Die Peticha – ein Proömium?, Kairos 12 (1970) 216–219; *E. L. Segal*, The Petiḥta in Babylonia (h), Tarbiz 54 (1984 f.) 177–204; *A. Shinan*, Letorat happetiḥta, JSHL 1 (1981) 135–142.

Zur Chatima: *A. Goldberg*, Die Peroratio (Ḥatima) als Kompositionsform der rabbinischen Homilie, FJB 6 (1978) 1–22 (= Studien II 395–409); *E. Stein*, Die homiletische Peroratio im Midrasch, HUCA 8–9 (1931/32) 353–371.

Die rabb. Predigt, sei sie nun Volkspredigt in der Synagoge (wofür es in der klassischen Periode allerdings kaum Belege gibt: *G. G. Porton*, EMidr 527–531), für einen breiteren Kreis im Lehrhaus außerhalb des Gottesdienstes (und damit zeitlich nicht so gebunden) oder als Schulvortrag in der rabb. Akademie gedacht, sei sie gekürztes Referat einer tatsächlich gehaltenen Predigt oder Literaturpredigt, war – den Umständen entsprechend auch je nach Zeit und Gegend verschieden stark – durch bestimmte Konventionen geprägt. Davon sind bisher Peticha und Chatima besonders untersucht worden; der Hauptteil der Predigt hingegen weist nicht so deutlich zutage liegende Gesetzmäßigkeiten auf und blieb bisher eher vernachlässigt. Wie *N. J. Cohen* herausarbeitet, ist in den frühen Predigtmidraschim der Hauptteil der Predigt gewöhnlich durch die Behandlung thematischer Fragen geprägt, auf die exegetische Bemerkungen zu den ersten Versen der Perikope folgen. In späteren Midraschim hält man sich nicht mehr an diese Reihenfolge und mischt sogar Petichot in den Hauptteil. Darin möchte *Cohen* jedoch keine Verwilderung der Form sehen: «the breakdown in the fixed structure of the rabbinic derashah was due to a conscious decision on the part of the editors to enhance the artful editing of their homilies» (Structure 20). Wenn auch in Einzelbeispielen eine größere thematische Verflechtung innerhalb der späteren Homilie festzustellen ist, kann man jedoch den formalen Verfall nicht übersehen.

a) Die Peticha

Die Peticha ist wohl die häufigste Form der Midraschliteratur. *W. Bacher* hat in den ihm zur Verfügung stehenden Texten fast 1400 Beispiele gezählt; doch gibt es eine große Zahl weiterer Belege. Der Name kommt von der üblichen Formel: *Rabbi N. N. pataḥ*, «hat eröffnet». Gewöhnlich versteht man dies von der Predigt: Er hat die Predigt «eröffnet» bzw. auch: «hat gepredigt». Dementsprechend wird Peticha gewöhnlich als «Eröffnung», «Proömium», aber auch einfach als «Predigt» verstanden. Dagegen versteht P. *Mandel* die Wendung so: «er hat (seinen Schülern) die Bedeutung (eines Verses) offengelegt»; konkret geht es dabei um Verse aus Propheten oder Hagiographen, die als «dunkel», da nicht konkret, galten und die durch Verbindung mit einer Person oder einem Ereignis aus der Tora «offengelegt» werden müssen. Erklärt wird primär der erste Vers und nicht der Tora-Vers; dass dieser ein Seder-Vers ist, Anfang der liturgischen Lesung, ist oft nur mühsam zu argumentieren; vielmehr geht es um den Anfang einer Lehr- oder Lerneinheit (das erklärt z. B. auch viele Petichot in BerR, das ja kein Predigtmidrasch ist). Erst sekundär wird diese Form zur Einleitung für Einheiten jeglicher Art und somit auch für die Auslegung von Leseabschnitten in der Liturgie.

Der Grundaufbau ist dreigliedrig: ein Peticha-Vers, gewöhnlich nicht aus der biblischen Schrift(engruppe), aus der die Lesung stammt, meist aus den «Schriften»; der Prediger legt diesen Vers so aus, dass er zum abschließenden Lesungsvers (gewöhnlich dem 1. oder 2. Vers der Lesung, i. A. der Pentateuchlesung, daher auch «Sedervers») hinführt.

Neben dieser «einfachen Peticha» gibt es die zusammengesetzte, wenn die auslegende Überleitung vom Peticha-Vers zum Seder-Vers in mehreren Anläufen durch verschiedene zitierte Rabbinen erfolgt. Manchmal wird noch vor dem Peticha-Vers der Sedervers zitiert. Gelegentlich werden in der Peticha auch Schriftverse aus allen drei Teilen der Bibel verwendet: *Bacher* hat darin den Gedanken der Einheit der Schrift als Grundmotiv der Peticha gesehen; dagegen richtig *Goldberg* (JSJ 10): Dies ist nicht typisch für die Peticha, sondern eine davon unabhängige besondere Form des Beweises.

Vereinzelt kommt die Peticha auch im halakhischen Midrasch vor (jedoch immer zweifelhaft) und wird auch manchmal in Talmud und Midrasch Tannaiten in den Mund gelegt. Ihre klassische Form erreicht sie jedenfalls in den frühen haggadischen Midraschim wie BerR und WaR, während es später immer mehr zu Mischformen kommt. Besonders ist jene Form zu nennen, die abschließend anstelle des Seder-Verses bzw. zusätzlich dazu den Peticha-Vers wiederholt, der somit als Rahmung der gesamten Peticha dient (von *Bregman* als circular proem bezeichnet). Diesen Aufbau verwendet gerne, wenn auch nicht ausschließlich, eine Sonderform der Peticha, die dem Peticha-Vers zu Beginn die Formel folgen lässt: «das ist es, was durch N. N. im Heiligen Geist gesagt wurde» (zu dieser ruaḥ-ha-qodesh-Peticha siehe auch *A. Goldberg*, Ich komme und wohne in deiner Mitte, F 1977, 14 f.). *Bregman* (Circular Proems) weist beide Formen als späte Entwicklung der literarischen Homilie nach, die besonders in der Tanchuma-Yelamdenu-Literatur beliebt waren.

Die Funktion der Peticha ist umstritten: Ist sie eine Einleitung zu einer Predigt oder selbst die Predigt? *Bacher* hat mit der Übersetzung «Proömium» die Peticha als Einleitung gesehen. Dabei stellt sich die Frage, warum denn so zahlreiche Proömien erhalten sind, jedoch keine eigentlichen Predigten, wenn man nicht die den Proömien folgenden formlosen Aneinanderreihungen von Einzelauslegungen als solche betrachten möchte. *J. Heinemann* hat deshalb die Peticha als einführende Kurzpredigt vor der Lesung gedeutet, wofür sowohl die Kürze der Petichot wie auch ihr «auf den Kopf gestellter» Aufbau sprechen; später sind Petichot dann aber sicher auch als Einleitung zu längeren Predigten verwendet worden. *P. Schäfer* hingegen hält es für unmöglich, dass pataḥ beide Bedeutungen, «eröffnen» und «erklären, predigen», gleichzeitig haben kann. Außerdem gibt es keinen Beleg, dass solche Einführungspredigten tatsächlich üblich waren. Daher schließt er, dass die Peticha die Predigt schlechthin sei und die Einleitungsformel *R. N. N.* pataḥ sinngemäß bedeute, dass er den Perikopenvers mithilfe des zitierten Bibelverses ausgelegt habe. Wohl zu Recht hält *Grözinger* dies für eine Scheinalternative, da man vielfältige Funktionen der Peticha in der Geschichte der rabb. Homilie annehmen muss, wobei die Peticha sowohl eine selbstständige homiletische Einheit oder auch Bestandteil einer zweigliedrigen Homilie, einer wirklich vorgetragenen wie auch einer Literaturpredigt – dann u. U. erst vom Redaktor gebildet – sein kann (FJB 43–47; zur Entwicklungsgeschichte v. a. *Bregman*, Circular Proems).

b) Die Chatima

Die Chatima («Abschluss» der Predigt) ist nicht direkt eine Peroratio, die ja durch rhetorische Stilmittel die Argumente der Rede zusammenfasst und so den Zuhörer überzeugen will, was in der Chatima nicht so der Fall ist. Die rabb. Homilie ist bemüht, mit einem tröstlichen Ausklang zu enden (SifDev § 342, F. 391 f., auf das Beispiel Moses zurückgeführt; PesK 13,14, M. 238: Alle Propheten haben mit Mahnworten begonnen und mit Trostworten geendet, ausgenommen Jeremia). Die Einfügung von Trostworten am Ende von M- und T-Traktaten bezeugt dieselbe Tendenz.

Der messianische bzw. allgemein endzeitliche Ausblick in der Chatima ist analog zur Peticha gestaltet, doch nicht so fest geprägt. Die Chatima setzt im Perikopentext ein und leitet meist von dessen erstem oder letztem behandelten Vers (dem ʿinyan, dem eigentlichen Thema der Predigt) zum Chatima-Vers über, der gewöhnlich ein den Propheten entnommener tröstlicher Vers ist. Diesen leitet eine ziemlich geprägte Chatima-Formel ein, in der oft Gott als Sprecher auftritt und die gewöhnlich diese Welt der kommenden gegenüberstellt («nicht so wie in dieser Welt ist es in der kommenden», oder «so ist es in dieser Welt – um wie viel mehr in der kommenden» u. Ä.). Anders als bei der Peticha ist bei der Chatima der

Anfang schwer zu bestimmen, da nicht formal gekennzeichnet. Oft kann man ihn nur vom Schluss her erkennen.

Die homiletische Funktion dieser v. a. in der Pesiqta- und Tanchuma-Homilie beheimateten Form der Chatima ist, wie *Goldberg* betont (20–22), von der typologischen Schriftdeutung der rabb. Homilie her zu sehen. Der Prediger legt den Perikopenvers, der gewöhnlich von etwas Unvollkommenem und Unvollständigem spricht, bewusst in Richtung auf den Prophetenvers aus, führt also vom Unvollkommenen zum Vollkommenen hin. Die Chatima ist somit das eschatologische Schlusskerygma der Predigt.

II. Die halakhischen Midraschim

1) Allgemeine Einführung

Lit.: Ch. Albeck, Untersuchungen über die halakischen Midraschim, B 1927; *ders.*, Mavo 79–143; *M. Chernick*, The Use of Ribbuyim and miʿutim in the Halakhic Midrash of R. Ishmael, JQR 70 (1979 f.) 96–116 (keine klare Trennung zwischen Jischmael und Aqiva); *J. N. Epstein*, ITL 497–746; *L. Finkelstein*, The Sources of the Tannaitic Midrashim, JQR 31 (1940 f.) 211–243 (Ndr. in *ders.*, Sifra V, 191*–223*); *Abr. Goldberg*, Leshonot «davar aḥer» be-midreshe ha-halakha, FS E. Z. Melamed, Ramat Gan 1982, 99–107; *A. J. Heschel*, Studies in Midrashic Literature (h), FS A. Weiss, NY 1964, 349–360 (Unterschiede zwischen den Schulen Jischmaels und Aqivas in der Haggada); *M. Halbertal*, Interpretative Revolutions in the Making. Values as Interpretative Considerations in Midrashei Halakhah (h), J ²1999; *J. M. Harris*, How Do We Know This? Midrash and the Fragmentation of Modern Judaism, Albany 1995, 25–72; *ders.*, Midrash Halachah, CHJ IV 336–368; *D. Hoffmann*, Zur Einleitung in die halachischen Midraschim, B 1887; *M. I. Kahana*, The Halakhic Midrashim, in: Safrai II 3–105 (gekürzt *ders.*, Midreshe Halakhah, EJ² XIV 193–204); *J. N. Lightstone*, Form as Meaning in Halakhic Midrash. A Programmatic Statement, Semeia 27 (1983) 24–35; *E. Z. Melammed*, Introduction 161–317; *ders.*, The Relationship between the Halakhic Midrashim and the Mishna and Tosefta: The Use of Mishna and Tosefta in the Halakhic Midrashim (h), J 1967 (zusammengefasst in Introduction 223–258); *J. L. Moss*, Midrash and Legend. Historical Anecdotes in the Tannaitic Midrashim, Piscataway ²2004; *J. Neusner*, The Canonical History of Ideas. The Place of the So-called Tannaite Midrashim, A 1990; *G. G. Porton*, Ishmael; *A. Yadin*, Scripture as Logos. Rabbi Ishmael and the Origins of Midrash, Phil. 2004; *ders.*, Resistance to Midrash? Midrash and Halakhah in the Halakhic Midrashim, in: C. Bakhos, Hg., Current Trends in the Study of Midrash, L 2006; 35–58 (v. a. zu Mekhilta und Sifra).

Die halakhischen Midraschim sind Auslegungsmidraschim zu Ex bis Dtn. Wie der Name besagt, sind sie v. a. gesetzlich ausgerichtet; sie bemühen sich, die Schrift als die Quelle der Halakha nachzuweisen und diese (nicht unbedingt polemische) Gegenposition zur Ableitung der Halakha in der Mischna auch durch den formalen Aufbau ihrer einzelnen Abschnitte hervorzuheben (dazu *Lightstone*, Form). Als fortlaufende Kommentare sind sie jedoch auch stark haggadisch, da sie die erzählenden Abschnitte nicht übergehen.

D. Hoffmann hat diese Midraschim in *zwei Gruppen* eingeteilt, die er den *Schulen Aqivas* und seines Zeitgenossen *Jischmael* zuordnet. Als Kriterien nennt er die Namen der jeweils zitierten Lehrer (Liste der zwanzig am häufigsten genannten Lehrer im halakhischen Teil der einzelnen Midraschim und Diskussion des Befunds: *M. Kahana* in *Safrai* II 30–35) und die Tatsache, dass viele in Midraschim der Schule Jischmaels anonyme Sätze in den Talmudim auf die Schule Jischmaels zurückgeführt werden. Die beiden Schulen unterscheiden sich nach *Hoffmann* im Weiteren durch ihre technische Terminologie sowie die exegetische Methode. Die Schule Aqivas wendet die Wortanalogie (*gezera shawa*) gerne an, jene Jischmaels hingegen nur, wenn das Wort sonst überflüssig wäre und daher als eigens für diese Deutung bestimmt erscheint. Für die Schule Aqivas sei auch das Einschließen und Ausschließen (*ribbui* und *miʿut*) bezeichnend, ebenso die Ausdeutung aller sprachlichen Besonderheiten, wie etwa das Doppeltstehen einzelner Ausdrücke oder einzelne Partikel und Buchstaben. R. Jischmael und seiner Schule wird hingegen eine Vorliebe für den Wortsinn zugeschrieben, da die Bibel die Sprache der Menschen spreche. Nach diesen Kriterien hat *Hoffmann* der Schule Jischmaels Mekhilta und SifBem zugewiesen, Anfang und Schluss von SifDev und dann auch Midrasch Tannaim zu Dtn; der Schule Aqivas gehören an: zu Ex die Mekhilta de R. Simeon ben Jochai, zu Lev Sifra, zu Num Sifre Zutta und zu Dtn Sifre.

Ch. Albeck hat indessen aufgezeigt, dass die Einteilung der Midraschim nach Schulen sehr zu relativieren ist. Einzig in der Terminologie unterscheiden sie sich absolut, auch wenn in der Textüberlieferung diese Unterschiede gelegentlich verwischt worden sind (Untersuchungen 78–81 stellt die charakteristischen Termini der einzelnen Midraschim zusammen). Die terminologischen Unterschiede gehen jedoch nicht auf die verschiedene Begrifflichkeit der Schulen Jischmaels und Aqivas zurück, sondern auf die Redaktoren dieser Midraschim. Diese haben das aus verschiedenen Quellen stammende Material terminologisch vereinheitlicht, wie auch die Parallelen in den Talmudim erweisen (Unters. 86). Die Zuweisung an die Schulen Jischmaels und Aqivas ist nicht bewiesen, «da die Abhängigkeit der Methoden dieser Midraschim von den Grundsätzen der genannten Tannaiten nur allzu schwach begründet ist» (Unters. 129). Doch hält auch *Albeck* es für erwiesen, dass MekhY und noch mehr SifBem zahlreiche Quellen aus der Schule des R. Jischmael verwendet haben.

Die Frage nach den Quellen der hal. Midraschim hat *L. Finkelstein* aufgegriffen, der im Grunde *Albecks* These zustimmt. Prinzipiell ist das haggadische Material gesondert zu betrachten, da es auf anderen Quellen aufbaut, die allen Gruppen gemeinsam waren und nur leicht adaptiert worden sind. Die eigentlichen Schulunterschiede lagen im gesetzlichen Bereich. Nach Ausscheiden der zahlreichen Interpolationen in den hal. Midraschim, auf die *J. N. Epstein*, *S. Lieberman* u. a. aufmerksam gemacht haben, kommt man nach *Finkelstein* tatsächlich auf einen Kern zurück, der aus den Schulen Jischmaels und Aqivas stammt, auch wenn die Unterschiede der beiden Schulen in späterer Zeit verwischt worden sind.

Wie problematisch jedoch auch dieses Ergebnis *Finkelsteins* ist, hat
G. G. Porton aufgezeigt. Zwar scheint die Fülle des Jischmael zugeschriebenen exegetischen Materials seine Rolle in der Bibelauslegung zu stützen; doch erlaubt das noch keinen Schluss auf eine Auslegungsschule Jischmaels; im überlieferten Material verwendet Jischmael die Mehrheit der ihm zugeschriebenen hermeneutischen Regeln nie, v. a. nicht in den tannaitischen Texten bzw. in den hal. Midraschim (Ishmael IV, 191); er verlässt gelegentlich auch den Wortsinn, wo Aqiva sich daran hält, und benutzt überhaupt Aqiva zugeschriebene Methoden (wie umgekehrt Aqiva solche Jischmaels). Somit ist eine klare Grenzziehung zwischen Jischmael und Aqiva nicht möglich, ebenso wenig auch die Annahme von zwei sich deutlich gegenüberstehenden Schulen in der Zeit Jischmaels. «It appears that the standard picture of Ishmael's exegetical practices is, at earliest, an Amoraic construction» (Ishmael II, 7; vgl. III, 2 f.). Erst im pal. Talmud kommt es zu einer weitgehenden methodischen Trennung zwischen Jischmael und Aqiva (Ishmael IV, 191).

Damit ist die These *Albecks* erhärtet, dass die terminologischen Unterschiede, die zwischen beiden Midraschgruppen tatsächlich bestehen, Werk der Redaktoren sind (wobei offenbleibt, an welche Stufe der Redaktion wir dabei zu denken haben); diese haben aus anderen Quellen entnommenes Material terminologisch an ihre Hauptquellen angepasst, in denen sich die Schulterminologie schon allmählich herausentwickelt hatte (*Albeck*, Unters. 86).

Wiewohl sich die beiden Midraschgruppen in der exegetischen Terminologie deutlich unterscheiden, sind sie stofflich durchaus nicht scharf voneinander getrennt: Jede Gruppe bringt, wenn auch sprachlich bearbeitet, viel Material der anderen Gruppe (oft als *davar ʾaḥer* eingeleitet: siehe Abr. Goldberg). *G. G. Porton* stellt eine ziemlich gleichmäßige Verteilung der Jischmael zugeschriebenen Meinungen in beiden Gruppen der hal. Midraschim und ebenso eine auffällige Prominenz Aqivas in der Jischmaels Schule zugeschriebenen Midraschgruppe fest (Ishmael IV, 55 f. 65 f.). «I would conclude, therefore, that our standard division of the Tannaitic texts into ʿAqiban and Ishmaelean is at least over-simplified, and it may be incorrect» (Ishmael IV, 67; kritisch dazu *M. Kahana* in *Safrai* II 39 Anm. 160; *Yadin*, Scripture as Logos, zur unterschiedlichen Hermeneutik im halakhischen Material der beiden Schulen, auch wenn diese natürlich nicht für die beiden Rabbinen persönlich zu sichern ist).

Somit ist als *vorläufiges Ergebnis* festzuhalten: 1) Exegetische Unterschiede zwischen Jischmael und Aqiva sind nicht beweisbar, ebenso wenig, dass sie Auslegungsschulen begründet haben. 2) Die hal. Midraschim gliedern sich in zwei Gruppen, die Traditionen von R. Jischmael oder R. Aqiva in bevorzugter Weise, jedoch vielfach kombiniert mit jenen der Gegenseite überliefern und in den hal. Teilen auch hermeneutische Unterschiede aufweisen. 3) Haggada und Halakha in diesen Midraschim stammen aus verschiedenen Quellen; der haggadische Stoff ist allen Gruppen gemeinsam. 4) In der Halakha entwickelt sich eine Schulterminologie, die von den Redaktoren der Midraschim auch auf fremdes Material angewendet worden ist. 5) Mit *Albeck* (Unters. 154) sind die hal. Midraschim zu gruppieren: a) MekhY und SifBem; b) Sifra und Sifre Zutta (einschließlich des von M. *Kahana* entdeckten Sifre Zutta zu Dtn); c) SifDev und MekhSh; die Midraschim von b) und c) weisen oft dieselben Quellen auf, gehören also irgendwie zusammen, während Midrasch Tannaim und Fragmente zu Lev mit a) in eine Gruppe zu rechnen sind. Wie *M. Kahana* (*Safrai* II 5) betont, unterscheiden sich die Midraschim der «Aqiva-Gruppe» untereinander, insofern MekhSh, Sifra und SifDev der Mischna sehr nahestehen, während Sifre Zutta zu Num und Dtn sprachlich eine deutliche Eigenart aufweisen und kaum Kontakte mit der Mischna haben. 6) Wenn man schon von Midraschim der Schulen Jischmaels bzw. Aqivas sprechen will (wobei man sich auf Maimonides, Vorwort zu Mishne Tora, stützen kann), müsste man sich des rein praktischen (nicht historischen) Charakters einer solchen Benennung bewusst sein; sonst wäre eine neutralere Einteilung, wie etwa in Gruppe A («Jischmael») und B («Aqiva»), vorzuziehen.

Vielfach werden die hal. Midraschim auch als *tannaitische Midraschim* bezeichnet, begründet mit der Sprache dieser Midraschim (M-Hebräisch) und den in ihnen genannten Lehrern (Tannaiten bzw. Amoräer der 1. Generation). Auch diese Einstufung hat *Albeck* angegriffen, weil die hal. Midraschim in den beiden Talmudim nie zitiert würden (Unters. 91 ff.). Zwar sieht auch *Albeck* die zahlreichen Parallelen zwischen den hal. Midraschim und den talmudischen Baraitot; doch führt er diese eher auf beiden bekannte Sammlungen zurück. Dies begründet er v. a. mit der stark variierenden Zitationsweise solcher Aussprüche in den Talmudim: «Wenn der Talmud z. B. unsere Mekilta anführen sollte, könnte er sie nicht bald mit *tania*, bald mit *teni R. Jishmael*, bald mit *teni R. Shimʿon* usw. anführen. Die talmudischen Quellenangaben müssen also auf andere, eindeutig bestimmte Baraitasammlungen Bezug nehmen und nicht auf unsere halakischen Midraschim, die Baraitot aus all diesen Sammlungen enthalten» (Unters. 110).

Diese Argumentation ist nicht ganz stichhaltig; sie presst die Talmudim in ein zu starres Zitationsschema und bedenkt auch nicht die verschiedenartige Herkunft des Talmudmaterials. Doch sind tatsächlich Zitate aus den hal. Midraschim in den Talmudim oft nicht mit absoluter Sicherheit nachzuweisen, in anderen Fällen – z. B. bei Entlehnungen von Sifra in PT – jedoch klar zu belegen (siehe zu Sifra). Das argumentum ex silentio, dass der Talmud sich in bestimmten Diskussionen sicher auf die hal. Midraschim gestützt hätte, wären sie ihm bekannt gewesen, hilft in unserer Frage nicht weiter. Auch für *Albeck* beweist der Umstand, dass die Talmudim die hal. Midraschim nicht kennen, nicht mit Sicherheit, «dass sie in talmudischer Zeit nicht existiert hätten» (Unters. 119). Doch sei es wahrscheinlich, dass sie «frühestens in spättalmudischer Zeit» abgefasst wurden. Dennoch hält *Albeck* an der tannaitischen Herkunft des Materials dieser Midraschim fest: Es sind Baraitot. Es ist nicht zu bezweifeln, dass die hal. Midraschim i. A. nach der eigentlichen tannaitischen Zeit, d. h. nach der Redaktion von M, ihre Endredaktion erfahren haben. Das zeigen u. a. die zahlreichen Zitate aus M und T, die *Melammed* in den hal. Midraschim gesammelt hat, auch wenn es im Einzelfall kaum zu beweisen ist, dass das Zitat aus der Endfassung von M oder (besonders!) T stammt. Auffallend ist jedoch, dass *Melammed* kein Zitat in Sifre Zutta nachweisen konnte. Das allein zeigt schon, dass ein Pauschalurteil hinsichtlich der Datierung der hal. Midraschim nicht möglich ist, sondern in jedem einzelnen Fall differenziert geurteilt werden muss. Immerhin ist auch die Spätdatierung der hal. Midraschim in der Schule *Albeck*s nicht schon allein dadurch gesichert, dass nach ihrem Urteil keine Zitate aus ihnen in den Talmudim absolut beweisbar sind. Die urtümlichere Gestalt, die Paralleltraditionen zwischen hal. Midraschim und Talmudim regelmäßig in den Midraschim aufweisen, ja auch das oft nachweisbare relativ höhere Alter einer Tradition im Midrasch gegenüber einer M- oder T-Parallele legen es nahe, die Redaktion der Grundtexte der hal. Midraschim i. A. nicht allzu weit von der von M und T zu entfernen. Der Großteil der hal. Midraschim dürfte im späten 3. Jh. seine wesentliche Gestalt schon gehabt haben, auch wenn dies zu jedem einzelnen Midrasch genauer festzulegen ist, besonders auch, was die Zitate aus M und T betrifft, deren Umfang vielleicht erst späterer Überarbeitung zu verdanken ist.

2) Die Mekhilta de Rabbi Jischmael (= MekhY)

Lit.: S. *Abramson*, ʾArbaʿa ʿInyanot be-Midreshe Halakha, Sinai 74 (1974) 1–9 (zu einer von ihm gebotenen neuen Lesart aus einem MS Antonin S. *Lieberman*, Pisqa Ḥadasha mi-Mekhilta u-Ferusha, Sinai 75, 1974, 1–3 = Studies 25–27); M. A. *Friedman*, The «Handwriting» (kir) of the Almighty on the Tablets of the Decalogue according to a New Passage in the Mekhilta [h], in: Studies in Hebrew Language [Teuda 9], Tel-Aviv 1995, 65–73; L. *Grilak*, The Conjunctions of Causal Clauses in the Mekhilta of R. Ishmael (h), Hebrew Linguistics 49 (2001) 5–19; *Ch. Albeck*, Mavo 79–113, bes. 106–113; D. *Boyarin*, Intertextuality; N. J. *Cohen*, Analysis of an Exegetic Tradition in the Mekhilta de-Rabbi Ishmael: The Meaning of the ʾAmana in the Second and Third Centuries, AJSR 9 (1984) 1–25 (zum Schluss von Beshallaḥ 7); N. B. *Dohrmann*, Analogy, Empire and Political Conflict in a Rabbinic Midrash, JJS 53 (2002) 273–297 (zu Neziqin 4); J. N. *Epstein*, ITL 545–587; L. *Ginzberg*, The Relation between the Mishnah and the Mekiltah (h), GS M. Schorr, NY 1944, 57–95 (Ndr. in L. *Ginzberg*, ʿAl halakha we-ʾaggada, TA 1960, 66–103. 284–290); M. *Kadushin*, A conceptual approach to the Mekilta,

NY 1969 (Ndr. Binghamton 2001); *M. I. Kahana*, The two mekhiltot on the Amalek Portion. The Originality of the Version of the Mekhilta d'Rabbi Ishmaʿel with Respect to the Mekhilta of Rabbi Shimʿon ben Yohay (h), J 1999; *ders.*, in Safrai II 68–72; *ders.*, EJ² XIII 793–795; *J. Z. Lauterbach*, The Name of the Mekilta, JQR 11 (1920f.) 169–195; *ders.*, The Arrangement and the Divisions of the Mekilta, HUCA 1 (1924) 427–466; *ders.*, The Two Mekiltas, PAAJR 4 (1933) 113–129 (zu den Mekh-Zitaten, die in beiden Fassungen fehlen); *H. I. Levine*, Studies in Mishnah Pesachim, Baba Kama and the Mechilta (h), TA 1971; *L. Lieber*, Kissing Cousins: The Mekhilta of R. Ishmael and Targum Pseudo-Jonathan on Parashat Mishpatim, Journal for the Aramaic Bible 2 (2000) 89–118; *W. D. Nelson*, Oral Orthography: Early Rabbinic Oral and Written Transmission of Parallel Midrashic Tradition in the Mekhilta of Rabbi Simon ben Yoḥai and the Mekhilta of Rabbi Ishmael, AJSR 29 (2005) 1–32; *E. Z. Melammed*, Introduction 181–188. 249–253; *J. Neusner*, Mekhilta According to Rabbi Ishmael. An Introduction to Judaism's First Scriptural Encyclopaedia, A 1988; *ders.*, Bab I 179–183 (²1969, 192–196); *ders.*, Introduction 249–270; *S. Niditch*, Merits, Martyrs, and ‹Your Life as Booty›: An Exegesis of Mekilta, Pisha 1, JSJ 13 (1982) 160–171; *M. Pickup*, Eschatological Interpretations in Shirata, ARJ 1 (1998) 83–99; *R. Raviv*, On the Nature of Biblical Exegesis in Rabbinic Literature (h), Tarbiz 70 (2000f.) 177–188; *G. Stemberger*, Die Datierung der Mekhilta, Kairos 21 (1979) 81–118; *W. S. Towner*, Enumeration; *B. Z. Wacholder*, The Date of the Mekilta de-Rabbi Ishmael, HUCA 39 (1968) 117–144; *A. Yadin*, Scripture as Logos. Rabbi Ishmael and the Origins of Midrash, Phil. 2004.

a) Der Name

Mekhilta (Wurzel *kul*) ist das aram. Äquivalent für hebr. *midda* oder *kelal*, «Regel, Norm». Näherhin bedeutet es die Ableitung der Halakha aus der Bibel nach bestimmten Regeln, dann auch die halakhische Exegese selbst bzw. deren Ergebnis und ist damit auch vielfach mit Mischna oder Baraita ungefähr gleichbedeutend (vgl. das Responsum des Hai Gaon in *L. Ginzberg*, Geonica II, NY 1909, 39). Schließlich bedeutet Mekh auch einen Traktat, der solche Auslegungen enthält (somit ähnliche Entwicklung wie beim griech. kanôn). Die Gleichsetzung mit *megilta* im Arukh des Natan von Rom ist haltlos. Im Talmud bezeichnet Mekh nicht unseren Ex-Kommentar, sondern wird als *baraita* der *matnita* gegenübergestellt: so bPes 48a; bTem 33a; vgl. bGit 44a: «geh und schau in deiner *mekhilta* nach», d.h. in schriftlichen Notizen zur Halakha; ebenso yAZ 4,8,44b: ʾappeq R. Yoshiya mekhilta (G. Wewers z. St. übersetzt etwas missverständlich: R. J. «gab die Mekhilta heraus», erklärt aber in der Anmerkung dazu: «eine Sammlung halakhischer Fragen zum Götzendienst»).

In gaonäischer Zeit bezeichnet Mekh (vielleicht ursprünglich im Plural: *mekhilata*, ungefähr gleichbedeutend mit *massekhtot*) den halakhischen Kommentar zu Ex bis Dtn. So vielleicht schon die Halakhot Gedolot, auch wenn die Textüberlieferung hier kein sicheres Urteil erlaubt (cf. *Epstein*, ITL 546), dann Hai Gaon (*A. Harkavy*, Responsen der Geonim, B 1887, Nr. 262) und auch noch Maimonides in der Einleitung zu Mishne Tora. In anderen Texten ist Sifre (de-veRav) ebenso umfassend gemeint, gelegentlich ohne Sifra zu Lev: so auch in bSan 86a, bHag 3a u. ö., auch wenn dort mit Sifra und Sifre noch nicht unsere erhaltenen Midraschim gemeint sind. Die Bezeichnung Mekh für unseren Midrasch ist sicher jünger als Sifre.

Wenn ein Saadja zugeschriebener Text unsere Mekh als *mekhilta de-we-ʾelle-shmot* zitiert, ist dies vielleicht noch eher Beschreibung als eigentlicher Name (*Lauterbach*, Name 174), ebenso der Ausdruck *mekhilta de-ʾereẓ Yisrael* (z. B. *Harkavy*, Responsen der Geonim Nr. 229). Die ersten sicheren Belege für die Bezeichnung unserer Schrift als Mekhilta de R. Jischmael stammen aus dem 11. Jh.: Nissim von Kairowan (Sefer ha-Mafteaḥ, Shabbat, ed. *J. Sternberg*, J 1995, 37 zu bShab 106a; bT Wilna zu Shab 106b) und Samuel ha-Nagid in seiner Einleitung zum Talmud.

Die Benennung nach R. Jischmael erfolgte nicht, weil man diesen für den Verfasser der Schrift gehalten hätte (doch siehe Maimonides!), sondern – wie in der mittelalterlichen Zitierweise üblich – weil der eigentliche Midrasch mit der Nennung Jischmaels einsetzt (Pisḥa 2, L. 15, in MS München und ed. pr. als Parascha 1 markiert! Pisḥa 1 ist als Einleitung zu betrachten).

b) Inhalt und Einteilung

MekhY ist ein Kommentar zu Ex 12,1–23,19; 31,12–17; 35,1–3. Somit umfasst sie nur etwa zwölf von vierzig Kapiteln von Ex. Sie konzentriert sich auf die gesetzlichen Teile, übergeht hier aber auch die erzählenden Stücke nicht. Auffällig ist jedoch, dass auch wesentliche gesetzliche Teile nicht behandelt werden. Die Vorschriften zum Bau des Bundeszeltes (Ex 25,1 ff.) wurden offenbar in einem eigenen Werk kommentiert, das wohl in etwa der *Baraita de-melekhet ha-mishkan* entsprach (deren Grundstock nach Meinung von *Epstein*, ITL 549, eventuell auf die Schule des R. Jischmael zurückgeht). Diese in M-Hebräisch verfasste Schrift, die nur Tannaiten zitiert, beschreibt den Bau des Bundeszeltes in 14 Kapiteln: Text in BhM III 144–154; krit. Ausgaben: *M. Friedmann*, W 1908 (Ndr. zusammen mit Sifra J 1967); *R. S. Kirschner*, Baraita DeMelekhet ha-Mishkan: A Critical Edition with Introduction and Translation, Cincinnati 1992 (dazu *C. Milikowsky*, On Editing Rabbinic Texts, JQR 86, 1995 f., 409–417). Geniza-Fragmente der Baraita haben schon *Ginzberg*, Ginze Schechter I 374–383, und *Hopkins*, Miscellany 78 ff., veröffentlicht. Ebenso war auch der Kommentar zu Ex 29 (Weihe der Priester) eine eigene Schrift, die als *Mekhilta de-Milluim* in Sifra (zu Lev 8) aufgenommen wurde, obwohl sie terminologisch zur Gruppe A («Schule Jischmaels») gehört.

In der ursprünglichen Einteilung ist MekhY in 9 Traktate (*Massekhtot*) gegliedert, die wiederum in insgesamt 82 Abschnitte (*Paraschiyot*) unterteilt sind (MSS bieten *Halakhot* als weitere Unterteilung): 1. Pisha (Ex 12,1 ff.); 2. Beshallaḥ (13,17 ff.); 3. Shirata (15,1 ff.); 4. Wa-yassa (15,22 ff.); 5. Amaleq (17,8 ff.); 6. Baḥodesh (19,1 ff.); 7. Neziqin (21,1 ff.); 8. Kaspa (22,24 ff.); 9. Shabbeta (31,12–17; 35,1–3).

Diese Einteilung richtet sich allein nach dem Inhalt und nicht nach der Leseordnung in der Synagoge. Erst die Druckausgaben haben die Einteilung nach der babylonischen Leseordnung eingeführt; das führte zur Bezeichnung des 1. Teils von Amaleq als Beshallaḥ, des 2. Teils (ab 18,1) zusammen mit Baḥodesh als Jitro; auch wurden die Traktate Neziqin und Kaspa als Mishpaṭim zusammengefasst, Shabbeta hingegen in Ki-tissa und Wa-yaqhel geteilt. Doch empfiehlt sich die Beibehaltung der ursprünglichen Einteilung (so Ausgabe Lauterbach; die Ausgabe Horovitz-Rabin hat leider die sekundäre Einteilung übernommen, fügt jedoch in Kleindruck die ursprüngliche hinzu).

c) *Eigenart, Entstehung, Datierung*

Die Zuordnung von MekhY zu Gruppe A («Schule Jischmaels») erfolgt (z. B. *Epstein*, ITL 550 ff.) wegen der zahlreichen Stellen von MekhY, die wörtlich oder dem Inhalt nach in anderen Schriften als Lehre des R. Jischmael zitiert werden, in bT mit der Einleitung *tanna de-veR. Yishmael* bzw. in bT und in den Midraschim als *teni R. Yishmael* aufscheinen. Doch ist auch festzustellen, dass manche der so eingeführten Zitate in MekhY fehlen bzw. dieser gar widersprechen, sodass von hier kein Beweis zu führen ist. Was die Auslegungsmethode betrifft, ist die Zuordnung in den halakhischen Teilen unproblematisch (z. B. keine Ausdeutung der rein stilistischen Verdoppelungen); der haggadische Teil stammt aus gemeinsamen Quellen mit der anderen Gruppe. Eindeutig ist die Abgrenzung in der exegetischen Terminologie (z. B. *maggid* statt *melammed* usw.).

Zur *Entstehungsgeschichte* von MekhY hat *Lauterbach* (in der Einführung zu seiner Textausgabe) einige Thesen vorgelegt. Für ihn ist MekhY «one of the older tannaitic works» (XIX), «one of the oldest Midrashim»; dies gehe aus der alten Halakha hervor, die oft der späteren widerspricht, aus vielen sonst nicht erhaltenen Legenden und einer zum Großteil noch sehr einfachen Bibelauslegung, die weithin mit den alten Bibelübersetzungen übereinstimmt. Im Talmud ist die Schrift unter dem Namen Mekh nicht bekannt, da sie in amoräischer Zeit nur Teil der größeren Sammlung Sifre (zu Ex, Num und Dtn) war. Auch ist der den Amoräern bekannte Midrasch zu Ex nicht mit unserem identisch, sondern nur der Kern dazu, der in verschiedenen Redaktionen bis zur Endgestalt beträchtliche Veränderungen in Form und Inhalt mitgemacht hat (XXIII). Der Kern gehe höchstwahrscheinlich auf die Schule des R. Jischmael oder zumindest auf die Lehren seiner Schüler zurück; doch habe schon der erste Redaktor Material aus der Schule des R. Aqiva hinzugefügt. MekhY habe «more than one revision and several subsequent redactions» mitgemacht; eine davon erfolgte wahrscheinlich in der Schule des Jochanan bar Nappacha, in dessen Namen viele in MekhY anonym geführte Sätze sonst in der rabb. Literatur aufscheinen. Doch habe es auch noch spätere Redaktionen von MekhY gegeben (XXVI).

Dieses Bild einer Reihe von einander folgenden Redaktionen, einsetzend zu Beginn der amoräischen Zeit mit einem auf die Schule Jischmaels zurückgehenden Kern, hat manches für sich; mit *Lauterbachs* Bezeichnung von MekhY als einem der ältesten tannaitischen Werke stimmt es allerdings nicht ganz überein. Die Datierung der Endredaktion (abgesehen von späteren Interpolationen, Textverderbnissen usw.) ist dabei völlig in der Schwebe gelassen. Was ist bei diesen vielfachen Überarbeitungen vom tannaitischen Kern tatsächlich noch geblieben? Konsequent gedacht, kann man hier wohl nicht mehr von einem tannaitischen Midrasch sprechen.

Eine Entstehungsgeschichte von MekhY kann nur von den einzelnen Quellen von MekhY ausgehen, wobei auch das Verhältnis zu MekhSh zu berücksichtigen ist. Die getrennte Untersuchung des haggadischen und des halakhischen Materials ist hier ebenso geboten (darauf hat *L. Finkelstein* aufmerksam gemacht) wie eine differenzierte Untersuchung der einzelnen Massekhtot der MekhY als selbstständiger Einheiten, wie sie *M. Kahana* für den Traktat Amalek vorgelegt hat. *J. N. Epstein* hat auf die Gemeinsamkeiten, aber auch Widersprüche und Unterschiede zwischen den einzelnen Traktaten hingewiesen (ITL 581–587): «ihr ganzer Zusammenhang besteht nur in ihrem Platz in *einer* Sammlung und in *einem* Buch», nämlich in ihrer Verbindung zu einem Ex-Midrasch (ITL 581). Dazu passt, was *E. Z. Melammed* (Introduction 249) zur Verwendung von M und T in MekhY feststellt (kein Zitat in Shirata und Shabbeta, nur zwei in Beshallaḥ, dagegen 45 in Pisḥa, 36 in Neziqin usw. Was als echtes Zitat anzusehen ist, bleibt problematisch, ändert jedoch nichts an diesen charakteristischen Unterschieden zwischen den einzelnen Traktaten). *J. Neusner* hat die enge Zusammengehörigkeit von Pisḥa und Neziqin aufgezeigt (v. a. durch das weit überproportionale Vorkommen von Joschijja, Jonatan und Natan, aber auch die viel größere Häufigkeit von Jischmael). Da alle drei hier genannten Rabbinen nach dem Bar-Kokhba-Aufstand in Babylonien waren (kritisch dazu *Porton*, Ishmael IV 56; cf. *Gafni*, Jews of Babylonia 81–91), schloss *Neusner*, «that the Mekhilta sections in question were *originally* compiled on the basis of discussions between 135–150 c. e., ... probably at Huẓal» (Bab I 179 = ²192). Heute würde *Neusner* diese Schlussfolgerung nicht mehr aufrechterhalten und äußert sich nicht mehr zur Datierungsfrage (Mekhilta 24 f.); doch bleiben die gemachten Beobachtungen (nunmehr ergänzt durch *Neusners* Feststellung der ganz eigenen Argumentationsweise von Neziqin: Mekhilta 213–219) zu erklären.

Eher ist es möglich, die Endredaktion von MekhY zu datieren. Zwar hat B. Z. *Wacholder* eine Entstehung des Werkes im 8. Jh. in Ägypten oder sonst in Nordafrika vorgeschlagen; denn MekhY verwende bT und nachtalmudische Schriften, erfinde Tannaiten und kenne die historischen Verhältnisse der tannaitischen Zeit nicht; auch spiele sie auf die islamische Herrschaft und den Bilderstreit an; in Kaspa 5 sei sogar eine gaonäische Tradition verwendet. Eine genauere Untersuchung der Einzelstellen zeigt jedoch, dass diese Argumente nicht stichhaltig sind. MekhY weist vielmehr bei Paralleltraditionen gewöhnlich die ältere Fassung als z. B. bT, Sifre und MekhSh auf. Die Erwähnung der Söhne Ismaels bedeutet nicht notwendig einen Hinweis auf die islamische Herrschaft. Die Form der Einzeltraditionen, die genannten Rabbinen und die historischen Ereignisse, auf die angespielt wird, legen nahe, die Endredaktion in die 2. Hälfte des 3. Jhs. zu verlegen (gegen *Wacholders* These auch *M. Kahana*, Tarbiz 55, 1985 f., 515–520).

d) Der Text

1. Handschriften

MSS der vollständigen MekhY sind MS Oxford 151,2, um 1291 (so datiert das Kolophon den im MS vorausgehenden Text, PesK), sowie MS München, Cod. hebr. 117, laut Kolophon 1433 entstanden. Faksimile: The Munich Mekilta – Bavarian State Library, Cod. Hebr. 117, ed. *J. Goldin*, Kopenhagen – Baltimore 1980. Teile des MekhY-Textes finden sich auch in MS Vatikan 299 (Beshallaḥ 2 bis Shira 5, Baḥodesh 1 bis Ende der MekhY) und in MS Casanata H. 2736 (Ende von Beshallaḥ und ganz Shirata); beide stammen aus dem 14. Jh. und wurden, wie auch die beiden vollständigen MSS, in Italien geschrieben.

Geniza-Fragmente: *Kahana*, Manuscripts 41–49, zählt 52 Fragmente auf, die auf die Sammlungen von St. Petersburg, Oxford, Cambridge, London British Library, JThS New York und einige kleinere Sammlungen verteilt sind. Er ordnet die Fragmente 12 verschiedenen MSS zu; vom wichtigsten (orientalische Quadratschrift, vielleicht 11. Jh.) sind 42 Blatt in 18 Fragmenten erhalten. *Kahana*, Genizah Fragments I 1–152, bietet eine neue, z. T. erstmalige Transkription aller beschriebenen Fragmente. Eine Analyse einiger Fragmente des größten Geniza-MS bietet *L. Elias*, Tashlum Mekhilta. Derashot ḥadashot we-girsaot yiḥudiot shel ha-Mekhilta deR. Jischmael be-ʿoteq min ha-geniza, GS T. Lifshitz 29–57.

Frühere Veröffentlichungen: Geniza-Fragmente aus der Bibliothek des Dropsie-College, Phil., und jener der Columbia University hat schon *Lauterbach* in seiner Ausgabe verwertet. *E. Y. Kutscher*, Geniza Fragments of the Mekilta of Rabbi Yisma'el (h), Leš. 32, 1968, 103–116 (Fragment Oxford 62d mit Stück von Wa-yassa); *Z. M. Rabinovitz*, Ginzé

Midrash 1–14: Stücke von Beshallaḥ und Shirata aus dem British Museum. *Rabinovitz* 2 zählt sie zu den ältesten Fragmenten der Geniza insgesamt; cf. auch *Kutscher* zum hohen textkritischen Wert der Fragmente.

Die Transkription aller Handschriften von MekhY einschließlich der Geniza-Fragmente und des Erstdrucks (auch Liste der Varianten zwischen Ausgaben K und V) haben *S. Friedman und Y. L. Moscovitz* auf der Website der Bar-Ilan-Universität publiziert: http://www.biu.ac.il/JS/tannaim.

2. Druckausgaben

Erstdruck K 1515; die Ausgabe V 1545 (Faksimile J 1981) verwendet K und korrigiert diesen Text (nur selten anhand eines MS, und zwar desselben, das K zugrunde lag: *E. Z. Melammed*, The Constantinople Edition of the Mechilta and the Venice Edition, h, Tarbiz 6, 1934 f., 498–509). Von den späteren Ausgaben werden besonders jene mit Kommentar von *E. H. Weiss*, W 1865, und die mit Kommentar von *M. Friedmann*, W 1870, viel zitiert. Sie sind nun durch zwei *kritische Ausgaben* ersetzt:

H. S. Horovitz – I. A. Rabin, Mechilta d'Rabbi Ismael cum variis lectionibus et adnotationibus, F 1931, J ²1960 (verwendet als Basistext i. A. V 1545; dazu *E. Z. Melamed*, Tarbiz 6,1, 1934, 112–123). Die von *Rabin* angekündigte hebr. Einleitung ist nicht erschienen.

J. Z. Lauterbach, Mekilta de-Rabbi Ishmael: A critical edition on the basis of the MSS and early editions with an English translation, introduction and notes, 3 Bde., Phil. 1933–1935 (Ndr. in 2 Bden mit Einleitung von *D. Stern*, Phil. 2004. Breitere Textbasis als bei *Hor. – Rabin*, doch kein vollständiger kritischer Apparat; eklektischer Text; dazu *Lieberman*, KS 12, 1935, 54–65 = Studies 540–551). Siehe auch *L. Finkelstein*, The Mekilta and its Text, PAAJR 4 (1933 f.) 3–54 (= *ders.*, Sifra V, 1*–52*).

Für eine neue kritische Ausgabe plädieren *D. Boyarin*, From the Hidden Light of the *Geniza:* towards the original Text of the *Mekhilta d'Rabbi Ishmael* (h), Sidra 2 (1986) 5–13, und *M. Kahana*, The Critical Edition of Mekilta De-Rabbi Ishmael in the Light of the Genizah Fragments (h), Tarbiz 55 (1985 f.) 489–524. In The two mekhiltot (siehe oben) bietet *Kahana* eine ausführliche Kritik der vorliegenden Editionen und einen neuen krit. Text von MekhY [H-R 176–187] und MekhSh mit Komm.

3. Konkordanz

B. Kosovsky, Otzar Leshon ha-Tanna'im. Concordantiae verborum quae in Mechilta d'Rabbi Ismael reperiuntur, 4 Bde., J 1965–1969.

4. Übersetzung

J. Winter – A. Wünsche, Mechiltha. Ein tannaitischer Midrasch zu Exodus, Le 1909 (Ndr. H 1990); *G. Stemberger*, Die Mekhilta de-Rabbi Jishmaʾel. Ein früher Midrasch zum Buch Exodus, B 2010; engl.: *Lauterbach; J. Neusner*, Mekhilta Attributed to R. Ishmael. An Analytical Translation, 2 Bde., A 1988 (Neuausgabe: Components VII, 3 Bde., 1997; Bd. 3: A Topical and Methodical Outline); span.: *T. Martínez-Sáiz*, Mekilta de Rabbí Ismael, Estella 1995.

3) Die Mekhilta de Rabbi Simeon ben Jochai (= MekhSh)

Lit.: S. Abramson, ʾArbaʿa ʿinyanot be-midreshe halakha, Sinai 74 (1973 f.) 1–13 (zu MekhSh 1–8); *Ch. Albeck*, Untersuchungen 151–156; *ders.*, Mavo 82 f.; *Ch. Burgansky*, Mekhilta d'Rabbi Simon ben Jochay: Studies in Source Analysis and Editorial Method (h), Diss. Bar Ilan, Ramat Gan 1996; *ders.*, On the Redaction of Mekhilta de' R. Shimon b. Jochai – Joining Homilies (h), Sidra 17 (2001/02) 5–22; *J. N. Epstein*, ITL 725–740; *L. Ginzberg*, Der Anteil R. Simons an der ihm zugeschriebenen Mechilta, FS I. Lewy, Breslau 1911, 403–436; *M. Kahana*, The two mekhiltot on the Amalek Portion (h), J 1999; *ders.*, Safrai II 72–77 (gekürzt in EJ² XIII 795–797); *M. Kasher*, Meqorot ha-Rambam we-ha-Mekhilta de Rashbi, NY 1943, J ²1980 mit dem Titel Sefer ha-Rambam ... (dazu *S. Zeitlin*, JQR 34, 1943 f., 487–489, der meint, dass MekhSh mehrfach Mishne Tora benützt hat und nicht umgekehrt); *H. I. Levine*, Studies in Talmudic Literature and Halakhic Midrashim (h), Ramat Gan 1987, 127–191; *I. Lewy*, Ein Wort über die «Mechilta des R. Simon», Jb des jüd.-theol. Sem. Breslau 1889, 1–40; *E. Z. Melammed*, Introduction 208–213; *W. D. Nelson*, The Reconstruction of the Mekhilta of Rabbi Shimon b. Yoḥai. A Reexamination, HUCA 70 f (1999 f.) 261–302; *ders.*, Textuality and Talmud Torah: Issues of Early Rabbinic and Oral Transmission as Exemplified in the Mekhilta of Rabbi Shimon b. Yoḥai, Diss. HUC 1999; *ders.*, Mekhilta de R. Simeon ben Yohai, EMidr 493–510; *ders.*, Oral Orthography: Early Rabbinic Oral and Written Transmission of Parallel Midrashic Tradition in the Mekhilta of Rabbi Simon ben Yoḥai and the Mekhilta of Rabbi Ishmael, AJSR 29 (2005) 1–32; *B. De Vries*, Meḥqarim 142–147.

Der Ex-Midrasch MekhSh wird im Mittelalter oft zitiert (bis ins 16. Jh.), wurde jedoch nicht gedruckt und galt seit dem 17. Jh. als verschollen, bis er im 19. und 20. Jh. wiederentdeckt wurde.

a) Name

Mittelalterliche Zitate aus MekhSh werden gewöhnlich als Mekhilta de R. Simeon (b. Jochai) angeführt: z. B. mehrmals im Pentateuchkommentar des Nachmanides, so zu Ex 22,12; Ritba (Jom Tov ben Abraham von Sevilla) zitiert den Text als Mekhiltin de R. Aqiva; auch der Name *mekhilta de sanya* kommt vor («Mekh vom Dornbusch», da Beginn in Ex 3;

so Hadassi, Eschkol ha-Kofer 36a). Ein auch bei Nachmanides gebrachtes Zitat findet sich in den Responsen der Geonim (*Harkavy* Nr. 229) als Sifre de-veRav in Gegenüberstellung zur *Mekhilta de-ʾereẓ Yisrael* (wegen der Kürze des Zitats – zwei Worte und ein Bibelvers – ist nicht sicher, dass der gaonäische Text wirklich diese Stelle und nicht nur eine Parallele zitiert).

b) Text

Schon *M. Friedmann* hat in seiner MekhY-Ausgabe die ihm bekannten MekhSh-Zitate gesammelt; *I. Lewy* hat dann gezeigt, dass der Großteil davon in MHG überliefert ist. *D. Hoffmann* hat aus MHG und drei Geniza-Fragmenten von MekhSh (zwei in Oxford, eines in Cambridge) den Text rekonstruiert: Mechilta de-Rabbi Simon ben Jochai ..., F 1905. Durch weitere Textfunde ist jedoch diese Ausgabe wie die gesamte frühe Literatur zu MekhSh fast nur noch forschungsgeschichtlich von Interesse.

MSS (von *J. N. Epstein* gesammelt): Am umfangreichsten ist *MS Firkovitch II 268*, St. Petersburg, das auf 51 Blatt in Raschi-Schrift 20 nicht zusammenhängende Stücke, etwa die Hälfte von MekhSh, überliefert (*M. Kahana*, Safrai II 73: «an inferior text written in thirteenth century Spain»). Zur selben Geniza-Handschrift gehören noch Blätter, die sich in verschiedenen Bibliotheken befinden. Weitere Fragmente befinden sich in Cambridge (*Ginzberg*, Ginze Schechter I 339–373) und Oxford; MS Antonin 236 in St. Petersburg bietet ein Stück von MekhSh in einer eigenen Textrezension, das *Melamed* daher im Anhang zur Textausgabe gesondert abdruckt.

Auf der Grundlage dieser Fragmente hat *J. N. Epstein* eine Ausgabe vorbereitet, die *E. Z. Melamed* fertiggestellt hat. In dieser Edition sind etwa zwei Drittel des Textes durch Geniza-Fragmente gedeckt, der Rest (klein gedruckt) stammt aus Zitaten in MHG: *J. N. Epstein – E. Z. Melamed*, Mekhilta d'Rabbi Simʿon b. Jochai. Fragmenta in Geniza Cairensi reperta digessit apparatu critico, notis, praefatione instruxit ..., J 1955, korr. Ndr. J 1979; in der Einleitung 13–25 bietet *Epstein* Forschungsgeschichte und Einordnung von MekhSh, 33–45 beschreibt *Melamed* die erhaltenen Geniza-Fragmente. Zur Ausgabe siehe *D. Nelson*, Critiquing a Critical Edition: Challenges Utilizing the *Mekhilta of Rabbi Shimon b. Yoḥai*, in: *Teugels – Ulmer*, Hg., Recent Developments 97–115.

In der Textausgabe E.-M. noch nicht berücksichtigte Geniza-Fragmente: *S. Abramson*, A New Fragment of the Mekhilta de-Rabbi Shimʿon bar Yoḥai (h), Tarbiz 41 (1971 f.) 361–372 (JThS, NY; entspricht E.-M. 9–10); *A. Glick*, Another Fragment of the Mekilta deRaSHBi (h), Leš. 48 f. (1984 f.) 210–215 (Cambridge, 2 nicht zusammenhängende Blätter zu Ex 14,10–15 und 14,16 = E.-M. 54–57 und 59, sowie zu Ex 15,1 = E.-M. 74 f.); *G. Ṣarfatti*, Qetaʿ mitokh Mekhilta de-Rashbi, Leš. 27/28 (1962–1964) 176 (= E.-M. 157 Z. 5–11; in E.-M. 1979 aufgenommen; dazu *Z. Ben-Ḥayyim*, ibid. 177 f.; das

Fragment befindet sich im JThS, NY; ein weiteres Fragment zu Ex 3,1 im JThS nennt *Ch. Albeck,* Mavo 83 Anm. 9); *M. Kahana,* Another Page from the Mekhilta of R. Simeon b. Yoai (h), Alei Sefer 15 (1988 f.) 5-20 (Cambridge, T-S AS 77,27 = E.-M. 85 Z. 25-87 Z. 18); *ders.,* Ginze Midrash be-Sifriot Leningrad u-Moskwa, Asufot 6 (1992) 41-70, p. 50 zu weiteren Fragmenten; *ders.,* Genizah Fragments I 153-186 (nur Fragmente, die bei E.-M. noch nicht bzw. fehlerhaft enthalten sind); *ders.,* Manuscripts 50-59. Der Text von MekhSh auf Basis der Geniza-Fragmente findet sich auch in den Maʾagarim der Hebräischen Sprachakademie.

Übersetzung: *W. D. Nelson,* Mekhilta de Rabbi Shimon bar Yohai: Translated into English, with Critical Introduction and Annotation, Phil. 2006 (inkl. hebr. Text).

c) Inhalt und Einteilung

MekhSh ist ein Auslegungsmidrasch zu Ex 3,1 f. 7 f.; 6,2; 12,1-24,10; 30,20-31,15; 34,12.14.18-26; 35,2. Die fragmentarische Überlieferung lässt natürlich kein definitives Urteil zu, ob nicht der ursprüngliche Textbestand größer war (auch der Textbestand ab 23,20 ist zum Teil problematisch). Der Anfang mit Ex 3 ist jedoch durch die mittelalterliche Zitierung als «Mekhilta vom Dornbusch» gesichert. Nicht nachweisbar ist, dass MekhSh Ex 3 bis zumindest Ex 6 kontinuierlich besprochen hat; eher ist die Besprechung einzelner Verse zu Beginn der Lesungen anzunehmen, womit man die Berufung Moses hervorhob (so *M. Kahana,* The Two Mekhiltot 384 f.). Auch die ursprüngliche Einteilung (wohl wie MekhY in Massekhtot, Paraschen und Halakhot) ist nicht genau festzustellen; die Gliederung nach Paraschen in der Ausgabe E.-M. ist ein rein praktischer Behelf.

d) Eigenart, Entstehung und Datierung

Terminologie und Rabbinennamen reihen MekhSh in die Gruppe B der hal. Midraschim («Schule Aqivas») ein. Auffällig ist allerdings die häufige Nennung der Schüler Aqivas mit Patronym, ebenso die vielfache Bevorzugung des Wortsinns in der Auslegung. Die Haggada stimmt i. A. mit MekhY überein; wo dies nicht der Fall ist, ist sie deutlich später.

L. Ginzberg stimmt *I. Lewy* zu, dass R. Chizkijja (A 1) MekhSh redigiert habe (viele anonyme Sätze von MekhSh werden in den Talmudim R. Chizkijja zugeschrieben), hält jedoch gegen *Lewy,* nach dem MekhSh in gar keiner Beziehung zu R. Simeon oder seiner Schule steht, wegen der vielen anonymen Sätze in MekhSh, die die Lehre Simeons bieten, an der Verfasserschaft des R. Simeon fest. Doch hat *J. N. Epstein* (Einleitung 18-22 der Ausgabe) gezeigt, dass MekhSh oft auch R. Chizkijja zugeschriebene Sätze nicht enthält bzw., was noch schwerwiegender ist, diesem widerspricht. Er leitet daraus ab, dass der *tanna de-ve Ḥizkiyya*, den die Talmudim zitieren, selbst wieder Sifre de-ve Rav zu Ex (d. h. MekhSh) verwendet hat. R. Simeons Lehre wird in MekhSh auch verwendet, doch könne dieser weder als Verfasser noch als Hauptautorität der Schrift gelten. Sie ist nach ihm nur benannt, weil er in ihr als erster Rabbi zitiert ist. *Epstein* betont, dass MekhSh Sifra, Sifre und T oft benützt hat und somit später als die anderen hal. Midraschim entstanden ist. *De Vries* hat zudem argumentiert, dass (zumindest die Endredaktion von) MekhSh MekhY als fertiges Buch vor sich gehabt und auch verwendet hat. Dazu kommt die Beobachtung *Levines*, dass MekhSh M nach Art der Amoräer behandelt und entsprechend ihren eigenen halakhischen Anschauungen formuliert. Beides zieht *M. Kahana* infrage, der aber ebenso die spätere Redaktion von MekhSh betont, und zwar auch für die parallelen haggadischen Stoffe; in den haggadischen Passagen von MekhSh sieht er im Vergleich mit MekhY «a more developed literary and theological nature ... occasionally ... stylistic hyperbole, exegetical diffusion, a tendency to attribute anonymous midrashim to specific sages, and possibly even the attempt to artificially rewrite disputes. Some of the expositions exhibit a simplification of content bordering on popularization» (Safrai II 76). Der spätere Ansatz von MekhSh gegenüber MekhY steht somit außer Frage; doch fehlen noch entsprechende Detailuntersuchungen, um eine genauere Datierung zu sichern.

4) Sifra

Lit.: Ch. Albeck, Mavo 113–123. 608–610; *H. L. Apothaker*, Sifra, Dibbura de Sinai. Rhetorical Formulae, Literary Structures, and Legal Traditions, Cincinnati 2003; *G. Bodendorfer*, Ani H': God's Self-Introductory Formula in Leviticus in Midrash Sifra, in: *R. Rendtdorff – R. A. Kugler*, Hg., The Book of Leviticus. Composition and Reception, L 2003, 403–428; *R. Brown*, A Literary Analysis of Selected Sections of Sifra (h), 10th WCJS (J 1990) C I 39–46; *J. N. Epstein*, ITL 645–702; *L. Finkelstein*, Sifra on Leviticus, vol. I: Introduction, NY 1989; *ders.*, The Core of the Sifra: A Temple Textbook for Priests, JQR 80 (1989f.) 15–34; *S. Fraade*, Shifting from Priestly to Non-Priestly Legal Authority: A Comparison of the Damascus Document and the Midrash Sifra, DSD 6 (1999) 109–125; *S. Goltz*, Midrash Torath Kohanim (h), Sidra 14 (1998) 25–37; *M. I. Kahana*, Safrai II 78–87 (gekürzt in EJ² XVIII 560–562); *E. Z. Melammed*, Introduction 189– 194. 233–243; *S. Naeh*, Leshon ha-Tannaim be-Sifra ʿal-pi ketav yad Vatikan 66, Diss. J 1989; *ders.*, The Structure and Division of Torat Kohanim (A): Scrolls (h), Tarbiz 66 (1996f.) 483–515; (B) Paraschot, Peraqim, Halakhot (h), Tarbiz 69 (1999f.) 59–104; *J. Neusner*, Purities, v. a. Bd. 7: Negaim. Sifra, L 1975; *ders.*, Sifra in Perspective: The Documentary Comparison of the Midrashim of Ancient Judaism, A 1988; *ders.*, Uniting the Dual Torah. Sifra and the Problem of the Mishnah, C 1990; *ders.*, Introduction 271–304; *ders.*, Sifra, Theology of, EMidr 803–820; *G. G. Porton*, Ishmael II 63–81; *R. Reichman*, Sifra und Mishna. Ein literarkritischer Vergleich paralleler Überlieferungen, Tüb. 1998; *G. Stemberger*, Zur Redaktionsgeschichte von Sifra, in: *J. Neusner*, Hg., Approaches NS XI (1997) 39–82 (spanisch in *M. Pérez Fernández*, Midrás Sifra I, Estella, Navarra, 1997, 17–65); *ders.*, Sifra – Tosefta – Yerushalmi. Zur Redaktion und frühen Rezeption von Sifra, JSJ 30 (1999) 277–311; *ders.*, Zu Eigenart und Redaktion von Sifra Behuqqotai. FJB 31 (2004) 1–19; *ders.*, Leviticus in Sifra, EMidr 429–447 (alle Aufsätze in Judaica Minora II 477–586).

a) Der Name

Im altjüdischen Schulsystem war Lev das erste Buch, mit dem meist der Unterricht begann: R. Issi begründet dies in WaR 7,3 (M. 156) damit, dass die Kinder und die Opfer rein sind und Reine sich mit Reinem beschäftigen sollen. Diese Erklärung ist sicher sekundär; doch auch die Annahme, der Lernbeginn mit Lev sei alte priesterliche Tradition (so z.B. *Finkelstein*, Sifra I 5), lässt sich nicht beweisen. Für den Beginn des Unterrichts mit Lev siehe auch ARN A6,10 (Sch. 29; B. 80–81) über Aqiva. Beide Stellen verwenden die in Palästina übliche Bezeichnung *Torat Kohanim*, «Priestergesetz». Die verbreitete Annahme, dass wegen dieser Schultradition Lev auch das «Buch» schlechthin, aram. *Sifra*, genannt wurde und von da der Name auf den Midrasch überging, lässt sich nicht belegen (siehe *Naeh*, The Structure A 505).

Torat Kohanim bezeichnet dann auch einen hal. Midrasch zu Lev (nicht unbedingt unser Sifra!) und wird regelmäßig als Titel in den MSS verwendet. Im babylonischen Talmud findet man diese Bezeichnung für den Midrasch nur bYev 72b (sonst bezieht sie sich auf das biblische Buch); gewöhnlich nennt man ihn dort Sifra: z.B. bBer 47b, wonach der Lehrstoff Sifra, Sifre und Halakha ist; nach bMeg 28b und bQid 49b u.ö. Halakha, Sifra, Sifre und Tosefta. bBer 11b und 18b verwenden die Bezeichnung Sifra de-ve Rav, den im Lehrhause (Ravs) gelehrten Kommentar zu Lev (*Goodblatt*, Instruction 116 f., meint, dass *sifra de-ve rav* einfach «Schulbuch» bedeutet und keine Beziehung zu Rav besteht. Das ist an sich möglich, besonders was Rav betrifft; doch scheint hier nicht irgendein Lehrbuch gemeint zu sein, sondern ein ganz bestimmtes Buch, das mit der späteren Tradition am ehesten noch als Lev-Kommentar zu verstehen ist). Alle diese Bezeichnungen sind auch in der gaonäischen und mittelalterlichen Literatur üblich, und zwar nun eindeutig auf unser Sifra bezogen.

b) Inhalt und Einteilung

Sifra ist ein halakhischer Midrasch zu Lev, der im jetzigen Überlieferungszustand ganz Lev Vers für Vers, oft sogar Wort für Wort kommentiert. Dem Charakter von Lev entsprechend ist sein Inhalt fast ausschließlich Halakha. Wie bei MekhY war die ursprüngliche Einteilung sachlich

(9 Traktate oder Megillot bzw. Dibburim, die in Paraschiyot unterteilt waren, diese wieder in je zwei bis drei Kapitel, Peraqim); diese wurde jedoch in der Textüberlieferung an die Paraschen der babylon. Leseordnung angepasst und auch sonst verfälscht. Zum Alter der Einteilung siehe *Naeh*, Structure (Neunteilung schon bQid 63a vorausgesetzt; wohl ideale Rollenlänge: Im Erstdruck umfassen die Traktate zwischen 22 und 28 Seiten, nur Negaʿim mit 16 ist kürzer).

Ursprüngliche Einteilung
1. 1,1–3,17 Nedava oder Wa-yiqra
2. 4,1–5,26 Ḥova (Nefesh)
3. 6,1–7,38 Ẓaw

4. 10,8–12,8 Sheraẓim

5. 13,1–59 Negaʿim
6. 14,1–15,33 Meẓoraʿ

7. 16,1–20,27 Aḥare (Mot) oder Qedoshim
8. 21,1–24,23 ʿEmor
9. 25,1–27,34 Sinai

Jetzt übliche Einteilung
1. 1,1–3,17 Nedava od. Wa-yiqra
2. 4,1–5,26 (Wa-yiqra) Ḥova
3. 6,1–7,38 Ẓaw
4. 8,1–36 Mekhilta de-Milluʾim
5. 9,1–11,47 Shemini
6. 12,1–8 Tazriʿa
7. 13,1–59 Tazriʿa Negaʿim
8. 14,1–57 Meẓoraʿ
9. 15,1–33 Meẓoraʾ Zavim
10. 16,1–18,30 Aḥare (Mot)
11. 19,1–20,27 Qedoshim
12. 21,1–24,23 ʾEmor
13. 25,1–55 Behar
14. 26,1–27,34 Beḥuqqotai

c) Eigenart, Entstehung, Datierung

Die in den Drucken vorliegende Fassung von Sifra ist nicht einheitlich. Der Grundstock von Sifra gehört mit seiner Terminologie, der exegetischen Methode und den wichtigsten Rabbinen zur Gruppe B der halakhischen Midraschim («Schule Aqivas»). Doch gibt es in Sifra eine Reihe von Ergänzungen. Dazu gehört schon die Einleitung mit den 13 Regeln, nach denen die Tora ausgelegt wird (*Epstein*, ITL 641 f.; *Porton*, Ishmael IV, 167: «the exegetical *sugyot* in Sifra ... do not picture Ishmael's conforming to the opening section of the text». *Finkelstein*, Sifra I 186 f.: Spätestens in gaonäischer Zeit wurde dieser Abschnitt mit Sifra verbunden). Sicher aus Gruppe A ist auch die *Mekhilta de-Milluʾim* (W. 40d-46b) zu Lev 8,1–10,7 (die also auch den 1. Teil des jetzigen Abschnitts Shemini einschließt; vgl. *Albeck*, Untersuchungen 81–4, und *Epstein*, ITL 681). In Shemini 17–28 ist dieses Stück selbst noch einmal ergänzt worden (W. 44d–45b; dieses Stück fehlt z. B. in Cod. Ass. 66, ed. *Finkelstein* 192, und im Geniza-Text von *Rabinovitz*, Ginzé Midrash 42–50). Noch später ist Aḥare 13,3–15 (W. 85d–86b) und Qedoshim 9,1–7; 9,11–11,14 (W. 91c–93b) zu Lev 18,6–23 und 20,9–21 hinzugekommen: Diese sogenannte *Mekhilta de-ʿArayot* hat erst Aaron Ibn Chajjim in seinem Qorban Aharon eingefügt; sie fehlt noch im Erstdruck; im Codex Assemani 66 (*Finkelstein* 370–387) ist sie aus anderer Quelle ergänzt worden. Als Quelle Ibn Chajjims gilt meist der Yalqut; viel wahrscheinlicher aber stützte er sich dafür auf ein MS von Sifra (siehe *Naeh*, The Structure B 95–98). Ursprünglich hat man diesen Text nicht öffentlich ausgelegt («vor dreien»: mHag 2,1; tHag 2,1, L. 380, was yHag 2,1,7a als Meinung Aqivas darstellt). Auch dieses Stück gehört seiner Eigenart nach zur Gruppe A der halakhischen Midraschim (*Epstein*, ITL 640 f.). Schließlich passt auch der Abschnitt Beḥuqqotai nicht ganz zum Rest von Sifra: Die erste Hälfte (zu Lev 26) hat enge Verbindungen zur «Jischmael-Schule»; weniger stark weicht der Teil zu Lev 27 vom übrigen Sifra ab, ist aber doch in manchen Details so mit dem Teil zu Lev 26 verzahnt, dass wohl der Traktat als Ganzer eine eigene Vorgeschichte hatte. Auch sonst sind noch eine Reihe von kleineren Stücken erst später in Sifra gelangt (siehe *Epstein*, ITL 682 ff.).

bSan 86a nennt R. Jochanan R. Jehuda (bar Ilai) als Lehrer der anonymen Sätze in Sifra (vgl. bShab 137a, bEr 86b u. ö.). Die amoräische Tradition schreibt somit Jehuda einen halakhischen Kommentar zu Lev zu. Einzelne anonyme Sätze von Sifra werden im Talmud tatsächlich als Lehre Jehudas zitiert; d. h., der Lev-Kommentar des Jehuda (bzw. der im Talmud ihm zugeschriebene Kommentar) hat vielleicht als Grundstock oder Quelle für unser Sifra gedient, oder diese Sätze stammen aus der allgemeinen Schultradition. Die These von *Finkelstein* (Sifra I 12. 21 ff.; The Core), Sifra gehe auf ein Priesterlehrbuch aus makkabäischer oder noch früherer Zeit zurück, das von Eliezer ben Hyrkan, dann von Aqiva bearbeitet und schließlich von R. Jehuda redigiert, aber auch später noch ergänzt wurde, geht über das Beweisbare weit hinaus.

Die Bezeichnung Sifra de-ve Rav führt Maimonides in der Einleitung zu Mishne Tora (Ausgabe J 1957, Sefer ha-Madda 9) zur These: «Rav verfasste Sifra und Sifre, um die Grundlagen ('*iqqare*) der Mischna zu erklären und bekannt zu machen» (stützt sich auf bBer 18b). Auch *Weiss* (Einleitung zu seiner Ausgabe, IV) vertritt diese These gegenüber der anderen Erklärung des Namens, er bezeichne nur den in der Schule Ravs üblicherweise gelehrten Kommentar zu Lev (wie auch ITL 652 vertritt). Gegen eine Verfasserschaft Ravs spricht u. a., dass er manchmal die Lösung eines Problems in Sifra nicht zu kennen scheint bzw. dieser sogar widerspricht.

Andere wieder (so *D. Hoffmann* 22 f.; dazu *Albeck*, Untersuchungen 119 f.) betrachten R. Chijja als Verfasser von Sifra. Ihm werden tatsächlich viele Auslegungen zu Lev zugeschrieben, und manche seiner Lehren finden sich auch in Sifra. Die harmonisierende These, der Grundstock von Sifra stamme von Jehuda, der Endredaktor sei R. Chijja, vereinfacht zu sehr auf der Basis der Tradition. *Epstein* vermutet, dass Chijja einen Lev-Kommentar verfasst hat, den dann vielleicht der Endredaktor von Sifra verwendet hat (ITL 655). In Wirklichkeit vereint Sifra die Lehren verschiedenster Rabbinen und aus verschiedensten Quellen.

Wie *Melammed* (Introduction 233 ff.) gezeigt hat, zitiert Sifra besonders oft M und T (über 400 Stellen, besonders aus Negaʿim). Dazu hat *J. Neusner* anfangs auf der Basis der Abschnitte Negaʿim und Mezoraʿ (Pur VII) Sifra als massive Polemik gegen M verstanden. Sifra zitiere immer wieder M wörtlich, um ihre Ableitung des Gesetzes aus der Vernunft zu kritisieren: Einzig aus der Bibel kann das Gesetz abgeleitet werden. Nach Analyse des gesamten Textes hat *Neusner* seine These stark nuanciert: «the authorship of Sifra is careful not to criticize the Mishnah» (Uniting 176); auch für Sifra ist M «a valid source of law on its own» (p. 99). Nicht das Fehlen von Bibelbelegen in M ist das Hauptanliegen von Sifra; vielmehr sei Sifra als «sustained critique of applied reason» zu verstehen (p. 180 f.). Nicht einmal eine direkte Verwendung der fertig redigierten M und T scheint ihm mehr gesichert: Die Redaktoren von Sifra hätten vielmehr eine frühe Schicht einfacher Auslegungen zu Lev mit einer größeren Schicht dialektischer Einheiten aufgefüllt und dabei «abundant materials from completed, free floating pericopae also utilized in the redaction of Mishnah and Tosefta» verwendet (Sifra in Perspective 24). Doch in späteren Publikationen wiederholt er auch wieder seine alte Position, so z. B. in EMidr 803: «subjecting the generative logical principles of the Mishnah to devastating critique … destruction of the Mishnah as an autonomous and freestanding statement».

Dieses (plausible) historische Modell zweier Schichten in Sifra vereinfacht noch zu sehr; der damit verbundene frühe Ansatz von Sifra (auch wenn *Neusner* sich zur Datierung nicht festlegt: Uniting 3) ist fraglich, ebenso die von *Neusner* vertretene Einheitlichkeit des Werks (Sifra in Perspective 36: «uniform and formally coherent character of the document»), bei der der verschiedenen Herkunft einzelner Teile (etwa der Mekhilta de-Milluʾim) und der langen Entstehungsgeschichte von Sifra zu wenig Rechnung getragen wird.

Als Grundschicht von Sifra kann man mit *Neusner* einen einfachen Kommentar zu Lev annehmen. Dieser lässt sich i. A. aus dem erhaltenen Text relativ leicht ablösen, auch wenn die genaue Abgrenzung im Einzelnen offenbleiben muss. Er umfasste ganz Lev oder zumindest den Großteil davon und ist wohl vor M anzusetzen. In einer zweiten Stufe wurde er durch eine umfangreiche dialektische, i. A. anonyme, Schicht erweitert, die jedoch nicht alle Abschnitte von Sifra gleichermaßen erfasst. Da ihre Fragen an den Bibeltext oft aus M und T bekannten Positionen voraussetzen, ist diese Schicht erst ab dem 3. Jh. zu datieren. Wohl erst später wurden zahlreiche wörtliche Zitate aus M und T eingearbeitet (anders *Reichman*, nach dem M diese Zitate aus Sifra entlehnt hat). Beide Redaktionsstufen können sich auch über einen längeren Zeitraum erstreckt haben. Jedenfalls ist Sifra mit seinem Programm nicht als Gegensatz zu M zu verstehen; die umfangreichen Parallelen betonen vielmehr die Übereinstimmung von Sifra mit M – die Aussagen von M stimmen mit der Bibel überein.

T hat mit Sifra zwar verschiedene Stoffe und Auslegungen gemeinsam, eine wechselseitige literarische Beziehung ist jedoch noch nicht nachweisbar; anders dagegen pT: Hier wird vielfach klar ein schriftlicher Text von Sifra vorausgesetzt, und zwar sowohl für die Schicht der einfachen Auslegung wie auch für den dialektischen Kommentar; auch dieser muss daher (zumindest in großem Ausmaß) schon im 4. Jh. in fester Form vorgelegen haben. Allerdings hat Sifra auch später noch eine umfangreiche und noch nicht hinreichend geklärte Nachgeschichte gehabt.

d) Der Text

1. Handschriften

Codex Assemani 66 der Vatikanbibliothek ist, abgesehen von manchen Geniza-Fragmenten, die älteste erhaltene rabb. Handschrift. Bricht kurz nach Beginn von Be-har ab. Wahrscheinlich Ende 9. oder Anfang 10. Jh. entstanden (*Kahana*, Manuscripts 62; *M. Beit-Arié*, Hebrew Manuscripts in the Vatican Library, Vatikan 2008, 46). Babylonische Vokalisierung. Faksimile: Sifra or Torat Kohanim according to Codex Assemani LXVI, with a Hebrew Introduction by *L. Finkelstein*, NY 1956.

G. Haneman, On the Linguistic Tradition of the Written Text in the Sifra MS. (Rome, Codex Assemani 66) (h), GS H. Yalon, J 1974, 84–98, zeigt die disparate Herkunft der einzelnen Teile von Sifra in Cod. Ass. 66 mit linguistischen wie äußeren Kriterien.

Eine von diesem MS sehr verschiedene Texttradition bietet die Vatikanhandschrift *Vat. Ebr. 31*, auf 1073 datiert. *Finkelstein*, l. c. 1, rechnet mit Herkunft aus Ägypten; Beit-Arié, Hebrew Manuscripts 20f., schlägt Süditalien, eventuell Otranto, vor. In seinen Lesarten steht es einigen Geniza-Fragmenten und MHG nahe. Faksimile: Torath Cohanim (Sifra), Seder Eliyahu Rabba and Zutta Codex Vatican 31, J 1972. Weitere MSS: Parma De Rossi 139, Oxford Neubauer 151, London Margulies II 341 und JThS, NY, Rab 2171 (früher Breslau).

Geniza-Fragmente: N. Alloni, Geniza-Fragments 67–70; *Rabinovitz*, Ginzé Midrash 15–50 (umfassen Weiss 2c–3b; 3c; 4a–b; 4b–c; 20a–c; 22d–23b; 35c–d; 43d–45c: ein neuer Text der Mekhilta de-Millu'im). Ein weiteres Geniza-Fragment im Besitz der Dropsie Univ. (jetzt Univ. of Pennsylvania), Phil., ist JQR 13 (1922f.) 12 beschrieben; Fotos zahlreicher Fragmente in *Finkelstein*, Sifra I. Siehe *Kahana*, Manuscripts 60–88.

2. Druck

Erstdruck K 1523 (nur ein kleiner Teil des Textes); dann V 1545. Heute wird gewöhnlich nach der Ausgabe *I. H. Weiss* zitiert, Wien 1862, Ndr. NY 1947. *M. Friedmann*, Sifra, der älteste Midrasch zu Levitikus, Breslau 1915, Ndr. J 1978, verwertet zwar verschiedene MSS, umfasst jedoch nur Nedava 1–19 (bis Lev 3,9). *L. Finkelstein*, Sifra on Leviticus according to Vatican Manuscript Assemani 66 with variants from the other manuscripts, Genizah fragments, early editions and quotations by medieval authorities and with references to parallel passages and commentaries (h), 5 Bde., NY 1983–1991 (I: Introduction; II: Text der Abschnitte Nedava und Ḥova nach MS Assemani 66; III: Varianten aus MSS, Drucken und frühen Zitaten; IV: Kommentar; V: Indices, Selected Studies in Midrash Halakha); *A. Shoshana*, Hg., Sifra on Leviticus acc. to Vat. MS Assemani 66 with variants. Vol. I: Baraita de-R. Ishmael ... with the medieval commentaries, J. Cleveland 1991; II Nedava, III Ḥova, J 1996; Sifra Torat Kohanim Mahadurat Friedman, 2 Bde., J 2002 (bis inkl. Shemini; Basis V 1545 mit Varianten aus MSS, traditionelle Kommentare auf MS-Basis).

Die Ma'agarim der Hebr. Sprachakademie geben, soweit vorhanden, Vat. 66 wieder.

3. Konkordanz

B. Kosovsky, Otzar Leshon ha-Tanna'im. Sifra, 4 Bde., NY-J 1967–1969.

4. Übersetzung

J. Winter, Sifra. Halachischer Midrasch zu Leviticus, Breslau 1938; *J. Neusner*, Sifra. An Analytical Translation, 3 Bde., A 1988 (übersetzt, soweit vorhanden, Finkelstein, dann die Ausgabe S. Koleditzky, J 1961; Parallelen mit M und T oft an diese angeglichen); Ndr. in anderer Anordnung: Components I, 4 Bde., A 1997; *M. Ginsberg*, Sifra. With Translation and Commentary. Dibura Denedabah, J 1994, Ndr. A 1999 (mit hebr. Text); *M. Pérez Fernández*, Midrás Sifra. El comentario rabínico al Levítico. Edición bilingüe, vol. I (Baraita und Nedava), Estella (Navarra) 1997 (Text von MS Vat. 66; im Anhang hermeneut. und sprachl. Analyse).

e) Kommentare

Hillel ben Eljaqim (Griechenland, 12. Jh.) hat einen Sifra-Komm. verfasst, den *S. Koleditzky* nach MS Wien 59 und einem MS der Bodleiana ediert hat: Sifra or Torat Kohanim and commentary by R. Hillel ben R. Eliakim, 2 Teile, J 1961; der Kommentar von *Abraham ben David* (Rabad) von Posquières (1120–1198), teilweise schon im Erstdruck von Sifra, vollständig in Weiss veröffentlicht, ist auch in dem *Simson von Sens* (Anf. 12. Jh.) zugeschriebenen Komm. verwendet worden (dazu *I. Twersky*, Rabad of Posquières, Phil. ²1980, 98 f.), der u. a. in der Ausgabe Sifra J 1959 veröffentlicht ist (in dieser Ausgabe zahlreiche Kommentare). Von *Aaron Ibn Chajjim* (geboren in Fez, gestorben 1632 in Jerusalem) stammt der ausführliche Kommentar Qorban Aharon, V 1609–1611, Ndr. J 1970, der auch sämtliche einschlägigen talmudischen Stellen einbezieht. Die Anmerkungen des Gaon von Wilna zu Sifra sind erstmals in Sifra J 1959 gedruckt; dort auch viele weitere Kommentare zur Baraita der 13 Regeln Jischmaels.

5) Eine «Mekhilta» zu Lev?

Lit.: J. N. Epstein, ITL 634–643; *H. Klein*, Mekilta on the Pentateuch, JQR 35 (1944f.) 421–434; *E. Z. Melammed*, Introduction 213 f.; *Z. M. Rabinovitz*, Ginzé Midrash 51–59.

Schon die Zufügungen zu Sifra, die aus der anderen Auslegungsschule stammen (Mekhilta de-Millu'im und Mekhilta de-ʿArayot), legen nahe, dass es ursprünglich auch zu Lev zwei halakhische Kommentare gegeben hat. *J. N. Epstein* zitiert als Stütze für diese Annahme die in den Talmudim als *teni R. Yishmael* bzw. *tanna de ve R. Yishmael* zitierten Auslegungen zu Lev (dieses Material vollständig in *Porton*, Ishmael III). Solche Zitate können allerdings die Existenz eines durchgehenden Kommentars zu Lev aus der «Schule Jischmaels» nicht beweisen, sondern höchstens nahelegen. Weiteres einschlägiges Material findet sich in T: *Epstein* identifiziert tShevu 3 (Z. 449 f.) als Kommentar der Schule Jischmaels zu Lev 5,1, tShevu I,5–7 (Z. 446 f.) als solchen zu Lev 5,2. Ebenso verweist er auf die Einfügung in Sifra Shemini 5,4 in MS Rom 31 und zahlreiche Stücke in Sifre-MSS und -Ausgaben (dazu auch *L. Finkelstein*, Prolegomena to an Edition of the Sifre on Deuteronomy, PAAJR 3, 1932, 26 ff. = *ders.*, Sifra V, 76* ff).

Z. M. Rabinovitz hat ein Blatt einer jemenitischen Handschrift (ca. 14. Jh.) mit einem Kommentar zu Lev 9,16–10,5 veröffentlicht, offenbar eine Fortsetzung zum Text in *L. Ginzberg*, Ginze Schechter I 67–83. Der Text kombiniert verschiedene Midraschim, doch scheint der Großteil davon der sogenannten Schule Jischmaels anzugehören.

6) Sifre Numeri (SifBem)

Lit.: Ch. Albeck, Mavo 123–127; *D. Börner-Klein*, Der Midrasch Sifre Numeri – Redaktion und Tradition, in: *dies.*, Der Midrasch Sifre zu Numeri, übersetzt und erklärt, Stuttgart 1997, 387–777; *J. N. Epstein*, ITL 588–624; *S. Horovitz*, Einleitung zu seiner Textausgabe; *M. I. Kahana*, Safrai II 87–91 (gekürzt in EJ² XVIII 565–566); *Z. Karl*, Meḥqarim be-Sifre, TA 1954; *E. Z. Melammed*, Introduction 195–202; *J. Neusner*, Bab I 183–187 (= ²196–200); *ders.*, Einleitung zu seiner Übersetzung; *ders.*, Introduction 305–327; *ders.*, Comparative Midrash. Sifré to Numbers and Sifré Zutta to Numbers, Lanham 2009; *M. Pérez Fernández*, Parabolas Rabínicas, Murcia 1988 (cf. auch *ders.*, Sefarad 46, 1986, 391–396; 47, 1987, 363–381 zur Bibelauslegung in SifBem); *S. Sznol*, Addenda a Sifré-Números, Emerita 63 (1995) 117–128 (Datierung vor 3. Jh. aus Vergleich der griech. und latein. Wörter mit Papyri und Inschriften der Zeit).

Sifre Numeri

a) Der Name

Sifre, «Bücher», bezeichnet in bBer 47b, bHag 3a u. ö. in der Zusammenstellung «Halakha, Sifra, Sifre und Tosefta» einen halakhischen Kommentar zu Ex, Num und Dtn. Auch in gaonäischer Zeit wird noch der Ex-Kommentar dazugerechnet; in Nordafrika und Europa gilt jedoch im Mittelalter der Name Sifre nur noch für die uns erhaltenen halakhischen Kommentare zu Num und Dtn. Der Ausdruck *sheʾar sifre de-ve rav* (bYom 74a, bBB 124b) bezeichnet in bT offenbar einfach «die übrigen Schulbücher» ohne Bezug auf die Person Ravs; was deren Inhalt genauer war (in Yoma wird eine Erklärung zu Lev, in BB eine solche zu Dtn daraus zitiert), ist nicht festzustellen. Chananel (zu bShevu 37a) zitiert SifBem § 28 als Sifre de-ve Rav, bezieht den Ausdruck also auf unsere Midraschim zu Num und Dtn und versteht Rav als Eigenname; er sieht also die beiden Midraschim als von Rav verfasst (so auch Rambam) oder zumindest als in seiner Schule gelehrt an. Für SifBem findet man gelegentlich die Bezeichnung Midrash Wi-shalḫu, da der Kommentar mit Num 5 beginnt (so z. B. der Arukh).

b) Inhalt und Einteilung

SifBem ist ein Auslegungsmidrasch zu Num, der mit 5,1 einsetzt, dem ersten gesetzlichen Stück von Num; größere erzählende Einheiten wie Num 13–14 oder 16–17 übergeht er völlig; in den besprochenen Stücken schließt er jedoch auch die erzählenden Teile ein, bringt also auch Haggada. Die ursprüngliche Einteilung war rein sachlich und unabhängig von der Leseordnung der Synagoge: Paraschiyot, die in Baraitot unterteilt waren. Diese Einteilung ist nachträglich in MSS und Drucken verwischt worden. Die heute übliche Einteilung gliedert den Text in Paragraphen (Pisqaot), die weithin der Verseinteilung der Bibel entsprechen. Zusätzlich nennt man den Namen des jeweiligen Leseabschnitts: §§ 1–58 = Parascha Naso (zu Num 5–7); §§ 59–106 = P. Behaʿalotkha (zu Num 8–12); §§ 107–115 = P. Shelaḥ (zu Num 15); §§ 116–122 = P. Koraḥ (zu Num 18); §§ 123–130 = P. Ḥuqqat (zu Num 19); § 131 = P. Balaq (zu Num 25,1–13); §§ 132–152 = P. Pinḥas (zu Num 26,52–30,1); §§ 153–158 = P. Mattot (zu Num 30,2 -31,24); §§ 159–161 = P. Masʿe (zu Num 35,9–34).

c) Eigenart, Entstehung, Datierung

SifBem gehört der Gruppe A der hal. Midraschim an («Schule Jischmaels»). Es bevorzugt dieselben Rabbinen (besonders Jischmael, Joschijja, Jonatan, Natan), dieselbe Terminologie und dieselbe Auslegungsmethode wie MekhY. Auch hier befinden sich zahlreiche Texte, die in anderen rabb.

Schriften R. Jischmael zugeschrieben werden, allerdings auch Unterschiede und Widersprüche dazu.

SifBem ist kein einheitlicher Text. Ein langes haggadisches Stück in Beha'alotkha (§§ 78–106) fällt durch eine andere Terminologie und andere Tannaitennamen auf. Offenbar ist hier versucht worden, zwischen den beiden Midraschschulen auszugleichen, was jedoch nicht ohne Spannungen und innere Widersprüche abging. § 131 (Balaq) gehört der Gruppe B an, und auch die Haggada in §§ 134–141 stammt aus einer anderen Quelle als der Rest von SifBem. *Kahana* rechnet damit, dass die ursprüngliche Redaktion «was followed by the insertion of another stratum from ‹the school of Rabbi›» (Safrai II 91). *Börner-Klein* möchte wie bei Sifra auch in SifBem mehrere Bearbeitungsstufen nachweisen: Am Anfang steht ein einfacher Kommentar, später durch eine logisch-syllogistische Schicht und die Einfügung von Parallelen zu M und T ergänzt und durch Übertragung zahlreicher Einheiten aus Parallelstellen vervollständigt (doch berücksichtigt sie die Schulunterschiede zu wenig); wie lange der Prozess gedauert hat, lässt sich kaum sagen.

Die Aussage Jochanans in bSan 86a, dass die anonymen Sätze in Sifre R. Simeon (b. Jochai) entsprechen, bezieht sich nicht auf unser Sifre zu Num und Dtn, das ja eine Zusammenfügung verschiedener Midraschim ist. Höchstens einzelne Stücke in SifBem könnten aus den Kreisen um Simeon b. Jochai stammen (*Epstein*, ITL 601, rechnet dazu §§ 42, 119, 128); doch ist die Rückbindung an konkrete Personen methodisch immer problematisch. Wie bei den anderen hal. Midraschim herrscht auch hier keine Einhelligkeit, ob die Talmudim SifBem gekannt und zitiert haben oder nur gemeinsame Quellen zitieren. Als Entstehungszeit kommt auch für SifBem, zumindest für seinen wesentlichen Kern, am ehesten ein Datum ab der 2. Hälfte des 3. Jhs. infrage.

d) Text

1. Handschriften und Drucke

H. S. Horovitz stützt sich in seiner kritischen Ausgabe Siphre d'be Rab. Fasciculus primus: Siphre ad Numeros adjecto Siphre zutta, Le 1917, J ²1966 (zu ergänzen mit der Kollation von MS Berlin in *Kuhns* Übersetzung) auf folgende Handschriften: MS British Museum add. 16006, in dem zahlreiche Stellen durch Homoioteleuton ausgefallen sind; MS Vatikan 32 (frühes 11. Jh., Italien; Faksimile J 1972; dazu *M. Bar-Asher*, A Preliminary Study of Mishnaic Hebrew as Reflected in Codex Vatican 32 of Sifre-Bemidbar, h, Teuda 3, TA 1983, 139–165; = *ders.*, Studies I 240–268); ein Midrasch Chakhamim, der u. a. einen großen Teil von Sifre exzerpiert (früher im Besitz von *A. Epstein*, jetzt JThS, NY). Dazu kommt MS Berliner Staatsbibliothek (Ms. Orient. Quart. 1594), wahrscheinlich im 14. Jh.

in Norditalien entstanden; nach *K. G. Kuhn* ist es wohl der wichtigste Textzeuge von SifBem (so in seiner Übersetzung von SifBem 708; 703–785 bietet er eine Beschreibung und Kollation des MS), *M. Kahana*, Prolegomena 12–23, hingegen beurteilt es viel zurückhaltender; cf. *ders.*, Pagine di Midrashim halakici negli archivi di Nonantola e di Modena, in: *M. Perani*, Hg., La «Genizah italiana», Bologna 1999, 163–178: MS Berlin und Midrasch Chakhamim gehören wie die dort gefundenen Fragmente von Sifra und Sifre zur selben italienischen Gruppe von MSS und sind eine Überarbeitung der hal. Midraschim. Siehe auch *L. Finkelstein*, PAAJR 3,3 ff = Sifra V, 53*ff). Erstdruck V 1545 zusammen mit SifDev (Ndr. J 1970f.). Umfassende Liste der Textzeugen: *M. Kahana*, Prolegomena to a New Edition of the Sifre on Numbers (h), J 1986; *ders.*, Asufot 6 (1992) 44–48: MS Firkovitch II A 269 (= ed. H. 7–37) in St. Petersburg; *ders.*, Genizah Fragments I 187–213; *ders.*, Manuscripts 89–94.

2. Übersetzungen

D. Börner-Klein, Sifre zu Numeri übersetzt und erklärt, Stuttgart 1997; *K. G. Kuhn*, Der tannaitische Midrasch Sifre zu Numeri übersetzt und erklärt, Stuttgart 1959; *J. Neusner*, Components XII, 4 Bde., A 1998; *M. Pérez Fernández*, Midrás Sifre Números. Versión critica, introducción y notas, Valencia 1989.

3. Konkordanz

B. Kosovsky, Thesaurus «Sifrei». Concordantiae Verborum quae in «Sifrei» Numeri et Deuteronomium reperiuntur, 5 Bde. J 1971–1974.

D. Börner-Klein, Midrasch Sifre Numeri. Voruntersuchungen zur Redaktionsgeschichte, F 1993 (Liste der Bibeltexte und rabb. Parallelen).

e) Kommentare

Der Kommentar des *Hillel ben Eljaqim* (12. Jh.) ist wichtig für die Textkritik; er zitiert auch verschiedene frühere Kommentare wie den von Hai Gaon. Enthalten in der Sifre-Ausgabe von *S. Koleditzky*, 2 Bde., J 1983, die auch die Anmerkungen des Gaon von Wilna enthält (cf. dazu *M. Kahana*, The Commentary of R. Hillel on Sifre, h, KS 63, 1990f., 271–280). Ein Kommentar zu SifBem und SifDev wird Abraham ben David von Posquières zugeschrieben, der wirkliche Autor (13. Jh. mit späteren Ergänzungen? Selber Autor für beide Teile?) ist unbekannt: Pseudo-Rabad. Commentary to Sifre Numbers edited and annotated according to manuscripts and citations by *H. W. Basser*, A 1998. Der Kommentar des *David Pardo* (18. Jh.) wurde 1799 in Saloniki veröffentlicht, der von *M. Friedmann* in seiner Sifre-Ausgabe W 1864.

7) Sifre Zutta Numeri (= SifZ)

Lit.: Ch. Albeck, Untersuchungen 148–151; *ders.*, MGWJ 75 (1931) 404–410 (Kritik an *Epstein*); *J. N. Epstein*, ITL 741–746; *ders.*, Tarbiz 3 (1931 f.) 232–236 = Studies II 174–178 (Antwort auf *Albeck*, MGWJ); *H. S. Horovitz*, Einleitung zu seiner Textausgabe XV–XXI; *M. I. Kahana*, Sifre Zuta on Deuteronomy (h), J 2002, 42–68 (Vergleich mit SifZ Dtn); *ders.*, EJ² XVIII 566 f; *S. Lieberman*, Siphre Zutta (The Midrash of Lydda) (h), NY 1968; *E. Z. Melammed*, Introduction 215–9.249; *J. Neusner*, Comparative Midrash. Sifré to Numbers and Sifré Zutta to Numbers, Lanham 2009.

Übersetzungen: *D. Börner-Klein*, Der Midrasch Sifre Zuta, Stuttgart 2002; *J. Neusner*, Sifré Zutta to Numbers, Lanham 2009.

Sifre Zutta, «das kleine Sifre» zur Unterscheidung von SifBem, wird in mittelalterlichen Zitaten auch einfach als Sifre oder Zutta angeführt oder auch als *Sifre shel panim ʾaḥerim*. Maimonides zitiert die Schrift mehrmals als Mekhilta (de R. Jischmael) im Sefer ha-Miẓvot.

Der Text von SifZ ist nur fragmentarisch in mittelalterlichen Zitaten, im Yalqut und MHG sowie in Zitaten in BemR erhalten. Dazu kommen zwei Fragmente aus der Geniza, von denen eines schon *S. Schechter* veröffentlicht (JQR 6, 1894, 656–663) und *H. S. Horovitz* in seine Textausgabe im Anhang zu SifBem (siehe oben) aufgenommen hat (330–334). *J. N. Epstein*, Sifre Zutta Parashat Para, Tarbiz 1 (1929 f.) 46–78 = Studies II 141–173, veröffentlichte MS Firkovitch II A 313[43], ein 5 Blatt umfassendes Fragment (entspricht *Horovitz* 303–314). Neue Edition der Fragmente: *Kahana*, Genizah Fragments I 214–226. *Horovitz* bemerkte schon zu seiner Ausgabe von SifZ, «daß vieles in den Text aufgenommen sein dürfte, was nicht aus S. z. stammt, aber mit ebensolcher Bestimmtheit läßt sich behaupten, daß in demselben vieles fehlen dürfte, was ursprünglich im S. z. enthalten war» (XX). *S. Lieberman* sieht dies durch den Vergleich mit dem von *Epstein* veröffentlichten Fragment bestätigt, doch dürfte der von *Horovitz* zusammengestellte Text von Vollständigkeit nicht weit entfernt sein (Siphre Zutta 6). *Lieberman* ergänzt den Text von SifZ durch eine Reihe weiterer Zitate (Siphre Zutta 6–10).

Wie SifBem dürfte auch SifZ mit 5,1 eingesetzt und einen durchgehenden hal. Kommentar zu Num geboten haben, der nicht nach der Leseordnung, sondern sachlich in Paraschen unterteilt war.

SifZ steht der Gruppe B der hal. Midraschim («Schule Aqivas») nahe bzw. bildet mit SifZ zu Dtn eine Untergruppe davon; das zeigt besonders der Vergleich mit Sifra, mit dem SifZ zahlreiche sachliche und auch wörtliche Parallelen aufweist, von dem es jedoch auch in vielen Punkten abweicht. Gerade in der exegetischen Terminologie bietet SifZ manche sonst nicht belegten Formeln, wie auch manche in SifZ zitierten Tannaim sonst

nicht überliefert sind. In der Halakha weicht SifZ recht oft von M ab. Auffällig ist auch, dass der Name Rabbis wie auch der Natans nie genannt, ihre Lehren vielmehr anonym gebracht werden. *S. Lieberman* (91) sieht darin polemisches Verschweigen sowohl des Patriarchen Rabbi wie auch des mit dem Exilarchen verwandten Natan.
Gegen *D. Hoffmann*, der Simeon b. Jochai als Autor von SifZ vermutet hatte (er bezog bSan 86a *stam sifre R. Simeon* auf SifZ), nennt *Horovitz* (XVII) R. Eliezer ben Jakob (T3), der in SifZ oft genannt und auch mehrmals in rabb. Texten als Autor von in SifZ anonym gebrachten Sätzen zitiert wird. *Epstein* vermutet als Ort der Endredaktion Sepphoris (da bEr 83b Sepphoris nennt, wo die Parallele SifZ 283 Zeile 19 einfach «von uns» sagt); als Redaktor nennt er Bar Qappara (T5) (ITL 745), während *Melammed* (Introduction 216 f.) eher an dessen Zeitgenossen R. Chijja denkt. *Lieberman* 92 ff. betrachtet wie *Epstein* Bar Qappara als Endredaktor, hält jedoch Sepphoris für unmöglich (Sitz des Patriarchen, während SifZ so kritisch gegenüber dem Patriarchat ist) und schließt daher auf Lydda, das in spättannaitischer Zeit das einzige bedeutende Torazentrum neben Sepphoris gewesen ist. Seines Erachtens ist SifZ älter als alle anderen hal. Midraschim (Anfang 3. Jh.).

8) Sifre Deuteronomium (SifDev)

Lit.: *S. Abramson*, ʾArbaʿa ʿinyanot be-Midreshe Halakha, Sinai 74 (1974) 9–13; *Ch. Albeck*, Mavo 127–129; *H. W. Basser*, Midrashic Interpretations of the Song of Moses, NY 1984 (kommentierte Übersetzung von SifDev §§ 306–341); *ders.*, In the Margins of Midrash. Sifre Haʾazinu Texts, Commentaries, and Reflections, A 1990; *J. N. Epstein*, ITL 625–630. 703–724; *L. Finkelstein*, Hashpaʿat Bet Shammai ʿal Sifre Devarim, Sefer Assaf, J 1953, 415–426 (Ndr. in *ders.*, Sifra V, 49–60); *ders.*, Concerning an Obscure Beraytha in the Sifre (h), FS S. Halkin, J 1973, 181–2; *S. D. Fraade*, From Tradition to Commentary. Torah and Its Interpretation in the Midrash Sifre to Deuteronomy, Albany 1991; *ders.*, Sifre Deuteronomy 26 (ad Deut. 3:23): How Conscious the Composition?, HUCA 54 (1983) 245–301 (auch allgemein zu Problemen von SifDev und seiner Datierung); *ders.*, Deuteronomy in Sifre to Deuteronomy, EMidr 54–59; *Abr. Goldberg*, The School of Rabbi Akiba and the School of Rabbi Ishmael in Sifre Deuteronomy, Pericope 1–54 (h), in: *M.-A. Friedman, A. Tal, G. Brin*, Hg., Studies in Talmudic Literature, TA 1983, 7–16 (nur §§ 31–54 gehören zur «Schule Jischmaels»); *R. Hammer*, Section 38 of Sifre Deuteronomy: An Example of the Use of Independent Sources to Create a Literary Unit, HUCA 50 (1979) 165–178; *ders.*, A Rabbinic Response to the Post Bar Kochba Era: The Sifre to Ha-Azinu, PAAJR 52 (1985) 37–53 (zu §§ 306 ff.); *M. I. Kahana*, EJ² XVIII 562–564; *Z. Karl*, Meḥqarim be-Sifre, TA 1954; *A. Lehnardt*, Qaddish und Sifre Devarim 306– Anmerkungen zur Entwicklung eines rabbinischen Gebetes, FJB 28 (2001) 1–20; *T. Martínez Saiz*, La muerte de Moisés en Sifré Deuteronomio, GS A. Díez Macho, Madrid 1986, 205–214; *E. Z. Melammed*, Introduction 202–227. 243–245; *J. Neusner*, Sifre to Deuteronomy. An Introduction to the Rhetorical, Logical, and Topical Program, A 1987; ders. Introduction 328–351.

Zum *Namen* siehe S. 295.

a) Inhalt und Einteilung

SifDev ist ein exegetischer Midrasch zu Dtn 1,1–30; 3,23–29; 6,4–9; 11,10–26,15; 31,14; 32–34. Außer dem gesetzlichen Hauptstück Dtn 12–26 kommen also auch erzählende Teile (der historische Prolog, das Gebet des Mose, das Shemaʿ, die Amtsübertragung an Josua, Lied und Segen des Mose sowie dessen Tod). Die ursprüngliche Gliederung erfolgte nach Paragraphen (Pisqaot), die wohl je einem Vers entsprachen, sowie den offenen und geschlossenen Paraschiyot des Bibeltextes (nicht jenen der babylonischen Leseordnung, die nachträglich auch hier einbezogen wurde): siehe *Rabinovitz*, Ginzé Midrash 61.

b) Text

1. Handschriften und Drucke

Erstdruck V 1545 zusammen mit SifBem (Ndr. J 1970/71). Krit. Ausgabe *L. Finkelstein*, Siphre ad Deuteronomium H. S. Horovitzii schedis usis cum variis lectionibus et adnotationibus, B 1939, Ndr. NY 1969. Eklektischer Text. Wichtige Rezensionen zu den ersten Faszikeln der Ausgabe: *J. N. Epstein*, Tarbiz 8 (1936 f.) 375–392 = Studies II 889–906; *S. Lieberman*, KS 14 (1937 f.) 323–336 (= Studies 566–578). Die Ausgabe beruht v. a. auf folgenden MSS (dazu *L. Finkelstein*, Prolegomena to an Edition of the Sifre on Deuteronomy, PAAJR 3, 1931 f., 3–42 = *ders.*, Sifra V, 53*-92*): MS Vatikan 32 (frühes 11. Jh.) umfasst den Text von SifBem und SifDev (endet Mitte § 306 zu Dtn 32,1); Faksimile J 1972; Berlin MS Orient. Quart. 1594 (siehe S. 296); *British Museum* MS Add. 16,406; *MS Oxford*, Neubauer 151. Die sechs von F. schon verwerteten Geniza-Fragmente sind durch ein weiteres zu ergänzen: *Z. M. Rabinovitz*, Ginzé Midrash 60–65 (umfasst §§ 289–292, orient. Schrift ca. 14. Jh.); T-S C 2181 (zu Dtn 1,14–16; 1,30; 3,23) gehört hingegen nach *M. Kahana* nicht hierher, sondern zu MidTan; ebenso ein Stück zu 32,43 ff., das in einem in der Geniza fragmentarisch erhaltenen Yalqut zitiert wird (siehe S. 303). *Zitate* in MHG, Yalqut und einem jemenitischen Midrasch (vom Ende des 14. Jhs., Sammelwerk nach Art des MHG: St. Petersburg Cod. II Firkovitch 225 Teil 4): *L. Finkelstein*, Fragment of an Unknown Midrash on Deuteronomy, HUCA 12–13 (1937/38) 523–557 (nur ein Teil des MS!). Siehe *Kahana*, Genizah Fragments I 227–337; *ders.*; Manuscripts 97–107.

2. *Konkordanz:* B. Kosovsky (S. 297).

3. *Übersetzungen:* H. Bietenhard, Der tannaitische Midrasch «Sifre Deuteronomium». Mit einem Beitrag von H. Ljungman, Bern 1984; E. Cortès – T. Martínez, Sifre Deuteronomio, 2 Bde., Barcelona 1989–1997; R. Hammer, Sifre. A Tannaitic Commentary on the Book of Deuteronomy, New Haven 1986; J. Neusner, Sifre to Deuteronomy. An Analytical Translation, 2 Bde., A 1987 (Neuausgabe: Components VII, 3 Bde., 1997; Bd. 3: A Topical and Methodical Outline).

c) *Eigenart, Entstehung, Datierung*

SifDev ist kein einheitliches Werk. §§ 1–54 und 304–357, d. h. die haggadischen Teile, gehören nicht mit dem zentralen gesetzlichen Teil §§ 55–303 (Dtn 11,29–26,15) zusammen. Der halakhische Teil ist nach den üblichen Kriterien – Rabbinen, Auslegungsmethode und Fachterminologie – Gruppe B der hal. Midraschim («Schule Aqivas») zuzurechnen, was auch die zahlreichen, oft wörtlichen Parallelen zu Sifra zeigen. Einzelne Stücke werden zwar in anderen rabb. Texten als Lehre des R. Jischmael zitiert; doch lassen sich diese als spätere Zufügungen erweisen: Sie scheinen in der MSS-Tradition meist erst spät auf bzw. sind sonst als in den eigentlichen Text erst nachträglich eingedrungene Glossen ersichtlich. In der Ausgabe *Finkelstein* sind diese fraglichen Texte durch Kleindruck gekennzeichnet (vgl. ITL 706 f. 711–724). Der Versuch *Neusners* (Sifre to Deuteronomy. An Introduction), SifDev als geschlossenes Werk mit einheitlicher Rhetorik, Thematik und Logik nachzuweisen, der auch eventuelle spätere Ergänzungen gefolgt sind, scheint noch zu grobe Kriterien zu verwenden, weshalb auch die Abgrenzung zu Sifra und SifBem so schwer möglich ist. Zumindest die halakhischen Midraschim sind mit *Neusners* Kriterienkatalog kaum zu differenzieren; auch gibt zu denken, dass damit die Materialblöcke, welche man u. a. wegen ihrer Terminologie der «Schule Jischmaels» zuordnet, nicht ausgesondert werden können.

Die Aussage von bSan 86a, der anonyme Teil von Sifre gehe auf R. Simeon zurück, passt nach *Epstein* (ITL 705 f.) am ehesten auf den halakhischen Teil von SifDev, da so manche hier anonym angeführte Stellen in anderen rabb. Texten im Namen des R. Simeon b. Jochai gebracht werden. Dasselbe gilt allerdings auch bezüglich Rabbi und R. Chizkijja: Bei diesen Rabbinen will *Epstein* das aber eher mit der Benützung von SifDev in deren Schulen erklären, ebenso auch bei Jochanan bar Nappacha (ITL 709), den *D. Hoffmann* 70 f. als Redaktor von SifDev angesehen hatte.

L. *Finkelstein* (GS Assaf) hat eine detaillierte These zur Entstehung von SifDev im halakhischen Teil vorgetragen. Ausgehend von den Stellen, wo SifDev die Halakha Schammais gegen die Hillels vertritt, führt er diese auf den Schammaiten Eliezer ben Hyrkan zurück, dessen Schüler noch unter Jochanan ben Zakkai mit der Redaktion von SifDev begonnen haben sollen (F. verweist besonders auf Stellen, die vom Gerichtshof in Javne sprechen). Später habe dann Aqiva SifDev in seiner Schule gelehrt, ergänzt und korrigiert und der Meinung Hillels angepasst, ohne jedoch alle Spuren der früheren Redaktion zu verwischen (423 f.). Diese These *Finkelsteins* geht über das Beweisbare weit hinaus. Eliezer ist nicht als Schammait anzusprechen, sondern stimmt nur manchmal mit der Meinung dieser Schule überein (*Neusner*, Eliezer II 309). Zwar steht SifDev zusammen mit Sifra Eliezer-Traditionen näher als etwa MekhY (ibid. 226–233), doch kann ihm kein besonderes exegetisches Interesse und erst recht keine eigene exegetische Methode nachgewiesen werden (387–398). *Finkelstein*, aber auch *Epstein* haben für ihre Rekonstruktionen Beobachtungen zu Einzeltraditionen und möglichen Quellen von SifDev auf ein geschichtliches Werden der Gesamtschrift interpretiert. Zu solchen Urteilen fehlt jedoch noch immer die Basis. Auch beim halakhischen Teil von SifDev kommen wir derzeit über eine Datierung der Endgestalt nicht hinaus. Diese ist entgegen der Schule *Albecks* nicht um 400, sondern im späten 3. Jh. zu vermuten.

Dasselbe gilt für die *haggadischen Teile* §§ 1–54 und 304–357, die aus der «Schule Jischmaels» stammen bzw. dieser nahestehen, wie Terminologie, Rabbinennamen usw. zeigen. *J. N. Epstein* (ITL 627 ff.) zeigt die Uneinheitlichkeit auch der haggadischen Stücke selbst. Allein §§ 31–54 (Dtn 6,4–9; 11,10–28) haben durchgehend die für Gruppe A typischen Charakteristika (auch Parallelen zu MekhY); §§ 1–25, 26–30 sowie 304–357 sind hingegen aus verschiedenen Quellen zusammengesetzt, was sich in den Rabbinennamen und v. a. in einer Mischterminologie zeigt. Der haggadische Stoff der halakhischen Midraschim ist allerdings ganz allgemein viel stärker Gemeingut als die Halakha. Die frühe Wirkungsgeschichte von SifDev (oder zumindest seinem Material) zeigt sich in den Targumen zu Dtn (*I. Drazin*, Targum Onqelos to Deuteronomy, NY 1982, 8–10. 43–47, belegt die Abhängigkeit von Onqelos gegenüber Sifre; siehe auch *P. Grelot* in RB 88, 1981, 421–425).

d) Kommentare

Es sind dieselben wie zu SifBem, da beide Werke als Einheit überliefert wurden (S. 297). Dtn-Teil des Rabad zugeschriebenen Kommentars: Pseudo-Rabad. Commentary to Sifre Deuteronomy edited and annotated according to manuscripts and citations by *H. W. Basser*, A 1994 (der Abschnitt Haʾazinu schon in *ders.*, In the Margins 182 ff.).

9) Midrasch Tannaim (MidTan)

Lit.: Ch. Albeck, Untersuchungen 156 f.; *H. Basser*, Midrash Tannaim, EMidr 510–520; *J. N. Epstein*, ITL 631–633; *M. I. Kahana*, The Importance of Dwelling in the Land of Israel According to the Deuteronomy Mekhilta (h), Tarbiz 62 (1992 f.) 501–513; *ders.*, EJ² XIII 792–793; *E. Z. Melammed*, Introduction 219–222.

MidTan ist die Bezeichnung, die *D. Hoffmann* dem von ihm rekonstruierten halakhischen Midrasch zu Dtn gab. Andere bevorzugen die Bezeichnung Mekhilta zu Dtn, um damit die Zusammengehörigkeit mit MekhY zu betonen, bzw. im Anschluss an die Aussage des Maimonides im Vorwort zu Mishne Tora, dass Jischmael eine Mekhilta zu Ex bis Dtn geschrieben habe.

a) Der Text

D. Hoffmann hat schon 1890 Zitate aus MHG gesammelt, die die Existenz eines hal. Midrasch zu Dtn (auch zu 12–26 und nicht nur zu den Rahmenkapiteln) beweisen sollten: Ueber eine Mechilta zu Deuteronomium, FS I. Hildesheimer, B 1890, 83–98 und hebr. Teil 3–32. *S. Schechter* veröffentlichte dann zwei Geniza-Fragmente: Geniza Fragments, JQR 16 (1904) 446–452; The Mechilta to Deuteronomy, JQR 16 (1904) 695–701. Diese hat *Hoffmann* zusammen mit MHG-Zitaten zur Grundlage seiner Textausgabe gemacht: Midrasch Tannaim zum Deuteronomium, 2 Hefte, B 1908/09, Ndr. J 1984. Ein weiteres Geniza-Fragment: *S. Schechter*, Mekhilta le-Devarim Parashat Re'e, FS I. Lewy, Breslau 1911, hebr. Teil 187–192. Das von ihm in JQR 16, 695 ff. fehlerhaft wiedergegebene Fragment edierte *J. N. Epstein* neu: Mekhilta le parashat Re'e, GS H. P. Chajes, W 1933, hebr. Teil 60–75 = Studies II 125–140. *Hoffmann* hatte es in seiner Ausgabe ohne Rückgriff auf das MS mit Konjekturen «korrigiert». Weitere Textbelege, von denen zwei *L. Finkelstein* schon gekannt, aber SifDev zugeordnet hatte: *M. Kahana*, New Fragments of the Mekilta on Deuteronomy (h), Tarbiz 54 (1984 f.) 485–551 (zwei nicht zusammenhängende Blätter aus der Geniza: Dtn 1,14–16; 1,30; 3,23); *ders.*, Citations of the Deuteronomy Mekilta Ekev and Ha'azinu (h), Tarbiz 56 (1986 f.) 19–59; *ders.*, Pages of the Deuteronomy Mekhilta on Ha'azinu and Wezot ha-Berakha (h), Tarbiz 57 (1987 f.) 165–201 (zwei Blätter von jemenit. MSS des 14.–15. Jhs. mit dem Midrasch zu Dtn 32,36–39 und 33,3–4). Reaktionen auf den letzten Artikel: *H. Fox*, Tarbiz 59 (1989 f.) 229–231 und *H. Z. Basser* ibid. 233 f. (ebenso *ders.*, In the Margins 63–66); Antwort *M. Kahana*, ibid. 235–241. Siehe auch *H. Fox*, The Relationship between the Midrashim Sifrei and Mechilta to Deuteronomy: on the Nature of Yemenite Midrashic Compilations (h), Alei Sefer 17 (1992 f.) 97–107 (zu SifDev 47 und Mekh Dtn); Neuedition der Fragmente: *Kahana*, Genizah Fragments I 338–357; *ders.*, Manuscripts 108–111.

Epstein (ITL 632 f.) folgert aus dem Vergleich der Geniza-Fragmente mit MHG, dass dessen Autor keine vollständige Handschrift der Mekhilta zu Dtn zur Verfügung hatte, bei Texten, die Parallelen in bT oder SifDev haben, diese miteinander kombiniert und auch nicht alles, was sich nicht in Sifre findet, deshalb auch schon aus der Mekhilta zu Dtn entnommen habe. Nur etwa die Hälfte der MHG-Zitate in *Hoffmann* dürften tatsächlich aus Mekh zu Dtn stammen. Das zu beurteilen ist nach inneren Kriterien (Auslegungssystem, Rabbinennamen, Terminologie) möglich. Die Analyse der von *Kahana* publizierten Textstücke sollte die Diskussion über MidTan voranbringen.

b) Eigenart und Entstehung

MidTan war ein halakhischer Midrasch, der wohl ganz Dtn umfasste. Die Geniza-Fragmente dokumentieren glücklicherweise gerade den Übergang von Dtn 11 zu 12, also vom haggadischen zum halakhischen Teil. Sie rechtfertigen in etwa die Entscheidung *Hoffmanns*, für den haggadischen Teil SifDev §§ 1–54, ergänzt durch MHG, zu übernehmen, ebenso §§ 304 ff. Die ursprüngliche Einteilung war, wie die Geniza-Fragmente zeigen, in Paraschen und Halakhot.

Rabbinennamen, exegetische Methode und Terminologie weisen MidTan der Gruppe A («Schule Jischmaels») der halakhischen Midraschim zu. Über Entstehungsgeschichte und Datum der Endredaktion lässt sich wegen des fragmentarischen und z. T. auch fragwürdigen Textzustandes nichts Näheres sagen; das Urteil über die anderen halakhischen Midraschim kann wohl im Allgemeinen vorläufig auch hier als Arbeitshypothese übernommen werden.

10. Sifre Zutta zu Deuteronomium (SifZ Dev)

Lit.: M. I. Kahana, Sifre Zuta on Deuteronomy. Citations from a New Tannaitic Midrash (h), J 2002; *ders.*, Citations from a New Tannaitic Midrash on Deuteronomy and Their Relationship to Sifre Zuta (h), 11th WCJS (J 1994) C I 23–30; *ders.*, Drisha we-ḥeqira le-'or ḥeqirata shel drasha ḥadasha be-Sifre Zutta le-Devarim, in FS Dimitrovsky 112–128; *ders.*, EJ² XVIII 566.

Aus dem handschriftlich erhaltenen Dtn-Kommentar des Karäers Jeschua ben Jehuda (11. Jh.), einigen Exzerpten in Pitron Tora und dem Midrash Ḥadash ʿal ha-Tora (*J. Mann*, The Bible as Read and Preached in the Synagogue II, Cincinnnati 1966, 7–129) hat M. Kahana Auslegungen zu etwa 95 Versen von Dtn herausgelöst, die er anfangs als Mekhilta zu Dtn einstufte, nun aber wegen der deutlichen Nähe in Terminologie, Auslegungstechnik und Rabbinennamen zu SifZ zu Num als Sifre Zutta identifiziert. SifZ Dtn hat eine Reihe von Auslegungen mit SifZ Num gemeinsam, acht

Rabbinennamen sind nur in diesen beiden Midraschim belegt; von der Art der Auslegung steht SifZ Dtn der «Schule Aqivas» nahe. Wie in SifZ zu Num weichen M-Zitate vom üblichen M-Text stark ab. Zum Aufbau von SifZ Dtn lässt sich kaum etwas sagen; aus einer Zitierung bei Jeschua ben Jehuda zu schließen, könnte der Midrasch wie SifZ Num in kleine thematische Einheiten gegliedert gewesen sein. Auch wenn noch vieles offen ist, dürften damit die Reste eines dritten halakhischen Midrasch zu Dtn vorliegen.

III. Die ältesten Auslegungsmidraschim

1) Genesis Rabba (BerR)

Lit.: Ch. Albeck, Einleitung zum Bereschit Rabba, im Anhang zur Textausgabe Theodor-Albeck Bd. III, J ²1965 (h); *Ph. S. Alexander*, Pre-Emptive Exegesis: Genesis Rabba's Reading of the Story of Creation, JJS 43 (1992) 230–245; *H.-J. Becker*, Die großen rabbinischen Sammelwerke Palästinas. Zur literarischen Genese von Talmud Yerushalmi und Midrash Bereshit Rabba, Tüb. 1999 (dazu *Ch. Milikowsky*); *R. N. Brown*, The enjoyment of Midrash. The use of the pun in Genesis Rabba, Diss. HUC-JIR 1980 (Univ. Microfilms, Ann Arbor 1980); *ders.*, A Note on Genesis-Rabba 48:17 (h), Tarbiz 51 (1981 f.) 502; *ders.*, The Term 'Etmaha in Genesis Rabba, HUCA 56 (1985) 167–174; *J. N. Epstein*, IAL 287–290 (Beziehung zu pT); *Abr. Goldberg*, Beʿayot ʿarikha we-siddur be-Bereshit Rabba uve-Wa-yiqra Rabba she-terem baʾu ʿal-pitronan, Talmudic Studies III/1, 130–152; *M. Guttmann – B. Heller*, EJ (1931) VII, 241–7; *J. Heinemann*, The Structure and Division of Genesis Rabba (h), Bar-Ilan 9 (1971) 279–289; *M. D. Herr – St. G. Wald*, EJ² VII 448–9; *M. Lerner*, Anlage des Bereschith Rabba und seine Quellen, B 1882; *A. Marmorstein*, The Introduction of R. Hoshaya to the First Chapter of Genesis Rabba, FS L. Ginzberg, NY 1945, 247–252; *E. Martín Contreras*, La interpretación de la creación. Técnicas exegéticas en Génesis Rabbah, Estella 2002; *O. Meir*, The Darshanic Story in Genesis Rabba (h), TA 1987; *dies.*, Chapter Division in Midrash Genesis Rabbah (h), 10th WCJS (J 1990) C I 101–108; *dies.*, A Garden in Eden – On the Redaction of Genesis Rabba (h), Dappim 5/6 (1989) 309–320 (zur Kapiteleinteilung); *dies.*, Questions and Answers: On the Development of the Rhetoric of the Mahaloket (Conflict of Opinions) in the Palestinian Rabbinic Literature (h), Dappim 9 (1993 f.) 155–174; *dies.*, The Redaction of Genesis Rabba and Leviticus Rabba (h), Teuda 11 (TA 1996) 61–90; *C. Milikowsky*, On the formation and transmission of Bereshit Rabba and the Yerushalmi; questions of redaction, text-criticism and literary relationships, JQR 92 (2002) 521–567 (zu *H.-J. Becker*); *A. Mirsky*, Midrash Tannaʾim le-Bereshit, J 2000 (zum tannait. Substrat von BerR); *J. Neusner*, Comparative Midrash. The Plan and Program of Genesis Rabbah and Leviticus Rabbah, A 1986; *ders.* Judaism and Christianity in the Age of Constantine, Chicago 1987; *ders.*, Introduction 355–381; *ders.*, EMidr 88–121; *H. Odeberg*, The Aramaic Portions of Bereshit Rabba. With Grammar of Galilean Aramaic, Lund – Le 1939; *L. I. Rabinowitz*, The Study of a Midrash, JQR 58 (1967 f.) 143–161; *C. Thoma – S. Lauer*, Die Gleichnisse der Rabbinen II: Von der Erschaffung der Welt bis zum Tod Abrahams: Bereschit Rabba 1–63, Bern 1991; *C. Thoma – H. Ernst*, Die Gleichnisse der Rabbinen III: Von Isaak bis zum Schilfmeer: BerR 63–100; ShemR 1–22, Bern 1996; *T. Thorion*, MASHAL-Series in Genesis Rabba, ThZ 41 (1985) 160–167; *Zunz*, GV 184–189.

a) Der Name

Genesis Rabba, nach der hebr. Bezeichnung von Genesis auch Bereshit Rabba (BerR), scheint mit diesem Namen schon in den Halakhot Gedolot, im Arukh und öfter auf. Daneben sind auch die Bezeichnungen Bereshit de Rabbi ʾOshaya, Bereshit Rabba de Rabbi ʾOshaya und Baraita de Bereshit Rabba schon früh belegt. Ungeklärt ist jedoch, warum der Kommentar als Rabba bezeichnet wird. *Zunz* (GV 187) vermutete als ursprünglichen Namen Bereshit de R. ʾOshaya Rabba. Später sei der Name des R. Oschaja, nach dem der Midrasch benannt wurde, weil er mit *R. ʾOshaya pataḥ* beginnt, ausgefallen und Bereshit Rabba übrig geblieben. Dagegen lässt sich einwenden, dass eine Reihe von Textzeugen nur R. Oschaja und nicht R. Oschaja Rabba überliefern (O. Rabba aber z. B. im Geniza-Text!). Bereshit Rabba als die «große Genesis» zur Differenzierung vom Bibeltext selbst zu verstehen verbietet sich, da sonst jeder Bibelkommentar den Beinamen Rabba erhalten müsste. So bleibt die Möglichkeit, dass Rabba unseren Gen-Kommentar von einem kleineren Gen-Kommentar unterscheiden sollte, sei es, wie *J. Theodor* (MGWJ 38, 1894, 518) meinte, der viel ausführlichere Teil von BerR, d. h. die Paraschen 1–29, im Unterschied zum viel kürzer gefassten Rest (Th. sieht hierin zwei Midraschim, aus denen BerR zusammengesetzt ist), oder sei es zur Unterscheidung von einem anderen kleineren Gen-Midrasch. Durch die gemeinsame Überlieferung mit anderen Midraschim zum Pentateuch dürfte dann die Bezeichnung Rabba auch auf diese übergegangen sein, später dann auch auf die Megillot.

b) Inhalt und Aufbau

BerR ist ein Auslegungsmidrasch zu Gen. Er gibt teils einfache Wort- und Satzerklärungen, teils, in oft nur loser Anknüpfung, kurze oder ausführliche haggadische Deutungen und Darlegungen, in die häufig Sentenzen und Gleichnisse hineinverflochten sind. Ab Parasche 93 wird die Vers-für-Vers-Erklärung (die aber auch schon zuvor viele Verse übergeht) aufgegeben. MS Vatikan 30 überliefert jedoch 95–97 in einer anderen Textfassung, die als die ursprüngliche zu betrachten ist.

Die Druckausgaben zählen gewöhnlich 100 Paraschen, die Handschriften zwischen 97 und 101, letztere Zahl in MS Vat. 30. Hier weicht die Zählung ab Par. 97 (in Vat. 30 als 98 gezählt) voneinander ab. Aber auch in den Paraschen 40–43 haben MSS und Drucke keine einheitliche Zählung. Ein Teil der Texttradition teilt 40 in 40 und 41, verbindet aber sein 43 mit dem 43 der anderen Tradition, sodass ab dieser Stelle die Einheit wiederhergestellt ist.

Gegenüber den halakhischen Midraschim erhält das Werk sein besonderes Gepräge durch die (teilweise freilich späteren) *Proömien*. Alle Paraschen mit Ausnahme von sieben (13.15.17.18.25.35.37) haben eine oder mehrere Petichot. *Albeck* (12) zählt im eigentlichen BerR (Paraschen 1–94 sowie 95–97 nach MS Vat. 30) insgesamt 246 Petichot, die meist mit Versen aus den Ketuvim einsetzen und zum größeren Teil (170) anonym sind. Die Zahl der Petichot zu Beginn der Paraschen schwankt zwischen einer (in 38 Paraschen) und neun (in Parascha 53).

Nach welchem Prinzip ist die Paraschen-Einteilung erfolgt? *Albeck* (97) folgt *Theodor*, dass die Paraschen zum Großteil nach den «geschlossenen» und «offenen» Abschnitten in der Bibel (Setumot und Petuḥot; dazu *J. M. Oesch*, Petucha und Setuma, Freiburg-Göttingen 1979) eingeteilt worden seien, in einzelnen Fällen auch nach dem dreijährigen Lesezyklus Palästinas. Doch bleibt nach diesem System ein großer Teil der Paraschen unerklärt. Deshalb versucht *J. Heinemann* eine Erklärung von den Petichot aus. Gewöhnlich sind diese vor den Sedarim zu erwarten, zu denen ja gepredigt wurde. Für Gen kennt der palästinische Zyklus etwas mehr als 40 Sedarim. Wo nun in BerR eine Parasche einem Seder-Beginn entspricht, sind gewöhnlich zwei oder mehr Proömien zu finden; wo dies nicht der Fall ist, gibt es entweder gar keine Peticha (7-mal) oder eine kurze, rudimentäre oder auch eine unechte Peticha. Das lässt den Schluss zu, dass die Einteilung von BerR ursprünglich nach den Sedarim der palästinischen Leseordnung erfolgte. Wegen Materialfülle, so *Heinemann*, habe man dann weitere 50 bis 60 Abschnitte gemacht und diesen, um einen gleichmäßigen Aufbau des Midrasch zu erzielen, womöglich Proömien vorangestellt, sich dabei aber auch mit Ersatzlösungen beholfen. Da die Paraschen aber auch so noch sehr verschieden lang sind, postuliert *O. Meir* ein anderes Einteilungsprinzip, nämlich das Streben nach sinnvollen thematischen Einheiten, um so der Tendenz des Auslegungsmidrasch zu atomistischer Auflösung entgegenzuwirken.

c) Quellen von Genesis Rabba

Der Redaktor des Midrasch stützt sich auf eine Fülle von rabb. Traditionen; im Einzelfall ist allerdings schwer zu entscheiden, ob er schriftliche Texte vor sich hat und frei zitiert oder ob er auf frühere Fassungen der uns überlieferten Texte oder gar nur auf gemeinsame mündliche Traditionen zurückgreift. Die letzte Annahme könnte v. a. bei den Parallelen von BerR mit Philo, Josephus und der zwischentestamentlichen Literatur zutreffen; doch ist auch nicht auszuschließen, dass solche Traditionen, die im rabb. Judentum nicht gepflegt wurden (zumindest nicht offen), durch Kontakte und Diskussionen mit Christen bekannt wurden. Diese Wechselwirkungen in Palästina sind noch nicht genügend erforscht.

Dreimal (Th-A 198 461.1152) beruft sich BerR ausdrücklich auf die Übersetzung des Aquila ins Griechische. Zu den Targumim finden sich zahlreiche Parallelen, oft mit dem ausdrücklichen Hinweis auf den Targum. Abweichungen im Wortlaut sind natürlich, da ja die Targumim noch lange ein lebendiges Wachstum erfahren haben. Aber auch bei den zahlreichen Zitaten aus M und Baraita (mit oder auch ohne Hinweis) hält sich der Redaktor nicht an den genauen Wortlaut, wie er uns überliefert ist. So kann *Albeck* sogar bei wörtlichen Parallelen mit T eine direkte Entlehnung aus T verneinen, einerseits weil viele dieser Parallelen sich auch in pT finden, v. a. jedoch weil es sich hier gewöhnlich um Haggada handelt, deren Herkunft schwer zu beweisen ist. Ähnlich steht es mit den hal. Midraschim, deren Verwendung in BerR *Albeck* verneint (wo nicht anders möglich, einfach mit dem Argument, dass ja auch pT die hal. Midraschim nicht verwendet habe: 64).

Ein eindeutiges Urteil ist zwar, wie so oft in der rabb. Literaturgeschichte, nicht möglich, was die direkte Benutzung gewisser Schriften betrifft. Sicher ist jedoch, dass BerR mit den Inhalten von M, T, hal. Midraschim und Targumim wohl vertraut gewesen ist.

Eine besondere Bedeutung für die Datierung von BerR hat die Frage, ob der Redaktor unseren pT benutzt hat oder nicht. *Frankel*, Mavo 51b–53a, vertrat ebenso wie *Zunz*, GV 185, die Ansicht, dass BerR pT gebraucht und erklärt hat. Dagegen hat *Albeck* durch einen umfassenden Vergleich der etwa 220 Parallelstellen zu zeigen versucht, dass BerR einen pT verwendet hat, der unserem pT glich, doch von diesem verschieden war (eine solche Argumentation leidet allerdings an der Unsicherheit der Textüberlieferung von pT wie auch BerR). Dass BerR diese andere Fassung von pT verwendet hat und nicht umgekehrt dieser pT BerR benutzt, geht für *Albeck* v. a. aus den halakhischen Aussprüchen in BerR hervor. Diese «wurden fast alle zuerst als Erklärung oder Ergänzung der M und nicht zu einem Toratext gelehrt. D.h., dass der Redaktor von BerR sie aus dem Talmud kopierte, den er zur M hatte» (67). Von hier könne man dann auch für die Haggada schließen, wo diese in BerR pT parallel ist, auch wenn hier mit zahlreicheren Quellen zu rechnen ist. Demgegenüber zeigt *H.-J. Becker*, dass weder in den halakhischen noch in den haggadischen Parallelen zwischen pT und BerR die Benutzung von pT (sei es in unserer oder einer anderen Fassung) nachweisbar ist; beide Werke haben vielmehr dieselben Quellen, zum Teil in verschiedenen schriftlichen Rezensionen, verwendet.

d) Redaktion und Datierung von Genesis Rabba

Im Vorwort zu Mishne Tora schreibt Maimonides, dass «R. Oschaja, der Schüler unseres heiligen Rabbi, einen Kommentar zum Buch Genesis verfasste». Damit meint er offenbar BerR. Diese Zuschreibung geht eindeutig vom Anfang von BerR aus, wo R. Oschaja als Erster zu Wort kommt. Der Name Genesis-*Rabba* scheint die Zuschreibung des Werkes an Rabba bar Nachmani (bA3) verursacht zu haben: so in einer MSS-Gruppe des Sefer ha-Qabbala des Abraham Ibn Daud (*Cohen* verweist diese Lesart, die er p. 123 als Glosse bezeichnet, in den Apparat).

Eine Datierung ins 3. Jh. (Oschaja) oder um 300 (Rabba bar Nachmani) ist aber nicht haltbar, denn BerR zitiert babylon. Rabbinen aus der Zeit um 300, palästinische Rabbinen bis etwa 400. Auch wird Diokletian genannt (BerR 63,8, Th-A 688). *Zunz* (GV 186) meint außerdem in BerR 64,10 (Th-A 710–712), wo von einer später wieder zurückgezogenen Erlaubnis der römischen Regierung die Rede ist, den Tempel wieder aufzubauen, nicht einen Hinweis auf die Zeit Hadrians sehen zu können, wofür der hier genannte R. Jehoschua ben Chananja spricht; vielmehr sei der Text ein missverstandener Bericht über den Versuch des Tempelbaus unter Julian. Die Zeitverwirrung zeige, dass der Redaktor lange nach den Ereignissen gelebt habe. Eine solche Deutung dieses Textes ist jedoch absolut nicht notwendig. Die Datierung von BerR ins 6. Jh. ist daher nicht begründet. Die in BerR erwähnten Rabbinen und Ereignisse fordern nur eine Datierung nach 400. Da BerR pT noch nicht in seiner jetzigen Form zitiert, wohl aber auch die letzten Schichten seines Inhalts kennt, ist der Midrasch wohl etwa gleichzeitig mit pT endredigiert worden, d. h. im 5. Jh. und wohl in dessen 1. Hälfte.

Zur Vorgeschichte von BerR lässt sich wenig sagen. Die Annahme, BerR sei die erweiterte Fassung eines schon von R. Oschaja begonnenen Midrasch, lässt sich nicht erweisen; doppelte Auslegungen zu einzelnen Stellen und deren stilistische Abweichungen voneinander könnten allerdings auf verschiedene Vorstufen von BerR zurückgehen (dazu *R. N. Brown*, ʾEtmaha). Sicher ist jedoch, dass BerR in Palästina redigiert wurde. Darauf verweist nicht nur das Überwiegen von palästinischen Rabbinen in BerR, sondern v. a. die Sprache: vorwiegend Hebräisch mit vielen griechischen Fremdwörtern, aber auch Teile in galiläischem Aramäisch. Dies legt auch die Tradition nahe (Raschi zu Gen 47,2 bezeichnet BerR als *ʾAggadat ʾEreẓ Yisrael*).

Der Text von BerR hat im Lauf der Überlieferung verschiedene *Erweiterungen* (aber auch Auslassungen) erfahren. Dies ist v. a. aus dem Vergleich von Cod. Vat. 30 mit den übrigen Textzeugen zu ersehen. Schon *Zunz* hat auf solche Zufügungen in den Paraschen 75 (Th-A 884–892. 894–896), 91 (Th-A 1118–1126) und 93 (Th-A 1161–1171) aufmerksam gemacht, die zum Großteil aus Tanchuma stammen. Andere Erweiterungen sind erst in den Drucken dazugekommen.

Was die Kapitel 96–100 betrifft, hat *Zunz* (GV 265–267) auf ihre Andersartigkeit gegenüber dem Rest von BerR hingewiesen und betont, dass ein Großteil des Inhalts mit Tanchuma übereinstimmt. Außerdem bieten die meisten MSS die Auslegung des Jakobsegens Gen 49 in einer teilweise aus Tanchuma-Homilien übernommenen jüngeren Rezension, die auch im Arukh und im Yalqut zitiert wird. Diese Fassung wird als *shitta ḥadasha* bezeichnet. *Albeck* 103 f. gibt zu, dass 95 und 96 Tanchuma-Homilien sind, die aber durch die in Vat. 30 überlieferten echten BerR-Paraschen 95–97 zu ersetzen sind. Die vier letzten Paraschen 98–101 (bzw. 97–100 in den üblichen Drucken) sind jedoch echter Bestandteil von BerR, ausgenommen die mit *lishana aḥarina* gekennzeichneten Abschnitte in den beiden letzten Paraschen. Die Parallelen zu Tanchuma besagen nicht, dass Tanchuma die Quelle für BerR gewesen sei. Einzelne Stellen in Vat. 30, die *Albeck* (104. 108) als Zutaten verdächtigte, hat *L. M. Barth* durch neues Textmaterial als echt erwiesen (An Analysis of Vatican 30, Cincinnati 1973, 89 ff.).

e) Der Text

1. Handschriften (Beschreibung in Albeck 104–117)

MS Vat. Ebr. 60 der Vatikanbibliothek ist die älteste erhaltene BerR-Handschrift; in der Ausgabe Th-A noch nicht verwendet. *M. Beit-Arié*, Hebrew Manuscripts in the Vatican Library, Vatikan 2008, 42, datiert das MS in das 11. Jh., Italien. Faksimile: Midrash Bereshit Rabba. Codex Vatican 60. (Ms. Vat. Ebr. 60) A previously unknown manuscript, recently established as the earliest and most important version of Bereshit Rabba, J 1972; weiteres Faksimile: Kopenhagen 1981, mit engl. Einleitung von *M. Sokoloff. ders.*, The Geniza fragments of Genesis Rabba and Ms. Vat. Ebr. 60 of Genesis Rabba (h), Diss. J 1971 f. *Sokoloff* zeigt auf, dass etwa 45 Stücke im ersten Teil des MS mit Parallelen in anderen Midraschim eng verwandt sind, für ihn Beleg dafür, dass Vat. 60 eine alte Rezension von BerR darstellt, die von den Herausgebern dieser Parallelen benutzt wurde. Dagegen wendet sich *M. Kahana*, Genesis Rabba MS Vatican 60 and Its Parallels (h), Teuda 11 (TA 1996) 17–60, der wahrscheinlich macht, dass diese Passagen auf eine spätere Überarbeitung zurückgehen. Alle Versionen von BerR stellten daher eine einheitliche Grundtradition dar.

MS Vat. Ebr. 30, im späten 11. Jh. vielleicht in Italien als das Werk von drei Schreibern entstanden (so *Beit-Arié*, Hebrew Manuscripts in the Vatican Library, 19), gilt als die beste Textfassung von BerR (so *Albeck, Kutscher* u. a.). Es ist dem etwas älteren MS Vat. Ebr. 60 überlegen, auch wenn Anfang und Ende sowie Stücke im Hauptteil fehlen. Faksimile: Midrash Bereshit Rabba (Ms. Vat. Ebr. 30) with an Introduction and Index by *M. Sokoloff*, J 1971. *L. M. Barth*, An Analysis of Vatican 30, Cincinnati 1973; *E. Y. Kutscher*, Studies in Galilean Aramaic, Ramat Gan 1976, 11–41; *M. Sokoloff*, The Hebrew of Berešit Rabba according to Ms. Vat. Ebr. 30 (h), Leš. 33 (1968 f.) 25–42. 135–149. 270–279.

MS British Museum, Add. 27169, das BerR und WaR enthält, wurde von *Theodor* als der Basistext seiner Ausgabe gewählt. *Albeck* 105 glaubt an eine Niederschrift vor dem Jahr 1000 (nach einer Glosse wird der Messias für dieses Jahr erwartet), während der Katalog der Mikrofilmsamm-

lung Jerusalem das MS in das 12. Jh. datiert. Beschreibung: *J. Theodor*, Der Midrasch Bereschit Rabba, MGWJ 37 (1893), 38 (1894) und 39 (1895) in zwölf Fortsetzungen.
Weitere MSS befinden sich in Paris (Bibl. Nat. Nr. 149: BerR, WaR und Teil von NumR, 1291 in Arles geschrieben), St. Petersburg (Firkovitch I 241, 43 Blatt, 13./14. Jh.), Oxford, Stuttgart und München.

2. Geniza-Fragmente

Schon die Ausgabe Th-A hat einzelne Blätter aus der Geniza in der Bodleiana zu Oxford im Apparat verarbeitet (Stücke aus BerR 33, 34, 70, 74). *Albeck* gibt im Registerteil 146–150 drei Blatt aus Cambridge (schon von *E. Levine*, JQR 20, 1907 f., 777–783, veröffentlicht) und eines aus Oxford wieder (Stücke von BerR 1,4 und 5). Nicht verwertet sind die Texte in *A. S. Lewis – M. D. Gibson*, Palestinian Syriac Texts, Lo 1900, Plates II und III (Texte transkribiert in *L. M. Barth*, An Analysis of Vatican 30, 329–335; Stücke aus BerR 1,2,56,57). *N. Alloni*, Geniza Fragments 51–62, hat weitere Fragmente beschrieben und in Faksimile wiedergegeben. Die von ihm als Fragmente einer einzigen Handschrift betrachteten Palimpsest-Texte gehören allerdings zu zwei verschiedenen Palimpsesten, eines über einem christlich-aramäischen Text, das andere über einem griechischen Unzialtext aus dem Neuen Testament. Alle bisher bekannten Geniza-Fragmente, insgesamt 12 Handschriften, hat *M. Sokoloff* v. a. sprachlich analysiert und (zusätzlich zu Faksimile-Beispielen aus jedem MS) transkribiert, angeordnet nach der Reihenfolge von BerR: The Geniza Fragments of Bereshit Rabba. Edited on the Basis of Twelve Manuscripts and Palimpsests with an Introduction and Notes (h), J 1982. Zu den Palimpsesten aus der Geniza allgemein, mit Listen der bisher identifizierten Texte, siehe: *M. Sokoloff – J. Yahalom*, Christian Palimpsests from the Cairo Geniza, Revue d'Histoire des Textes 8 (1978) 109–132. *Yahalom* 115 f. nimmt für die untere Schrift i. A. ein Datum zwischen 500 und 600 an, die obere Schrift könnte daher frühestens um 600 entstanden sein, u. U. aber auch erst aus dem 10. Jh. oder noch später stammen.

3. Drucke (dazu Albeck 117–138)

Der Erstdruck von BerR erfolgte zusammen mit dem der anderen Schriften des Midrasch Rabba zum Pentateuch K 1512, wahrscheinlich auf der Basis mehrerer MSS, wovon eines von der Art des MS Vat. Ebr. 30 gewesen sein muss. Doch finden sich hier auch viele in keinem MS vorhandene Ergänzungen, aus pT, anderen Midraschim und dem Raschi zugeschriebenen Kommentar zu BerR entnommen (*Albeck* 127 f.). Zum zweiten Mal, nun auch einschließlich der Midraschim zu den Megillot, die zuerst um 1514 in Konstantinopel, dann in Pesaro 1519 erschienen sind (cf. *M. B. Lerner*, in: Z. Malachi, Hg., Yad le-Heiman. The A. M. Habermann Memorial Volume, Lod 1983, 289–311), wurde BerR 1545 in Venedig gedruckt. Als Grundlage diente neben dem Erstdruck ein MS, doch wurden auch viele eigenmächtige Textveränderungen vorgenommen (*Albeck* 131). Die Ausgabe von 1545 war dann die Grundlage für die zahlreichen weiteren Drucke des Midrasch Rabba, von denen der wichtigste jener von Romm, Wilna 1887 ist, der auch zahlreiche traditionelle Kommentare enthält. Auf ihn stützt sich die Ausgabe von *M. A. Mirkin*, Midrash Rabba, 11 Bde. (davon BerR in 1–4), TA 1956–1967; doch berücksichtigt diese Ausgabe auch die Edition Th-A. Zu erwähnen ist außerdem die Ausgabe des Midrasch Rabba von *E. E. Hallewy*, 8 Bde., TA 1956–1963. Beide Ausgaben bieten einen vokalisierten Text der Rabbot zum Pentateuch.

Die Ausgabe von *J. Theodor – Ch. Albeck*, Midrash Bereshit Rabba. Critical Edition with Notes and Commentary, 3 Bde., J 1965 (Ndr. von B 1912–1936 mit Korrekturen) verwendet als Basis das MS des British Museum, arbeitet jedoch fast das gesamte damals bekannte MSS-Material in den Apparat ein. Die Edition ist mustergültig, auch wenn schon *Albeck* erkannte, dass eigentlich MS Vat. 30 und nicht MS London die Basis hätte sein sollen (so urteilt auch *L. M. Barth*, An Analysis 120). Doch lassen das inzwischen gefundene Geniza-Material und auch MS Vat. 60, das *Theodor* und *Albeck* übersehen haben, obwohl im Katalog der Brüder Assemani richtig gekennzeichnet, eine Neuausgabe wünschenswert erscheinen.

4. Übersetzungen

A. Wünsche, Bibl. Rabb., Le 1881, Ndr. H. 1967; *H. Freedman – M. Simon*, Hg., Midrash Rabba. Translated into English, 10 Bde., Lo 1939, ³1961 (BerR in Bden 1–2, übersetzt von *H. Freedman*); *J. Neusner*, Genesis Rabbah. The Judaic Commentary on Genesis. A New Translation, 3 Bde., A 1985 (Neuausgabe: Components IX, 6 Bde., 1997; Bd. 5–6: A Methodical and Topical Outline). Italienisch: *A. Ravenna*, Turin 1978; französisch: *B. Maruani – A. Cohen-Arazi*, Paris 1987; spanisch: *L. Vegas Montaner*, Estella 1994 (nur erste Hälfte).

f) Kommentare

Die Ausgabe von BerR V 1567/68 enthält am Innenrand den fälschlich Raschi zugeschriebenen Kommentar (dazu *J. Theodor*, FS I. Lewy; *R. N. Brown*, An Antedate to Rashi's Commentary to Genesis Rabba, h, Tarbiz 53, 1983 f., 478: zumindest Teile müssen älter als 1291 sein), am Außenrand jenen des Abraham ben Ascher, eines Schülers des Josef Karo in Safed, später Rabbiner in Aleppo. Beide zusammen tragen dort den Titel ʾ*Or ha-Sekhel*. Ein anonymer Kommentar aus dem 12. Jh. findet sich in einem MS in Mantua (*Y. Ta-Shema*, An Unpublished Early Franco-German Commentary on Bereshit and Vayikra Rabba, Mekilta and Sifre, h, Tarbiz 55, 1985 f., 61–75); *R. Isaak ben Jedaja* (Mitte 13. Jh.) kommentierte vielleicht ganz Midrasch Rabba, doch setzt der erhaltene Text in MS 5028 JThS erst in WaR ein: dazu *M. Saperstein*, The Earliest Commentary on the Midrash Rabba, in: *I. Twersky*, Hg., Studies in Medieval Jewish History and Literature, C (M) 1979, 283–306; *ders.* in REJ 138, 1979, 17–45 (cf. *M. Bregman*, Midrash Rabbah and the Medieval Collector Mentality, Prooftexts 17, 1997, 63–76, 75). Sehr verbreitet ist der Kommentar *Mattenot Kehunna* des R. Issachar Baer ben Naftali ha-Kohen, 1584 vollendet (zum gesamten Midrasch Rabba): Der Teil zu BerR erschien erstmals in der Ausgabe des Midrasch Rabba Krakau 1587/88. Der Autor war textkritisch sehr interessiert und versuchte, mit MSS die Fehler in den Druckausgaben zu korrigieren. Für weitere Kommentare siehe *M. Benayahu*, R. Samuel Yaffe Ashkenazi and Other Commentators of Midrash Rabba (h), Tarbiz 42 (1972 f.) 419–460. Ein moderner Kommentar ist der Ausgabe Th-A unter dem Titel Minḥat Yehuda beigegeben. Dieser ist jedoch primär textkritisch ausgerichtet. Einfache hebräische Sachkommentare sind in den Ausgaben *Mirkin* und *Hallewy* zu finden.

2) Klagelieder Rabba (EkhR)

Lit.: J. *Abrahams*, The sources of the Midrash Echah rabbah, Dessau 1881; C. N. *Astor*, The Petihta'ot of Eicha Rabba, Diss. JThS NY 1995; T. *Baarda*, A Graecism in Midrash Echa Rabba I,5, JSJ 18 (1987) 69–80; S. J. D. *Cohen*, The Destruction: From Scripture to Midrash, Prooftexts 2 (1982) 18–39 (= *ders.*, Essays 22–43); G. *Hasan-Rokem*, ‹Echah?... Ayekah?› – On Riddles in the Stories of Midrash Echah Rabbah (h), JSHL 10 f. Part II, J 1988, 531–547; *dies.*, Perspectives of Comparative Research of Folk Narratives in Aggadic Midrashim – Enigmatic Tales in Lamentations Rabba, I (h), Tarbiz 59 (1989 f.) 109–131; *dies.*, Web of Life: Folklore and Midrash in Rabbinic Literature, Stanford, Cal., 2000; M. D. *Herr*, EJ² XII 451–2; E. *Martín Contreras*, Noticias masoréticas en el midrás Lamentaciones Rabbâ, Sefarad 62 (2002) 125–141; J. *Neusner*, The Midrash Compilations of the Sixth and Seventh Centuries. An Introduction to the Rhetorical, Logical and Topical Program. Vol. I: Lamentations Rabbah, A 1989; *ders.*, Introduction 510–532; D. *Stern*, Parables in Midrash, C (M.) 1991; M. *Zulay*, An Ancient Poem and Petichoth of Echa Rabbati (h), Tarbiz 16 (1944 f.) 190–195; *Zunz*, GV 189–191.

Text: S. *Buber*, Midrasch Echa Rabbati. Sammlung agadischer Auslegungen der Klagelieder, Wilna 1899, Ndr. H 1967; M. *Krupp*, The Yemenite Version of Midrash Lamentations Rabbah (h), 10th WCJS (J 1990) C I 109–116; Z. M. *Rabinovitz*, Ginzé Midrash 118–154; *ders.*, Genizah Fragments of Midrash Ekha Rabba (h), 6th WCJS, J 1977, III 437–439.

a) Der Name

Der Midrasch Klagelieder wird auch Midrasch Threni oder nach dem hebr. Anfang Ekha Rabbati genannt. Den letztgenannten Namen verwendet schon Raschi zu Jes 22,1 und Jer 40,1. Dieser Titel bezog sich wohl ursprünglich nur auf Kapitel 1 (Jerusalem wird Klgl 1,1 als *rabbati ʿam* bezeichnet) und wurde erst nachträglich auf die anderen Kapitel ausgedehnt (so *Zunz*, GV 189 Anm. e; *Buber*, Mavo 3 Anm. a deutet hingegen Rabbati im Gegensatz zu einem kleinen Midrasch zu Klgl, *Ekha zutta*). Andere Bezeichnungen sind: *ʾAggadat ʾEkha* (Rabbati) – so Chananel; *Megillat ʾEkha* (Arukh); *Midrash Qinot* (Raschi zu Ez 12,3); *Midrash ʾEkha* (Raschi zu Jes 43,24).

b) Der Text

EkhR, ein exegetischer Midrasch zu Klgl, dem eine Reihe von Petichot vorangestellt ist, ist in zwei Textrezensionen überliefert. Die eine wird durch den Erstdruck Pesaro 1519 (zusammen mit den anderen Megillot; Ndr. B 1926) vertreten (diese Fassung auch in Midrasch Rabba, Wilna 1887), die andere durch die Ausgabe *Buber*, die als Textbasis MS J. I. 4 der Biblioteca Casanatense in Rom benutzt. Diese Textfassung ist durch Zitate im Arukh und bei mittelalterlichen Autoren aus Deutschland, Frankreich und Italien belegt, während spanische Zitate die übliche Fassung bezeugen. Allerdings fehlen im von *Buber* verwendeten MS (an dessen Ende eine Kaufbestätigung von 1378 eingetragen ist) unter anderem die Petichot, die Buber deshalb aus Cod. 27089 des British Museum (datiert 1504) übernommen hat; doch auch in dieser 19 verschiedene Schriften umfassenden Sammelhandschrift fehlen die Petichot 1–4, für die einfach auf die Quelle PesK verwiesen wird. Fünf weitere MSS sind in Parma erhalten, wovon MS De Rossi 1240 (nur Anfang des Midrasch) im Jahr 1270 geschrieben wurde; zwei MSS befinden sich in der Vatikanbibliothek, eines in Oxford, ein weiteres (1295 datiert) in München; dieses gleicht im Text dem Erstdruck und hat diesem vielleicht als Grundlage gedient (die Ma'agarim der Hebräischen Sprachakademie verwenden es als Basistext). Beschreibung der MSS in *Buber*, Mavo 73–77.

Rabinovitz hat mehrere *Geniza-Fragmente* veröffentlicht: Ein Fragment von 3 Blatt in Cambridge enthält den Text mehrerer Petichot, ein Blatt in St. Petersburg den Midrasch zu 1,17 und 16; ein weiteres Blatt in Cambridge bietet den Midrasch zu 3,64–4,2. Die Fragmente, alle in orientalischer Schrift und von *Rabinovitz* ins 11. bis 12. Jh. datiert, weichen in Textanordnung, Inhalt und Sprache von den beiden bekannten Fassungen ziemlich ab, sind jedoch i. A. dem Erstdruck näher als der Ausgabe *Buber*. Die Fragmente zeigen, wie im Lauf der Überlieferung des Textes griechische Worte verfälscht, seltene rabb. Ausdrücke abgeändert, sprachliche

Eigenheiten dem Stil des bT bzw. des mittelalterlichen Hebräisch angeglichen wurden und auch die Textordnung vielfachen Änderungen ausgesetzt war. Trotz ihres geringen Umfangs sind somit die Geniza-Fragmente wertvolle Zeugen einer sehr frühen Entwicklungsstufe des Midrasch. Eine kritische Ausgabe bereitet *P. Mandel* vor, dem zufolge die Aufspaltung in zwei Textformen vor das 10. Jh. zurückgeht (cf. *ders.*, Midrash Lamentations Rabbati: Prolegomenon, and a Critical Edition to the Third Parasha, h, Diss. J 1997; *ders.*, Between Byzantium and Islam: The Transmission of a Jewish Book in the Byzantine and Early Islamic Periods, in: *Y. Elman – I. Gershoni*, Hg., Transmitting Jewish Traditions: Orality, Textuality, and Cultural Diffusion, New Haven 2000, 74–106).

Übersetzungen: A. Wünsche, Bibl. Rabb., Le 1881, Ndr. H 1967; *A. Cohen*, Lamentations, in: Midrash Rabba, Translated into English, Hg. *H. Freedman – M. Simon*, Lo 1939, Ndr. 1961; *J. Neusner*, Lamentations Rabbah. An Analytical Translation, A 1989 (Neuausgabe: Components IV, 1997).

c) Inhalt und Redaktion

EkhR ist durch zahlreiche Petichot eingeleitet, auf die unten noch einzugehen ist; der eigentliche Kommentar ist entsprechend den 5 Kapiteln von Klgl in 5 Paraschiyot eingeteilt. Diese bieten eine durchgehende Auslegung Vers für Vers: einerseits einfache Wort- und Sacherklärungen, aber auch zahlreiche Gleichnisse und Erzählungen. Da Klgl zum 9. Ab im Gedenken an die Zerstörung des Tempels im Jahre 70 gelesen und studiert wurde (in privatem Rahmen; für die Synagoge erst im Machzor Vitry explizit bezeugt, wurde nie allgemein), hat man in diesem Midrasch zahlreiche Erzählungen über die Zerstörung Jerusalems im Jahre 70, aber auch über andere Notzeiten unter Trajan und Hadrian sowie im Bar-Kokhba-Aufstand eingebaut, ebenso Themen der früheren Märtyrertradition übernommen, wie die aus 2 und 4 Mak bekannte Erzählung von der Mutter mit ihren sieben Söhnen, die als Märtyrer sterben. Daneben lockern andere Erzählungen den Text auf, etwa solche, in denen die Überlegenheit der Bewohner Jerusalems gegenüber denen Athens gezeigt werden soll (*Krupp* 113 vermutet hierin spätere Ergänzungen; sie fehlen in den jemenit. Texten). Parallelen zu Josephus Flavius müssen nicht unbedingt mit einer direkten Benutzung von dessen Werk erklärt werden.

EkhR zitiert neben Tannaiten vorwiegend palästinische Amoräer, alle spätestens aus dem 4. Jh. Das spricht ebenso für eine frühe Entstehung in Palästina wie auch die Sprache: Hebräisch steht neben galiläischem Aramäisch, und es sind zahlreiche griechische Ausdrücke (z. B. *nikētēs barbarōn* in Peticha 23) und auch lateinische Stücke zu finden (z. B. die Anrede Jochanans ben Zakkai an Vespasian in 1,5: *vive domine imperator*).

EkhR verwendet M und T sowie MekhY, Sifra und Sifre. Mit pT weist der Midrasch zahlreiche Parallelen auf (vgl. z. B. 1,2 mit yTaan 4,59d–60c). Die starken Unterschiede im Text scheinen jedoch eher für die Benutzung einer gemeinsamen Vorlage als für direkte Abhängigkeit zu sprechen. Ob PesK benutzt wird, ist fraglich: Was zu 1,2 im Anschluss an Ps 77,7 f. gesagt wird, könnte aus PesK 17 (M. 281) entlehnt sein, doch ist eher an den umgekehrten Weg zu denken.

EkhR selbst scheint in WaR, RutR und einer Reihe von Midraschim verwendet worden zu sein. Eine Benutzung durch bT kann hingegen trotz der langen Sammlung von parallelem Stoff in bGit 55b–58a nicht angenommen werden. Eine Beeinflussung von EkhR durch bT wiederum gehört nicht in die Redaktionsgeschichte des Midrasch, sondern in die Geschichte seiner Textüberlieferung, wie gerade auch die Geniza-Fragmente deutlich machen.

Zunz (GV 190 f.) hat aufgrund vermeintlicher Anspielungen an die arabische Herrschaft in EkhR die Schrift ins 7. Jh. datiert. Doch liest die Ausgabe *Buber* 77 zu 1,15 neben Edom nicht Ismael, sondern Seir. Buber (Mavo 9) hat wiederum den Text zu früh angesetzt, ins 4. Jh. (weil er pT 200 Jahre nach Zerstörung des Tempels datiert!). Am wahrscheinlichsten ist ein Entstehungsdatum im 5. Jh., wohl in der ersten Hälfte. Doch hat die Popularität des Midrasch dazu geführt, dass sein Text sehr freizügig behandelt wurde: Auch später hat man noch aus anderen Schriften Stücke eingebaut oder den Text Paralleltraditionen angepasst, dafür wiederum sicher auch echtes Material getilgt. Späte Einzelzüge können daher nicht für die Redaktion des Midrasch selbst veranschlagt werden, wie andererseits die hier vorgenommene Datierung nur die Grundform des Midrasch deckt, die noch am ehesten durch die Geniza-Fragmente vertreten wird.

d) Die Petichot

Die Petichot, die den Anfang des Midrasch bilden, machen mehr als ein Viertel des Werkes aus. Jetzt zählt man 34, wovon jedoch die Proömien 2 und 31 aus je 2 zusammengesetzt sind, sodass es 36 sind: Vielleicht ist dies absichtlich gewählt, da 36 der Zahlenwert des Wortes Ekha ist. Die Petichot entsprechen dem klassischen Typ; 20 gehen von Prophetentexten aus, 13 von den «Schriften» (davon 2 von Klgl selbst!), 3 vom Pentateuch.

Nach welchem Prinzip die Petichot angeordnet sind, lässt sich nicht sagen. Die Annahme von *Herr* (452), sie seien nach der Zahl der Petichot im Namen der einzelnen Rabbinen gereiht, beginnend mit den Rabbinen, die vier Petichot bieten, bis zu denen, von denen nur eine Peticha gebracht wird, entspricht weder der Reihung der Ausgabe *Buber* noch jener der übrigen Drucke (die hierin mit *Buber* übereinstimmen; auch MSS in der Reihung ziemlich stabil: siehe *Astor* 89–103): Zuerst kommen 3 Petichot des Abba bar Kahana, dann je 4 von Abbahu, Isaak und Chanina b. Pappa, je 2 von Abbahu, Avin usw., nach drei Einzelpetichot nochmals 2 im Namen des Zavdi; in drei Fällen (2b-31b-34) fehlt der Name samt Einleitung. Vor allem jedoch zeigt das Geniza-Fragment eine völlig andere Reihenfolge von Petichot: 23-16-19-18-17-24-25; zudem nennt es für Peticha 16 statt Abbahu Avun. Der Geniza-Text zeigt auch einen einheitlichen Abschluss aller Petichot: «Als sie verbannt wurden, begann Jeremia über sie zu klagen und sagte: ‹Wie einsam sitzt sie da› (Klgl 1,1).» In MSS und Drucken ist dieser stereotype Abschluss der Petichot teilweise getilgt worden. Andererseits fehlt im Geniza-Text u. a. ein langes Stück über die Klage Gottes usw. in Pet. 24, das schon früher aus verschiedenen Gründen als spätere Ergänzung verdächtigt worden war (z. B. *A. Goldberg*, Untersuchungen über die Vorstellung von der Schekhinah, B 1969, 135).

S. Buber (Mavo 4) hat angenommen, dass die Petichot nicht vom Redaktor von EkhR in den Text aufgenommen wurden, sondern von einem späteren Sammler, der u. a. auch EkhR schon benutzt hat. Dagegen stellt *M. Zulay* fest, dass die Petichot schon im alten Piyut vorausgesetzt sind und daher in byzantinischer Zeit bereits bekannt gewesen sein müssen (An Ancient Poem 190). Dieses Argument gilt jedoch nur für die einzelnen Stücke (immerhin laut *Zulay* 21 von 36), die im Piyut verwertet sind, und nicht für die Gesamtheit der Petichot, von denen eine Reihe (z. B. die ersten 4) aus PesK entnommen zu sein scheint (oder gemeinsames Material oder auch umgekehrt?). In den (späten) jemenitischen MSS fehlen die ersten Petichot der Druckausgaben (*Krupp* 113). Die Textgeschichte von EkhR zeigt jedenfalls, wie anfällig diese Einleitung zu EkhR für spätere Ergänzung und Bearbeitung gewesen ist, auch wenn vielleicht ein Grundstock der Petichot tatsächlich auf den Redaktor des Midrasch zurückgeht (so *Astor* 130, der aber 222 auch auf die höchst unterschiedliche literarische Qualität der Petichot verweist). Ob die Petichot (oder zumindest einige davon) auf tatsächliche Synagogenpredigten zurückgehen (*Astor* 72: Sie stammen wohl von mündlichen homiletischen Einführungen zur Lesung am 9. Ab, doch «considerable editorial remolding»), ist in diesem Zusammenhang unwesentlich.

IV. Homilien-Midraschim

1) Levitikus Rabba (WaR)

Lit.: Ch. Albeck, Midrash Wa-yiqra Rabba, FS L. Ginzberg, NY 1945, hebr. Bd. 25–43; *N. J. Cohen*, Leviticus Rabbah, Parashah 3: An Example of a Classic Rabbinic Homily, JQR 72 (1981 f.) 18–31; *Abr. Goldberg*, The Term *gufa* in Midrash Leviticus Rabba (h), Leš. 38 (1973 f.) 163–169; *ders.*, On the Authenticity of the Chapters «Vayehi baḥazi hallayla» (Ex. XII,29) and «Shor o Kesev» (Lev XXII,27) in the Pesiqta (h), Tarbiz 38 (1968 f.) 184 f. (gegen *Heinemann*, Tarbiz); *ders.*, Beʿayot ʿarikha we-siddur be-Bereshit Rabba uve-Wa-yiqra Rabba she-terem baʾu al-pitronan, Talmudic Studies III/1, 130–152; *J. Heinemann*, Chapters of Doubtful Authenticity in Leviticus Rabba (h), Tarbiz 37 (1967 f.) 339–354; *ders.*, Profile of a Midrash. The Art of Composition in Leviticus Rabba, JAAR 31 (1971) 141–150 (ausführlicher hebr. in Hasifrut 2, 1969–1971, 809–834); *ders.*, EJ² XII 740–742; *M. Kadushin*, A Conceptual Commentary on Midrash Leviticus Rabbah, A 1987 (Ndr. Binghamton 2001); *D. Künstlinger*, Die Petichot des Midrasch rabba zu Leviticus, Krakau 1913; *U. Leibner*, A Galilean-Geographical Midrash on the Journey of Job's Servant-Lads (h), Cathedra 120 (2006) 33–54 (zu WaR 17,4 = PesK 7,10); *M. B. Lerner*, Perush qadum le-midrash Wa-yiqra Rabba, J 1995 (anonymer aschkenasischer Komm., 12. Jh.); *M. Margulies*, Bd. V seiner Textausgabe: Introduction, Supplements and Indices (h), J 1960; *O. Meir*, The Redaction of Genesis Rabba and Leviticus Rabba (h), Teuda 11 (TA 1996) 61–90; *Ch. Milikowsky*, Vayyiqra Rabba, Chapter 28, Sections 1–3: Questions of Text, Redaction and Affinity to Pesiqta d'Rav Kahana (h), Tarbiz 71 (2001 f.) 19–65; *ders.*, Vayyiqra Rabba, Chapter 30, Sections 1 and 2. The History of its Transmission and Publication and the Presentation of a New Edition (h), Bar-Ilan 30–31 (2006) 269–318; *J. Neusner*, Judaism and Scripture. The Evidence of Leviticus Rabbah, Chicago 1985; *ders.*, The Integrity of Leviticus Rabbah. The Problem of the Autonomy of a Rabbinic Document, Chico 1985 (Zusammenfassung in PAAJR 53, 1986, 111–145; cf. *S. D. Fraade*, Prooftexts 7, 1987, 179–194); *ders.*, Appropriation and Imitation: The Priority of Leviticus Rabbah over Pesiqta deRab Kahana, PAAJR 54 (1987) 1–28; *ders.*, Introduction 382–410; *Z. M. Rabbinovitz*, Two supplements to the collection of liturgical poems by Yannai (h), 4th WCJS, J 1968, II 49 f. (Verwendung von WaR); *R. S. Sarason*, The Petiḥtot in Leviticus Rabba: «Oral Homilies» or Redactional Constructions?, JJS 33 (1982) 557–567; *B. L. Visotzky*, Anti-Christian Polemic in Leviticus Rabbah, PAAJR 56 (1990) 83–100; *ders.*, Jewish-Christianity in rabbinic documents; an examination of «Leviticus Rabbah», in: *S. C. Mimouni*, Hg., Le judéo-christianisme dans tous ses états, P 2001, 335–349; *ders.*, Golden Bells and Pomegranates, Studies in Midrash Leviticus Rabbah, Tüb. 2003; *ders.*, ʿAl kamma me-ʿeqronot ha-ʿarikha shel Wa-yiqra Rabba, FS Y. Fraenkel, 333–345; *Zunz*, GV 191–195.

a) Name

Nach dem hebr. Beginn von Lev in den MSS gewöhnlich als *Wa-yiqra Rabba* zitiert (Rabba wohl von BerR übernommen), gelegentlich auch als *Haggadat Wa-yiqra, Haggada de-Wa-yiqra* und ähnlich.

b) Text

Margulies hat als Basis seiner Ausgabe *MS British Museum* Add. 27169 Nr. 340 verwendet, das BerR und WaR umfasst und auch für die BerR-Ausgabe von *Theodor-Albeck* die Grundlage war (Beschreibung des MS durch *Albeck* dort, Mavo 105 ff.). *Vatikan* Cod. Hebr. 32 (Faksimile J 1972) umfasst neben WaR auch SifBem und SifDev und stammt aus dem frühen 11. Jh. Für WaR geht das MS, wie aus den gemeinsamen Auslassungen und Kürzungen hervorgeht, mit dem MS des British Museum auf eine gemeinsame Vorlage zurück. Zur selben Textfamilie gehört MS 149 der Nationalbibliothek *Paris*, das auch BerR und den Beginn von BemR umfasst und auf 1291 datiert ist. Nur zum Teil hat Margulies *MS München 117* vom Jahr 1433 verwertet. Weitere MSS befinden sich in der Bodleiana in Oxford sowie in Jerusalem (alle spät). *M. Schlüter – Ch. Milikowsky*, Vayyiqra Rabba through History: A Project to Study Its Textual Transmission, in: *J. Targarona Borrás – A. Sáenz-Badillos*, (Hg.), Jewish Studies at the Turn of the Twentieth Century, L 1999, I 311–321. Zeilensynopse aller Textzeugen als Ergebnis dieses Projekts: http://www.biu.ac.il/JS/midrash/VR.

Die *Geniza-Fragmente* von WaR beschreibt *Margulies* V 3–86 und druckt sie zum Großteil auch ab; es sind insgesamt 40 Blatt, die von 17 MSS stammen. Das älteste (*Margulies* V 3: 9. Jh.) und wichtigste Fragment, MS Heb. C. 18 F.17–22 der Bodleiana, ist teilweise vokalisiert: Beschreibung *N. Alloni*, Geniza-Fragments 63 f., Faksimile 155–166. Auch in WaR erweist sich der von den Geniza-Fragmenten vertretene Texttypus als der älteste und noch am wenigsten verfälschte.

Erstdruck K 1512, dann V 1545. Die Drucke stützen sich v. a. auf ein MS vom Typ des MS Paris, verwenden jedoch auch andere Vorlagen. WaR befindet sich in allen traditionellen Drucken von Midrasch Rabba, in *Mirkin*, Midrasch Rabba VII–VIII, und in *Hallewy*, Midrasch Rabba V. *Kritische Ausgabe*: M. *Margulies*, Midrash Wayyikra Rabbah. A Critical Edition based on Manuscripts and Genizah Fragments with Variants and Notes, 5 Bde., J 1953–1960.

Übersetzungen: A. *Wünsche*, Bibl. Rabb. V, Le 1883 f., Ndr. H 1967; J. *Israelstam* – J. J. *Slotki*, Bd. IV der Soncino-Ausgabe des Midrasch Rabba, Lo 1939, ³1961; J. *Neusner*, Judaism and Scripture. The Evidence of Leviticus Rabbah, Chicago 1986 (Neuausgabe: Components X, 3 Bde., 1997; Bd. 3: Topical and Methodical Outline).

c) Inhalt und Einteilung

WaR besteht aus 37 thematisch relativ einheitlichen Abschnitten zu Lev. Jedes Kapitel beginnt mit Petichot (lediglich 2–5-22 nur eine Peticha), denen der Hauptteil folgt (in den Geniza-Fragmenten regelmäßig mit *gufa* eingeleitet), der mit der Chatima eschatologisch ausklingt. Etwa zwei Drittel der Petichot sind anonym (nach *Albeck* 88 von 126; *Sarason* zählt 122, von denen 35 einem Rabbi zugeschrieben werden, meist jedoch sekundär, wie aus der Nennung desselben Rabbi auch innerhalb der Peticha deutlich ist); der größte Teil davon ist ein literarisches Werk, wie die stereotypen Überleitungen zum Seder-Vers und auch die Parallelen in der sonstigen rabb. Literatur zeigen, wo dasselbe Material nicht im Rahmen einer Peticha aufscheint.

Die Einteilung in 37 Homilien scheint dem palästinischen Lesezyklus zu folgen. Dieser kennt jedoch nur 20 bis 25 Sedarim zu Lev. *J. Heinemann* glaubt die Lösung des Problems darin zu sehen, dass einige Predigten erst später hinzugefügt worden sind (allerdings sehr bald, da sie in allen MSS enthalten sind): Von den fünf Kapiteln (jeweils Homilien zu Festen), die auch in PesK enthalten sind, hält er WaR 20.29.30 (= PesK 26.23.27) für ursprüngliche Bestandteile der PesK, 27 (= PesK 9) vielleicht ebenso (so in EJ[2] nach der Kritik *Goldbergs*). Allein 28 (= PesK 8, zu Lev 23,10, Darbringung der Erstlingsgarbe) ist nach ihm ziemlich sicher in WaR ursprünglich und später in PesK übernommen worden.

Außerdem betrachtet *Heinemann* WaR 2 als wahrscheinlich nicht authentisch; dieses Kapitel ist nämlich wie WaR 1 eine Homilie zu Lev 1,1: Die beiden anderen Fälle von zwei Homilien zu nur einem Seder sind WaR 4 und 5 sowie 20 und 21– doch gehört 20 richtig zu PesK und 4 dürfte richtig zu einem Lev 4,13 und nicht 4,1 f. beginnenden Seder gehören. Die auch so noch verbleibende Überzahl von Homilien gegenüber dem Lesezyklus versucht *Heinemann* durch die Annahme zu erklären, dass der WaR zugrunde gelegte Zyklus von dem sonst üblichen stark abwich und daher WaR durch Homilien zu den Standardperikopen ergänzt wurde.

Die Gegenposition vertritt *J. Neusner* (The Integrity), der aus dem rhetorischen Plan der Homilien schließen möchte, dass alle 5 mit PesK gemeinsamen Kapitel ursprünglich zu WaR gehören, da sie völlig in das literarische Schema dieses Buches passen; auf die Argumentation *Heinemanns* geht er allerdings nicht ein, auch nicht auf die Frage von WaR 2. *Neusners* literarische Kriterien reichen kaum aus, und so argumentiert *Visotzky* (Golden Bells 10–22) wieder dafür, dass WaR alle fünf Homilien neben weiterem Material aus PesK übernommen habe.

Milikowsky hat zu dieser Fragestellung eine wichtige Präzisierung beigetragen: Man darf nicht direkte Übernahmen von einem Werk zum anderen annehmen, sondern muss mit gemeinsamen Vorlagen rechnen. Zwar habe WaR vielfach die ältere Fassung, doch habe PesK das vorliegende Material in den fünf gemeinsamen Kapiteln bewusst redigiert und nicht einfach kopiert. Der Text von WaR 28–30 hat in MS London große Lücken und verweist dafür dreimal auf PesK, woraus dann andere MSS und der Erstdruck den Text ergänzt haben. In WaR 28,1–3 (dazu Tarbiz 71) kann man aus den nicht mit PesK parallelen Passagen die ursprüngliche Fassung von WaR rekonstruieren, die älter als die Parallele in PesK ist; in WaR 30 hingegen (Bar Ilan 30–31) sind die Parallelen direkt aus PesK übernommen.

Hinsichtlich der Form betrachtet man die Kapitel von WaR gewöhnlich als literarische Homilien, deren Vorstufen in wirklichen Predigten nicht mehr nachweisbar sind; *Neusner* bezweifelt sogar, ob die Kapitel auch nur formal als Predigten zu betrachten sind.

B. *Visotzky* (Golden Bells, FS Fraenkel) hat die Einordnung von WaR als Predigtmidrasch grundlegend infrage gestellt. WaR ist weder eine Sammlung von einmal tatsächlich gehaltenen Predigten noch ein Handbuch für Prediger; auch ist seine Gliederung in 37 Kapitel nicht aus einem Lesezyklus zu erklären. WaR ist vielmehr das Werk eines enzyklopädischen Sammlers: «Collecting *all* the aggadah available on Leviticus and organizing it around select magnet verses» sei seine Grundabsicht gewesen (Golden Bells 14); dazu folgte er vielleicht in manchem einem Lektionar, ging aber zugleich darüber hinaus. Die aus der nach Visotzky wenig älteren PesK übernommenen fünf Kapitel hätten ihm als Vorbild für die Strukturierung in Petichot und Hauptteil gedient, zugleich habe er sich an hellenistische Vorbilder gehalten, gesammelte Stoffe in Proömien zu organisieren und das übrig gebliebene Material lose als «Körper», *sōma* (so Lukian von Samosata), des Kapitels anzuschließen; das erkläre auch die Verwendung des Begriffs *gufa*, der nur in den fünf mit PesK parallelen Kapiteln fehlt. WaR gehöre somit als Sammelwerk in die hellenistische Provinzliteratur (Golden Bells 33). Die Erklärung der Beziehung zu PesK bleibt problematisch, insgesamt aber löst *Visotzkys* These viele Probleme.

d) Redaktion und Entstehungszeit von WaR

Die Frage ist v. a. aus dem Verhältnis zu den anderen rabb. Texten zu beurteilen. Mit *BerR* hat WaR viel Stoff gemeinsam, ebenso die Sprache. *Margulies* V p. XII glaubt, dass beide Schriften gemeinsame haggadische Quellen benutzen und aus demselben Lehrhaus stammen. *Albeck* hingegen glaubt an eine Verwendung von BerR durch WaR, ebenso O. *Meir;* Abr. *Goldberg* möchte auch wegen der äußeren Form WaR erst nach BerR ansetzen: Homilien-Midrasch anstelle des Auslegungsmidrasch von BerR, der noch den halakhischen Midraschim nahesteht; größere Bedeutung der Petichot in WaR (KS 43, 1967 f., 73).

Noch näher ist WaR mit *PesK* verwandt. Neben den fünf gemeinsamen Kapiteln, die wohl fast völlig auf spätere Überarbeitung zurückgehen, finden sich zahlreiche Parallelen. *S. Buber* u. a. haben daraus eine Verwendung der PesK durch den Redaktor von WaR erschlossen; *Albeck* 36 ff. und ihm folgend *Abr. Goldberg*, ebenso auch *J. Neusner*, sehen umgekehrt PesK in Abhängigkeit von WaR; *Margulies* (V p. XIII) schließlich lässt beide Werke auf denselben Verfasser zurückgehen.

Was die Parallelen mit pT betrifft, schließt *Albeck* 30 f., dass WaR pT benutzt hat (und zwar unseren pT, nicht eine andere Fassung davon, wie BerR), in den haggadischen Parallelen aber auch eine andere Quelle zur Verfügung hatte. *Margulies* XIX kann jedoch wahrscheinlich machen, dass die Parallelen (zumindest der Großteil davon) nicht auf eine Benützung des pT durch WaR, sondern auf gemeinsame haggadische Quellen zurückgehen, ja dass pT eine Vorstufe von WaR verwenden konnte: «Das haggadische Buch zu Lev, das dem Redaktor des pT vorlag, war unserem WaR sehr ähnlich.» Auch *L. Moscovitz*, The Relationship between the Yerushalmi and Leviticus Rabbah: A Re-Examination (h), 11th WCSJ (J 1994) C I 31–38, sieht auf Redaktionsebene (im Unterschied zur späteren Textüberlieferung) keine direkte Entlehnung aus WaR in pT.

Die zahlreichen Parallelen zwischen WaR und *Tanchuma* stammen zum Teil aus WaR, wo Tanchuma sie vorgefunden und gekürzt übernommen hat (z. B. sind die Parallelstellen in Tanchuma gewöhnlich anonym, in WaR mit Tradentennamen). Anklänge an Tanchuma in WaR, v. a. sprachlicher Art, sind dort erst spät eingedrungen, wie der Vergleich mit frühen MSS und den Geniza-Fragmenten beweist.

Da WaR M, T und die halakhischen Midraschim zitiert, selbst wiederum schon im Midrasch Rabba zu den Megillot (besonders ShirR und QohR) und von den frühen Paitanim, besonders Jannai, benutzt wird, engt sich die Zeit der Redaktion von WaR auf etwa 400 bis 500 ein. Dasselbe ergibt sich aus den in WaR genannten Rabbinen, meist palästinischen Gelehrten des 3. und 4. Jhs. Eine nähere Bestimmung würde sich aus dem Verhältnis zu BerR, PesK und pT ergeben: Dieses lässt sich jedoch nicht eindeutig erklären (so datiert *Margulies* XXXII WaR auf den Anfang des 5. Jhs., *Albeck* auf das Ende des 5. bzw. den Anfang des 6. Jhs.). Dass der Midrasch in Palästina entstanden ist, ergibt sich aus der Sprache (galiläisches Aramäisch, viel Griechisch), der Bevorzugung paläst. Rabbinen, vielen paläst. Ortsangaben und auch aus der Halakha, deren landwirtschaftliche Gesetze nur in Palästina in Geltung waren.

2) Pesiqta de Rav Kahana (PesK)

Lit.: Ch. Albeck, Derashot 105–107. 360 f.; *R. A. Anisfeld*, Sustain Me With Raisin-Cakes: Pesikta deRav Kahana and the Popularization of Rabbinic Judaism, L 2009; *L. M. Barth*, Literary Imagination and the Rabbinic Sermon, 7th WCJS, Studies in the Talmud, Halacha and Midrasch, J 1981, 29–35 (zu PesK 15); *ders.*,

The «Three of Rebuke and Seven of Consolation» Sermons in the Pesikta de Rav Kahana, JJS 33 (1982) 503–515; *Abr. Goldberg,* On the Authenticity of the Chapters «Vayehi baḥazi hallayla» (Ex XII, 29) and «Shor o Kesev» (Lev. XXII,27) in the Pesiqta (h), Tarbiz 38 (1968 f.) 184 f.; *M. Hirshman,* Pesiqta deRab Kahana we-Paideia, FS Y. Fraenkel 165–178; *B. Mandelbaum,* Prolegomenon to the Pesikta, PAAJR 23 (1954) 41–58 (Beschreibung der MSS, Struktur von PesK); *ders.,* EJ² XVI 11–12; *F. Manns,* La polémique contre les judéo-chrétiens en Pesiqta de Rab Kahana 15, LA 40 (1990) 211–226; *Ch. Milikowsky,* Vayyiqra Rabba, Chapter 28, Sections 1–3: Questions of Text, Redaction and Affinity to Pesiqta d'Rav Kahana (h), Tarbiz 71 (2001 f.) 19–65; *J. Neusner,* From Tradition to Imitation. The Plan and Program of Pesiqta Rabbati and Pesiqta de Rab Kahana, A 1987; *ders.,* PAAJR 54 (1987) 1–28 (zur Priorität der mit WaR gemeinsamen Kapitel in WaR); *ders.,* Introduction 411–433; *ders.,* A Theological Commentary to Midrash. Volume One: Pesiqta de Rab Kahana, Lanham 2001; *ders.,* Pesiqta deRab Kahana, Theology of, EMidr 663–679; *L. H. Silberman,* A Theological Treatise on Forgiveness: Chapter Twenty-Three of Pesiqta Derab Kahana, GS J. Heinemann, J 1981, 95–107; *ders.,* Challenge and Response: Pesiqta DeRab Kahana, Chapter 26, as an Oblique Reply to Christian Claims, HThR 79 (1986) 247–253; *E. R. Stern,* From Rebuke to Consolation. Exegesis and Theology in the Liturgical Anthology of the Ninth of Av Season, Providence, RI, 2004, 79–111 (zu PesK 13 und 22); *G. Svedlund,* The Aramaic Portions of the Pesiqta de Rab Kahana ... with Engl. translation, commentary and introduction, Uppsala 1974; *C. Thoma – S. Lauer,* Die Gleichnisse der Rabbinen. Erster Teil: Pesiqta de-Rav Kahana (PesK), Bern 1986; *E. Ungar,* When «Another Matter» is the Same Matter: The Case of Davar-Aher in Pesiqta DeRab Kahana, in: *J. Neusner* (Hg.), Approaches NS 2 (1990) 1–43; *St. Verhelst,* Pesiqta de-Rav Kahana, chapitre 1, et la liturgie chrétienne, Liber Annuus 47 (1997) 129–138; *ders.,* Trois remarques sur la «Pesiqta de-Rav Kahana» et le christianisme, in: *S. C. Mimouni,* Hg., Le judéo-christianisme dans tous ses états, P 2001, 366–380; *Zunz,* GV 195–237.

Text: *B. Mandelbaum,* Pesiqta de Rav Kahana. According to an Oxford Manuscript with variants ... with commentary and introduction, 2 Bde., NY 1962, ²1987 (dazu *Abr. Goldberg,* KS 43, 1967 f., 68–79).

Übersetzungen: *A. Wünsche,* Bibl. Rabb. V, Le 1884 f., Ndr. H 1967; *W. G. Braude – I. J. Kapstein,* Pesikta de-Rab Kahana, Phil. 1975; *J. Neusner,* Pesiqta deRab Kahana. An Analytical Translation, 2 Bde., A 1987 (in Bd. 2 längere Einleitung zu PesK, großteils identisch mit From Tradition to Imitation; Neuausgabe: Components XI, 3 Bde., 1997).

a) Der Name

Pesiqta (vielleicht ursprünglich Pluralform *pesiqata*; mit *pasuq,* «Vers», verwandt) entspricht *pisqa,* «Abschnitt, Kapitel». *Zunz,* GV 203, vermutet, dass Pesiqta ursprünglich nur die Einzelabschnitte der Sammlung zusammen mit dem jeweiligen Titel bezeichnete und erst später der Name für das ganze Werk wurde. Der Name ist gewählt, weil der Midrasch nicht einen durchlaufenden Kommentar bietet, sondern Leseabschnitte aus der Synagogenliturgie kommentiert.

Die Benennung des ursprünglich sicher einfach Pesiqta genannten Werks nach Rav Kahana ist ab dem 11.Jh. belegt (R. Meshullam ben Moshe u. a.: *Zunz*, GV 204 Anm. f.). Nach Meinung von *Zunz* und *S. Buber* kam es zu dieser Bezeichnung, weil die größte Texteinheit des Werkes (die mit dem Sabbat vor dem 17. Tammuz einsetzenden zwölf Kapitel) beginnt: *R. Abba bar Kahana pataḥ*. Doch selbst wenn PesK einst mit diesem Text begonnen haben sollte, warum hat man dann den zu erwartenden Namen Pesiqta de R. Abba bar Kahana so abgekürzt? *B. Mandelbaum* (PesK II, engl. Einführung XVIII) möchte daher eher die Erwähnung des R. Kahana zu Beginn des Kapitels für Neujahr (in zwei MSS), das er für den ursprünglichen Anfang des Textes hält, für den Namen verantwortlich machen, der PesK von den anderen Pesiqta genannten Werken unterscheiden sollte.

b) Text

PesK war lange nur aus Zitaten, besonders im Arukh und im Yalqut, bekannt. *Zunz* hat aus diesen Zitaten ihren Inhalt und Aufbau rekonstruiert (GV, 1. Aufl. 1832). Dass ihm dies im Wesentlichen gelungen ist, hat die auf der Grundlage von vier später bekannt bzw. benutzbar gewordenen Handschriften von *S. Buber* veranstaltete Ausgabe (Lyck 1868) bestätigt. Diese Ausgabe wurde durch den Text von *Mandelbaum* abgelöst; doch ist *Bubers* Ausgabe wegen ihres Kommentars und der Zitate mittelalterlicher Autoritäten weiterhin nützlich.

Buber hatte als Grundlage MS Safed, 1565 in Kairo geschrieben (= MS 47 der Alliance Israélite Universelle, Paris), verwendet, ergänzt (unsystematisch) durch drei weitere MSS: Oxford MS Marshall Or. 24, durch das Kolophon auf 1291 datiert; MS Carmoly, Cambridge Add. 1497, spätes 15. oder Anf. 16. Jh.; Parma De Rossi Cod. 261:2 aus dem 13. oder 14.Jh. (nur 11 Kapitel). *M. Friedmann* (Beth Talmud 5, 1886–1889, 46–53. 78–90. 108–114. 168–172. 197–206) hat zwei weitere MSS beschrieben: MS Casanatense 3324 in Rom (frühes 17.Jh., unvollständig) und ein zweites MS aus der Bodleiana, Oxford (15.Jh., Text z. T. gekürzt).

B. Mandelbaum verwendet als Grundtext das Oxford MS Marshall Or. 24; neben den genannten MSS kommt noch MS Oxford, Bodleiana (Neubauer 2324/11) dazu. Ebenso kann er sieben *Geniza-Fragmente* verwerten (JThS, NY; Cambridge, Oxford, St. Petersburg), wovon die von Cambridge von besonderem Interesse sind; hier ist allerdings die Beschreibung und Wiedergabe der Varianten in *Mandelbaum* zu korrigieren: siehe *N. Alloni*, Geniza-Fragments 71–75; *N. Alloni – A. Díez-Macho*, Pesiqta de Rav Kahana be-niqqud 'ereẓ-yisraeli, Leš. 23 (1958 f.) 57–71. Bei zwei der drei Texteinheiten handelt es sich um Palimpseste über griech. (*Mandelbaum* I, 13 schreibt aus Versehen «lateinische»; auf seiner Fotowiedergabe sind die griech. Unzialen klar erkennbar) und syr. Texte, die in das

8.–10. Jh. zu datieren sind (*Abr. Goldberg,* KS 43,71 Anm. 1 hat die Abweichungen *Mandelbaums* gegenüber dem Text in Leš. kollationiert).

c) Inhalt und Aufbau

PesK ist ein Homilien-Midrasch für die Lesungen der Feste und der besonderen Sabbate, die ja schon früh eine feste Lesung hatten. *Zunz* hatte ursprünglich 29 Pisqaot erschlossen, beginnend mit Neujahr, da der Arukh zweimal Rosh ha-Shana als *resh pisqot* bezeichnet. Die Ausgabe *Buber* hingegen beginnt nach den ihm vorliegenden MSS mit Chanukka und zählt 32 Pisqaot (doch hat er 31 weggelassen; 22 und 30 sind doppelt, 24 ist nicht ursprünglich). *Mandelbaum* beginnt seine Ausgabe zwar mit Chanukka, anerkennt aber die Richtigkeit der These von *Zunz,* gestützt auf MS Oxford 2324/11 sowie eine Buchliste aus der Geniza, die den Anfang der Pisqa Rosh ha-Shana zitiert. Um die ursprüngliche Reihenfolge einzuhalten, müsste man somit bei *Mandelbaum* mit Bd. II seiner Ausgabe beginnen. *Goldberg,* KS 72, bezweifelt die Beweiskraft dieser Argumente, insbesondere da die Buchliste der Geniza auch sonst Buch*teile* zitiert. Siehe auch *Braude – Kapstein* XLVII f.

Mandelbaum (II pp XIV–XVII) zählt 28 Pisqaot und 9 Anhänge. Neben den Festpredigten gibt es Homilien zu den 4 Sabbaten nach Chanukka, den 3 Strafsabbaten vor dem 9. Ab und den 7 Trostsabbaten nach diesem Tag sowie zu den 2 Sabbaten nach Neujahr (für diese letzten zwölf Sabbate gilt als Predigttext die Haftara!). Als Anhang druckte *Mandelbaum* die Predigt zu Simchat Tora, da der Text in MS Oxford fehlt und seiner Meinung nach in Palästina wenig Sinn gehabt hätte; PesK ist ja eine Sammlung von jährlichen Predigten; die Feier zum Abschluss des Zyklus hätte es jedoch nur einmal in ca. 3 1/2 Jahren gegeben. Doch setzt ein von *E. Fleischer* edierter Piyut ha-Kallir's Simchat Tora in Palästina voraus: dazu S. 267; auch ist die Predigt als Schluss einer PesK-Handschrift vom Ende des 13. Jhs. belegt (nur diese Seite ist erhalten: *I. Ta-Shema,* in: Sefer Gematriot of R. Judah the Pious. Introduced by *D. Abrams* and *I. Ta-Shema,* Los Angeles 1998, 151–153); die anderen Anhänge betreffen den ursprünglich nur in Babylonien gefeierten zweiten Tag von Sukkot und eine Reihe von der PesK fremden Zufügungen (Anhang 4 in *Mandelbaum,* d. h., die zweite Predigt zu Dtn 14,12 ff. hält *Goldberg,* KS 72, für echt: Die Lesung wurde sowohl am Sabbat in der Pesachwoche wie auch an jenem in der Sukkotwoche gehalten; siehe dazu *E. Fleischer,* The Reading of the Portion ‹Asser Teʿasser› (Deut. XIV,22) (h), Tarbiz 36, 1966 f., 116–155).

Zu den fünf mit WaR gemeinsamen Kapiteln siehe S. 321. *Albeck* hatte sie alle in WaR für ursprünglich gehalten (ebenso *Neusner*); *Heinemann* hingegen nimmt nur WaR 28 als ursprünglich gegenüber PesK 8 an, betrachtet jedoch PesK 9, 23, 26 und 27 als in der Pesiqta ursprünglich. Aber auch die Entlehnung von WaR 28 beweist ihm nicht die Kenntnis von WaR durch den Redaktor von PesK; vielmehr ist sie auf der Stufe der Textüberlieferung erfolgt. Noch weiter geht *Visotzky*, der alle fünf Kapitel als in PesK ursprünglich ansieht. PesK 7 dürfte (so *Goldberg*) aus PesR bzw. aus Material, das PesR vorlag, übernommen worden sein, PesK 12,12–25 aus Tanchuma Jitro stammen. In beiden Fällen ist der *Aufbau der Pisqa* (zusätzlich zu MS-Überlieferung und Stil) ein gewichtiges Argument, wie *Goldberg* (KS) gezeigt hat: Denn in den echten Pisqaot sind jeweils die Petichot (zwischen 1 und 10 je Pisqa) der größte Teil (zu den Petichot *Braude – Kapstein* XXX–XXXVI); ihnen folgen gelegentlich thematische Abhandlungen, die fast als Abwandlungen der Form der Peticha zu betrachten sind, bevor die Pisqa mit wenigen Versauslegungen schließt.

d) Redaktion und Datierung

Die handschriftliche Überlieferung von PesK zeigt mit ihrer Uneinheitlichkeit in Aufbau, Reihenfolge und Umfang, dass der Text von PesK ebenso wie jener der PesR noch lange nicht endgültig festgelegt war (*H. Hahn*, Wallfahrt und Auferstehung zur messianischen Zeit, F 1979, 2: «Beide Pesiqtot sind als literarische Gesamtwerke nicht vor ihrer ersten Drucklegung fixiert»). Erwägungen zur Datierung betreffen daher nur den Grundstock des Werkes bzw. sein Material, müssen aber mit einer späteren Beweglichkeit der Schrift rechnen, die ja als Predigtsammlung ein Werk des praktischen Gebrauchs in der Synagoge war.

Zunz, GV 206f., nahm an, dass PesK pT, BerR, WaR und EkhR verwendet habe und etwa um 700 verfasst worden sei. Zu dieser späten Datierung veranlassen ihn auch die Einleitung der Haggada durch Halakha und das Fest Simchat Tora. Die Homilie zu diesem Fest ist jedoch, wie schon gesagt, vielleicht eine spätere Zufügung; auch die mit WaR gemeinsamen Kapitel wurden schon besprochen. Wenn *Zunz* (GV 207) meint, dass Eleazar ha-Kallir (der heute allgemein in die byzantinische Zeit datiert wird) schon PesK gekannt habe, spricht dies gegen die Spätdatierung. Von Inhalt, Aufbau, literarischen Beziehungen und Sprache her (zu dieser *Svedlund* 9f.) ist das Werk in das 5.Jh. zu datieren, etwa gleichzeitig mit WaR, auch wenn die Annahme von *Margulies* (Mavo zu WaR, XIII) nicht zu beweisen ist, dass WaR und PesK vom selben Redaktor stammen.

L. M. Barth (JJS 33) hat versucht, zumindest für PesK 13–22 das Entstehungsdatum enger einzugrenzen. Diese Kapitel beruhen auf den Prophetenlesungen zu den drei Sabbaten vor und den sieben Sabbaten nach dem 9.Ab. Diese Haftarot sind hier erstmals belegt, in pT noch unbekannt, andererseits aber bei Jannai schon vorausgesetzt. Nach *Barth* sind diese Kapitel zwischen 451 und 527 entstanden, also zwischen dem Konzil von Chalcedon (Erhebung Jerusalems zum Patriarchat) und dem Regierungsantritt Justinians, in einer für das Judentum relativ ruhigen Zeit, die sich im wohlüberlegten Aufbau dieser Kapitel spiegle – «an elaborate homiletic acceptance of the status quo» (S. 513); innerhalb dieser Zeitspanne sei die zweite Hälfte des 5. Jhs. am wahrscheinlichsten. Die gebrachten Argumente reichen jedoch für eine solche Eingrenzung nicht aus.

Wechselbeziehungen mit dem Christentum und mögliche Reaktionen auf christliche Vorstellungen in PesK, die natürlich auch für die Datierung relevant sind, spielen in der Forschung schon lange eine Rolle und wurden in den letzten Jahrzehnten intensiv untersucht. Gegenüber früheren Texten bemüht sich das Werk stärker um eine Popularisierung der rabbinischen Gedankenwelt. Das zeigt sich im Gewicht von Emotionen und einem Gottesbild, das die Nähe Gottes zum Einzelnen und zum Volk Israel, seine Nachsicht und sein Verzeihen hervorhebt (*Anisfeld*). Die traditionelle Verankerung des Werks in der Synagoge wird durch die Betonung seiner erziehenden Funktion relativiert (*Hirshman* sieht es geradezu als Parallele zur griechischen bzw. christlichen Paideia), die Grenzen zwischen Predigt und Unterricht im Lehrhaus verschwimmen.

Datum und palästinische Herkunft (diese ist aus den genannten Rabbinen und aus der Sprache zu erschließen) scheinen gegen eine Verbindung des Werkes mit einem der sechs uns bekannten Rabbinen namens Rav Kahana zu sprechen (alle sechs waren Babylonier, auch wenn drei davon sich zeitweise in Palästina aufhielten). *Buber* hatte PesK für den ältesten homiletischen Midrasch gehalten, den Rav Kahana, der Schüler Ravs, in Palästina verfasst habe. *Svedlund* 4 rechnet ebenfalls mit der Möglichkeit, dass dieser Rav Kahana die Pesiqta redigierte. *Braude – Kapstein* X erklären den Namen der PesK damit, dass «it was presumably he who gathered, compiled, and edited the Piskas that comprise the work»; doch datieren sie PesK ins 5. Jh. (XXVIII f.), scheinen also an einen späteren Kahana zu denken. Keine dieser Lösungen befriedigt; die Benennung von PesK nach Rav Kahana bleibt ungeklärt.

Im Arukh und bei Raschi wird PesK noch oft zitiert; später jedoch wird sie durch PesR verdrängt und ist schon ab dem 15. Jh. nur noch durch den Yalqut bekannt.

3) Pesiqta Rabbati (PesR)

Lit.: V. *Aptowitzer*, Untersuchungen zur gaonäischen Literatur, HUCA 8–9 (1931 f.) 383–410; B. J. *Bamberger*, A Messianic Document of the Seventh Century, HUCA 15 (1940) 425–431; P. *Bogaert*, Apocalypse de Baruch. Introduction, Traduction du Syriaque et Commentaire, 2 Bde., P 1969, I 222–241; B. *Elizur*, Pesiqta Rabbati. Introductory Chapters (h), Diss. J 1999; A. *Goldberg*, Erlösung durch Leiden. Drei rabbinische Homilien über die Trauernden Zions und den leidenden Messias Efraim (PesR 34.36.37), F 1978; *ders.*, Ich komme und wohne in deiner Mitte. Eine rabbinische Homilie zu Sacharja 2,14 (PesR 35), F 1977; *ders.*, Pesiqta Rabbati 26, ein singulärer Text in der frühen rabbinischen Literatur, FJB 17 (1989)

1–44; *K. E. Grözinger*, Ich bin der Herr, dein Gott! Eine rabbinische Homilie zum Ersten Gebot (PesR 20), Bern – F 1976; *H. Hahn*, Wallfahrt und Auferstehung zur messianischen Zeit. Eine rabbinische Homilie zum Neumond-Shabbat (PesR 1), F 1979; *J. Heinemann*, A Homily on Jeremiah and the Fall of Jerusalem (Pesiqta Rabbati, Pisqa 26), in: *R. Polzin – E. Rothman*, Hg., The Biblical Mosaic. Changing Perspectives, Chico 1982, 27–41; *A. Jaschke*, Die Asche der Roten Kuh – Eine rabbinische Homilie zu Parashat Para (PesR 14), FJB 31 (2004), 21–61; *B. Kern*, Tröstet, tröstet mein Volk! Zwei rabbinische Homilien zu Jesaja 40,1 (PesR 30 und PesR 29/30), F 1986; *dies.*, Pesikta Rabbati: Redaction and Canonization (h), 11th WCJS (J 1994) C I 111–118; *dies. (Kern-Ulmer)*, Some Redactional Problems in Pesiqta Rabbati, ARJ 1 (1998) 71–81; *D. Lenhard*, Vom Ende der Erde rufe ich zu Dir. Eine rabbinische Psalmenhomilie (PesR 9), F 1990; *I. Lévi*, Bari dans la Pesiqta Rabbati, REJ 32 (1896) 278–282; *A. Marmorstein*, Eine messianische Bewegung im 3. Jahrhundert, Jeschurun 13 (1926) 16–28. 171–186. 369–383; *B. J. Meijer*, Midrasch Pesiqta Rabbati 42 – Und der Herr besuchte Sara, Diss. F 1986; *J. Neusner*, From Tradition to Imitation. The Plan and Program of Pesiqta Rabbati and Pesiqta deRab Kahana, A 1987; *ders.*, Introduction 434–463; *L. Prijs*, Die Jeremia-Homilie Pesikta Rabbati Kapitel 26. Kritische Edition nebst Übersetzung und Kommentar, Stuttgart 1966; *D. Sperber*, EJ² XVI 12 f.; *Zunz*, GV 250–262 (dazu ergänzend *Albeck*, Derashot 119–121 und 388 f.).

Text: *M. Friedmann*, Pesiqta Rabbati. Midrasch für den Fest-Cyclus und die ausgezeichneten Sabbathe, W 1880, Ndr. TA 1963; *R. Ulmer*, Pesiqta Rabbati. A Synoptic Edition of Pesiqta Rabbati Based upon All Extant Manuscripts and the Editio Princeps. 3 Bde.: 1–2 A 1997–1999, (dazu *C. Milikowsky*, JQR 90, 1999 f., 137–149); 3 (Indices, ergänzende Texte) Lanham 2002 (Ndr. Bd. 1 Lanham 2009); *dies.*, Creating Rabbinic Texts: Moving from a Synoptic to a Critical Edition of Pesiqta Rabbati, in: *Teugels – Ulmer*, Hg., Recent Developments 117–135; *W. G. Braude*, The Piska concerning the sheep which rebelled, PAAJR 30 (1962) 1–35 (Pisqa 2b ediert auf Basis von MS Parma 1240); *N. J. Cohen*, The Manuscripts and Editions of the Midrash Pesikta Rabbati. A Prolegomenon to a Scientific Edition, Diss. HUC NY 1977 (dazu kritisch *H. Hahn*, Wallfahrt 24 f.); *ders.*, The London Manuscript of Midrash Pesiqta Rabbati: A Key Text-Witness Comes to Light, JQR 73 (1982 f.) 209–237; *K. E. Grözinger – H. Hahn*, Die Textzeugen der Pesiqta Rabbati, FJB 1 (1973) 68–104; *H. Hahn*, Wiener Pesiqta-Rabbati-Fragmente (einschl. neuer Funde), FJB 7 (1979) 105–114; *B. Kern*, Die Pesiqta Rabbati 29/30 Naḥamu und die Pesiqta de Rav Kahana Naḥamu – Eine Gegenüberstellung zweier Textzeugen aus Parma, FJB 11 (1983) 91–112 (PesR benützt PesK oder einen gemeinsamen Predigtfundus); *R. B. Kern Ulmer*, Further Manuscript Evidence of Pesiqta Rabbati: A Description of MS JTS 8195 (and MS Moscow 214), JJS 52 (2001) 269–307; *M. Sanders*, The first print of Pesiqta Rabbati (h), Aresheth 3 (1960 f.) 99–101; *A. Scheiber*, An Old MS of the Pesiqta on the Ten Commandments (h), Tarbiz 25 (1955 f.) 464–467 (Geniza-Fragment aus der Sammlung Kaufmann, Budapest: frühe Form von PesR oder eine Fassung des Midrasch zu den 10 Geboten).

Übersetzungen: *A. Wünsche*, Bibl. Rabb. III, Le 1882, Ndr. H 1967 (nur Auszüge); *W. G. Braude*, Pesikta Rabbati. Discourses for feasts, fasts and special Sabbaths, 2 Bde., New Haven 1968; *M. Gallo*, Sete del Dio vivente. Omelie rabbiniche su Isaia, R 1981 (8 Kapitel aus PesR zu Jes 40–66); Übers. von PesR 1–5.15.27 in

J. Neusner, From Tradition. – Alle genannten Frankfurter Monographien enthalten auch Übersetzung und kritische Textausgabe.

a) Der Name

Zu Pesiqta siehe S. 324. Die Bezeichnung *rabbati* erfolgt zur Unterscheidung von anderen Predigtsammlungen wie PesK. Der Name ist zuerst in Raschi zu Jes 51,14 belegt; dieser verwendet, ebenso wie Machzor Vitry, auch den Namen *Pesiqta gedola* (zu Ex 6,14). Zedekia ben Benjamin verwendet im 13. Jh. *Pesiqta rabbeta*, ebenso auch die Ausgabe Prag. Gelegentlich wird PesR auch einfach Pesiqta genannt.

b) Inhalt und Text

PesR ist eine Sammlung von Predigten zu den Festen und besonderen Sabbaten. Ihr Umfang ist erst durch die Drucke endgültig festgelegt worden. Der Erstdruck Prag 1653 (so *Sanders*) oder 1656 umfasst 47 Pisqaot, ebenso die nachfolgenden Drucke, die alle vom Erstdruck abhängig sind. *M. Friedmann* gibt die Ausgabe Sklow 1806 wieder, korrigiert durch die Erstausgabe und eigene Konjekturen. Den 47 Homilien fügt er als erste Ergänzung vier Predigten an (aus MS Parma? *Grözinger – Hahn* 104 rechnen mit einer eigenen Quelle), als zweite Ergänzung bringt er ein Stück von Bereshit Rabbati. Die Übersetzung *Braude* zählt diese Zusätze als Kapitel 48, 49, 50, 52 und 53. 51 bei *Braude* ist eine Homilie zu Sukkot aus MS Parma, die in die Drucke nicht aufgenommen wurde, jedoch für die Vollständigkeit des Jahreszyklus notwendig ist.

Die Zahl der Kapitel entspricht nicht der Predigten, die höher ist. Schon *Friedmann* hat daher die Kapitel 23, 27 und 29 geteilt (23; 23/24; 27; 27/28; 29; 29/30; 29/30–30: zur textlichen Problematik der beiden letzten Kapitel siehe jedoch *B. Kern*, Tröstet 24–27: *Friedmanns* 29/30 fehlt in MS Parma und ist von ihm, ergänzt durch Stücke aus EkhR, aus früheren Drucken übernommen; dafür enthält das MS den in *Friedmann* 29/30–30 fehlenden Anfang der Homilie, die *Kern* als 29/30 zählt).

Im jetzigen Aufbau folgt PesR diesem Jahreskreis (Zählung *Braude*): Neumondsabbat (1), Chanukka (2–9), ausgezeichnete Sabbate (10–16), Pesach (17–19 und 48–49), Wochenfest (20–25), drei Trauer- und Mahnsabbate vor dem 9. Ab (26–29/30), sieben Trostsabbate nach dem 9. Ab (29/30–30 bis 37), Neujahr bis Jom-ha-Kippurim (38–47. 50), Laubhütten und Shemini Azeret (51–52), Shabbat Bereshit (53).

PesR hat somit erst in *Friedmann* und *Braude* ihren größten Textumfang erhalten. Die MSS hingegen kennen diese Form der PesR nicht. Die wichtigsten Textzeugen sind *MS Parma* 3122 (De Rossi 1240; in *Friedmann* noch nicht verwertet), *MS Casanata* 3324 in Rom und *MS London* (jetzt Philadelphia, Univ. of Pennsylvania, Dropsie MS 26). Das durch das

Kolophon auf 1270 datierte MS Parma (in De Rossis Katalog noch fälschlich als Leqaḥ Tov identifiziert) ist eine Sammelhandschrift mit sehr vielen Flüchtigkeitsfehlern, die PesR in vier Blöcke aufteilt, diese offenbar nicht als Einheit betrachtend (dagegen *Hahn*, Wallfahrt 15: Das MS bietet eine möglichst umfassende Sammlung von Homilien zu den Sabbaten und Festen inklusive der Midraschim zu den Festrollen). Das MS umfasst (Tabelle in *Grözinger – Hahn* 88 f.): Tanchuma Buber / PesR 1–18 / ShirR / PesR 48. 49. 25. 19–24 / Leerseiten / 29/30–43. 50. 44–47. 51–53 / andere Midraschim / 26–28 / EkhR.

MS Casanata kann nach *Grözinger – Hahn* 87 noch am ehesten als ein Pesiqta-MS bezeichnet werden, da es offenbar einen Festzyklus von Chanukka bis Sukkot bieten will. Das sorgfältig geschriebene MS ist spätestens Anfang des 17. Jhs. entstanden; eine Schreibernotiz nennt zwar Narbonne 1387, doch ist diese vielleicht aus einer Vorlage übernommen; «the bulk of the extant manuscript was copied in the sixteenth century» (*Ulmer* I, p. XXX Anm. 152; *Elizur* 27 hält an 1387 fest). Es ist nur unvollständig erhalten, doch ist der fehlende Teil aus dem Inhaltsverzeichnis bzw. der verwandten Londoner Handschrift zu erschließen. Die Handschrift ersetzt über die in MS Parma und den Ausgaben mit PesK gemeinsamen Pisqaot von PesR hinaus eine Reihe weiterer Homilien durch solche aus PesK, mischt die Pesiqtot also noch stärker als die sonstige Überlieferung. Im Aufbau zeigt sich jedoch auch eine gewisse Gemeinsamkeit mit MS Parma: In beiden steht 25 vor 19, 50 zwischen 43 und 44 und fehlt 46.

MS London, schon von *Friedmann* in Bet Talmud 5 (1892) 1–6 beschrieben, doch lange Zeit verschollen und in der Bibliothek des Dropsie College wiederentdeckt (jetzt in der Bibliothek des Center of Judaic Studies, Univ. of Pennsylvania), ist 1531 in Italien entstanden. Dieses MS hat mit *MS Casanata* viele Gemeinsamkeiten (*Elizur* 27 f.: Casanata war die Vorlage von Dropsie) und bietet auch den Text der dort fehlenden, jedoch im Inhaltsverzeichnis angegebenen Pisqaot; i. A. ist es *MS Parma* vorzuziehen.

Von Bedeutung sind die Fragmente eines Wiener Pesiqta-MS, das wahrscheinlich im 13. Jh. entstand und textkritisch wichtig ist; bisher sind 18 Seiten davon gefunden worden (Paraschen 1, 5, 7, 8, 21, 22, 27, 27/28, 28, 31 und 32 ganz oder teilweise). Weitere Textzeugen sind MS 8195 des JThS, um 1800 in Ungarn von Eljakim Mehlsack kopiert und kommentiert (Text der editio princeps nahe), und das Exemplar der editio princeps im JThS, das nicht nur zahlreiche Randglossen, sondern auch zusätzliche handschriftliche Paraschen aufweist, davon 2 aus dem Yalqut, weitere 9 aus einer mit MS Parma verwandten Quelle (dazu *Grözinger – Hahn* 98–104). Zu berücksichtigen sind auch die PesR-Zitate im Yalqut, die textkritisch allerdings mit Vorsicht zu verwenden sind. Zitiert wird PesR zuerst im Umfeld Raschis und bei Eleazar von Worms; im sephardischen Raum wird das Werk erst später verbreitet (*Elizur* 81–84). Zusätzliches Material findet sich in *L. Ginzberg*, Ginze Schechter I 171–181, und *S. A. Wertheimer*, Batei Midraschot I 260–264.

c) Redaktion und Kompilation

Schon die Textüberlieferung zeigt, dass ein Gesamturteil über PesR nicht möglich ist. Das Werk ist zusammengesetzt. Der Erstdruck, MS Casanata bzw. MS London und MS Parma sind drei Redaktionen dieser Pesiqta, «die aus einem gemeinsamen Homilienschatz schöpften, dem sie mehr oder weniger große Blöcke entnahmen und nach ihren Vorstellungen oder Bedürfnissen gruppiert und zu eigenen Werken verbunden haben» (*Grözinger*, Ich bin der Herr 7; vgl. *Goldberg*, Ich komme 7). Mit *Grözinger* (Ich bin der Herr 8 f.) sind mindestens fünf oder sechs Quellen zu unterscheiden:

1. eine *Yelamdenu-Quelle* (MS Parma überschreibt PesR 1–18: «Im Namen des Herrn unseres Gottes lasst uns beginnen. Yelamdenu.» Dies ist womöglich als Titel gemeint: *Grözinger – Hahn* 90). Diese Predigten beginnen jeweils mit einem Yelamdenu-Abschnitt, dem eine Peticha im Namen des R. Tanchuma bar Abba folgt. Dazu gehören: PesR 1–14. 19. 25. 29. 31. 38–45. 47–49. Cf. *B. R. Kern Ulmer*, The Halakhic Part of the Yelammedenu in Pesiqta Rabbati, in: *J. Neusner*, Hg., Approaches NS XIV (1998) 59–80; *Elizur* 117–260 bietet eine detaillierte Analyse v. a. der halakhischen Quellen der Yelamdenu-Kapitel.

2. *Homilien, die aus PesK stammen* bzw. aus dieser bekannt sind: PesR 15–18 (= PesK 5–8) und 32 (= PesK 18); teilweise 14 (= PesK 4); PesR 51. 52 (= PesK 27. 28). Die Handschriften haben zusätzliches PesK-Material aufgenommen.

3. *Formal mit 2. verwandt* sind PesR 27, 27/28, 29/30, 29/30–30.

4. *Ruaḥ-ha-qodesh-Homilien* beginnen mit: «Das ist es, was N. N. im Heiligen Geiste sprach.» Sie haben stets nur eine Peticha, die einen eigenen Aufbau aufweist: PesR 20 (gehörte ursprünglich vielleicht nicht zu PesR und scheint auch in der dem Yalqut vorliegenden PesR noch nicht enthalten gewesen zu sein: *Grözinger*, Ich bin der Herr 19 f.), 28, 30, 34–37. Eine Mischform in 50.

5. *Midrasch von den 10 Geboten* (bei Ha-Meiri als Midrash Mattan Tora zitiert): PesR 21–24. Unterscheidet sich in Sprache und Aufbau vom Rest (Teile in Aramäisch, zahlreiche Maʿasim). Allein dieser Teil von PesR ist bisher in der Geniza belegt.

6. *PesR 26: Prijs* 21 f. sieht keinen Grund, diese Homilie einem anderen Verfasser zuzuschreiben: Zwar beginne 26 nicht mit einem Bibelvers, aber doch mit einem aus Bibelversen zusammengesetzten Satz; der flüssige Erzählstil, der PesR 26 auszeichne, sei durch die Sache bedingt. Dagegen zeigt *A. Goldberg*, dass das Kapitel formal durchaus keine Homilie, aber

Pesiqta Rabbati

auch kein Auslegungsmidrasch und in der Midraschliteratur ein singulärer Text ist, den kaum der Kompilator von PesR selbst hergestellt hat. PesR 46 fehlt in allen drei MSS. Schon *Friedmann* 186b Anm. 1 hat diese Homilie als später erklärt. PesR 53 stammt, wie schon gesagt, aus Bereshit Rabbati. *Zunz*, GV 255, datiert PesR in die 2. Hälfte des 9. Jhs.; dabei stützt er sich neben den seiner Meinung nach in PesR zitierten Schriften v. a. auf PesR 1 (F.1b; U. 2): Seit der Zerstörung des Tempels sind 777 Jahre vergangen (Glosse: «nun sind es schon 1151»; der ganze Abschnitt ist nur in der editio princeps belegt), d. h., der Verfasser schrieb nach 845 (da in der jüdischen Chronologie 68 als Jahr der Tempelzerstörung gilt). Diese Datierung wurde weithin übernommen: so von *J. Mann*, The Jews in Egypt and in Palestine under the Fatimid Caliphs, I, Lo 1920, NY 1970, 48 Anm. 2; *L. Prijs* 77, auch wenn dieser das Material für älter hält (11 Anm. 3); *D. Sperber*, EJ² XVI 13 (doch nur für den Yelamdenu-Teil, während er sonst eine Datierung ins 6. oder 7. Jh. angibt); *Elizur* 266 f.: rundes Datum für die Redaktion des Yelamdenu-Teils, aber auch die Kernsammlung von PesR sei kurz darauf erfolgt.

Friedmann zur Stelle stützt sich ebenfalls auf diese Zahl, bezieht sie jedoch auf die Zerstörung des 1. Tempels, d. h. nach der Chronologie von SOR das Jahr 355 (die Perserzeit wird nur als 52 Jahre gezählt); die Glosse wäre entsprechend auf 719 zu datieren. *Friedmann* ist sich bewusst, dass dies nicht für das Gesamtwerk gilt (S. 24: Stücke stammen zweifellos aus gaonäischer Zeit), möchte dieses jedoch aus verschiedenen Gründen nicht viel später ansetzen.

Einen Bezug dieser Stelle auf das Jahr 355 vertritt auch *H. Hahn*, der deshalb auch die Zuschreibung der Peticha an R. Tanchuma für verlässlich hält (Wallfahrt 110–113), jedoch selbstverständlich daraus keine Schlüsse für das Gesamtwerk zieht. Immerhin scheint ihm die Redaktionsgeschichte von PesR 1 ein Datum dieses Kapitels im 5. Jh. nahezulegen (388 ff.), und zwar in Palästina (397 ff.). Für den Yelamdenu-Teil der PesR sieht *Hahn* 380 keinen Grund gegen das allgemeine Ergebnis von *F. Böhl*, «daß der Jelamdenu materiell spätestens um 400 vorlag» (Aufbau und literarische Formen des aggadischen Teils im Jelamdenu-Midrasch, Wiesbaden 1977, 90). Ein solches versuchsweises Ergebnis gilt natürlich nur für das Material dieses umfangreichen Teils von PesR, nicht jedoch für die Sammlung dieser Homilien, die jedoch unter Umständen nicht allzu viel später anzusetzen ist.

Ein anderer Block von PesR, der zum Großteil schon im Detail untersucht worden ist, sind die *Ruaḥ-ha-qodesh-Homilien*. Schon *Friedmann* 24 hatte PesR 34–37 einem anderen Verfasser als dem des Hauptteils des Werkes zugeschrieben und als die frühesten Kapitel des Buches bezeichnet. *B. J. Bamberger* datiert diese Homilien über die Trauernden Zions und den leidenden Messias in die Jahre 632–637, gestützt auf 36,2 (F. 162a;

U. 835): «Im Jahr, in dem sich der Messias offenbart ... wird der König Persiens gegen einen König Arabiens Krieg führen, und dieser König Arabiens wird nach Edom gehen, um sich mit den Edomitern zu beraten. Darauf wird der König Persiens die ganze Welt verwüsten.» Ebenso gut könnte dieser Text sich jedoch auf Odenat beziehen, wofür sowohl der Name des R. Isaak als auch die Erwartungen der Zeit sprechen, dass dem Kommen des Messias ein Krieg zwischen Persien und Rom vorausgeht.

Ein anderer Anhaltspunkt sind die *Trauernden Zions»: J. Mann*, The Jews in Egypt I 47–49, sieht sie als Büßerbewegung in islamischer Zeit und betrachtet PesR 1 und 34–37 als spätesten Teil des Werkes, von einem italienischen Haggadisten verfasst, der in der 1. Hälfte des 9. Jhs. sich den Trauernden um Zion in Jerusalem anschloss. Andere kommen zu einer ähnlichen Datierung, indem sie die Trauernden um Zion mit der gelegentlich erwähnten karäischen Gruppe dieses Namens gleichsetzen: so z. B. *H. Graetz*, Geschichte V, Le ⁴1909, 269. 507 f., und *M. Zucker*, Teguvot li-tenuᶜat ʾAvele Ẓion ha-Qarayim ba-sifrut ha-rabbanit, FS Ch. Albeck, J 1963, 378–401. Zur Kritik *A. Goldberg*, Erlösung durch Leiden 131–134. *Goldberg* zeigt, dass PesR 35 mit 34. 36–37 ursprünglich nicht zusammengehörte, betont aber auch die Problematik jeglicher Datierung dieser Texte. Nichts spricht gegen eine Datierung von PesR 35 ins 3. oder zu Beginn des 4. Jhs. (Ich komme 20); ebenso ist auch für PesR 34 eine Entstehung irgendwann nach Mitte des 3. Jhs. anzunehmen (Erlösung 142). Doch kann die Redaktion in beiden Fällen auch viel später erfolgt sein. Besonders kompliziert wird die Frage, da selten klar verwertbare Parallelen mit bekannten und datierten Schriften vorliegen. So ist auch die Frage der Benutzung der Sheʾiltot des R. Acha (7./8. Jh.) in PesR oder umgekehrt nicht geklärt: *Zunz* und *Aptowitzer* nahmen eine solche Benutzung in PesR für gesichert an, *Friedmann*, *S. Buber* und *Braude* kommen zum gegenteiligen Ergebnis. Auch würde die Entscheidung natürlich immer nur für die betreffenden Stellen gelten. Ebenso ungeklärt ist das Verhältnis der PesR zu ha-Kallir (nach *Zunz*, GV 256, hat dieser PesR gekannt; dagegen *Aptowitzer* 403 ff.).

Was den Entstehungsort von PesR betrifft, hatte *Zunz* einst Griechenland vorgeschlagen (GV 256), *I. Lévi* wegen einer vermeintlichen Nennung von Bari (PesR 28, F. 135b; U. 686) Süditalien angenommen. Diese Lokalisierungen hängen natürlich mit der Spätdatierung von PesR zusammen. Zahlreiche Argumente sprechen für eine Entstehung in Palästina, so v. a. die Namen der zitierten Rabbinen (paläst. Amoräer des 3. und 4. Jhs.), die vorausgesetzten Leseordnungen und vielleicht auch das Fehlen einer Pisqa für Simchat Tora und die Sprache (dazu *Elizur* 75–78). Allerdings ist keines dieser Argumente absolut beweiskräftig und muss auch hier noch vor einer vorschnellen Verallgemeinerung gewarnt werden.

Die Entstehungsgeschichte von PesR ist somit noch weithin ungesichert. Der Gedanke an einen einzelnen Endredaktor ist jedenfalls nicht haltbar. Vielmehr ist ein langwieriger Entwicklungsprozess anzunehmen. In diesem wurden einzelne Homilien, die ihrerseits wieder schon vorredigiertes Material verwenden (etwa Apokalypsen in PesR 36–37 oder Hekhalot-Material in PesR 20), in Gruppen zusammengefasst, die Form und Geist gemeinsam haben. Oft wurden diese erst später der Festliturgie dienstbar gemacht und sodann mit anderen Texten verbunden (so wurde wohl 34–37 mit anderen Homilien zu den Trostpredigten 29–37 zusammengefasst). So entstanden relativ feste Einheiten, die im Lauf der Zeit zu einem Predigtzyklus für das ganze Jahr zusammenwuchsen. Doch blieben Teile noch immer austauschbar, wie dies ja der Predigtsammlung als einem Gebrauchsbuch von ihrem Wesen her entspricht. Die globale Spätdatierung von *Zunz* u. a. ist jedenfalls nicht haltbar. Die jetzt öfter vertretene Datierung ins 6. oder 7. Jh. (*Braude*; *Sperber* in EJ² XVI, 13) kann allerdings auch nur für Homiliengruppen als angemessener zeitlicher Rahmen gelten, der jedoch im Einzelnen erst abzusichern ist.

4) Tanchuma – Yelamdenu

Lit.: *Ch. Albeck*, Derashot 112–116. 373–375; *V. Aptowitzer*, Scheeltoth und Jelamdenu, MGWJ 76 (1932) 558–575; *F. Böhl*, Aufbau und literarische Formen des aggadischen Teils im Jelamdenu-Midrasch, Wiesbaden 1977; *M. Bregman*, The Tanhuma-Yelammedenu Literature: Studies in the Evolution of the Versions (h), Piscataway, NJ, 2003; *ders.*, Early Sources and Traditions in the Tanchuma-Yelammedenu Midrashim (h), Tarbiz 60 (1990f.) 269–274; *ders.*, EJ² XIX 503 f.; *A. Geula*, On the Study of Midrash Yelammedenu: A Re-Examination of Attribution in Yalkut Shimʿoni and its Source (h), Tarbiz 74 (2004 f.) 221–260 (Verbindung des Yelamdenu mit Byzanz); *L. Ginzberg*, Maʾamar ʿal ha-Yelamdenu, in: Ginze Schechter I 449–513; *M. Bregman*, EJ² XIX 503–4; *A. Marmorstein*, Zur Erforschung des Jelamdenu-Problems, MGWJ 74 (1930) 266–284; *C. Milikowsky*, The Punishment of Jacob – A Study in the Redactorial Process of Midrash Tanhuma (h), Bar-Ilan 18–19 (1981) 144–149; *M. Schlüter*, Ein Auslegungsmidrash im Midrash Tanhuma, FJB 14 (1986) 71–98; *Zunz*, GV 237–250.

Text: Midrash Tanḥuma, J 1960; *S. Buber*, Midrash Tanḥuma, 2 Bde., Wilna 1885, Ndr. J 1964; *J. Adler*, Midrash Tanḥuma ketav yad Vatikan 44, Kobez al Yad 8 (18), J 1975, 15–75 (MS aus dem 14. Jh., Mischform zwischen gewöhnl. Text und TanB); *M. Bregman*, Toward a Textcritical Approach of the Tanhuma-Yelamdenu Midrashim (h), Tarbiz 54 (1984 f.) 289–292; *ders.*, Textual Witness of the Tanḥuma-Yelamdenu Midrashim (h), 9th WCJS (J 1986) C 49–56; *L. Ginzberg*, Ginze Schechter I 18–66. 96–102. 107–135 (13 Geniza-Fragmente); *Abr. Goldberg*, Seder ha-Petiḥtot be-Midreshe Tanḥuma, S. Lieberman Memorial Volume, ed. *S. Friedman*, NY-J 1993, 85–104; *J. Mann*, The Bible as Read and Preached in the Old Synagogue, I NY 1971 (= Ndr. von 1940, mit Prolegomenon von *B. Z. Wacholder*), II Cincinnati 1966 (vollendet von *I. Sonne*); zu den bei Mann veröffentlichten Texten siehe *G. Vachman*, On the Uniqueness of the Redaction in Midrash Ḥadash on the Torah (h), Iggud I, J 2008, 253–263; *A. Lehnardt*, Ein neues Ein-

bandfragment des Midrasch Tanchuma in der Stadtbibliothek Mainz, Judaica 63 (2007) 344–356; *M. Perani – G. Stemberger*, A new early Tanhuma manuscript from the Italian Genizah: the fragments of Ravenna and their textual tradition, Materia Giudaica 10,2 (2005) 241–266; *S. A. Wertheimer*, Batei Midrashot I 139–175; *E. E. Urbach*, Seride Tanḥuma-Yelamdenu, Kobez al Yad 6 (16) Teil 1, J 1966, 1–54; *J. D. Wilhelm*, Qetaʿim mi-midrash Tanḥuma le-Sefer Shemot u-mi-midrash Yelamdenu le-Sefer Devarim, Kobez al Yad 6 (16) Teil 1, J 1966, 55–75; *K. Wilhelm*, Ein Jelamdenu-Fragment, MGWJ 75 (1931) 135–143.
Übersetzungen: H. Bietenhard, Midrasch Tanhuma B. R. Tanhuma über die Tora genannt Midrasch Jelammedenu, 2 Bde., Bern – F 1980–1982 (Fassung Buber: Textbasis ist Cod. Vat. Ebr. 34, der vom Bubertext oft abweicht); *J. T. Townsend*, Midrash Tanḥuma. Translated into English with Introduction, Indices and Brief Notes (S. Buber Recension), 3 Bde., Hoboken, N.J., – NY 1989–2003; *S. A. Berman*, Midrash Tanhuma-Yelammedenu, Gen-Ex (üblicher Druck), Hoboken, N.J. 1996;*V. M. Armenteros*, Midraš Tanḥuma Génesis (Edición de S. Buber), Estella 2009.

a) Der Name

Tanchuma oder Yelamdenu bezeichnet einen in mehreren Sammlungen bekannten Homilien-Midrasch zum ganzen Pentateuch. Letzterer Name ist der halakhischen Einleitung *Yelamdenu Rabbenu*, «es belehre uns unser Meister», entnommen. Der Name Tanchuma wird entweder damit erklärt, dass mehrere Vorträge beginnen: «So hat R. Tanchuma bar Abba eröffnet», oder durch die Annahme, dieser Amoräer in der 2. Hälfte des 4. Jhs. habe selbst die Grundlage zu diesen Homilien geschaffen (so *Bacher*, pAm III, 502 f.). Tatsächlich sind im Namen keines anderen Rabbi so viele Proömien überliefert wie in dem Tanchumas. Der Name Tanchuma ist z. B. bei Raschi und im Yalqut belegt, der Name Yelamdenu besonders im Arukh und im Yalqut.

b) Der Text

Tan liegt in zwei Ausgaben vor, die zwei verschiedene Textrezensionen darstellen: 1. *Die gewöhnliche Ausgabe*, Erstdruck K 1520/22 (Faksimile J 1971), dann V 1545, Mantua 1563 (Faksimile J 1971; über Zusätze in diesem Druck, welche auch in die späteren Ausgaben aufgenommen wurden, siehe *Buber*, Einleitung 163–180), Verona 1595 und öfter; mit den Kommentaren Eẓ Josef und Anaf Josef Wilna-Grodno 1831 und öfter. – 2. *Die Ausgabe Buber* nach MS Oxford Neubauer 154 (Alter fraglich) als Basistext und vier weiteren MSS aus Oxford, dem Cod. Vat. Ebr. 34 (den *Theodor* lieber als Basis der Ausgabe gesehen hätte), München Cod. hebr. 224 (einige Kapitel, z. T. auch in BhM VI 91–185) und MS Parma De Rossi 1240. Der von *Buber* veröffentlichte Text (= TanB) weicht zu Gen und Ex stark von der gewöhnlichen Ausgabe ab; zu Lev, Num und Dtn stimmt er

mit dieser im Wesentlichen überein. TanB dürfte eine europäische Rezension sein (cf. *I. Ta-Shma*, KS 60, 1984 f., 302: aschkenasische Bearbeitung; *M. Bregman*, Textual Witness 51, denkt an Endredaktion in Italien; auch die Geniza-Fragmente dazu sind europäischer Herkunft).
Schon *Buber* kannte eine Reihe weiterer MSS. Erst ein Teil davon ist inzwischen veröffentlicht worden, so das MS Cambridge 1212 (Anfang 14. Jh.) durch *Urbach*. Zahlreiche Fragmente aus der Geniza von Kairo haben v. a. *L. Ginzberg* und *J. Mann* veröffentlicht. Zu weiteren Textzeugen siehe *M. Bregman*, Textual Witness (v. a. Geniza-Fragmente).
Wie verhalten sich Tan und Yelamdenu zueinander? Einerseits scheinen die beiden Namen austauschbar zu sein – nicht nur werden im Mittelalter dieselben Zitate manchmal als Tan, manchmal als Yel. gebracht; eine große Zahl von Homilien in Tan verbindet die halakhische Einleitung Yelamdenu Rabbenu mit einer Peticha im Namen Tanchumas. Andererseits scheinen Tan und Yel. für den Kompilator des Yalqut zwei verschiedene Werke gewesen zu sein, die er nebeneinander zitiert und die sich nur zum Teil decken. Außerdem sind viele Yel.-Zitate der mittelalterlichen Literatur in beiden Fassungen des Midrasch nicht auffindbar (Sammlung der Zitate, bes. zu Num, in *L. Grünhut*, Sefer ha-Likkutim 4–6). Ist demnach mit einem verloren gegangenen Yel.-Midrasch zu rechnen?
Lange Zeit wurde die Diskussion durch die Frage nach einem Ur-Tanchuma oder Ur-Yelamdenu bestimmt und deren Stellung zu den beiden Tan-Drucken und den weiteren Yel.-Zitaten diskutiert. *Buber* z. B. betrachtete seinen Text als den Ur-Tanchuma, *Ginzberg* die von ihm veröffentlichten Fragmente als Ur-Yelamdenu. Alle Rekonstruktionen mussten mit verschiedenen Unbekannten rechnen und waren zudem in der Datierungsfrage sehr subjektiv (so wurde von manchen Aramäisch im Text als Zeichen der Jugend, von anderen als solches des Alters gewertet; ähnlich in der Frage der Gottesnamen).
Die seither veröffentlichten bzw. bekannt gewordenen MSS zeigen, dass die Fragen viel komplizierter als angenommen sind. Die Tan-Yel.-Midraschim sind eine in vielen Fassungen überlieferte Gruppe von Homilien-Midraschim zum Pentateuch, der nicht nur die beiden Tan-Ausgaben und verschiedene handschriftliche Rezensionen angehören, sondern die auch ShemR II, BemR II, DevR, Teile der PesR und anderer Midraschim umfasst. Mit *E. E. Urbach* 3 ist somit die Suche nach einem Ur-Tanchuma hoffnungslos, zumindest was seine Erhaltung in einer bestimmten Handschrift betrifft. Diese Midraschgattung war so erfolgreich, dass sie sich schnell regional differenzierte. Als Gebrauchsliteratur waren diese Midraschim noch längste Zeit Veränderungen, Textzuwachs und Textverlust ausgesetzt.
Was die *Form der Tan-Homilien* betrifft, leitet gewöhnlich das stereotype Yelamdenu Rabbenu die halakhische Einheit ein, der sich eine mit dieser eng verbundene haggadische Einheit anschließt. Mehreren Proömien folgen die Auslegung der ersten Verse des Seder-Textes und ein

messianischer Schluss. Eine Analyse der Formen des haggadischen Teils hat *F. Böhl* vorgelegt. Ob hinter einzelnen Texten einmal tatsächlich gehaltene Predigten stehen, lässt sich nicht mehr sagen; ebenso ist die Bestimmung als literarische Predigten problematisch; auch wenn viele Texte später als Anregung zu Predigten verwendet wurden, ist eine Verankerung der Tanchuma-Literatur als solcher in der Synagoge kaum zu belegen (siehe *D. Lenhard*, Die Rabbinische Homilie, F 1998, 6–8).

c) Entstehung – Redaktion

Zunz (GV 247) datiert Tan-Yel. in die 1. Hälfte des 9. Jhs. Dafür beruft er sich v. a. auf Ähnlichkeiten mit den She'iltot und gaonäischen Schriften, Polemik gegen die Karäer und einen Text (Tan Noaḥ 3), wonach die beiden Akademien in Babylonien noch bestehen. Auch heute ist diese Datierung noch weithin üblich.

Gerade bei einer Homiliensammlung ist eine Datierung anhand von Einzelstellen äußerst problematisch. Der Text über die beiden Jeschivot Babyloniens (dazu *Goodblatt*, Instruction 13–15; *V. Aptowitzer*, HUCA 8–9, 1931 f., 415–417) findet sich mit Varianten auch in einem Brief des Pirqoi ben Bavoi (um 800). Diesen Brief als Quelle von Tan anzunehmen ist kaum möglich; auch ist jederzeit mit Interpolationen in Tan zu rechnen. Das gilt übrigens ebenso für die übrigen Berührungen mit gaonäischen Texten, v. a. mit den She'iltot (dazu *Aptowitzer*, MGWJ 76), die eher für die Überlieferungsgeschichte von Tan von Interesse sind. Zudem ist die Nähe von Tan zu den She'iltot v. a. formaler Art.

F. Böhl sieht die Tatsache, dass schon in tBer 4,16–18 (L. 22–24) eine dem Yel. vergleichbare Form belegt ist, als «Beweis gegen die häufig behauptete Abhängigkeit des Yelamdenu von den Scheeltoth des R. Achai, zumal die Abfolge von (a) Bitte um Belehrung durch die Schüler und (b) Antwort des Rab öfters in tannaitischen Texten nachweisbar war» (Aufbau 91). Die Yelamdenu-Formel findet sich auch in bT mehrfach im Zusammenhang halakhischer Belehrung; formal ähnlich ist auch die Predigt des Tanchum von Newai in bShab 30a-b. *Böhl* sieht eine Entwicklungslinie der Yelamdenu-Form von der Schülerunterweisung über die halakhischen Responsen des bT zur halakhisch-haggadischen Unterweisung der literarischen Yelamdenu-Form, die im Midrasch als Einleitung in eine größere Texteinheit verwendet wird. In PesR findet diese Entwicklung ihren Abschluss. Aufgrund der in Yel. genannten Tradenten kommt er zum Schluss, dass dieser «materiell spätestens um 400 vorlag» (Aufbau 90).

Dieses Urteil ist eine berechtigte Reaktion gegen die übliche Spätdatierung, die sich zu sehr auf Einzelbeobachtungen gestützt hat, was gerade bei Predigtwerken problematisch ist. Vorsichtiger formuliert *M. Bregman*, der die Tan-Yel.-Literatur als besondere midraschische Gattung bestimmt, «which began to crystallize toward the end of the Byzantine period in Palestine (5–7th century C. E.), but continued to evolve and spread throughout the Diaspora well into the middle ages, sometimes developing different recensions of a common text» (EJ² XIX 503).

Dass eine Predigtsammlung zu den Pentateuch-Lesungen (wie schon *Theodor* zeigte, richtete sich Tan ursprünglich nach der etwa dreijährigen paläst. Leseordnung) sicher nicht später als eine solche zu dem Festzyklus einem Bedürfnis der Gemeinden entsprach, spricht gewiss auch für eine frühe Datierung solcher Sammlungen, die jedoch nie eine absolut endgültige Form erreicht haben, wie die Vielfalt der MS-Versionen und mittelalterlichen Zitate zeigt.

Als Entstehungsort der Gattung haben wir sicher Palästina anzunehmen (Lesezyklus, Rabbinen, Stoff), auch wenn später andere Länder zur Weiterentwicklung der Textrezensionen beigetragen haben.

5) Deuteronomium Rabba (DevR)

Lit.: M. D. *Herr*, EJ² V 620 f.; Z. *(Keller) Neuberger*, The printed edition of Midrash Devarim Rabba: its character and place in the Tanhuma-Yelamedenu Literature (h), Diss. J 1999; M. B. *Lerner*, New Light on the Spanish Recension of Deuteronomy Rabba [1] The Evolution of Ed. Lieberman (h), Teuda 11 (1996) 107–145; [2] On the Origin of the Pericopes *Va-ʾEtḥanan-ʿEqev* (h), Tarbiz 70 (2000 f.) 417–427; *Zunz*, GV 263–265 (*Albeck*, Derashot 122 f. 391).

Text: Ausgaben von Midrasch Rabba, z. B. A. *Mirkin* XI; S. *Liebermann*, Midrash Debarim Rabbah, J ³1974; L. *Ginzberg*, Ginze Schechter I 107–168; J. *Mann* – I. *Sonne*, The Bible as Read and Preached in the Old Synagogue II, Cincinnati 1966, hebr. Teil 220–239; Z. M. *Rabinovitz*, Ginzé Midrash 72–82. Siehe auch Lit. zu Tanchuma.

Übersetzungen: A. *Wünsche*, Bibl. Rabb. III, Le 1882, Ndr. H 1967; J. *Rabbinowitz* in der Soncino-Ausgabe des Midrasch Rabba, Lo 1939, Ndr. 1961 (jeweils die gewöhnliche Fassung).

a) Name

DevR wird im Mittelalter als (Haggadat) Elle ha-Devarim Rabba, Devarim Rabbati und ähnlich, aber auch als Yelamdenu oder Tanchuma zitiert, da der Midrasch ja tatsächlich zur Tan-Gruppe gehört.

b) Text

Alle MSS weichen von der gedruckten Fassung von DevR (Erstdruck K 1512; dann V 1545) z. T. ab. S. *Buber*, Liqqutim mi-Midrash Elle ha-Devarim Zutta, W 1885, 10–32, hat aus dem Cod. Hebr. 229 der Staatsbibliothek München vom Jahr 1295 die Perikope Devarim (Dtn 1,1–3,22) und die Zusätze in Niẓavim veröffentlicht. Die Paraschen 2 und 9–11 fehlen in diesem MS, die übrigen Kapitel sind gleich dem Druck. Ein MS im Besitz von *A. Epstein* (von ihm beschrieben in Qadmoniot 80–82) gleicht MS München, enthält jedoch vom üblichen Druck abweichende Paraschen 2 und 9 (Wa-ʾetḥannan und Wa-yelekh), Zusätze zu 8 (Niẓavim) und Ergänzungen der beiden letzten Paraschen aus Tanchuma.

Oxford MS 147, von *S. Lieberman* ediert, gehört in dieselbe Art von MSS wie jenes von *Epstein* beschriebene (ähnlich auch Oxford MS 2335). Es enthält Midrasch Rabba zur ganzen Tora. In DevR bietet es über das Material von MS Epstein hinaus zusätzliche Homilien aus Tanchuma zur Parascha 2 (Wa-ʾetḥannan). Die Ausgabe *Lieberman* kennzeichnet durch kleineren Druck die Stücke, die mit Tanchuma identisch sind (Wa-ʾetḥannan p. 34–43; Haʾazinu und We-zot ha-Berakha, p. 125–131) bzw. mit der üblichen Ausgabe übereinstimmen (ʿEqev bis Niẓavim, p. 83–116), zusammen über die Hälfte des Textes.

Das von *Rabinovitz* edierte Fragment, ein Blatt aus der Antonin-Sammlung in St. Petersburg, weicht in der Parasche Reʾe von beiden Tan- und DevR-Fassungen ab und könnte eine Frühform davon darstellen. Das Fragment stammt ca. aus dem 11. Jh.

c) Aufbau

Die gewöhnliche Fassung von DevR ist in den Drucken nach den Sabbatperikopen des einjährigen Zyklus in 11 Abschnitte geteilt (die Ausgaben K 1512 und V 1545 haben nur 10, da Niẓavim und Wa-yelekh miteinander verbunden sind). In Wirklichkeit besteht DevR aus 27 in sich abgeschlossenen Homilien, die sich auf Texte des ca. dreijährigen Zyklus beziehen.

Die Homilien beginnen mit einer halakhischen Einleitung: *Halakha – ʾadam me-Yisrael* ist die Frageformel, auf die die Antwort mit der Einleitung *kakh shanu ḥakhamim* folgt. Es folgen ein oder mehrere Proömien, die hier schon ziemlich selbstständige homiletische Gebilde sind. Die Haggada setzt gewöhnlich mit den Worten ein: *ze she-ʾamar ha-katuv*, «das ist es, was die Bibel sagt». Nach Auslegung des Schriftabschnitts klingt die Predigt gewöhnlich mit einem verheißenden oder tröstenden eschatologischen Schluss aus.

DevR in der Ausgabe *Lieberman* leitet die Predigten nicht immer mit einer halakhischen Frage ein; auch beginnt die Frage dort jeweils ohne einleitende Formel. Die Antwort hingegen beginnt stets mit *kakh shanu rabbotenu*, die Haggada mit *zehu she-ʾamar ha-katuv*.

d) Entstehung und Datierung

Die Textüberlieferung deutet auf eine komplizierte Entstehungsgeschichte. Bei Bekanntwerden von MSS München und Epstein schloss man auf die Existenz eines zweiten vollständigen DevR. Mittelalterliche Zitate, die in beiden Textfassungen fehlen, führten *A. Epstein* zur Annahme einer dritten Rezension. Doch ist der MS Oxford eigene Stoff nicht so umfangreich (verschiedene Rezensionen nur in den beiden ersten und zu Beginn der dritten Parasche), als dass man eine zweite vollständige Fassung von DevR annehmen müsste.

Aus mittelalterlichen Zitaten ist zu erschließen, dass die übliche Fassung in Frankreich und Deutschland verbreitet war, die von *Lieberman* edierte in Spanien, wo sie Nachmanides als Erster zitiert. Wie *M. B. Lerner* aus den verschiedenen Textzeugen der Fassung *Lieberman* nachweist, scheint ein fragmentarisches MS von DevR ab dem 13. Jh. in Spanien stufenweise aus einem anderen Midrasch zu Dtn und Tanchuma aufgefüllt worden sein, ein Prozess, der erst im 16. Jh. seinen Abschluss fand; das Geniza-Fragment T-S c 2.24, das den Schluss von ʿEqev (breiter als in Lieberman) und den Beginn von Wa-ʾethannan enthält, könnte darauf weisen, dass der Redaktor einen umfangreicheren Midrasch Jelammedenu zu Dtn vor sich hatte und diesen kürzte (darauf scheinen auch Zitate im Or Zaruʿa des Isaak von Wien zu weisen).

Beide Textfassungen benutzen pT (oft gekürzt), BerR und WaR, die gewöhnliche Fassung auch EkhR. Ein Einfluss von bT ist hingegen nicht nachzuweisen (einzelne babyl. Wendungen in DevR gehen auf die Textüberlieferung zurück). Da DevR der Sprache (Hebräisch, galiläisches Aramäisch, viele griechische Fremdwörter), den Rabbinen- und Ortsnamen nach in Palästina entstanden ist, muss es vor der Ausbreitung des bT in Palästina entstanden sein. Parallelen mit dem späteren Midrasch Petirat Moshe sind wohl als nachträgliche Ergänzungen zu betrachten. Die Spätdatierung von *Zunz* (GV 264 f.) ist somit völlig unbegründet, wie *Lieberman* XXII betont. Das Werk ist sicher früh entstanden; eine genauere Datierung der Grundfassung zwischen etwa 450 und 800 ist durch die bewegte Textgeschichte (v. a. ständige gegenseitige Beeinflussung der verschiedenen Tan-Rezensionen) sehr erschwert.

6) Exodus Rabba (ShemR)

Lit.: M. D. Herr, EJ² VI 624; S. *Liebermann*, Midrash Debarim Rabbah, J ³1974, XXII; A. *Shinan*, The Opening Section of Midrash Exodus Rabbah, GS J. Heinemann, J 1981, hebr. Teil 175–183; C. *Thoma* – H. *Ernst*, Die Gleichnisse der Rabbinen III: Von Isaak bis zum Schilfmeer: BerR 63–100; ShemR 1–22, Die Gleichnisse der Rabbinen IV: Vom Lied des Mose bis zum Bundesbuch: ShemR 23–30, Bern 1996–2000; *Zunz*, GV 268–270 (und *Albeck*, Derashot 125. 396 f.).

Text in den üblichen Ausgaben des Midrasch Rabba, z. B. *A. Mirkin*, Midrash Rabba Bd. V–VI; krit. Ausgabe des ersten Teils: *A. Shinan*, Midrash Shemot Rabbah, Chapters I–XIV. A Critical Edition Based on a Jerusalem Manuscript, with Variants, Commentary and Introduction (h), TA 1984.
Übersetzungen: A. Wünsche, Bibl. Rabb. III, Le 1882, Ndr. H 1967; *S. M. Lehrmann* in der Soncino-Ausgabe des Midrasch Rabba, Lo 1939, Ndr. 1961; *L.-F. Girón Blanc*, Midrás Exodo Rabbah I, Valencia 1989 (übersetzt Ausgabe Shinan).

Shemot Rabba ist in MS Oxford Bodl. 147 und 2335 überliefert, die jeweils den ganzen Midrasch Rabba zur Tora enthalten, ebenso in MS Jerusalem 24°5977 (Spanien, 15. Jh.); für weitere Textzeugen siehe *Shinan* 24–28. Die Handschriften sind noch nicht hinreichend analysiert; eine wissenschaftliche Ausgabe gibt es nur für den ersten Teil des Werkes. Erstdruck K 1512, dann V 1545.

Das Werk ist aus zwei verschiedenen Teilen zusammengesetzt. *Der erste Teil* (ShemR I) umfasst die Paraschen 1–14 und ist ein exegetischer Midrasch zu Ex 1–10 (11 wird in ShemR nicht kommentiert), führt also bis zum Beginn der Mekhilta. *Der zweite Teil* (ShemR II) mit den Paraschen 15–52 ist ein homiletischer Midrasch zu Ex 12–40, der zur Gattung des Tan-Yel.-Midrasch gehört (dies zeigt u. a. die mehrfache Einleitung: *kakh pataḥ R. Tanḥuma bar ʾAbba*). Die Predigten folgen den Sedarim des palästinischen Lesezyklus, wobei gewöhnlich nur die ersten Verse kommentiert werden. Ein auf die Zukunft gerichteter Predigtschluss ist in diesem Teil häufig.

Zunz, der das Werk noch nicht teilt, datiert es als Ganzes in das 11. oder 12. Jh., wobei aber viele Stücke aus älteren Werken geschöpft seien, da die Schrift die gesamte ältere Haggada benutze. Eine so globale Spätdatierung ist jedoch äußerst fraglich (*Lieberman*). ShemR I ist wohl jünger als ShemR II; mit *Herr* als Basis einen verloren gegangenen homiletischen Midrasch zum ersten Teil von Ex zu vermuten ist wohl nicht notwendig. Als Grundtext hat der Verfasser offensichtlich Tan (v. a. die übliche Fassung) verwendet und mit anderem Material (so v. a. dem Ex-Midrasch von bSota) aufgefüllt, das er in kleinere Einheiten zerlegt, wo eine Tradition mehrere Verse betrifft; dazu fügt er gelegentlich eigene Auslegungen. *Shinan* 19 ff. rechnet mit der Möglichkeit, dass dem Redaktor bT noch nicht als fertiges Werk vorlag, sondern nur in Teilauszügen, und datiert ShemR I ins 10. Jh.; wo die Schrift entstanden ist, lässt sich nicht festlegen.

In ShemR II, dessen Sprache im Wesentlichen M-Hebräisch mit galiläischem Aramäisch und zahlreichen griechischen und lateinischen Lehnwörtern ist, sieht *Herr* neben der tannaitischen Literatur und pT die frühen amoräischen Midraschim und Tanchuma benutzt, nicht jedoch bT. Die Ersten, die ShemR namentlich zitieren, sind Azriel von Gerona (1. Hälfte 13. Jh.) und Nachmanides in seinem Pentateuchkommentar (um 1260); doch kann die Kombination der beiden Teile des Midrasch natürlich auch bedeutend früher anzusetzen sein. Für eine genauere Datierung sind erst weitere Untersuchungen notwendig.

7) Numeri Rabba (BemR)

Lit.: Ch. Albeck, Midraš Berešit Rabbati, J 1940, Ndr. 1967, Mavo 9–20; *ders.*, Derashot 126 f.; *A. Epstein*, Qadmoniot 64–69; *H. Mack*, Anti-Christian Sections in Midrash Numbers Rabbah (h), 10th WCJS (J 1990) C I 133–140 (BemR I als Beleg für die Polemik in Südfrankreich nach dem 1. Kreuzzug); *ders.*, Midrash Bemidbar Rabbah we-reshit ha-qabbbala be-Provans, Eshel Beer-Sheva 4 (1996) 78–94; *ders.*, Numbers Rabba: Its Date, Location and Circulation (h), Teuda 11 (TA 1996) 91–105; *ders.*, A Sermon by Rabbi Eliahu the Elder within a Medieval Midrash (h), Zion 61 (1996) 209–213; *ders.*, Midrash Samuel and Midrash Bemidbar Rabba, in: GS T. Lifshitz 293–307; *Zunz*, GV 270–274.
Text: in den üblichen Midrasch-Rabba-Ausgaben; z. B. in *A. Mirkin*, Midrash Rabba IX–X. Vgl. auch *L. Ginzberg*, Ginze Schechter I 91–102 (von unseren Tan-Ausgaben und BemR z. T. abweichendes Geniza-Material); *Z. M. Rabinovitz*, Ginzé Midrash 66–71. *H. Mack*, Prolegomena and Example of an Edition of Midrash of Bemidbar Rabba Part 1 (h), Diss. J 1991; *ders.*, The Reworking of a Midrash by Printers in Istanbul in 1512 (h), Peᶜamim 52 (1992) 37–46 (zu Erstdruck); *ders.*, The History of a Hebrew Manuscript (h), FS Bar-Asher II 183–203.
Übersetzungen: A. Wünsche, Bibl. Rabb. IV, Le 1883–1885, Ndr. H 1967; *J. J. Slotki* in der Soncino-Ausgabe des Midrasch Rabba, Lo 1939, Ndr. 1961.

Die frühesten vollständigen MSS von BemR (im Erstdruck K 1512 Bemidbar Sinai Rabba) stammen aus dem 15. Jh. (Oxford Bodl. 147 und 2335); MS hebr. Paris 149 aus dem Jahr 1291 enthält BemR 1–5; MS München 97,2 von 1418 bietet BemR 1–14.

Der Midrasch besteht aus zwei sehr verschiedenartigen Teilen. BemR I umfasst die Abschnitte 1–14, etwa drei Viertel des Gesamtwerks, und ist eine haggadische Bearbeitung von Num 1–7. BemR II (Abschnitte 15–23) ist ein homiletischer Midrasch, der Num 8–36 in viel kürzerer Form bespricht.

Was die Entstehung des Midrasch betrifft, betrachtete *I. H. Weiss* (Dor III 236), dem *Mirkin* folgt, BemR als einheitliches Werk des Moshe ha-Darshan (11. Jh., Narbonne); die meisten hingegen sehen mit *Zunz* in BemR ein zusammengesetztes Werk.

BemR I zu den zwei ersten Sedarim des einjährigen Zyklus (Bemidbar, Naso), doch nach dem palästinischen ca. dreijährigen Zyklus in Paraschen gegliedert, hat als Textbasis einen Tanchuma-Midrasch (anonyme Proömien, z. T. noch mit Halakha), der später jedoch stark erweitert worden ist: «Statt der kurzen Erläuterungen oder Allegorien der Alten, statt ihrer steten Berufung auf Autoritäten, lesen wir hier Compilationen aus halachischen und haggadischen Werken, untermischt mit künstlichen, oft spielenden Anwendungen der Schrift, und finden viele Blätter hindurch keine Quelle namhaft gemacht» (*Zunz*, GV 272 f.). In den Erweiterungen gegenüber Tan finden sich zahlreiche Stellen aus verschiedenen rabb. Schriften (hal. Midraschim, PesK, PesR, MidTeh usw). Mit *Ch. Albeck* ist anzunehmen, dass diese Texte auf einmal eingefügt wurden, und zwar aus einem Werk aus der Schule des Moshe ha-Darshan, den schon Raschi (z. B. zu Num 32,41 f.) als Autor von Auslegungen kennt, die uns nur aus BemR bekannt sind. Bereshit Rabbati und der von *S. Buber* veröffentlichte Midrash Aggada, die von Moshe ha-Darshan oder aus seiner Schule stammen, haben viel mit BemR gemeinsam, und auch in ihnen zeigt sich die Methode des Moshe ha-Darshan, Auslegungen aus den verschiedensten Werken mosaikartig zu einem neuen Midrasch zusammenzubauen. Bezeichnend für ihn sind die starke Benutzung der Pseudepigraphen und die Zitierung von rabb. Werken nach den (vermeintlichen) Verfassern. So wird z. B. Midrash Tadshe öfter in BemR als Pinchas ben Jair zitiert, Seder Eliyahu als Elija (z. B. BemR 5,9: «Elija sagt»); 14,10 bringt ein Zitat aus Tan Shemot 3: «R. Tanchuma sagt». Da BemR I auf die Judenverfolgungen im ersten Kreuzzug reagiert, andererseits schon Anfang 13. Jh. von Jehuda ben Jaqar, dem Lehrer des Nachmanides, als alter Midrasch zitiert wird, datiert *H. Mack* (Teuda 11) das Werk Mitte 12. Jh.; als Ursprungsland ist an die Provence (Narbonne) zu denken.

BemR II (Kapitel 15-23), ursprünglich wohl nach dem ca. dreijährigen Lesezyklus eingeteilt, ist in den Ausgaben nach den Sabbatparaschen des einjährigen Zyklus gegliedert; nur die Parasche Shelaḥ-lekha (Num 13-15) hat zwei Abschnitte. Wie schon *M. Benveniste* erkannt hat (Vorwort zu ʾOt ʾEmet, Saloniki 1565), ist dieser Teil im Wesentlichen der Midrasch Tanchuma. Am Anfang der halakhischen Einleitung haben die Drucke von BemR «Halakha», während das Pariser MS Hebr. 150 *Yelamdenu Rabbenu* liest. Der Textüberschuss gegenüber den Tan-Drucken ist i. A. durch Tan-MSS gedeckt. Die zwei längeren Ergänzungen, auf die das nicht zutrifft, stammen aus Moshe ha-Darshan: 18,15-18; 20,5-6; ebenso 18,29, das aber auch in den Tan-Druck aufgenommen worden ist.

Herr rechnet für diesen Teil wie für Tan im Allgemeinen mit einer Entstehungszeit im 9. Jh.; doch ist wohl ein früheres Datum wahrscheinlicher (siehe S. 338). Wie BemR II muss auch BemR I vor der Bearbeitung ausgesehen haben; eventuell ist aber auch damit zu rechnen, dass ein ursprünglich einheitlicher Tan-Midrasch zu Num erst durch die Bearbeitung in der Schule des Moshe ha-Darshan zerrissen und nachträglich wieder vereint worden ist. Diese Verbindung der beiden Teile erfolgte wohl noch im 12. Jh., da schon Jehuda ben Jaqar BemR als einheitliches Werk zu kennen scheint.

8) Kleinere Homilien-Midraschim

a) Aggadat Bereshit

Aggadat Bereshit ist eine Sammlung von 28 Homilien zu Gen nach dem ca. dreijährigen Lesezyklus. Jede Homilie hat drei Abschnitte, somit insgesamt 84 (83 in den früheren Drucken; denn MS Oxford 2340 allein, das übrigens das Werk als Seder Eliyahu Rabba bezeichnet, enthält auch den Abschnitt 42). Der erste Abschnitt knüpft jeweils an Gen an, der zweite an einen Text aus den Propheten, der als Haftara zu diesem Seder zu betrachten ist; der dritte ist zu einer (vielleicht an demselben Sabbat gelesenen) Psalmstelle. Der Anfang (Gen1,1–6,4) und die letzte Besprechung eines Psalmverses fehlen. Der Inhalt ist großteils aus TanB entnommen. L. Teugels (New Perspectives 354 f.) nimmt an, dass das oft Rav zugeschriebene Werk (so Abraham ben Elija von Wilna in seiner Textausgabe Wilna 1802) im 10.–11. Jh. am ehesten in Süditalien entstanden ist.

Text: erstmals V 1618 am Schluss der Shtei Yadot von Menachem di Lonzano; BhM IV 1–116; *S. Buber*, Aggadat Bereshit, Krakau 1903, Ndr. 1973 (verwendet den Erstdruck zusammen mit MS Oxford). *L. Teugels*, Textual Criticism of a Late Rabbinic Midrash: *Aggadat Bereshit*, in: *Teugels – Ulmer*, Hg., Recent Developments 137–153. Engl. Übers.: *L. M. Teugels*, Aggadat Bereshit, L 2001.
Lit.: *E. Kahalani*, Aggadat Bereshit. Introduction. Proposal for a Critical Edition (h), Diss. J 2003; *L. Teugels*, Concern for the Unity of Tenakh in the Formation of Aggadat Bereshit, in: *L. Rutgers* et al., eds., The Use of Sacred Books in the Ancient World, Leuven 1998, 187–202; *dies.*, Der Aufbau von Aggadat Bereshit und die Idee der Einheit des Tenakh, FJB 25 (1998) 23–37; *dies.*, The Background of the Anti-Christian Polemics in Aggadat Bereshit, JSJ 30 (1999) 178–208; *dies.*, New Perspectives on the Origins of Aggadat Bereshit. The Witness of a Geniza Fragment, in: *J. Targarona Borrás – A. Sáenz-Badillos*, Hg., Jewish Studies at the Turn of the Twentieth Century I, L 1999, 349–357; *dies.*, Aggadat Bereshit and the Triennial Lectionary Cycle, JJS 51 (2000) 117–132; *dies.*, Einleitung zur Übers. (siehe oben); *Zunz*, GV 268.

b) Midrasch Hashkem oder Midrasch We-hizhir

Ein von *J. M. Freimann* ediertes MS der Münchener Staatsbibliothek (Cod. Hebr. 205) enthält einen Midrasch, der von Ex 8,16 bis Num 5,11 ff. reicht und nach den Paraschen des einjährigen Zyklus gegliedert ist. Nach dem Beginn *hashkem* («Steh früh auf») wird das Werk schon im Mittelalter zitiert. *Freimann* hat den ebenfalls im Mittelalter belegten Namen We-Hizhir vorgezogen, der vom stereotypen Einsatz zahlreicher Abschnitte kommt: *we-hizhir ha-qadosh barukh hu* («und Gott ermahnte» Israel). Zitate aus alten Autoren haben *L. Grünhut*, Sefer ha-Likkutim I

2a–20a, und *Enelow* veröffentlicht. Nach *Freimann* bezeichnen die beiden Namen verschiedene Midraschim, da sich die Parallelen oft nicht genau decken; nach anderen wieder, wie z. B. *S. Assaf*, sind solche Abweichungen in mittelalterlichen Zitaten üblich und bezeichnen beide Namen dasselbe Werk. Die Schrift übernimmt die Struktur der She'iltot des R. Acha (8. Jh.); wie diese behandelt sie im Anschluss an die Toralesung halakhische Fragen, ergänzt durch haggadische Abschnitte. Große Stücke von etwa 20 She'iltot übersetzt und bearbeitet ihr Autor (*R. Brody*, She'iltot 111–116; 159–181 synopt. Wiedergabe von Shehilta 120). Weiteres halakhisches Material übernimmt das Werk in hebr. Übersetzung aus den Halakhot Gedolot. Haggadischer Stoff kommt zusätzlich aus der Tanchuma-Tradition; aber auch 12 der 14 Kapitel der Baraita de-Melekhet ha-Mishkan sind aufgenommen (dazu *R. S. Kirschner*, Baraita de-Melekhet ha-Mishkan, Cincinnati 1992, 57. 68 f. 109 f.). Mit *S. Assaf* ist das Werk wohl im 10. Jh. in Palästina entstanden.

Text: *J. M. Freimann*, Sefer We-hizhir I (Ex), Le 1873; II (Lev, Num), Warschau 1880; *J. D. Eisenstein*, Ozar Midraschim I 138–146; *H. G. Enelow*, Midrash Hashkem Quotations in Alnaqua's Menorat ha-Maor, HUCA 4 (1927) 311–343; *A. N. Z. Roth*, A Fragment from Midrash ve-Hizhir (h), Talpijot 7 (1958) 89–98. Siehe *S. Abramson*, 'Inyanut be-Sifrut ha-Geonim, J 1974, 382 f.; *S. Assaf*, Geonim 161–3; *Zunz*, GV 294; ders., Schriften III, B 1876, 251–259.

c) Pesiqta Hadatta

Die «neue Pesiqta» ist ein kürzerer Predigtmidrasch für die Feiertage (veröffentlicht in BhM I 137–141; VI 36–70). Er enthält Homilien zu Chanukka, Pesach, Schavuot, Sukkot, Purim, Neujahr und Versöhnungstag. Wie der in älteren Quellen bezeugte Name *Ma Rabbu* zeigt, begann der Midrasch ursprünglich mit Neujahr, dessen Homilie mit diesen Worten beginnt (*S. Lieberman*, Midrash Debarim Rabbah, J ³1974, XIV f.). Quellen sind u. a. BerR, PRE und Sefer Yezira. Übersetzung: *A. Wünsche*, Lehrhallen V.

d) Midrasch Wa-yekhullu

Nach Gen 2,1 benannt. Wir kennen das Werk nur aus Zitaten bei Autoren seit der Mitte des 12. Jhs. (gesammelt von *L. Grünhut*, Sefer ha-Likkutim II 16b-20a). Diese Zitate beziehen sich auf Gen, Lev, Num und Dtn; somit scheint der Midrasch den ganzen Pentateuch umfasst zu haben. Eine wesentliche Quelle für ihn war Tanchuma. Vgl. *Zunz*, GV 293 f.

e) Midrasch Avkir

Das Werk ist aus mehr als fünfzig Auszügen im Yalqut und in anderen Schriften bekannt (nicht sicher sind die Zitate im Leqaḥ Tov des Tobija ben Eliezer). Es hat sich wohl nur über Gen und Ex erstreckt; es exzerpiert paläst. Midraschim bis zu PRE und steht der Tan-Literatur nahe. Sein Name stammt von der Formel Amen. *Be-yamenu ken yehi razon*. Mit dieser Formel («Amen. In unseren Tagen, so sei es das Wohlgefallen» Gottes) schlossen alle seine Homilien, wie Eleazar aus Worms um 1200 bezeugt, aus dessen Umfeld alle frühen Belege des Werks stammen. Von Sprache (ein biblizistisches Hebräisch, viele griechische Wörter) und Inhalt her ist das Werk spät; sein Verfasser scheint in griechischsprachiger christlicher Umwelt gelebt zu haben, wohl in Süditalien. Als Zeitpunkt der Redaktion vermutet *A. Geula* das Jahr 985, womit der Verfasser den Beginn der messianischen Zeit verbindet. Das ganze Werk war noch Azarja de Rossi (gest. 1578) und Abraham Ibn Aqra bekannt.

Text: S. *Buber*, Liqqutim mi-Midrash Avkir, Ha-Schachar 11, W 1883, 338–345. 409–418. 453–461 (Auszüge im Yalqut; Sonderdruck dieser Seiten TA 1982); *Abraham ben Elija von Wilna*, Rab Pealim (Hg. S. M. *Chones*, Warschau 1894, Ndr. TA 1967) 133–147; weitere Zitate: *A. Epstein*, Ha-Eschkol 6 (1909) 204–207; *A. Marmorstein*, Debir 1 (1923) 113–144 (nicht sicher aus diesem Midrasch).

Lit.: A. *Geula*, Lost Aggadic Works Known Only from Ashkenaz: Midrash Abkir, Midrash Esfa and Devarim Zuta (h), Diss. J 2006, 15–112; H. J. *Haag*, «Dies ist die Entstehungsgeschichte des Himmels und der Erde» – Midrash Avkir zu Gen 2,4, Judaica 34 (1978) 104–119. 173–179; M. D. *Herr*, EJ² XIV 188 (datiert das Werk Anfang 11. Jh.); J. S. *Spiegel*, The Latest Evidence to Midrash Abkir (h), KS 45 (1969 f.) 611–615; *Zunz*, GV 293 f.

f) Midrasch Esfa

Ein Midrasch zu Num (und vielleicht Dtn), benannt nach Num 11,16 «Versammle mir 70 Männer von den Ältesten Israels». Vielleicht hat das Werk schon mit Gen begonnen, doch kennt man es im aschkenasischen Raum, v. a. im Umfeld des Eleasar von Worms, nur ab Num 11. Fast nur in einigen Auszügen im Yalqut zu Num bekannt und daher auch gattungsmäßig nicht sicher einzuordnen; manche diesem Midrasch zugerechneten Zitate sind sehr unsicher. Die Schrift steht der Tan-Literatur einschließlich Aggadat Bereshit und Midrasch Psalmen nahe, seine Sprache ist ein biblizistisches Hebräisch; antichristliche Polemik deutet auf christliche Umwelt. *A. Geula* datiert die Schrift etwa ins 9.–10. Jh. und vermutet Italien als Entstehungsort.

Zitate gesammelt in S. *Buber*, Knesset Jisrael 1, Warschau 1887, 309–320, und *Abraham ben Elija Gaon*, Rav Peʿalim, Hg. S. M. *Chones*, Warschau 1894, Ndr. TA 1967, 147–153; *Wertheimer* I 208–214. A. *Geula*, On the Study of Midrash

Yelammedenu: A Re-Examination of Attribution in Yalkut Shim'oni and its Source (h), Tarbiz 74 (2004 f.) 221–260 (für Ableitung eines Zitats aus Yelamdenu statt aus M. Esfa); *ders.*, Lost Aggadic Works Known Only from Ashkenaz: Midrash Abkir, Midrash Esfa and Devarim Zuta (h), Diss. J 2006, 113–167. Vgl. noch *Zunz*, GV 292.

V. Midraschim zu den fünf Megillot

1) Die sogenannten Rabbot

a) Klagelieder Rabba S. 314–318

b) Midrasch Shir ha-Shirim oder Hohelied Rabba (ShirR)

Nach dem zu Beginn angeführten Vers Spr 22,29 ḥazita ish mahir wird der Midrasch auch ʾAggadat Ḥazita genannt. Die editio princeps Pesaro 1519 verwendet die Bezeichnungen *Shir ha-Shirim Rabbati* und *Midrash Shir ha-Shirim*. Die älteste Handschrift ist MS Parma De Rossi 3122 (früher 1240), wo ein Teil von ShirR, gefolgt von einem anderen Midrasch zu Hld 2,3–6, nach PesR 18 zum Pesachfest eingefügt ist, zu dem ja Hld gelesen wird. Z. *M. Rabinovitz*, Ginzé Midrash 83–117, hat mehrere Geniza-Fragmente aus Cambridge bzw. St. Petersburg, insgesamt 10 Seiten, alle etwa aus dem 11. Jh., veröffentlicht (zu Hld 1,2.5 f.8 f.12; 3,1). Diese weisen v. a. sprachlich einen viel unverfälschteren palästinischen Charakter auf; Anleihen bei bT, wie sie auch in den Druckausgaben zu finden sind, fehlen hier.

ShirR ist ein exegetischer Midrasch. In der Erstausgabe war er in zwei Paraschen eingeteilt (Hld 1,1–2,7; 2,8 ff.); die späteren Ausgaben zählen entsprechend der Kapitelzahl von Hld 8 Paraschen. Das Hld, dessen Heiligkeit in M diskutiert wird (mYad 3,5), ist darin allegorisch bzw. genauer typologisch ausgelegt. Mehrfache Wiederholungen innerhalb des Midrasch wie auch die Verschiedenartigkeit des Materials hat *Theodor* mit dem katenenartigen Charakter von ShirR zu erklären versucht (dazu *Lachs*, JQR 55, 243 f.); doch ist ShirR nicht eine bloße Katene, sondern von einem durchgehenden Grundkonzept bestimmt (siehe *J. Neusner*). Die Wiederholungen wurden z. T. in den Drucken ausgelassen, wie die Geniza-Texte zeigen. Hauptquellen sind pT, BerR, WaR und PesK; auch M-Stellen und Baraitot sind angeführt. Die Proömien am Anfang enden mit ein und demselben Satz aus Seder Olam. ShirR (in einer anderen Fassung) diente als Quelle von PesR. Die Schrift ist in die 2. Hälfte des 6. Jhs. zu datieren (eine spätere Datierung in Anlehnung an *Zunz* vertritt *Lachs*, JQR 55,249: ursprüngliche Komposition zwischen 650 und 750, endgültige Fassung in der 2. Hälfte des 8. Jhs.); doch enthält sie viel älteres Material. *Urbach* sieht darin auch wertvolle Informationen zur christlich-jüdischen Kontroverse der ersten Jahrhunderte; doch cf. *J. Maier*, Jüdische Auseinandersetzung mit dem Christentum in der Antike, Darmstadt

1982, 193: Trotz unverkennbar apologetischen und polemischen Charakters des Textes «ergibt die Analyse im Einzelnen kaum Anhaltspunkte für konkrete Kenntnisse christlicher Argumente».

Text: Erstdruck Pesaro 1519. Übliche Midrasch-Rabba-Ausgaben; *S. Dunsky*, Midrash Rabba. Shir ha-Shirim, J-TA 1980, bietet nur den Text der Ausgabe Wilna, «korrigiert» durch Parallelen aus der rabb. Literatur und Konjekturen früherer Kommentatoren, jedoch ohne Benutzung von MSS; *L. F. Girón*, Cantar de los Cantares Rabbâ 4,7–8. Edición crítica, Sefarad 52 (1992) 103–112 (Basistext MS 27 der Sammlung Kaufmann, Budapest, aus der Geniza); *ders.*, Cantar de los Cantares Rabbá: Seis fragmentos de la Gueniza de El Cairo conservados en Cambridge University Library, Sefarad 60 (2000) 43–74; 255–282; *N. Goldstein*, Midrash Shir ha-Shirim Rabba bi-khetav yad Parma 1240, Kobez al Yad 9 (19), J 1979, 1–24 (umfasst nur ein Viertel des *Textes*, wichtige Varianten); *Z. M. Rabinovitz*, Ginzé Midrash 83–117; *ders.*, On the Ancient Form of Midrash Shir ha-Shirim Rabba (h), in: *M. A. Friedman, A. Tal, G. Brin*, Hg., Studies in Talmudic Literature, TA 1983, 83–90 (zum von *Scheiber* edierten Geniza-Fragment); *B. Rapp* (siehe unten zu Lit.) 463–466 (Verzeichnis der Textzeugen); *A. Scheiber*, Ein Fragment aus dem Midrasch Schir Haschirim Rabba. Aus der Kaufmann Geniza, AcOr 32 (1978) 231–243 (ein Blatt; ShirR zu 4,7–8; Ndr. in *ders.*, Geniza Studies, H 1981, 500–512); *H. E. Steller*, Shir haShirim Rabbah 5.2–8. Towards a Reconstruction of a Midrashic Block, in: *A. Kuyt u. a.*, Hg., Variety of Forms. Dutch Studies in Midrash, Amsterdam 1990, 94–132; *ders.*, Preliminary Remarks to a New Edition of Shir Hashirim Rabbah, in: RASHI 1040–1990, ed. *G. Sed-Rajna*, P 1993, 301–311 (von *M. C.* und *H. E. Steller* vorbereitete Ausgabe, wurde nie fertiggestellt); *S. A. Wertheimer*, Batei Midrashot I 347–353. Eine kritische Ausgabe wird von *T. Kadari* vom Schechter Institute, Jerusalem, vorbereitet. Als Basistext der Ausgabe in den Ma'agarim dient MS Vatikan 76.3, 13. Jh.

Übersetzungen: *A. Wünsche*, Bibl. Rabb. II, Le 1880, Ndr. H 1967; *M. Simon* in der Soncino-Ausgabe des Midrasch Rabba, Lo 1939, Ndr. 1971; *J. Neusner*, Song of Songs Rabbah. An Analytical Translation, 2 Bde., A 1989 (Neuausgabe: Componenten V, 2 Bde., 1997); *L. F. Girón Blanc*, Cantar de los Cantares Rabbá, Estella 1991.

Lit.: *D. Boyarin*, Two Introductions to the Midrash on the Song of Songs (h), Tarbiz 56 (1986 f.) 479–500 (zur tannaitischen Auslegung von Hld: typologisch, nicht allegorisch oder esoterisch); *L. F. Girón Blanc*, Exégesis y homilética en Cantar de los Cantares Rabba, MEAH 40,2 (1991) 33–54 (zu 2 Proömien); *ders.*, Vocablos griegos y latinos en Cantar de los Cantares Rabbâ, Sefarad 54 (1994) 271–306; *ders.*, Song of Songs in Song of Songs Rabbah, EMidr 857–870; *T. Kadari*, On the redaction of Midrash Shir hashirim rabbah (h), Diss. J 2004; *dies.*, ‹Behold a Man Skilled at his Work›: On the Origins of the Proems which Introduce Song of Songs Rabbah (h), Tarbiz 75 (2005 f.) 155–174 (fünf Proömien zu Beginn des Midrasch spätere Ergänzung); *S. T. Lachs*, Prolegomena to Canticles Rabba, JQR 55 (1964 f.) 235–255; *ders.*, The Proems of Canticles Rabba, JQR 56 (1965 f.) 225–239; *J. Neusner*, The Midrash Compilations of the Sixth and Seventh Century. An Introduction to the Rhetorical, Logical, and Topical Program, vol. IV: Song of Songs Rabbah, A 1989; *ders.*, Introduction 467–486; *ders.*, Song of Songs Rabbah, Theology of, EMidr 871–888; *B. Rapp*, Rabbinische Liebe. Untersuchungen zur Deutung der Liebe des Hohenlieds auf das Studium der Tora in Midrasch Shir haShirim Rabba, Diss. KTU Utrecht 2003; *E. E. Urbach*, Rabbinic Exegesis and Origenes' Commentaries on the Song of Songs and Jewish-Christian Polemics (h), Tarbiz 30 (1960 f.) 148–170 (= The World of the Sages. Collected Studies, J ²2002, 537–555); *dass*. engl., Scripta Hierosolymitana 22 (1971) 247–275; *Zunz*, GV 274 f.

c) Midrasch Rut

Durchgehende Kommentierung des traditionell zu Schavuot gelesenen Buches in acht Abschnitten (ursprünglich wohl vier). Das Gesamtwerk wird mit 6 Proömien eingeleitet; weitere Proömien vor den Abschnitten 3,4,6,8. Im Versuch, Rut in die biblische Geschichte zu integrieren, sind zu Beginn von Kap. 2 und 5 längere Auslegungen zu 1 Chron 4,21–3 und 11,13 (dies aus ySan 2,5,20b–c) aufgenommen; die auch in Midrasch Kohelet aufgenommene Geschichte von Elischa ben Avuja dient hier (6,4) zur Kontrastierung mit Boaz, wie allgemein das mit anderen Schriften gemeinsame Material klar der Intention dieses Midrasch dienstbar gemacht wird. Hauptquellen sind die tannaitische Literatur, pT, BerR und PesK. Der Text, in dem keine Rabbinen nach dem 4. Jh. genannt sind und der u. a. angesichts seiner Sprache in Palästina beheimatet ist, ist wegen seiner literarischen Abhängigkeiten um etwa 500 anzusetzen. In der Erstausgabe Pesaro 1519 als Midrasch Rut bezeichnet, seit der Ausgabe V 1545 als Rut Rabba.

Text in den üblichen Midrasch-Rabba-Ausgaben. Kritische Ausgabe mit Einführung: *M. B. Lerner*, The Book of Ruth in Aggadic Literature and Midrash Ruth Rabba (h), Diss. J 1971, Bd. 2 (Basistext MS Oxford 164; Kollation der Geniza-Texte usw.; Text ohne kritischen Apparat in CD-ROM Bar Ilan Judaic Library; *Lerner* bereitet eine krit. Ausgabe für das Schechter Institute, Jerusalem, vor); *N. Alloni*, Geniza Fragments 65 f.

Übersetzungen: *A. Wünsche*, Bibl. Rabb. III, Le 1883, Ndr. H 1967; *L. Rabinowitz* in der Soncino-Ausgabe des Midrasch Rabba, Lo 1939, Ndr. 1971; *J. Neusner*, Ruth Rabbah. An Analytical Translation, A 1989 (Neuausgabe: Components III, 1997).

Lit.: *P. D. Hartmann*, Das Buch Ruth in der Midrasch-Literatur, F 1901; *M. D. Herr*, EJ² XVII 596; *T. Kronholm*, The portrayal of characters in Midrash Ruth Rabbah, Annual of the Swedish Theological Institute 12 (1983) 13–54; *M. B. Lerner*, siehe oben, 3 Bde.; *S. Lieberman*, Qeẓat heʿerot li-teḥilat Rut Rabba, FS H. Yalon, J 1963, 174–181 (= Studies 45–52); *J. Neusner*, The Midrash Compilations of the Sixth and Seventh Centuries. An Introduction to the Rhetorical, Logical, and Topical Program, vol. III: Ruth Rabbah, A 1989; *ders.*, Introduction 487–509; *ders.*, EMidr 737–761; *M. Niehoff*, The Characterization of Ruth in the *Midrash* (h), JSJT 11 (1993) 49–78; *Zunz*, GV 276 f. (ergänzt durch *Albeck*, Derashot 130).

d) Midrasch Kohelet (QohR)

Das in Handschriften und im Erstdruck Pesaro 1519 Midrasch Kohelet genannte Werk führen Chananel u. a. als Midrasch Ḥazita an (ebenso wie ShirR und Midrasch Rut!); der Arukh zitiert es als Haggadat Kohelet; erst seit der Ausgabe V 1545 heißt es Kohelet Rabba. Es folgt dem Bibeltext von Vers zu Vers; nur wenige Verse (in der Ausgabe Pesaro 15 von 222) bleiben ohne Auslegung. Der Erstdruck zählt drei Paraschen (1,1 ff.; 7,1 ff.; 9,7 ff.). Jetzt wird der Text gewöhnlich nach der Kapitelzahl der Bibel in zwölf Abschnitte geteilt. Das Werk hat zahlreiche Parallelen in den älteren Midraschim (bes. an Koh anknüpfenden Proömien). Neben BerR, EkhR, WaR und PesK ist v. a. pT benutzt; die Parallelen zu bT gehören wohl zur spätesten Schicht der Redaktion (*Kiperwasser*). Der Traktat Avot und mehrere der kleinen Traktate (Gerim, Sklaven, Schaufäden, Gebetsriemen und Mezuza) werden genannt. Wiederholungen sind nicht selten. *Hirshman* (HUCA) betont den enzyklopädischen Charakter des Werks, das anhand des Bibeltextes die verschiedensten Themen bespricht und so auch als Schulbuch gedient haben könnte (so schon *J. Heinemann*), damit die Notwendigkeit kultureller Anleihen in der Umwelt bestreitend. Der Text, von dem es (abgesehen von Kap. 1–4 in der Diss. von *Hirshman* und der Zeilensynopse von Kap. 5–7 in der Diss. von *Kiperwasser*) noch keine kritische Ausgabe gibt (eine solche bereiten nun Hirshman und Kiperwasser für das Schechter Institute, Jerusalem, vor), ist in Palästina entstanden; *Hirshman* möchte ihn ins 6. oder 7. Jh. datieren, *Kiperwasser* sieht das Ende des mehrschichtigen Redaktionsprozesses nicht vor dem 7. Jh.; andere gehen wegen der Nennung der kleinen Traktate und vielleicht antikaräischer Polemik bis in die Zeit um 800 hinauf.

Text: Die ältesten Handschriften sind St. Petersburg Firkovitch II A 272 (ca. 14. Jh.; cf. *M. Kahana*, Asufot 6, 1992, 60) und MS Vat. Hebr. 291,11b (14.–15. Jh.; das Datum 1417 im ersten Teil der Sammelhandschrift muss sich nicht auch auf Midrasch Kohelet beziehen); weitere MSS befinden sich in Oxford und Jerusalem. Geniza-Fragmente sind in *Wachten* 28–31 beschrieben, zusätzliches Material findet sich bei *Hirshman*, Diss. 118–121; *ders.*, Peshat and Derash Side-by-Side: A Newly Rediscovered Manuscript of Midrash Qohelet and of R. Jacob Algiani's Commentary on Qohelet (h), Tarbiz 67 (1997 f.) 397–406; *L. F. Girón*, Midraš Qohelet: Un fragmento de la Genizah de El Cairo (Cambridge T-S C2.161), in: *M. Perani*, Hg., «The Words of a Wise Man's Mouth are Gracious» (Qoh 10,12). FS G. Stemberger, B 2005, 309–318 (KohR 1,2–5; 5,20–6,3); *ders.*, A Fragment of Midrash Qohelet Rabba from the University of Cambridge (h), FS Bar-Asher II 144–160 (Edition von T-S F17.48 mit KohR 5,5–6,8).

Lit.: *I. Ben-David*, Some Notes on the Text of Midras Ecclesiastes Rabba (h), Leš. 53 (1988 f.) 135–140; *L. F. Girón Blanc – C. Motos López*, Patar y Pataj en Qohélet Rabbah, 'Ilu 3 (2000) 159–197; *L. Grünhut*, Kritische Untersuchung des Midrasch Kohelet Rabba, Quellen und Redaktionszeit, F 1892; *M. Hirshman*, Midrash Qohelet Rabbah. Chapters 1–4. Commentary (Ch. 1) and Introduction (h), Diss. JThS 1983; *ders.*, The Prophecy of King Solomon and Ruaḥ Hakodesh in Midrash Qohelet Rabbah (h), JSJT 3 (1982) 7–14; *ders.*, The Priest's Gate and Elijah ben Menahem's Pilgrimage: Medieval Interpolations in Midrash Manuscripts (h), Tarbiz 55 (1985 f.) 217–227; *ders.*, The Greek Fathers and the Aggada on Ecclesiastes: Formats of Exegesis in Late Antiquity, HUCA 59 (1988) 137–165; *ders.*, The Manipulation of Sources by the Editor(s?) of Qohelet Rabba (h), Teuda 11 (TA 1996) 179–190; *R. Kiperwasser*, Midrashim on Kohelet: Studies in their Redaction and Formation (h), Diss. Bar Ilan 2005 (enthält Zeilensynopse von KohR 5–7); *ders.*, Midrash haGadol, The Exempla of the Rabbis (Sefer Maʿasiyot), and Midrashic Works on Ecclesiastes: A Comparative Approach (h), Tarbiz 65 (2005 f.) 409–436; *ders.*, Structure and Form in Kohelet Rabbah as Evidence of its Redaction, JJS 58 (2007) 283–302; *ders.*, A Comparative Study on the Midrashim on Ecclesiastes – On the Nature of Koheleth Zuta (h), Sidra 22 (2007) 153–176; *ders.*, Early and Late in Kohelet Rabbah: A Study in Redaction-criticism (h), Iggud. Selected Essays in Jewish Studies vol. 1, ed. *B. Schwartz* u. a., J 2008, 293–314; *ders.*, Toward a Redaction History of Kohelet Rabbah: A Study in the Composition and Redaction of Kohelet Rabbah 7:7, JJS 61 (2010) 257–277; *S. Lieberman*, Notes on Chapter I of Midrash Koheleth Rabbah (h), FS G. Scholem, J 1967, hebr. Teil 163–179 (= Studies 53–69; v. a. zum griech. Wortschatz); *ders.*, Shesh Millim mi-Qohelet Rabba, GS G. Allon, J 1970, 227–235 (= Studies 498–506); *C. Motos López*, La mujer en Qohelet Rabbah, MEAH, sección Hebreo 48 (1999), 37–52; *dies.*, La forma exegética Mašal en Qohélet Rabbah, 'Ilu 6 (2001) 79–131; *J. Wachten*, Midrasch-Analyse. Strukturen im Midrasch Qohelet Rabba, H 1978; *Zunz*, GV 277.

Übersetzungen: A. Wünsche, Bibl. Rabb. I, Le 1880, Ndr. H 1967; *A. Cohen* in der Soncino-Ausgabe des Midrasch Rabba, Lo 1939, Ndr. 1971; *M. C. Motos López*, Midrás Qohélet Rabbah. Las vanidades del mundo (mit hebr. Text von Ms. Vat. und Varianten aus ed. Wilna), Estella 2001.

e) Midrasch Ester

Midrasch Ester, seltener auch *Haggadat Megilla* oder auch *Midrash Aḥashwerosh* genannt, ist eine Auslegung der am Purimfest vorgelesenen Esterrolle. Die frühesten MSS stammen vom Anfang des 15. Jhs., der Erstdruck ist Pesaro 1519. Dieser teilt den Midrasch in 6 Abschnitte (1,1.4.9.13; 2,1.5), die i. A. durch Petichot gekennzeichnet sind. Die späteren Ausgaben haben 10 Abschnitte. Die Ungleichheit der Textbehandlung (Est 1–2,4 ist der Großteil der Verse besprochen; 2,5–8,15 mit vielen Auslassungen) legt nahe, zwei verschiedene Midraschim zu unterscheiden: *Albeck*, Derashot 129, zog die Grenze nach Abschnitt 6, bei Est 3,1; zusätzliche Argumente (v. a. in der Struktur des Midrasch) dafür bei Tabory. *M. B. Lerner*, in *Safrai* II 179–189, möchte dagegen EstR II schon mit Abschnitt 5 beginnen lassen, da 6 wie dann ganz EstR II nur noch ausgewählte Verse kommentiert. Dafür scheint auch der Aufbau der Haggada di-Megillat Ester zu sprechen. Diese in vier italienischen MSS des 14.–15. Jhs. erhaltene Schrift bringt neben wenig eigenem Material und einigen Passagen aus Abba Gurion fast nur Texte aus EstR, beginnend mit

Peticha 11; EstR I wird übergangen, dafür EstR II fast ganz, und zwar ab Parascha 6 (*Atzmon*).

EstR I (Abschnitte 1–5) zeichnet sich durch Proömien aus, die selten anonym sind, und ist der Sprache nach in Palästina entstanden. Dieser Text, ein klassischer Auslegungsmidrasch, zitiert pT, BerR und WaR; er selbst wird in QohR, MidTeh usw. zitiert; somit ist er ab etwa 500 zu datieren.

EstR II (Abschnitte 6–10) weist nur wenige und nicht klassische Petichot auf und füllt wenige Abschnitte des alten Midrasch mit viel jungem haggadischen und erzählenden Material auf (in 8 f. eine lange Einschaltung von Septuaginta-Material zu Est aus Josippon: Traum und Gebet Mordechais, Gebet Esters und ihr Erscheinen vor dem König). *Herr*, EJ² VI 520, vermutet eine Entstehungszeit im 11. Jh. als Ersatz für die ursprüngliche Fortsetzung von EstR I, die durch Zitate in QohR, MidTeh und bei mittelalterlichen Autoren belegt ist; *Lerner*, 187, sieht diese Datierung als im Wesentlichen richtig an, schließt aber auch ein späteres Datum, «the twelfth-thirteenth centuries on European soil», nicht aus. Z. M. *Rabinovitz*, Ginzé Midrash 155–160, bringt einen Geniza-Text von Cambridge (ca. 11. Jh.) zu Est 6,11–7,8, der eine Fortsetzung von EstR I zu sein scheint. Die Verbindung von EstR I und II ist wohl im 12. oder 13. Jh. erfolgt.

Lit.: A. *Atzmon*, Maʿaseh Esther in Pirqe deRabbi Eliezer and in Midrash Esther Rabbah II: Towards Establishing the Relationship between Parallels in Midrashic Literature (h), Tarbiz 75 (2005 f.) 329–343; *ders.*, Mordechai's Dream: From Addition to *Derashah*, JSIJ 6 (2007), 127–140; *ders.*, Haggadah dimgillat Esther: Toward the Anthologist's Methodology (h), Iggud. Selected Essays in Jewish Studies vol. I, ed. B. Schwartz u. a., J 2008, 277–291; *ders.*, Old Wine in New Flasks: The Story of Late Neoclassical Midrash, EJJS 3 (2009) 183–203; *M. B. Lerner*, The Works of Aggadic Midrash and the Esther Midrashim, in *Safrai* II 133–229, 176 ff.; *J. Neusner*, The Midrash Compilations of the Sixth and Seventh Centuries. An Introduction to the Rhetorical, Logical, and Topical Program, vol. II: Esther Rabbah I, A 1989; *ders.*, Introduction 533–546; *U. Ragacs*, Zur Frage der literarischen Einheitlichkeit von Ester Rabba I, Kairos 36–37 (1994/95) 30–47; *J. Tabory*, The Division of Esther Rabba into Parashiyyot (h), Teuda 11 (1996) 191–203; *ders.*, The Proems to the Seventh Chapter of Esther Rabba and Midrash Abba Gurion (h), JSHL 16 (1997) 7–18.

Text in den üblichen Ausgaben von Midrasch Rabba. A. *Atzmon*, Esther Rabbah II – Towards a Critical Edition (h), Diss. Bar Ilan 2005; *J. Tabory*, Some Problems in Preparing a Scientific Edition of *Esther Rabbah* (h), Sidra 1 (1985) 145–152. Eine kritische Ausgabe bereiten *J. Tabory* und *A. Atzmon* vor.

Übersetzungen: A. *Wünsche*, Bibl. Rabb. II, Le 1881, Ndr. H 1967; *D. Börner-Klein – E. Hollender*, Die Midraschim zu Ester, L 2000, 153–266; *M. Simon* in der Soncino-Ausgabe des Midrasch Rabba, Lo 1939, Ndr. 1971; *J. Neusner*, Esther Rabbah I. An Analytical Translation, A 1989 (Neuausgabe: Components II, A 1997).

2) Andere Midraschim zu den Megillot

a) Hohelied

S. Buber, Midrasch suta. Hagadische Abhandlungen über Schir ha-Schirim, Ruth, Echah und Koheleth, nebst Jalkut zum Buche Echa, B 1894, Ndr. TA o. J. Die Ausgabe gibt MS Parma De Rossi 541 (jetzt 2342,3) wieder; *S. Schechter* hat das sehr fehlerhafte MS Parma (ca. 1400 geschrieben) gleichzeitig mit *Buber* ediert und mit vielen Anmerkungen versehen: Aggadath Shir Hashirim, C 1896 (aus JQR 6–8, 1894–1896; JQR 8, 1896, 179–184 kritisiert er die sehr fehlerhafte Wiedergabe des MS durch *Buber*). *Schechter* verweist auf die großen Gemeinsamkeiten mit Yelamdenu und datiert das Werk ins 10. Jh., auch wenn es viel altes Material enthält. Besonders die Abschnitte über den Krieg gegen Rom haben viel Interesse erregt (siehe *Lieberman*, Greek 179–182; *G. Alon*, Studies 43; *Y. Baer*, Zion 36, 1971, 131 f.). Z. M. *Rabinovitz*, Ginzé Midrash 250–295, hat ein Geniza-Fragment aus St. Petersburg ediert, das auf 6 Blatt etwa ein Drittel des Textes umfasst und der bisher bekannten Version weit überlegen ist. *Rabinovitz* bestreitet die Verwandtschaft des Textes mit Yelamdenu (andere Terminologie; jeder Vers wird erklärt); auch die Datierung erfordert eine neue Untersuchung. Übersetzung: *R. Brasch*, Der «Midrasch Shir Ha-Schirim Suta». Übersetzung, Kommentierung und Vergleich mit dem Midrasch Rabba, Leipzig 1936.

Einen dritten Midrasch zum Hld hat *L. Grünhut* herausgegeben: Midrash Shir Ha-Shirim, J 1897. Neubearbeitung dieser Ausgabe: *E. H. Grünhut – J. Ch. Wertheimer*, Midrash Shir Hashirim, J 1971. Siehe dazu die scharfe Kritik von *M. B. Lerner*, KS 48 (1972 f.) 543–549: Für den Text ist die alte Ausgabe vorzuziehen, Einleitung und Kommentar sind dilettantisch. Das von *Grünhut* edierte Geniza-MS, auf 1147 datiert, ist nicht mehr auffindbar. *Herr* (EJ² XIV 187) datiert das Werk ins 11. Jh.; doch bedarf das noch einer genaueren Untersuchung.

J. Mann hat ein Fragment eines weiteren Midrasch zu Hld aus der Geniza veröffentlicht: HUCA 14 (1939) 333–337; ein von ihm in Texts and Studies I, NY 1930 (Ndr. 1972) 322 Anm. 47 publiziertes Fragment stammt seiner Meinung nach wiederum von einem anderen Midrasch. Siehe auch *M. B. Lerner*, Perush Midrashi le-Shir ha-Shirim mi-yeme ha-Geonim, Kobez al Yad 8 (1976) 141–164; *Albeck*, Derashot 129. 404 f.

b) Kohelet

Qohelet Zutta (QohZ) kommentiert Koh 1–9, lässt aber auch in diesen Kapiteln eine Reihe von Versen unbesprochen (Tabelle in *Kiperwasser*, Sidra 154 f.) und hält sich nicht immer an die biblische Reihenfolge. In den mit QohR gemeinsamen Teilen ist QohZ kürzer und verwendet viel Aramäisch statt Hebräisch in QohR. Für manche Autoren ist QohZ älter als QohR (so z. B. *B. Heller*, EJ 10, 1932, 170 f.), nach anderen wieder nur eine Kurzfassung (mit einigen Ergänzungen) von QohR (so *Albeck*, Derashot 130 f.). *R. Kiperwasser* argumentiert, dass beide Schriften auf eine gemeinsame Vorlage zurückgehen, einen frühen Midrasch zu Kohelet aus amoräischer Zeit. Eine frühere mündliche Fassung von QohZ wurde nach *Kiperwasser* im 8. oder 9. Jh. verschriftlicht (Midrashim 92). Raschi kennt offenbar nur QohZ, ebenso der Yalqut, während der Verfasser des Leqaḥ Tov in Griechenland nur QohR kennt (*Hirshman*, Midrash Qohelet Rabbah 44).

Ausgabe von *S. Buber* (siehe oben zu a); *R. Kiperwasser*, Midrashim on Kohelet: Studies in their Redaction and Formation (h), Diss. Bar Ilan 2005 (ein Anhang bietet eine Zeilensynopse aller Textzeugen von QohZ); Beschreibung von MSS: *Kiperwasser*, Midrashim 14–33; *M. G. Hirshman* 117 f.; *J. Wachten*, Midrasch-Analyse, H 1978, 32–36; *S. Greenberg*, Midrash Koheleth Zuta, FS A. Marx, NY 1950, hebr. Teil 103–114; *ders.*, A Comparative Study on the Midrashim on Ecclesiastes – On the Nature of Koheleth Zuta (h), Sidra 22 (2007) 153–176. Siehe auch *L. Ginzberg*, Ginze Schechter I 169–171 (Fragment eines anderen Koh-Midrasch).

c) Ester

S. Buber, Sammlung agadischer Commentare zum Buche Esther, Wilna 1886, umfasst den Midrasch Abba Gurion, den Midrasch Panim Aḥerim A und B sowie Leqaḥ Tov. Alle Texte übersetzt in *D. Börner-Klein – E. Hollender*, Die Midraschim zu Ester, L 2000.

Der *Midrasch Abba Gurion*, schon von Raschi zitiert, ist auch in BhM I abgedruckt. *Übersetzung: A. Wünsche*, Lehrhallen II. Da schon Raschi die Schrift verwendet, ist die übliche Spätdatierung auf das 11. oder 12. Jh. unmöglich, das 10. Jh. wahrscheinlich. Auch die Veröffentlichung einer anderen Fassung aus der Geniza durch *Rabinovitz*, Ginzé Midrash 161–170, (Fragmente aus dem 10. Jh.) scheint diese frühere Datierung zu stützen; doch vertritt *M. B. Lerner* (*Safrai* II 191) die Ansicht, der Geniza-Text habe wenig mit Abba Gurion zu tun und gehöre vielmehr zu einem alten Ester-Midrasch, den Abba Gurion verwendet habe. Auch das Verhältnis zum Targum Sheni zu Ester (*Zunz*, GV 291) ist zu überprüfen. Analyse der Textzeugen: *B. Elboim*, Midrash Aba Gurion on Esther towards criticizied (sic) edition (h), M. A. Arbeit Bar Ilan 2005.

Der *Midrasch Panim Aḥerot A* (bei Buber Aḥerim) stammt vielleicht aus dem 11. Jh.; die *Fassung B* (2,5–14 schon in BhM I 19–24; *Übersetzung* in *A. Wünsche*, Lehrhallen II), die *Buber* aus einem Oxforder MS von 1470 edierte, wird schon im Yalqut benützt. *Rabinovitz*, Ginzé Midrash 171–8, hat ein Geniza-Fragment (Cambridge, ca. 11. Jh.) veröffentlicht, das einen vollständigeren Text als die MSS bietet. *M. B. Lerner* (*Safrai* II 195–201) sieht in der Schrift eine frühe Stufe der Tanchuma-Midraschim und datiert sie 7.–8. Jh. Siehe *Lerner* 207–212 zu weiteren Fassungen des Midrasch.

S. Buber, Aggadat Ester. Agadische Abhandlungen zum Buche Esther, Krakau 1897, Ndr. TA 1982, nach zwei jemenitischen MSS ediert, ist vielleicht dem Verfasser des MHG zuzuschreiben (*Ch. Albeck*, Das verkannte Buch «Agadath Esther», MGWJ 72, 1928, 155–158), der einen älteren Midrasch verwendete.

Weitere Midraschim zu Ester sind Midrash Yerushalmi ʿal Megillat ʾEster, *S. A. Wertheimer*, Batei Midrashot I, 318. 340–343, und zwei verschiedene Fassungen von Mordechais Traum und Esters Gebet: BhM V 1–8 (*Übersetzung A. Wünsche*, Lehrhallen II); *S. A. Wertheimer*, Batei Midrashot I 316 f. 331–339. Eine andere Fassung bringt *M. Gaster*, The Oldest Version of the Midrash Megilla, GS A. Kohut, B 1897, 167–178 (Ndr. in: *ders.*, Studies and Texts, Lo 1925–1928, I 258–263; III 44–49; Text auch in *Eisenstein* I 59–61); *Übersetzung: D. Börner-Klein – E. Hollender*, Die Midraschim zu Ester, L 2000. Zu diesen und weiteren Ester-Texten siehe *M. B. Lerner* (*Safrai* II 212–229).

d) Rut

Einen kleinen Midrasch zu Rut hat *S. Buber* aus MS Parma (De Rossi 541) ediert (siehe oben zu Hld); inzwischen ist fast der gesamte Text durch Geniza-Fragmente belegt (viel in der Ausgabe der Maʾagarim aufgenommen) und müsste neu ediert werden. Wohl 10.–11. Jh. *A. Shinan*, The Stories in Ruth Zuta (h), 11th WCJS (J 1994) C I 129–136; *R. Shoshany*, A Study of Two Tales in *Midrash Ruth Zuta* And Their Adaptation in *Hibbur Yafeh me-ha-Yeshuʿah* (h), JSIJ 7 (2008) 1–23.

e) Klagelieder

S. Buber hat aus MS Parma 541 einen kleinen Midrasch zu Klgl ediert, von dem auch der Yalqut zu Klgl Auszüge enthält; bespricht nur den Anfang von Klgl 1, dafür viele verwandte Prophetentexte, stark erzählend. Einen weiteren Midrasch zu Klgl entnahm er aus MS Parma 261, der u. a. eine stark verkürzte Fassung von der Geburt des Messias am Tag der Zerstörung des Tempels enthält (wie im Sefer Serubbabel Menachem ben Ammiel genannt).

S. Buber, Midrasch suta (siehe oben zu Hld) 26a–54b; *N. Wieder*, Midrasch Echa Zuta: Übersetzung, Kommentierung und Vergleich mit Echa Rabbati, B 1936.

VI. Andere Auslegungsmidraschim

Bereshit Rabbati, Bereshit Zutta, Leqaḥ Tov und Sekhel Tov: siehe Kapitel VIII.

1) Midrasch Psalmen (MidTeh)

Midrasch Psalmen bzw. *Midrash Tehillim*, nach den Anfangsworten aus Spr 11,27 auch *Shoḥer Tov* genannt, besteht aus zwei verschiedenen Teilen, wie schon *Zunz*, GV 278–280, erkannt hat. Der erste umfasst die Psalmen 1–118 (nur diese befinden sich in den Handschriften und im Erstdruck), vielleicht auch ein Stück von 119 (so zwei MSS). Dieser erste Teil ist nicht das Werk eines einzigen Redaktors; denn die Handschriften weichen stark voneinander ab, auch finden sich nicht wenige Wiederholungen. Sicher hat es schon früh haggadische Sammlungen über die Psalmen gegeben: BerR 32,3 (Th-A 307) spricht von einer ʾ*aggada de-Tehillim* des R. Chijja; auch sonst ist in der rabb. Literatur von Haggada-Büchern mit Psalmen die Rede. Auch wurden Psalmen mit Vorliebe als Peticha-Vers verwendet, sodass zahlreiche Auslegungen dazu vorhanden waren; dass Psalmen im Synagogengottesdienst Palästinas als dritte Lesung verwendet wurden, wie ʾAggadat Bereshit nahelegen könnte, ist jedoch eher unwahrscheinlich. Immerhin waren von diesen älteren Sammlungen sicher noch Reste vorhanden, als spätere Haggadisten Midraschim zu biblischen Büchern in größerer Zahl zusammenstellten. Man hat offenbar aus den verschiedensten Quellen Homilien (dazu siehe *D. Lenhard*) und Auslegungen über einzelne Verse zusammengetragen. Daher lässt sich auch eine bestimmte Abfassungszeit nicht angeben. *Zunz* dachte an die letzten Jahrhunderte der gaonäischen Epoche; *Buber* hat eine Frühdatierung von MidTeh 1–118 vorgeschlagen und gemeint, nur spätere Zutaten erweckten den Eindruck der Jugend. *Albeck* wiederum bleibt bei der Spätdatierung. Es ist sicher mit einer längeren Entwicklungszeit zu rechnen, was genauere Aussagen unmöglich macht. Der Großteil des Materials geht sicher auf talmudische Zeit zurück (*Braude* XI; XXXI meint er, MidTeh sei vom 3. bis zum 13. Jh. gewachsen). Der Ausdruck und die Art der haggadischen Auslegungen sprechen für Palästina als Abfassungsort: Die erwähnten Amoräer sind alle Palästinenser oder kommen doch (das sind nur wenige) auch im pT vor. Die Auslegung berücksichtigt oft Qere und Ketiv, volle und defektive Schreibung und verwendet mehrfach den Zahlenwert der Buchstaben eines Wortes. Auch finden sich Zerlegungen von Wörtern (Gematria und Notarikon).

Der zweite Teil von MidTeh, Pss 119–150 umfassend, wurde zuerst allein in Saloniki 1515 gedruckt. Er steht in keiner Handschrift und ist großteils (Pss 122. 124–130. 132–137) wörtlich aus dem Yalqut entlehnt. Für die Pss 123 und 131 hat *Buber* aus PesR, Sifre, BemR und bT einen Ersatz-Midrasch zusammengestellt. *J. Mann* hat ein Geniza-Fragment veröffentlicht (Pss 13–16. 24–27), das in seinen stilistischen Eigenheiten diesem zweiten Teil gleicht (Pss 119–121. 138–150), und daher geschlossen, dass es ursprünglich mindestens zwei vollständige Midraschim zu Pss gegeben habe: Der 2. Teil verwendet nicht die Formel *zehu she-ʾamar ha-katuv*, sondern einfach Salomo usw. ʾ*amar*, bringt die Auslegungen anonym und ist viel kürzer gefasst. Somit vermutet *Mann* auch für den 2. Teil eine frühere Textbasis, während man diesen gewöhnlich erst im 13. Jh. ansetzt.

Text: Erstdruck K 1512; zusammen mit Midrasch Samuel und MidrSpr V 1546, Prag 1613; allein als Midrash Shoḥer Tov Lemberg 1851, Warschau 1873. *S. Buber*, Midrasch Tehillim, Wilna 1891, Ndr. J 1966 (nach MS Parma De Rossi 1332 mit Vergleichung weiterer 7 MSS); zum Text auch: BhM V; *M. Arzt*, Chapters from a Ms. of Midrash Tehillim, FS A. Marx, NY 1950, hebr. Teil 49–74; *J. Mann*, Some Midrashic Geniza Fragments, HUCA 14 (1939) 303–358. Eine synoptische Ausgabe durch *G. Wildensee* und *Th. Hansberger* ist in Vorbereitung.

Übersetzungen: *A. Wünsche*, Midrasch Tehillim, Trier 1892, Ndr. H 1999; *W. G. Braude*, The Midrash on Psalms, 2 Bde., New Haven 1959 (= ³1976; auch textkritisch wertvoll).

Lit.: *J. Elbaum*, EJ² XIV 191 f.; *K.-E. Grözinger*, Prediger gottseliger Diesseitszuversicht. Jüdische ‹Optimisten›, FJB 5 (1977) 42–64 (zu Ps 34); *D. Lenhard*, Vom Ende der Erde rufe ich zu Dir ... (PesR 9), F 1990, 98–116; *H. Mack*, The Source and Development of the Shabbatean Exposition on the Recission of the Mitzvot (h), Sidra 11 (1995) 55–72 (Midrasch zu Ps 146,6 aus Moshe ha-Darshan eingefügt); *E. M. Menn*, Praying King and Sanctuary of Prayer: David and the Temple's Origins in Rabbinic Psalms Commentary (Midrash Tehillim), JJS 52 (2001) 1–26; *dies*., Praying King and Sanctuary of Prayer, Part II: David's Deferment and the Temple's Dedication in Rabbinic Psalms Commentary (Midrash Tehillim), JJS 53 (2002) 298–323; *A. Shinan*, Betraqlin we-ʿal saf ha-bait: Moshe Rabbenu we-David ha-melekh be-midrash Tehillim, in GS T. Lifshitz 557–570; *L. Rabinowitz*, Does Midrash Tillim Reflect the Triennial Cycle of Psalms?, JQR 26 (1935 f.) 349–368; *B. Wellmann*, Von David, Königin Ester und Christus. Psalm 22 im Midrasch Tehillim und bei Augustinus, Freiburg 2007; *Zunz*, GV 287–280 (und *Albeck*, Derashot 132. 411 f.).

2) Midrasch Mishle (MidMish)

Dieser Midrasch zu den Sprichwörtern wird im 11. Jh. zitiert, vielleicht auch schon von den Geonim (so *Buber*, aber nicht sicher). Großteils mehr Kommentar als Midrasch, bietet oft nur eine knappe Paraphrase eines Verses (doch vgl. 1,1 die vier Rätsel, welche die Königin von Saba Salomo aufgibt; 9,2 Tod Aqivas). Nicht weniges bleibt unkommentiert, so Kap. 3 und 18 ganz, 7 und 29 fast ganz (was zu 29 vorliegt, stammt aus bT). Zitate im Yalqut zeigen, dass viel verloren gegangen sein muss. Ein von *M. B. Lerner* veröffentlichtes Geniza-Fragment (T-S F 15.1, Ende 11. oder 12. Jh.) zu Spr 2,21–3,15 gehört wohl zu MidMish und füllt einen großen Teil der Lücke von 2,13–4,22. Man kann damit rechnen, dass auch zu den übrigen Versen es einmal den Midrasch gab, dieser also für Spr 1–6 vollständig war. Erst von da an springt der Autor immer wieder von einem Vers zu thematisch verwandten Versen und übergeht dabei offenbar geplant viele Einheiten von Spr, um den Midrasch schnell zum Abschluss zu bringen (*Lerner*).

Als Quellen haben ältere Midraschim gedient, ebenso bT; im Einzelfall bleibt jedoch offen, ob ein Zitat aus bT oder einer Parallele in pT oder Midraschim stammt. Nach *Buber* u. a. hat der Midrasch pT nicht verwendet, was jedoch durchaus nicht sicher ist (*Visotzky*, The Midrash 8). Für eine Herkunft aus Palästina argumentiert *Rabinovitz* (Ginzé 229 ff.) mit der typisch palästinischen Schreibweise und Terminologie der von ihm veröffentlichten Geniza-Fragmente; das gilt jedoch direkt nur für die Handschriften, nicht aber den Midrasch selbst. Die Frage der Herkunft – *Buber* hatte an Babylonien gedacht, *Zunz* an Süditalien – lässt sich nicht eindeutig beantworten (*Visotzky*, The Midrash 10–12). Unsicher bleibt auch die Datierung der Schrift, die in den Geniza-Fragmenten oft umfangreicher ist, aber noch nicht die in den Drucken übliche Einteilung in 31 Kapitel wie in der Bibel aufweist. S. *Buber* hatte an eine Entstehung gleich nach bT gedacht, *Zunz* das Ende der gaonäischen Zeit vorgeschlagen; heute vertritt *Rabinovitz* etwa 7.–8. Jh.; *Visotzky* (The Midrash 10) datiert die Schrift in die 2. Hälfte des 9. Jhs., begründet u. a. mit der Auseinandersetzung ihres Autors mit den Karäern.

Text: K 1512/17, V 1546. S. *Buber*, Midrasch Mishle, Wilna 1893, Ndr. J 1965 zus. mit MidSam (nach MS Paris 152 von 1532, verglichen mit MSS aus Parma und Rom, jedoch nicht mit dem ältesten MS, Parma 3122 aus dem Jahr 1270); B. L. *Visotzky*, Midrash Mishle: A Critical Edition based on Vatican MS. Ebr. 44, with variant readings ..., NY 1990. Zum Text auch *L. Ginzberg*, Ginze Schechter I 163–168 (neue Fassung zu 31,22–25); Z. M. *Rabinovitz*, Ginzé Midrash 218–249 (Fragmente in Cambridge: 2 Blatt eines Palimpsests, 10. Jh., nach *Visotzky* [Edition, Mavo 9] eher 11. oder 12. Jh.; 6 Blatt aus dem 11. Jh.: Kap. 7–10. 14 f.); *ders.*, A Genizah Fragment of Midrash Mishle (h), Michtam le-David, GS

D. Ochs, Ramat-Gan 1978, 106–119 (Oxford, 2 Blatt, ca. 11.Jh: Kap. 11 f., 17, 19); andere Fassung von Kap. 31 in *Wertheimer*, Batei Midrashot II 146–150. *Übers.:* *A. Wünsche*, Bibl. Rabb. IV, Le 1885, Ndr. H 1967; *B. L. Visotzky*, The Midrash on Proverbs, New Haven 1992. – Vgl. auch *J. Elbaum*, EJ² XIV 190 f.; *M. Higger*, Beraitoth in Midrash Samuel and Midrash Mishlei, Talpioth 5 (1951 f.) 669–682 (sieht darin Beleg für babyl. Herkunft); *M. B. Lerner*, Meḥqarim be-Midrash Mishle, Talmudic Studies III/2 461–488; *D. Stein*, The Queen of Sheba and Solomon – Riddles and Interpretations in Midrash to Proverbs Chap. 1 (h), Jerusalem Studies in Jewish Folklore 15 (1993) 7–35.

3) Midrasch Samuel

Der Midrasch bietet in 32 Kapiteln (24 zu 1 Sam, 8 zu 2 Sam) knappe Auslegungen zu ausgewählten Versen von 1–2 Sam, wobei v. a. ab 1 Sam 21 ganze Kapitel nicht kommentiert sind (1 Sam 21–24; 26–27; 29–31; 2 Sam 2–5; 9–11; 13; 15–18; 20; 22). Kriterien der Textauswahl sind nicht klar, auch wenn der Midrasch nach 1 Sam immer weniger kommentiert. Immer wieder werden Verse ohne jeden Kommentar zitiert, was nahelegt, dass dieser später ergänzt werden sollte. Insgesamt macht die Schrift den Eindruck, nicht abgeschlossen worden zu sein (*Lifshitz*, Mavo 84). Sie verwendet nicht nur die rabb. Midrasch-Literatur, sondern auch sonst nicht belegten Stoff, der z. T. sehr alt ist. Das Werk ist wohl in Palästina entstanden: Die genannten Amoräer und die zitierten Quellen sind alle palästinisch. *Rabinovitz* hat acht Blatt aus der Geniza veröffentlicht, deren Text vom üblichen stark abweicht (ohne spätere Ergänzungen, dafür jedoch mit anderem Material, das offenbar später ausgefallen ist). *Albeck* (Derashot 84) nimmt an, dass ein recht früher Samuel-Midrasch später überarbeitet wurde (späte Petichot; siehe auch *M. B. Lerner* in Safrai II 150: Zahlreiche Abschnitte in MidSam «should be included as a specimen of early Amoraic midrash»). *B. Lifshitz* (Mavo 44) hält dagegen, dass man bei Vorliegen eines alten Midrasch wohl kaum einen neuen verfasst hätte; vielmehr habe der Verfasser altes und junges Material in seinem Werk zusammengetragen. Er plädiert immer wieder für ein hohes Alter des Midrasch, besonders auch wegen der Unsicherheit, wo MidSam andere Schriften zitiert oder selbst zitiert wird, legt sich aber nicht genauer fest.

Zunz (GV 281 f.) datierte die Schrift nicht vor das 11.Jh. Doch ist das Werk sicher viel früher entstanden. MidSam 16,1 ist vielleicht schon in Pitron Tora verwendet (Synopse der langen Parallele bei *Lifshitz*, Mavo 57–61) und wäre demnach schon im 9.Jh. in Babylonien bekannt gewesen. Sicher sind dagegen Zitate bei Samuel ben Ḥofni (10.Jh.) als Aggadat Shmuel und in der Megillat Setarim des Rav Nissim Gaon (*S. Abramson*, ʿInyanut be-Sifrut ha-Geonim, J 1974, 154; ders., Rav Nissim Gaon,

J 1965, 311). Der *Qizzur 'Aggadot ha-Yerushalmi* aus der Geniza zitiert «Samuel Rabba» (Ginze Schechter I 392); Buchlisten der Geniza erwähnen eine 'Aggadat Shmuel (*J. Mann*, Texts and Studies I, NY 1972 = Ndr. von 1931, 644). MS Parma 563 ist das einzige MS, doch sehr fehlerhaft, weshalb *Lifshitz* den Erstdruck Konstantinopel als Basistext vorzieht.

Text: K 1517; V 1546; *S. Buber*, Midrasch Samuel ... kritisch bearbeitet, commentiert und mit einer Einl., Krakau 1893, Ndr. zus. mit Midrasch Mishle J 1965 (dazu *A. Ehrlich*, MGWJ 39, 1895, 331–336. 368–370: viele Druckfehler, Auslassungen usw.); *B. Lifshitz*, Midrash Shmuel. Based on the Constantinople Edition of 1517 with an Introduction, Variant Readings, References and a Commentary, J 2009; *Z. M. Rabinovitz*, Ginzé Midrash 179–217 (ca. 13. Jh.); ein weiteres Fragment bei *N. Alloni*, Geniza Fragments 77. *Übersetzung: A. Wünsche*, Lehrhallen V.

Lit.: J. *Elbaum*, EJ² XIV 191; *M. Higger*, Beraitoth in Midrash Samuel and Midrash Mishlei (h), Talpioth 5, 3–4 (1952) 669–682; *H. Mack*, Midrash Samuel and Midrash Bemidbar Rabba, in: GS T. Lifshitz 293–307; *Zunz*, GV 281 f.

4) Midrasch Ijob

Seine Existenz bezeugt z. B. Yalqut ha-Makhiri. Die erhaltenen Auszüge und Zitate sind gesammelt in *Wertheimer*, Batei Midrashot II 151–186, der das Werk R. Hoschaja Rabba zuschreiben möchte (3. Jh.), da viele hier anonyme Aussagen ihm anderswo zugeschrieben sind. Vgl. *Zunz*, GV 282. Die Datierungsfrage, schon durch die fragmentarische Überlieferung problematisch, bedarf noch genauerer Untersuchungen (z. B. Vergleich mit dem Targum Ijob aus Qumran).

VII. Andere Haggadawerke

1) Vom Midrasch zur Erzählliteratur

a) Seder ʿOlam (SOR)

Seder ʿOlam wird seit dem 12. Jh. (zuerst bei Abraham ben Yarḥi) zur Unterscheidung von dem anschließend zu nennenden Werke Seder ʿOlam Rabba (SOR) genannt. SOR ist ein besonders (aber durchaus nicht ausschließlich) chronographisch interessierter Midrasch, der die Zeit von Adam bis zum Ende der Perserzeit umfasst; diese zieht er auf 52 Jahre bzw. auf 34 Jahre nach Errichtung des zweiten Tempels zusammen. Der zweite Teil des abschließenden Kapitels 30 bietet die wesentlichen Daten von Alexander dem Großen bis Bar Kokhba, vielleicht eine Kurzfassung einer ursprünglich umfangreicheren Version. Die Tradition schreibt das Werk dem Tannaiten Jose ben Chalafta (ca. 160) zu (gestützt auf R. Jochanan in bYev 82b und bNid 46b: «Wer lehrte Seder ʿOlam? Es ist R. Jose»). *Milikowsky* (PAAJR 52, 124) hält R. Jose nicht für den Autor oder Redaktor, sondern den Tradenten eines älteren Werks, das er bearbeitete; aus dem Vergleich mehrerer Stellen von SOR mit tSot 12 schließt er, dass «Seder Olam schon als redigiertes Buch existierte, bevor die Endredaktion von T erfolgte» (Tarbiz 49, 263). Doch ist die Schrift wohl in früher amoräischer Zeit redigiert und auch später noch durch Zusätze vermehrt oder überarbeitet worden. *B. Z. Wacholder* (Eupolemus, Cincinnati 1974, 109 Anm. 53) bezeichnet den uns erhaltenen Text gar als «a posttalmudic publication»; dies müsste im Zusammenhang mit der sehr lückenhaften Überlieferungsgeschichte des Werkes (dazu v. a. *Ratner*) noch näher untersucht werden. Vielfach leitet man von SOR die Zeitrechnung «seit Erschaffung der Welt» ab (die dort aber nur für die Datierung der Flut vorkommt), die sich jedoch im Judentum erst seit dem 11. Jh. allgemein durchgesetzt hat, ebenso die Datierung der Zerstörung Jerusalems auf das Jahr 68 (die man aber auch erst aus den verschiedenen Angaben der Schrift errechnen müsste).

Text: Erstdruck Mantua 1513; *B. Ratner*, Seder Olam Rabba. Die grosse Weltchronik, Wilna 1897 (dazu kritisch *A. Marx*, Zeitschrift für hebr. Bibliographie 3, 1899, 68–70); *ders.*, Einleitung zum Seder Olam (h), Wilna 1894; Ndr. zusammen mit hebr. Einleitung von *S. K. Mirsky*, NY 1966 = J 1988; *A. Marx*, Seder Olam (Kap. 1–10) herausgegeben, übersetzt und erklärt, B 1903; *C. J. Milikowsky*, Seder Olam: A Rabbinic Chronology, Diss. Yale 1981 (krit. Edition v. a. auf Basis des Geniza-Textes Antonin 891, St. Petersburg, vielleicht 9. Jh.; wo dies unmöglich ist, editio princeps als Basis; Übers.). *C. Milikowsky*, Seder Olam, Critical Edition with Introduction and Commentary (h), Part 1. Introduction; Part 2. Critical Edition; Part 3. Commentary, J, Israel Academy of Sciences (seit Jahren als «in press» angekündigt); Text auch in der Bar Ilan Judaic Library; *ders.*, On the printed editions of Seder Olam – Introduction to a critical Edition of Seder Olam. I. (h), Alei Sefer 12 (1986) 37–49; *M.J. Weinstock*, Seder Olam Rabba ha-shalem, 3 Bde., J 1956–1962; *S.A. Hopkins*, Miscellany 78. 92–94 (Fotos von Geniza-Fragmenten); Übers.: *H.W. Guggenheimer*, Seder Olam. The Rabbinic View of Biblical Chronology, Northvale 1998; *L. Girón-Blanc*, Seder Olam Rabbah = El gran orden del universo, Estella 1996.

Lit.: *C.J. Milikowsky*, Seder ʿOlam and the Tosefta (h), Tarbiz 49 (1979 f.) 246–263; *ders.*, Kima and the Flood in Seder ʿOlam and B.T. Rosh ha-Shana: Stellar Time-Reckoning and Uranography in Rabbinic Literature, PAAJR 50 (1983) 105–132; *ders.*, Seder ʿOlam and Jewish Chronography in the Hellenistic and Roman Periods, PAAJR 52 (1985) 115–139; *ders.*, Gehenna and ‹Sinners of Israel› in the Light of Seder ʿOlam (h), Tarbiz 55 (1985 f.) 311–343; *ders.*, The Symmetry of History in Rabbinic Literature: The Special Numbers of *Seder Olam*, Chapter Two (h), JSJT 11 (1993) 37–47; *ders.*, On Parallels and Primacy: Seder ʿOlam and Mekhilta d'Rabbi Shimon ben Yohai on the Israelites in Egypt (h), Bar-Ilan 26 f. (1995) 221–225; *ders.*, Josephus between Rabbinic Culture and Hellenistic Historiography, in: *J.L. Kugel*, Hg., Shem in the Tents of Japhet, L 2002, 159–200; *ders.*, in Safrai II 231–237; *J.M. Rosenthal*, EJ² XVIII 235 f.; *Zunz*, GV 89.

b) Seder ʿOlam Zutta (SOZ)

SOZ stellt eine Liste von 89 Generationen von Abraham bis zum Exil und dann bis zum Ende der talmudischen Zeit auf. Sein Hauptinteresse gilt dem Amt des Exilarchen, das nach der Tradition auf die Zeit des babyl. Exils zurückgeht und in der Familie Davids erblich ist. Diese Linie kommt mit der Auswanderung von Mar Zutra III. nach Palästina zu ihrem Ende. Die späteren Exilarchen sind nicht davidischer Herkunft und daher nicht legitim, wie das Buch polemisch impliziert. Das Werk ist frühestens im 8. Jh. entstanden.

Text: *S. Schechter*, Seder Olam Suta, MGWJ 39 (1895) 23–28 (MS De Rossi 541, 1. Hälfte 14. Jh.); *M. Grosberg*, Seder Olam zuta and complete Seder Tannaim v'Amoraim, Lo 1910, Ndr. J-TA 1970; *M.J. Weinstock*, Seder ʿOlam Zutta ha-Shalem, J 1957.

Lit.: *M. Beer*, Exilarchate 11–15; *A.D. Goode*, The Exilarchate in the Eastern Caliphate, 637–1258, JQR 31 (1940 f.) 149–169; *J.M. Rosenthal*, EJ² XVIII 236; *Zunz*, GV 142–147.

c) Pirqe de Rabbi Eliezer (PRE)

PRE, auch Baraita de-Rabbi Eliezer (Arukh, Raschi), Mischna de RE oder auch Haggada de RE genannt, hat in der uns vorliegenden Gestalt 54 Kapitel, ist jedoch offensichtlich unvollständig. Von weiteren Kapiteln ist keine Spur erhalten, auch wenn mittelalterliche Zitate von PRE oft nicht mit unserem Text übereinstimmen und SEZ 19–25 irgendwie zur R.-Eliezer-Tradition gehört (doch keine Fortsetzung von PRE!); somit hat der Verfasser das Werk vielleicht nicht abgeschlossen.

Inhalt: 1–2 aus dem Leben des R. Eliezer; 3–11 die Schöpfung; 12–23 Adam bis Noach (Ankündigung des zehnmaligen Herabkommens Gottes auf die Erde; die drei Pfeiler, auf denen die Welt ruht: Tora, Gottesdienst, Liebeswerke); 24–25 die sündige Menschheit und die Sprachverwirrung; 26–39 Abraham bis Jakob; 40–48 Mose bis zur Offenbarung Gottes nach der Versündigung durch das goldene Kalb; 49–50 Nachkommen Amaleks (Haman, Titus), Bemerkungen über die Esterrolle; 51 die kommende Erlösung; 52 sieben Wunder; 53–54 Bestrafung Mirjams wegen ihres Redens gegen Mose (Num 12). Hier bricht die Erzählung ab.

Dass die Schrift weitergehen sollte, sieht man meist darin bewiesen, dass von den angekündigten zehn Abstiegen Gottes zur Welt nur acht gebracht werden; auch sind die Kapitel 27 ff. mit den Benediktionen des Achtzehngebets verbunden; doch kommt das Werk nur bis zur 8. Benediktion, dem Gebet um Gesundheit. Es ist anzunehmen, dass das Werk bis zum Tod des Mose geplant war, also den ganzen Pentateuch behandeln wollte. Eine andere Erklärung dieser Beobachtungen versucht *M. Pérez* (Los Capítulos 22–26): PRE habe ein Werk über die zehn Abstiege Gottes nur zum Teil verwendet. Das Achtzehngebet dagegen sei nur eine redaktionelle Klammer (am Ende von Kap. 10 wird auch die 13. Benediktion zitiert); Vollständigkeit wäre da nicht notwendig zu erwarten. Die Quellenanalyse von *Pérez* verdient eine genauere Prüfung; doch auch dabei bleibt der abrupte Schluss von PRE zu erklären.

Die Schrift ist kein Midrasch im eigentlichen Sinn, sondern eher der Gattung der «rewritten Bible» zuzurechnen, einer zusammenhängenden biblischen Geschichte, in manchem arabischen Bibelerzählungen ähnlich, auch wenn noch midraschartige Züge vorhanden sind (Anführung von Einzeltraditionen im Namen ihrer Sprecher, auch wenn diese oft pseudepigraphisch eingesetzt zu sein scheinen; Widersprüche von Einzeltraditionen sind nicht ausgeglichen). Ob der Verfasser selbst die pseudepigraphe Zuschreibung an Eliezer ben Hyrkan gewollt hat, ist unsicher. Das Buch kann auch einfach nach Eliezer benannt worden sein, weil es mit ihm beginnt. Da manche Handschriften jedoch Kap. 1–2 nicht enthalten, ist auch die Möglichkeit gegeben, dass sie erst nachträglich mit diesem Werk verbunden wurden. Dies müsste aber schon früh erfolgt sein; denn Geniza-Fragmente bezeugen schon die heutige Kapitelzählung (so der Text von

PRE 26–29, 11. Jh.; ebenso das von *Alloni* publizierte Fragment mit Kap. 46); auch ist die Benennung nach R. Eliezer schon früh bezeugt, so bei R. Natan in seinem Arukh. Die literarische Verflechtung von PRE 1–2 mit dem ganzen Werk versucht *D. Stein* 115–168 zu zeigen.

Das Werk scheint im 8. oder 9. Jh. entstanden zu sein (ob Pirqoi ben Bavoi im frühen 9. Jh. es schon zitiert – siehe Ginze Schechter II 544 –, ist nicht ganz sicher). Es spielt mehrfach auf die arabische Herrschaft an, besonders in den Erzählungen über Ismael, als dessen Frauen Aischa und Fatima genannt werden (Kap. 30). Im selben Kapitel ist auch schon der Felsendom auf dem Tempelplatz bekannt und wird die gemeinsame Herrschaft zweier Brüder erwähnt: Gewöhnlich deutet man dies auf die beiden Söhne Harun al-Raschids (809–813); *A. H. Silver* (A History of Messianic Speculation in Israel, Boston 1959 = 1927, 41) denkt hingegen an die Halbbrüder Moawija (Kalif ab 661) und Zijad (ab 665 Herrscher in den östlichen Provinzen). Ähnlich unsicher ist die Deutung eines Textes in PRE 28, dass die Herrschaft der vier Reiche einen Tag Gottes währt, d. h. 1000 Jahre. Mit je verschiedenen Ausgangspunkten hat daraus *Zunz* (GV 289) die Erwartung der messianischen Zeit für das Jahr 729 abgeleitet, *Friedlander* (S. 200) für das Jahr 832, *A. H. Silver* für 648: Damit ist die Problematik einer direkten historischen Verwertung solcher Angaben schon deutlich genug.

Der Versuch von *U. Bohmeier*, die Schrift rein von der exegetischen Methode her zu bestimmen und sie als philologischen Midrasch zu verstehen, der «in erster Linie philologische Arbeit am Text der Bibel» leistet (9) und «nicht vor Saadia und nicht nach Jona ibn Janach verfasst» worden sei (489), ist nicht nur wegen der vielen Datierungshinweise im Text selbst und wegen der frühen Geniza-Fragmente, sondern auch in der Bestimmung der literarischen Gattung problematisch. PRE ist grundlegend ein erzählender Midrasch, dessen Autor sich intensiv mit dem Islam (*Bakhos* u. a.) und wohl auch mit christlichen Traditionen auseinandersetzt (so etwa *Adelman*) und ein geschlossenes Weltbild vermittelt (*Stein* u. a. zu Magie und Mythos in PRE).

Sicher ist in PRE auch mit Interpolationen zu rechnen. Insgesamt ist jedoch das Werk, wiewohl es sich auf eine Fülle älterer Traditionen stützt, auch die Pseudepigraphen kennt und vielleicht auch ganze Kapitel ziemlich unverändert aus anderen Quellen übernommen hat (etwa die drei astronomischen Kapitel 6–8: dazu *M. Steinschneider*, Mathematik bei den Juden, B/Le 1893, Ndr. H 1964, 44–48), nicht ein Sammelwerk wie andere Midraschim, sondern als die Leistung einer Schriftstellerpersönlichkeit anzusehen. Als Entstehungsort ist wohl Palästina anzunehmen (fast alle zitierten Rabbinen sind von dort).

Text: Erstdruck K 1514 (Lücken durch Selbstzensur; Faksim.: http://www.usc.edu/projects/pre-project); V 1544 (siehe zu Horowitz); Warschau 1852 mit Kommentar von *D. Luria* (Ndr. J 1963; auch hier viele Zensurlücken); *M. Higger*, Pirqe Rabbi Eliezer, Horeb 8 (1944) 82–119; 9 (1946 f.) 94–166; 10 (1948) 185–294 (Kollation von drei MSS der Biblioteca Casanatense, Rom); *C. M. Horowitz*, Pirke de Rabbi Eliezer. A complete critical edition as prepared by C. M. Hor., but never published. Facsimile edition of editor's original MS, J 1972 (Ausgabe V 1544 mit Horowitz' handschriftlicher Bearbeitung; im Faksimile fehlen mehrere Blätter, S. 183 ff. sind in Unordnung); eine abweichende Fassung des letzten Kapitels, ähnlich MS Epstein: *Wertheimer* I 238–243; Kap. 39–41 aus MS Parma 1240 (wo diese Kapitel zusammen mit SEZ 19–25, die auch zur Eliezertradition gehören, zwischen PesR eingeschoben sind): *M. Friedmann*, Pseudo-Seder Eliahu Zuta, W 1904, 50–56. *Geniza-Fragmente: N. Alloni*, Geniza Fragments 76 (ein Palimpsestblatt zu PRE 45 f. in Cambridge); *Z. M. Rabinowitz*, Genizah Fragments of the Pirke R. Eliezer (h), Bar-Ilan 16–17 (1979) 100–111 (PRE 26 – Anfang 29, 11. Jh.); Liste der Textzeugen: *L. M. Barth* (siehe unten); *E. Treitel*, ʿEde ha-nusaḥ shel Pirqe de-R. Eliezer – Miyun muqdam, M. A. Arbeit Jerusalem 2002.

Übers.: *G. Friedlander*, Pirke de Rabbi Eliezer, Lo 1916, Ndr. NY 1981 (engl. Übers. des MS A. Epstein, Wien, mit Einführung); *M.-A. Ouaknin – E. Smilévitch – P.-H. Salfati*, Pirqé de Rabbi ʾEliezer (Traduction annotée), P ²1992; *M. Pérez Fernández*, Los Capítulos de Rabbi Eliezer, Valencia 1984 (Ausgabe *Luria*, mit Verwendung der Ausgabe V 1545 und der drei von *Higger* publizierten MSS; ausführliche Einleitung, v. a. auch zum Verhältnis PRE – Targum); *D. Börner-Klein*, Pirke de-Rabbi Elieser (dt. Übers. mit hebr. Text von V 1545), B 2004.

Lit.: *R. Adelman*, The Return of the Repressed: Pirqe de-Rabbi Eliezer and the Pseudepigrapha, L 2009; *C. Bakhos*, Abraham Visits Ishmael: A Revisit, JSJ 38 (2007) 553–580; *L. M. Barth*, Is Every Medieval Hebrew Manuscript a New Composition? The Case of *Pirqé Rabbi Eliezer*, in: Agendas for the Study of Midrash in the Twenty-first Century, hg. v. *M. L. Raphael*, Williamsburg (Virginia) 1999, 43–62 (auch im Internet, zur Vorbereitung einer elektronischen Edition von PRE); *U. Bohmeier*, Exegetische Methodik in Pirke de-Rabbi Elieser, Kapitel 1–24, F 2008 (schreibt PRE Saadja oder seinem Umkreis zu); *J. Elbaum*, Rhetoric, Motif and Subject Matter – toward an Analysis of Narrative Technique in Pirke de-Rabbi Eliezer (h), Jerusalem Studies in Jewish Folklore 13–14 (1991 f.) 99–126; *ders.*, Messianism in Pirqe de-Rabbi Eliezer: Apocalypse and Midrash (h), Teuda 11 (1996) 245–266; *R. Hayward*, Pirqe de Rabbi Eliezer and Targum Pseudo-Jonathan, JJS 42 (1991) 215–246; *J. Heinemann*, Aggadah 181–199. 242–247 (v. a. Verhältnis zum Islam); *ders.*, ʿIbbude ʾaggadot qedumot be-ruaḥ ha-zeman be-Pirqe Rabbi Eliezer, FS S. Halkin, J 1975, 321–343; *G. D. Newby*, Text and territory: Jewish-Muslim relations 632–750 CE, in: Judaism and Islam. Boundaries, Communication and Interaction (FS W. M. Brinner), ed. *B. H. Hary* u. a, L 2000, 83–96; *M. Pérez Fernández*, Targum y Midrás sobre Gn 1,26–27; 2,7; 3,7.21. La creación de Adán en el Targum de Pseudojonatán y en Pirqé de Rabbí Eliezer, GS A. Díez Macho, Madrid 1986, 471–487; *ders.*, Sobre los textos mesiánicos del Targum Pseudo-Jonatán y del Midrás Pirqé de Rabbí Eliezer, Estudios Biblicos 45 (1987) 39–55; *J. L. Rubenstein*, From Mythic Motifs to Sustained Myth: The Revision of Rabbinic Traditions in Medieval Midrashim, HThR 89 (1996) 131–159 (zu Tanchuma und PRE); *S. D. Sacks*, Midrash and Multiplicity. Pirke de-Rabbi Eliezer and the Renewal of Rabbinic Interpretive Culture, Berlin 2009; *A. Schussman*, Abraham's Visits to Ishmael – The Jewish Origin and Orientation (h), Tarbiz 49

(1979 f.) 325–345; *A. Shinan*, The Relationship between Targum Pseudo Jonathan and Midrash Pirqe de-Rabbi Eliezer (h), Teuda 11 (TA 1996) 231–243; *D. Stein*, Maxims Magic Myth: A Folkloristic Perspective of Pirkei de Rabbi Eliezer (h), J 2004; *A. Urowitz-Freudenstein*, Pseudepigraphic Support of Pseudepigraphical Sources: The Case of Pirqe de Rabbi Eliezer, in: *J. C. Reeves*, Hg., Tracing the Threads, A 1994, 35–53; *J. Yahalom*, Poetry and Society in Jewish Galilee of Late Antiquity (h), TA 1999, 129–136 (Beziehungen zu Synagoge und Piyut); *Zunz*, GV 283–290 (*Albeck*, Derashot 136–140. 421–423; vgl. auch *Albeck*, Agadot im Lichte der Pseudepigraphen, MGWJ 83, 1939, 162–169, zu Parallelen v. a. mit dem Jubiläenbuch).

d) *Midrasch Jona*

Ein Midrasch über die Buße des Propheten Jona dürfte nach seinem Stil und den darin verwerteten Traditionen im 9.–10. Jh. entstanden sein; Raschi und Josef Qara kennen schon seine Traditionen: *T. Kaddari*, Midrash Teshuvat Yona ha-Navi, Kobez al Yad 16 [26], J 2002, 67–84, ediert den Text auf Basis von MS Warschau, Univ.-Bibl. 258/12 von 1429/30. Den größten Teil dieses Midrasch hat der Yalqut zu Jona (Yalqut II §§ 550 f.) verwertet, anderes der Midrasch Jona ergänzend aufgenommen.

Dieser Midrasch Jona besteht in den üblichen Ausgaben aus zwei Teilen. Der erste findet sich im Wesentlichen auch im Yalqut zu Jona; PRE 10 ist fast ganz übernommen worden, einiges auch aus pT und bT. Der zweite Teil, mit 2,11 beginnend («da sprach Gott zum Fisch»), ist aus dem Zohar ins Hebräische übersetzt; er steht nicht in dem von *H. M. Horowitz*, Sammlung kleiner Midraschim I 11–34, benützten MS De Rossi. *Horowitz* bringt drei Rezensionen. Erstdruck Prag 1595, dann Altona (ohne Jahr, um 1770), beide Mal im Anschluss an den Reisebericht des Petachja von Regensburg. Text auch in BhM I 87–105 und *Eisenstein* I 218–222, übersetzt in *Wünsche*, Lehrhallen II.

e) *Midrasch Wa-yissaʿu*

Die Schrift schildert die Kämpfe der Söhne Jakobs gegen die Amoriter und Esau, anknüpfend an Gen 35,5; 36,6. Es finden sich auch Parallelen zu Jub 34.37 f. und Testament Juda 2 ff., die vielleicht als Vorlage für die Schrift dienten, welche im Mittelalter, wohl durch Heldensagen angeregt, kompiliert wurde. *G. Schmitt* 48 rechnet mit einer alten Quelle des Midrasch, «wahrscheinlich nicht später als der Bar-Kokhba-Krieg»; der jetzige Text sei «freie Nacherzählung eines hebr. Originals oder auch Übersetzung eines aram. Originals».

Text: Der im Yalqut Gen §133 erhaltene Text ist abgedruckt in BhM III und *R. H. Charles*, The Greek Versions of the Testaments of the Twelve Patriarchs,

O 1908, 237f. (1.Teil), und *ders.*, The Ethiopic Version of the Hebrew Book of Jubilees, O 1895, 180–182. Krit. Ausgabe: *J. Z. Lauterbach*, Midrash Wayissaʿu o Sefer Milḥamot bene Yaʿaqov, GS H. P. Chajes, W 1933, hebr. Teil 205–222; *T. Alexander – J. Dan*, The Complete «Midrash Vayisaʿu», Folklore Research Center Studies 3 (J 1972) hebr. Teil 67–76; *M. Gaster*, The Chronicles of Jeraḥmeel, Lo 1899, 80–87, bietet die engl. Übersetzung einer etwas verschiedenen Fassung; deutsche Übersetzung in *H. Rönsch*, Das Buch der Jubiläen, Le 1874, 390–398.
Weitere Lit.: *J. Dan*, The Hebrew Story 138–140; *D. Flusser*, EJ² XIV 192; *A. Hultgård*, L'eschatologie des Testaments des Douze Patriarches II, Uppsala 1982, 123–127; *Z. Safrai*, Midrash Wajisau – The War of the Sons of Jacob in Southern Samaria (h), Sinai 100 (1987) 612–627 (Synopse mit TestJuda und Jub; Liste von MSS); *G. Schmitt*, Ein indirektes Zeugnis der Makkabäerkämpfe, Wiesbaden 1983; *Zunz*, GV 153.

f) Divre ha-yamim shel Moshe

Das «Leben Moses» ist in einem pseudobiblischen Hebräisch geschrieben. Es gehört zur Gattung der «Rewritten Bible» und reiht vielfach bloß Bibelverse aneinander, stets ohne Einleitungsformel. Manche Parallelen finden sich bei Josephus; die rabbinische Tradition wird stets ohne Rabbinennamen verwertet, die Auswahl aus den Quellen erfolgt v. a. mit dem Bestreben, die wunderbaren Züge im Leben des Mose übersteigert hervorzuheben. Das Werk benützt ShemR und Josippon; es wird im Arukh erwähnt und dürfte im 11. Jh. entstanden sein.

Text: K 1516; V 1544; BhM II,1–11; *A. M. Habermann*, Hg., Ḥelqat Meḥoqeq. Divre midrash we-ʾaggada ʿal Moshe Rabbenu u-petirato, TA 1947, 7–24; *A. Shinan*, Divre ha-yamim shel Moshe Rabbenu, Hasifrut 24 (1977) 100–116 (Einleitung und Text nach MS Oxford Bodl. 2797 von 1325; dieses und die anderen MSS weichen v. a. in der zweiten Hälfte stark von den gedruckten Fassungen ab).
Übersetzung: A. Wünsche, Lehrhallen I. *M. Gaster*, The Chronicles of Jeraḥmeel, Lo 1899 (Ndr. NY 1971), Kap. 42–48, übersetzt einen ähnlichen Text; *L. F. Girón-Blanc*, Sefarad 48 (1988) 390–425.
Lit.: J. Dan, The Hebrew Story 140 f.; *ders.*, EJ² XIV 545; *D. Flusser*, Josippon II 151 (zur Benutzung von Josippon); *Zunz*, GV 153.

g) Midrasch Petirat Moshe

Erzählungen über den Tod Mose sind ab SifDev in der rabbinischen Literatur verbreitet. Daraus entwickeln sich die späteren Rezensionen des «Midrasch vom Ableben Mose», die in DevR 11,10 (noch nicht in MS Parma 1240, erst im Erstdruck), Yalqut Dtn § 940 und als selbstständige Schrift in mehreren Varianten belegt sind. Als früheste Fassung ist wohl DevR Lieberman anzusehen. Die Fassungen von DevR (üblicher Text), Yalqut und BhM I sind zuerst bei Jehuda Hadassi, Eshkol ha-Kofer

140a–b (12. Jh.) bezeugt, dann im Yalqut, und wohl aschkenasische Bearbeitungen (Samael als Todesengel).

Erstdruck K 1516; V 1544; BhM I 115–129. Übersetzung in A. Wünsche, Lehrhallen I; Kushelevsky 195–249. Eine sehr enge Parallele findet sich in Pitron Tora 290–304. Eine andere Fassung knüpft an Spr 31,29 an und ist in BhM VI 71–78 gedruckt. Übersetzung des ersten Teils in A. Wünsche, Lehrhallen I 122–125. Im zweiten Teil gibt es eine abweichende Textfassung, aus Bereshit Rabbati (Albeck 136 f.), in BhM VI, pp. XXII f. abgedruckt. Siehe auch Wertheimer I 273–275. 286 f. Weitere Rezensionen: Eisenstein II 368–371; M. Krupp, New Versions of Midrash Petirat Moshe (h), 11th WCJS (J 1994) C I 119–123. Versuch der Rekonstruktion einer frühen Fassung: L. J. Weinberger, A Lost Midrash (h), Tarbiz 38 (1968 f.) 285–293. Lit.: R. Kushelevsky, Moses and the Angel of Death, NY 1995; Zunz, GV 154.

h) Midrasch Petirat Aharon

Der «Midrasch vom Ableben Aarons» schließt an Num 20 an. Text K 1515; V 1544; BhM I,91–95. Übersetzung A. Wünsche, Lehrhallen I; B. M. Mehlman, Midrash Petirat Aharon; introduction and translation, Journal of Reform Judaism 27 (1980) 49–58. Zunz, GV 153.

i) Midrasch ʿAseret ha-Dibrot

Der «Midrasch der zehn Gebote» ist kein eigentlicher Midrasch, sondern eine hebräische Sammlung von jüdischen und anderen Erzählungen, die die Zehn Gebote illustrieren sollen, meist in Extremsituationen, oft aber auch nur noch noch schwach mit den zehn Geboten zusammenhängend. Durch Geniza-Fragmente belegte frühere Textfassungen legen nahe, dass das Werk ursprünglich der Gattung Midrasch näherstand (z. B. Petichot, kurze traditionelle Auslegungen zum Bibelvers) und erst die spätere Textüberlieferung sich immer mehr auf das erzählerische Moment konzentrierte (dazu M. B. Lerner, ʿAl ha-Midrashim; offen bleibt, ob die Peticha zu Beginn des Midrasch nicht erst sekundär eingefügt wurde: Shapira 153–155). Die Sammlung, die A. Alba nicht später als ins 10. Jh. datieren möchte (cf. Shapira 183), entstand im islamischen Raum und war schon im Mittelalter nicht einheitlich: Zahl und Auswahl der Geschichten variieren beträchtlich (in der üblichen Fassung 17 Erzählungen, in MSS bis zu 50). Wohl die älteste hebräische Geschichtensammlung, vielleicht abgesehen vom Alphabet des Ben Sira.

Text: A. Shapira, Midrash Aseret ha-Dibrot (A Midrash on the Ten Commandments): Text, Sources and Interpretation (h), J 2005 (Basistext MS Paris 716, 14. Jh.); BhM I 62–90 (Übersetzung in Wünsche, Lehrhallen IV). Andere Fassungen: M. Gaster, The Exempla of the Rabbis, NY 1968 (Ndr. von 1924 mit Prolegomenon von W. G. Braude) 7–8. 142–148; M. Hershler, Hg., Genuzot 2 (J 1985) 135–187 (aus MS Vat. 285): dazu M. B. Lerner, Collected Exempla. Studies in Aggadic

Texts Published in the Genuzot Series (h), KS 61 (1986 f.) 867–891; ders., Maʿasiot qetuʿot: Shihzur shel sippur qatuaʿ be-serid ha-geniza shel Midrash ʿAseret ha-Dibrot, FS Y. Fraenkel 377–402. Span. Übersetzung mit Einleitung zur mittelalterl. Erzähltradition: A. Alba Cecilia, Midrás de los Diez Mandamientos y Libro Precioso de Salvación, Valencia 1990.
Lit.: J. Dan, The Hebrew Story 79–85; ders., EJ² XIV 185 f.; B. Elizur, On the Process of Copying Midrasch ʿAseret Haddiberot (h), Leš. 48 f. (1984 f.) 207–209; M. B. Lerner, ʿAl ha-Midrashim le-ʿAseret ha-Dibrot, in Talmudic Studies I 217–236; D. Noy, General and Jewish folktale types in the Decalogue Midrash (h), 4th WCJS, J 1968, II 353–355; E. Yassif, The Hebrew Collection of Tales in the Middle Ages (h), T-A 2004; Zunz, GV 150–152.

j) Midrasch ʿEser Galuyot

«Midrasch über die zehn Exile», in mehreren Rezensionen überliefert, deren früheste vielleicht aus dem 9. Jh. stammt (die Vorstellung der 10 Exile ist aber älter, so z. B. schon in Qilliri: Tarbiz 56, 1986 f., 510).

Text in BhM IV 133–136 (Übersetzung in A. Wünsche, Lehrhallen II). Eine spätere Rezension in BhM V 113–116; L. Grünhut, Likkutim III 1–22. M. Ish-Shalom, Midrash «ʿEser Galuyot», Sinai 43 (1958 f.) 195–211.

k) Megillat Antiochos

Das Werk, auch Sefer Bet Ḥashmonai, «das Hasmonäerbuch», oder Megillat Bene Ḥashmonai, «die Hasmonäerrolle», ist eine legendenhafte Darstellung der Makkabäerzeit bis zur Einsetzung des Lichterfestes (Chanukka) in westlichem Aramäisch, wenn auch wahrscheinlich in Babylonien überarbeitet. Kadari möchte die Schrift aus sprachlichen Gründen zwischen dem 2. und 5. Jh. ansetzen; gewöhnlich jedoch nimmt man das 8. oder 9. Jh. an und betrachtet die Sprache als literarische Nachahmung der Sprache des Targum Onqelos; so auch A. Kasher: Mit früheren Autoren betrachtet er den Text als Festrolle für Chanukka; in der Polemik gegen die Karäer, die dieses Fest ablehnten, redigiert, könnte das Werk nicht vor der 2. Hälfte des 8. Jhs. entstanden sein. Der Stoff könnte aus Antiochien stammen, wo die Verehrung der Makkabäer schon früh belegt ist.

Die Halakhot Gedolot schreiben den Ältesten der Schulen Schammais und Hillels eine Megillat Bet Ḥashmonai zu; doch kann der Text nicht als sicherer Beleg für die Kenntnis unserer Schrift gelten, zumal MS Rom Megillat Taʿanit liest. Somit gibt es keinen eindeutigen Nachweis der Schrift vor Saadja, der sie ins Arabische übertrug und auch eine arabische Einleitung dazu schrieb. Mehrere MSS und umfangreiche Geniza-Fragmente belegen die Schrift, die im Mittelalter sehr beliebt war und zum Teil auch in der Synagoge für Chanukka verwendet wurde.

Text: Erstdruck Aram.-Hebr. ca. 1481/2 in Guadalajara: dazu *I. Joel*, The Editio Princeps of the Antiochus Scroll, KS 37 (1961 f.) 132–136 (Varianten des aram. Textes gegenüber BhM sowie der ganze hebr. Text hier wiedergegeben, der stark von der üblichen Fassung abweicht); *H. Filipowski* veröffentlichte den aram. Text am Ende von Mivḥar ha-Peninim des Ibn Gabirol, Lo 1851; BhM VI 4–8; *M. Gaster*, Studies and Texts, 3 Bde., Lo 1925–1928, Ndr. NY 1971, III 33–43 (Einleitung und englische Übers. in I 165–183); *Wertheimer* I 319–330; *M. Z. Kadari*, The Aramaic Megillat Antiochus (h), Bar-Ilan 1 (1963) 81–105; 2 (1964) 178–214 (diesen Text übersetzt *L. Diez Merino*, Fuente histórica desconocida para el período macabaico: Megillat Antiochus, Ciencia Tomista 106, 1979, 463–501; er übernimmt auch *Kadaris* frühesten Datierungsvorschlag, 2. Jh.; ebenso auch *A. Vivian*); *L. Nemoy*, The Scroll of Antiochus, New Haven 1952, gibt das Faksimile einer europäischen Version der Schrift; *A. Vivian*, Un manoscritto inedito della Megillat Antiochus, FS E. Bresciani, Pisa 1985, 567–592; *ders.*, La Megillat Antiochus: Una reinterpretazione dell' epopea maccabaica, Atti del congresso tenuto a San Miniato, 7–10 novembre 1983, R 1987, 163–195 (Einleitung, Übersetzung, Text eines Turiner MS). Geniza-Fragmente: *S. Hopkins*, Miscellany 18 f. 20–26 (ein fast vollständiger Text). 29–39. 44 f. 50–53. 55 f. 102 f. 110 (inklusive zwei Stücke der arab. Einleitung Saadjas). Sehr früh ins Hebräische übersetzt: so das Fragment in *Hopkins* 102 f., das leicht von BhM I 142–146 abweicht (übersetzt in Wünsche, Lehrhallen II 186–192); *N. Fried*, nusaḥ ʿivri Ḥadash shel Megillat Antiokhos, Sinai 64 (1969) 97–140 (MS Brit. Museum, eigenständige Übersetzung aus dem Aram.). Zur arab. Einleitung Saadjas: *S. Atlas – M. Perlman*, Saadia on the Scroll of the Hasmoneans, PAAJR 14 (1944) 1–23; Saadjas Übersetzung mit aram. Text: *J. Qāfiḥ*, Hg., Daniel ʿim targum u-ferush Rabbenu Saʿadia, J 1981, 219–233.

Weitere Lit.: *I. Abrahams*, An Aramaic Text of the Scroll of Antiochus, JQR 11 (1898 f.) 291–9; *N. Fried*, ʿInyanot Megillat Antiokhos, Leš. 23 (1958 f.) 129–145; *M. Z. Kadari*, Be-ʾeizo ʾAramit nikhteva Megillat Antiokhos, Leš. 23 (1958 f.) 129–145; *A. Kasher*, The Historical Background of Megillat Antiochus, PAAJR 48 (1981) 207–230; *F. Rosenthal*, Saadyah's Introduction to the Scroll of the Hasmoneans, JQR 36 (1945 f.) 297–302; EJ² XVIII 213–215 (aus der deutschen EJ II, 1928, 944–947 bearbeitet übernommen).

l) Sefer ha-yashar

Das «Buch des Aufrechten» (vgl. Jos 10,13), auch Toldot Adam genannt, bietet eine Nacherzählung der Geschichte von Adam bis zum Auszug aus Ägypten. Es gibt sich als altes Werk aus, das ein Greis gerettet habe, als Titus Jerusalem eroberte. Die Erzählung stützt sich auf Bibel, Talmud und Midrasch, aber auch auf nichtjüdische Traditionen. *J. Dan* (The Hebrew Story 137 f.) vermutet, dass das gewöhnlich ins 11. oder 12. Jh. datierte Werk, das als Quellen u. a. den Midrasch Wa-yissaʿu und die Divre ha-yamim shel Moshe sowie Josippon verwendet, erst zu Beginn des 16. Jhs. in Neapel entstanden ist (es gibt kein MS!); *J. Genot* sucht diese Datierung mit der Schilderung Josefs als eines jüdischen Astronomen an einem heidnischen Hof, mit der Verwendung des Astrolabs sowie mit zeitgenössischen Einflüssen auf biblische Erzählungen zu stützen.

Text: V 1625 (Ndr. P 1986 zus. mit einem Einleitungsband, Hg. *J. Genot-Bismuth*). Die Ausgabe beruft sich auf einen Druck Neapel 1552, den es jedoch offensichtlich nie gegeben hat (siehe *J. Dan*, KS 49, 1973 f., 242–244); B 1923, Hg. *L. Goldschmidt*; J 1986, Hg. *J. Dan*. Zu zwei jiddischen Adaptierungen des Werks im 17. Jh. siehe *Ch. Turniansky*, The First Yiddish Translations of Sefer Hayashar (h), Tarbiz 54 (1984 f.) 567–620. Engl. Übers.: *M. M. Noach*, The Book of Jaschar, NY 1840, Ndr. 1972; franz. Übers.: *P. L. B. Drach*, in: Migne, Dictionnaire des Apocryphes II, P 1858, 1070–1310.

Lit.: *J. Dan*, Matai nitḥaber «Sefer ha-Yashar»?, FS D. Sadan, TA 1977, 105–110; *ders.*, The Hebrew Story 137 f.; *ders.*, Einleitung zu seiner Ausgabe; *ders.*, EJ² XVIII 240–241; *D. Flusser*, Josippon II 17–24; *J. Genot*, Joseph as Astronomer in Sefer ha-Yashar (h), Tarbiz 51 (1981 f.) 670–672; *dies.*, Censure idéologique et discours chiffré: Le Sefer hayasar œuvre d'un exilé espagnol refugié à Naples, REJ 140 (1981) 433–451; *G. Schmitt*, Ein indirektes Zeugnis der Makkabäerkämpfe. Testament Juda 3–7 und Parallelen, Wiesbaden 1983; *Zunz*, GV 162–165.

m) Alphabet des Ben Sira

Eine aus biblischen und haggadischen Elementen zusammengesetzte scharfe Satire auf Bibel und rabb. Religiosität. Der erste Teil erzählt das Leben des Ben Sira von der Zeugung bis zu seinem ersten Geburtstag; er gilt als Sohn des Jeremia, da dieser Name denselben Zahlenwert wie Sira hat. Im zweiten Teil sagt der einjährige Ben Sira seinem Lehrer zu jedem Buchstaben, den er lernen soll, ein damit beginnendes Sprichwort, das den Lehrer jeweils veranlasst, etwas aus seinem Leben zu erzählen. Im dritten Teil ist Ben Sira am Hof Nebukadnezzars und beantwortet dessen Fragen über die Eigenheiten von Tieren usw. (hier ist der Aufbau nicht ganz klar und offenbar einiges später ergänzt worden). Im letzten Teil kommentieren dann Ben Siras Sohn Uzziel und sein Enkel Josef ben Uzziel dessen Sprichwörter, wiederum 22 in alphabetischer Reihenfolge. Der Name «*Alphabet* des Ben Sira» ist in den MSS für das Gesamtwerk nicht belegt; er passt nur auf einen Teil des Werkes, hat sich aber seit der Ausgabe *Steinschneider* durchgesetzt.

E. Yassif hat die zahlreichen Handschriften in zwei Rezensionen gruppiert; beide sind ab dem 11. Jh. in Europa belegt, die eine (A) war in Frankreich und dann in ganz Europa verbreitet, die andere (B) in Italien und im Orient vertreten. Rezension B dürfte die dem ursprünglichen Text näherstehende Fassung sein. A hingegen ist stark überarbeitet und auch in sich uneinheitlich überliefert. *Yassifs* Versuch, die einzelnen Teile als ursprünglich voneinander unabhängige Schriften nachzuweisen, die von verschiedenen Autoren stammen, ist allerdings ebenso wenig überzeugend wie sein Bemühen, das satirische und religionskritische Element des Werkes zu leugnen (siehe die Kritik von *J. Dan*). Trotz oder gerade wegen ihrer Religionskritik war die Schrift weit verbreitet, allerdings auch vielfach von Abschreibern zensuriert und verharmlost, sodass sie dann sogar die Chaside Aschkenaz beeinflussen konnte. Die Schrift ist wohl im 9.–10. Jh. entstanden (von *Yassif* ausführlich für ihre einzelnen Teile begründet); ihr Ursprungsland dürfte Babylonien sein.

Text: Erstdruck K 1519; V 1544; wissenschaftliche Ausgaben: *E. Yassif*, The Tales of Ben Sira in the Middle Ages. A Critical Text and Literary Studies (h), J 1984 (dazu *J. Dan*, KS 60, 1984 f., 294–297); *M. Steinschneider*, Alphabetum Syracidis, B 1858; *D. Friedman – D. S. Löwinger*, Alfa Beta de-Ben Sira, Hazofeh 10 (Budapest 1926, Ndr. J 1972) 250–281 (anderer Text); *A. M. Habermann*, Alphabet of Ben Sira, Third Version (h), Tarbiz 27 (1957 f.) 190–202; *Eisenstein* I 35–50 (andere Fassung); *Hopkins*, Miscellany 57–60. 66. 78–85 (Geniza-Fragmente). Text mit Übers.: *D. Börner-Klein*, Das Alphabet des Ben Sira. Hebräisch-deutsche Textausgabe mit einer Interpretation, Wiesbaden 2007.

Lit.: *J. Dan*, The Hebrew Story 68–78; *ders.*, Ḥidat Alfa Beta de-ben Sira, Molad 23 (1965 f.) 490–496; *ders.*, EJ² III 375 f; *A. Epstein*, Qadmoniot 110–115; *S. Lieberman*, Shkiin, J ²1970, 32–42; *D. Stern*, The Alphabet of Ben Sira and the Early History of Parody in Jewish Literature, in: *H. Najman – J. H. Newman*, Hg., The Idea of Biblical Interpretation. FS J. L. Kugel, L 2004, 423–448; *E. Yassif*, Medieval Hebrew Tales on the Mutual Hatred of Animals and Their Methodological Implications (h), Folklore Research Center Studies 7 (J 1983) hebr. Teil 227–246; *ders.*, ‹The History of Ben Sira›: Ideational Elements in Literary Work (h), Eshel Beer-Sheva 2 (1980) 97–117 (Ndr.: *ders.*, The Hebrew Collection of Tales in the Middle Ages, h, TA 2004, 76–96); *J. L. Zlotnick*, ʾAggadot minni qedem. Bene Hadam she-nishtalu she-lo ke-derekh ha-nishtalim, Sinai 18 (1945 f.) 49–58; *Zunz*, GV 111.

n) Midrasch Al-yithallel

Benannt nach Jer 9,22 («Nicht rühme sich» der Mensch ...). Geschichten aus dem Leben des weisen Salomo, des mächtigen David und des reichen Korach. Text in BhM VI 106–108; *L. Grünhut*, Sefer ha-Likkutim I, 21 ff.

o) Buch des Daniten Eldad ben Maḥli

Eldad ha-Dani (2. Hälfte 9. Jh.) behauptete, aus einem unabhängigen Judenstaat in Ostafrika zu sein, der von Angehörigen der Stämme Dan (daher sein Beiname), Ascher, Gad und Naftali bewohnt werde. Er besuchte Babylonien, Kairowan und Spanien. Durch seine Erzählungen über die Israeliten der verlorenen zehn Stämme jenseits des Flusses Sambation wie auch durch die angeblich aus seiner Heimat mitgebrachten, von den geltenden stark abweichenden Schächtregeln erregte er großes Aufsehen. Eldad scheint eine Art fahrender Sänger gewesen zu sein, dessen «autobiographische» Erzählungen nur den Rahmen der aus verschiedensten

Traditionen geschöpften Geschichten bilden. Sein Buch hatte gewaltige Wirkung und wurde in zahlreichen Handschriften weitergegeben, dabei vielfach bearbeitet und verändert, sodass man heute mindestens 17 verschiedene Rezensionen kennt.

Text: Erstdruck Mantua um 1480. Drei Rezensionen in BhM II, III, V. *A. Epstein*, Eldad ha-Dani, seine Berichte über die 10 Stämme und deren Ritus, mit Einleitung und Anmerkungen (h), Pressburg (W) 1891, Ndr. in Kitve *A. Epstein* I; *D. H. Müller*, Die Rezensionen und Versionen des Eldad had-Dani, W 1892 (synoptische Edition); *M. Schloessinger*, The ritual of Eldad ha-Dani, reconstructed and edited from Mss. and a Genizah fragment, Lo 1908. Engl. Übersetzung: *E. N. Adler*, Jewish Travellers, NY [2]1966, 4–21.
Weitere Lit.: J. Dan, The Hebrew Story 47–61; *L. Rabinowitz*, Eldad ha-Dani and China, JQR 36 (1945 f.) 231–238; *A. Shochat*, EJ[2] VI 293 f.

p) Josippon

J. ist eine Geschichte der Juden vom Fall Babylons bis zur Zerstörung des Tempels in Jerusalem. Das Werk wurde 953 (cf. *St. Bowman*, Dates in Sepher Yosippon, in: Pursuing the Text. FS B. Z. Wacholder, Sheffield 1994, 349–359) von einem anonymen Verfasser in Süditalien geschrieben; als Quellen benützte er v. a. Josephus, den er durch Hegesipp, die Apokryphen in der Vulgatafassung und verschiedene lateinische Texte aus dem frühen Mittelalter ergänzte. Schon im 11. Jh. identifizierte man den Verfasser mit Josephus Flavius und machte damit das Werk zum Pseudepigraph; im Originaltext hingegen gibt der Verfasser klar zu erkennen, dass er von Josephus abhängig ist. Im Lauf der Zeit ist das Werk stark erweitert worden, u. a. durch eine hebräische Fassung des Alexanderromans.

Text: Erstdruck Mantua 1480, dann in einer längeren Fassung K 1514, die den üblichen Ausgaben zugrunde liegt. *D. Flusser*, The Josippon (Josephus Gorionides). Edited with an Introduction, Commentary and Notes (h), 2 Bde., J 1978–1980; ders., Hg., Josippon. The Original Version MS Jerusalem 8° 41 280 and Supplements, J 1978 (Faksimile; dazu wie allgem. zu MSS und Ausgaben siehe *A. M. Habermann*, K'vusei Yahad. Essays and Notes on Jewish Culture and Literature, h, J 1980, 27–47).
Übers.: D. Börner-Klein – B. Zuber, Josippon: Jüdische Geschichte. Vom Anfang der Welt bis zum Ende des ersten Aufstands gegen Rom, Wiesbaden 2010 (hebr.-dt.); *latein. J. F. Breithaupt*, Gotha 1707.
Weitere Lit. bei *D. Flusser*, EJ[2] XI 461 f.; *St. Bowman*, Sefer Yosippon: History and Midrash, in: *M. Fishbane, H*g., The Midrashic Imagination, Albany 1993, 280–294; *Sh. Sela*, The Book of Josippon and Its Parallel Versions in Arabic and Judaeo-Arabic (h), Diss. TA 1991.

q) Sefer Serubbabel

Die Serubbabel nach der Zerstörung Jerusalems durch Nebukadnezzar in den Mund gelegte Apokalypse wurde zu Beginn des 7. Jhs. im Stil biblischer Visionen (Dan, Ez) geschrieben. Sie schildert den endzeitlichen Kampf zwischen dem Führer Roms und des Christentums, Armilos, und dem Messias ben Josef, der in der Schlacht fällt, doch dem davidischen Messias den Weg bereitet. Armilos ist vielleicht an der Gestalt des Kaisers Heraklius geformt. Der große Einfluss der Schrift, die nur zum Teil aus rabb. Quellen schöpft, hat zu vielen Textveränderungen geführt, die eine Rekonstruktion des Urtextes ziemlich unmöglich machen. Ein Zusatz zum Sefer Serubbabel (in *Wertheimer* I 118–134 als Pirqe Hekhalot Rabbati publiziert, bei *Even-Shmuel* 357–70 ebenfalls wiedergegeben) ist eine sabbatianische Ergänzung des Werks aus der Schule des Natan von Gaza (*Even-Shmuel* 352–356).

Text: BhM II 54–57 (übersetzt in *A. Wünsche*, Lehrhallen II); *Wertheimer* II 495–505; *Even-Shmuel*, Midreshe Ge'ulla 71–88 (Einführung 55 ff.; problematischer Mischtext mit Umstellungen und Konjekturen, doch bietet *Even-Shmuel* 379–389 auch andere Textfassungen). *A. Alba Cecilia*, El Libro de Zorobabel, Sefarad 61 (2001) 243–258 (248 ff. Edition und span. Übersetzung); *E. Yassif*, ed. Sefer ha Zikhronot hu divre ha-yamim le-Yeraḥme'el, TA 2001, 427–435; Geniza-Fragmente: *S. Hopkins*, Miscellany 10. 15. 64 f. 72 f.

Lit.: D. Biale, Counter-History and Jewish Polemics Against Christianity: The *Sefer toldot yeshu* and the *Sefer zerubavel*, Jewish Social Studies N. S. 6 (1999) 130–145; *J. Dan*, The Hebrew Story 35–46; *E. Fleischer*, Haduta-Hadutahu-Chedweta: Solving an Old Riddle (h), Tarbiz 53 (1983 f.) 71–96, v. a. 92 ff. (zu einem von Sefer Serubbabel bzw. einer frühen Schicht desselben beeinflussten Piyut); *M. Gil*, The Apocalypse of Zerubbabel in Judaeo-Arabic, REJ 165 (2006) 1–98; *I. Lévi*, L'apocalypse de Zorobabel et le roi de Perse Siroès, REJ 68 (1914) 129–160; 69 (1919) 108–121; 71 (1920) 57–65 (enthält auch Text und Übersetzung); *N. Martola*, Serubbabels Bok, Nordisk Judaistik – Scandinavian Jewish Studies 3 (1979) 1–20; *A. Marx*, Studies in Gaonic History, JQR 1 (1910 f.) 75–78; *G. Stemberger*, Die römische Herrschaft im Urteil der Juden, Darmstadt 1983, 138–143. Weitere messianische Schriften bei *J. T. Townsend*, Minor Midrashim, in: Bibliographical Essays in Medieval Jewish Studies, NY 1976, 360 f.

r) Midrasch Wa-yosha

Der Grundtext ist eine Auslegung zu Ex 14,30–15,18, dem «Lied am Schilfmeer», von dessen Anfang er auch seinen Namen hat. Er erzählt über die Unterdrückung der Israeliten in Ägypten, das Leben Moses und die Ereignisse um den Auszug aus Ägypten, und endet mit einem Ausblick auf die Endzeit. Diese durch mehrere MSS belegte Fassung wurde später durch einen Midrasch zur Opferung Isaaks (Gen 22) ergänzt; auch der eschatologische Teil wurde in dieser zweiten Version stark erweitert (zu Details siehe *Wies-Campagner*); in der zweiten Version erwähnt 15,18 Armilos, der den Messias aus dem Stamm Josef erschlagen, aber vom Messias ben David getötet werden wird (vgl. Sefer Serubbabel und v. a. Nistarot de-R. Shimʿon ben Yoḥai). Vieles wörtlich aus Tanchuma, auch die Divre ha-yamim shel Moshe sind benützt. Das Werk, dem Yalqut schon bekannt und auch im Kommentar zum Siddur des Eleazar von Worms (ca. 1160–1240; ed. Hershler 212 f.) verwendet, ist wohl 1. Hälfte 12. Jh. in Nordfrankreich oder Deutschland als Lesung für Pesach entstanden; die Langversion stammt nach Meinung von Mikva (332–371) aus dem Orient und ist erst spät nach Europa gekommen.

Text: K 1519; BhM I 35–57; *E. Wies-Campagner*, Midrasch Wajoscha. Edition – Tradition – Interpretation, B 2009 (Transkription und Synopse aller MSS sowie Übersetzung beider Versionen); *H. Niedermaier*, Der altjiddische Midrasch Wojoscha, Judaica 21 (1965) 25–55; deutsch *Wünsche*, Lehrhallen I.

Lit.: R. S. *Mikva*, Midrash Vayosha and the Development of Narrative in Medieval Jewish Exegesis, Diss. JThS NY 2008; *G. Stemberger*, Midráš Wa-yoša: Fuentes y tendencias de una narración medieval, 'Ilu 3 (2000) 11–27 (dt. in Judaica Minora II 587–601); *Zunz*, GV 294 f.

s) Midrasch ʾElle ʾezkera

Benannt nach Ps 42,5: «Derer will ich gedenken.» Das Werk beschreibt die Hinrichtung von zehn berühmten Tannaiten: Rabban Simeon ben Gamaliel II., der Hohepriester Jischmael, Aqiva, Chananja ben Teradjon, Jehuda ben Bava, Jehuda ben Dama, Chuẓpit, Chananja ben Chakhinai, Jeschebav und Eleazar ben Schammua (Abweichungen der Liste in einzelnen Rezensionen). Das Werk bietet nicht geschichtliche Fakten, sondern ist primär literarisch (die zehn Männer sind nicht in derselben Zeit gestorben). Anfangs stand die Zahl 10 noch nicht fest; diese wurde dann mit den zehn Brüdern Josefs verbunden, die durch seinen Verkauf nach Ägypten schuldig wurden; für sie sühnen nun die Märtyrer. Zugleich aber bedeutet ihr Martyrium die Garantie der kommenden Erlösung und des nahen Endes Roms.

Die Schrift gehörte im Mittelalter neben der Aqedat Isaak zur Grundlage der jüdischen Martyrologie und ist daher in zahlreichen Handschriften und Versionen erhalten. Das Motiv der zehn Märtyrer und Namenslisten finden sich in verschiedenen Midraschim (EkhR 2,2, B.100; MidTeh 9,13, B. 88 f.; MidMish 1,13, V. 18); von hier aus entwickelt sich die Geschichte der Zehn Märtyrer, wovon eine frühe Fassung in Midrasch Hld, ed. *E. H. Grünhut – J. Ch. Wertheimer*, J 1971, 9–24, vorliegt. Parallelen zur Hekhalot-Literatur, die in großem Umfang v. a. in Rezension III der Edition *Reeg* vorkommen (siehe dazu auch *A. Goldberg*, FJB 1, 1973, 16–19; *I. Gruenwald*, Apocalyptic and Merkavah Mysticism, L-Köln 1980, 157–159) haben *Dan* und andere als Basis der gesamten Erzählung gesehen.

Doch zeigt die Analyse der Textrezensionen durch *Reeg*, dass dieses Material erst im Lauf der Überlieferung aufgenommen wurde; (nach *Boustan* ist es überhaupt erst eine sekundäre Bearbeitung der Märtyrererzählung). Auch rabb. Parallelen sind in Rezension III in besonderem Maße aufgenommen worden. Der Inhalt der Zehnmärtyrererzählung wird von der Selicha (liturg. Dichtung) ʾ*Elle* ʾ*ezkera* vorausgesetzt; diese wiederum scheint die Basis des Midrasch ʾ*Elle* ʾ*ezkera* zu sein (= die erste der zehn Rezensionen bei *Reeg*). Der Midrasch ist also eine zeitlich sehr späte Stufe dieser Erzähltradition.

Text: G. *Reeg*, Die Geschichte von den Zehn Märtyrern. Synoptische Edition mit Übersetzung und Einleitung, Tüb. 1985. Frühere Editionen einzelner Rezensionen: BhM II 64–72 und VI 19–35; *M. Hershler*, Midrasch ʿAsara Haruge Malkhut, Sinai 71 (1972) 218–228; *M. Oron*, Merkavah texts and the legend of the ten martyrs (h), Eshel Beer-Sheva 2 (1980) 81–95; *P. Schäfer*, Hg., Synopse zur Hekhalot-Literatur, Tüb. 1981, §§ 107–121, bietet 7 MSS für die Fassung der Erzählung in Hekhalot Rabbati.

Lit.: J. Z. *Abrams*, Incorporating Christian Symbols into Judaism: The Case of Midrash Eleh Ezkerah, CCAR Journal 15 (1993) 11–20; R. S. *Boustan*, From martyr to mystic: rabbinic martyrology and the making of Merkavah mysticism, Tüb. 2005; J. *Dan*, The Hebrew Story 62–68; *ders.*, The Story of the Ten Martyrs: Its Origin and Developments (h), FS S. Halkin, J 1973, 15–22; *ders.*, Hekhalot Rabbati and the legend of the ten martyrs (h), Eshel Beer-Sheva 2 (1980) 63–80 (zur «italien.» Rezension = *Reeg*, Rez. III); L. *Finkelstein*, The Ten Martyrs, GS L. R. Miller, NY 1938, 29–55; S. *Krauss*, ʿAsara Haruge Malkhut, Hashiloah 44 (1925) 10–22. 106–117. 221–233; N. *Wahrmann*, Zur Frage der «zehn Märtyrer», MGWJ 78 (1934) 575–580; S. *Zeitlin*, The Legend of the Ten Martyrs and its Apocalyptic Origins, JQR 36 (1945 f.) 1–16. 209 f. (Ndr. in: *ders.*, Studies in the Early History of Judaism II, NY 1974, 165–180).

2) Ethische Midraschim

a) Derekh Ereẓ Rabba und Derekh Ereẓ Zutta: siehe S. 253 f.

b) Tanna de-ve Eliyahu

Das auch *Seder Eliyahu* (SE) genannte Werk verdankt seine Einteilung und manches von seinem Inhalt dem bKet 106a Erzählten: Der Prophet Elija habe Rav Anan, einen Schüler Ravs, Seder Eliyahu Rabba (SER) und Seder Eliyahu Zutta (SEZ) gelehrt. Von den in den verschiedenen Traktaten des Talmud mit der Formel Tanna de-ve Eliyahu erwähnten Stellen befinden sich einige in unserem Buch. Es will, wie gleich am Anfang in Ausdeutung von Gen 3,24 ausgesprochen, zum rechten Lebenswandel

(*Derekh 'Erez*) ermahnen und das Gesetzesstudium verherrlichen. Den Inhalt bilden einerseits Auslegungen von Gesetzesvorschriften, durch Gleichnisse, Sentenzen, Gebete und Ermahnungen belebt, andererseits Erzählungen über die Wanderungen des Verfassers, der aus Javne stammen und nach Babylonien gezogen sein will, sowie seine Erlebnisse. Mehrfach tritt Elija auf; doch ist nicht anzunehmen, dass er durchgehend als der Erzähler gedacht ist, wo nicht ausdrücklich sein Name genannt ist.

Die Sprache von SE ist ein reines, doch mit eigenartigen Ausdrücken und zahlreichen neuen Wendungen geschmücktes, blumenreiches «klassizistisches» (*Urbach*) Hebräisch. Datierung und Lokalisierung der Schrift sind umstritten. Nach den einen ist sie im Wesentlichen mit dem in bT als Tanna de-ve Eliyahu erwähnten Werk gleichzusetzen und im Grundstock im 3. Jh. in Babylonien entstanden (*Friedmann, Margulies, Braude*) bzw. jedenfalls vor der Endredaktion des bT in der 2. Hälfte des 5. Jhs. verfasst, da die Verfolgung unter Peroz und die Macht der Magier vorausgesetzt seien (*Mann; Epstein*, der Anan für den Erstredaktor hält, doch mit mehreren Ausgaben in den babylonischen Akademien rechnet). Andere (z. B. *Zunz*) datieren die Schrift ins 10. Jh., gestützt auf die Daten in Kap. 2 (F. 6 f.), 7 (F. 37) und 29 (F. 163). Die Parallelen in bT und BerR wären demnach nicht aus SE entnommen, sondern im Gegenteil Anregung dafür gewesen. Allerdings beweist ein Vergleich der ersten Zeitangabe in SER (schon mehr als 700 Jahre der vorgesehenen messianischen Zeit sind wegen unserer Sünden in Knechtschaft vergangen: Das würde auf eine Redaktion nach 940 verweisen) mit dem Zitat der Stelle im Yalqut Makhiri zu Sach 14,7 (hier wird 664 genannt, also das Jahr 904), dass Abschreiber diese Daten jeweils aktualisierten. Auch ist deutlich, dass Natronai Gaon (9. Jh.) das Werk schon zitiert. Somit ist eine Abfassungszeit der Schrift vor dem 9. Jh. und wohl nach bT wahrscheinlich (so z. B. *Albeck*). Eine weitere Klärung ergibt sich vielleicht durch zusätzliche Textfunde wie jenes Geniza-Fragment, das *Rabinovitz* veröffentlicht hat und das einen palästinischen Charakter (Halakha, Schreibweise) aufweist. Damit ist auch die babylonische Herkunft des Textes sehr fraglich geworden.

Nach dem Arukh, der aber kein Zitat bringt, hat der erste Teil (SER) 30 Kapitel, der zweite (SEZ) 12; in der Ausgabe V 1598 nach einem MS aus dem Jahr 1186 hat der 1. Teil 31, der 2. 25 Kapitel. Schon *Zunz* hat erkannt, dass in SEZ die Kapitel 15–25 spätere Zutat sind. *Friedmann*, der MS Vatikan 31 von 1073 zugrunde legen konnte, hat den ersten Teil sachgemäßer in 29 Kapitel eingeteilt. Der zweite Teil endet bei ihm mit Kap. 15 der Ausgabe V, doch ist das letzte Kapitel nicht echt. In der Ausgabe von *Ch. M. Horowitz* hat SEZ nur 12 Kapitel. Die Handschriften, Drucke und Auszüge im Yalqut weichen in Bezug auf SEZ so voneinander ab, dass man verschiedene Rezensionen anzunehmen geneigt ist (cf. *Berzbach*, FJB). Die Ausgabe *S. Haida*, Prag 1676, ist keine Ausgabe des eigentlichen Textes von SE, sondern wie der Verfasser selbst mitteilt, habe er angesichts des verderbten überlieferten Textes Elija bewogen, ihm nach Gebet und Fasten den Text von SE nochmals zu offenbaren!

Text: M. *Friedmann,* Seder Eliahu rabba und Seder Eliahu zuta (Tanna d'be Eliahu), W 1902; Pseudo-Seder Eliahu zuta, W 1904 (gemeinsamer Ndr. J 1960; dazu *J. Theodor,* MGWJ 44, 1900, 380–384. 550–561; 47, 1903, 77–79); *L. Ginzberg,* Ginze Schechter I 235–245 (SEZ); *Ch. M. Horowitz,* Bibliotheca Haggadica, F 1881, Ndr. J 1967, II 3–19; *Z. M. Rabinovitz,* Ginzé Midrash 296–301 (SER 1, F. 5 f., orient. Schrift, ca. 11. Jh.). Faksimile: Torath Cohanim (Sifra). Seder Eliyahu Rabba and Zutta. Codex Vatican 31, J 1971. *U. Berzbach,* The Textual Witnesses of the Midrash Seder Eliyahu Zuṭa – An initial survey, FJB 31 (2004) 63–74.

Übersetzung: W. G. Braude – I. J. Kapstein, Tanna Debe Eliyyahu. The Lore of the School of Elijah, Phil. 1981 (dazu *J. Elbaum,* JSHL, h, 7, 1985, 103–119).

Lit.: V. Aptowitzer, Seder Elia, GS G. A. Kohut, 1935, 5–39; *U. Berzbach,* The varieties of literal devices in a medieval Midrash; Seder Eliyahu Rabba, chapter 18, in: *J. Targarona Borrás – A. Sáenz-Badillos,* Hg., Jewish Studies at the Turn of the Twentieth Century I, L 1999 384–391; *J. Brand,* Seder Tanna de-ve Eliyahu Rabba we-zutta (zemano u-meḥabero), FS Z. Shazar, J 1973, 597–617; *W. G. Braude,* «Conjecture» and Interpolation in Translating Rabbinic Texts. Illustrated by a Chapter from Tanna debe Eliyyahu, FS M. Smith, L 1975, IV 77–92; *ders.*, Novellae in Eliayhu Rabbah's Exegesis, GS J. Heinemann, J 1981, 11–22; *J. Elbaum,* EJ² XIX 508; *ders.*, The Midrash Tana Devei Eliyahu and Ancient Esoteric Literature, JSJT 6 (1987) hebr. Teil 139–150; *J. N. Epstein,* ITM 762–767. 1302 f.; *A. Goldberg,* Erlösung durch Leiden, F 1978, 28–31 (Verhältnis SEZ 19–25 und PesR 34–37 nicht unmittelbar. S. 31: «Die Möglichkeit, dass PesR 36–37 mittelbar auf SEZ 21 einwirkte, kann dagegen nicht ausgeschlossen werden»); *A. Kadari,* «Talmud Torah» in Seder Eliyahu: The Ideological Doctrine in its Socio-Historical Context (h), Daat 50–52 (2003) 35–59; *M. Kadushin,* The Theology of Seder Eliahu, NY 1932 (Ndr. Binghamton 2001); *J. Mann,* Date and Place of Redaction of Seder Eliyahu Rabba and Zutta, HUCA 4 (1927) 302–310; *M. Margulies,* Le-baʿayat qadmuto shel SER, Sefer Assaf, J 1953, 370–390; *E. E. Urbach,* Le-sheʾelat leshono u-meqorotaw shel sefer «Seder Eliyahu», Leš. 21 (1956 f.) 183–197 (= The World of the Sages. Collected Studies, J ²2002, 418–439); *R. J. Z. Werblowsky,* A note on the text of Seder Eliyahu, JJS 6 (1955) 201–211; *M. Zucker,* Rav Saadya Gaon's Translation of the Torah (h), NY 1959, 116–127. 205–219 (antikaräische Polemik in SE, den er zwischen 850 und 860 datiert); *Zunz,* GV 92 f. 119–124 (*Albeck,* Derashot 55–57; 292–296).

c) Midrasch Maʿase Tora

Eine Zusammenstellung von Lehren und Regeln nach den Zahlen von 3 bis 10, daher auch Midrasch Shlosha we-ʾarbaʿa genannt. Ein anderer Name ist Pirqe Rabbenu ha-Qadosh. Es gibt verschiedene Versionen, die erst zum Teil veröffentlicht sind. Der Midrasch dürfte im 9. Jh. entstanden sein, jedoch ältere Quellen benutzt haben.

Text: K 1519; V 1544; BhM II 92–101 (Übersetzung in *Wünsche,* Lehrhallen IV); andere Rezension in *S. Schönblum,* Shlosha sefarim niftaḥim, Lemberg 1877

(Pirqe de Rabbenu ha-qadosh), in *Grünhut*, Sefer ha-Likkutim III 35–89, sowie *Wertheimer* II 45–73; *M. Higger*, Pirqe Rabbenu Ha-Qadosh, Horeb 6 (1941) 115–149 (jemenitisches MS des JThS, das die Vorlage für das von *Grünhut* edierte MS war); vgl. auch die von *Ch. M. Horowitz* in Kevod Ḥuppa herausgegebene Ḥuppat Eliyahu, F 1888. Vgl. *M. D. Herr*, EJ² XIV 188; *Zunz*, GV 297 f.

d) Midrasch Temura

Eine kleine ethisch-haggadische Schrift, welche die Notwendigkeit von Wechselfällen und Kontrasten in der Welt aufzeigen will. In den beiden ersten von fünf Kapiteln treten Jischmael und Aqiva lehrend auf (bewusste Pseudepigraphie?); es folgt eine Auslegung von Ps 136 in Beziehung auf Koh 3,1–8. Sprache und früheste Zitate der Schrift legen ein Datum in der 2. Hälfte des 12. Jhs. nahe.

Text: Erstdruck als Anhang zu *H. J. D. Azulai*, Shem ha-gedolim, Livorno 1786, dann in BhM I 106–114; kritische Ausgabe *Wertheimer* II 187–201; *M. Perani*, Hg., Il midrash temurah. La dialettica degli opposti in un'interpretazione ebraica tardo-medievale. Introduzione, versione e commento, Bologna 1986. Vgl. *M. D. Herr*, EJ² XIV 188; *Zunz*, GV 124.

e) Midrasch Ḥaserot wi-Yterot

Midrasch über die mit bzw. ohne mater lectionis geschriebenen Wörter der Bibel, wohl unter dem Einfluss der Masoreten in Palästina entstanden (9. Jh. oder früher, bei Hai Gaon schon zitiert). Das Werk richtet sich nicht nach der Ordnung der Bibel; eine solche Ordnung ist erst von einem späteren Redaktor eingeführt worden. Es sind verschiedene Fassungen des Werkes überliefert.

Text: Wertheimer II 203–332; *A. Berliner*, Pletath Soferim, Breslau 1872, 34–41; hebr. Teil 36–45; *A. Marmorstein*, Midrasch Chaserot wi-Jterot, Lo 1917; *E. M. Mainz*, Midrash Male we-Ḥaser, Kobez al Yad 6 (16), J 1966, 77–119 (MS Vat. 44, teils in Arabisch, wohl aus dem Jemen); *L. Ginzberg*, Ginze Schechter I 206–209. Ein verwandter Text (über die einander widersprechenden Bibelverse): *J. Mann*, HUCA 14 (1939) 338–352.

3) Esoterische bzw. mystische Schriften

Allgem. Lit.: I. Chernus, Mysticism in Rabbinic Judaism. Studies in the History of Midrash, B 1982; *R. Elior*, Early Forms of Jewish Mysticism, CHJ IV 749–791; *I. Gruenwald*, Apocalyptic and Merkavah Mysticism, L – Köln 1980; *D. J. Halperin*, The Merkabah in Rabbinic Literature, New Haven 1980; ders., The Faces of the Chariot. Early Jewish Responses to Ezekiel's Vision, Tüb. 1988; *P. Schäfer*, Hekhalot-Studien, Tüb. 1988; ders., Der verborgene und offenbare Gott. Hauptthemen der frühen jüdischen Mystik, Tüb. 1991; *G. Scholem*, Die jüdische Mystik in ihren Hauptströmungen, F ²1967; *ders.*, Jewish Gnosticism, Merkabah Mysticism, and Talmudic Tradition, NY ²1965; *ders.*, Kabbalah, J 1974; *N. Séd*, La mystique cosmologique juive, P 1981.

a) Sefer Yezira

Das «Buch der Schöpfung» stellt in knapper Sprache Entstehung und Konstitution der Welt dar. In den «32 Pfaden der Weisheit» verbindet es dabei offenbar zwei ursprünglich selbstständige Teile: Der eine ist über die *zehn Sefirot*, die Grundzahlen, die zugleich die Grundprinzipien der Welt sind, nämlich die vier Grundelemente (göttlicher Geist, Äther, Wasser und Feuer) und die sechs Dimensionen des Raums (die vier Himmelsrichtungen, Höhe und Tiefe); der zweite Teil bespricht die 22 *Buchstaben* des hebräischen Alphabets. Wie sich die Buchstaben zu den Sefirot verhalten, ist nicht gesagt. Die Buchstaben, die die Schöpfung tragen, sind in drei Gruppen aufgeteilt: die drei «Mütter» Alef, Mem und Shin; die sieben «doppelten» (zweifach auszusprechenden) Buchstaben (b, g, d, k, p, t und r); die zwölf verbleibenden Buchstaben. Jede Buchstabengruppe wird sowohl kosmologisch wie auf den Menschen gedeutet. Alles Seiende existiert durch die Kombination dieser Buchstaben.

Die früher gern in gaonäische Zeit datierte Schrift wird von *Scholem* in die Zeit zwischen dem 3. und 6. Jh. datiert und nach Palästina verlegt. *P. Hayman* vermutet wegen der Beziehungen der Schrift zur valentinianischen Gnosis, zu den Pseudoklementinen usw. syrische Herkunft im späten 2. oder frühen 3. Jh. Mit *Gruenwald* ist jedenfalls zwischen der Entstehung der beiden Teile und ihrer Vereinigung in der Endredaktion (wohl zu Beginn der islamischen Zeit) zu unterscheiden, wobei jedoch genauere Aussagen noch nicht möglich sind. *E. Fleischer* kehrt wieder zu einer Spätdatierung der ganzen Schrift zurück, die in der Zeit Saadjas oder kurz zuvor entstanden sein könnte, wie dies auch *Y. Z. Langermann* und *St. M. Wasserstrom* (Aleph 2, 2003, 169-189 bzw. 201-221) vermuten. Die Schrift taucht im 10. Jh. erstmals auf, und zwar gleich in drei Rezensionen: Eine kurze Rezension kommentierte um 956 Dunash b. Tamim; eine lange liegt dem Kommentar von S. Donnolo (10. Jh.) zugrunde; eine dieser nahestehende Fassung befindet sich in Saadjas Kommentar von 931. Später wurde i. A. die Kurzfassung bevorzugt und von Jakob ben Nissim, Jehuda ben Barzillai, Mose ben Nachman und anderen kommentiert.

Text: Erstdruck Mantua 1562 (Kurzfassung mit mehreren Kommentaren; als Anhang die Langrezension ohne Kommentar); *L. Goldschmidt*, Das Buch der Schöpfung, Text nebst Übersetzung ... und Einleitung, F 1894 (Ndr. Darmstadt 1969); *I. Gruenwald*, A Preliminary Critical Edition of Sefer Yezira, Israel Oriental Studies 1 (TA 1971) 132-177 (nimmt als Textbasis MS Vat. 299 [8], wahrscheinl. 10. Jh.); *A. P. Hayman*, Sefer Yeṣira. Edition, Translation and Text-Critical Commentary, Tüb. 2004; *K. Herrmann*, Sefer Jezira. Buch der Schöpfung. Aus dem Hebräischen übersetzt und herausgegeben, F 2008 (mit ausführlichem Kommentar); *I. Weinstock*, Le-berur ha-nusaḥ shel Sefer Yeẓira, Temirin 1 (1972) 9–61 (rekonstruiert den Text sehr willkürlich: *Gruenwald*, REJ 132, 1973, 475 Anm. 1); *N. Allony*, «Sefer Yeẓira» nusaḥ RaSa»G be-ẓurat megilla mi-genizat Qahir, Temirin 2 (1982) 9–29 (= *ders.*, Collected Papers, J 1986, I 335–355); *A. M. Habermann*, Avanim le-ḥeqer «Sefer Yeẓira», Sinai 10 (1945) 241–265 (Geniza-Fragment des Kommentars Saadjas, 10. Jh.); *M. Lambert*, Commentaire sur le Séfer Yesira ou le livre de la Création par le Gaon Saadya de Fayyoum, P 1891 (Ndr. 1986); *G. Vajda*, Le Commentaire de Saadia sur le Séfer Yeçira, REJ 106 (1941) 64–86; *ders.*, Le commentaire sur le Livre de la création de Dūnaš ben Tāmīm de Kairouan (Xe siècle), P 2002 (ed. *P. Fenton*; zuerst in REJ 107–122); *P. Mancuso*, Shabbatai Donnolo's Sefer Hakhmoni: Introduction, Critical Text, and Annotated English Translation, L 2010.

Weitere Lit.: *N. Allony*, Ha-shitta ha-ʾanagrammatit shel ha-milonut ha-ʿivrit be-Sefer Yeẓira, Temirin 1 (J 1972) 63–100 (= *ders.*, Collected Papers VI, J 1992, 23–59; argumentiert vom 2. Teil des Buches aus für eine Entstehung in islamischer Zeit); *J. Dan*, The Religious Meaning of *Sefer Yeẓira* (h), JSJT 11 (1993) 7–35; *ders.*, The Language of Creation and Its Grammar, FS C. Colpe, B 1994, 42–63; *ders.*, Three Phases in the History of the Sefer Yezira, FJB 21 (1994) 7–29; *E. Fleischer*, On the Antiquity of Sefer Yeẓira: The Qilirian Testimony Revisited (h), Tarbiz 71 (2001 f.) 405–432; *I. Gruenwald*, Some Critical Notes on the First Part of Sefer Yeẓīrā, REJ 132 (1973) 475–512; *P. Hayman*, Some Observations on Sefer Yeẓira: (1) Its Use of Scripture, JJS 35 (1984) 168–184; (2) The Temple at the Centre of the Universe, JJS 37 (1986) 176–182; *N. Séd*, Le Sefer Yeẓira, L'édition critique, le texte primitif, la grammaire et la métaphysique, REJ 132 (1973) 513–528; *G. Scholem*, EJ² XXI 328–331; *G. Toaff*, Gnosticismo e Sepher Yezirah, Annuario di Studi Ebraici 9 (1977–1979), R 1980, 19–26; *ders.*, Sefer Yezira (Il libro della creazione), R 1979; *L. Zunz*, GV 175.

b) Midrasch Tadshe

Das nach dem am Anfang kommentierten Vers Gen 1,11 benannte Werk heißt auch Baraita de Rabbi Pinchas ben Jair (P. wird zweimal im Text und, als Autor, am Ende genannt und kommentiert verschiedene Stellen der Tora und der Klgl. Es steht der rabbinischen Esoterik nahe und weist eine deutliche Kenntnis des Jubiläenbuches auf. *G. Scholem* (Ursprung und Anfänge der Kabbala 14) sieht die Schrift in Südfrankreich bzw. in benachbarten Zentren entstanden. Sie wird von Moshe ha-Darshan zitiert (siehe *Albeck*, Bereshit Rabbati 16 f.), den *A. Epstein* überhaupt für den Verfasser der Schrift hält.

Text: BhM III 164–193; *A. Epstein*, Qadmoniot 144–171; Übersetzung *A. Wünsche*, Lehrhallen V b.

Lit.: *S. Belkin*, Midrash Tadshe o Midrash de R. Pinḥas b. Jair. Midrash Hellenisti Qadmon, Horeb 11 (1951) 1–52 (sieht für die allegorische Exegese eine mit Philo gemeinsame Quelle); *A. Epstein*, Qadmoniot 130–143; *ders.*, Le livre de

Jubilés, Philon et le Midrash Tadsché, REJ 21 (1890) 80–97; 22 (1891) 1–25; Zunz, GV 292 f.

c) Midrasch Konen und andere Texte zum Schöpfungswerk

Ein Midrasch über die Weltschöpfung, zuerst V 1601 gedruckt; BhM II 23–39 (Übersetzung in *Wünsche*, Lehrhallen III). Das Werk gehört mit einer Reihe anderer Texte zum Maʿase Bereshit, dem zweiten Zweig der jüdischen Mystik neben dem Maʿase Merkava: BhM V 63–69; *Wertheimer* I 1–48 (Seder Rabba de-Bereshit; dazu *P. Schäfer*, In Heaven as It is in Hell; The Cosmology of Seder Rabbah di-Bereshit, in: *R. Boustan, A. Yoshiko Reed*, eds., Heavenly Realms and Earthly Realities in Late Antique Religions, C 2004, 233–274); *L. Ginzberg*, Nusaḥ Ḥadash shel Seder Maʿase Bereshit, Ginze Schechter I 182–187. Cf. *N. Séd*, Une cosmologie juive du haut moyen âge. La Berayta di Maʿaseh Bereshit, REJ 123 (1964) 259–305; 124 (1965) 23–123 (Einleitung und Text). Siehe auch die Texte in der Synopse zur Hekhalot-Literatur §§ 428–467.

d) Die großen und die kleinen Hekhalot

Die Schriften über die «Thronhallen» oder himmlischen «Paläste» sind die wichtigsten Texte der Merkava-Literatur, die den mystischen Aufstieg zum Thronwagen (Merkava) Gottes vorbereitet bzw. einfach schildert. Der Weg durch die sieben Himmel und sieben Thronhallen ist voller Gefahren, die man nur überwindet, wenn man die rechten Formeln weiß (viele Ausdrücke dieser Texte sind griechisch). Ein Großteil der Texte ist der himmlischen Liturgie gewidmet. Sie zitieren Hymnen, welche die Engel bzw. die vier Lebewesen singen, die den göttlichen Thron tragen. Diese Lieder enden gewöhnlich mit dem dreifachen Heilig von Jes 6,3. Die feierliche und monotone Einförmigkeit der Hymnen soll sicher auch die Ekstase fördern. *A. Goldberg* sieht in den Hekhalot Rabbati drei größere Teile, die später redaktionell ineinander verarbeitet worden sind: die Qedusha-Lieder, die Initiation der Adepten über den Aufstieg zu den sieben Hekhalot, das Geheimnis der Tora. Hekhalot Rabbati (traditionell R. Jischmael zugeschrieben) und Zutarti (gewöhnlich mit R. Aqiva verbunden) wurden von *G. Scholem* in talmudische Zeit datiert. *P. Schäfer* hingegen betont die uneinheitliche handschriftliche Überlieferung besonders von Hekhalot Zutarti, den inhomogenen inneren Aufbau der Schrift und die Tatsache, dass die Handschriften den Titel nicht verwenden, den Anfang des Werkes nicht kennzeichnen und auch seinen Schluss nicht erkennen lassen, sondern nahtlos zusätzliches Material anfügen; er sieht darin «das Musterbeispiel einer Textfiktion, deren redaktionelle Einheit wahrscheinlich niemals bestanden hat» (Hekhalot-Studien 62). S. 15 f. äußert er sich ähnlich für die ganze Hekhalot-Literatur; von daher lässt sich auch die Frage nach der Datierung der Schriften nicht sinnvoll stellen, sondern nur «als relativ sicher annehmen, dass spätestens im 10. Jh. Makroformen von *Hekhalot Rabbati* und *Zutarti* im Umlauf waren» (Übersetzung II, p. XXf.). Spätere (sogar noch sabbatianische) Ergänzungen und Veränderungen der Textüberlieferung sind häufig.

Text: Synopse zur Hekhalot-Literatur, in Zusammenarbeit mit *M. Schlüter* und *H. G. von Mutius* hg. von *P. Schäfer*, Tüb. 1981; *P. Schäfer*, Hg. (Bd. 1 zus. mit *K. Herrmann*), Übersetzung der Hekhalot-Literatur, 4 Bde., Tüb. 1987–1995; ders., Hg., Geniza-Fragmente zur Hekhalot-Literatur, Tüb. 1984; *ders.*, Hg., Konkordanz zur Hekhalot-Literatur, 2 Bde., Tüb. 1986–1988; *ders.*, Hekhalot-Studien 96–117 (neue Fragmente von Hekhalot-Texten). 154–233 (Handschriftenbeschreibung); *J. R. Davila*, Prolegomena to a Critical Edition of the Hekhalot Rabbati, JJS 45 (1994) 208–226; *R. Elior*, Hekhalot Zutarti, J 1982 (dazu *P. Schäfer*, Tarbiz 54, 1984 f., 153–157). Ältere (Teil-)Editionen in *S. Musajoff*, Sefer Merkava Shlema, J 1921, Ndr. J 1972; *Wertheimer* I 65–136 und BhM III 83–108.

Lit.: P. S. Alexander, Comparing Merkavah Mysticism and Gnosticism: An Essay in Method, JJS 35 (1984) 1–18; *R. S. Boustan*, From Martyr to Mystic: Rabbinic Martyrology and the Making of Merkavah Mysticism, Tüb. 2005; *I. Chernus*, Individual and Community in the Redaction of the Hekhalot Literature, HUCA 52 (1981) 253–274; *ders.*, Visions of God in Merkabah Mysticism, JSJ 13 (1982) 123–146; *A. Goldberg*, Einige Bemerkungen zu den Quellen und den redaktionellen Einheiten der großen Hekhalot, FJB 1 (1973) 1–49 (= Studien I 49–77); *I. Gruenwald*, Apocalyptic 98–123. 142–173; *ders.*, The Song of the Angels, the Qedushah and the Composition of the Hekhalot Literature (h), GS A. Schalit, J 1980, 459–481; *D. J. Halperin*, The Faces of the Chariot, Tüb. 1988; *A. Kuyt*, The «Descent» to the Chariot: Towards a Description of the Terminology, Place, Function and Nature of the Yeridah in Hekhalot Literature, Tüb. 1995; *U. Hirschfelder*, The Liturgy of the Messiah: The Apocalypse of David in Hekhalot Literature, JSQ 12 (2005) 148–193; *J. Maier*, Serienbildung und «numinoser» Eindruckseffekt in den poetischen Stücken der Hekhalot-Literatur, Semitics 3 (1973) 36–66; *P. Schäfer*, Hekhalot-Studien; *M. Schlüter*, Die Erzählung von der Rückholung des R. Neḥunya ben Haqana aus der Merkava-Schau in ihrem redaktionellen Rahmen, FJB 10 (1982) 65–109; *G. Scholem:* siehe die eingangs genannten Schriften; *G. Wewers*, Die Überlegenheit des Mystikers. Zur Aussage der Gedulla-Hymnen in Hekhalot Rabbati 1,2–2,3, JSJ 17 (1986) 3–22.

e) Andere Merkava- bzw. Hekhalot-Texte

Der *Sefer Hekhalot*, von *Odeberg* als 3 Henoch ediert, schildert eine Himmelsreise des R. Jischmael unter Führung Henochs, der im Himmel zu Metatron umgewandelt wurde. Nach *Odeberg* stammt das Werk aus dem späten 3. Jh., doch ist es wohl nachtalmudisch (siehe *P. Alexander* sowie *P. Schäfer – K. Herrmann*).

Text: Teilweise schon in BhM V,170–190; *H. Odeberg*, 3 Enoch or The Hebrew Book of Enoch, C 1928 (Ndr. NY 1973 mit Prolegomenon von *J. C. Greenfield*); Synopse zur Hekhalot-Literatur §§ 1–80 (deutsch: Übersetzung der Hekhalot-

Literatur I). Kommentierte engl. Übersetzung mit ausführlicher Einleitung: *P. Alexander* in *J. H. Charlesworth*, Hg., The Old Testament Pseudepigrapha I, Lo 1983, 223–315; deutsch: *H. Hofmann*, Das sogenannte hebräische Henochbuch, Königstein/T. – Bonn 1984.

Lit.: *P. S. Alexander*, The Historical Setting of the Hebrew Book of Enoch, JJS 28 (1977) 156–180; *ders.*, 3 Enoch and the Talmud, (JSJ 18 (1987) 40–68; *I. Gruenwald*, Apocalyptic 191–208; *C. R. A. Morray-Jones*, Hekhalot Literature and Talmudic Tradition: Alexander's Three Test Cases, JSJ 22 (1991) 1–39.

Schon früher, wahrscheinlich im 4. oder Anfang des 5. Jhs., entstanden sind die «Visionen Ezechiels» (*Reʾuyot Yeḥezqel*), eine Art Kommentar zu Ez 1.

Text: *J. Mann*, Pereq Reʾiyot Yeḥezqel, Hazofeh 5 (Budapest 1921, Ndr. J 1972) 256–264 (Geniza-Text); *Wertheimer* II 127–134 (Text von *Mann* plus Konjekturen); *A. Marmorstein*, A Fragment of the Visions of Ezekiel, JQR 8 (1917 f.) 367–378 (Geniza-Fragment). Kritische Ausgabe mit Kommentar: *I. Gruenwald*, Temirin 1 (J 1972) 101–139. Vgl. *ders.*, Apocalyptic 134–141; *A. Goldberg*, Pereq Reʾuyot Yeḥezqeʾel, in: *ders.*, Studien I 93–147; *D. J. Halperin*, The Faces of the Chariot, Tüb. 1988, 263–289 (264–268 Übers.). 495–504.

Merkava Rabba, eine zusammengesetzte Schrift, deren Hauptthema das «große Geheimnis» (der Tora) ist, das sich R. Jischmael erwirbt. Reich an magischen Passagen, mit einem Shiʿur-Qoma-Stück und anderen Texten, wie der «Beschwörung des Sar ha-Panim», verbunden.

Text: *S. Musajoff*, Merkava Shlema, J 1921, Ndr. J 1972, 1a–6a; Synopse zur Hekhalot-Literatur §§ 623–712; *P. Schäfer*, Hekhalot-Studien 17–49 (Merkava Rabba). 118–153 (Sar ha-Panim); *Übers.* in *P. Schäfer*, Übersetzung der Hekhalot-Literatur IV. Siehe auch *I. Gruenwald*, Apocalyptic 174–180; *M. D. Swartz*, Scholastic Magic. Ritual and Revelation in Early Jewish Mysticism, Princeton 1996.

Maʿase Merkava wurde zuerst von *G. Scholem*, Gnosticism 101–117, ediert, auf breiterer Textbasis dann in der Synopse zur Hekhalot-Literatur §§ 544–597; deutsch in *P. Schäfer*, Übersetzung der Hekhalot-Literatur III, dort auch ausführliche Einleitung. Siehe auch *I. Gruenwald*, Apocalyptic 181–187; *N. Janowitz*, The Poetics of Ascent: Theories of Language in a Rabbinic Ascent Text, Albany 1989; *M. D. Swartz*, Mystical Prayer in Ancient Judaism. An Analysis of Maʿaseh Merkavah, Tüb. 1992.

Davon zu unterscheiden ist das auch als Maʿase Merkava (so *Wertheimer* 51–62) bekannte Werk *Massekhet Hekhalot* (siehe auch BhM II 40–47): *K. Herrmann*, Massekhet Hekhalot. Traktat von den himmlischen Palästen. Edition, Übers. und Kommentar, Tüb. 1994. Nach *Gruenwald*, Apocalyptic 209–212, wohl aus dem Kreis deutscher Chasidim im 12. oder 13. Jh.

Shiʿur Qoma: *M. S. Cohen*, The Shiʿur Qomah: Text and Recensions, Tüb. 1985; Hekhalot-Synopse §§ 939–985; deutsch in *P. Schäfer*, Übersetzung der Hekhalot-

Literatur IV, dort auch Einführung. Ob es je fertig redigierte Shiʿur-Qoma-Schriften gegeben hat, bezweifelt P. Schäfer wegen des äußerst fluktuierenden Textmaterials.

Lit.: M. S. Cohen, The Shiʿur Qomah: Liturgy and Theurgy in Pre-Kabbalistic Jewish Mysticism, NY-Lo 1983; J. Dan, The Concept of Knowledge in the Shiʿur Qomah, FS A. Altmann, Alabama 1979, 67–73; K. Herrmann, Text und Fiktion. Zur Textüberlieferung des Shiʿur Qoma, FJB 16 (1988) 89–142; P. Schäfer, Hekhalot-Studien 75–83; G. Scholem, Gnosticism 36–42.

f) Alphabet (ʾOtiyot) des R. Aqiva

Die Schrift ist in zwei Rezensionen überliefert. Rezension B ist ein aus verschiedenen Teilen zusammengesetzter, die rabbinische Tradition weiterführender Midrasch zur Form der Buchstaben des hebräischen Alphabets und darauf aufbauenden Aussagen zur Schöpfung und Mahnungen zu Torafrömmigkeit; Rezension A arbeitet dagegen in einen Alphabet-Midrasch zahlreiche Traditionen der Merkava-Mystik ein und enthält u. a. verschiedene Stücke der Shiʿur-Qoma-Spekulation. *Graetz* versuchte einst den Nachweis, dass dieses Werk die Hauptquelle der Hekhalot-Literatur ist. Tatsächlich muss das Verhältnis dieser Schriften zueinander umgekehrt gesehen werden. Ab dem 10. Jh. wird das Werk zitiert. Eine Entstehungszeit im 8. oder 9. Jh. ist wahrscheinlich.

Text: BhM III 12–64 (zwei Rezensionen; Übersetzung in *Wünsche*, Lehrhallen IV); *Wertheimer* II 333–477 bringt diese Rezensionen und ähnliche Schriften (cf. dazu D. F. Sawyer, JJS 42, 1991, 115–121; dies., Midrash Aleph Beth, A 1993); vgl. auch BhM V 31–33.

Lit.: J. Dan, Ottiot De-Rabbi Akiva and its Concept of Language (h), Daat 55 (2005) 5–30; S. Dönitz, Das Alphabet des Rabbi Aqiva und sein literarisches Umfeld, in: K. Herrmann u. a., Hg., Jewish Studies Between the Disciplines (FS P. Schäfer), L 2003, 149–179; H. Graetz, Die mystische Literatur in der gaonäischen Epoche, MGWJ 8 (1859) 67–78. 103–118. 140–153 (die zwei Fortsetzungen sind hauptsächlich zu Shiʿur Qoma); M. D. Herr, EJ² XIV 188; G. Scholem, Über eine Formel in den koptisch-gnostischen Schriften und ihren jüdischen Ursprung, ZNW 30 (1931) 170–176; Zunz, GV 178.

g) Sefer Raziel und Sefer ha-Razim

Sefer Raziel, erstmals Amsterdam 1701 gedruckt, dürfte in seiner jetzigen Fassung auch kaum viel älter sein. Er kompiliert jedoch eine Reihe älterer Schriften aus der Hekhalot-Literatur und Ähnlichem, wie auch eine lange Fassung des Shiʿur Qoma. Der Name geht wohl auf den Engel Raziel zurück, den Offenbarer der Geheimnisse, der schon im *Sefer ha-Razim*, dem «Buch der Geheimnisse», eine Rolle spielt. Diese aus einem Geniza-Text und verschiedenen MSS von Margolioth rekonstruierte Schrift, die nach ihm vielleicht schon im 3. oder 4. Jh. in Ägypten oder Palästina entstanden ist (*Gruenwald*, Apocalyptic 226: 6. oder 7. Jh., Palästina), ist mit den Hekhalot-Texten verwandt (Schilderung der sieben Himmel und der Engel in ihnen). Charakteristisch für die Schrift ist jedoch das Vorherrschen des Magischen, von Beschwörungen, Schadens- und Liebeszauber usw., worin sie viele Parallelen in den griechisch-koptischen Zauberpapyri Äpyptens (4. Jh.) hat. Die Schrift enthält u. a. sogar einen griechischen Hymnus an Helios (Sefer ha-Razim I § 213, dazu Kommentar in *Rebiger – Schäfer* 257–259) sowie eine Beschwörung von Venus/Aphrodite. *Rebiger – Schäfer* 9 schlagen eine Datierung ins 7.–8. Jh. vor. Sie edieren auch erstmals eine zweite Fassung des Sefer ha-Razim, «im Kern ... einen astromagischen Ritualtext mit dem Ziel divinatorischer Traumvisionen» (p. 12). Auch von dieser Schrift sind Teiltexte im Sefer Raziel enthalten. Sie beginnt mit einem Gebet Adams und könnte daher vielleicht mit dem bei karäischen Autoren neben dem Sefer ha-Razim genannten Sefer Adam gleichzusetzen sein; dann wäre der Text vor dem 10. Jh. zu datieren, handschriftlich ist er aber erst ab dem 13. Jh. belegt und wird auch erst ab dieser Zeit sicher rezipiert.

Text: B. *Rebiger* – P. *Schäfer*, Hg., Sefer ha-Razim I und II, Bd. 1: Edition; Bd. 2: Einleitung, Übersetzung und Kommentar, Tüb. 2009; M. *Margalioth*, Sepher ha-Razim. A newly recovered book of magic from the Talmudic period, J 1966 (dazu siehe *J. Dan*, «Sepher Harazim» edited by M. Margalioth [h], Tarbiz 37 [1967 f.] 208–214); Übersetzung: M. A. *Morgan*, Sepher ha-Razim: The Book of Mysteries, Chico 1983.

Lit.: I. *Gruenwald*, Apocalyptic 225–234; J.-H. *Niggemeyer*, Beschwörungsformeln aus dem «Buch der Geheimnisse», Köln 1974 (kritisch zu Edition Margalioth); B. *Rebiger*, Zur Redaktionsgeschichte des «Sefer Razi'el ha-Mal'akh», FJB 32, 2005, 1–22; N. *Séd*, Le Sefer ha-Razim et la méthode de «combinaison des lettres», REJ 130 (1971) 295–303.

VIII. Sammelwerke und Midrasch genannte Kommentare

1) Yalqut Shimʿoni

Gewöhnlich einfach Yalqut genannt. Eine Midrasch-Kompilation zur ganzen Bibel, aus mehr als fünfzig Werken zusammengesetzt, von denen manche für uns verloren gegangen sind (Sifre Zutta, Yelamdenu, die Midraschim ʾAvkir, Tadshe, ʾEsfa usw. sind z. T. nur durch den Yalqut belegt). Wertvoll ist der Yalqut auch für die Textkritik noch vorhandener Werke. Dies ist allerdings insofern einzuschränken, als der Verfasser des J. natürlich auch fehlerhafte MSS als Vorlage verwendet, diese z. T. durch Konjekturen korrigiert, auch seine Quellen kombiniert und kürzt. Auch hat Y. selbst in seiner Überlieferung gelitten; daher ist selbstverständlich der Erstdruck Saloniki sowie die einzige fast vollständige Handschrift (MS Oxford 2637) heranzuziehen, die auch der kritischen Ausgabe zugrunde liegt (nur Tora; für die anderen biblischen Bücher ist der Yalqut nicht überall durch MSS belegt). Die Quellen des Werkes sind jeweils zu Beginn des Zitats (so im Erstdruck) bzw. am Rand (in den späteren Drucken) vermerkt, was sicher schon auf den ursprünglichen Kompilator zurückgeht.

Y. hat zwei Teile, den Pentateuch mit 963 Paragraphen (*remazim*), die anderen Bücher der Bibel mit 1085. Die Reihenfolge der biblischen Bücher ist die in BB 14b angegebene, nur Est vor Dan, also: Jes nach Ez; Hagiographen: Rut, Pss (nur 147 statt 150! Das geht vielleicht auf MidTeh 22,4 zurück, wonach die Zahl der Pss den 147 Lebensjahren Jakobs entsprechen soll), Ijob, Spr, Koh, Hld, Klgl, Est, Dan, Esr, Neh, Chron. In den späteren Ausgaben hat man sich an die übliche Reihenfolge der biblischen Bücher gehalten und damit das System der Remazim durcheinandergebracht. Die einzelnen Abschnitte sind von sehr ungleicher Länge und reichen von wenigen Zeilen bis zu mehreren Seiten. Wahrscheinlich sollten sie auch gar nicht als Texteinteilung dienen, sondern als internes Verweissystem: Das geht daraus hervor, dass die Zahlen in MS Oxford wie in der Erstausgabe nicht zu Beginn der Paragraphen stehen, sondern bei einem Text, der im Werk auch anderswo verwendet wird (so *Hyman*). Einzig die Erstausgabe des Y. fügt dem Text einen Appendix an (*Qunderes acharon*), der in 256 Remazim Haggadot des pT und in 55 Remazim Zitate des Yelamdenu bietet.

Verfasser des Y. ist Shimʿon ha-Darshan. Nach den Titelblättern der Ausgaben (schon V, dessen Herausgeber *M. Prinz* sich wohl auf Traditionen stützt) soll er aus Frankfurt (am Main) stammen. *S. I. Rapaport*

(Kerem Ḥemed 7, 1843,4 ff.) und andere lassen diesen Shim'on ha-Darshan einen Bruder des Menachem ben Chelbo sein, des Vaters von Josef Qara; demnach müsste er schon in der 2. Hälfte des 11. Jhs. gelebt haben. Mit Recht haben diese Gleichsetzung schon *A. Geiger* und besonders *A. Epstein* bestritten; auch die Annahme von *M. Gaster* 38 f., der Verfasser habe in Spanien nicht vor dem 14. Jh. gelebt, hat schon *A. Epstein* widerlegt. Als Datum ist vielmehr das 12.–13. Jh. anzunehmen, wie aus der offensichtlichen Benutzung des Werks (ohne dieses explizit zu nennen) im Umfeld der Disputation von Barcelona 1263, v. a. im um 1267 entstandenen Capistrum Judaeorum Raimund Martini's (dazu siehe *U. Ragacs*, Der Yalquṭ Shim'oni – ein Werkzeug der christlich-jüdischen Kontroverse des Mittelalters?, FJB 30, 2003, 91–101), der ältesten Handschrift (MS Oxford 2637 stammt von 1307; vier kleine Fragmente zu Lev 26, im Einband eines Bandes des Archivs von Lodi erhalten, werden in das 13. Jh. datiert, ebenso zwei Fragmente eines Blatts zu Gen § 10–13 in der Frankfurter Universitätsbibliothek: *A. Lehnardt*, FJB 34, 2007/08, 14 f. 21–27) und andererseits aus den zitierten Schriften hervorgeht: Y. verwendet u. a. schon Bereshit Rabbati und Midrasch Avkir. Seit Ende des 15. Jhs. hat der zuerst bei Isaak Abrabanel zitierte Y. immer mehr Verbreitung gefunden und dadurch auch dazu beigetragen, dass so manche Midrasch-Texte, die in ihm exzerpiert sind, nicht mehr selbstständig überliefert wurden.

Text: Saloniki 1526 f. (Teil 1) und 1521 (Teil 2) (Ndr. J 1968 Teil 1, 1973 Teil 2); V 1566 (mit vielen Änderungen), die Grundlage der folgenden Drucke. Zu den Drucken siehe *A. Epstein*, Kitve II 278–308. Kritische Ausgabe: Yalqut Shim'oni 'al ha-Tora le Rabbenu Shim'on ha-Darshan, Hg. *D. Hyman – D. N. Lerrer – I. Shiloni*, 9 Bde., J 1973–1991 (kurze Einleitung am Ende von Bd. 9); Yalqut Shim'oni 'al Neviim. Neviim Rishonim, Hg. *D. Hyman*, J 1999 (Textbasis Erstdr. Saloniki).

Lit.: S. *Abramson*, Sinai 52 (1963) 145–147; *J. Elbaum*, EJ² XXI 275 f.; *ders.*, Yalqut Shim'oni and the Medieval Midrashic Anthology, Prooftexts 17 (1997) 133–151; *A. Epstein*, Qadmoniot (Kitve II) 278–327. 351–354; *A. B. Hyman*, The Sources of Yalqut Shimeoni (h), 2 Bde., J 1965–1974; *D.* (= *A. B.*) *Hyman*, Rimze Yalqut Shim'oni, Hadorom 12 (1960) 144–147; *Ch. Z. Finkel*, «Yalqut Shim'oni» u-feshar «remazaw», Moria 7 (1977 f.) Heft 8–10, 62–92; *M. Gaster*, The Exempla of the Rabbis, NY 1968 (Ndr. von 1924), engl. Teil 21–39; *A. Geula*, The Riddle of the Index of Verses in MS Moscow-Ginzburg 14 207 (Preparation for the Creation of the *Yalkut Shim'oni*) (h), Tarbiz 70 (2001 f.) 429–464; *A. Greenbaum*, Sinai 76 (1975) 120–133 (Rezension von *Hyman*); Zunz, GV 308–315.

2) Yalqut ha-Makhiri

Makhir ben Abba Mari (ben Makhir ben Todros) hat nach verbreiteter Auffassung in Südfrankreich gelebt, was allerdings nur aus dem Namen erschlossen wird. Eine mittelalterliche Notiz, dass er «vor den Verfolgungen in Spanien» geschrieben habe, würde sich mit der ursprünglichen Verbreitung seiner Schrift in Spanien und auch mit seiner Benutzung des gerade in Spanien verbreiteten DevR *Lieberman* decken (so schon A. *Marx*, OLZ 5, 1902, 295 f.). Wenn die genannte Notiz recht hat, wäre der terminus ante quem des Werkes 1391, sonst 1415, als MS Leiden verkauft wurde. Als Entstehungszeit ist somit wohl das späte 13. oder das 14. Jh. anzunehmen. *M. Gaster* wollte das Werk in das Spanien des 12. Jhs. verlegen und als Quelle von Yalqut II ansehen, was A. *Epstein* widerlegt hat. Die beiden Yalqutim sind wohl unabhängig voneinander entstanden.

Yalqut ha-Makhiri umfasst die eigentlichen prophetischen Schriften und die drei großen Hagiographen, schloss also bewusst die im Midrasch Rabba schon behandelten Schriften aus. Als Quellen verwendet die Schrift die meisten uns bekannten Midraschim einschließlich so später wie Midrasch Ijob, MidMish und SER, aber auch sonst nicht erhaltene Schriften. Sie zitiert manchmal Midrasch Yelamdenu neben Tanchuma, was darauf schließen lässt, dass dies für ihn zwei verschiedene Werke waren und nicht nur verschiedene Namen desselben Werkes. Auch stimmt der Text seiner Zitate mit den beiden Tan-Drucken nicht überein. Der Verfasser hatte offenbar zahlreiche MSS zur Verfügung, zu manchen Schriften auch mehrere. Da er i. A. genau zitiert, sind die Varianten, die er zu dem anderweitig bekannten Text seiner Quellen bietet, von großer Bedeutung.

Text: J. Spira, The Yalkut on Isaiah of Machir ben Abba Mari, B 1894 (nach Codex Leiden, in dem 20,4–40,20 und 63,2 bis Ende fehlen); *S. Buber,* Jalkut Machiri ... zu den 150 Pss, Berdyczew 1899, Ndr. J 1964 (zusätzliche Quellennachweise: *M. Margulies,* MHG Gen, J 1947 = 1967, 6 f.); *L. Grünhut,* Sefer ha-Yalqut ha-Makhiri ʿal Mishle, F 1902 (zu Spr 18–31; Ndr. mit *J. Spira* zu Jes J 1964); Ergänzungen im Sefer ha-Likkutim 6 (Spr 2,3,13,14); weitere Ergänzungen (zu Spr 2,3,14) hat *I. Berdehav,* J 1927, veröffentlicht; *Y. S. Spiegel,* A New Section of Yalqut ha-Makhiri on Proverbs (h), Sidra 1 (1985) 91–130; *A. W. Greenup,* The Yalkut of R. Machir bar Abba Mari, 2 Bde., Lo 1910–13 (Ndr. J 1967), nach dem am Anfang und Ende unvollständigen Codex Harley 5704 (kleine Propheten); ders., A Fragment of the Yalkut of R. Machir bar Abba Mari on Hosea (I.9– XIV.1), JQR 15 (1924 f.) 141–212 (aus MS Vat. 291): Ndr. zus. mit *Berdehav* J 1968; *J. Z. Lauterbach,* Unpublished Parts of the Yalkut ha-Makiri on Hosea and Micah, FS M. Gaster, Lo 1936, 365–373.

Lit.: J. Elbaum, EJ² XXI 274–275; *A. Epstein,* Le Yalkout Schimeoni et le Yalkout Ha-Makhiri, REJ 26 (1893) 75–83 (gegen *Gaster*); *M. Gaster,* La source de Yalkout II, REJ 25 (1892) 44–52; 53–64 bringt er als Belege für seine These das Vorwort des Yalqut ha-Makhiri und Exzerpte zu Jes 10 f. und Obd.

3) Yalqut Re'uveni

Dieses Werk zur Tora, auch Yalqut Re'uveni gadol genannt, zur Unterscheidung von dem zuerst in Prag 1660 gedruckten Y. R. desselben Verfassers, einer thematisch geordneten Sammlung kabbalistischer Haggadot, stammt von *Ruben Höschke* (H. ist poln. Diminutiv für Jehoschua) *Kohen*, Rabbiner in Prag, gest. 1673. Dieser Yalqut (Wilmersdorf 1681, dann Amsterdam 1700; Warschau ohne Jahr, 2 Bde.) ist eine Sammlung kabbalistischer Auslegungen zum Pentateuch und somit für die Geschichte der Kabbala, nicht jedoch für die Midrasch-Forschung von Bedeutung. Vgl. G. *Scholem*, Die jüdische Mystik 34 f.

4) Midrasch ha-Gadol (MHG)

MHG zum Pentateuch ist die größte aller Midrasch-Sammlungen. David ben Amram von Aden gilt heute fast allgemein als Verfasser, auch wenn A. *Steinsalz* wegen der Reimtechnik im MHG an dessen jemenitischer Herkunft zweifelt und eher an Ägypten denken möchte. Gewöhnlich datiert man David ben Amram ins 13. Jh.; eine jemenitische Handschrift datiert jedoch seine halakhischen Anfragen an einen Nachfahren des Maimonides auf 1346 bzw. 1352 (Y. *Razhabi*, Tarbiz 54, 556). Die Zuschreibung an Abraham, den Sohn des Maimonides, ist nur äußerst schwach bezeugt.

Der Verfasser hat den Pentateuch nach dem einjährigen Lesezyklus eingeteilt. Jede Parasche beginnt mit einem gereimten zweistrophigen Proömium, das zum zu kommentierenden Abschnitt hinführt, und endet mit einem Ausblick auf die kommende Erlösung und die Heimkehr nach Israel. Dazwischen trägt er zu jedem Vers die Auslegungen der gesamten Midrasch-Tradition, der beiden Talmudim, vieler gaonäischer Schriften, des Alfasi und v. a. auch des Maimonides zusammen. Jedoch führt der Autor seine Quellen nicht an. Auch geht er, wie der Vergleich des MHG mit manchen seiner Vorlagen ergibt, die in der Geniza von Kairo wiederentdeckt wurden, mit seinen Quellen relativ frei um. Er zerlegt sie in kleinste Einheiten, korrigiert vielfach die Halakha der halakhischen Midraschim nach dem Wortlaut von M, ergänzt aus dem Talmud und anderen Schriften und fügt eigene erklärende Glossen ein. Somit entsteht, mosaikartig zusammengesetzt, ein ganz neues Werk mit eigenem Stil, dessen Vorlagen zu rekonstruieren oft nicht mehr möglich ist. Das mindert die Bedeutung des MHG für die Wiederherstellung von verloren gegangenen Midrasch-Texten wie MekhSh, SifZ und MidTan. Das zeigt u. a. ein Vergleich der beiden Ausgaben der MekhSh von *D. Hoffmann* und von *Epstein-Melamed* (cf. dort die Einleitung von *Melamed* 45–58); aber auch *Horowitz* ist es in seiner Rekonstruktion von Sifre Zutta nicht immer gelungen, echte Zitate von SifZ von solchen des Maimonides zu trennen. Früher hat man oft geglaubt, MHG habe MekhY sowie Sifre nicht zur Verfügung gehabt und deshalb die anderen Midraschim, MekhSh, SifZ und MidTan verwendet; doch hat sich inzwischen gezeigt, dass er sehr wohl auch MekhY und Sifre kennt und zitiert, sie jedoch aus bestimmten Gründen vernachlässigt; gelegentlich hat er sie auch mit den anderen Midraschim so kombiniert, dass dabei die halakhischen Gegensätze verschwinden. MHG ist im Jemen sehr beliebt geworden und hat weithin andere Midraschim verdrängt. Auch der Midrasch Aggadat Ester (siehe S. 357) ist mit *Ch. Albeck* dem Verfasser des MHG zuzuschreiben. In Europa ist MHG erst im 19. Jh. bekannt geworden: 1878 kam die erste Handschrift durch *M. W. Schapira* nach Berlin. Inzwischen sind zahlreiche weitere MSS bekannt geworden.

Text: Die ersten Teilausgaben waren: *S. Schechter*, Midrash ha-gadol forming a collection of ancient Rabbinic homilies to the Pentateuch ... Genesis, C 1902; *D. Hoffmann*, Midrasch ha-Gadol zum Buche Exodus, B 1913–1921. Kritische Ausgaben: Gen – *M. Margulies*, J ²1967; Ex – *M. Margulies*, J ²1967; Lev – *E. N. Rabinovitz*, NY 1932; *A. Steinsalz*, J 1975; Num – *S. Fisch*, Lo 1940 (nur Teil; 1–136 ausführliche englische Einleitung); ders., 2 Bde., J 1957–1963; *Z. M. Rabinowitz*, J ²1973; Dtn – *S. Fisch*, J 1972.

Lit.: *S. Belkin*, Ha-Midrash ha-Gadol u-Midreshe Philon, FS J. Finkel, NY 1974, hebr. Teil 7–58; *S. Fisch*, EJ² XIV 186 f. sowie Einleitungen zu MHG Num und Dtn; *M. M. Kasher*, Sefer ha-Rambam we-ha-Mekhilta de Rashbi, J ²1980, 29–47; *R. Kiperwasser*, Midrash haGadol, The Exempla of the Rabbis (sefer Maʿasiyot), and Midrashic Works on Ecclesiastes: A Comparative Approach (h), Tarbiz 65 (2005 f.) 409–436; *S. Morag*, The Rhyming Techniques in the Proems of Midrash Haggadol and the Authorship of this Midrash (h), Tarbiz 34 (1964 f.) 257–262; *Y. L. Nahum*, Mi-Ẓefunot Yehude Teiman, TA 1962, 181–205; *Y. Ratzabi*, The Authorship of Midrash Haggadol (h), Tarbiz 34 (1964 f.) 263–271; ders., Linguistic Study in «Midrash Haggadol» (h), Bar-Ilan 13 (1976) 282–320; ders., She'elot Hanagid – A Work by R. Yehoshua Hanagid (h), Tarbiz 54 (1984 f.) 553–566; ders., Leqet leshonot mi-Midrash ha-Gadol, FS E. Z. Melammed, Ramat Gan 1982, 376–397; *D. Sperber*, ʿAl kamma millim ba-Midrash ha-Gadol, Sinai 77 (1974 f.) 13–16; *A. Steinsalz*, Rhyming Techniques in the Proems of Midrash Haggadol (h), Tarbiz 34 (1964 f.) 94–7; *Y. Tobi*, Ha-Midrash ha-Gadol: Meqorotaw u-Mivnehu, 2 Bde., Diss. J 1993; *M. Zucker*, Pentateuchal Exegeses of Saadia Gaon and Samuel ben Chofni Incorporated into the Midrash ha-Gadol (h), FS A. Weiss, NY 1964, 461–481.

5) Pitron Tora

Eine Sammlung von Auslegungen und Predigten zu Lev, Num und Dtn, wahrscheinlich im 9. Jh. in Babylonien entstanden (*R. Brody*, She'iltot 121 f.: frühestens 2. H. 9. Jh., vielleicht in persischsprachigem Raum). Das

Werk, das in einem MS von 1328 erhalten ist, zitiert neben rabb. Quellen auch die She'iltot des R. Achai sowie Auslegungen des Karäers Benjamin al-Nahawandi. Es ist für die Text- und Überlieferungsgeschichte der rabb. Literatur von Bedeutung.

Text: E. E. *Urbach,* Pitron Torah. A Collection of Midrashim and Interpretations, J 1978 (engl. Kurzfassung der Einleitung: 7th WCJS III, J 1981, 21–27); Faksimile: Sefer Pitron Torah, introduction by M. Beit Arié, J 1995. Zu Piyutim zu Beginn der einzelnen Kapitel siehe E. *Fleischer,* On the Payytanic Heritage of Rav Hai Gaon – The Introductory Poems in the Midrash Pitron Torah (h), JSHL 10 f. (1987 f.), J 1988, II 661–681.

6) Bereshit Rabbati

Moshe ha-Darshan aus Narbonne (1. Hälfte 11. Jh.), oft von Raschi und dessen Enkel Jakob Tam zitiert, verfasste Kommentare zu biblischen Büchern und kompilierte Midraschim, deren Umfang nicht geklärt ist (die ganze Tora? Auch andere bibl. Schriften?). Raymund Martini zitiert in seiner ca. 1280 entstandenen Schrift Pugio Fidei oft einen Midrash Bereshit Rabba major des Moshe ha-Darshan. Die Echtheit dieser Zitate ist oft bestritten worden, bis ein MS von Bereshit Rabbati entdeckt wurde. Da jedoch verschiedene Zitate in Pugio Fidei und bei Raschi auch hier nicht vorkommen, sieht *A. Epstein,* dem *Albeck* folgt, in Bereshit Rabbati eine Kurzfassung des Werkes von Moshe ha-Darshan (*Ta-Shma* denkt an innerjüdische Zensur), aus dessen Schule auch der von *S. Buber* veröffentlichte Midrasch Aggada (W 1894) und die Bearbeitung von BemR I stammt. Das Werk ist eine typische Midrasch-Kompilation, die die gesamte rabb. Literatur verwendet, aber auch den Midrasch Tadshe oft zitiert (sodass dieser gelegentlich dem Moshe ha-Darshan selbst zugeschrieben wurde) und auch die pseudepigraphe Literatur, v. a. Hen, Jub und TestXII, viel verwendet. Textkritisch ist das Werk für frühere Midraschim kaum verwertbar, da der Autor die Quellen, die er benützt, frei für seinen Zweck bearbeitet, kombiniert und kürzt.

Text: Ch. Albek, Midraš Berešit Rabbati ex libro R. Mosis Haddaršan collectus e codice Pragensi cum adnotationibus et introductione, J 1940, Ndr. 1967.
Lit.: A. Epstein, Moses had-Darshan aus Narbonne, Fragmente seiner literarischen Erzeugnisse … mit Einl. und Anm., W 1891; *J. Elbaum,* EJ² VII 449 f.; *M. Himmelfarb,* R. Moses the Preacher and the Testaments of the Twelve Patriarchs, ASJR 9 (1984) 55–78; *S. Ladermann,* Parallel Texts in a Byzantine Christian Treatise and Sections of Midrash Attributed to Rabbi Moshe Hadarshan (h), Tarbiz 70 (2000 f.) 213–226; *S. Lieberman,* Texts and Studies 285–300; *M. E. Stone,* The Genealogy of Bilhah, DSD 3 (1996) 20–36 (zur engen Parallele von 4Qtest-Naph und BerRbti p. 119); *I. M. Ta-Shma,* Rabbi Moses Hadarshan and the Apocryphal Literature (hebr.), J 2001; *Zunz,* GV 300–306 (*Albeck,* Derashot 149 f. 447).

7) Leqaḥ Tov

Die Schrift ist nach Spr 4,2 (eine «gute Lehre») und zugleich in Anspielung auf den Namen des Verfassers Tobia ben Eliezer benannt. Nach Meinung von *Zunz* stammt dieser aus Mainz und hat später im Orient gelebt; doch ist mit *S. Buber* (18. 20–26) als Wohnort Kastoria (Griechenland) anzunehmen. Er hat sein Buch wahrscheinlich im Jahr 1097 geschrieben, 1107 und 1108 selbst mit Zusätzen und Verbesserungen herausgegeben. Es enthält Anspielungen auf zeitgenössische Ereignisse wie die Judenverfolgung von 1096. Leqaḥ Tov erstreckt sich über den Pentateuch und die Megillot und ist «halb Commentar, halb Hagada, grossentheils aus älteren Werken» (*Zunz*, GV 306f.). Es verarbeitet v. a. bT und viele Midraschim sowie mystische Literatur; meist zitiert es ohne Quellenangabe und nicht wörtlich, sondern gießt das Ganze in ein einheitliches Hebräisch und vermischt es mit eigenen Auslegungen. Der Verfasser ist v. a. auch an Grammatik sowie Halakha interessiert. Später wurde die Schrift irrtümlich als Pesiqta oder auch als Pesiqta zutrata zitiert.

Text: V 1546 (Lev, Num, Dtn); Wilna 1884 mit Kommentar von A. M. (Katzenellenbogen von) Padua; *S. Buber*, Lekach tob (Pesikta sutarta), ein agadischer Commentar zum ersten und zweiten Buche Mosis von R. Tobia ben Eliezer, Wilna 1884; Ndr. beider Bände Israel ohne Jahr; *J. Nacht*, Tobia ben Elieser's Comm. zu Threni, mit einer Einl. und Anm., B 1895; *A. W. Greenup*, The Commentary of R. Tobia b. Elieser on Echah, Lo ²1908; *G. Feinberg*, Tobia ben Elieser's Commentar zu Koheleth (Lekach tob) samt Einleitung und Comm., B 1904; Ndr. zus. mit *Greenup* J 1967; *S. Bamberger*, Lekach Tob (Pesikta Sutrata). Ein agad. Kommentar zu Megillat Ruth, Aschaffenburg 1887; *A. W. Greenup*, The Commentary of Rabbi Tobia ben Elieser on Canticles, Lo 1909; Ndr. zus. mit *Bamberger* ohne Ort, ohne Jahr (J 1968?); Leqaḥ Tov zu Ester bei *S. Buber*, Sifre de-Aggadeta, Wilna 1886, 85–112.

Lit.: *J. Elbaum*, EJ² XIV 190; *L. Ginzberg*, Ginze Schechter I 246–297; *E. Twito*, Traces of Leka Tov in the Text of Rashi's Commentary to the Tora, Alei Sefer 15 (1989f.) 37–44; *Zunz*, GV 306–308.

8) Sekhel Tov

Eine midraschische Anthologie zum Pentateuch von Menachem ben Salomo, 1139 geschrieben, vielleicht in Italien (Fremdwörter im Text sind italienisch). Neben der rabb. Literatur zitiert der Verfasser gaonäische Schriften wie die She'iltot und die Halakhot Gedolot, aber auch noch Alfasi und den Midrasch Leqaḥ Tov. Von mittelalterlichen Autoren noch vollständig gekannt, doch nur Gen (ab 15,12) und Ex erhalten.

S. *Buber*, Sechel Tob. Commentar zum ersten und zweiten Buch Mosis von Rabbi Menachem ben Salomo verfasst i. J. 1139... herausgegeben ... commentiert und mit ... Einl., B 1900/01 (Ndr. TA o. J.). Vgl. *I. Ta-Shma*, EJ² XIV 23; *M. I. Lockshin*, The Connection between R. Samuel ben Meir's Tora Commentary and Midrash Sekhel Tov (h), 11th WCJS, J 1994, A 135–142; *R. Brody*, Sheiltot 122 f. *F. Talmage*, Perushim le-sefer Mishle le-veit Qimḥi, J 1990, Einl. 14 f., Anm. 18.

9) Bereshit Zutta

So nennt S. *Buber* den Gen-Kommentar des Samuel b. R. Nissim Masnut, der im 13. Jh. in Aleppo lehrte, aber wohl aus Toledo stammte. Nicht sicher ist seine Identifikation mit Samuel b. R. Nissim, den Alcharizi um 1218 in Aleppo besuchte (dieser nennt als Namen nicht Masnut; auch hat der Autor des Midrasch noch 1276 einen Dan-Kommentar geschrieben). Die einzige Handschrift nennt das Werk einfach Midrasch des R. Samuel Masnut. Das Werk ist eine Kompilation aus der gesamten rabb. Literatur (nicht namentlich zitiert), mosaikartig aus kleinsten Einheiten zusammengesetzt und deutlich dem Literalsinn zuneigend. Gen 1,23–8,16 ist nicht kommentiert; offenbar ist der Abschnitt verloren gegangen, wie ein einzelnes Blatt zu 3,6–8, das wohl zu diesem Werk gehört, nahelegt. Vom selben Verfasser stammen ein «Midrash Sefer Ijob Maʿayan Gannim» sowie Midraschim zu Dan, Esra (mit Neh) und Chron. Auch von einem Num-Kommentar ist ein Teil erhalten (JThS), sodass man wohl annehmen kann, dass der Verfasser die ganze Bibel kommentierte. Samuel Masnut stützt sich auch stark auf die Targumim und die Peschitta; sein Kommentar zu Chron kopiert einfach jenen des David Qimchi (ca. 1160–1235) und ergänzt ihn mit rabb. Zitaten. Vielleicht hat er dies auch zu Esra und Dan getan, wozu kein Kommentar Qimchis (abgesehen von einer Erklärung der aramäischen Ausdrücke) erhalten ist.

Text: S. *Buber*, Samuel b. R. Nissim Masnut, Maʿayan Gannim ... ʿal Sefer Ijob, B 1889, Ndr. J 1970; *M. (Ha)Cohen*, Midrash Bereshit Zutta, J 1962; *B. Richler*, Completion of a Lacuna in R. Samuel b. Nissim Masnut's Midrash on Genesis (h), KS 63 (1990 f.) 1323–6; *I. S. Lange – S. Schwartz*, Midras Daniel et Midras Ezra auctore R. Samuel b. R. Nissim Masnuth (Saec. XIII), J 1968.
 Lit.: *A. Díez-Macho*, Las citas del targum palestinense en el midras Bereshit Zuta, FS M. Delcor, Neukirchen-Vluyn 1985, 117–126; *I. Ta-Shma*, EJ² XIII 603.

10) Weitere Midraschim und verwandte Werke

Die Sammlungen von *Even-Shmuel*, Midreshe Geulla, *J. D. Eisenstein*, Ozar Midrashim, *L. Grünhut*, Sefer ha-Likkutim, *Ch. M. Horowitz*, Sammlung kleiner Midraschim, 1. Teil B 1881, 2. und 3. Teil F 1881/82,

Ndr. in 2 Bden J 1966/67, *A. Jellinek*, BhM, und *S. A. Wertheimer* enthalten eine Reihe weiterer Midraschim. Jemenitische Midraschim: Midrash ha-Ḥefeẓ des R. Zacharia ben Shlomo ha-Rofe, eine Art Yalqut in Arab., laut Kolophon 1427 vollendet: 2 Bde., ed. *M. Havazelet* (mit hebr. Übers.), J 1990–1992 (I: Gen-Ex; II Lev-Dtn); *A. Y. Wertheimer*, Hg., Yalkut Midreshey Teiman ... by an unknown medieval Yemenite scholar, 2 Bde., J 1988 (I: Gen-Lev; II: Num-Dtn; nicht vor 17.Jh.). Eine Kompilation der Midrasch-Tradition bietet *M. M. Kasher*, Torah Shelemah, J-NY 1927 ff. (bis 1991 42 Bde.); gekürzte engl. Übersetzung Hg. *H. Freedmann*, NY 1953 ff. Für die Lokalisierung verstreuter Bibelauslegungen in der gesamten rabb. Literatur sehr wertvoll: *A. Hyman*, Torah Hakethubah Vehamessurah, Second Edition Revised and Enlarged by his Son *A. B. Hyman*, 3 Bde., TA 1979; Ergänzungen dazu: Sepher Hahashlamoth, J o.J. (1985?).

Über die zahlreichen hebräischen und jiddischen *Ma'ase*-Bücher siehe *M. Steinschneider*, Catalogus librorum Hebraeorum in bibliotheca Bodleiana, B 1860 (Ndr. H 1964) 3869–3942; *J. Dan*, The Hebrew Story (Lit.); weitere Lit. in: *E. Yassif*, Sepher ha-Ma'asim. Character, Origins and Influence of a Collection of Folktales from the Time of the Tosaphists (h), Tarbiz 53 (1983 f.) 409–429 (Ndr.: ders., The Hebrew Collection of Tales in the Middle Ages, h, TA 2004, 136–165).

Weitere Bibliographie: *J. T. Townsend*, in: The Study of Judaism I, NY 1972, 35–80; II NY 1976, 333–392.

ANHANG

Liste der Wochenlesungen (Sedarim) aus der Tora nach dem einjährigen Zyklus

Gen	1,1–6,8	Bereshit		16,1–18,30	Aḥare
	6,9–11,32	Noaḥ		19,1–20,27	Qedoshim
	12,1–17,27	Lekh lekha		21,1–24,23	ʾEmor
	18,1–22,24	Wa-yera		25,1–26,2	Behar
	23,1–25,18	Ḥayye Sara		26,3–27,34	Beḥuqqotai
	25,19–28,9	Toldot			
	28,10–32,3	Wa-yeẒe	Num	1,1–4,20	Bemidbar
	32,4–36,43	Wa-yishlaḥ		4,21–7,89	Naso
	37,1–40,23	Wa-yeshev		8,1–12,16	Behaʿalotkha
	41,1–44,17	Mi-qeẓ		13,1–15,41	Shelaḥ
	44,18–47,27	Wa-yiggash		16,1–18,32	Koraḥ
	44,28–50,26	Wa-yeḥi		19,1–22,1	Ḥuqqat
				22,2–25,9	Balak
Ex	1,1–6,1	Shemot		25,10–30,1	Pinḥas
	6,2–9,35	Wa-ʾera		30,2–32,42	Mattot
	10,1–13,16	Bo		33,1–36,13	Masʿe
	13,17–17,16	Beshallaḥ			
	18,1–20,26	Jitro	Dtn	1,1–3,22	Devarim
	21,1–24,18	Mishpatim		3,23–7,11	Wa-ethannan
	25,1–27,19	Teruma		7,12–11,25	ʿEqev
	27,20–30,10	Teẓawwe		11,26–16,17	Reʾe
	30,11–34,35	Tissa		16,18–21,9	Shoftim
	35,1–38,20	Wa-yaqhel		21,10–25,19	Ki Teẓe
	38,21–40,38	Pequde		26,1–29,8	(Ki) Tavo
				29,9–30,20	Niẓavim
Lev	1,1–5,26	Wa-yiqra		31,1–30	Wa-yelekh
	6,1–8,36	Ẓaw		32,1–52	Haʾazinu
	9,1–11,47	Shemini		33,1–34,12	We-zot ha-Berakha
	12,1–13,59	Tazriʿa			
	14,1–15,33	Meẓoraʿ			

Abgekürzt zitierte Literatur

Dieses Verzeichnis enthält nur jene Werke, die über das ganze Buch verstreut öfter vorkommen, nicht jedoch jene, die aus der Bibliographie des jeweiligen Kapitels ersichtlich sind.

Albeck, Ch., Einführung in die Mischna, B-NY 1971 (Einführung).
- Introduction to the Talmud, Babli and Yerushalmi (h), TA 1969 (Mavo).
- Untersuchungen über die halakischen Midraschim, B 1927 (Untersuchungen).
- Derashot: siehe bei *L. Zunz*.

Alexander, E. S., Transmitting Mishnah. The Shaping Influence of Oral Tradition, C – NY 2006.

Alloni, N., Geniza Fragments of Rabbinic Literature, Mishna, Talmud and Midrash, with Palestinian Vocalization (h), J 1973 (Geniza Fragments).

Alon, G., The Jews in their Land in the Talmudic Age, 2 Bde., J 1980–1984 (The Jews; bearbeitete Übersetzung von Toldot ha-Yehudim, TA ³1958).
- Jews, Judaism and the Classical World. Studies in Jewish History in the Times of the Second Temple and Talmud, J 1977 (Studies; eine Auswahl der wichtigsten Aufsätze der hebr. Ausgabe, 2 Bde., TA 1958).

Assaf, S., Tequfat ha-Geonim we-Sifruta, J 1955 (Geonim).

Bacher, W., Die Agada der Tannaiten, Straßburg I ²1903; II 1890; Ndr. B 1965/66 (Tann).
- Die Agada der palästinensischen Amoräer, 3 Bde., Straßburg 1892–1905, Ndr. H 1965 (pAm).
- Die Agada der babylonischen Amoräer, F ²1913, Ndr. H 1965 (bAm).
- Die exegetische Terminologie der jüdischen Traditionsliteratur, Le 1899–1905, Ndr. H 1965 (ET).
- Tradition und Tradenten in den Schulen Palästinas und Babyloniens, Le 1914, Ndr. B 1966 (TT).

Bar-Asher, M., Studies in Mishnaic Hebrew (h), 2 Bde., J 2009 (Studies).
- *A. Maman, S. E. Fassberg, Y. Breuer*, ed., Shaʿarei Lashon. Studies in Hebrew, Aramaic and Jewish Languages Presented to Moshe Bar-Asher. Vol. II. Rabbinic Hebrew and Aramaic, J 2007 (FS Bar-Asher).

Beer, M., The Babylonian Exilarchate in the Arsacid and Sassanian Periods (h), TA 1970 (Exilarchate).
- Exilarchs of the Talmudic Epoch Mentioned in R. Sherira's Responsum, PAAJR 35 (1967) 43–74 (Exilarchs).

Beit-Arié, M., Hebrew Codicology, P 1976, ergänzter Ndr. J 1981.

Brody, R., The Textual History of the Sheʾiltot (h), NY-J 1991 (Sheʾiltot).
- The Geonim of Babylonia and the Shaping of Medieval Jewish Culture, New Haven 1998 (The Geonim).

Cohen, B. S., The Legal Methodology of Late Nehardean Sages in Sasanian Babylonia, L 2010 (Nehardean Sages).

Cohen, S. J. D., The Significance of Yavneh and Other Essays in Jewish Hellenism, Tüb. 2010 (Essays).

Dan, J., The Hebrew Story in the Middle Ages (h), J 1974 (The Hebrew Story).
Daube, D., Alexandrian Methods of Interpretation and the Rabbis, FS H. Lewald, Basel 1953, 25–44; Ndr. in H. A. Fischel, Hg., Essays 164–182; Collected Works 357–376 (Alex. Methods).
- Rabbinic Methods of Interpretation and Hellenistic Rhetoric, HUCA 22 (1949) 239–264; Ndr.: Collected Works 333–355 (Rabb. Methods).
- Collected Works of David Daube. Vol. I. Talmudic Law, Berkeley 1992.
Dimitrovsky, H. Z.: D. Boyarin u. a., Hg., Atara l'Haim (FS H. Z. Dimitrovsky), J 2000.
Dor, Z. M., The Teachings of Eretz Israel in Babylon (h), TA 1971 (Teachings).
Eisenstein, J. D., Ozar Midrashim. Bibliotheca Midraschica, 2 Bde., NY 1915, Ndr. J 1969.
Ephrathi, J. E., The Sevoraic Period and its Literature in Babylonia and in Eretz Israel (500–689) (h), Petach Tikva 1973 (The Sevoraic Period).
Epstein, A., Me-Qadmoniot ha-Yehudim. Beiträge zur jüdischen Alterthumskunde, W 1887; Ndr. in Kitve R. A. Epstein, 2 Bde., J 1950/7, Bd. 2 (Qadmoniot).
Epstein, J. N., Introduction to the Text of the Mishna (h), J 1948 (ITM).
- Introduction to Tannaitic Literature: Mishna, Tosephta and Halakhic Midrashim (h), Hg. E. Z. Melamed, J 1957 (ITL).
- Introduction to Amoraitic Literature. Babylonian Talmud and Yerushalmi (h), Hg. E. Z. Melamed, TA 1962 (IAL).
- Studies in Talmudic Literature and Semitic Languages, ed. E. Z. Melamed, 3 Bde., J 1983–1991 (Studies).
Even-Shmuel, J., Midreshe Geulla, J 1954, ³1968.
Fischel, H. A., Hg., Essays in Greco-Roman and Related Talmudic Literature, NY 1977 (Essays).
- Rabbinic Literature and Greco-Roman Philosophy, L 1973.
Fonrobert, C. E. – Jaffee, M. S., Hg., The Cambridge Companion to The Talmud and Rabbinic Literature, C 2007.
Fraenkel, Y., The Aggadic Narrative. Harmony of Form and Content (h), TA 2001.
Fraenkel, Y.: J. Levinson, J. Elbaum, G. Hasan-Rokem, eds., Higayon L'Yona. New Aspects in the Study of Midrash, Aggadah and Piyut. In Honor of Professor Yona Fraenkel (h), J 2006 (FS Y. Fraenkel).
Frankel, Z., Mavo ha-Yerushalmi. Einleitung in den jerusalemischen Talmud, Breslau 1870, Ndr. J 1967 (Mavo).
- Darkhe ha-Mishna. Hodegetica in Mischnam librosque cum ea conjunctos. Pars prima: Introductio in Mischnam, Le 1859; Additamenta et Index, Le 1867; Ndr. TA o. J. (Darkhe).
Gafni, I. M., The Jews of Babylonia in the Talmudic Era. A Social and Cultural History (h), J 1990.
Gerhardsson, B., Memory and Manuscript. Oral Tradition and Written Transmission in Rabbinic Judaism and Early Christianity, Uppsala 1961.
Ginzberg, L., A Commentary on the Palestinian Talmud I, NY 1941, Ndr. 1971, hebr. Einleitung (Mavo).
- Genizah Studies in memory of Doctor Solomon Schechter: I Midrash and Haggadah, II Geonic and Early Karaitic Halakah (h), NY 1928/29, Ndr. 1969 (Ginze Schechter).
Goldberg, A., Mystik und Theologie des rabbinischen Judentums (Gesammelte Studien I); Rabbinische Texte als Gegenstand der Auslegung (Gesammelte Studien II). Hg. von *M. Schlüter – P. Schäfer*, Tübingen 1997–1999 (Studien).

Abgekürzt zitierte Literatur

Goodblatt, D., Rabbinic Instruction in Sasanian Babylonia, L 1975 (Instruction).

Graetz, H., Geschichte der Juden von den ältesten Zeiten bis zur Gegenwart, Bd. 4 und 5, Le [4]1908/09 (Geschichte).

Green, W. S., Hg., Persons and Institutions in Early Rabbinic Judaism, Missoula 1977 (Persons).

Grünhut, L., Sefer ha-Likkutim. Sammlung älterer Midraschim und wissenschaftlicher Abhandlungen, 6 Hefte, J 1898–1903, Ndr. J 1967 (Sefer ha-Likkutim).

Halevy, I., Dorot Harishonim. Die Geschichte und Literatur Israels Ic, Ie, II, III, F 1897–1918, Ndr. J 1967 (Dorot).

Halivni, D. W., Sources and Traditions (h), I TA 1968, II–IV J 1975–1982; BQ, BM, BB J 1993–2007 (Sources).

Heinemann, I., Darkhe ha-Aggada, J [3]1970.

Heinemann, J., Aggadah and its Development (h), J 1974 (Aggadah).

Hezser, C., The Social Structure of the Rabbinic Movement in Roman Palestine, Tüb. 1997.

Hopkins, S., A Miscellany of Literary Pieces from the Cambridge Genizah Collections, C 1978 (Miscellany).

Juster, J., Les Juifs dans l'Empire Romain, 2 Bde., P 1914, Ndr. NY 1968.

Kahana, M., Manuscripts of the Halakhic Midrashim. An Annotated Catalogue (h), J 1995 (Manuscripts).

– The Genizah Fragments of the Halakhic Midrashim. Part I: Mekhilta d'Rabbi Ishma'el, Mekhilta d'Rabbi Shimʿon ben Yohay, Sifre Numbers, Sifre Zuta Numbers, Sifre Deuteronomy, Mekhilta Deuteronomy (h), J 2005 (Genizah Fragments).

Lauterbach, J. Z., Rabbinic Essays, Cincinnati 1951, Ndr. NY 1973.

Levine, L. I., Caesarea under Roman Rule, L 1975.

Lieberman, S., Greek in Jewish Palestine, NY [2]1965 (Greek).

– Hellenism in Jewish Palestine, NY [2]1962 (Hell.).

– Texts and Studies, NY 1974.

– Tosefta Ki-Fshuah. A Comprehensive Commentary on the Tosefta (h), 10 Bde. und Ergänzungsband zu Moʿed, NY 1955–1988 (TK).

– Studies in Palestinian Talmudic Literature (h), ed. *D. Rosenthal*, J 1991 (Studies).

Lifshitz, T.: Bar-Asher, M., A. Edrei u. a., Hg., Studies in Talmudic and Midrashic Literature. In Memory of Tirzah Lifshitz, J 2005 (GS T. Lifshitz).

Maier, J., Jesus von Nazareth in der talmudischen Überlieferung, Darmstadt 1978.

Mantel, H., Studies in the History of the Sanhedrin, C (M) 1961.

Melammed, E. Z., An Introduction to Talmudic Literature (h), J 1973 (Introduction).

Neusner, J., A Life of Rabban Yohanan ben Zakkai, L [2]1970 (Life).

– Development of a Legend. Studies on the Traditions concerning Yohanan ben Zakkai, L 1970, Ndr. Binghamton 2001 (Development).

– A History of the Jews in Babylonia, 5 Bde., L 1965–1970, Ndr. A 1999 (Bab).

– The Rabbinic Traditions about the Pharisees before 70, 3 Bde., L 1971, Ndr. A 1999 (Phar).

– Eliezer ben Hyrcanus. The Tradition and the Man, 2 Bde., L 1973 (Eliezer).

– A History of the Mishnaic Law of Purities, 22 Bde., L 1974–1977 (Pur).

– Introduction to Rabbinic Literature, NY 1994 (Introduction).

– Rabbinic Judaism. The Documentary History of its Formative Age, 70–600, Bethesda MD 1994 (Judaism).

– Hg., The Modern Study of the Mishnah, L 1973 (The Modern Study).

– Hg., The Formation of the Babylonian Talmud, L 1970 (Formation).

– Hg., The Study of Ancient Judaism, 2 Bde., 1981 (The Study).

- The Components of Rabbinic Documents. From the Whole to the Parts, 9 Bde. in mehreren Teilen, A 1997 (Components)
- Rabbinic Narrative. A Documentary Perspective, 4 Bde., L 2003 (Rabb. Narrative).
- Contours of Coherence in Rabbinic Judaism, 2 Bde. (durchgehende Paginierung), L 2005 (Contours).

Porton, G. G., The Traditions of Rabbi Ishmael, 4 Bde., L 1976–1982 (Ishmael).
Rabinovitz, Z. M., Ginzé Midrash. The Oldest Form of Rabbinic Midrashim according to Geniza Manuscripts (h), TA 1976.
Rubenstein, J. L., Talmudic Stories. Narrative Art, Composition, and Culture, Baltimore 1999.
- Hg., Creation and Composition. The Contribution of the Bavli Redactors (Stammaim) to the Aggada, Tüb. 2005.
Safrai, S., Hg., The Literature of the Sages. First Part: Oral Tora, Halakha, Mishna, Tosefta, Talmud, External Tractates, Assen 1987 (Safrai I).
- Safrai, S. – Safrai, Z. – Schwartz, J. – Tomson, P. J., Hg., The Literature of the Sages. Second Part: Midrash and Targum, Liturgy, Poetry, Mysticism, Contracts, Inscriptions, Ancient Science and the Languages of Rabbinic Literature, Assen 2006 (Safrai II).
Schäfer, P., Studien zur Geschichte und Theologie des rabbinischen Judentums, L 1978 (Studien).
- Hg., The Talmud Yerushalmi and Graeco-Roman Culture, 3 Bde. (II zus. mit C. Hezser), Tüb. 1998–2002 (Talmud Yerushalmi).
Schürer, E., The History of the Jewish People in the Age of Jesus Christ. A New English Version Revised and Edited by G. Vermes, f. Millar, M. Black, 3 Bde., Edinburgh 1973–1987 (Schürer-Vermes).
Sharvit, S., Studies in Mishnaic Hebrew (h), Jerusalem 2008.
Stemberger, G., Judaica Minora, 2 Bde., Tüb. 2010.
Talmudic Studies: Meḥqerei Talmud. Talmudic Studies I (Hg. Y. Sussmann – D. Rosenthal), J 1990; II (Hg. M. Bar-Asher – D. Rosenthal) J 1993; III (Hg. Y. Sussmann – D. Rosenthal), J 2005.
Teugels, L. M. – Ulmer, R., Hg., Recent Developments in Midrash Research, Piscataway, NJ, 2005 (Recent Developments).
Towner, W. S., The «Enumeration of Scriptural Examples», L 1973.
Urbach, E. E., The Tosafists: Their History, Writings and Methods (h), 2 Bde., J [4]1980.
Vermes, G., Post-Biblical Jewish Studies, L 1975 (Studies).
Vries, B. de, Meḥqarim be-sifrut ha-Talmud, J 1968 (Meḥqarim).
Weiss, A., Studies in the Literature of the Amoraim (h), NY 1962 (SLA).
- Meḥqarim ba-Talmud, J 1975.
Weiss, I. H., Dor Dor we-Dorshaw. Zur Geschichte der jüdischen Tradition (h), 5 Bde, W 1871–83, Ndr. Wilna 1904 und öfter (Dor).
Wertheimer, S. A., Batei Midrashot, 2 Bde., J [2]1968.
Wünsche, A., Bibliotheca Rabbinica. Eine Sammlung alter Midraschim. Zum ersten Male ins Deutsche übertragen, 5 Bde., Le 1880–1885, Ndr. H 1967 (Bibl. Rabb.).
- Aus Israels Lehrhallen, 5 Bde, Le 1907–1910; Ndr. in 2 Bden H 1967 (Lehrhallen).
Zunz, L., Die gottesdienstlichen Vorträge der Juden historisch entwickelt, F [2]1892, Ndr. H 1966, Ndr. Piscataway 2003 mit Einleitung von R. Kern-Ulmer (GV); hebr. Übersetzung: Ha-Derashot be-Yisra'el, J 1954, ergänzt von Ch. Albeck (Derashot; zitiert nur bei wichtigeren Ergänzungen Albecks).

Abkürzungen

1) Zeitschriften und Sammelwerke

AcOr	Acta Orientalia (Budapest)
AJSR	Association for Jewish Studies Review
ANRW	Aufstieg und Niedergang der Römischen Welt Bd. II 19/2, Hg. H. *Temporini* und W. *Haase*, B – NY 1979
Approaches	Approaches to Ancient Judaism, ed. W. S. *Green*, I Missoula 1978, II Chico 1980, III Chico 1981, IV Chico 1983; V A 1985; New Series (NS), ed. *J. Neusner*, A 1990 ff.
Archive	Archive of the New Dictionary of Rabbinical Literature, Ramat Gan I 1972, II 1974
ARJ	The Annual of Rabbinic Judaism
BhM	Bet ha-Midrasch. Sammlung kleiner Midraschim, hg. von *A. Jellinek*, 6 Teile 1–4 Le 1853–1857, 5–6 W 1873–1877; Ndr. in 2 Bden J 1967
BiB	Biblica
BSOAS	Bulletin of the School of Oriental and African Studies
CHJ	The Cambridge History of Judaism. II, ed. W. D. *Davies* – L. *Finkelstein*, C 1989; III, ed. W. *Horbury* – W. D. *Davies* – J. *Sturdy*, C 1999; IV, ed. S. T. *Katz*, C 2006
CCSL	Corpus Christianorum. Series Latina
CSEL	Corpus Scriptorum Ecclesiasticorum Latinorum
DBS	Dictionnaire de la Bible, Supplément
EJ	Encyclopaedia Judaica, B 1928–1934
EJ²	Encyclopaedia Judaica, ed. F. *Skolnik*, Detroit ²2007, und E-Book (viele Artikel unverändert aus EJ, J 1972, übernommen)
EJJS	European Journal of Jewish Studies
EMidr	Encyclopaedia of Midrash. Biblical Interpretation in Formative Judaism, 2 Bde. (durchgehend paginiert), ed. *J. Neusner – A. J. Avery Peck*, L 2005
FJB	Frankfurter Judaistische Beiträge
GCS	Die griechischen christlichen Schriftsteller
HR	History of Religions
HThR	Harvard Theological Review
HUCA	Hebrew Union College Annual
IEJ	Israel Exploration Journal
JAAR	Journal of the American Academy of Religion
JBL	Journal of Biblical Literature
JE	Jewish Encyclopedia
JJS	Journal for Jewish Studies
JQR	Jewish Quarterly Review
JSIJ	Jewish Studies. An Internet Journal (http://www.biu.ac.il/JS/JSIJ)

JSJ	Journal for the Study of Judaism
JSHL	Jerusalem Studies in Hebrew Literature
JSJT	Jerusalem Studies in Jewish Thought
JSS	Journal of Semitic Studies
KS	Kirjath Sepher
LEš	Lešonénu
MEAH	Miscelánea de Estudios Árabes y Hebraicos
MGWJ	Monatsschrift für Geschichte und Wissenschaft des Judentums
OLZ	Orientalistische Literaturzeitung
PAAJR	Proceedings of the American Academy for Jewish Research
REJ	Revue des Etudes Juives
RHR	Revue de l'Histoire des Religions
RQ	Revue de Qumran
RRJ	Review of Rabbinic Judaism
RSR	Recherches de science religieuse
SBLSP	Society of Biblical Literature. Seminar Papers
SH	Scripta Hierosolymitana
SHJP	Studies in the History of the Jewish People
ThWAT	Theologisches Wörterbuch zum Alten Testament
VT (S)	Vetus Testamentum (Supplements)
WCJS	World Congress of Jewish Studies
ZDMG	Zeitschrift der deutschen morgenländischen Gesellschaft
ZThK	Zeitschrift für Theologie und Kirche

2) Verlagsorte

A	Atlanta		M	München
B	Berlin		NY	New York
C (M)	Cambridge (Mass.)		O	Oxford
F	Frankfurt am Main		P	Paris
H	Hildesheim		Phil.	Philadelphia
J	Jerusalem		R	Rom
K	Konstantinopel		TA	Tel Aviv
L	Leiden		Tüb.	Tübingen
Le	Leipzig		V	Venedig
Lo	London		W	Wien

3) Sonstige Abkürzungen

Bd.	Band		JThS	Jewish Theological Seminary
h	hebräisch			
FS	Festschrift		MS(S)	Manuskript(e)
GS	Gedenkschrift		Ndr.	Nachdruck
Hg.	Herausgeber		rabb.	rabbinisch
Jb.	Jahrbuch/Jahresbericht			

4) Rabbinische Texte

a) Mischna, Tosefta, Talmudim

bT	babylonischer Talmud	pT	palästinischer Talmud
M	Mischna	T	Tosefta

Die Abkürzungen der Traktate dieser Werke sind stets dieselben. Zur Unterscheidung der Zitate: M wird nach Kapitel und Halakha zitiert und ein m vorausgesetzt (z. B. mAZ 1,1), der bT nach Blatt, Seite a oder b mit vorausgesetztem b (z. B. bAZ 2b); Zitaten aus dem pT ist ein y für Yerushalmi vorangesetzt (z. B. yAZ 1,1,39a: Die beiden ersten Zahlen entsprechen Kapitel und Halakha wie in M, die dritte gibt Blatt und Spalte an), solchen aus T ein t (tAZ I,1: hier folgt jeweils der Anfangsbuchstabe der jeweiligen kritischen Ausgabe: L. = S. Lieberman, R. = K. H. Rengstorf, Z. = M. Zuckermandel).

Ar	ʿArakhin	Naz	Nazir
Av	Avot	Ned	Nedarim
AZ	ʿAvoda Zara	Neg	Negaʿim
BB	Bava Batra	Nid	Nidda
Bekh	Bekhorot	Ohal	ʾOhalot
Ber	Berakhot	Orl	ʿOrla
Beẓa	Beẓa	Par	Para
Bik	Bikkurim	Pea	Peʾa
BM	Bava Meẓiʿa	Pes	Pesaḥim
BQ	Bava Qamma	Qid	Qiddushin
Dem	Demai	Qin	Qinnim
Ed	ʿEduyot	RH	Rosh Hashana
Er	ʿEruvin	San	Sanhedrin
Git	Gittin	Shab	Shabbat
Hag	Ḥagiga	Sheq	Sheqalim
Hal	Ḥalla	Shevi	Sheviʿit
Hor	Horayot	Shevu	Shevuʿot
Hul	Ḥullin	Sot	Sota
Kel	Kelim	Suk	Sukka
Ker	Keritot	Taan	Taʿanit
Ket	Ketubbot	Tam	Tamid
Kil	Kilʾayim	Tem	Temura
Maas	Maʿaserot	Ter	Teruma
Mak	Makkot	TevY	Tevul Yom
Makh	Makhshirin	Toh	Toharot
Meg	Megilla	Uq	ʿUqẓin
Meil	Meʿila	Yad	Yadayim
Men	Menaḥot	Yev	Yevamot
Mid	Middot	Yom	Yoma
Miq	Miqwaʾot	Yom Ṭov	Beẓa
MQ	Moʿed Qaṭan	Zav	Zavim
MSh	Maʿaser Sheni	Zev	Zevaḥim

b) Andere Texte

Abraham Ibn Daud	G. D. Cohen, A Critical Edition with an Introduction and Notes on the Book of Tradition (Sefer ha-Qabbalah) by Abraham Ibn Daud, Phil. 1967.
ARN	Avot de Rabbi Natan, Text A oder B; Sch. = S. Schechter, W 1887, Ndr. H 1979; NY – J 1997; B. = H.-J. Becker, Tüb. 2006.
BemR	Bemidbar (Numeri) Rabba
BerR	Bereshit (Genesis) Rabba; Th-A = J. Theodor – Ch. Albeck, Midrash Bereshit Rabba. Critical Edition with Notes and Commentary, J ²1965.
BerZ	Bereshit Zutta
BhM	Bet ha-Midrash (Jellinek)
DevR	Devarim (Deuteronomium) Rabba; L. = S. Lieberman, Midrash Debarim Rabbah, J ³1974.
DER	Derekh Ereẓ Rabba
EkhR	Ekha (Klagelieder) Rabba; B. = S. Buber, Midrasch Echa Rabbati, Wilna 1899, Ndr. H 1967.
EkhZ	Ekha (Klagelieder) Zutta
EstR	Ester Rabbah
ISG	Iggeret Rav Scherira Gaon; Seitenangabe nach B. M. Lewin, Hg., F 1920, Ndr. J 1972.
MekhSh	Mekhilta de-Rabbi Shimʿon ben Yoḥai; E.-M. = Ausgabe J. N. Epstein-E. Z. Melamed, J 1965.
MekhY	Mekhilta de-Rabbi Yishmaʿel; L. = J. Z. Lauterbach, Mekilta de Rabbi Ishmael, 3 Bde., Phil. 1933–1935; H.-R. = H. S. Horovitz – I. A. Rabin, J ²1960.
MHG	Midrasch ha-Gadol
MidMish	Midrasch Mishle (Sprichwörter); B. = S. Buber, Midrash Mishle, Wilna 1893, Ndr. J 1965; V. = B. Visotzky, NY 1990.
MidSam	Midrasch Samuel; B. = S. Buber, L. = B. Lifshitz.
MidTan	Midrash Tannaim; H. = D. Hoffmann, Midrasch Tannaim zum Deuteronomium, B 1908–1909.
MidTeh	Midrasch Tehillim (Psalmen); B. = S. Buber, Midrasch Tehillim, Wilna 1892, Ndr. H 1966.
PesK	Pesiqta de Rav Kahana; M. = B. Mandelbaum, 2 Bde., NY 1962.
PesR	Pesiqta Rabbati; F. = M. Friedmann, Pesikta Rabbati, W 1880; U. = R. Ulmer, A 1997–2002.
PRE	Pirqe de Rabbi Eliezer; L. = D. Luria, Warschau 1852, Ndr. J 1963.
QohR	Kohelet Rabba
SER	Seder Eliyahu Rabba; F. = M. Friedmann, W 1902, Ndr. J 1960.
SEZ	Seder Eliyahu Zutta; F. = M. Friedmann (wie zuvor).
ShemR	Shemot (Exodus) Rabba.

ShirR	Shir ha-Shirim Rabba (Hohelied Rabba).
SifZ	Sifre Zutta; H. = Ausgabe H. S. Horovitz, J ²1966.
SOR	Seder ʿOlam Rabba
SOZ	Seder ʿOlam Zutta
STA	Seder Tannaim we-Amoraim
Tan	Tanchuma
TanB	Tanchuma Buber
WaR	Wayyiqra (Levitikus) Rabba; M. = M. Margulies, Midrash Wayyikra Rabbah, 5 Bde., J 1953–1960.

Register

Sachregister

Amoräer 17, 72
Analogieschluss 30
Anonyme Sätze 69, 74 f., 227
Atbash 41

Baraita 196 f., 118 f., 170–172, 174 f., 177, 219 f., 276 f.
Binyan av 30, 36
Birkat ha-Minim 87

Chatima 271 f.

Datierung rabb. Texte 60–62, 73–75

Exilarch(at) 13 f., 23, 25, 364

Formgeschichte 64–68

Gaon, Geonim 17, 16, 115, 228 f.
Gemara 184
Gematria 40 f.
Gezera shawa 30, 36

Haggada 27 f., 44, 46 f., 52, 66 f.
Halakha 27 f., 44 f., 49 f., 52, 65 f., 144 f.
Hellenismus 63, 77
Heqqesh 30

Kalla 22 f., 214
Karäer 142, 144, 228, 230, 236 f., 245, 334, 338

Mashal 40
Memra 224

Midrasch 257 ff.
Miʿut 35

Naḥote 199
Notarikon 41

Ordination 23–25

Patriarch(at) 12 f., 15, 21, 24 f., 190
Peticha 269–271, 307 f., 317 f., 321, 327, 353 f.
Pirqa 22 f.
Predigt 268–272, 321 ff.
Proömium siehe Peticha
Pseudepigraphie 74, 365, 375

Qal wa-ḥomer 29, 36

Redaktionsgeschichte 68 f.
Responsen 238 f.
Ribbui 34 f.

Savoräer 17, 69, 114 f., 215, 226–228
Schreibverbot 44–46
Sugia 224

Talmud 184
Tanna (Rezitator) 22, 53 f., 138, 151, 156, 168
Tannaiten 17, 72
Targum 48, 221, 260 f., 308 f., 367
Tosafisten 242
Traditionsgeschichte 68

Zensur 230, 245

Büchertitel

O = Ordnung, Tr = Traktat, Md = Midrasch
(Die jeweils erstgenannte Zahl verweist auf die Seite, die die Grundinformation bietet)

Abba Gurion Md 356
ʿAvadim Tr 256
Avkir Md 347
ʿAvoda Zara Tr 131
Avot Tr 131 f., 14, 16, 64, 137, 139, 169, 250
Avot de Rabbi Natan Tr 248–251, 14
Aggadat Bereshit Md 345
Aggadat Ester Md 357
Ahilot Tr 133
Al-yithallel Md 374
Alphabet des R. Aqiva 387
Alphabet des Ben Sira 373 f.
ʿArakhin Tr 132
ʿArukh 241
ʿAseret ha-Dibrot Md 370 f.

Bava Batra Tr 131
Bava Metsiʿa Tr 131
Bava Qamma Tr 130
Baraita de-melekhet ha-mishkan 279
Beḥirta Tr 131
Bekhorot Tr 132
Berakhot Tr 126 f., 139
Bereshit Rabbati Md 394
Bereshit Zutta Md 396
Beẓa Tr 129
Bikkurim Tr 128

Demai Tr 127
Derekh Erez Rabba Tr 253 f.,
Derekh Erez Zutta Tr 254
Deuteronomium Rabba Md 339–341
Divre ha-yamim shel Moshe Md 369

Evel Rabbati Tr 252
ʿEduyot Tr 131, 139, 141, 148
Ekha Rabbati Md 314–318
Eldad ha-Dani, Buch des, 374 f.

Elle ezkera Md 377 f.
ʿEruvin Tr 128
ʿEser Galuyot Md 371
Esfa Md 347 f.
Ester Md 353 f., 356 f.
Exodus Rabba Md 341–343

Fastenrolle 47 f., 44

Genesis Rabba Md 306–314, 322
Gerim Tr 256
Gittin Tr 130

Ḥagiga Tr 129
Ḥalla Tr 127
Ḥaserot wi-Yterot Md 381
Hashkem Md 345 f.
Hekhalotschriften 384 f.
Henoch, hebr. Buch, 385 f.
Hohelied Rabba Md 349–351
Hohelied Zutta Md 355
Horayot Tr 132
Ḥullin Tr 132

Ijob Md 362

Jona Md 368
Josippon 375, 369

Kalla Tr 253
Kalla Rabbati Tr 253
Kelim Tr 133, 150, 169
Keritot Tr 133, 216
Ketubbot Tr 130
Kilʾaim Tr 127
Klagelieder Rabba Md 314–318
Klagelieder Zutta Md 357
Kohelet Md 352 f.
Kohelet Zutta Md 355 f.
Konen Md 384
Kutim Tr 256

Leqaḥ Tov Md 395
Levitikus Rabba Md 319–323, 326 f.

Maʿase-Bücher 397
Maʿase-Merkava 386
Maʿase-Tora Md 380 f.
Maʿaserot Tr 127
Maʿaser Sheni Tr 127, 140
Machzor Vitry 16, 253 f.
Makhshirin Tr 134
Makkot Tr 131, 136
Mashqin Tr 129, 134
Megilla Tr 129
Megillat Antiochos Md 371 f.
Megillat Ḥasidim 48
Megillat Yuḥasin 48
Megillat Taḥanit 47 f., 44
Meʿila Tr 133, 216 f.
Mekhilta de R. Jischmael Md 277–284
Mekhilta de R. Simeon b. Jochai Md 284–287
Menaḥot Tr 132
Merkava Rabba 386
Mezuza Tr 255
Middot Tr 133–136, 169
Midrasch Agur 34
Midrasch ha-Gadol 392 f.
Midrasch Tannaim 303 f.
Miqwaot Tr 134
Mishle Md 360 f.
Mischna 123 ff., 54, 56 f., 70, 170–173, 176, 195 f., 218 f., 291
Mishnat R. Eliezer 34
Moʿed O 128
Moʿed Qatan Tr 129

Nashim O 129
Nazir Tr 130, 139, 216
Nedarim Tr 130, 216
Negaʿim Tr 133
Neziqin O 130, 193 f.
Neziqin Tr 130, 135
Nidda Tr 134
Numeri Rabba Md 305 f.

Ohalot Tr 133
ʿOrla Tr 127

Para Tr 134
Pea Tr 127
Pereq ha-Shalom 255
Pesach-Haggada 261
Pesaḥim Tr 128
Pesiqta Ḥadatta 346
Pesiqta de Rav Kahana 323–328, 321–323, 332
Pesiqta Rabbati 328–335, 327, 349, 380
Petirat Aharon Md 370
Petirat Moshe Md 369 f.
Pirqe R. Eliezer 365–368
Pitron Tora Md 393 f.
Psalmen Md 358 f.

Qiddushin Tr 130
Qinnim Tr 133, 169
Qodashim O 132, 185 f.

Rehov, Inschrift, 49 f., 207
Reuyot Yeḥezqel 386
Rosh ha-Shana Tr 129
Rut Md 351, 199
Rut Zutta Md 357

Samuel Md 361 f.
Sanhedrin Tr 131, 136
Seder Eliyahu Md 378–380, 69
Seder ʿOlam Rabba 363 f.
Seder ʿOlam Zutta 364
Seder Tannaim we-Amoraim 16 f., 21, 71, 142
Sefer ha-Bahir 83, 186
Sefer ha-yashar Md 372 f.
Sefer ha-Maʿasim 207
Sefer ha-Metivot 207, 237
Sefer ha-Razim 387 f.
Sefer Hekhalot 385 f.
Sefer Raziel 387 f.
Sefer Serubbabel 376
Sefer Tora Tr 255
Sefer Yeẓira 382 f.
Sefer Yuḥasin 48
Sekhel Tov Md 395 f.
Semaḥot Tr 252
Shabbat Tr 128
Sheviʿit Tr 127

Büchertitel

Shevuʿot Tr 131
Sheʾiltot 238
Sheqalim Tr 128, 202 f., 208
Scherira Gaon, Brief des, 16 f., 21, 44, 71, 141, 144, 169, 214, 226 f., 239
Shiʿur Qoma 386 f.
Sifra Md 287–294, 198, 279
Sifre Deuteronomium Md 299–302
Sifre Numeri Md 294–297
Sifre Zutta Numeri Md 298 f., 277
Sifre Zutta Deuteronomium 304 f.
Soferim Tr 251 f.
Sota Tr 130, 139 f.
Sprichwörter Md 360 f.
Sukka Tr 129

Taʿanit Tr 129
Tadshe Md 383 f., 394
Talmud, bab., 211 ff.
Talmud, pal., 184 ff., 221 f., 309, 323
Tamid Tr 133, 147 f., 169
Tanchuma Md 335–339, 310 f., 323, 345–347, 391
Tanna de-ve-Eliyahu 378–380
Tefillin Tr 255
Temura Md 381
Temura Tr 132, 216
Terumot Tr 127

Tevul Yom Tr 134
Toharot O 133, 160
Toharot Tr 134
Torat Kohanim Md 287–294, 198
Tosefta 167 ff.

ʿUqẓin Tr 134, 141, 147, 150

Wa-yekhullu Md 346
Wa-yissaʿu Md 368 f.
Wa-yosha Md 376 f.
We-hizhir Md 345 f.

Yadayim Tr 134
Yalqut ha-Makhiri 390 f.
Yalqut Reʾuveni 392
Yalqut Shimʿoni 389 f.
Yelamdenu Md 335–339, 332, 391
Yevamot Tr 129
Yom Tov Tr 129
Yoma Tr 128

Zavim Tr 134
Zevaḥim Tr 132
Zeraʿim O 126, 212
Ẓiẓit Tr 255
Zohar 92

Eigennamen

A = Amoräer, bA = babyl. Amoräer, G = Gaon, S = Savoräer, T = Tannait. Die Zahlen hinter A bzw. T zeigen an, welcher Generation der genannte Lehrer angehört. Andere Namen nur in Auswahl. (Die jeweils erstgenannte Zahl verweist auf die Seite, die die Grundinformation liefert).

Abaje bA4 110, 223
Abba Arikha bA1 100
Abba II. A3 106
Abba aus Akko A3 107
Abba bar Abba bA1 100
Abba bar bar Chana = Rabba bA3 108
Abba bar Kahana A3 106, 325
Abba bar Memel A3 106
Abba bar Zavda(i) A2 103
Abba Chanin (Chanan) T3 91
Abba Jose b. Dostai T3 94
Abba Saul T3 94
Abbahu A3 105, 193
Avimi bA2 103
Avin I. A4 109
Avin II. A5 112
Avina = Ravina II. bA7 114, 213 f.
Abraham ben David 34, 293
Abraham ha-Jakini 181
Abraham Ibn Daud 17, 189, 214, 226
Avun = Avin I A4 109
Acha aus Lydda A4 109
Acha b. Abbuha S 115
Acha b. Chanina A3 98
Acha b. Jakob bA4 111
Acha b. Rava bA6 113
Achai b. Joschijja T4 86, 94
Achai b. Rav Huna S 114
Achawa = Ahava b. Zera A4 110
Acher T2 90
Adda (Ada) b. Ahava bA2 104
Adda II. b. Ahava bA4 111
Ahava b. Zera A4 110
Aivo A4 109 f.
Aina S 115
Alexander A2 102
Alfasi 179, 184, 208, 221, 240
Amemar bA6 113
Ammi (Immi) b. Natan A3 105
Amram G 32

Antigonos von Sokho 79
Aqavja b. Mahalalel T1 82
Aqiva T2 87 f., 32 f., 35, 72, 76, 89 f., 140–143, 148 f., 273–276 (Schule A.s), 281, 302, 305, 381
Aqilas T2 89
Ascher b. Jechiel 164, 240, 243
Aschi bA6 113, 213 f., 223
Assi bA1 101
Assi (Jose) A3 105
Avtaljon T 80, 28
Avudimi = R. Dimi A4 110
Azarja A5 112
Azikri, El. 208

Ba = Abba b. Zavda A2 103
Banna'a T5 98
Bar Pedaja A1 99
Bar Qappara T5 98, 96, 197, 299
Bevai A3 106
Bevai b. Abaje bA5 112
Ben Azzai T2 90
Ben Zoma T2 90
Bene Batyra T 28
Benjamin b. Levi A3 107
Berekhja (ha-Kohen) A5 111
Berurja 77, 89
Bet Schearim 12, 20
Bun = Avin I. A4 109

Caesarea 21, 190, 193 f.
Chaggai A4 108 f.
Chama b. Bisa A1 98
Chama b. Chanina A2 103
Chama in Nehardea bA5 113
Chananel b. Chuschiel 184 f., 215, 237, 240, 295
Chananja (Chanina) aus Sepphoris A5 112
Chananja b. Aqavja T3 94

Eigennamen 413

Chananja b. Chakhinai T2 90
Chananja b. Chizkijja b. Garon T1 84
Chananja (Chanina) b. Gamaliel II. T2 90
Chananja b. Teradjon T2 89
Chananja «Genosse der Gelehrten» A3 106
Chananja Neffe des Jehoschua T2 91
Chananja (Chanina) Vorsteher der Priesterschaft T1 82
Chanin (Chanan) aus Sepphoris A4 109
Chanina b. Abbahu A4 110
Chanina b. Acha A4 109
Chanina b. Chama A1 98
Chanina b. Dosa T1 84
Chanina b. Isaak A4 109
Chanina b. Pappai A3 106 f.
Chelbo A4 109
Chidqa T2 90
Chijja (b. Abba) T5 97 f., 169 f., 197, 290, 299, 358
Chijja II. b. Abba A3 105
Chijja b. Gamda A1 100
Chijja b. Josef A2 102
Chisda bA3 107, 219
Chizkijja A5 111
Chizkijja b. Chijja A1 99, 286, 301

Dimi A4 110
Dimi aus Nehardea bA5 113
Donin, Nikolaus, 245
Dosa T4 95
Dostai b. Jannai T4 94
Dostai b. Jehuda T4 95

Efa bA2 103
Efes A1 98
Eisenmenger, J. A. 246
Ela (Hela) A3 106
Eleazar aus Modiim T2 87
Eleazar b. Arakh T2 86
Eleazar b. Azarja T2 86
Eleazar b. Jehuda T4 95
Eleazar b. Jehuda aus Bartota T2 90
Eleazar b. Jose T4 95
Eleazar b. Parta T2 90
Eleazar b. Pedat A3 105

Eleazar b. Schammua T3 93
Eleazar b. Simeon T4 95
Eleazar b. Zadoq I. T2 86
Eleazar b. Zadoq II. T3 93
Eleazar Chisma T2 89
Eleazar ha-Kallir 267, 327, 334
Eleazar (Eliezer) ha-Qappar T4 96
Eliezer (b. Hyrkanos) T2 85, 20, 148, 253, 302, 365 f.
Eliezer b. Jakob I. T1 84, 148
Eliezer b. Jakob II. T3 93, 299
Eliezer b. Jose ha-Gelili T3 93, 27, 32–42 (Regeln)
Elija Gaon von Wilna 164, 181, 209, 243, 293, 297
Elischa b. Avuja T2 90
Eurydemos b. Jose T4 95

Gamaliel I. T1 82
Gamaliel II. T2 84 f., 20
Gamaliel III. T5 97
Geniva bA2 104
Gerschom b. Jehuda 241
Geviha bA7 114
Giddel bA2 104
Große Synagoge (Synode) 78 f., 141 f.

Hai G 110, 163, 239, 252, 297
Hamnuna I. bA2 104
Hamnuna II. bA3 107
Haus Hillels und Schammais T1 81 f., 20, 74
Hela A3 106
Heller, J. T. L. 160, 165
Hillel T 80–82, 14–16, 28–31 (Regeln), 33, 77, 142
Hillel II. A4 110
Hillel b. Eljaqim 293, 297
Hoschaja A1 99, 169, 197, 307, 309 f., 362
Hoschaja II. A3 106
Huna (Rav H.) T5 98
Huna (Rav H.) II. bA2 103
Huna (b. Avin) A4 109
Huna b. Chijja bA3 107
Huna b. Jehoschua bA5 112
Huna b. Natan bA6 113

Idi b. Avin I., bA4 111
Idi b. Avin II., bA7 114
Ilai T2 89
Isaak T4 95
Isaak II. (Nappacha) A3 104
Isaak b. Eleazar (b. Chaqola) A2 102
Isaak b. Melchisedek von Siponto 164
Isaak b. Nachman A3 106
Isserles, M. 240
Issi b. Jehuda T3 94

Javne 12, 15
Jakob T4 94
Jakob b. Ascher 240
Jakob b. Idi A3 106
Jannai A1 99
Jehoschua (b. Chananja) T2 86
Jehoschua b. Levi A1 99 f., 46
Jehoschua b. Nechemja A4 110
Jehoschua b. Perachja T 80
Jehoschua b. Qarcha T3 93
Jehuda II. Nesia A1 99
Jehuda III. Nesia A3 105
Jehuda IV. A5 111
Jehuda b. Bava T2 90
Jehuda b. Batyra T2 91
Jehuda b. Chijja A1 99
Jehuda (b. Ilai) T3 92 f., 290
Jehuda (b. Jechezqel) bA2 103, 21
Jehuda b. Laqisch T4 95
Jehuda b. Nachmani A2 45
Jehuda b. Natan 242
Jehuda b. Pedaja A1 99
Jehuda b. Simon b. Pazzi A4 109
Jehuda b. Tabbai T 80
Jehuda Hadassi 33
Jehuda ha-Nasi (= Rabbi) 96 f., 12, 17, 20, 72, 141 f., 151–157, 170, 299
Jehudai G 207, 216, 228, 236, 238, 253
Jemar bA7 114
Jirmeja A4 108
Jirmeja b. Abba bA2 104
Jischmael (b. Elischa) T2 87, 27, 29, 31, 32 f. (Regeln), 197, 263, 273–276 (Schule), 280 f., 295 f., 301 f., 381, 384
Jischmael Sohn des Jochanan b. Beroqa T3 94
Jochanan b. Beroqa T2 89

Jochanan (b. Nappacha) A2 101 f., 21, 45, 189, 301
Jochanan b. Nuri T2 89
Jochanan b. Torta T2 89
Jochanan b. Zakkai T1 83 f., 12, 14 f., 17, 20, 69, 302
Jochanan ha-Sandelar T3 93
Jona A5 111
Jonatan T3 91, 281
Jonatan aus Bet Gubrin A2 103
Jonatan b. Eleazar A1 99
Jonatan b. Uzziel 81
Joschijja T3 91, 281
Joschijja A3 106
Jose (Assi) A3 105
Jose (sof hora'a) 114, 214
Jose b. Avin (Avun) A5 112
Jose (b. Chalafta) T3 92, 149, 363
Jose b. Chanina A2 102
Jose b. Jasjan T3 93
Jose b. Jehuda T4 94
Jose b. Jochanan T 79
Jose b. Joezer T 79
Jose b. Kipper T4 95
Jose b. Meschullam T4 96
Jose b. Qisma T2 90
Jose b. Saul T5 98
Jose II. b. Zavda A5 111
Jose b. Zimra A1 99
Jose der Priester T2 86
Jose ha-Gelili T2 89
Jose Sohn der Damaszenerin T2 89
Jose b. Chama bA4 111
Josef (b. Chijja) bA3 108
Josephus Flavius 46, 62, 260, 308, 316, 375
Judan A4 109

Kahana (Rav K.) 102, 328
Kahana (Rav K.) in Pumbedita bA6 113
Kahana (Rav K.) in Pum Nahara bA6 113
Kairowan 16, 237, 240
Karo, Josef. 240

Levi A3 104
Levi b. Sisi T5 98

Eigennamen

Levitas aus Javne T2 80
Lod = Lydda 21, 299

Maimonides siehe Mose ben Maimon
Mana T4 96
Mani II. (Mana) A5 112
Mani I. (Mana) b. Tanchum A2 103
Mar bar Rav Aschi bA7 114
Mar bar Rav Chanan G 115
Mar bar Rav Huna G 115
Mattai von Arbel T 80
Mattena bA2 104
Mattja b. Cheresch T2 90 f.
Meascha A2 103
Meir T3 91 f., 77, 141 f., 144, 147, 149 f., 151
Melchisedeq von Siponto 164, 181
Menachem (b. Jose) T4 95
Menachem b. Salomo (ha-Meiri) 242 f.
Mendelssohn, M. 246
Meremar bA7 114
Mose b. Maimon 17, 44, 136–138, 159 f., 163 f., 169, 186, 189, 208, 231, 240, 298, 303, 309
Mose b. Nachman 231, 242, 245, 255
Moshe ha-Darshan 344, 394

Nachman A5 112
Nachman b. Isaak bA4 111
Nachman (b. Jakob) bA3 107
Nachman b. Rav Huna bA7 114
Nachmanides siehe Mose b. Nachman
Nachum aus Gimzo T1 84
Nachum der Meder T1 83
Natan (ha-Bavli) T4 96, 250, 281
Natan Leiter der pal. Jeschiva 163
Natan b. Jechiel 241
Natronai b. Chakinai G 231, 252, 379
Nechemja T3 93, 169
Nechunja ben ha-Qana T1 82 f.
Nehardea 21 f., 217
Nehorai T3 94
Nichumai bA7 114
Nissim (b. Jakob) 169, 208, 237, 241
Nittai = Mattai 80

Oschaja A1 99
Ovadja v. Bertinoro 160, 151

Paltoi G 221, 231, 239
Papa b. Chanan bA5 112, 217, 222
Papi bA5 113
Papias T2 85
Pappos b. Jehuda T2 89
Pardo, D. 181, 297
Philo 62, 260, 308
Pfefferkorn, J. 245
Pinchas (b. Chama) A5 111
Pinchas b. Jair T4 95
Pirqoi b. Bavoi 186, 190, 237, 338, 366
Pumbedita 14, 16, 21 f., 214, 217

Qarna bA1 100
Qattina bA2 104

Rabba bar Chana bA1 101
Rabba Jose(f) S 115
Rabba Tosfaa bA7 114
Rabbah b. Avuha bA2 104
Rabbah bar bar Chana bA3 108
Rabbah bar Mari bA4 111
Rabba(h) b. Nachmani bA3 108, 310
Rabbah bar Rav Huna bA3 107
Rabbai S 115
Rabbi siehe Jehuda ha-Nasi
Rachba bA3 108
Rafram I. b. Papa bA5 113
Rafram II. bA7 114
Rami b. Abba bA3 107
Rami b. Chama bA4 111
Raschi 34, 44, 164, 169, 186, 214, 216, 229, 241, 313, 328
Rav bA1 100 f., 21, 288, 290, 295, 345
Rava (b. Josef b. Chama) bA4 110, 222, 253
Ravina I. bA6 113, 213
Ravina II. bA7 114, 213 f.
Ravina von Amuzja S 115
Raymund Martini 245, 394
Resch Laqisch A2 102
Reuben b. Istrobeli T3 94
Reuchlin, J. 245
Richumai bA7 114
Richumai S 114

Rohling, A. 246
Ruben A2 103

Saadja G 34, 44, 142, 163, 237f., 239, 372, 382
Sama b. Jehuda S 114
Sama b. Rava bA7 114
Samuel (Mar S.) bA1 101, 21, 223
Samuel b. R. Abbahu S 115
Samuel b. Ammi A4 109
Samuel b. Ḥofni G 34, 238
Samuel b. Isaak A3 106
Samuel b. Nachman(i) A3 104
Samuel der Kleine T2 87
Samuel ha-Nagid 231, 239
Samuel ha-Kohen ben Ḥofni G 115
Schammai T 81 f., 14, 17
Schela bA1 100
Schemaja T 80, 28
Scherira G siehe Büchertitel
Scheschet bA3 107
Sepphoris 12, 20f., 299
Simeon aus Schiqmona T2 90
Simeon von Timna T2 90
Simeon b. Azzai T2 90
Simeon b. Chalafta T5 98
Simeon b. Eleazar T4 95 f.
Simeon b. Gamaliel I. T1 83
Simeon b. Gamaliel II. T3 93, 170
Simeon b. Jehoẓadaq A1 99
Simeon b. Jehuda T4 94
Simeon b. Jochai T3 92, 197, 286f., 296, 299, 301
Simeon b. Jose b. Laqonja T4 96
Simeon b. Laqisch A2 102
Simeon b. Menasja T4 96

Simeon b. Pazzi A3 105
Simeon b. Schetach T 80, 19
Simeon b. Zoma T2 90
Simeon der Gerechte 79, 15, 17
Simeon ha-Paqoli T2 87
Simlai A2 103
Simona S 115
Simson von Chinon 34, 169, 189, 240
Simson von Sens 164, 181, 242, 293
Sirillo, S. 184, 208
Sura 14, 21 f., 217
Symmachos T4 9 4

Tachna (Tachina) S 115
Tanchum(a) b. Abba A5 112, 336
Tanchum b. Chanilai A2 103
Tanchum b. Chijja A3 107
Tarfon T2 88
Tiberias 12, 21, 190, 193

Ulla (b. Jischmael) bA3 108
Ulla II. A5 112
Uqba (Mar U.) I. bA1 100
Uqba(n) II. (Mar U.) bA2 104
Uscha 12, 15

Zavdai b. Levi A1 100
Ẓadoq T1 83
Zevid bA5 113
Ze'iri (Zera) bA1 100
Zera I. A3 105 f.
Zera II. A5 112
Zeriqa(n) A3 106
Zutra (Mar Z.) bA6 113
Zutra (Mar Z.) S 115